滄桑十年
簡吉與臺灣農民運動
1924-1934

蔡石山編著

遠流出版

NCTU
RCHSS
國立交通大學人文與社會科學研究中心
臺灣海洋文化吸取、轉承與發展系列叢書

所以讓我們不可忘記
那一群反抗外來政權的臺灣人

目次

輯二・資料編譯

致謝語

　　本書之所以能問世，首先要歸功於三位關鍵性的文教人士，第一位是大眾教育基金會董事長簡明仁博士，第二位是國立交通大學客家文化學院莊英章講座教授，第三位是國立交通大學前任校長吳重雨博士。近三年來，簡明仁先生安排我到國內各大學講述臺灣農民運動的歷史意義。莊英章教授擔任客家學院院長期間，聘請我回國任教，並多方面協助我的學術研究。幾年前，簡明仁先生從日本法政大學影印了兩大冊有關二十年代的臺灣農民運動資料，一冊定名為《資料A：臺灣農民組合本部存留檔案》，另一冊定名為《資料B：日農總本部國際部資料》。2010年吳重雨校長核准在交大人文與社會科學研究中心設立「簡吉與臺灣農民運動研究室」時，簡明仁先生將上述兩冊厚厚的原始資料（日文、漢文摻半）交給我，於是又開始了我再一次的學術探險與挑戰。

　　很幸運的，在譯註上述的資料以及蒐集其他的補充資料過程中，我能夠找到一隊第一流的研究小組，其中包括擁有東京大學文學博士的梁蘊嫻，交大第一位文科博士王維資，臺師大歷史學博士候選人謝明如，交大碩士吳孟蓉以及研究生吳宓蓉。此外，人社中心助理盧佳慧以及張菀倫，還有幾位交大的工讀生也為了這部書稿貢獻時間和心力。這本書是交大人社中心「臺灣海洋文化吸取、轉承與發展系列叢書」的成果展現，希望能帶動人社中心的同仁以及國內外學者朝著這主題，嘗試以臺灣的歷史、政治、經濟、社會、教育、藝文等研究視角，進行文化對話與學術著作。

　　在撰研寫稿期間，黃富三、吳文星、柯慶明、陳芳明、許雪姬、陳慈玉、Stephane Corcuff、黃紹恆、鍾淑敏、曾華壁、葉顯光，有的協助臺灣海洋文化叢書的推展，有的讀稿給評語，有的鼓勵供資料，在此一併誌謝。我也要感謝大眾教育基金會供給書中的插圖。本書的出版得到教育部的人文與社會科學研究計畫經費補助以及國立交通大學的配合款。最後我要感謝我的家人秀娟、雪楓、Patrick、九峯、逸茹、Tennyson，以及我隻身在臺期間關心、幫助、愛護我的朋友。

滄桑十年
簡吉與臺灣農民運動
1924-1934

輯一・歷史敘述

引言

　　農民組合運動在南瀛孤島臺灣興起，以鳳山最早，但經緯曲折，其原因一方面受到日本左翼領導者（如麻生久1891-1940、山川均1880-1958、杉山元治郎1885-1964、布施辰治1880-1953）的啟發，一方面係歷年來本島租佃（贌耕）習慣之缺陷，另一方面是島民不曉得法律，從前自己開墾的官有土地，由官廳拂下（放領出售）給日本財團（特別是製糖株式會社）或日本退官者（退職官僚）所有，致使島民變成日本退官者或製糖會社的佃農。之前，佃農若有不平、不滿與怨嗟，只能向保正、甲長、街庄役場訴苦；或由派出所警察協調慰撫之；或使業主與佃農之間互讓，糊塗了事，彌縫一時。二十年代隨著公學校教育之普及，帶來人民知識思想之提升，終使臺灣農民認清時勢，敢向暴威恣肆的業主要求改善租佃習慣。農業國臺灣的人口中佔多數者乃是農民，而其大多數乃是自耕兼佃農及無產的佃農，農民組合即為改善向來不公正的租佃習慣，救濟佃農，排除其生活上的不安而興起。

　　最初新竹州大園庄的農民二十餘戶移住到高雄苓雅寮陳中和（1853-1930）家族所有的荒地上，在長期贌耕之契約下從事三十餘甲的水田佃耕。然而1925年5月，地主突然以自作經營新興製糖公司之目的要求佃農歸還土地，多數農民不得已擬聽從之。其中有人則積極發起反對運動，以法律問題之爭，請求鳳山公學校訓導簡吉（1903-1951）評斷。簡吉知道，1926年是本島進入租佃契約的更新期，預計至1927年2月以前贌耕契約將全部更新，因而認定該地佃農尚有贌耕一年之地利。地主

走上農民運動之路的簡吉（大眾教育基金會提供）

方面不得不予以承認，農民方面大喜，均以簡吉馬首是瞻，對他宛如救世主般地崇拜，附近農民之期望，概集於其一身。

如此簡吉於1925年11月中組織鳳山農民組合，積極發起組合運動，一步一步使各地的農民成為組合員，在嘉義山區以竹林問題為發軔點，在官有地多之處以反對官有地拂下運動，在佃農多之處以租佃問題，在地主多之處以提高原料甘蔗價格等為誘因號召，藉由演講、宣傳、講習會方法，致力於設置支部及掀起運動。1926年臺南州下營、崙背、竹崎三地，以及臺中州大甲、二林兩地各設置冠以其庄名之農民組合；1927年更進而及於新竹，大湖亦見設置，大溪不日亦逐漸完成設置，尚呈逐漸及於臺北州之情勢。平靜無事小鄉鎮的農民之間，迅速傳播農民組合，令臺灣總督府感到震驚。參加農組的人員從1924年的幾百人、1926年的幾千人、1927年的兩萬四千餘人，一直增加到1928年的三萬名。農民組合支部從1924年8月首創的彰化郡線西庄，增至1926年六個組合支部，一直到1929年的三十個支部。農民組合之章程亦頗為整備，會費方面，日薪勞工每年12錢，佃農、自耕農及佃農兼自耕農均為一年60錢，由此支付所有運動費用及其他支出。

臺灣農民組合最應注意者，係與擁有五十餘萬佃農的日本農民組合氣脈相通。曩昔日本農民運動分為左傾、右傾及中立三派時，該組合同盟聚集左傾分子，其關西總本部設於大阪，杉山元治郎為其組合長。本島農民組合運動之中心人物，曾在大阪杉山元治郎、山上武雄等（後來被選為組合長）引導下，目擊組合運動之實況，且受其思想上之感染，回臺後，從而組織本島的農民組合，目標單純是以合法手段，反抗典型殖民地暴虐與資本主義的榨取，謀得臺灣大眾之解放。農民組合號召地方農民自己主動組成團體，用以爭取公道、合理、公平之租佃墾耕契約，維護自身的權益，提高農民地位。就中，高雄州聯合會所屬六個支部（高雄、鳳山、屏東、潮州、東港、內埔），大多是為對付各製糖會社而設的；臺南州聯合會所屬十個支部（曾文、下營、新營、東石、斗六、虎尾、嘉義、小梅、麥寮、番社），以竹林、蔗價問題爭議最多；臺中州聯合會所屬七個支部（大屯、大甲、彰化、員林、二林、中寮、竹山），爭議居多的是退官者土地拂下問題和芭（香）蕉問題；新竹州聯合會所屬六個支部（桃園、中壢、湖口、三義、大湖、三叉），爭議的中心點是三叉土地問題以及中壢日拓問題。

臺灣農民運動因日本內地有力指導者之渡臺而得以發展，其組織亦以杉山氏之農民組合同盟為準，再如舉行中央委員會，揭櫫之數條綱領亦是明顯立足於階

級意識上之鬥爭。所以第一章需要從日本社會主義的興起以及日本左翼人士如何影響富有活力、有抱負的臺灣知識分子，找出臺灣農民運動的淵源與背景。另外在俄共第三國際（Comintern）領導下，臺共分子如謝雪紅（1901-1970）、林木順（1904-?）、楊克培（1908-1978）等跟日共、中共掛勾合作，於1928年也滲透到臺灣的農民組合。農民組合原先鬥爭的對象是佔有廣大甘蔗田的日本財閥，臺灣資產階級和大地主；臺共滲透以後，它的抗爭性質，已經從經濟訴求變成政治的抗爭，從主佃分際的租金價格問題，轉變為社會的階級鬥爭；民族解放與建立臺灣共和國。本來在1927至1928年間，臺灣農民組合實際上已成為臺灣社會運動最具有戰鬥性且最堅固的大眾組織，可是臺共採取的農民問題對策是「既聯合又鬥爭」，結果，不但沒聯絡好其他的社運團體，倒是把所有重要的盟友全部鬥臭鬥垮掉了。總之，臺共之對於農民組合運動，終究是成事不足，敗事有餘，因此第二章介紹第三共產國際的組織、活動，以及她與日本、中國、臺灣左翼分子的複雜關係。把臺灣跟二十年代世界的時空環境連結之後，才能深入探討臺灣農民運動的興起（第三章），描述農民運動的全盛時期（第四章），和分析農民運動如何由盛而衰（第五章）。

臺灣農民組合本欲聯絡日、臺、鮮的共同戰線，終於不見效；想要謀全臺戰線的統一，也是一樣沒有結果；地方的未組織蔗農和農組的步調不能一致，以致向製糖會社進攻的效果很有限。臺灣農民組合運動失敗的理由，除了國際大環境不利於全球左翼運動之外，主要是因為日本政府有效地清除掃蕩日本國內的左翼活動分子，進而切斷臺灣農民運動的外援與資助。同時總督府不斷沿用警察「治安維持法」與「出版規則」第十七條，無理干涉集會、阻礙講演、蹂躪人權、緝捕臺灣農組幹部入獄。1928一年之中，農組本部要發給各支部的情報，總共被警方差押（查扣）三十三次。無法從日本吸取奶水的臺灣農民組合，因此轉而與在上海成立的臺共合作，結果不但造成農組內部領導的分裂，而且嚇倒了一般原本同情農組的臺灣老百姓，以致組合的會員越來越少，驟減到1931年以後的幾千人，結果農組的經費縮水拮据，無法執行必要的公開與地下活動，不久就風消雲散、自動瓦解。

二十年代與三十年代臺灣農民運動所有目前能找到的檔案資料，可以分為四類。第一類是日本法政大學收藏的農民運動總部、支部及活躍人物留下來的文物、信件、宣傳印刷品；就中又分成《臺灣農民組合本部存留檔案》以及《日農

總本部國際部資料》兩部。這些用手抄寫的資料（中文、日文摻半）當然是宣導他們的立場，攻擊資本主義，批評日本統治者及地主。他們的標題內容包括會議記錄，講演，各種農業問題，抗議書，陳情書，政府暴虐、警察暴行，共產主義，階級鬥爭，國內、國際通訊，各地方爆發爭議事件，法院訟庭審判，戰鬥報告，辜顯榮（1866-1937）等等。經過作者的譯注，這類第一手史料分編在第六、七、八、九、十、十一章。

第二類資料是臺灣人本位的言論機關《臺灣民報》。《臺灣民報》於1923年4月15日在東京發行半月刊，後來改成週刊，至1932年4月15日再改為《臺灣新民報》，前後有十年之久。《臺灣民報》發行了七期之後，在1923年9月1日碰到東京大地震，於10月15日復刊，大部分銷售於當時東京的臺灣留學生、住在東京的臺灣人；以及東京的中國留學生。《臺灣民報》常常遭到臺灣總督府當局禁止輸入臺灣，一直到1927年8月1日，經臺灣總督的許可，才將報社社址遷到臺北市下奎府町（現今的南京西路），編輯委員包括發行人兼印刷人黃呈聰（1886-1963，早稻田大學政治系畢業），主編林呈祿（1886-1968，明治大學法學系畢業），臺灣分社負責人王敏川（1888-1942，早稻田大學政治系畢業）。因為二次世界大戰爆發，《臺灣新民報》在1941年2月11日被迫改名為《興南新聞》，從此一切在軍事控制下，再也談不上新聞自由了。

1924年8月臺灣文化協會幹部黃呈聰從東京回到臺灣，同時鼓吹臺中州彰化郡線西庄（鄉）成立「甘蔗耕作組合」。臺灣農民運動期間，《臺灣民報》記者謝春木（1902-1969）到處奔跑，報導各地農民組合會成立發會式，全島大會，演講會，委員會提出的議案，以及農民示威抗議等活動。《臺灣民報》有四分之一的新聞是用日文記載，也經常登載農民組合代替佃農跟官廳交涉的消息；詳述農組幹部被捕、審判、入獄服刑，以及出獄情形；間或用社論指出農民生活權被剝奪，攻擊批評當局無誠意，並替農民痛切陳情。此外，《臺灣民報》也刊登山川均、蔡孝乾（1908-1982）、簡吉、布施辰治寫的文章，和麻生久、古屋貞雄（1889-1976）等的演講。《臺灣民報》堪稱為研究臺灣農民組合運動不可或缺的第一手史料。

第三類資料是日本殖民政府官方資料，包括《臺灣總督府警察沿革誌》以及總督府喉舌《臺灣日日新報》。在整個農民運動期間，《臺灣日日新報》喜歡用聳動聽聞的消息恐嚇農組的活動，諸如下列的新聞標題，「農組教唆農民」、

「農民運動犯罪調查」、「農民組合內訌」、「暴力行為、有罪公判」、「臺灣農民運動破壞農業」、「農民組合滯納厝稅」、「辯士違警被拘」、「通譯被檢束」、「農民組合惡作劇」、「農組某某素多劣跡」、「保甲會議反對兩廟借人作煽動演講」、「農組幹部危害公務」、「農組趙港等詐欺」、「農組支部長詐欺案送院」、「農民組合爭議部長因誘拐婦女被提起告訴」、「痛罵公豬拐誘吾女憤然欲與簡吉拚命」、「農運赤化階級鬥爭」。採用《臺灣日日新報》的新聞報導時，務必要跟第一類和第二類資料相互比較，研判查證，才會客觀翔實。

　　第四類資料是學者經過研究分析整理出來的第一手資料，譬如說，農民運動史研究會編的《日本農民運動史》（東京：東洋經濟進步社，1961），山邊健太郎編的《臺灣》第一卷，現代史資料21（東京：みすず書房，1971）。山邊健太郎編的《臺灣》中文翻譯，分別編排在第六到第十一章，俾讓國內學者參考比較。

　　此外，本書也參考了少許第二手資料，如牛津大學教授Ann Waswo and Nishida Yoshiaki eds., *Farmers and Village Life in Twentieth Century Japan*（London: Routledge. Curzon, 2003）；C.L.R. James, *World Revolution, 1917-1936: The Rise and Fall of the Communist International*, London: Martin Secker and Warburg, 1937；堪薩斯大學教授Frank S. T. Hsiao and Lawrence R. Sullivan的 "A Political History of the Taiwanese Communist Party, 1928-1931,"*The Journal of Asian Studies*, February 1983；及Edgar Wickberg的 "The Taiwan Peasant Movement, 1923-1932,"*Pacific Affairs*, July 1975.

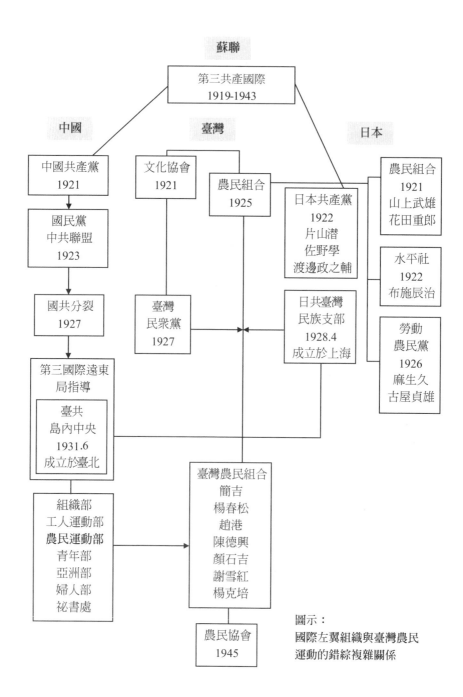

蘇聯
第三共產國際
1919-1943

中國　　　　　臺灣　　　　　日本

中國共產黨
1921

文化協會
1921

農民組合
1925

日本共產黨
1922
片山潛
佐野學
渡邊政之輔

農民組合
1921
山上武雄
花田重郎

國民黨
中共聯盟
1923

水平社
1922
布施辰治

國共分裂
1927

臺灣
民眾黨
1927

日共臺灣
民族支部
1928.4
成立於上海

勞動
農民黨
1926
麻生久
古屋貞雄

第三國際遠東
局指導
臺共
島內中央
1931.6
成立於臺北

組織部
工人運動部
農民運動部
青年部
亞洲部
婦人部
祕書處

臺灣農民組合
簡吉
楊春松
趙港
陳德興
顏石吉
謝雪紅
楊克培

農民協會
1945

圖示：
國際左翼組織與臺灣農民
運動的錯綜複雜關係

第一章
淵源與背景

列寧（Vladimir I. Lenin, 1870-1924）對農民的看法、評估，出現在他的幾百件大小著作，1905年他說：「我們對農民的態度必須存有疑心。我們的（無產階級）組織要跟他們的組織分開，隨時要準備鬥爭，怕的是農民存有反動或反對無產階級的力量。」

——譯自 *Works of Lenin*（《列寧全集》，總共20卷），
Moscow : V. I. Lenin Institute, 1929, vol.6, p.113.

1908年列寧進一步解說農民運動：「無產階級跟農民結盟並非意謂這兩種不同階級或不同政黨的終極合併。不要說合併，就連某種長遠的和好關係，對工人階級組織的社會主義黨也會帶來傷害，而且會削弱民主革命的鬥爭元氣。」

——譯自，同前引書，vol.11, part 1, p.79.

1.臺灣農民運動的淵源

　　一般人談到「時勢造英雄」或者「英雄造時勢」時，經常用「雞生蛋」或「蛋生雞」的因果邏輯相比擬，其實近代歷史給我們很多類似的例子，譬如說第一次世界大戰（1914-1918）造就了領導俄共十月革命的英雄列寧，同時列寧運用他的政治手腕與無比的毅力，進而創造了一個嶄新的國際共產世界。此外，第二次世界大戰（1939-1945）拯救了受困在延安的毛澤東（1893-1976），讓他能善用戰後中國的內、外繁雜因素，打敗了以蔣介石（1887-1975）為首的國民黨。被捧為解放中華民族英雄的毛澤東之後揉合中國人的傳統專制政治和傳自歐洲的馬克斯（Karl Marx, 1818-1883）列寧思想，在大陸建立了一個人類有史以來最大的政黨，而且發動一連串的政治活動，包括人民公社、文化大革命……。不過人類兩次的世界大戰，卻無法塑造出臺灣人的民族英雄。

　　三百多年來，臺灣無法產生民族英雄可能是因為臺灣的斷層文化（ruptured culture），也可稱為多層文化（multiple cultures）。臺灣人孩提時，講的是臺灣話，可是啟蒙上學時，開始要學習殖民統治者的語言。因為語言影響一個

人的思想，思想主宰一個人的作為行動，而作為行動又是一個人的外在人格（personality）的表現，所以外來政權在臺灣培育出來的菁英分子，常常帶有斷層或多層的人格。換言之，臺灣菁英分子是靠吸取外來文化發育成長的，而不是home grown的土生土長文化。清領臺灣時，最聰穎的臺灣知識分子要學漢語，讀四書五經，冀望能當上生員、廩生或增廣生，才有資格參加中國傳統的科舉考試，獲得貢生、監生或進士的頭銜，做官發財。日據時代的半個世紀期間，有能力、有野心的臺灣菁英，則接受日本人的教育，要精通日文；社會以及家人期許他們到日本留學，最好能考進日本的帝國大學，以後才能出人頭地。五十年代之後，由於美國文明的影響所致，臺灣菁英分子開始讀英文，想盡辦法到美國大學唸研究所，拿個博士學位，不但可以光耀門楣，而且還可以找到高薪的職位。有鑑於此，為了要透視臺灣的文化特性、脈絡，史家應該把臺灣擺在世界文明的天秤上，從一個宏觀的角度來衡量這海島三百多年的歷史演變與發展，以及評估臺灣的歷史人物。說穿了，真正改變近代臺灣歷史命運的是：1）1945年8月美國投擲到日本的兩顆原子彈；2）1950年6月在朝鮮半島爆發的一場南北戰爭；前者使得臺灣能脫離日本五十年的殖民統治，後者則讓臺灣能獨立生存於共產世界（中共）和自由世界（美國）的霸權角逐矛盾衝突狀態！

　　第一次世界大戰到第二次世界大戰的震盪歲月期間，儘管有少數臺灣菁英，稍稍能跟得上世界的新潮流，也多少能吸取世界最先進的思想，可是因受到地理環境以及日本殖民政策的限制，終其後，這些臺灣知識分子的一些理念跟作為，充其量只能尾隨日本人的主張。因為社會運動是知識環境（intellectual environment）的一部分，因此要深入瞭解二十年代和三十年代的臺灣社會運動和相關組織，首先需要從日本的大時空環境切入，也就是說，臺灣的知識分子如何受到日本殖民教育的影響，海島的菁英領導人平常讀的是什麼樣的書，看的是哪種報章、雜誌，他們日常交談的對象是誰，講的是臺語、日語或方言，這就是所謂的知識環境！

　　日據時代的六年公學校教育，臺灣兒童有機會跟他們的日本老師接觸，學習日語，記誦歌頌天皇的日本國歌〈君之代〉，學習日本的地理、歷史、書法、算盤以及一門洗腦課程，叫「修身」，慢慢地，不知不覺地，臺灣的孩童相信日本是神國，日本天皇是世上的神，日本人是太陽神（天照大神）的後裔等觀念。這些受基本教育的臺灣孩童長大之後，大致都能從《臺灣日日新報》等日文報紙，

知道一些時事新聞。臺灣孩子在公學校或小學校（後者供日本人和日語程度好的臺灣兒童就讀）畢業後，繼續上師範學校或中等學校的話，則會開始讀日本的神話故事，日本文學和詩歌（俳句）、《平家物語》、《古事記》，以及其他培養日本精神的各種教科書。對臺灣人來講，日本俳句詩歌也許太精練、太專注，較通俗的讀物，包括小冊子、報紙的連載故事，週刊或月刊以及其他簡易文學，可以直接、清晰地表達日本人的信仰、文化、理念、認同和民族心理。愛好小說的臺灣青年大多會購買岩波書店出版的平裝袖珍書，一般都特別喜歡夏目漱石（1867-1916）、阿部次郎（1883-1959）等著名作者的通俗小說。

　　少數有獨立思想、屬於菁英知識分子的臺灣人一定知道二十年代的日本文化思想界，有幾個很令人嚮往好奇的社團，一個叫「白樺社」，一個是「青鞜社」，再一個是「水平社」，前兩者帶有較明顯且強調其文學性格，後者則是社會運動團體。「白樺社」是一群由喜愛西洋人文思想、美學、關心個人生命的日本文人組成的，1910年開始出版《白樺》文學雜誌，一直到1923年才停刊。「白樺社」最出名的作家是武者小路實篤（1885-1976），武者小路的父親是子爵，哥哥是日本駐德國大使，1907年他從東京大學哲學系輟學之後，致力於寫作，是戰前極受年輕人喜愛的小說家、戲劇家、詩人、哲學家，1917年在九州東南宮崎縣建立一個農民公社。武者小路實篤寫的作品經由臺灣文化協會發聲刊物《臺灣民報》（1923年4月15日在東京首刊）用平易通俗的白話漢文介紹給臺灣的讀者，擴大臺灣青年的國際視野。「白樺社」的另一名聞人是出生於東京的有島武郎（1878-1923）。有島畢業於札幌農業學校（現在的北海道大學）之後，1903年到美國留學三年，後來又到歐洲讀書，從此選擇走社會主義路線。他在1919年出版的《某個女人》是日本暢銷書，1922年有島學習友人武者小路在北海道購買一大片農場，免費租給六十九家貧苦佃農，同年發表他的社會主義《宣言》，稱無產階級的農民、工人為日本社會的第四階級。

　　二十、三十年代是日本思想界百花齊放、百家爭鳴的時期，而各家各學派的主導者大半都是幾所大學的教授和他們的學生，其中東京帝國大學政治學教授吉野作造（1878-1933）、早稻田大學經濟學教授佐野學（1892-1953）與京都大學教授河上肇（1879-1946）就是好例子。吉野作造出生於本州北部的宮城縣，1904年東京大學畢業後，留在母校任教，十年後升為政治學教授。吉野在1918年年底和他的幾位東大學生開始研討如何催生「公民投票權」，以及如何改造重組

日本的政黨，之後糾合福田德三（1874-1930）、大山郁夫（1880-1955）等自由派學者創立了「黎明會」。當時很多富有理想的大學生深受馬克斯主義的薰染，因而在校園組織形形色色的讀書會，較著名的包括東京大學的「新人會」與早稻田大學的「民人同盟」。「新人會」創立於1918年12月，會員幾乎清一色是東大的學生和畢業的校友，其中最活躍的領導人物是曾任兩屆帝國國會眾議院議員（1936，1937），同時也是貴族院「木曜會」（星期四俱樂部）成員的麻生久。戰前的帝國議會貴族院議員，基於出身爵位背景，常常成立各種派系小團體，諸如擁有子爵成員的「研究會」，擁有男爵的「木曜會」等。「木曜會」成員固定在每個星期四聚集一堂，共商國事，並整合全體男爵議員的意見，爭取立法。麻生久因此經常作東，在他家召開「木曜會」週會。

　　麻生久生於大分縣玖珠郡東飯田村（現九重町），舊制大分中學（現大分縣立大分上野丘高等學校），歷經第三高等學校之後，1913年進入東京帝國大學法文系。學生時代熱衷於托爾斯泰（Leo Tolstoy, 1828-1910），屠格涅夫（Ivan Tugenev, 1818-1883）等的俄國文學，這也是他關心俄國革命的契機。另外，據說他和女性的關係也非常多彩多姿。1917年麻生久東大畢業後，進入東京《日日新聞》（現《每日新聞》），翌年1918年在東京《日日新聞》上轉載了〈從彼得到列寧〉一文，支持俄國革命。麻生久且在同年和吉野作造等成立大正民主政治啟蒙組織的「黎明會」，並邀請新渡戶稻造（1862-1933）、大山郁夫、小泉信三（1888-1966）、與謝野晶子（1878-1942）等傑出的知識分子和文化人參加，也以學長的身分參加東大「新人會」。1919年麻生久加入「友愛會」，和東大時代的同期同學棚橋小虎（1889-1973），將原本傾向協調主義的「友愛會」改革為急進的、偏戰鬥的組織。1920年麻生久設立全日本礦夫總聯合會、指導足尾銅山、日立銅山、夕張炭礦等糾紛爭議，曾為此數度入獄。1925年麻生久成為「友愛會」的後身「日本勞動總同盟」的政治部長，參加無產政黨運動，並在翌年當上新組成的「勞動農民黨」的中央執行委員。1927年12月11日（星期日）午前十時五十分勞動農民黨召開第二屆的第二天的會議時，議長大山郁夫君致辭說：

> 昨日我大會進行得非常成功圓滿。此為我代議員諸君大膽地細心地嚴肅地要保護我大會的精神充分被理解，特別是吾黨對現在的無產階級使命

非常重大之事充分被認識之結果，才使我們能舉行如此光榮的大會（拍手）。我確信昨日的大會恐怕是有日本政黨史以來，初次成功的會議（拍手）。還有，今明二日本大會仍繼續進行，希望各位能以同樣的精神守護大會。因此今天關於副議長之事，我想和大家商量一件事，就是昨天奧村君被選為副議長的人選之一，但是恰巧他沒有出席，所以中央委員會的意思是希望以南君代替奧村君，不知能否獲得各位的同意？（有人叫道「沒有異議」）。那麼就這麼決定。還有祝辭、祝電的朗讀，恭請各位繼續聆聽。[1]

接著書記小柳報告，古屋貞雄君在彼地朝鮮積極地活動與到臺灣勇敢奮鬥。全臺灣農民大會都拍了「支持貴黨」之電報過來。還有，古屋君也發了電報過來了，內容公布：「慶祝大會，我們要奮力爭取我等的世界。古屋」的電報。這時議長大山郁夫立刻宣布緊急動議，向大會詢問是否可以進行表決？

與會代表村田站起來說話：「關於古屋君的議題。古屋律師代表我們，為朝鮮臺灣日夜被壓迫的民眾，以勞動農民黨的派遣員的身分，勇敢地抗爭（拍手）。對於古屋氏，我們期盼古屋氏以本大會之名積極地為解放朝鮮二千萬民眾，還有為伸張臺灣農民利益，更進一步鬥爭，因此希望以本大會之名義，向古屋氏發送激勵電報。」於是全會進行表決此提案，結果沒有異議一致通過，決定發送電報。接下來朗讀給古屋氏的激勵電文：「代表吾黨在朝鮮及臺灣全體被壓迫民眾的解放戰線上奮鬥的老兄，感謝您的勇敢鬥爭，更加期望進一步的奮鬥。勞動農民黨第二回大會。」[2]

「勞動農民黨」不久因黨內左右對立而分裂，於是麻生久和三輪壽壯（1894-1956）、三宅正一（1900-1982）、山名義鶴（1891-1967）等人於同年12月結成「日本勞農黨」。之後、麻生擔任「日本大眾黨」、「全國大眾黨」、「全國勞農大眾黨」的中間派無產政黨的書記長、委員長。麻生久指導下的「新人會」同時出版刊物，最先訂名為《民主》，後來又改名《前驅》等不同刊名，藉以宣導他們的主張，其中最重要的是：1）要追隨世界文明的新潮流並加速全

1　青木惠一郎解題，《日本農民運動史料集成》，第一卷，東京：三一書房，1976，頁548。
2　同前引書。

體人類的解放，2）要積極參與理性重建日本的運動[3]。麻生久長期以來關心社會問題，對俄共十月革命以及蘇聯的崛起特別感興趣，大概因為這些理念，所以決定在1926年夏天，以「勞動農民黨」的中央執行委員的身分，到臺灣替「二林蔗糖事件」被捕的臺灣農民運動領袖李應章（1897-1954）第二審辯護。「新人會」後來受到政府打壓，1928年4月在東大解散後，轉向地下「非法」運作，最後仍無法維持，1929年11月正式消失。麻生久後來從無產階級革命的先鋒者逐漸變成日本的愛國主義者，也因此跟資產階級以及軍國主義者合作。

昭和5年（1930）麻生久當勞農大眾黨的議長時，為了要處理有關臺灣的問題，又發生了一些爭議。在全國大眾黨鬥爭報告書中，小笠原君提出「臺灣問題尚未解決」之動議，而且豬俣君敘述「針對剛被逮捕的同志」的議題時被中止，議場為之騷然。麻生議長突然宣布「關於臺灣事件，我想大家都沒有異議，因此通過此案。」此時，山川愛宕署長慌慌張張地叫道：「此事非同小可，不可以表決」，遂命解散。同情臺灣人的豬俣與渡邊兩君大叫：「不奪回被逮捕[的臺灣人]者，我們不能散會」。警方立刻進行逮捕造成騷動，座席十數席在喊聲中一一被推倒，場面非常混亂，有十九名同志遭到逮捕。麻生久此時手足無措，對臺灣的問題最後是不了了之。[4]

在1931年夏天，麻生久帶領幾位同志到九州宣揚他的愛國主義社會理論時，招致一群福岡勞工農民的嗆聲。日本長尾文庫以「教訓勞農大眾黨墮落的幹部！全福岡的勞工農民諸君！！」為標題，記載了1931年7月末的事件[5]：

> 從無產階級陣營脫隊轉而變成資產階級的看門狗，已經腐爛到發臭的一群墮落幹部——勞農大眾黨的麻生、河野、河上等要到我福岡來舉辦演講會。
>
> 那些傢伙的內心根本一點都不想和勞工們共同鬥爭資本家。他們只是想收取三十錢昂貴的入場費，所以才舉辦演講的。在我們的福岡，那些傢伙的勢力單薄，黨員僅僅才二人（而且是沒有執照的律師）。我們現在才和他們這些社會民主主義者以及墮落幹部斷絕關係，雖然看似小家子氣，但是既然他們一夥的淺原、古市等人在北九州地方橫行霸道，我們也無法坐視

3　參見David G. Goodman and Masanori Miyazawa, *Jews in the Japanese Mind : The History and Uses of a Cultural Stereotype*, Lanham, Maryland : Lexington Books, 2000, p.101.

4　青木惠一郎解題，《日本農民運動史料集成》，第二卷，頁232。

5　長尾文庫C0209。

不管。

全福岡的勞動者農民諸君！

社會民主主義者的那幫人是勞工農民的最可惡的敵人。他們是資本家的爪牙，他們把勞工賣給資本家當成是他們的事業啊。還敢說「沒有那回事」？那麼我們就舉出確實的證據。

一、麻生、河野等人於昭和3年組成五黨合同的大眾黨，然後用一萬三千圓賣給田中義一（1864-1929）、久原房之助（1869-1965）。他們是可惡的同夥。

二、淺原古市堂本等人習慣性背叛以及出賣罷工運動的行為，舉世皆知。像最近的話，他們去年就以三千圓的價錢出賣那個規模很大的浦炭坑罷工運動，後來又出賣嘉穂的炭坑罷工運動。

我們寫的這些絕對不是個人攻擊，而正是他們的本質。那些社會民主主義者──從社民黨到墮落的勞農黨自稱無產階級的人各個都是不相上下的資本家爪牙。

全福岡的勞動者農民諸君！

我們絕對不讓，麻生、河野、河上、一野踏進我們的地盤。我們要粉碎從右到左的社會民主主義者！勞動者農民在戰鬥組合的旗幟之下！

署名者：全九州出版勞動組合、全國農民組合福佐聯合會、水平社青年部、福岡消費組合、福岡前衛劇團、無產階級詩人會福岡支部、日本無產美術家同盟福岡支部準備會、福岡地方出版產業工場代表者會議。

1932年，「全國勞農大眾」與「社會民眾黨」合併為「社會大眾黨」，麻生久就任書記長（委員長是安部磯雄1865-1949）。從這個時候開始，麻生久企圖以和軍部的「革新派」聯合來擴大社會主義勢力。1934年陸軍省發行了「國防的本義和其強化的提倡」的宣傳冊子之後，麻生久發表聲明，稱它為「軍部社會主義傾向的表現」，並且給予高度的評價。之後，他和親軍派同時也是國家社會主義信奉者的龜井貫一郎（1892-1987）一起推進社大黨的全體主義化。1936年，麻生久出馬參選東京都眾議院議員總選舉當選，1937年再度當選。同年日中戰爭爆發，麻生以局部解決，事件不擴大為條件，支持政府並同意通過軍事預算。1938年他策劃結成以近衛文麿（1891-1945）為黨主席的新黨。1939年試著與中

野正剛（1886-1943）率領的「東方會」合併，摸索和右翼的合作。1940年2月發生的齋藤隆夫（1870-1949）議員的反軍演說問題，麻生採取贊成除名的立場，將反對派的黨主席安部、鈴木文治（1885-1946）、片山哲（1887-1978）、西尾末廣（1891-1981）、水谷長三郎（1897-1960）、松本治一郎（1887-1966）等以除名處分，自己則當上了下一任的黨主席。同年，他積極協助近衛的新體制運動；7月比其他黨早一步將社大黨解散。第二次在近衛內閣，麻生擔任新體制準備委員會委員[6]。1940年9月6日、麻生久因心臟麻痺逝世，享年49歲。

　　同樣也是「新人會」成員的佐野學，出生於豐後杵築藩，東京大學畢業後，到早稻田大學教授經濟學，他與工人出身的鍋山貞親（1901-1979）在1922年參加日本共產黨的創立，被選為中央委員。佐野學對二十年代的青年學子灌輸不少左傾思想，他也同時對旅居東京的臺灣青年從事宣傳工作，擔任日共的中央書記時，負責國際事務，1925年曾經訪問臺灣；在他被捕之前，一直跟臺灣共產主義運動者保持聯繫，商討建立臺共民族支部事宜[7]。1932年10月被判入獄才關不到八個月，佐野學突然「轉向」支持日本帝國的領土擴張與經濟侵略。佐野學的《獄中書》與鍋山貞親的《轉向十五年》都是戰前日本社會風雲驟變的寫照，也是引導（或誤導）臺灣知識分子參與社會政治運動的淵源。

　　二十年代日本的另外一個關懷弱勢族群的團體叫做「水平社」，創立於1922年3月3日，「水平社」主張人類無差別，撤廢社會階級，國民皆要同等如水之平，旨在解放被日本大眾歧視的「部落民（Burakumin）」。「部落民」世世代代都得從事於污穢骯髒的職業，收入低又被人看不起；傳統的日本社會，賤視屠宰製革，賤民遊藝巫祝，陵墓葬儀有關職業的人。由一群不妥協的異議人士和知識分子組成的「水平社」，抗議日本社會的不公平，缺乏正義，不斷地攻擊日本帝國主義的要害，並且呼籲社會也不要歧視虐待琉球人、朝鮮人，而且要補償日本原住民アイヌ（愛奴）、蝦夷族所受的傷害損失。1927年春末（3月17日到4月2日）到臺北法庭，當二林農民事件被告上訴審判首席律師的布施辰治[8]就是「水

6　麻生久相信軍事勢力和無產勢力、天皇勢力和庶民勢力的結合，才能使日本的革命展開。最近，有些研究提出軍部獨裁以前的麻生久的政治活動的意義，麻生的歷史定位尚未被確定。不過，在急速讓軍部獨裁高漲，並支持軍部，中日戰爭，大正翼贊會、驅逐壓迫反對派的麻生久，無疑的是戰爭肯定論者。

7　據郭杰、白安娜著《臺灣共產主義運動與共產國際（1924-1932）研究》，俄羅斯國立社會政治史檔案，（簡稱「俄檔」），許雪姬、鍾淑敏主編，李隨安、陳進盛譯，臺北：中研院臺史所，2010，全宗495/目錄128/案卷9，頁31；也參見山邊健太郎編《現代史資料22，臺灣（二）》，東京：みすず書房，1971，頁83-235。

8　參見布施辰治，《布施辰治外傳──自幸德事件至松川事件》，第三節〈臺灣225個小時的奮鬥〉，東京，未來社刊。

平社」的活動家。明治大學法律系出身的布施辰治來臺做全島巡迴演講的五個半月前（1926年11月初）曾經在福岡幫「水平社」做譴責歧視事件演說。他之所以能認識臺灣農民組合人員，也是透過九州「水平社」活動家松本治一郎等人牽線的。

　　二十年代日本的進步，致使女性也參與各種社會運動，其中以「青鞜社」最值得一提。「青鞜社」的創始人是出生於東京的平塚明（筆名雷鳥，1886-1971），平塚氏1903年畢業於日本女子大學，後來到英國留學，羨慕英國女性可自由穿著青襪子，跟男性一起參加社交活動。回國之後，平塚雷鳥首先翻譯瑞典女權運動先驅者愛倫・凱（Ellen Key, 1849-1926）的《女性の復興》與《愛と結婚》，然後在1920年組織「新婦人協會」並出版《婦人世界》。平塚雷鳥的成名著作是《原始，女性是太陽》，當時曾風靡全國，對二十年代、三十年代只重視「香道、茶道、花道」的日本婦女實在是一種新鮮的興奮劑。可以想像的，少許有前進思想的臺灣婦女應該多少受到她的影響。

　　隨著俄國革命的推波助瀾，朝鮮1919年3月1日獨立運動的激勵，加上世界性經濟危機、勞資對立矛盾的尖銳化，日本社會主義思潮逐漸高漲。而1922年7月15日，日本共產黨的成立，就是這種意識的具體呈現。在東京大地震之前，日本思想界的發展是極進步的，那時期社會科學思想研究相當普遍，各地高等學校大都設有「社會科學思想研究會」。共產思想在日本頗多被接受，因它是新穎、神秘、嚴密統制、有組織，有一種狂信歐洲文化的傾向，合乎當時日本人的胃口。東京臺灣留學生至1915年總數有三百餘名，1922年更劇增為二千四百餘名。旅居東京臺灣留學生的民族覺醒，及其走向實踐行動的傾向，是在林獻堂（1881-1956）、蔡惠如（1881-1929）等人組織領導下具體化；1919年底以「啟發會」的名義，完成了團體組織，不久，改稱為「新民會」。1920年12月，林獻堂由臺灣到日本，蔡惠如也從上海到東京，召集新民會重要成員二十多位，聚集在神田區神保町《臺灣青年》雜誌社樓上，決定推動「臺灣議會設置請願」運動。而後更以旅居日本的臺灣留學生另行成立「東京臺灣青年會」，至此「臺灣青年會」逐漸成為各項民族意識啟蒙運動的推動主體及組織[9]。

　　隨著日本共產主義運動的發展，學生的社會科學研究熱潮的高漲，臺灣留學

9　蔡培火、葉榮鐘等編撰，《臺灣近代民族運動史》，臺北：自立晚報叢書，1971，頁108。

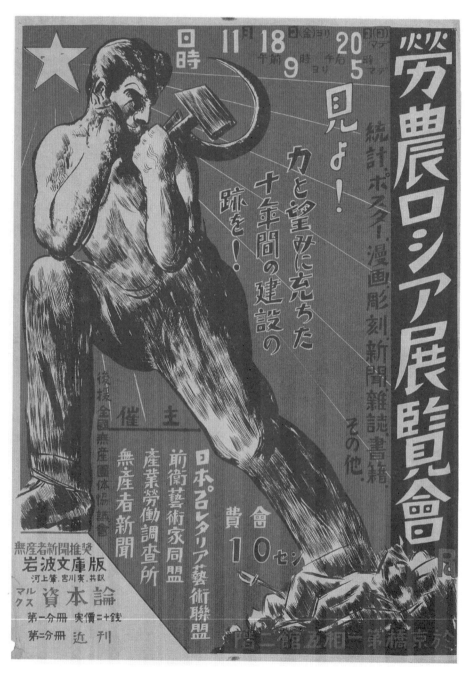

日本左派聯盟文藝展宣傳單（大眾教育基金會提供）

生之間也漸次有左傾人物出現，諸如蘇新（1907-1981，東京外語學校）、陳來旺（成城學院）、林添進（日本大學）、何火炎（早稻田大學）。而楊雲萍踏上東京留學之路不久，即活躍於「臺灣青年會」，進而參與該會的次級研究團體「社會科學研究部」（以下簡稱「社科部」）。這一個具有左傾思想色彩的研究部，隨後自「臺灣青年會」獨立出來，變為有實踐組織的「東京臺灣社會科學研究會」（以下簡稱「社科會」，後改為「臺灣學術研究會」）[10]。

　　除了上述幾種社團之外，臺灣知識分子、青年學子可能讀到的日本書應該還包括幸德秋水（1871-1911）與堺利彥（1871-1933）共同翻譯的馬克斯《共產宣言》（1904年出版），鈴木文治所創「友愛會」發行的半月刊《友愛新報》，片山潛（1859-1933）批判資本主義的煽動性文章，俄國無政府主義克魯泡特金（Peter Kropotkin, 1842-1921）的日文譯本《麵包の征服》（1909年出版），渡邊政之輔（1899-1928）的《左翼勞働組合の組織と政策（左翼工會的組織和政策）》，安部磯雄等創辦的「社會主義研究會」發表的言論。渡邊政之輔在1928年12月，企圖將第三共產國際的資金與指令交給臺共謝雪紅時，被臺灣警察捕殺於基隆[11]。平均有一萬位日本中學或大學生訂閱社會黨的《平民新聞》，聚集了上述的左翼作家、政論家，其等都是以凶悍、酷烈的攻擊方式，扎戮日本帝國最容易受傷的要害。這一大堆持久、執拗的哀訴，銳利刺骨的反對聲音，就是二十年代日本的知識環境。雖然一般受教育的臺灣人都仰慕東京銀座摩登紳士的風采，想嘗試一點日本人的生活品味，不過當時所謂「上層，上流」的臺灣人，視野仍然粗俗、草包，有時還停留在不文明（uncivilized）的地步，不時或刻可能抓狂動粗，會情不自禁地湧出暴動的情緒。對於那些能讀日文的臺灣年輕人來說，他（她）們模糊的政治思想還僅僅是一個輪廓概略而已，一直要等到日本人進一步的指點，才會將暴動的情緒，轉變成抗爭的行動！

2.戰前日本的農民

　　除了知識環境之外，社會經濟環境也是影響社會運動的重要因素。臺灣的歷史演變與地理狀況比起日本當然有很大的差異，可是二十年代、三十年代臺灣農民運動的組織、訴求的原因，抗爭的方法，領導人物的理念在很多地方，幾乎全

---

10 陳芳明，《殖民地臺灣：左翼政治運動史論》，臺北：麥田出版社，1998，頁248-299。
11 同前引書，頁38；引自恆川信之，《日本共產黨渡邊政之輔》，東京：三一書房，1971，頁350-361。

部抄襲日本農民組合和勞動農民黨，職是之故，研究臺灣的農民運動，應該先從日本的農民運動開始，要想瞭解臺灣的左翼運動，應該先掌握日本的農、勞問題以及社會主義興起的背景。

1895年當日本軍隊開始入侵臺灣時，日本全國人口約有四千二百萬（臺灣在1897年大約有二百八十萬），可是只有12%的人口居住在城市（以超過一萬人口者為準則）。日俄戰爭（1904-1905）時，80%的日本人仍居住在鄉間，到了三十年代中葉，日本人口增加到七千萬（臺灣在1935年總人口是五百二十一萬，農業人口佔53.53%），而城市居民增加到45%。隨著明治維新的快速改革步伐，日本的農業生產和鄉村社會也逐漸的改變，先是政府將德川幕府時代的79,000小村莊合併為14,000新的「村」和「町」。1880年代到1890年代期間，各式各樣的地方農業團體組織自動地併入帝國農業組合，享用政府低利息的農作貸款。1899年日本政府通過農業組合法，六年之後（1905）下令所有的農戶都得加入自己地方的農業組合，接受定期的農業教育講習。

一般說來，日本鄉村的生活水準低落，而且傳統的力量根深蒂固。日本中央政府自從1900年起為了延伸它對農村社會的控制，打破傳統的所謂「部落」底層階級，因此把「村」跟「町」的結構重新組織，俾能順利配合中央政府的體系運作。可是這一連串的措施，卻遭到鄉村社群和既存利益團體的積極跟消極抵制。舉例說，政府想把零散個別的小部落神社併入整合到每個「村」或每個「町」的大神社，可是這種化零為整的政策卻引起各地方強烈的反彈！之後，政府也想將地方的官有地和森林地歸併一起，由「村」或「町」集中管理，同樣也是遭受地方的反對。最後中央政府只能以小規模的暫進方式進行改革，不過很多「村」和「町」的地方行政單位，對中央的這些措施，並不感興趣，在執行方面並不熱心，結果失敗的例子比比皆是！

在此同時，中央政府另外推行一項「破除階級」的運動，目的是要使農村的社會資源經濟權力，能更公平地分配給不同的階級、族群。一般讀者都知道，日本人特別注重血統、家世出身與階級。在日本的社會有良民與賤民之分，此外，還有部落民、琉球人、朝鮮人和原住民アイヌ、蝦夷族。日本大眾認為這些族群傳自陋劣血統，因此長期以來受到社會的歧視。可是這種「四民平等」政策，在鄉間推行一樣遭遇困難。不過，到了大正（1912-1926）初期，中央政府已經有效地掌握到鄉村的一些草根性組織，諸如早已存在的地方青年團和退役軍人協

會，參加這類團體的會員在日俄戰爭之後，人數越來越多。此外還有地主協會和佃農組合，前者因規模較小，會員多屬士紳，很少找政府麻煩，後者人多勢眾，逐漸變成政府的棘手問題。因為日本的佃農組合對臺灣的農民運動產生重要的影響，我們必須探討一下它們的內部組織結構，活動情形以及抗爭的目標與對象。

日本最早的佃農組合在1875年成立於岐阜縣（本州的中部），1908年日本全國總共成立了約50個性質類似的佃農組合，1917年增加到173個，1921年681個，到1923年時，全國共有1,530個佃農組合，而會員人數（第一次記載的完整統計數）計有163,931人，佔全日本所有佃農人口的4.3%。四年之後（1927），參加佃農組合的人數躍升到365,331人，佔全國佃農人口的9.6%[12]。

日本的農民運動分散的地區很不平均，譬如說，日本的東北和九州只看到少許的佃農組合，可是在本州的中部和瀨戶內海地區，農民則踴躍地參加組合。以1927年為例，當時全國共有4,582個農民組合，在日本的四十七縣當中，超過41%是集中在七個縣：山梨縣有41.6%的農業人口加入組合，新潟計有32.0%，香川縣是29.9%，德島22.0%，群馬21.0%，岐阜18.5%，而岡山縣是17.1%[13]。

在日本鄉村，下層農人集體行動並不是新鮮新聞，農民為了保護自己的權益，團結一致對抗稅吏或打擊土匪，在歷史上屢見不鮮。在明治時期（1868-1912）佃農在不同地域，經常聯合鄰居，群策群力，抗議地主增高租金或者阻撓地主收回承租契約。每遇農作物歉收、而且地主不願減免租金時，佃農通常都會聚集一起，向地主表達不滿，發出怨言。等到二十年代時，他們爭取生存、維護自己權益的方法，已經有所改變。

先前的抗爭方式，在作法上較特殊，而且不能持續，諸如拒絕替地主作小工、偷放地主的雞舍讓家畜逃跑、怒燒地主的糧倉、甚至地主家裡婚喪時故意缺席。相形之下，佃農組合是正式、有紀律，向政府註冊的組織團體，備有詳細書寫的章程條規，諸如：當豪雨損害稻禾時，組合要如何對應等等辦法。基本上，佃農組合最重要的目的是如何去改善會員的經濟、社會地位。為了達到這個目的，以前用的老辦法之一是給地主寫陳情書。可是二十年代的佃農已經不想再靠地主或權貴的「仁慈」、「施捨」來改善他們困苦的生活。他們現在靠組合，利用各種「自助」和「聯合陣線」來提升他們在社區的地位。「聯合陣線」牽涉到

12　Ann Waswo and Nishida Yoshiaki eds, *Farmers and Village Life in Twentieth Century Japan*, London: Routledge. Curzon, 2003, p.80.
13　同前引書，p.80.

權力的問題，先前憤怒的佃戶會想破壞地主的財物，二十年代的佃農靠組合的交涉談判，用「聯合陣線」的力量，跟權貴談判，向政府施壓，以這種手段爭取他們應得的權益。

到了1925年時，大約有35%的佃農組合會員同時也參加其他的聯合性質公誼會或更大的全國性聯盟，65%的會員同時參加其他獨立的工會或組合。每一個組合在組織上是特定地區個人自願參加的聯誼會，任何在租用地耕作的農人包括佃戶及半自耕農都有資格參加。大多數的組合會員涵蓋一個里，等於是一個傳統的部落，其次就是以一個村或庄為單元。1925年，所有的佃農組合有93.8%是以村為單位，其中，有63.3%再整合附屬於庄為單位。組合的會員一年開一次或兩次大會，聽取組合活動報告和財物狀況，決定未來措施，選舉負責幹部。一般說來，決議案是由簡單多數通過，不過修改組織法規條例，有時需三分之二、甚至四分之三的全體出席會員投票才能生效。臨時性的重大會議可由理事長公告召集，或者由五分之一到三分之一不等的會員簽名要求召開[14]。

組合的幹部包括一名委員長（組合長），綜理全組合的事務，代表組合對外交涉協商事宜，包括清除水渠，改良產業小路的共同使用農具，插秧種稻合作，研究副產品的可行性，聘請農業專家指導，農業訓練班，組合出資購買牲畜，肥料和其他農耕需用品，聯合行銷農產品，農貸安排、鼓勵佃農存錢，會員購買土地等。

有一項重大的不成文法是不讓會員付出更高的租金向地主租地，會員不能窩裡反互相抬價，讓地主漁翁得利。甲會員如果租約期滿，不想續約的話，要及時向組合報備，俾讓另一會員有機會以同額或更低的租金承租。如果乙會員購買丙會員佃耕的地，乙會員不會逼丙會員馬上停止他原有的租佃契約，而要給丙會員有一段轉讓的過渡時期。

組合的組成是要替會員爭取最大的權益，其中更重要的任務是維持或改善租佃合約條件。首先是每一地區要有一定租佃合約標準化，包括租期與租金，不讓地主在租期未滿時，要求收回租地或抬高租金，如果地主違約，農民組合要出面幫會員蒐集當地一般租金、農作物收成狀況等，做好準備資料，然後代表會員跟地主周旋，研究紛爭相關法律，或者以聯合陣線集體對地主施壓。尤其如何面對

---

14 同前引書。

傲慢難纏的大地主，有些組合創立貸款銀行，以免付出高利率。另外就是串聯隔壁村莊的農民組合，一起行動。至於會員釀私酒、賭博、通姦、欠債等問題，組合就遇到頭疼[15]，通常不能介入糾紛。

1923年9月1日正午十二點前，一個7.9芮氏地震規模（Richter Scale）的劇烈大地震不僅造成超過十三萬人死亡（大部分被火焰吞噬），三百多萬人無家可歸，損害八分之一日本人的財產，而且撼動了日本的社會結構。這次史稱為「關東大地震」的震央中心距離有兩百二十萬人口的東京僅五十英里，雖然是近代日本最嚴重的自然災害，也再度掀起日本人的種族情緒。大地震後的幾天內謠言不斷，傳說旅居東京、橫濱的朝鮮人趁機打劫，縱火燒屋，火中取粟，甚至在井裡放毒。憤怒的日本民眾終於找到藉口，一下子殺死了六千多名朝鮮人，逼使政府宣布臨時戒嚴。事後日本憲警認為仇殺朝鮮人的罪魁是無產階級的勞動工人，因此把無政府主義煽動者大杉榮（1885-1923），他的情婦伊藤野枝（1895-1923）和大杉榮的六歲外甥抓起來處死。伊藤野枝當時是《青鞜》的編輯，而大杉榮的外甥是生於美國的奧勒崗州。從關東大地震之後的二十年代下期，日本各地出現一連串的集體群眾抗議活動，表達對政府的不滿。

在此前提之下，工廠的勞工以及農民組合的會員人數不斷地增加。罷工、罷耕的事件層出不窮，甚至紡織工廠的女工以及在公司上班的女職員，也開始抱怨她們的工作環境欠佳，工資太低，而做出反抗的行為，諸如把頭髮剪短，常常上咖啡廳或舞廳，或者不再寄錢回鄉下老家。有抱負的青年人，上貴族學校或大學時，熱衷參加馬克斯讀書會，有的甚至變成人民解放運動的活躍分子，致力於提升群眾的政治意識。

在日本參加罷工遊行的工人其實並非全是日本社會最底層的貧苦人，很多都是擁有相當技能而且有高薪水的雇員。1920年日本全國雇有一百名員工以上的工廠約有兩千座，到了1930年後期，已經增加到四千座，其中鋼鐵、肥料、造船、金屬、化學、機器公司的雇員都必須具備某種程度的技術訓練。農民的抗爭亦乎如此，二十年代日本農業人口參與農民運動的活躍領袖往往是半耕農或者是小地主。更值得注意的是，農民的抗爭並非完全跟勞工運動有關聯，儘管兩者之間都牽涉到相關共同的政治、社會、經濟層面因素。大體而論，日本的農民運動與勞

15　詳見Peter Duus, ed. *The Cambridge History of Japan*, Cambridge: Cambridge University Press, 1988, vol.6, pp. 576-579.

工運動是分別運作的，不過兩者之間卻有兩種共同背景，一是基本教育，二是服兵役。

比起明治時期，大正時期的日本人口更年輕而且受到更好的教育。到了1910年時，90%的日本人至少都受過六年的小學基本教育，所以年輕一輩的工人或農夫都讀書識字，也會算數。雖然窮人家的孩子鮮有機會上中學或讀大學，不過他（她）們的一般常識和吸取新知識的能力已經超過了他們的父親、祖父輩。1912年在東京的344工人家庭當中，就有238家訂有《每日新聞》報紙以及週刊或月刊雜誌[16]。到了二十年代時，這一代接受六年小學教育的日本人都已長大成年，而且懂得利用文字當作組織和抗爭的工具，諸如說，在島根縣的農民就會擬出他們合情合法的農民組合章程，罷工的鐵路工人就會用文字記錄並公布東京到青森路線的種種狀況。用文字書寫的申訴書或陳情書還可呈給上司，或者送到報社發表。鈴木文治創立「友愛會」之後，隨即發行《友愛新報》，鼓勵歡迎工人投書。

日本小學教育提倡尊師重道，訓育學童要勤勞節儉，要孝敬父母，同時灌輸天皇是神聖的觀念，天皇是所有日本人的大家長，這位既是神、又是大家長的天皇，不時都將他的慈愛、恩澤賜給每一位子民，然而這種洗腦方式其實產生了一段「理論」跟「實踐」的差距。問題是，如果天皇愛顧他的每一位子民，那麼為什麼在實際的社會生活，貧富那麼樣懸殊，階級的藩籬那麼鮮明？為什麼那麼多人一直在窮困匱乏環境中掙扎，無法解脫呢？這些問題在二十年代逐漸浮現出來，最後變成不滿現實的社會各階層和音共鳴的聲音，那就是，貪婪無厭的地主、工廠老闆、專橫的政客、財閥利用他們的地位職權，違逆天皇的旨意。因此，還沒有領受天皇恩澤的小民、工人、佃農具有強大充足的理由，向這些資產階級抗爭，討公道。

明治維新開始後的第五年，中央政府頒布法令，自1873年起所有年滿20歲以上的青年男性需要服役三年，之後還得當四年的後備軍人。日本軍隊的紀律相當嚴峻，因此逃避兵役的人數相當多，以1889年為例，大概有十分之一的役男想盡辦法避免當兵。不過從另外一個角度來看，服滿兵役的日本男性終究成為轉變日本社會的原動力。軍中服役不僅訓練來自不同背景的充員紀律、口令、動作與作

---

16 Ann Waswo, *Modern Japanese Society*, Oxford : Oxford University Press, 1996, p.64.

戰技術，而且讓他們過著「平等」、沒有「階級分別」的生活。只要他們照命令做事，他們就可以接受同等的待遇，不管家境富裕或貧窮的子弟兵，大家在軍營學會同甘共苦，一齊出操，一齊有機會喝啤酒、吃餅乾、吃牛肉。對於出身佃農和工人階級的年輕人來說，軍隊磨練的生活是一種平等，讓人有解放感覺的人生經驗。這些經驗深深地影響了他們日後人生的願景與行為！

明治維新以後，日本社會階級的劃分依然存在，上層（日人稱上流）社會與下層（下流）社會是涇渭分明，兩者過著截然不同的生活，兩者都也知道自己的本分。譬如說，佃農遇見地主或政府官員時，務必先鞠躬，然後閃避一邊，走田埂小路。地主可隨時使喚佃農做工修路，做完工之後，主人「賞」給他們飯吃時，要心存感激，躲在昏暗的廚房角落，無聲無息的吃完。假如佃農遭遇困境，無法按時繳納租金的話，他們要私下、個別（不能集體一齊）向地主乞憐求情延期或救濟。這種殘酷的社會現實生活，是退伍農村子弟要面對的「主從關係」！

經過軍事訓練返回鄉村的佃農子弟逐漸覺醒，意識到他們雖窮，可是他們在軍隊時，並不比富家子弟表現差，他們也應該受到尊敬。這些受過軍訓，讀到新聞，見過世面的新生代，反過來看他們的地主整天不用勞力工作，卻可坐享佃農辛苦種稻所繳納的租金，不期然間覺悟，他們之所以能生存，並不是全靠著地主給的恩典和惠賜。恰恰相反，地主階級之所以能過著悠閒富裕的日子，是全靠佃農汗水辛勞生產的米糧。要知道，二十年代大部分的日本人是農民，而大部分的農民是佃農，所以他們開始意識到，佃農的血汗辛苦耕田才是養活日本全民的功臣。1910年代末期和1920年代期間，當經濟狀況發生了劇烈的變動時，日本農民的心態也跟著有了劇烈的轉變！

絕大部分的佃農租約規定每年收成後要繳付固定數量的稻穀（以石計算），而不是收成總數穀物的百分比率。換言之，甲佃農依約每年要繳地主20石的白米，如果他豐收30石的話，就可用剩餘的10石米糧自己留存或者賣錢做其他用途，可是如果碰到天災或人為因素，乙佃農歉收只收成15石的話，他不但無法按租約繳納20石的租金，而且還欠地主5石。在此情況下，乙佃農辛苦了整年，結果是虧空負債，碰到貪婪無厭的地主的話，5石米的欠租，每年還要生利息呢！而且高利息借貸變成地主壓榨貧農的最殘忍利器，這種高利息借貸情形在臺灣農村也是相當嚴重的問題。

二十年代的日本農民運動就在這樣的背景之下逐漸的發展，可是卻集中於關

西平原（大阪周圍）和關東平原（東京的西部和北部）地帶。1917年到1930年間，官方記載的21,569件農民抗爭事件，超過16,000件（相當於74%）發生在日本農業心臟地帶的十九個縣，從本州中部的新潟縣、琦玉、金澤（石川縣），沿線穿過大阪、三重、奈良、和歌山，然後沿著瀨戶內海的兩端，一直延伸到九州北部的福岡。1920年到1930年間，總共144,418佃農捲入抗爭，其中足足有78%的貧苦農民在這十九個縣區生活。值得注意的是，這十九個縣區的佃農人數，其實還不到全國總佃農人口的45%（當時全國的佃農戶大約是380萬）[17]。

3.日本社會主義的興起

　　在日本近代的歷史演變過程，1901年到1931年是自由主義，社會主義和馬克斯主義茁壯的時期。自由主義的思想淵源主要是來自英國哲學家穆勒（John Stuart Mill, 1806-1873）和斯賓塞（Herbert Spencer, 1820-1903）；他們提倡的自由、平等、繁榮與和平思想啟發日本的「民本主義」。 以吉野作造、大山郁夫與永井柳太郎（1881-1944）為首的自由主義者，主張憲法要保障人權，政治權力要分散相互制衡，議會是代表人民的意志，而且還強調責任內閣，擴大公民投票權與參政權等。1918年發生的一連串搶米風暴卻促使日本知識分子開始重視政府的社會政策，特別是財富分配不均勻的問題。這時加上俄共十月革命的刺激，日本的知識環境逐漸從關心「政治過程」轉移到關心「社會結構」，其中大山郁夫果然放棄他的「民本主義」自由派主張，轉而跟主張溫和的社會主義，而且還跟長谷川如是閑（1875-1969）合作發行《我等》的刊物。《我等》的文章不斷地強調工人被資本家剝削的問題，日本政府是沒有民主功能的跛子，日帝國議會有偏見，沒公平照顧勞農窮人。大山郁夫在1923年發表了他的《政治の社會的基礎》於東京中央公論社，開始主張階級鬥爭；繼大山郁夫之後的新社會主義理論家包括山川均，大杉榮以及荒畑寒村（1887-1981）。前面提到，大杉榮後來與主張溫和社會主義者分裂，轉而主張激進的無政府主義，在關東大地震之後被捕處死。記者出身的山川均筆耕很勤，著有〈勞動運動の社會的意義〉、〈無產階級運動の方向轉換〉，〈「改造日本」と無產階級運動〉等。山川均在1908年曾經被捕，1937年又因違反「保安令」坐牢一年，對二十年代、三十年代的日本大

17　Ann Waswo, *Modern Japanese Society*, p. 69.

學生有相當深遠的影響。這些富有活力、有抱負的大學生感認，改造日本的第一步，就是先要剷除日本的門閥（貴族統治）、藩閥（官僚政治體系）和軍閥（軍人干預政治）。

受山川均影響的臺灣人連溫卿（1895-1957）響應世界語（Esperanto）運動，希望人工的世界語能夠超越民族信仰，並促使人類和平，他是第一個提出保護臺灣語文的人，並將民族問題與語言放在一起討論。連溫卿參與世界語運動時便對社會主義等社會科學理論有所研究，1923年7月與蔣渭水（1891-1931）等人籌組社會問題研究會，但是遭到日本官方取締，亦與蔣渭水等組成臺北青年會。之後他在小學女老師山口小靜（1900-1923）的介紹下，與日本社會主義者山川均通信並受其影響，而被人稱為臺灣的山川主義者。此外，山川均著的〈弱小民族的悲哀〉一文，1926年由張我軍（1902-1955）譯為漢文並刊登在《臺灣民報》第105至115號。

參加左翼的大學生大部分是優秀的模範生，他們作風太熱心，信仰旺盛，但經歷年齡太淺，似嫌天真、淺躁，其中有樂觀、希望的成分，推動力是純情和熱忱。他們都可輕易朝著學術、工商業或政府機構的事業發展，可是他們卻選擇參加左翼運動，把青春投入為改造日本社會的理想而奮鬥。據日本文部省（教育部）記錄，這些學生多半是品行良好、腦袋清醒、認真用功的有為年輕人。而且被警方逮捕的「革命」分子有65.9%是來自良好的家庭背景，只有4.6%來自所謂有問題的不良家庭。1933年的另一篇文部省報導指出，有「思想犯」的年輕人，並不是身體不健康或心理有問題的年輕人，絕大部分的左翼分子都具備「溫和」和「正常」的性格[18]。

早期的日本社會主義先輩，如幸德秋水，一直期待由更多工人罷工，造成社會經濟鬥爭的無產階級革命。然而由於勞工運動不夠堅強，工會組合受到政府諸多限制，所以革命始終不能如期引發。山川均認為革命之所以遲遲不來，是因為知識分子發表的文章過度的理論化，不切實際，以致無法誘導工農階級走向革命之路！到了二十年代，激進的左翼領袖聚合他們的學生、後輩，企圖把理論跟實踐結合一起，將他們主張的意識形態思維付諸行動，其中最有影響力的左翼激進領袖是山川均的學生大杉榮。在他的「秩序紊亂」文章，大杉榮寫道：絕大部分

---

18 Maruyama Masao. "Patterns of Individuation and the Case of Japan: A Conceptual Scheme," in Marius B. Jensen. Ed. *Changing Japanese Attitudes Toward Modernization*, Princetion, N.J. : Princeton University Press, 1965, pp.520-521.

的民眾都被少數統治者的思想行動所束縛，循著少數人訂的「規則」行事。他說「秩序紊亂」就是把這些「規則」打破，不理會法律，不遵守規則就是叛逆，沒有叛逆，個人就沒有「真の生」，渾渾噩噩地過日子，沒有叛逆的人生等於沒有真正的人生，相同於死亡[19]。

　　大杉榮寫的文章極富煽動性，很受青年學生歡迎，他比喻革命的構想思維是一種個人的解放，是一種消除窒息苦痛（日語原文為「息詰」）的感覺。他的影響力甚至延伸到臺灣，臺灣農民運動急先鋒李應章，彰化二林鄉人，就讀臺北醫專（1916-1921）時，經常利用課餘時間閱讀山川均與大杉榮的著作。

　　二十年代的日本大學生，雖然缺乏單一的思想，也不具有明朗清晰的意識形態，不過他們經常會說，他們已經找出了社會問題的癥結所在。曾經擔任日本勞動農民黨總同盟政治部長的麻生久，認為那時代的學生的確洞悉時代的趨勢。一般說來，大部分有左傾思想的學生並非絕對是馬克斯信徒或是無政府主義者，不過為了「趕上時代」，他們掛在嘴巴的口號通常都是「人民第一」、「人民至上」。有些學生的確自認為是革命先驅者，於是想將他們讀過的書跟工、農貧民的生活連結在一起。他們誓言要替工、農爭取自由、正義、人權、社會與經濟福利。有鑑於此，麻生久在1926年7月底到臺灣保釋李應章等39人出獄，除了替二林蔗農事件二審辯護之外，還風塵僕僕到全島各地向農民大眾作宣傳演講[20]。

　　一般的農工民眾雖然略知資本主義的害處，可是仍無法很快吸取社會主義或其他左翼思想的精髓，可說是曲高和寡的狀態。對一位日本山梨縣（古屋貞雄的家鄉）的佃農來說，什麼是唯物論、什麼是辯證法，實在太高深難懂，倒是少許工人會為真正以行動表現的無政府主義者喝采。不過無政府主義者基本上不願服從組織，不願受紀律的約束，時常不聽全國性中央的指令，就要各自即刻行動。當時又因為俄共整肅無政府主義激進分子，所以在1922年底以後，支持無政府主義的日本人也就愈來愈少。等大杉榮死後，日本的左翼運動改絃更張，由山川均出面領導，朝著新的修正路線前進。

　　山川均認為日本的無產階級革命有兩種運動，一是社會主義運動，一是勞工運動，前者太側重原則的釐清和意識形態的純正，結果跟無產階級大眾脫節，無

---

19 參見大沢正道，《大杉榮研究》，東京：同成社，1968，頁171-172，184。
20 參見松沢弘揚，《日本社會主義の思想》，東京：筑摩書房，1973，頁62-63，148-152，156-159；簡吉，《簡吉獄中日記》，臺北：中研院臺史所譯注，2005，頁265。

法鼓動風潮、造成時勢。後者，雖然從草根開始組織勞動工人，可是面對資產雇主階級時，則太消極，或許能逼資本家在經濟方面讓步，可是卻無法贏得政治上的勝利。有鑑於此，他領導的新方向以「破壞資本主義」為目標進行動員無產階級大眾，以行動實踐理論，達到摧毀資產階級的政治架構為最終目標。1924年山川均正式解散日本共產黨，處心積慮想重組一個合法的政黨來實踐他的理論。[21]山川均的馬克斯主義新方向抵觸了當時日本共產黨的路線，因為當時的日共是遵照俄共主導的第三共產國際的信條進行革命活動；反對山川均新方向最積極有力者，是東京大學法學院畢業生福本和夫（1894-1983）。福本和夫以公費到德國、法國留學多年，潛心研究馬克斯、恩格斯（Friedrich Engels, 1820-1895）、列寧、盧森堡（Rosa Luxemburg, 1870-1919）等人的著作理論；回國之後，在文部省設立的松江高等學校（位於島根縣）教授經濟學與法律。

以博學著稱的福本和夫在1926年接下日本共產黨的領導棒子，開始重整日共的組織。1924年福本留學回國不久，曾經在京都大學做過一場演講，公開諷刺京都大學有名的左派經濟學教授河上肇，在學生面前當場稱河上肇為「經驗批判」的馬克斯主義者，接下日本共產黨領導棒子的福本和夫嚴厲地批判山川均的新方向，說山川均不是真正的列寧信徒。其實兩者之間的差異只是對日本歷史演變的過程有不同的解讀而已。山川均認為二十年代的日本依然停滯在「封建」階段，充其量也只在「半封建」階段，尚未達到「資本」階段，無產階級革命的時機。福本和夫則堅信明治維新就是結束日本的「封建」歷史階段，二十年代的日本跟西方的工業化國家一樣，是處於資本時期，應該是籌組無產階級前衛部隊，準備革命的好時機[22]。

當時日本共產黨受到政府的壓抑迫害，處處有憲兵、警察監視共黨人員，因此無法全面推行第三共產國際交代的任務。第三共產國際在1927年7月以「列寧綱領」正式攻擊山川均與福本和夫，認為日本不僅是蘇俄與中國共產革命的強敵，更是世界帝國和資本主義的東方支柱。第三共產國際急欲利用日本工人大眾的與日俱增，階級鬥爭逐漸傾向革命化與白熱化之際，要求日共要即刻採取兩階段的革命路線，1）首先推翻日本政府，特別是要瓦解天皇制度並粉碎帝國會

---

21 George M. Beckmann and Genji Okubo, *The Japanese Communist Party, 1922-1945*, Stanford, Calif : Stanford University Press, 1969, pp. 46-47, 52.

22 參見岩崎允胤，《日本マルクス主義哲學史序說》，東京：未來社刊，1971，頁31-33。

議；2）只有這樣的革命，才能重新分配日本的財產，配合蘇聯的國際政策。不過日共不但無法執行第三共產國際的指令，反而在1928年3月15日和1929年4月16日發生的兩次事件當中，全國好幾千名日共分子一起被捕。從1931年6月25日到1932年7月2日，東京的特別法庭公開審判日共罪犯總共108次，結果300多名共產黨黨員被判重刑入獄[23]。政府對於公開「轉向」唾棄馬列主義的日共黨員分別給予減刑，讓他們有改革自新、重新做人的機會；不少農民運動首腦轉向放棄非法運動。1931年走入地下活動的日本共產黨再一次發出「列寧綱領」，號召全國無產階級和社會主義者立刻行動起義，結果不但沒成功，反而造成黨內的分裂。這時第三共產國際的奧援愈來愈少，加上日共領導人物一一被捕入獄，終於導致1935年日本共產黨的解體。

　　共產黨的革命在俄羅斯和中國大陸成功的最主要因素，是列寧、毛澤東能擅長利用國際戰爭的機會推翻不受人民愛戴的政府。共產黨在日本發展期間，世界恰好介於兩次大戰之間，在此期間德國共產黨在1923年主導的無產階級革命也以失敗而終結。日共領導人物充其量只能鼓勵工人罷工、佃農抗爭。一般的說法是，農民受到工業都市勞動者等的指導觸發的情況很多，正因如此農民信任幹部所言，爭議日益深刻的情況下，就有人會做出激進的行動。農民組合比起經濟鬥爭更將重點放在政治鬥爭，本來所有階級鬥爭皆是如此，像香川縣露骨的農民組合鎮壓，即使一時看似鎮壓住了，但是潛在之處應該是思想傾向的再現。不過由於領導幹部的傾軋內訌，加上左翼勞農人數佔全國人口的比率太少，而且無法完全吸收馬克斯的理論思想，因此每次的暴動僅是片面、短暫的。日本全國農民運動之主體，立於指導立場的全國農民組合全國會議，1932年秋天以包含共產主義分子而被大舉搜索，當時人數有七萬，後潰散減少為二萬五千，又受到佐野、鍋山等人轉向之刺激，其基礎觀念開始大為動搖，1933年9月18日，全勞全國會議常任委員之兵庫縣三原郡貿集村山口堪一及本部書記稻田進兩人遂提出「在日本，最重要者在於解決農村之困乏，惟現在非法運動已無力，無法實現農民之期望」之聲明書，宣告轉向。隨著時勢復歸合法的農民組合運動，之後就陸續回歸合法的農民組織[24]。

---

23 參見小山弘健，〈日本のマルクス主義の形成〉，收在住谷悅治所編的《昭和の反体制思想》，東京：芳賀書店，1967，頁99-100，114-116，134。

24 《臺灣日日新報》1933年9月20日，12019號7版。也參見森武麿，〈日本近代農民運動と農村中堅人物〉，陳慈玉編，《地方菁英與臺灣農民運動》，臺北：中央研究院臺灣史研究所，2008，頁427-448。

　　一般的農工最關心的是他們的地方事情，對國家或國際事務或者不知詳情、或者根本不關心。對二十年代的日本佃農來說，租金的高低才是他們基本生存的首要問題，在德川幕府時代，每當稻穀收成不好，地主（依傳統）不得不減低租金，當時的大名（地方統治者）也照例要減或免他轄區的地租稅。二十年代「大名」的制度消失了，可是地主依然存在，依然是佃農又愛又憎的對象。最有趣的是，饑荒的歲月反而是佃租下減的好時機，因為暫時的減租經常變成永久性的租約。換言之，精明狡猾的佃農往往利用歉收的機會，設法抑壓地方豪紳的權力結構，諸如組織合作社、互助會、退役軍人團結會等，來主導他們社區的發展，控制社區公有的森林地、基地、神社，井水等，這樣演變下去，農民就不必再事事聽從地主和有權勢鄉紳的指令。同樣的，城市的工人利用罷工獲取權益（包括分紅、調整工資、改善制服、餐廳等）之後，也大都能逼使雇主將這些權益轉變成永久的勞工雇用制度。

　　在此同時，政府為了讓左翼知識分子無機可乘，採取各種措施，藉以緩和社會不滿分子的怨怒，以及減輕勞工農民的困頓負擔。政府的立場是一邊打壓左翼領導人物，一邊監視民間流行的思潮和大眾行為，從鄉間下層的勞農一直到大學生，用勸告訓導方法，使他們不要「誤入歧途」。其實二十年代日本的部分政治首長和官員已經可以容忍某種程度的異議和社會紛爭，認為這是民主、自由、進步的象徵，也是工業化、現代化必走的途徑，不過這類的官員畢竟佔少數，大部分的官僚終究還是要隨著強硬派，用各種謀略手段來對付左翼運動。戰前日本內閣政府對於社會問題、特別是農民問題等，鎮壓更加的嚴格。

　　一般來說，政府採取下列三種對應辦法：1）預防、2）先入為主、3）宣傳。為了防止讓大學生、左傾知識分子把馬克斯、列寧思想傳染給「無邪」的大眾，政府先下手對付這些危險的「思想犯」者，先是不斷的攪擾他們的活動，最後把他們一一捉起來監禁坐牢，不讓他們有機會接觸「赤化」勞工、農民。此外，政府禁止報紙雜誌登載農民、勞工、無產階級抗爭暴動的細節，俾能杜絕一般社會民眾獲悉這方面訊息的機會。同時，日本政府自動公告佃農和勞工面臨的特殊困境和怨言，還承諾要針對問題解決補救。譬如說，農林部定期舉辦農業教育訓練講習營，遣派農業專家教導農民改善灌溉、排水、深耕工具，選擇新品種、好肥料，有效除雜草、殺蝗蟲等。政府這一套措施，一方面避免公開承認佃農有權利抗爭，有權利集體跟地主談判訂約；另一方面，政府在全國設立了約有

九百個農民委員會，可以扮演仲裁的角色，介居於勞、資、和佃、主之間，幫助他們做斡旋調停紛爭，告誡地主要對佃農讓步，若調停無法解決的情況，得接受法律制裁。一般說，日本民法的所有權保護法條，大致對佃農不利的情況很多，導致農民組合之大勢漸次朝向協調主義。

　　不僅如此，1925年5月5日，日本第五十屆帝國會議通過「公民投票權」法案，凡是日本男性公民，25歲以上者，不管有沒有財產，都有資格投票，而年滿30歲以上者，有資格參選地方議員，甚至是國會下議院議員[25]。政府的口號勸勉人民要從暴力的實力鬥爭轉化為合法的鬥爭；呼籲社會各階級要「以和為貴」，攜手共同建設一個富強康樂的國家，並且一再強調，衝突、抗爭不但不需要，而且浪費人力、財力，這些都是日本文化不容許的。這一連串的軟硬措施雖然沒能立即奏效，不過至少阻挫了下層階級抗爭的蔓延，消滅了異議人士憤怒抗爭的合法理由，這應該是日本左翼運動無法擴大、以致於不能掀起全國無產階級大革命的重要因素！從日本全國的角度概觀，農民問題的爭議也有漸次減少的傾向，其原因大體如下：1）因農民組合的離合集散，沉溺於內部互相排擠；2）地主組合的團結相當堅固，有些地方反而對農民有戰鬥意圖；3）農民組合黃金時代，以多數的威力威脅地主，然熱潮退燒後，因前述理由，農民因驚訝幹部所言沒有實現，而有退卻的傾向。

　　1933年日本全國的地主、自耕農、佃農等各階級均隨著農產品價格下跌，收益減少而極度告窮。亦即以地主觀之，無法取得佃租，稅務負擔又重，佃農為了繳納佃租，被迫返還土地，遂以「擁護生活權」為擋箭牌與地主抗爭，特別是1933年年中租佃爭議十分激烈。而1934年中，國家因各種問題持續而導致之爭議激化卻被付之等閒，1934年逐漸進入政治季節，貴眾兩院才忽然捲起議論之漩渦。茲以昭和8年（1933）1月至8月間的佃農爭議之件數為例，計2,690件，為最近數年之冠（昭和2年2,052件；昭和3年1,866件；昭和4年2,434件；昭和5年2,498件；昭和7年2,103件，以上均係一整年之件數。）就1933年佃農爭議之原因觀之，因未繳納佃租而返還土地者共1,500件，超過半數，其次以佃租提高較多。要之，是否有對地主、佃農均有利的情況，雙方各有主張，而地主中，大地主階級以不在地地主居多，其以各種投資獲利，故其對佃農問題即使大大地反省，讓

---

25 早在1925年3月30日，《朝日新聞》以篇幅很大的社論呼籲國會早日通過此法案。不過在1925年4月22日，帝國議會同時通過加藤高明（1860-1926）內閣提出的〈治安維持法案〉，宣布凡主張改變國家政治體制或主張廢除私有財產的人，政府將繩之以法。

步亦無妨；較困擾的是中、小地主與佃農間的爭議。近年提倡之意見係不以單一法律解決，而仰賴自治的指導，行政的措施，亦即以中、小地主與佃農組成的協議組合，尋求合理的解決[26]。

再論1934年間日本農民運動之概況，當時全國的佃農組合主要有三，一為全國農民組合，二為日本農民組合，三為日本農民組合總同盟；另一方面，相對於這些佃農組織，另有大阪的大日本農政協會，為地主協會，保持對全國地主之統制。全國農民組合又分為兩派，即溫和的總本部派與極左的會議派。而被視為極右派的是日本農民組合，該派與由軍部、在鄉軍人等組成之皇道會相互聯絡，主張兵、農一致，高燃徹底膺懲惡紳地主之意氣，尤其滿洲事變以降，呈現日農派運動流行之傾向，此係軍部當局著眼於後方之農民，清楚認識到富國強兵之基礎在於農村，於是，調查活躍於國防第一線之出征軍人在鄉里的家庭概況，發現其從軍與為拯救家庭、使家庭脫離地主之壓迫大有關係。再者1926年9月17日，位於中間路線的日本農民組合同盟會，在芝公園協調會館舉行組黨儀式。在政治方面，其政策概有：徹底施行普通選舉，改革貴族院，改廢取締無產階級運動之相關法令、國防準備之整理，提高並改善兵役義務者之待遇，整理一般及地方行政、財政事務及改革自治整理，確立國民外交，確立移民政策，財產稅率累進賦課與關稅、消費稅之改廢等稅制之根本改革與恩給制度之改正。在經濟方面：確立耕作權，改革土地制度，確立產業振興政策並設立國立調查研究機關以開發天然資源、增進生產力，實施重要農產物之專賣制度，改善並擴張農村金融機關，肥料國營，國策經營農業保護設施，確立團結權、罷工權、團體契約權，少年及婦女之勞動保護限制，改善工廠法及最低貿銀制度，水電之國營，交通機關之整備及普及。其社會政策為：義務教育費由國庫負擔，徹底施行國民健保，醫藥國營，生命、養老、災害、失業、疾病等保險之國營，禁止婦女人身買賣與普及農村文化設施[27]。

4.臺灣的時空環境

1895年日本軍隊佔領臺灣時，臺灣人因長期以來養成的邊陲文化與島民性格（所謂「三年一小亂，五年一大亂」抗拒中國皇帝的叛逆行為），發動了一次獨

26　《臺灣日日新報》1934年2月11日，12019號5版。
27　《臺灣日日新報》1926年10月2日，9489號5版。

立運動，在1895年5月25日宣告成立亞洲史上第一個共和國。由於共和國領袖人物——臨陣逃離，又兼臺灣民兵訓練不夠、武器欠佳，終於不到五個月就被北白川宮能久親王（1847-1895）與樺山資紀（1852-1906）率領的軍隊所打敗。儘管如此，從1896年到1913年間，臺灣人組織的游擊隊，繼續在全島各地，選擇性地攻擊並騷擾日本殖民統治者。1895年到1902年之間，臺灣總共發動了94次襲擊日本殖民政府設施的壯舉。為了鎮壓臺灣人頑強反抗行動，臺灣總督府採取一種「三段警備」措施，結合軍隊、憲兵和警察（當時日本人在臺灣設立了一千個警察派出所）力量，在全島殺害約一萬兩千名臺灣抗日勇士，後來又配合一項「綏靖和解」政策，逐漸緩和臺灣人的抗拒氣勢。同時為了強化日本殖民地控制和贏取被統治者的向心力，總督府著手計畫衛生、交通、教育、農業、工業的改善並奠定紮實的基礎。然而衝突依然不可避免，二十年代、三十年代的風暴之前，並沒有真正的寧靜，風暴一直都有，只是中斷而已，因為抗爭的種子早已播種在島上[28]！

　　二十年代初期，日本帝國驕傲地展示它國際地位的提升（日本是國際聯盟的創始會員國），炫耀它商業的發達，航運的蓬勃以及享有一連串戰爭帶給帝國的果實。的確，當時日本堪稱是亞洲第一強國，而它的大部分子民，包括很多受過日本教育的臺灣人，對日本帝國的諸多建設、發展，感到無比的興奮，甚至額手稱慶，熱烈歡呼大和民族的劃時代成就。1918年第一次世界大戰快要結束時，日本第一個政黨「政友會」的黨魁原敬（1856-1921）膺任首相，受命組閣，原敬不久選派政友會的實力派人士田健治郎（1855-1930）擔任臺灣首任文官總督——1919年10月到1923年9月；還有，1923年4月16日到4月27日，皇太子裕仁（1901-1989）也在臺灣視察十二天。原敬擔任首相期間——1918年9月到1921年11月，一般歷史家均稱為是日本自由主義，政黨政治的發軔期。1924年6月到1933年5月日本總共有六次不同的內閣政府，首相全都由主要政黨的黨魁輪替出任，也是日本自由主義延伸到臺灣的開端，同時是田健治郎奉命要執行「臺灣日本化」的帝國同化新政策的歷史背景。簡言之，田健治郎的目標是要將臺灣整合為日本帝國的一部分，而他採用的手段是想透過教育，轉化臺灣人為道地的日本天皇子民（皇民化）。

28　參閱蔡石山，*Lee Teng-hui and Taiwan's Quest for Identity*, New York: Palgrave Macmiilan, 2005；漢譯：曾士榮、陳進盛，《李登輝與臺灣的國家認同》，臺北：前衛出版社，2006，頁30-44。

　　二十年代的日本政府政治，以及它的帝國殖民政策是否堪稱為「自由主義」，實在值得商榷、重新檢視。前文提到日本國內一連串的紛爭與鎮壓事件，令人懷疑自由主義政策（Liberal Policy）的真正定義，甚至可能是對首相原敬在1921年11月被刺身死，和一位年輕海軍軍官在1932年5月15日暗殺首相犬養毅（1855-1932）事件的一大諷刺！固然1921年10月17日，臺灣富豪大地主林獻堂、宜蘭醫生蔣渭水等人在臺北市大稻埕成立了「臺灣文化協會」，而且先前經王學潛（1868-1927）介紹，也請到日本自由黨創始人板垣退助伯爵（1837-1919）到臺灣演講，可是臺灣人從1921年到1934年，向日本帝國議會十五次要求在臺灣設置臺灣議會的請願，卻全被拒絕。

　　說穿了，「臺灣日本化」只不過是殖民統治者想在臺灣人身上添加一層日本文化的菊花色彩而已，讓被統治者的心理也存有享受帝國光榮的想像、期許和願景。事實顯示，日本人在意的是要臺灣人乖乖聽話、合作當奴才；殖民者並非真心替臺灣人謀取自由、平等與尊嚴。舉例來說，1926年臺北的木匠一天平均工資是1.8日圓，但是具有類似技術的日本人木匠平均每天可賺到13.5日圓。臺灣人警察的薪水不到日本人警察的三分之一，臺灣農民男子勞動報酬（從生產額扣去小作料、肥料所剩之殘額）平均一天是三十九錢一釐。日本學齡兒童就讀於師資設備好的「小學校」，而臺灣學齡小孩則要上放牛班之類的「公學校」。在教育文化的課程方面，殖民社會的認知是，日本學生將來要培養成為工程師、教授、作家、經理、政治領袖、或帝國高級官僚；臺灣的學生則被限制在學習比較實用的技能，從事跟日常生活直接有關的行業，諸如擔任地方政府部門的下級職員、技正、當通譯或農業技術人員，並且將有能力的臺灣青年引導進入教學與醫療方面的職業。

　　在政治方面，臺灣人完全在總督府的組織架構之下，受日本人的專制凌辱統治。在此架構之下，臺灣人只有義務、責任，而毫無政治權力與自由。總督府所設置的評議會、協議會，僅僅作為日本統治者的橡皮圖章。在心理上，大部分已歸順日本統治的臺灣人，產生一種無助、聽天由命的情緒，跟他們的恐懼、懷恨日本憲警的殘酷嚴苛混雜在一起。在經濟方面，臺灣變成了日本典型的殖民附屬地，日本在臺灣尋求的是日本帝國的經濟成長，而不是為臺灣本身的發展才努力建造發電廠、建設公路、水庫、水渠。日本當局壟斷臺灣的菸、酒、樟腦、鴉片與鹽等商品的生產與銷售，並設立公司控制商業運輸、鐵路與電信。

在「農業臺灣，工業日本」的政策下，日本從臺灣進口高級木材與農產品，而向臺灣輸出工業產品。臺灣每年農業生產總額是三億八千萬圓，1925年輸出總額計二億六千三百萬圓，其中約八成是農產品及其加工品。臺灣每年產米六百多萬石，價格一億六千餘圓，1925年米的輸出額是二百四十五萬五千石，價格七千二百十一餘萬圓，可是臺灣的農民吃不起白米，大部分都吃蕃薯簽[29]。在金融方面，日本的資本力量在臺灣的影響力極大，幾乎操控一切重要的產業與金融機關，少數臺灣人商業資本家，像林熊徵（1889-1946，華南銀行創始者），必須依靠日本資本家的羽翼支持，才能發展。在此情形下，臺灣人的企業規模極為微小，而且只有少許小工業存在。

　　一般左翼史學家和社會學者喜歡把資本主義經濟、帝國主義本質與殖民地革命相提並論，而且搬出列寧在1916年出版的著作《帝國主義是資本主義的最高階段》（*Imperialism : The Highest Stage of Capitalism*）當經典來詮釋發揮。列寧將帝國主義定位為下列五種基本特徵，在經濟上是：1）生產和資本的集中，2）銀行資本結合工業資本蛻變成為財閥的金融資本，3）資本向國外輸出，4）壟斷國際資金，5）最大的財閥（托拉斯，Trust）利用資金的壟斷逐步分割侵佔世界領土與資源。如果我們藉用列寧的理論來檢視日據時代的臺灣糖業，我們顯然可以看出二十年代、三十年代的臺灣已經是一個典型的日本帝國主義經濟高度發展期，而且也正是陷勞資於對抗的矛盾紛爭期。在此期間，日本財閥的確壟斷控制著臺灣砂糖的產量和銷售出口，其中最大的糖業包括位於屏東的臺灣製糖會社、麻豆的明治製糖會社、虎尾的大日本製糖會社以及鹽水港製糖會社。

　　根據臺灣銀行（當時正是日本人用以壟斷臺灣金融資金的工具）的資料，砂糖是臺灣最重要的外銷農產品，每年生產砂糖八億斤，輸出金額為一億一千萬圓，1920年時佔全臺灣總出口量的65.75%，1930年佔58.79%。在1928年間，日本的三井財閥、三菱財閥以及藤山財閥掌控了60%臺灣糖業生產總值，擁有全島一半的甘蔗耕地，由它們壟斷的糖產佔全臺灣糖業資本總額的94%[30]。這種現象實在符合列寧所說的，帝國主義是資本主義的最高階段，他們兩者之間的互動等於是孿生兄弟一樣，不可分開。糖業是經濟的一環，而要釐清這一環產業，

---

29 《臺灣民報》，1927年4月24日，第154號。
30 臺灣銀行經濟研究室編，《日據時代臺灣經濟史》，第一集，臺北，1958，頁140-149；也參見陳碧笙，《臺灣人民歷史》，臺北，人間出版社，1993，頁278。

基本上要追溯到臺灣的土地產權與社會變遷。1920年臺灣人口約有三百六十五萬，其中農業人口總數是二百三十八萬，佔全臺灣總人口的59.60%，十年後（1930），臺灣人口增至四百六十萬，農業人口僅稍微增加到二百五十三萬之譜，佔總人口的55.19%。在此同時，在臺灣居住的日本人有164,266人（1920），佔臺灣人口比率4.49%，到了1930年全島的日本人增加到228,261人，佔臺灣人口比率的4.97%。跟日本國內的農業類似，臺灣的農業人口身分懸殊，他們的經濟收入與社會地位高低不平。以1922年為例，自耕農佔30.3%，半自耕農佔28.9%，而佃農則佔了40.8%。等到1935年時，這種土地分配不均的情形並沒改善，自耕農佔全數農業人口的31.4%，半耕農30.5%，而佃農的比率依然居高不下佔38.1%[31]。

依據以上的數目，臺灣的農民大部分是半自耕農和佃農；此外，農業人口還包括近似無產階級的貧農和農業雇工（share croppers and agricultural laborers）；而且即使是自耕農，他們的平均耕地面積有一大半是在一甲（等於0.97公頃或2.4英畝）以下。反之，在三十年代，比率不到5%的居臺日本人竟擁有全臺灣30%的可耕地，日本人的退休官員搖身一變，成為臺灣佃農的大地主！這種以非法掩護合法的掠奪行為，當然引起臺灣農民的憤怒，所以往往在日本人承領土地時，受到被掠奪者的反抗，尤其以臺中州大甲郡大肚庄（鄉）、以及臺南州虎尾郡崙背庄的抗爭最為劇烈。臺灣農民為了維護他們祖先開墾的土地所有權，曾經幾次上書總督府。以下是1926年2月大肚庄農民反對總督府將他們水田二十五甲、旱田二十五甲售予、或擬售予臺灣的日本退職官吏以及製糖會社的計畫的請願要旨與理由：

> 農村之興廢與國家關係密切，現在我政府設立種種的法律，謀求疲弊的農村之救濟策。基於本旨，茲提出本請願。
>
> 前述之土地及竹林為耕作者之祖先於兩百數十年前開墾耕作者，清國政府認定其所有權，而交付其田契、契單等證明文件，並使其繳納租稅。改隸我〔日本〕領土之際對此進行調查，亦如往常認定其所有權且加以課稅。然而，上述土地中，關於田地，於明治30年（1897）左右及明治44、45年（1911-1912）時兩度因洪水而流失荒蕪。於是政府將之作為

---

31 臺灣省行政長官公署統計室，《臺灣省五十年統計提要》，臺北：1946，頁514。

荒地而給予免訴之許可。邇來各關係者（原所有人）歷經千辛萬苦，種植草木、建造堤防，投入莫大的勞力資本，致力於開墾整理之結果，漸如今日所見得以復舊。其間關係者屢次提出所有權賦予之申請，政府則以開墾不足之理由駁回，有部分甚至沒有接到任何裁定。然而，大正14年（1925）臺灣總督府行政整理之結果，淘汰了許多官吏，為慰勞這些官吏，使其永住臺灣並啟發臺人、促進內臺人融合，以及為開發未墾原野，以作為置產興業之策為目的，而將上述土地從農民的手中奪取，給予退職官吏。

又關於竹林，明治41年（1908）2月政府命令原地主攜帶印章至轄區派出所，地主至指定場所集合後，當時的斗六廳長轉達總督之命令：「汝等的竹林發育優良，其優美冠於全島。因此，本次總督府為保護育成此一竹林，決定將之編入模範竹林。此實為汝等之名譽，有利於汝等之處亦大。雖然編入模範竹林，日後竹林之採伐、生產仍一如往常，聽憑汝等之自由，無庸擔心。總督府為獎勵汝等祖先以來竭誠栽培之辛勞，決定支給汝等補助金。」其命部下巡查取出預先寫下地址姓名的白紙，催促地主們捺印，然而，地主心中感到不安，每人都躊躇不決，警察施加一切恐嚇、暴力、威嚇等手段迫使其捺印，仍抗拒者，警察則以筆墨言辭均難以形容的苛酷殘忍之態度將之監禁，強制其捺印。然而，政府在模範竹林之美名下沒收此一竹林，其標木之墨蹟未乾，政府已將之給予政商三菱。

考慮到地主之情形，上述土地及竹林，第一，是耕作者之祖先所傳下之遺產；第二，田園因洪水而流失後，如今日般使其復活的是現耕者開墾之努力；第三，現耕者已屢次向政府申請賦予所有權；第四，這些土地是現耕者獨一無二的生活資源。政府若剝奪之而售予政商及退職官吏，地主們將忽然面臨生活之困窘，家族也必將陷入流落街頭、生活無著之慘境。然而，如退職官吏等概係律師或其他有相當之職業地位者，且享有年金恩給之特典。請參酌上述情形後，以特別之審議，作如請願要旨之裁定，謹此請願[32]。

---

32 譯自山邊健太郎編，《現代史資料（21）臺灣一》，東京：みすず書房，1971，第二十一卷，七，農民運動，頁339-340。

5.臺灣農村的景況

臺灣土地所有權之所以被日本人操控，源自1898年的地籍調查、地形測量以及1910年總督府所作的臺灣林野調查。1895年總督府頒布「官有林野取締規則」，第一條規定：「如無地券或其他確證足資證明所有權之山林原野均屬官地」，結果臺灣人有地券者僅可保住56,961甲地，而被日本政府沒收為官地者卻達到916,775甲之多。之後，總督府將這些官有地，以便宜的價錢賣給日本財閥、高級官員、大企業公司主管以及一小撮新興的臺灣人買辦富豪；臺灣的土地從此變成商品。1925年之後，殖民政府又陸續將4,000多甲的既耕地或可耕地放領給日籍在臺退職官員。此外，1904年總督府公告廢除大租戶權力，公然假法律之名奪取臺灣人傳統的土地使用權。到了1926年時，已經有超過500家日本公司在臺灣購買土地，並設立資本額超過30萬日圓的工業[33]。依照江賜金（1906-?）1931年的調查統計，日本人私有的耕地如下表：[34]

農場名	所有者	面積
源成農場	愛久澤直哉	約3,700甲
南隆農場	同上	約4,000甲
今村農場	今村繁三	約1,600甲
山本農場	山本條太郎	約1,000甲
赤司農場	赤司初太郎	約1,000甲
大寶農場	大寶農林部	約4,000甲
星製藥農場	星製藥會社	約4,000甲
日本拓殖	株式會社	約3,000甲
官營移民村	內地人農民	約2,700甲
退官者	大正十四年度分	約4,700甲
臺灣拓殖茶園	臺灣拓殖會社	約1,000甲
三井茶園	三井合名會社	約17,000甲
三菱竹林	三菱商事會社	約15,000甲
臺東開拓會社	株式會社	約20,000甲
北埔事件功勞者拂下地		約17,000甲
總計		約99,700甲

---

33 參見蔡培火等著，《臺灣民族運動史》，臺北：自立晚報叢書，1971，頁495-501。
34 江賜金，〈臺灣農民組合運動小史〉，《臺灣民報》1931年12月12日，第394號。

　　相對於日本人擁有那麼多最好的可耕地，掌控了主要的農產品，又壟斷全島的農業資本，二十年代、三十年代臺灣農村的景況卻十分慘淡！以鳳山郡小港庄為例，在高雄州可以算是最窮苦的村莊。小港庄的土地面積約有四千甲，光是臺灣製糖後壁林製糖所就佔有了三千六百甲之多，剩下的四百甲才是一小部分的小地主和自作農的耕有地。製糖會社自己經營種甘蔗及稻米，全村的農民皆屬於佃農勞動者，每天附屬在製糖會社的支配之下，像是封建時代大地主的農奴一樣。依據1930年8月的調查資料，當時高雄州男性工作一天的工資是五十三錢，女性是四十三錢；1931年初各降下五錢，到了1931年7月1日起又降下一次，男子只有四十錢，而女子一天的工資才三十錢。如此微薄的工錢，在平均一個月只能勞動二十天的情形之下，一個男人一個月的收入也只不過是八圓而已。這個八圓的工資，其實是一般農民家庭的主要收入，若是夫婦兩人都有工作的話，家庭的所得就可以增加到十五圓。但是賺這幾塊錢，要用以維持一家的生計，其實是非常的悽慘困難。不少老幼日夜勤勞終得不到溫飽，青年沒有出路，死於貧病的也常有所聞，一件一件的故事都引人流淚。村中有能夠積蓄三、兩百圓的，便算是富裕的人家，當然為街眾所羨慕，可是全庄卻找不出有三、五戶。

　　另外，距新竹街市五、六里的東邊，有個不上百戶的農村叫做赤土崎（現清華大學東鄰），當地住民的祖先，在百年前從泉州府惠安移居到此地種田。百年以來村裡頭的人都迷信當地風水的靈驗，說這鄉村的座落，成個四水流散的地形，會給他們帶來好運。然而住在赤土崎村裡頭的人不但沒發達，反而是世傳的窮鄉，全村的農民盡是佃戶，並沒有一家自作農。各戶所瞨耕的田地或一甲左右、或幾分，少有到二甲以上的。附近沒有圳路，土地全靠埤水的所謂看天田。每甲應納地主的租穀，大概在四十石上下。每甲春秋兩季的實收入，年歲較好的時候可收成六十多石米糧，可是如果碰到年歲不佳，兩季的收成全部繳納地租還不夠。他們的慣例是在春季就要全部繳清，倘若連續一兩年收穫不佳的話，農民怎麼有翻身脫離貧困的機會呢？這鄉村的農民勞碌終日，若只靠著耕田，充其量勉強能夠溫飽，所以他們經常利用著農閒期到各處打工，譬如說到製糖會社當苦力，做鐵路的人伕，或者是煉瓦工廠的挑工。留在鄉村的婦女則分擔家庭中的炊洗之外，還得到田裡工作。就連六、七歲的兒童，也要山上看牛，撿拾柴草。[35]

---

35 《臺灣民報》1931年8月1日，第375號；1931年8月22日，第378號。

　　二十年代、三十年代的鳳山、岡山、二林、大肚、大甲、虎尾在外表看來好像是平靜無事的小鄉鎮，農人日出而作，日入而息，偶爾乾草堆焚燒，也經常聽到碾米工廠壓碎稻殼的聲音。根據1925年日本官方調查資料，臺灣耕地面積八十萬甲，其中蔗園十三萬甲，農民總數的48%是蔗農。臺灣的山村僻地，蔗苗森然繁茂，蔗園成林，製糖會社到處出現，工廠的煤煙遍及全島。耕作者種植一期甘蔗需要耗費兩年的時間，流下粒粒辛苦的汗水、耗費莫大的體力和心神，才能種出茂盛的蔗園、收成堆積如山的原料甘蔗。然而，一旦這些甘蔗運入會社（糖廠）的秤量場，便由會社任意秤量，耕作者沒有在場的權利，更遑論有監督的權利，這實在是無理而專橫至極作風的第一點。蔗葉剝落之完否、掃莖清潔與否，全憑會社單方認定，自由刈取，據此扣除斤量，減少等級，不許耕作者置喙，這是無理專橫的第二點。至於收購價格，先前係依據政府與會社之協定，現在全賴會社自由決定，等待會社擅斷決定發表，就毫無討價的餘地。不當的價格也不許耕作者有異議，連抗辯的餘地都沒有。會社藉製糖聯合會的規則為後盾，堅持不可破例違反公約，完全不理會農民的抗辯，蔗農無論何時都得忍氣吞聲。這是無理專橫的第三點。[36]

　　當時臺灣鄉村的生活水準低落，時機不好的時候，農民買不到米糧，吃地瓜，炒鹽白豆，喝鹹田螺湯過活，不得不使婦女和幼童做副業，兒童沒能力入學。1922年臺灣一石米的生產費用估計是四十五圓五十一錢，而當時的米價一石是三十四圓七十九錢，結果是生產一石米要損失十四圓七十二錢[37]，這表示臺灣農民將自家的勞動報酬，進貢到吃白米的日本國。缺乏金錢時，別無銀行可以通融，只好典衣賣牲口，就連農具等都得變賣來完納租穀。甚至，地主逼著窮佃農賣女兒交地租或付高利貸利息也時有所聞，臺灣人的生命真不值錢！如此，臺灣農村的景況日漸衰微下去，農民怎麼有希望過著「文化生活」呢？反之，日本的資財階級控制80%的農業資金，退籍人員也愈來愈富有；他們和少數的臺灣封建大地主以及少許御用富豪，極力模仿東京銀座紳士、淑女的衣飾和生活品味……，這是二十年代、三十年代臺灣鄉村社會的寫照！

36 參見山邊健太郎編《現代史資料（21）臺灣一》。東京：みすず書房，1971，第二十一卷，七，農民運動，頁338。

37 《臺灣民報》1927年4月24日，第154號。

第三共產國際

史達林（Joseph Stalin, 1879-1953）對農民有不同的看法：「反帝國主義的革命陣營必須……雖然不一定完全需要，採取一種態度，那就是組織工、農政黨，把工人和農民約束於單一的政綱主義。」

——譯自Joseph Stalin, *Problems of Leninism*（《列寧主義的問題》），
Moscow Foreign Languages Press, 1947, p.265.

1.第三共產國際的前身

國際共產黨發展的過程，大約可分為三個階段。早在1864年9月28日第一共產國際（First International）在倫敦的聖馬丁廳（St. Martin's Hall）成立時，馬克斯雖然沒真正參與它的創立，不過還是受禮遇邀請草擬這個組織的書面藍圖。當時共產國際的基本教義是：每一種政治運動都必須要以勞動階級的經濟解放作為最重要的終極目標。馬克斯解釋說，以前所有政治運動都功虧一簣，無法達成這任務的理由是因為各國的勞動人民不能團結一致、共襄盛舉；也就是說，國與國之間的勞動階層太分散，沒有發展兄弟般的互助情誼。他又指示，勞工的解放既不是地方的個別問題，也不單純是單一國家的情事，而是牽涉到近代所有國家共同面臨的社會、政治問題。有鑑於此，馬克斯強調，如果要同時解決勞工被資本家剝削壓榨的話，不論在理論上或實踐的層面，就得要結合所有最先進工業國家的勞動階級一起行動[1]。

第一個共產國際的實踐策略是企圖聯合英國與法國的勞工組織，造成一股新興的政治勢力，但結果事非人料，組合困難重重，成效不佳。1871年極左派的巴黎公社瓦解之後的隔年（1872），第一共產國際在海牙（荷蘭）舉行會議，會議結束之後，決定將總部搬到美國的紐約市，但依然沒產生預期的效果；四年之後（1876年7月15日），第一共產國際在美國費城大會之後，宣告解散。

1　C. L. R. James, *World Revolution, 1917-1936: The Rise and Fall of the Communist International*, London: Martin Secker and Warburg, 1937, p.38.

　　十三年過後（1889），國際共產黨人聚集在巴黎（馬克斯已經死於1883年），決議創立第二共產國際（Second International）。1880年代，德國工業突飛猛進，德國工會勢力日增，於是德國的社會民主黨主導歐洲的左翼運動。號稱是「工人國際」的第二共產國際，主張積極利用溫和改良的策略，贏取各國國會的席次，進而掌握政權，因此決定開除採取激進冒險手段的無政府主義者（Anarchists）。可是等到馬克斯的搭檔恩格斯死後，德國的社會主義黨（SPD）領袖伯恩斯坦（Eduard Bernstein, 1850-1932）更是放手走改良的社會主義修正路線，完全拋棄共產主義教父馬克斯的階級鬥爭教義；更甚者，也忘記了「工人無祖國」的訓示。

　　因此第一次世界大戰期間（1914-1918），很多英國籍、法國籍、義大利籍的共產黨人高舉民族主義、愛國旗幟，參加保衛祖國的戰爭行列，在戰場上跟德國、奧匈帝國的左翼分子互相廝殺。換言之，民族主義壓倒了「工人無祖國」的共產主義，愛自己的國家民族比愛馬克斯的無產階級還重要。難怪德國共產黨首領盧森堡和李卜克內西（Karl Liebknecht, 1871-1919）在大戰結束時刻發動的團蜂起義（Spartacist Uprising），得不到其他外國共黨人士的支援[2]！

2.第三共產國際的組織與活動

　　聽到斯巴達克斯（Spartacists）暴動被德國社會主義黨領導的政府鎮壓的消息時，俄國共產黨（Bolsheviks）頭子列寧感到心痛失望。1919年元月的一個晚上，列寧在莫斯科克寧姆林宮（Kremlin）沙皇以前常住的一個房間，召見親信契切林（Gueorgui Tchitcherine, 1872-1936），芬蘭籍共黨領導人西羅拉（Yrjo Elias Sirola, 1876-1936）與英國社會黨分子范伯格（Joseph Fineberg, 1886-1957），提議要馬上建立一個新穎的共產國際組織，用以取代已經違背馬克斯思想教義的第二共產國際。列寧明知戰後的俄羅斯，百廢待舉，面臨著內戰、流血、經濟重建，基本民生等如麻的國事問題，可是他不得不同時關心鄰國的革命情勢。因為從全球的戰略情勢來看，由單一國家成立共產政權卻得不到其他國家無產階級共鳴、相互奧援的話，這種政權將如巢裡的鳥蛋，被打破的危險性太高。

2　German Bundestag Press, *Fragen an die deutsche Geschichte*（《德國歷史問題》），德國國會出版部Bonn, 1984, pp. 246, 461.

　　列寧的建議獲得與會全部同志的首肯之後，由他的親密戰友（同時也是他內定的接班人）托洛斯基（Leon Trotsky, 1879-1940）代表俄共中央委員會簽署，隨即將要成立第三共產國際（Third International，或簡稱Comintern）的消息用無線電向全球各地廣播。1919年3月2日，來自三十個國家的共產黨（差不多都是從第二國際原有的組織分裂出來）派出總共三十四名代表（包括德國共黨頭子埃貝萊因[Hugo Eberlein, 1887-1944]），加上十八名觀察員，在莫斯科召開首次第三共產國際會議——這些外國代表大部分是居留在俄羅斯的流亡共黨人士。托洛斯基（俄共的六位代表之一）在第一次大會演說時，特別提到他動員勞動人民組成的紅軍，不只是在保衛俄羅斯的社會主義蘇維埃共和國，將來也會護衛第三共產國際[3]！大會在1919年3月6日結束，雖然莫斯科街上還多少存留著白雪，可是從那個地方所發出來的熱情，很快就蒸散到世界各地，也獲得全世界百萬窮苦大眾熱烈歡呼。自此全球左翼人士有了革命的具體目標與重點，全球革命的勞動階級期待第三國際的支持奧援，冀望第三國際的領導。

　　「大會宣言」由保加利亞共黨人拉考夫斯基（Christian Rakovsky, 1873-1941），俄共代表（也是大會主席）季諾維也夫（Grigorii Evseevich Zinoviev, 1883-1936）和瑞士籍的普拉廷（Fritz Plattern, 1883-1942）簽名之後，象徵著世界無產階級革命的新開始。茲將第三共產國際「宣言」節譯於下：

> 被奴役的小國與弱小民族需要聯合起來，對抗美、日、英、法的新、老帝國主義與資本主義。社會主義的俄羅斯將以她的技術、組織和精神力量協助弱勢人民從殖民地轉變到社會主義。在這過程中，各地被奴役的人民首先要掀起內戰，讓覺醒的勞動大眾，看清世界歷史演變的特性，那就是第一步是社會主義運動，接著第二步是國際聯合。
>
> 第三共產國際支持大眾的公開行動與革命活動，國際共產黨的義務就是推翻舊體制，建立社會主義的新秩序。我們呼籲各國的勞動男女朋友加入共產黨的行列。全世界的無產階級團結起來向帝國主義的野蠻，向君主體制的帝王，向特權階級，向資產階級控制的政府與擁有的財富，向所有迫害人民的社會制度與國家宣戰！每一個國家的無產階級快聯合起來，參加我們的戰鬥行列，趕快參加勞工自己組織的工會，掀起革命的高潮，取得無

3　參見Leon Trotsky, *The Third International After Lenin*, 1929法文版，1936英文初版，譯者John C. Wright, New York: Pathfinder Press. 1970. pp. 314-315.

產階級的權力與專制。[4]

　　列寧與托洛斯基是第三共產國際的主要推手，他們兩位訂定了第三共產國際的指導原則、鬥爭方法以及組織章程細節。他們認為如果其他先進國家（如英、德、美、法）的社會主義者，無法取得政權的話，工業經濟落後的俄羅斯十月革命果實將功虧一簣。因此，第三共產國際的主要任務是協助其他國家的無產階級兄弟黨進行革命鬥爭，取得社會主義的最後勝利。第三共產國際除了藉俄共機關報《真理報》（Pravda）以及蘇維埃政府的《新聞報》（Izvestia）當宣傳工具之外，還定期刊登《國際新聞通訊》（International Press Correspondence）的英文版跟法文版[5]。果然這些宣傳伎倆效果良好，等第三共產國際召開第二次會議時（1920年7月19日在聖彼得堡，8月7日轉到莫斯科），來自全球各地的共產黨代表增至167名，觀察員共有53名。在這次的會議當中，列寧與托洛斯基要求世界各國的任何一個左翼政黨，如果有意參加第三共產國際，務必要符合遵守該組織所訂的「二十一條件」。這些條件當中，包括要確認莫斯科是第三共產國際的龍頭，要摒棄社會主義的溫和改革路線和修正路線，要跟過去左翼運動的領導人決裂分手。顯然地，第三共產國際企圖將全世界的左翼社會主義運動，完全納入以列寧為主導者的莫斯科俄共模式。在召開第二次全球大會的三個月前（1920年4月），第三共產國際挑選一位特工維經斯基（Gregorii Voitinsky, 1893-1956，中文名叫吳廷康）到中國北京，說服北京大學教授李大釗（1888-1927）與陳獨秀（1879-1942）組織中國共產黨。

　　另一個條件是要定期「整肅清算」黨員同志，以避免黨變質，走入資本主義。清算整肅是由英文purge的字翻譯出來的，但它的原意是清除雜質，把一切事務保持乾淨，要黨員重新註冊登記。沒想到清算整肅這個規定竟變成後來共產黨內訌鬥爭的工具，實際參與第三共產國際的人員，後來大多變成清算整肅的犧牲祭品，包括俄共、中共等都充滿了可怕的血腥排除異己大整肅運動。舉例來說，托洛斯基在1927年被整肅，1929年流浪於土耳其，1940年在墨西哥城被史達林所派的凶手用斧刀砍死。拉考夫斯基整肅後雖向史達林輸誠，二次大戰期間以反黨

---

4 James, *World Revolution, 1917-1936: The Rise and Fall of the Communist International*, London: Martin Secker and Warburg, 1937, pp. 114-115.

5 對共產國際存有戒心的人士，常譏笑說：「蘇聯政府的新聞報是沒有真理的（There is no Pravda in the Izvestia）。」雲光主編的《國際共產主義運動史》，北京：群眾出版社，1986，介紹了第三共產國際成立的經過。

被判死刑。季諾維也夫原先是掌握聖彼得堡的蘇維埃，後來幫史達林鬥垮托洛斯基，在1936年因反對史達林被處死。

社會主義源自「帶有科學」性質的社會進化論和馬克斯的「唯物論」。這種理論認為歷史演變的過程是從上古的奴隸社會，轉變到中古的莊園封建社會，再到近代的資本社會，然後將轉到理想的社會主義。馬克斯和恩格斯在他們發表的《共產宣言》（1848）斷言，這是不可避免、必然發生的人類歷史演變過程！而這種除舊佈新的演變動力是他們所指的物質生產模式（Mode of Production）或經濟生產工具（Means of Production）。為了解釋這種「科學」的歷史演變過程，馬克斯提出階級鬥爭的必要性。在上古時期是奴隸階級對抗主人，在中古時期是農奴對抗武士貴族，在十九世紀的工業社會，是勞工階級對抗資產階級（用法文的bourgeoisie翻譯出來）。因為每一個歷史過程都牽涉到一個階級被另外一個階級壓迫剝削，因此才會造成財富的不均與社會矛盾，才會爆發衝突戰爭。馬克斯預言，為了順應歷史「科學性」的潮流與不可抗拒的演變過程，無產階級（proletariat）要以政治力量和革命手段來推翻壓迫他們，榨取他們血汗的資產階級和地主富農。列寧遵奉馬克斯學說，將它應用到俄羅斯的社會，組織發展俄國共產黨，做為政治鬥爭的工具。

第三共產國際的基本策略是馬克斯在1850年寫給德國左翼革命者的指示。他強調革命發軔期間，小資產階級（petty bourgeoisie）會跟無產階級結合一起共同對抗封建貴族與大資產階級（national bourgeoisie），因為小資產階級的人士看到這種合作可以滿足他們對民主的需求。不過，得到勝利之後的小資產階級遲早會翻臉變調，轉而壓制無產階級者；因為壓根兒他們存有戒心，相當害怕無恆產的勞動民眾！有鑑於此，馬克斯主張勞動工人必須有自己獨立的組織，凝聚力量，團結在集中領導之下，這就是西歐先進工業化國家形形色色工人黨的產生背景。

二十年代的日本勞動農民黨完全承襲這種正宗（classic）的馬克斯策略，從日本派到臺灣的古屋貞雄如法炮製，也想利用臺灣農民對糖廠壟斷壓榨的不滿情緒，從農民組合發展為共產黨的組織。馬克斯又指示，在鬥爭的過程中，勞動黨一有機會，務必要提出各種要求，而且處處要彰顯他們跟資產階級所組織的民主黨綱（譬如說臺灣的民眾黨）不一樣。中國共產黨在二十年代沒嚴格遵守這項指示，結果吃了國民黨很大的虧！三十年代的西班牙左翼工會組織也忽視馬克斯的

基本策略，結果全盤盡輸，一敗塗地，讓佛朗哥（Francisco Franco, 1892-1975）贏得內戰的最後勝利。

　　列寧說一口流利的德文，也懂英、法語言，是個不徇私，全身投入革命，為黨的紀律與發展工作的人。他把黨當作一個小齒輪，用它帶動所有的勞動人口。 托洛斯基則重視群眾的政治教育，要不斷地誘導無產階級介入政治運作，他相信群眾，走入群眾，但另一方面深怕黨機器太過官僚化，被少數人所操縱。果然在列寧從1923年10月臥病開始，黨中央總書記史達林就掌握了黨中央秘書處（General Secretariat）的機器；而且事後證明，列寧在1924年元月過世之後，第三共產國際也被史達林及他的同路人掌控。托洛斯基的支持者後來指控說，史達林的中央集權毀滅了第三共產國際！

　　1922年12月，帝俄時代沙皇權力所及的地區與俄羅斯結合為蘇維埃聯邦社會主義共和國（Union of Soviet Socialist Republic，簡稱USSR），也就是一般通稱的蘇聯[6]。雖然第三共產國際跟蘇聯政府沒有正式官方的關係，但在實際的運作，前者是後者的馬前卒，一切重要的政策、人事都操之後者，第三共產國際只能執行蘇聯的國家利益與需求。又因為蘇維埃的體制是以黨領政，以黨治軍，所以身為蘇聯共產黨中央黨部總書記的史達林，在列寧死後，陰謀攬權，就變成了共產世界最有權勢的人物。他逐步開始鞏固他的核心領導，引用他的親信接任最重要的黨、政、軍職位；諸如任命莫洛托夫（Vyacheslav Mikhail Molotov, 1890-1986）管外交，基洛夫（Sergey Kirov, 1886-1934）任聖彼得堡（改為列寧格勒）的黨書記，伏羅希洛夫（Kliment Voroshilov, 1881-1969）掌軍隊政工系統，李可夫（Alexey Rykov, 1881-1938）主管郵政通信，後來擔任人民代表大會主席，托姆斯基（Mikhail Tomsky, 1880-1936）負責勞工組織，以及布加寧（或布哈林，Nikolai Bukharin, 1888-1940）領導第三共產國際。儘管列寧死前，一再叮嚀共黨同志不能同室操戈、互相殘殺，可是史達林卻在1924年9月開除托洛斯基的私人秘書，逼他自殺；從1927年開始，一個一個剷除走國際路線的左傾托洛斯基派分子（以下稱托派）。1927年9月托洛斯基被解除第三共產國際的中央執行委員職務，1928年史達林公開清算李可夫、托姆斯基以及布加寧，導致托姆斯基自殺；1936年審判處死俄共元老勳臣季諾維也夫與加米涅夫（Lev

---

6　1991年12月蘇聯解體，分崩析裂為現今的15個國家。

Kamenev, 1883-1936，莫斯科蘇維埃書記），最後在1938年3月2日到3月13日所謂的「二十一人大審判」，處死了李可夫及布加寧。總之，從1935年到1939年之間，所有可疑的反史達林分子都被逼辭職，有一半的高級將領被整肅，有三分之二的蘇聯共產黨中央委員或被判刑監禁或流放、或被處死[7]。

第三共產國際從1919年成立到1922年固定每年召開一次全球性會員國代表大會（Congress），但可能因1923年德國共產黨陰謀政變失敗，或者托派與史達林派內鬥無法妥協，1923年就沒召開全球代表大會，要等到1924年才又在莫斯科召開第五次全球代表大會。可是之後的四年間，全球性的代表大會又停頓沒開。當時觀察蘇聯動向的西方專家，就猜出托派與史派之間的鬥爭已經相當的厲害。俄共的十月革命以及共產政權的建立，大半要歸功於托洛斯基的臨機應變以及靈活的外交手腕。在內戰當中，托洛斯基訓練的紅軍也是勝利的主要原因。當時的馬克斯思想大都由托洛斯基和一小撮俄共領導人物運用發揮。一般的俄共政府官吏與政治人物並不在乎馬克斯思想與列寧思想的異同，他們關心的是未來人類文明的走向。托洛斯基認為二十年代的俄國文明落後，無法實行民主，強調俄國人要多學習、多讀書、寫字才能搞革命。他同時堅持要強化工會的組織功能，使工會能變成國家機構的一部分。因此蘇維埃憲法規定每25,000工人就可選出一位代表，相對之下，125,000的農民才能推選一位蘇維埃的代表。托洛斯基對農民沒有信心，他的觀察是：「中國農民比起俄國農民更沒有能力扮演領導的角色。依目前看來，這已經不需要理論性的預告，而是已經從各種方面完全可以引證的事實。」[8]托洛斯基深怕黨的機器官僚化，他認為官僚政府愈來愈龐大是一種危機，因為官僚的政府會引出官員的貪污腐化，行政效率低落。此外，他極力主張，要協助被奴役的殖民地民族反抗帝國主義，早日求得解放。

托洛斯基的這些主張與理念恰恰跟史達林的想法大異其趣。第一、史達林在1923年時已經掌控了蘇聯共產黨的機器，他的首要任務是強化（不是簡化）黨的組織，他的燃眉工作是建設蘇聯的經濟，尤其是開始五年計畫的經濟政策，開設集團農場以及振興國內工業。史達林認為革命不僅是以窮人代替富人統治，而且要增加生產，籠絡小資產階級支持。托洛斯基出身烏克蘭地主的猶太家庭，他精明能幹，智能高超，但沒有列寧的樸實、率真。他常常親自上前線督軍，他的演

---

7 參見James, *World Revolution, 1917-1936*, pp. 155, 159-160, 217.

8 譯自Leon Trotsky, *The Third International After Lenin*，英文譯本 New York : Pathfinder Press, 1970. P.184.

說極富煽動性，所發表的文告，上至教授、下至農夫都可研讀。不過他的缺點是自視甚高、太過自信，不能接納諫言批評，而且跟他同等地位、智力的人合作，會感到不自在。史達林（意思是鋼鐵做的人）出身喬治亞的小農，精於陰謀詭計，善用黨員組織管理群眾，當托洛斯基傾全力要搞世界革命時，史達林認真擴大鞏固他在蘇聯國內的權力基礎。雖然史達林也關心國際共產黨的活動，但他咸認單一國家就可以獨自實行社會主義。這些不同理念加上列寧在遺囑指定托洛斯基為他的繼承人，因此托洛斯基遂變成城府很深的史達林的眼中釘！

1924年10月，史達林公然違背馬克斯與列寧的教誨指示，首先抒發他的理論，說社會主義可以在單一國家成功地推行發展，而這個國家就是蘇聯。這種講法等於把民族主義擺在國際主義之上，向愛國人士讓步。當時就有國際共產人士擔心，史達林提出的理論可能會削弱第三共產國際的革命力量。儘管如此，大權在握的史達林我行我素，最後完全出乎托洛斯基所預言，蘇俄的命運未來將取決於第三共產國際的成敗！

史家對蘇聯與第三國際留存的資料，都抱著懷疑審慎的態度去處理，就如同英國帝國主義，納粹法西斯留下的檔案、甚至中國共產黨與國民黨的黨史資料，很多都是經過篩選、刪除，或是捏造才印出來公諸於世的。

第三國際失敗，倒垮得那麼快的理由是什麼？第一是判斷錯誤，因為馬克斯、列寧低估了民族主義的力量。二十年代、三十年代期間，不管是有錢人、沒錢人，法西斯主義者、保守派或自由派，以及出身不同社會背景的各種人士，他們之所以能團結一致的原因就是民族主義，而促使他們能夠團結在一起的共同敵人就是共產主義，就是無國界的國際社會主義。從政治、經濟、文化傾向衡量，資產階級選擇要走的民族主義路線跟社會主義所主張的共產國際路線，是水火不相容的。這也是日本大眾無法接納社會主義、共產國際主義者的主要原因。試想從小就被灌輸要忠於天皇、要熱愛大和民族的日本人，無法想像以蘇俄為首的第三共產國際才是他們應該嚮往的祖國！

第三共產國際不僅在中國被國民黨打敗，在日本也無法得逞，甚至在歐洲也是節節敗退。1927年匈牙利的蘇維埃埃垮臺，法國是第三共產國際的最後堡壘，但也丟失。1933年，隨著希特勒（Adolf Hitler, 1889-1945）的掌權，德國無產階級一敗塗地，在此同時，以史達林為首的蘇聯在經濟、政治、文化方面不但沒有顯著的建樹，他的獨裁政治、集體農場與忽視民生工業的措施，導致無數農工的挨

餓、凍死！簡言之，蘇俄的失敗是導致第三共產國際失敗的主要理由。

1937到1940年間，蘇俄依然是個落後的國家，軍事國防預算吃掉大半國家的財力，一般工人、農民生活困苦。不錯，當時的蘇聯工人一天只工作七小時，而且比起沙皇時代，享有較好的文化教育，可是他們一個月的工資平均只有六十先令（Shillings），是歐美國家最低落的待遇！在共產極權的統治架構之下，共黨官僚享受的特權，遠比西歐民主國家的官員更優厚。騎在人民背上的秘密警察，監視著人民的一行一動；蘇聯秘密警察的開支佔國家預算的三分之一，而且逐年增加。在生產線不服從命令的農民、工人可隨時被解雇或失掉公家配給的房子。儘管蘇聯社會的不平等不亞於西方的資本社會，但是農民、工人還是要接受黨的號令分配。此外，離婚的法律由共黨一紙發布，完全漠視一般民眾的反應。總之，人民的自由、人權、生命、財產完全沒有法律的保障！

至於知識分子的思想天地，在史達林的專制統治之下，完全失去自由，全部要聽黨的訓令指示，只能以馬、列主義當聖經，才能教書、研究、著作。沒有黨的許可，沒人敢寫俄羅斯近代史；文學、哲學、社會科學方面的研究，也是要以馬、列思想為圭臬，否則無法出版發表。這幅景象竟然是三十年代臺灣左翼分子冒著生命危險，要以自己（以及臺灣同胞）的鮮血去爭取的「烏托邦」呢！反過來看，他們提倡的口號，諸如：打倒帝國主義，建立國際社會主義，反抗日本資本主義的壓榨以及解放被奴役的臺灣民族，難道不會刺激有理想、有血性的青年，誘導他們嚮往嗎？

3.聯合陣線與民族解放戰爭

第三共產國際第三次的代表大會於1921年6月22日到7月12日在莫斯科召開時，同意接納十五個新共產會員國，同時通過「聯合陣線」的新戰略，以擴大世界無產階級革命為目標。就在這個前提之下，反帝國主義的民族解放戰爭遂變成了第三共產國際的重要任務。因是之故，在中國、印度、越南、印尼、朝鮮、臺灣等亞洲國家與地區組織共產黨已經是既定的政策，於是1921年夏天，第三共產國際遣派印尼共產黨創始人馬林（原名Henk Sneevliet, 1883-1942，化名Maring）協助中國共產黨人在上海（最後一天轉移到嘉興南湖）召開第一次全國代表大會。隔年（1922）中共正式加入第三共產國際，在此同時，居留在蘇聯的日本共產黨活躍人物片山潛與印度共黨名人羅易（Manabendra N. Roy, 1887-1954）都被

選入第三共產國際的主席團。另外，來自越南的胡志明（1890-1969）已經開始在第三共產國際總部工作當通訊員（當時他的名字叫阮愛國）。

「聯合陣線」的邏輯是：當共產黨開始發展時，黨員大部分是來自勞動工會與農民組合的成員，因此在每一個國家都是居於少數黨的地位。這些人原先加入共產黨的目的是為爭取更高的工資以及改善工作條件。共產黨員相信馬、列教條，認知革命的機會遲早會來臨，因此他們要藉著各種政治、社會、經濟、國際的危機動員民眾參加集會、遊行等抗爭活動；而且不時要聆聽組合、工會領導人的宣傳、演講、廣播，才不會「違逆時代的洪流」（這些伎倆後來全部傳到臺灣的農民運動）。儘管列寧一再保證，勞動大眾敢於抗爭打仗，不過在戰爭的初期，資本階級、民族主義者、愛國人士組成的政黨（如二十年代、三十年代的中國國民黨）會佔上風，而且反動勢力會乘機無情的打擊國際主義者與農工革命者，但是歷史證明，只要勞動無產階級堅忍奮鬥、不怕犧牲、前仆後繼，他們將會取得最後的勝利。基於這個邏輯，居於下風的共產黨務必要尋求資產階級的政黨合作，「聯合」一齊反抗帝國主義，同時要滲透溫和政黨，高喊「人民作主」、「民主萬歲」的口號，以及拉攏友黨的左傾分子。「聯合陣線」的最終目的是要打倒資本主義、打倒帝國主義，將反帝國主義的愛國戰爭轉變為內戰，這完完全全是二十年代到四十年代中共與國民黨糾纏的最好寫照。國際主義的勃興是因為列寧與托洛斯基的倡導，國際主義的衰微是因為列寧的死亡與托洛斯基的失勢。史達林放棄積極全力支持世界革命，轉趨發展蘇聯本身的社會主義，是導致1923年德國共產革命失敗的主要原因。托洛斯基甚至將1925年到1927年中國共產黨差點被蔣介石領導的國民黨完全消滅的責任全部歸咎於史達林，指責史達林沒徹底瞭解「聯合陣線」的基本策略，不懂如何運用「聯合陣線」的戰術[9]。

「聯合陣線」不是萬靈丹，要因國家危機存在的嚴重性做靈活的運用，因為跟溫和革命黨聯合，對農工大眾才會更有吸引力，在危機時刻善於誘導農工，就是致勝的前奏曲。還有，僅僅靠宣傳，還是無法誘導千百萬人參加革命，一定要利用流血事件激發人民的公憤。「聯合陣線」有潛在的危險性，臺灣農民運動時常運用「聯合陣線」與「臺灣文化協會」合作壯大抗爭的力量，但是卻得到反效果。

---

9 Trosky在1928年10月4日，寫了一篇"The Chinese Question After the Sixth Congress"的文章，他的英文版"Problems of the Chinese Revolution"收集在Trosky的 *Third International After Lenin*, pp. 167-230.

　　列寧對「聯合陣線」的第一嚴格準則是「在任何情況下，絕對不可廢棄批判的權利」，譬如說，佃農民眾集體向糖廠抗爭時，如果聽從民眾黨成員建議，可讓日本警察到場維持治安的話，農民組合的共黨人員，一定要出面痛批民眾黨的主張。但批判要謹慎，不可意氣用事，要等到最好的時機才發聲攻擊（下章會檢討臺灣農民組合對民報社論的攻擊是不是最好的時機）。

　　1921年12月，列寧對「聯合陣線」的綱領起草完成，在第三國際的第四次會議（1922年11月）又加以潤飾；同時決定，共黨不但不能跟英國工黨或德國的社會民主黨合作，而且要公開反對。反之，在捷克與巴爾幹半島的一些小國，「聯合陣線」是迫切需要運作的。在德國因為通貨膨脹，法國軍隊佔領魯爾（Ruhr）工業區，工人生活困苦，於是1923年德國共產黨（KPD）發動罷工，組織紅軍民兵，制裁抬高物價的商賈，不過在此革命時機成熟時，史達林、季諾維也夫跟加米涅夫卻忙著鬥垮托洛斯基，沒能善用「聯合陣線」的列寧綱領。八月中旬，德國工人罷工拉倒庫諾（Wilhelm Cuno, 1876-1933）的中間偏右政府；可是德國共產黨沒得到史達林首肯，因為史達林恐怕把蘇聯牽進德國內戰，引發英、法、美出兵阻止「赤流」。果然，史達林真正穩固了他在蘇聯黨政方面的領導地位[10]，1924年第三國際在第五次會議中，完全由反對托派的史達林、季諾維也夫、加米涅夫與布加寧所掌控。

　　第三共產國際既然在德國不敢大膽出手、鼓動風潮，造成大好的世界革命局勢，不過卻反過頭來支持美國人組成的「農民勞動黨（Farmer-Labor Party）」，可是也無法在美國境內掀起重大的政治漣漪。這個左翼組織的總部設在北達科達州首府俾斯麥（Bismarck）城，只存在不到五年（1926-1930）時間就解體，有點類似臺灣的農民組合的遭遇。1923年10月第三共產國際為了爭取東歐農民參加共黨組織，又成立了「紅色農民國際（The Red Peasant International）」，英文簡稱為Krestintern。1925年4月10日紅色農民國際在莫斯科召開的第二回國際農民大會中，有二十九國代表四十五名出席，勞農蘇俄中央執行委員長加里寧氏（Mikhail Ivanovich Kalinin,1875-1946）出席開會式，致歡迎之辭[11]。1920年代中期，胡志明轉到紅色農民國際的中央常任委員會工作。紅色農民國際最初的會員包括：保加利亞農民國家聯盟（Bulgarian Agrarian National Union）、克羅埃

10　參見《德國歷史問題》前引書，頁268-279.
11　《臺灣日日新報》1925年4月12日，8951號2版.

西亞農民黨（Croatian Peasants Party）、愛爾蘭勞動農民委員會（Irish Working
Farmers' Committee）、墨西哥農民同盟（Mexican Peasant Leagues）以及菲律賓
農民聯合會（Philippine Confederation of Peasants）。臺灣的農民組合不在名單之
內[12]。

4.第三共產國際與中國共產黨的恩怨

　　列寧早在1919年大戰結束之後就開始注意亞洲（特別是中國）的情勢發展，
因是，他在1920年第三共產國際的第二次大會就提出「東方國家革命綱領」。列
寧看出中國革命是全世界無產階級革命不可或缺的一環，因為如果讓亞洲殖民
地與半殖民地的資源繼續被歐美帝國主義搜括壓榨的話，將來就很難打倒歐美
的資本主義。可是因為中國共產黨仍在胚胎階段，在還沒茁壯之前，必須借用
國民黨的營養慢慢培植農、工無產階級在中國的力量。在此同時，中國經濟受
到外國資本家的控制，帝國主義支持不同派系軍閥分地割據，譬如日本支持段
祺瑞（1865-1936）、張作霖（1875-1928），英國支持吳佩孚（1874-1939）、孫
傳芳（1885-1935），造成農民、工人受苦，政局紊亂。帝國主義的侵擾與軍閥
割據，逼得中國國民黨總理孫中山（1886-1925）無處可走，只好求救於蘇聯。
1922年8月12日第三共產國際代表越飛（Adolf A. Joffe, 1883-1927）抵達北京，
然後到上海跟孫中山進行合作談判，之後邀請四十名中國代表到莫斯科訪問[13]。
1923年1月12日，第三共產國際決定要跟國民黨組成「聯合陣線」之後，孫中山
重組國民黨，提倡民生主義、平均地權、節制資本等近乎社會主義的綱領。一位
馬列主義學者詹姆斯（Cyril Lionel Robert James, 1901-1989）嘲笑說，孫中山畢
生致力於中國革命、鞠躬盡瘁，一直奮鬥到最後一口氣，可是他遺留下來的三民
主義、孫文學說，英國工黨首相麥克唐納（Ramsay MacDonald, 1866-1937）半個
鐘頭之內，就可輕而易舉幫他草擬完成[14]。

　　第一次世界大戰除了因山東問題引發的五四新文化運動之外，也刺激了中國
工業的滋長。如以1913年的指數為100，到了1926年工業平均生產量已經增長到
226.1，其中紡織工業和香菸製造業在十三年間增長500％。突飛猛進的工業連帶

12　參見George D. Jackson, Jr. *Comintern and Peasants in East Europe*, New York: Columbia University Press, 1966.
13　1927年托洛斯基被整肅，越飛向史達林抗議之後自殺身亡。
14　James, *World Revolution, 1917-1936*, 前引書, 頁233.

產生更多的無產階級勞工；加上五四運動的學潮，多少刺激勞動群眾的愛國情緒，於是接二連三的工會組織出現，中國的工人學會罷工，慢慢地投入反對資本家的政治運動。1920年機械工人成功的罷工開啟了近代中國的勞工運動，接著就是共產黨的誕生[15]！

1919年孫中山發表了他的建國大綱，懇請友好國際列強和中國合作，開發經濟，振興工業，藉以消弭戰爭，促進世界大同。可是歐洲列強反應冷淡，美國人也不想幫助孫中山[16]。孫中山與列寧在很多地方，見識相同，心懷互相利用對方達到革命的目的，於是一拍即合，「聯俄容共」便成了近代中國歷史的轉捩點。1920年列寧指示務必要組合農民運動，教導農民革命意識，把農民與所有被壓迫的階級編入蘇維埃！在此動盪的歲月，中國的無產階級覺醒很快，三年內就成熟，北京、上海、廣州、武漢、香港的工人開始懂得用罷工手段來爭取他們的權益。

1923年春天，列寧寫他的最後一篇文章，很有自信的斷言東方革命的來臨。可是從此之後，列寧就不再視事，第三共產國際轉由史達林、季諾維也夫、加米涅夫等人主導，決定讓中共併入國民黨，不過托洛斯基投反對票。當年的秋天鮑羅廷（Mikhail Borodin, 1884-1951）和四、五十位蘇聯顧問抵達廣州，在黃埔軍校開始訓練北伐國軍。鮑羅廷帶運十二萬枝步槍以及兩百萬墨西哥銀元，幫國民黨建立黃埔軍校，重整黨紀（1949年鮑羅廷流放西伯利亞，兩年後死在荒冷的古拉格[Gulag]）。軍事顧問團團長加倫將軍（原名Vasilii Blyucker, 1883-1940，化名為Galen將軍），以紅軍的訓練方式協助蔣介石培養黃埔軍官，加倫的夫人加蓮娜（Galina Kolchugina）還親自教一門「政治騷動」的課程。其他蘇聯顧問教導黨工如何深入民間宣傳，如何動員群眾（不論對象是資產階級、勞工、農民、愛國民主人士、婦女與學生）做好北伐打倒軍閥的準備工作。1924年1月，重整以後的國民黨在廣州召開第一次代表大會，孫中山同意讓共產黨以個人身分加入國民黨，李大釗、毛澤東、周恩來（1898-1976）等宣示要遵守國民黨黨規；這樣安排之下，國共合作了四年[17]。

---

15 Trotsky, *Third International After Lenin*, pp. 329-330, footnote 45.

16 參見Sun Yat Sen, *Memoirs of a Chinese Revolutionary*, London: Hutchinson, Paternoster Row, 1927，孫中山的回憶錄在倫敦出版後，被Trotsky引用，見Trotsky, 前引書，頁173.

17 有關鮑羅廷在廣州訓練國民黨幹部的詳情，參見Lydia Holubnychy, *Michael Borodin and Chinese Revolution, 1923-1925*, University Microfilms International: Ann Arbor, 1979。北伐期間，蔣介石清黨剿共時，故意讓加倫將軍及夫人逃跑，參見"Generalissimo and Ma-

　　1925年年初，馮玉祥（1882-1948）打敗了吳佩孚，將吳的軍隊趕出北京。革命的烈火往往從小衝突開始燃燒，如工資的爭議、司法不公，搞革命的火就是要把乾柴準備好，等東風一吹，星星之火便足以燎原。從小小規模，擴大到城鎮、省區到全國。沒想到，1925年孫中山死在北京後，蔣介石在廣州接班，看破共產黨的真面目，反過頭來聯合帝國主義、江浙上海地區的資本家、以及買辦、地主、甚至軍閥，開始剿清共黨，逼中共拋棄城市轉到農村，流竄江西建立蘇維埃，這是第三共產國際策略運作的失誤。1927年12月，第三共產國際在中國的革命徹底失敗的原因是史達林沒把「聯合陣線」的原則運作得當，加上他不諳中國的內部複雜環境。當時，上海跟廣州的共產黨員以及他們的同路人銷聲匿跡，第三共產國際的聲名發臭。1927年4月，中共大約有六萬名黨員，其中包括53.8%是工人，1927年7月，工人、農民佔中共黨員比率大約是73%，可是到了1928年11月8日的中共中央通告說：在勞工大眾當中，黨已經沒有任何一個健全的核心單位。1930年中共黨員之中，工人佔不到2%，1935年國際共產黨第七次會議當中，秘書處坦言他們在組織工人方面完全沒有進展。好幾年後，史達林、布加寧在中國革命（1925-1927）投射的慘敗陰影，一直還存在勞動工人心中，揮之不去[18]！

　　除了訓練國民黨與中共的黨政人員以及黃埔軍校的學生之外，第三共產國際還選派中國留學生，送他（她）們到莫斯科中山大學讀書。中山大學原先是莫斯科第一省立高中，後來改為KOMMUNISTI~ESKIJ UNIWERSITET TRUDQ IHSQ WOSTOKA IMENI STALINA，簡稱 KUTV（東方大學），直譯是「史達林命名的東方勞動者共產主義大學」。東方勞動者共產主義大學（1921-1938），坐落在距克里姆林宮大約走路半個鐘頭的一個寧靜古老市區。1917年十月革命之後，為了訓練中堅幹部使其在理論和實務能符合革命運動的需求，蘇維埃政府在1921設立了東方大學。1925年11月7日，為了一方面紀念十月革命八週年紀念，也同時緬懷已逝的國民黨創建人孫中山，所以第三共產國際決定將中國研究學系從東方大學獨立分開出來，另外命名為莫斯科中山大學（The University for the Toilers of China in Memory of Sun Yat-sen, 1925-1930），當時大約有一百位中國學生，日本學生在東方大學不過十餘人。這些中國學生大部分是鮑羅廷親自從國民黨與

中共的黨員中甄選出來，以公費送到莫斯科，學習馬克斯理論、列寧主義、唯物史觀、俄文、社會主義、政治經濟學、婦女運動史、動員群眾、心戰宣傳等革命知識、伎倆。班上學習之外還有課外學習，包括宿舍生活、莫斯科市內近郊工廠勞動實習、各種參觀活動（工廠、博物館、教育機關）以及研修旅行等集團生活。授課的老師大都是蘇聯共產黨與第三共產國際的知名人士，包括托洛斯基、史達林、張國燾（1897-1979）、向忠發（1879-1931）等。瞿秋白（1899-1935）、劉少奇（1898-1969）等是首批前往東方大學學習的，葉劍英（1897-1986）、王稼祥（1906-1974）、楊尚昆（1907-1998）、伍修權（1908-1997）、烏蘭夫（1906-1988）、廖承志（1908-1983）、劉伯堅（1895-1935）、蔣經國（1910-1988）、谷正綱（1901-1993）等都在中山大學或東方大學學習過。1923年以後，朱德（1886-1976）、鄧小平（1904-1997）、王若飛（1896-1946）、聶榮臻（1899-1992）、李富春（1900-1975）等也從西歐轉到東方大學，1927年中山大學在校生達到800人[19]。

5.第三共產國際在中國與臺灣左翼的誕生

因為日本「水平社」運動的影響所致，朝鮮受了這個餘波，1923年也組織個「衡平社」，撤除種族差別、消除職業偏見是他們的主要目的。1923年11月，少許中國、朝鮮與臺灣左翼青年在上海成立「平社」，許乃昌（約1906-1975）是其中的組織人物，他們還計畫每個月出版兩期的《平平》雜誌。早稻田大學教授又是日本共產黨的中央委員佐野學，還特地寫了一篇題名〈經過上海〉的文章發表於《平平》[20]。「平社」的另外一位臺灣人成員是蔡孝乾，他後來成為臺灣共產黨的中央委員，除了跟簡吉領導的農民運動有工作關係之外，還曾經想吸收年輕時候的李登輝（1923-）。許乃昌，彰化市北門人，父親許嘉種（1883-1954）曾活躍於臺灣文化協會、臺灣民眾黨以及臺灣議會設置請願運動。許乃昌在1920年代初期到大陸求學，1922年進入上海大學社會系，在上海大學時認識陳獨秀。1924年被安排去莫斯科東方共產主義勞動大學，後分配至上海。1925年3月起，《臺灣民報》北京特派員謝廉清（1903-1961）也在莫斯科學習，根據日本警察

---

19 參見Yueh Sheng（盛岳）, *Sun Yat-sen University in Moscow and the Chinese Revolution: A Personal Account*, Center for East Asian Studies, University of Kansas, 1971；風間丈吉《モスコー共產大学の思ひ出》（《莫斯科共產大學的回憶》），東京：三元社，1949。

20 臺灣總督府警務局編，《臺灣總督府警察沿革誌》第三冊《臺灣社會運動史（1913-1936）》，臺北：南天書局，1939，第一章：文化運動，頁77-78。以後簡稱《警察沿革誌》。

的資料，謝廉清和許乃昌在蘇俄接受短期訓練之後，於1925年7月返回北京，從第三共產國際代表領取三萬圓，依指示從事發展共黨活動。他們的活動包括在上海組織「赤星會」，成立「上海臺灣學生聯合會」（1925年年底），以及到東京參與組織「東京臺灣青年會」的「社會科學部」（1927），藉以聯合在日本留學的臺灣左翼學生[21]。

與此同時，中共上海大學教授安存真（1896-1927，曾留學京都帝國大學）、宣中宣介紹林木順，謝雪紅，陳其昌（1905-1999）等臺灣人加入共產主義青年團。「饒舌、動作輕快」的林木順，南投草屯人，1922年4月17日進入臺北師範學校，後因「性行不良」（應該是學生示威風暴）被日本人校長志保田鉎吉（1873-?）開除。謝雪紅連一天的小學（公學校）也未曾進過的，18歲以前沒有機會拿筆寫字，直到19歲以後，才開始在紙上學寫字。依照《往事如烟：張國燾夫人回憶錄》所記：「謝雪紅由上海到海參威轉莫斯科的，她是臺灣人，瘦長的個子，嘴裡鑲了一隻金牙，另外還有一個男子（林木順）跟她一道說是她的表弟，她對表弟是很嚴厲的，動輒咬牙切齒用臺語斥罵。……看不慣她那嬌橫樣兒，言語之間，對她不免有些諷刺。她個性倔強，仍罵如故。大家不懂臺語，見她橫眉怒目，聲調高亢，知道她又發了雌威。大家都討厭她，奇怪的是她那位臉黃身瘦的表弟始終一聲不響，異常馴服。他們會說國語，日本話講得更好，到了莫斯科她就入日本班上課，日本班沒有女生，她是非常受歡迎的。之後，她和日本青年打得火熱，早就把她那位表弟給拋棄了。」[22]

1927年10月17日，謝雪紅偕林木順離開莫斯科，帶著第三共產國際日籍代表片山潛的指令，回到亞洲組織臺灣共產黨，而且在海參威會見日本共產黨領導人渡邊政之輔、鍋山貞親，面授機宜。一般學者相信，佐野學與渡邊政之輔協助臺灣左翼人士草擬臺灣共產黨的「組織綱領」和「政治綱領」。1928年4月15日，臺灣共產黨在上海法國租界一家照相館的二樓正式成立，九位臺灣人與會（還有中共代表彭榮及朝鮮共黨代表呂運亨[1886-1947]到席指導）[23]。會議除了選出臺共的中央委員會成員之外，還通過一個決議，要以（臺灣）文化協會、農民組合為中心，將積極分子糾合於文化協會，經一定時期將文化協會改組為「大眾

21 同前引書，第三章：共產主義運動，頁584。
22 楊子烈《往事如烟：張國燾夫人回憶錄》，香港：自聯出版社，1970，頁155-156；有關謝雪紅的生平，詳見，謝雪紅口述，楊克煌筆錄，《我的半生記》，臺北：楊翠華自行出書，1997。
23 《警察沿革誌》，第三冊，第三章：共產主義運動，頁590-591。

黨」[24]。臺灣農民組合，是當時島內最大也是組織最健全的民族運動團體，謝雪紅重建日共臺灣民族支部的第一個目標，就是取得農民組合的領導權，她極力爭取農民組合中的重要幹部入黨，包括楊克培和楊春松（1900-1962）。楊克培，畢業於日本明治大學，1927年5月前往漢口擔任在漢口舉行的「泛太平洋弱小民族會議」日本代表的翻譯員，同年8月，返回臺灣後加入農民組合，並擔任中央委員。楊春松則為臺灣農民組合的中央常任委員。1928到1929年之際，臺灣共產黨就已經實質地滲透到臺灣的農民組合。

莫斯科中山大學第一任校長是拉狄克（Karl Radek, 1885-1939），他是波蘭出身的猶太人，也是托洛斯基的親信，當過第三共產國際的幹事和執行委員，但是在反托洛斯基整肅中遭殃，1927年被開除黨籍，監禁十年之後死於牢獄。中山大學的第二任校長是米夫（Pavel Mif, 1899-1937，原名Mikhail Firman），中國學生稱他米夫博士。米夫擁有經濟學博士，是遠東歷史專家，1926年是第三共產國際派駐上海的代表，1927年任莫斯科中山大學副校長，隔年升任校長。中山大學是國共合作的產物，1930年國共關係破裂之後，中山大學隨即關門大吉。1931年元月7日，米夫博士代表第三共產國際在上海主持中共中央第六屆四中全會議，撤銷李立三（1899-1967）和瞿秋白的中央政治局委員會職務，同時任命向忠發為中共中央總書記長，王明（1904-1974）為中央政治局常委。這時候，毛澤東和朱德已經在江西建立蘇區，再也不認真聽從第三共產國際的指示了[25]！

1924年第三共產國際第五次大會在莫斯科召開，與會者包括來自四十八個國家的三百四十名代表。這次大會從6月17日一直開到7月8日，由於蘇聯主辦領導人分裂內訌，使托洛斯基的國際派屈居下風，從此第三共產國際的運作功能開始走下坡。不喜愛意識形態理論的史達林故意拖延第六次的全球大會，一拖再拖，拖了四年之久，結果害得世界各地很多共產黨遭受攻擊，被打得支離破碎。在此期間，托洛斯基要求中共早日脫離國民黨，因為中共雖然在國民黨左翼分子的護翼之下慢慢成長，但是他們沒有自己的軍隊，一切政策、號令要聽服國民黨。1926年元月，國民黨中央委員共有278人，其中屬左派的有168人，右派的有45

---

24 《警察沿革誌》，第三冊，第三章：共產主義運動，頁592-594。臺共成立的詳細過程，參見Frank S. T. Hsiao and Lawrence R. Sullivan, "A Political History of the Taiwanese Communist Party, 1928-1931", *The Journal of Asian Studies*, February 1983, vol. XLII, no 2. pp.269-289；郭杰、白安娜著《臺灣共產主義運動與共產國際（1924-1932）研究》，俄羅斯國立社會政治史檔案，（簡稱「俄檔」），許雪姬、鍾淑敏主編，李隨安、陳進盛譯，臺北：中研院臺史所，2010，全宗495/目錄128/案卷9，頁46-53。

25 參閱David S. G. Goodman, *Deng Xiaoping and the Chinese Revolution: A Political Biography*, London: Rutledge, 1994.

人，中間派則有65名。史達林指示第三共產國際要支持以汪精衛（1883-1944）為首的國共聯合政府，1926到1927年，國民黨兩次申請要加入第三共產國際，但都遭受拒絕。不過，第三共產國際執行委員會第六次全會時（2月17日至3月15日）接受胡漢民（1879-1936）的請求，認同國民黨為第三共產國際的同情會員黨，並且名列蔣介石為中央執行委員會的名譽常任委員，代表中國人在第三共產國際組織的最高地位[26]。這兩項議題討論時，托洛斯基持反對意見，都投了反對票，可是史達林與蔣介石卻互贈肖像，並且封鎖蔣介石抑壓工會、農民組合與共產黨活動的消息[27]。

蔣介石在1926年3月20日的廣州「中山艦」事件後，已經實際掌握了國民黨的軍政大權，並於當年7月9日誓師北伐，喊出「減地租四分之一」與「改善工人生活」的響亮口號，1926年10月，史達林以電報訓令中共要節制農民運動，避免跟國民黨的北伐官兵起衝突[28]。到了1927年2月，蔣介石攻進江西的軍隊，開始鎮壓工會與農民組織。1927年2月18日，上海的三十萬工人罷工，北伐軍3月26日挺進上海，蔣介石突然在4月12日下令剿共，擄殺了好幾千名左翼工人與知識分子。然而史達林和主管第三共產國際的布加寧在1927年4月、5月時，仍然替蔣介石的清共行動辯護[29]。

根據陳獨秀1927年4月在中共第五次會議的組織報告，中共黨員人數為57,967人，其中53.8%是工人，18.7%是農民，其他是軍人、學生和知識分子。除此之外，共青團人員約有35,000人，工人組織（包括運輸工人、碼頭工人、營造建工、礦工）從1923年的230,000人數增加到1925年的570,000，1926年的1,264,000到1927年的2,800,000；再加上手工藝、苦力、店員、學徒、以及以工藝為生的工人估計約有12,000,000。準此，無產階級加上半無產階級的總人數大概是一千五百萬之譜（比起俄國在1905年的無產階級人數一千萬，還多出50%）[30]。1927年春天，單就漢口、上海諸大都市就有一百萬以上的工人響應北伐革命的號召。

---

26 參見俄羅斯科學院遠東研究所主編，《聯共（布）共產國際與中國國民革命運動，1926-1927》，中共中央黨史研究室，中文譯本，第三卷，頁91，149。

27 *International Press Correspondence*（《國際新聞通訊》），以下簡稱IPC，英文版，April, 8, 1926, p.415.

28 *IPC*，法文版，March 23, 1927, p.443.；June 23, 1927, p.1028；英文版，May 6, 1926, p.600.

29 *IPC*，法文版，June 15, 1927, p.885；June 25, 1927, p.932.

30 資料引自Pavel Mif, *Kitaiskaya Revolutsia*（《中國革命》），Moscow, 1932, p.117.；以及*Pan-Pacific Worker*, no2，漢口，July 15, 1927.

除了工人組織參加革命之外，中國的農民也正式參加行動。1927年在中國中南的湖北、湖南、江西總共有9,720,000人參加組織，在湖南，農民已經開始大規模沒收地主的土地。經濟學家陳翰笙（1897-2004）調查的結果，發現在廣東一省，貧農佔總人口的74％，卻只擁有19％的土地；在無錫，貧農佔總人數的68.9％，但只擁有14.2％的土地；在保定，貧農佔65.2％，但只擁有25.9％的土地[31]。

國民革命軍隊分兩路北伐，西線因宣傳運作得當，順利佔領武漢，並由從海外歸來的汪精衛、湖南軍閥唐生智（1889-1970）和馮玉祥等人組成武漢政府，而且在1927年派軍攻入河南，大敗張作霖的奉軍。可是6月22日馮玉祥與帶領東線國民革命軍的蔣介石媾和，7月15日跟漢口政府決裂，兩人都贊成清黨。這時，已經卸任第三共產國際職務的托洛斯基，主張中共要跟國民黨分裂，而且要自己建立蘇維埃基地。7月14日當工人、農民的頭顱被砍倒在漢口街頭時，第三共產國際的中央執行委員會正式宣告：「武漢的革命角色劃上休止符」[32]。7月27日，鮑羅廷夫婦離開武漢回蘇俄備詢，第三共產國際火速派了一位才28歲的羅明納茲（Beso Lominadze, 1897-1935）當駐中國代表。羅明納茲是位傲慢、不關心中國人尊嚴的喬治亞人，他在1927年7月23日抵達中國時的派頭，簡直像是一位沙皇出巡的欽差大臣。羅明納茲於8月7日在漢口主持中共中央緊急會議，指控陳獨秀為托洛斯基派的極左分子，而撤銷他的總書記職位；不到兩年半，陳獨秀在1929年11月又被中共開除黨籍。毫無國際經驗的羅明納茲根本無法處置中國複雜的政治問題，不久也被召回國，改由一位美國共產黨人布勞德（Earl Russell Browder, 1891-1973）擔任。布勞德跟他的情婦哈莉絲（Kitty Harris）住在上海，藉用泛太平洋商會總會（Pan-Pacific Trade Union Secretariat）當掩護，做第三共產國際的代表特工，不久也被米夫調回，再改派印度人羅易當第三共產國際駐中國的特工。羅易在1929年被逐，又因怕被史達林殺頭，於是溜回印度發展。布勞德在1929年回美國定居，1946年也被開除黨籍。羅明納茲回蘇俄之後，參加反對史達林的陣營，1930年被放逐到烏拉河岸的鋼鐵城（Magnitogorsk），在那裡不得志而自殺身亡。

---

31 陳翰笙，《中國現代的農業問題》，發表在第五屆太平洋關係研究所（上海，1993）的論文，被引用在Trotsky的*Third International-al*, Explanatory Notes, pp. 335-336.

32 *IPC*，法文版，July 27, 1927, p.1041.

當武漢、上海連連失利時，第三共產國際又找了一位德國共產黨人叫紐曼（Heinz Neumann, 1902-1937）到廣州，籌畫無產階級起義，這是史達林和布加寧狗急跳牆的反射動作。紐曼與中共軍頭葉挺（1896-1946）在1927年12月11日領導廣州公社的無產階級暴亂，歷時五十小時，後來被五萬裝備精良的國民黨兵團平定，估計有五千七百名農民、工人（包括重要共黨幹部）喪命。事敗之後，葉挺向莫斯科報告說，起義情勢開始轉壞之際，紐曼最先乘機溜走。紐曼在廣州暴亂之後回莫斯科坐冷板凳，1931年失蹤就不知他的去向死活！有鑑於一連串許多國際共黨人員無法在中國執行任務，1928年夏天之後，第三共產國際不再遣派駐中國代表，改由瞿秋白、張國燾、鄧中夏（1894-1933）、王若飛等人組成中共駐共產國際代表團，通過代表團指導中國的無產階級革命。臺灣共產黨自1928年之後就是受這個代表團指導帶領。準此，謝雪紅、翁澤生（1903-1939）在臺灣的活動都直接由瞿秋白等人下命令，1931年3月10日第三共產國際遠東局（Far Eastern Bureau, 簡稱FEB）〈致臺灣共產主義者書〉就是由瞿秋白等人草擬定稿的[33]。

　　第三共產國際稱國共「聯合陣線」這段歷史（1923-1928），為「第二次中國革命」。喜愛意識形態的共產黨領導人，用各種不同理論來支持或反對聯合陣線。前面提到，共產革命理論大師托洛斯基堅持反對第三共產國際與國民黨合作，主要的理由是，托洛斯基認為十分之九的國民黨左翼人士（如汪精衛），表面上看似同情無產階級，但骨子裡都是資產階級的代理人。他們只是以勞工、農民為保護色，來掩飾他們的資產反動本質，何況中國的民族解放統一是個複雜的國際問題，跟蘇聯的存活有相當重要的關係，所以一定要由無產階級直接主導；托洛斯基認為更重要的是，要有紅軍、要有蘇維埃基地才可進行無產階級革命。反之，史達林與布加寧認為「聯合陣線」只是過渡時期的因應辦法，因為中國無產階級的革命時機尚未成熟，所以不肯改弦更張。

　　1926年7月正當蔣介石誓師北伐的時候，莫斯科中山大學拉狄克校長寫信到蘇聯共黨中常會（Polibureau），問了一連串問題，俾能將符合於第三共產國際的官方政策轉告中國學生。這些問題包括：蘇聯共黨如何對付蔣介石的獨裁作風？鮑羅廷要抑制農民活動的政策對不對？國民黨對農民做了些什麼好處？為

33　全文見附錄。

什麼國民黨中常委發公告要把階級鬥爭減到最低程度？拉狄克的信沒人回答，過了一些時候，再寫一封信也是石沉大海，9月再寫，依然沒人回覆。等到1926年11月蘇聯黨中央發表宣言，才提出中國革命運動需由四個階級聯合作戰的理論。布加寧也乘機開除拉狄克的黨籍，而中山大學校長的職位就由米夫接任。布加寧隔年春天在《真理報》發表了一篇〈中國革命問題〉的文章，指出中國社會有四個階級，而目前的四個階段合作，才是走上「民主資產革命（democratic bourgeoisie）」的第一步。他所謂的四個階級指的是：1）無產階級工人，2）農民，3）小資產階級（有財產），以及4）大資產階級[34]。換句話說，布加寧要先走第一步「民主革命」，才能走第二步的「社會主義革命」。

　　史達林還有另外一種考量，那是為了保護帝俄在中國東北（滿洲）既得的利益，蘇聯不得不跟國民黨合作，所以才提出「兩個階級政黨（two-class party）」的綱領，警告共黨同志不必急於赤化中國，不能觸怒蔣介石[35]。總之，「中國第二次革命」是第三共產國際的一筆濫帳，除了托派與史派互相指責攻訐之外，不同立場的學者還繼續會做出不同的解釋與結論。1927年8月，蔣介石在南京建都，隨即實行訓政，以黨治國，接著提倡「新生活運動」，引進外資，並且繼續與軍閥內戰兼剿共。1931年外國公司在中國投資的總資產額為33億美元，其中有78.1%是直接經營生產與貿易，21.9%是貸款給南京政府，外資控制半數的紡織工業跟三分之一的鐵路。如果跟俄國在第一次世界大戰前夕比較，當時外國人在俄國的總投資是38.8億美元[36]。

　　三十年代初期的上海外灘，住有形形色色的外國人。1931年在中國工業較發達的九個省分（分布於29個城市），工廠勞工大約是一百二十萬人。有一天上海各大報紙報導一則豔諜的大新聞，說中國刑警快捕破獲兩位第三共產國際的間諜，男的叫魯德尼克（Yakov Rudnik），女的是莫伊森科（Tatyana Moiseenko）。這兩位蘇聯人對外宣稱他們是夫妻，而且要人家稱他們為牛蘭夫婦（Mr. and Mrs. Hilaire Noulens）；後來證實他們是第三共產國際遠東局的地下情報人員。莫斯科為營救牛蘭夫婦，在1932年特派德國共黨分子李德（Otto Braun, 1900-1974）火速趕到上海。李德在1933年志願申請到江西的蘇維埃地區

34　參見*Pravda*, April 10, 1927.

35　有關史達林綱領，參見*IPC*, April 28, 1927.

36　參見Charles Frederick Remer, *Foreign Investment in China*, New York: Macmillan, 1933, p.58.

跟八路軍一起打拚，獲准以後，喬裝為外國神父在1934年元月潛進蘇區。1935年之後，大部分的共黨人員被國民黨趕出蘇區，在二萬五千里「長征」途中，以毛澤東為首的所謂「土共」當權，李德被撤職，1939年離開中國，之後第三國際逐漸失去對中共的直接控制[37]。

三十年代的第三共產國際，已經無法主控全球各式各類的左派政黨，有的拒絕莫斯科的條件，有的不服膺史達林的領導，自己走自己的路。由於左翼政黨的互相傾軋，自己內鬨，反而沒時間、沒力量對抗他們的真正敵人，那就是資本主義以及極右派的政黨，於是讓極右派的法西斯、納粹與軍國主義者有機可乘。等到1933年希特勒取得德國的政權時，托洛斯基知道第三共產國際已經再也不是一個無產階級的革命組織，於是在1938年企圖另起爐灶，建立第四共產國際。為了阻撓托洛斯基派的復活，史達林在1929至1936年間加強整肅清算反對他的異端分子。如此大型的國際性的整肅受害者包括：美國共產黨領導人羅弗斯通（Jay Lovestone, 1897-1990），紀特羅（Benjamin Gitlow, 1891-1965），伍爾夫（Bertram D. Wolfe, 1896-1977）；義大利共黨領袖塔斯卡（Angelo Tasca, 1892-1960），崔索（Pietro Tresso, 化名Blasco, 1893-1943）；捷克斯拉夫的化學工會理事長哈意斯（Josef Hais, 1866-1943）、伊列克（Bohumil Jilek, 1892-1963）；奧國共黨要人斯特拉索（Otto Strasser, 1897-1974）；曾任法國公共衛生部長的塞里耶（Henri Sellier, 1883-1943）與他的支持者；中國的托派首腦陳獨秀；西班牙工會領袖波艾滋（Andres Nin Perez, 1892-1937），毛林（Joaquin Maurin, 1896-1973）；瑞典的共產黨創始人基爾博姆（Karl Kilboom, 1885-1961）與大部分瑞典共產黨員，以及德國的塔爾海默（August Thalheimer, 1884-1948），布蘭德勒（Heinrich Brandler, 1881-1967）等[38]。

1935年史達林任命保加利亞共黨領袖季米特洛夫（Georgi Dimitrov, 1882-1949）為第三共產國際的主席（也是最後一位），而且在第七次全球會員代表會議中又抬出「聯合陣線」，允許各國共產黨跟資本主義政黨合作。這個政策的動機，明顯的是為了要拉攏西方民主國家，遏阻法西斯主義、納粹主義的擴張，致使美國共產黨人轉而支持民主黨候選人羅斯福（Franklin Roosevelt,

---

37 有關李德在中國的事蹟，參見他的回憶錄Otto Braun, *Chinesische Aufzeichnungen*, Berlin: Dietz Verlag, 1973。此書在1982年經Jeanne Moore譯成英文*A Comintern Agent in China*，並由Stanford University Press出版。

38 參閱Thomas Lane, ed. *Biographical Dictionary of European Labor Leaders*, Westport, Connecticut: Greenwood Press, 1995.

1882-1945），而在西班牙的左派也轉向反對加泰隆尼亞（Catalonian）與巴斯克（Basques）的民族自決運動。當然在中國，隨著1936年12月的「西安事變」之後，國民黨與中共又同意第二次的「聯合陣線」，對抗日本的侵略。在此情況下，第三共產國際派遣王明回國，後來在延安整風中遭到批判，王明從此在中共中央失去勢力。不過在對日抗戰期間，中共的「東北抗日聯軍」仍然直接受到第三共產國際的奧援與指導。

第二次大戰的轉捩點是1943年當美國海軍在太平洋轉守為攻，而且蘇聯紅軍保住了列寧格勒與史達林格勒。在此「情勢大好」的國際情形之下，第三共產國際執行委員會主席團在1943年5月15日做出「關於提議解散共產國際的決定」，5月22日向全世界廣播這項決定，6月10日第三共產國際的執行委員會（ECIC）正式宣布解散歷時長達三十四年的共產國際組織。值得注意的是，日本共產黨雖然是唯一反對日本發動「大東亞戰爭」的日本政黨，可是它並非是第三共產國際的重要議題，或需要特別關照的會員黨。1949年當毛澤東在北京天安門宣布建立「中華人民共和國」時，日共以合法、理性、民主的競選方式獲得百分之十的選票，佔上三十五個的國會席次。當時主導戰後日本重建的美國麥克阿瑟（Douglas MacArthur, 1880-1964）將軍不但讓日本婦女有投票權，而且還大刀闊斧地改革日本的政治、經濟體制。麥克阿瑟延攬一位跟托洛斯基背景出身一樣的烏克蘭猶太人雷正琪（Wolf Isaac Ladejinsky, 1899-1975）當農業改革顧問。這位不願在共黨統治下生活而逃到美國發展的雷正琪（1928年畢業於哥倫比亞大學），在1947至1949年間，利用日本政府的公款向地主徵收23,470平方公里的田地（相當於全日本可耕地的38%），然後以廉價及貸款方式轉賣給三百萬佃農、貧農，終於實質有效地打破了日本傳統地主對土地的壟斷。到了1950年，90%的日本可耕地全都由自耕農自己耕作[39]。之後，雷正琪又到臺灣協助美援農復會的運作、以及三七五減租、耕者有其田的實施。這一連串的和平、理性改革，豈是主張以暴動、流血的無產階級革命主腦者托洛斯基之輩所能料想得到的嗎？

反過來看，要不是標榜「八紘一宇」，實行侵略擴張的日本帝國主義被兩顆原子彈打敗的話，享有特權的日本大地主怎麼會心甘情願地交出他們的田地呢？要不是從中國大陸來的軍隊「再度征服（reconquest）」臺灣的話（第一次征服

---

39 參閱Ann Waswo, *Modern Japanese Society, 1869-1994*, Oxford: Oxford University Press, p.136.

是1683年施琅帶領的清軍），臺灣的大地主、大富豪怎麼可能輕易放棄他們的田產土地呢？歷史上有上百萬大小種類的流血衝突，諸如宗教戰爭、種族戰爭、階級戰爭、獨立戰爭等，不過概括而言，戰爭依然是改變經濟生產力（means of production）與重組社會秩序最快速、最劇烈的方式。

【附錄】第三共產國際遠東局〈致臺灣共產主義者書〉

1931年3月10日

譯自《臺灣總督府警察沿革誌》（三）頁694-701

親愛的各位同志：

　　雖然好久沒跟各位在工作方面有所接觸，不久前接到的第一次報告也不完全，但是有關臺灣的革命事件以及共產主義者活動的概況，仍能清楚知道。

　　依此情況，不管日本帝國主義的白色恐怖有多專橫，縱使失去了與國際共產黨的聯繫，臺灣的共產主義者卻英勇地朝著世界歷史重要的主義，持續做革命的鬥爭；對日本帝國主義以及臺灣剝削階段，繼續深刻地鬥爭一事，是我們深感滿意之處。

　　不過，我們發現目前臺灣的共產主義運動尚存有一些缺點和弱點，我們對此確實有指責各位的必要。從我們所獲得的資料中，臺灣的同志似乎並未對所有的問題，盡最大努力去解決，因此所得到的只不過是初步的回覆。倘能跟各位保持聯絡，進而獲得更多報告的話，我們對各位的任務，甚至各位不得不思考的所有問題，也許就能獲得更具體、更詳細的說明。

　　在這封信裡，如果先要對各位主要的缺點與弱點指責的話，第一就是對於臺灣的革命鬥爭領導與組織顯得消極，積極性不夠充分。

　　如各位所知，有些地方的罷工時機已經成熟，譬如像去年12月所發生的煤礦工人罷工，本來是應該指導工人如何鬥爭，然而我們的同志卻放棄對他們指導，反而全權委任黃色工會去處理，結果那次的罷工終於以失敗收場。有些同志昧於大局，主張如果沒有勝利的希望，就非得藉罷工的手段不可。同樣的，在農民運動當中，走這種路線的，也彰顯出來。事實上，在團結、擴大以及統制不平不滿的農民群眾方面，我們的同志並沒有組織。甚至身為農民委員會委員的共產黨員，不但沒有指導個別的農民運動，反而積極的鼓動痲痺性的集體鬥爭。

我們之所以要各位注意這些事實的存在，是為了要迅速確定獲得戰勝的果實。各位這種消極的表現以及被機會主義毒素所捉住的心態，完全是因為各位沒清楚意識到指導集體的革命鬥爭。擁有組織力量的人只有共產主義者，指導臺灣的工人階級和農民對抗帝國主義和臺灣的榨取階級，能夠獲得最後勝利的也只有共產主義者。所以，臺灣的共產主義者有可能在消極中開始被分化瓦解。要不然，解決這項任務不會不可能，而臺灣的革命運動也不會延遲。特別是現在，上至國際情勢，下至臺灣島內的革命運動條件來看，這種消極性是不會被允許的。就實際而言，現在國際帝國主義一切的矛盾，因世界性的經濟危機越來越惡化，一方面帝國主義國家相互之間的鬥爭，也變得越來越激烈。因此，釀成新帝國主義戰爭的爆發是無可避免之事。

國際資產階級再次遭遇到此類經濟危機時，變得更加殘暴，進行更殘酷的鬥爭，圖謀奪取殖民地及其勢力範圍。照此事實推進，對全世界的政治環境帶來相當大的影響，而在各國勞苦群眾的面前也背負了新的重大任務。

再另一方面，國際資產階級為了要從此經濟危機中脫逃，對工人階級的生活水準施加壓力，幾千萬的工人群眾被棄於街頭，因流浪和飢餓而痛苦掙扎。隨著最近失業工人人數空前的增加，勞資雙方之間的矛盾，在各方面也顯得益加複雜。

先進各國多是工業發達的國家，階級的鬥爭因而早已形成，而且呈現為普遍的現象，工人群眾對資本主義的固執榨取正進行著反對鬥爭。

第三，資本主義世界和蘇維埃聯邦之間的溝渠隔閡，越來越深。蘇維埃聯邦社會主義建設的迅速發展及其勝利是全世界勞苦群眾對其同情的強化，蘇維埃聯邦也強固了對世界革命運動的影響。只不過同時為了要獲得社會主義建設的勝利，國際資產階級卻不允許蘇維埃俄羅斯的存在。特別是現在蘇維埃俄羅斯為了要獲得偉大的成功，而所有一切資本主義國家正遭遇著非常的經濟危機，於是在莫斯科宣布成立工業黨，更明白證實國際資產階級為了要干預蘇維埃聯邦而做武裝準備此一事情。這是因為蘇維埃俄羅斯依然是國際社會主義運動的中心，同時，俄羅斯的成功，給瀕臨於經濟危機的國際資產階級市場帶來很大的威脅。

以現在的國際情勢看來，在最後非指責不可的，是帝國主義含殖民地的矛盾擴大一事。

經濟的危機致使資產階級對殖民地國家施加越來越猛烈的壓迫和榨取。也因

此，自然地各殖民地附屬國家勞苦群眾的反抗和革命運動也更加激烈，已到了反對一切帝國主義的地步。

準此，最近數年來在被壓迫的東方各國，發生了空前未有的革命運動，譬如中國、印度民族解放鬥爭的發展，以及黑人國家和東方阿拉伯人進行的反對帝國主義革命鬥爭等。就中，中國的革命運動更達到了特別的發展，在農民戰爭中不只高舉蘇維埃的旗幟，無產階級所組織領導的勇敢的中國紅軍，還要和帝國主義者、中國資產階級等反革命聯合勢力、和殘酷的戰爭，持續對抗；也要一步一步解放在帝國主義、軍閥、地主壓迫下的勞苦群眾。

各位所處的國家也是殖民地國家，因此，不可自外於現在正呈現高潮的革命鬥爭行列。

日本帝國主義在世界大戰中雖然已相當強固了自己的地位，現在和其他資本主義國家一樣，遭遇了嚴重的經濟危機。不用說，日本和其他國家同樣有失業工人增加，相對的，其工人階級在經濟上、政治上的壓迫更加激烈。日本帝國主義對殖民地和非獨立國勢力範圍的武裝，加之以十倍的進行壓迫和榨取。

特別是在臺灣，利用其統治上的地位，組織性地惡化工人的生活，增加課稅榨取，蠻橫地把耕作自己土地的島民逼走，使他們陷入飢餓狀態，瀕臨死亡邊緣。

公然強暴掠奪臺灣農民的物品，脅迫他們勞動所生產的物品賣給日本資本家，付以連本錢也不足的代價。同時臺灣的農民，也必須向日本資本家納付條件嚴苛的租稅。

日本帝國主義之所以日益強化向臺灣的勞苦群眾榨取，是為了要填補她在經濟危機中所受的損失。另一方面，從臺灣吸取的大量資金，是為了準備新起的帝國主義的大戰，而且是要利用臺灣作為軍事根據地。

臺灣的勞苦群眾受到日本帝國主義如強盜般的掠奪與榨取之一事，必然會引發鬥爭，大革命即將爆發也是明顯易見的。

從國際的革命環境和臺灣的狀況來看，應該對多數的臺灣工農群眾加以組織領導，這是對各位最低限度的積極行為之要求。

各位反對組織群眾，危害了世界的新世界大戰，應該為反抗帝國主義的世界大戰做準備，同時，當然得宣傳蘇維埃聯邦社會主義的建設成果，組織臺灣勞苦群眾，反對帝國主義的武裝干涉，擁護中國的蘇維埃運動和印度的革命運動。各

位要團結臺灣的勞苦群眾，用鬥爭排除島內帝國主義的壓迫和剝削。現在各位處於非常複雜且緊張的國際狀態環境下，因此各位要以特別、最高限度的努力，積極完成眼前的一切任務。只有如此，才能開始加入世界革命運動，也才能和國際無產階級殖民地被壓迫群眾的鬥爭結合。如是，爭取廣大群眾到自己這一邊之事，是各位的根本任務。將自己的影響，以最大的力量傳播到臺灣的勞苦群眾中，更需要在組織上鞏固此等影響，配合組織，把勞苦群眾團結在自己的周圍。

要針對什麼是決定日本帝國主義勝敗，完成戰爭準備的對策，方能領導反帝國主義之戰，也才能改變土地所有制度的根底。這次革命（土地革命）是無法避免的，但是需要經過這種步驟，才能顛覆日本帝國主義的統治，只有經過這次的革命，臺灣才能達到完全的政治和經濟獨立。只有革命，始能完全肅清和日本帝國主義緊密聯繫、受其保護的土地所有制和一切的封建殘餘。只有革命，始能根本改善臺灣工人和農民群眾的生活。在臺灣進行反帝國主義、變更土地所有制，只有進行革命，在勞苦群眾的面前，展開社會主義鬥爭；也即是，只有社會主義最主要、最高形式的鬥爭，臺灣才可能有前途。

臺灣革命的結果是如何，各位現在影響組織群眾達到什麼程度，會有客觀的可能性並具備有革命條件嗎？關於是否能爭取群眾歸向共產黨，只要看一看現在臺灣一般勞苦群眾如何的不滿，即可充分證明。即在各處的農民運動、最近的霧社暴動，尤其更重要的，是在各種企業方面的經濟和政治罷工，就足以證明。

如此存在這些革命條件，對於一切問題，關係到各位是否能利用良好的環境，這點是相當重要的。

在群眾鬥爭方面，各位非採取最高限度的積極態度不可。各位要利用日本帝國主義[統治臺灣]所用的強暴壓迫手段，來激發群眾的怨恨，擴大勞苦群眾的鬥爭。各位要利用勞資之間、兵士和長官之間、農民在土地上的一切衝突，組織群眾，反對敵人階級。在日常的政治、經濟鬥爭上，要勞苦群眾歸向自己，而且要將鬥爭往高層度的形式推進。

各位在農工群眾的鬥爭方面，要服從各幹部[領導]的要求，在目前的革命階段，群眾是吾黨的基礎，我們的口號中，非指名群眾不可。這口號是：

一、顛覆帝國主義統治、沒收日本帝國主義企業，臺灣政治經濟完全獨立。

二、無條件沒收一切土地，歸還給鄉村的貧民、中農使用。

三、勢必消滅榨取階級及一切封建殘餘。

四、顛覆帝國主義中的地主、資本家的政權，建立農工蘇維埃。

五、取消帝國主義一切賦稅，一切苛稅。

六、實行八小時勞動制、社會保險，極力改良工人階級生活。

七、組織階級職業工會及其行動完全自由。

八、保護國際無產階級和壓迫勞動群眾的祖國——蘇維埃聯邦。

九、結合國際無產階級革命鬥爭和親愛同盟，特別是聯合日本無產階級，反對共同敵人——日本帝國主義。

十、擁護中國的蘇維埃運動、印度的革命，以及殖民地、半殖民地各國勞苦群眾的鬥爭。

一切的口號、或者在印刷的煽動和宣傳品中，各位向群眾解釋口號，把群眾團結在此口號下，發展他們的鬥爭。

事實極為明顯，各位若是要完成這項困難的建設任務，爭取群眾往自己的方面靠攏，唯一的方法是堅固、統一事實上是少數人又是小組織的共產黨，此外無他途。各位非要進行真正黨的建設不可，吸收產業工人及鄉村的貧農特別是首要的工作；即在農民運動及工人罷工時，要使那些最盡力的積極組織者及其參與者入黨，而且在每一企業單位，務必要組織黨的支部。這些黨的生產支部成為各位的基礎，選拔同志成為工作指導的基本泉源，同時要組織鞏固地方委員會。如此，在各位的國內各地區，就可以成功地領導廣大的群眾進行鬥爭。各位要極力地以口號和文字，煽動宣傳一切重要政治事件，為群眾指出具體、明顯的口號，真正地把他們團結在革命鬥爭之中。特別應該注意的是，要訓練黨幹部並進行宣傳工作之事。

我們的意見是，至少各位應該發行機關報紙。雖然在困難的條件下，這報紙也應該每月出版二、三次，必須像似黨的群眾日報，宣傳我們的基本口號，成為勞苦群眾集成的組織者、領導者不可或缺的讀物；保持組織的秘密，發展黨內的工作，這些都是不用贅言的。

我們的任務是遵從黨的建議，發展職工運動，鞏固運動中的領導作用。依據消息，各位近來，特別是破壞職工會後，削弱了自己在職工運動中的地位。希望各位能鞏固既存的赤色職工會，在尚未有組織的企業單位，非要組織新工會不可。這個工作並非純粹只靠上層機關，而是應由下層在企業中創造才是，以保障職業工會真正成為群眾的堡壘。另一方面，各位應該派遣特別同志，在黃色工會

工作，破壞他們，爭取他們的群眾。我們對於職工運動的影響和指導，必須組織共產黨團，並予以保障。該黨團必須遵從委員會的一切指示，並且切實執行。職工運動的基本方面和我們的基本任務是，作為罷工鬥爭的先驅、組織者及領導者。這項任務的完成，全靠我們的工人階級、工人運動的影響程度及力量而定。職工運動的任務是，我們必須指出農村及工人組織之必要。農村、工人的鬥爭在各位的國家是具有特別意義的，並且具特殊的作用。最後，依據各位的資料，至今為止沒有任何活動，也沒組織或領導失業工人，這個缺陷非盡快補救不可。也就是，組織特別的失業工人委員會，並依此在失業工人之中開拓進行有系統的工作。今天我們並不向各位一一提出團結失業工人的口號，[未來將]以特別通信方式告知各位。

各位在一切群眾工作中，公開利用一切可能的形式之事，是非常具有意義的。各種各樣的晚會，職工學校（工人長期學校），女工養成機關（女工養成的特別班），俱樂部，讀書室，遊戲運動的組織，飯館，喫茶店等，在各種各樣的地點發展，和群眾接近。如此，即使在有警察的恐怖條件下，也能夠聯合為數眾多的工人群眾，並加以影響。

另外，跟各位說明一下有關農民運動的任務。

大家都明白，農民組織在各位的國家已存在許久，並且也擁有相當的革命傳統。這點，對各位在農民運動的任務，該是相當容易完成的。各位必須把農民運動組合推廣布滿於全國，必須把所有的農民群眾（貧農、中農）組織團結起來。在這團體當中，把各地農民組合零星的鬥爭統一，集中一切的農民運動指導，整合賦稅的減少，地租的降低，拒絕繳納屬於日本帝國主義的灌溉稅等部分的鬥爭要求。各位要把為數眾多的勞苦農民群眾往共產黨的周圍團結，把他們的鬥爭和工人階級相結合，在基本的革命口號下，漸次地往高度政治鬥爭水平線上推進。同時，要制定特別、具體的口號，派遣同志到部落，在日本帝國主義的反對鬥爭中，組織我們的聯繫、堅固我們的領導。

再進一步說明反帝國主義運動。在這運動中，要逐漸有廣大的農工群眾，土著部落，與城鄉貧民參加。

為了促進此運動的發展，各位在反帝國主義大同盟的組織架構裡，一定要努力。文化協會在過去反帝國主義鬥爭中，起了相當的革命作用，而且繼續領導臺灣，反抗日本帝國主義。但在此組織中，參加的工人，甚至領導人，事實上是小

資產階級所組成的，對帝國主義是否能徹底的鬥爭，確實無法保障。各位要不論成敗，遵從一切群眾的組織，首先要藉助職業公會和農民組合之力，組織反帝國主義大同盟，再依據此同盟最近的開會決議案而行動。若是文化協會沒有採用反帝同盟的意見，你們就應該在其會員之中進行分化，在你們的組織之中，有先進革命情緒的會員，特別是工農分子，務必要將他們轉入反帝大同盟。各位要在所有的企業單位及各區、各域、各鄉村之中，依據黨團指示，組織幾個反帝同盟支部，黨團務必要保障自己的影響和主宰領導。

最後，在本信中，我們希望各位在農工群眾的組織方面要多加注意。我們非常清楚，臺灣過去曾經有勞苦群眾的革命組織存在，現在的工作皆根據此組織所引發培養出來的。只是目前在臺灣，青年團的情形如何，我們完全不知曉，真是遺憾，我們所接獲的資料中一點也沒提到。假如是沒有此類組織，就不要猶豫，應即刻組織。假若已經存在，但其力量薄弱的話，當然要盡最大力量去幫忙他們發展。

青年團是農工的先進分子，不僅是要組織領導青年進行政治、經濟的鬥爭，同時也是黨的後備軍，這是非常清楚的事實。因青年團在反帝國主義時、在破壞日本帝國主義軍隊的工作方面，有著非常重要的作用。與此相同的，各位要組織勞動婦女（首先是女工和貧窮的農婦），領導她們參與經濟、政治的鬥爭。我們對各位所提出的有關各種問題，也期待你們的意見。

也請各位對你們國內的經濟狀況，革命運動，向我們做更詳細的說明。

我們向各位提出了許多困難複雜的任務，我們相信諸位已經發動一切的力量，進行積極的活動，提高共產主義先鋒隊的戰鬥力。你們的勝利就在於完成各位本身的任務，保障臺灣革命運動的順利發展。

向共產主義敬禮！

共產國際[遠東]局

第三章
臺灣農民運動的興起

簡吉自述加入農民組合的動機:「因為我在村庄做教員的時候,生徒們概由學校歸家,都要再出田園勞動,因為過勞所致,以致這樣的兒童……,教習效果便失其大半。臺灣總督府為設模範的農園,強制買收該地民有地……。製糖後壁寮工場,在該地極端榨取蔗農們的膏血,故此該地的住民,概是赤貧如洗。更因窮的莫如在會社自作畑的賃銀勞動者,一日勞動的報酬,不能維持家族的生計,其慘澹的生活,時常目擊。在這周圍過日的我,不覺感著無限的傷心,為此決心加入農組奮鬥。」

——《臺灣民報》1929年12月15日,第291號

1.臺灣農業組合vs.農民組合

    1927年(昭和2年)6月21至22日《臺灣新聞》記事報導全島務農戶數、人口皆增加。依據殖產局於1926年12月末所調查之農業戶口,臺灣全島總戶口數759,108戶中,自耕農114,599戶,自耕農兼佃農119,322戶,佃農161,897戶,合計395,818戶。全島總人口4,131,357人,其中,自耕農702,229人,自耕農兼佃農726,162人,佃農948,656人,合計2,377,047人。與前年相較,農戶增加2,041戶(其中,自耕農308戶,自耕兼佃戶834戶,佃戶899戶);務農人口增加37,400人(其中,自耕農2,584人,自耕兼佃農18,347人,佃農16,469人),依各州廳別區分如下:

	戶口數	人口數
臺北	168,381	1,065,849
臺中	156,977	900,778
臺南	300,724	1,457,525
高雄	101,619	542,201
臺東	7,404	43,701

花蓮港	12,812	59,402
澎湖	11,191	61,901
合計	759,108	4,131,357

關於臺灣的水旱田面積統計，據殖產局1926年底實際調查，全島的水旱田面積，水田中，兩期作田有784,566甲9分5釐，單期作田中，第一期作田為14,100甲2分4釐，第二期作田為95,276甲1分5釐，合計393,943甲3分4釐；旱田420,602甲3分5釐，合計814,545甲6分9釐。與前年相較增加15,228甲4分9釐（其中，水田增加8,727甲4分，旱田增加6300甲9釐），依各州廳別區分如下[1]：

地區別	水田（甲）	旱田（甲）
臺北	54,982.93	34,826.57
新竹	78,858.95	60,860.63
臺中	94,481.14	64,309.42
臺南	90,656.51	168,677.75
高雄	63,074.93	62,235.58
臺東	4,724.65	9,425.33
花蓮港	7164.23	12,458.10
澎湖	0	7758.97
合計	393,943.34	420,602.35

日據時代的臺灣總督府，對於本島的農民問題，曾經花費不少精神考慮，在農業推廣方面，完全抄襲日本國內的政策，那就是在政府的主導監督下，由官員（包括警察）監督，致力於農產品質量的提高，特別是蓬萊米的種植與外銷。於是，1908年總督府頒布了「臺灣農業組合章程實施細則」，鼓勵農民以集體的力量推廣農業新品種、新技術，善用肥料，以及改善灌溉與銷售農產品。1900年9月臺北縣的三峽成立了臺灣第一個農業組合，1901年臺北縣和尚洲（現新北市蘆洲區）成立了第二個組合，1903年以後逐次擴展，推廣到全島，到了1926年時，臺灣總共有31個農業組合，而且一直增加到1941年的55個團體組織。除此之外，

1　原件表格數字有部分錯誤，已使用臺灣總督府統計書更正。

政府還補助上百的各類單項農業互助聯合團體，諸如米作、甘蔗耕作、茶葉、柑橘、蔬菜、畜牛、養豬等等[2]。

　　農業組合從頭到尾都是總督府設計要管控監督臺灣農村人口的工具，然而二十年代所成立的臺灣農民組合，卻是因為日本農民組合本部、勞動農民黨的拉攏與援助，加上臺灣民眾的民族自覺，為了維護自身的權益，爭取公道、合理、公平，最後由地方農民自己主動組成的團體。日本農民小作（佃農）組合在大正7年（1918）時，不過僅有240餘組織，但八年後已經達到4,000了，可見時勢的變化實在是很可怕。在1924年時，除沖繩外的各府縣，都緊鑼密鼓的組織小作組合網，當中大阪、兵庫、京都、奈良等近畿的諸府縣及新潟、山梨、岡山、香川、岐阜、愛知、福岡各縣，組合運動是最優勢的。他們的組合提攜、促成組織聯合會，聯合會更串連其他聯合會，組合團結的範圍於是愈來愈擴張，這樣衍生出來的就是最盛時的日本農民組合運動[3]。

　　日本農民組合於1924年2月29日在大阪天王寺公會堂召開大會；是日，各代議員都以悲憤激烈的宣言演說，大罵政府地主的壓迫，其中女代議員杉谷磯子氏演說：「我們是郡有地的佃人，郡役所每年從我們的租穀用以維持女學校，然我們的子女全不能入女學校，這是為甚麼緣故呢？」第二天進入議事時，議決的重要議案包括：設置青年部，極力勸誘婦人加入組合，設立「積立金」以備爭議時使用，也決定4月9日做為農民宣傳日，派遣宣傳隊去朝鮮、臺灣宣傳日本農民組合的主旨，要求參加國際勞動會議，並向國際事務局陳述各府縣對組合的不當壓迫，絕對反對小作（佃農）爭議調停法案，絕對反對社會運動取締法案，勸告政府承認露西亞（蘇聯），歸約改正（本組合以全日本的佃人、自耕農、和農業工人組織之）。在擁有全國五十餘萬佃農的日本農民組合，針對每年勞動代表選舉期間問題，一直以來都和政府當局意見相左，1925年也決定於15日勞動代表選舉當天，以同組合投票權五十票選舉鈴木文治聯盟久野虎雄及勞動者同志會中田米三郎三人為顧問[4]。

　　1925年2月27日起三天，日本農民組合於東京市芝公園協調會館召開第四次全國大會。當天清早七時，關東同盟會長鈴木文治帶領組合員一百五十餘名，到

2　參見《臺灣民報》，1927年2月6日，第143號；1927年4月24日，第154號；1928年3月5日，第199號。
3　《臺灣民報》1926年11月28日，第133號（日本農民組合）。
4　《臺灣民報》1924年3月21日，第5號；《臺灣日日新報》1925年2月12日，8893號1版。

東京火車站迎接關西佃代議員，會同三重、奈良、京都、大阪、九州方面佃代議員及關西佃代議員四百六十名一齊參集。婦人佃代議員四名亦到，迫使官方動員二百名警官到場警戒。大會朗讀祝辭，推選杉山元治郎為議長，並聽取中央委員會報告，小作案之委員報告，會計報告及組合情報；之後任命建議案委員，法規委員，預算委員，決算委員，交涉委員，與總務委員[5]。1926年3月10日起至13日，在京都岡崎公會堂召開第五次大會，有全國三千餘名組合員參加。依據《臺灣日日新報》的報導，1925年8月18日第三共產國際，透過莫斯科プセー銀行經由哈爾濱銀行，匯給日本農民組合長杉山元治郎60,000圓的匯款。之後在23日，又寄給了大阪國際銀行股份有限公司美金3,058元，27日再寄了美金5,070元。不過這些匯款的動向都受到日本當局的嚴密監視[6]。日本農民組合大阪聯合會第二次大會於1925年12月20日午前十一時，在大阪府三島郡茨木町日吉召開，會中討論改正無產政黨規約之議案，機關報之發行及其他議案。此外，為了對抗顯示萬國勞動者團結力的5月1日勞動節，決議由日本農民組合舉行4月9日為農民日，以適當的方法宣傳農民日為例假日，當天須休業，藉以顯示每年組合的威力[7]。

　　二十年代臺灣農民的悲哀與困境牽涉到蔗農爭議、小作（佃租）爭議、土地所有權爭議、竹林爭議，及芭（香）蕉爭議等問題。1910至1915年間，總督府所做的林野調查將「無主地」國有化之後，分為「要存置林野」與「不要存置林野」，致使成千上萬的臺灣農民喪失了這些林野地的使用權。1919至1920年好景氣時，芭蕉收成極少，稱為南國珍果，一籠30圓，島內農民因而擅行開墾山地栽植芭蕉，當時當局造林方針未定，為之默認。由於農民擅自開墾，僅臺中州已達一萬甲廣大地域，後來總督府為了樟樹造林計畫，不得不芟去此等擅自開墾的芭蕉地。然而臺中州農民年來以此為生，一旦遭砍伐厄運，使其放棄栽種芭蕉，則生路頓失，尤其以大屯郡大寶芭蕉生產者與東勢郡東勢庄農民，最為焦慮苦痛。他們知道如果樟樹造林地愈拓廣，芭蕉的栽培地就會愈窄狹，為此郡下農民對當局請願懇求延期造林計畫。此外，臺灣的製糖會社（如新高製糖會社的彰化工場以及屏東鹽埔庄和尚寮地方的千餘甲土地），當初向農民勸誘種甘蔗的時候，多巧言令色以種種的善言獎勵（如蔗苗補助、早植獎勵）與規定種種的章程（包括

5　《臺灣日日新報》1925年3月1日，8909號4版。臺灣農民組合模仿其組織，委員會，綱領、規約、聲明書等。

6　《臺灣日日新報》1925年9月9日，9101號2版。

7　《臺灣日日新報》1925年4月11日，8950號5版；1925年12月22日，9250號5版。

肥料補助、甘蔗之買收價格、耕作資金及小作料），令人一見似有可得。然而各項規定之中，有很曖昧的，有不合理的，也有事實上的實行和規定違背而欺瞞農民的。所以這種種的規定終成一紙空文。其中像蔗價決定的方法，是製糖會社和農民關係的最重要的問題，連這個問題也沒有和農民協定，糖場就獨斷決定[8]。臺灣島的農民，自昔以勤勉樸實見稱，所謂深耕易耨，壯者以暇日修其孝悌忠信，因此一直到二十年代中期，尚未發生類似日本內地的租佃爭議。不過從1925年以後，各地逐漸發生了地主與佃農之間的爭議傾向，甚至於到了殖民地當局不可忽視的狀況，逼得總督府對於租佃爭議也要做出對策。有鑑及此，總督府在1926年預算中，要求編入處理農民紛爭的經費，特別是設置業佃協調會。還有，臺南州各郡（如新營郡）也計畫編列業佃協調會的預算。

　　第一次世界大戰結束之後，世界金融蕭條，貿易衰退，產業界隨之停滯，尤其是失業者簇出，因此產生了種種的社會問題，工人的運動，農民的抗爭變成世界的潮流，報紙無日不登載相關報導，臺灣島內的工人與農民，也漸漸受到這種新潮流的刺激。1921年臺灣文化協會組織成立以來，雖然參加的分子五花八門，不過文協畢竟是當時唯一無二的社會文化運動團體，又更是獨一的進步組織。二十年代中期以還，伴隨著臺灣文化協會及其他思想團體之鼓動，臺灣農民之間也多少受到左翼思想的影響。他們認為如果以個人的力量跟地主鬥爭，對爭取租佃權益大概是相當有限的，因此逐漸傾向在各地組織蔗農組合或農民組合等，利用本島租佃習慣的不合理、不完全之缺陷，盛大地發起運動。

　　農民組合係由南向北進展，從鳳山發展到臺南的麻豆，到嘉義的竹崎，到虎尾、大甲，一直到新竹、中壢以北，各地佃農相互呼應。1927年初農民組合有逐漸北進之勢，令臺灣總督府感到震驚，趁著租佃之紛擾尚未出現時，下令臺北州下基隆、淡水兩郡街、庄吏員，在3月10日兩週間，繞行轄區，督促鼓勵地主與佃農簽訂書面契約，逐漸改善租佃慣習，頗有成效[9]。反之，臺灣東部的農民大部分為日本內地移民，他們受到官廳優厚的保護，不像西部地主與佃農之間存在諸多的爭議，所以無需加入農民組合等團體。後來由於農民思想的逐漸發達以及一小部分原住民和本島人佃農的策動，也導致了東部出現一個爭議團體。1928年夏初，蘭陽農業組合代表李珪璋等說服臺東廳的原住民，開始大肆活動，結果有

8 《臺灣民報》1924年7月21日，第13號。
9 《臺灣日日新報》1927年3月15日，9653號2版。農民組合組織，在北部地方，連一個都沒有。

很多原住民產生共鳴，終於在1928年9月上旬舉辦了農民組合的成立儀式。當時有一百四十名出席，接著辦了一場大活動。臺東廳當局驚慌之餘，立刻逮捕了二名被視為幹部的原住民「煽動者」。自此以後，東部的地主與佃農即使引發爭議，也不似西部猛烈[10]。

臺灣農民運動的指導者大多是具有最新知識的臺灣青年，而且與日本農民組合互通聲氣，所以他們的根底十分牢固[11]。他們抗爭的對象大部分都是壟斷臺灣經濟利益的日本財團資本家。譬如說在高雄州鳳山，他們抗爭的對象是新興製糖公司；在臺南州曾文郡抗爭的對象是明治製糖會社；在新竹州大溪是鈴木商店的日本拓殖株式會社；在中壢對抗的是林本源及三井合名株式會社等地主。雖然高雄的陳中和與板橋的林本源也擁有製糖會社的股權，但是經營實權完全操縱在臺灣銀行之手。從1925年開始，農民組合在臺灣農業界掀起波瀾，形成一股有力的社會運動力量，帶領著弱勢農民，反抗備受製糖會社與大地主的經濟壓榨以及異民族的歧視。

臺灣島的農民思想極為單純，是故稍有智識及天良之人皆能同情農民。1924年8月從東京回到臺灣的文化協會幹部黃呈聰（也是《臺灣民報》的發行兼印刷人，當時在臺灣被禁止），旋即鼓吹臺中州彰化郡線西庄（鄉）成立「甘蔗耕作組合」，接著召開地方保正會議，倡議要提高農民地位，增進蔗農利益，如立會秤量甘蔗的斤量、肥料的自由購買、公告肥料的分析表、決定採收甘蔗的日期、協定甘蔗的價格等。1925年6月在臺南州嘉義郡新港庄也出現類似的農民組織，不過兩者都因缺乏經驗，無法發揮團隊力量而解散。在此同時（1925年6月28日）以李應章為首的412名會員（包括簡吉和黃石順[1898-?]）組成「二林蔗農組合」，向林本源製糖會社要求提高甘蔗收購價格。此外，沒有任何業佃協調設施的臺中州大甲郡及高雄州鳳山郡二處，已經組織並逐步地邁向成功的農民團體。大甲外埔等處，因甘蔗栽培成績甚優，乃由杜清（1869-1937）、陳煌、謝甚、李進興、蔡振田諸人組織糖農組合。李進興為獲利起見，推薦心腹葉圖為專務，葉乃施手腕，勸誘各農民，代為栽蔗，契約收穫後利益均分。迨收穫後，李、蔡、葉等竟食言，不但不肯均分利益，反將農民收穫的甘蔗，逕行轉賣給製糖會

10 《臺灣日日新報》1928年10月4日，10221號2版。
11 參見陳翠蓮，〈菁英與群眾：文協、農組與臺灣農民運動之關係（1923-1929）〉，收在陳慈玉編，《地方菁英與臺灣農民運動》，臺北：中央研究院臺灣史研究所，2008，頁87-122。

社，不出資本及勞力，徒以空言獲巨利，所以農民大不甘心。1925年10月26日，大甲聚集數百人，開農民大會，決定照契約，向官廳告訴其背信。且向各同志宣傳，此後勿再受李、陳諸人之愚，一面已選定代表十名，分頭向各方面陳請[12]。

2.官有地拂下爭議

　　1925至1926年間臺灣各地發生一連串官有地拂下（退休官員土地放領）事件，這時臺灣人強烈的質疑，日本退官者果眞皆有功於臺灣嗎？退官者都有恩給官營事業嗎？退官者沒有生活困難的問題，但臺灣農民生活的根源是全依靠著這些土地的產物。官有地未開墾的還很多，何以不拂下（放領）這種土地給日本退官者開墾，而偏偏要奪取臺灣人已經開墾的土地給他們做個不勞而獲的地主，這是何故呢？所謂無斷開墾（沒經政府允許）這是強辭。查其實情，大多數皆是官廳有默許或者獎勵臺灣人開墾的；官廳甚至說，他日必定要拂下給原先開墾的人。這些土地大部分是農民的祖先開墾的緣故地，因被大洪水的氾濫，淹沒成為「溪埔」，後來經過數年或數十年然後才漸漸浮起。不過當土地剛剛浮復，緣故者在用血汗苦力的時候、政府卻裝做不知不覺，任緣故者盡力去開墾。等到緣故者費了許多的苦心，把溪埔弄成為良田的時候，政府便發布「無斷開墾」的法令出來取締，或收為街庄的公共財產，或編為官有地。到這幾年來，尤其是自從伊澤多喜男（1869-1949）總督1924年9月1日就任以來（1926年7月16日卸任），竟把那緣故者的土地，拂下給退官者，這樣退官者便不勞而獲得到土地。地主之一的趙港（1901-1940）遂前往鳳山農民組合，請求簡吉給予奧援。1926年4月26日，趙港偕簡吉北上總督府陳情，要求將土地放領給原耕種者，但不得要領；1926年6月6日趙港等組織「大甲郡大肚農民組合」，積極涉入農民運動，發動多起陳情和抗爭。

　　1926年6月23日下午二時起，豐原街（鎮、市）大甲溪無斷開墾者，於同街媽祖廟內召開街民大會。是日郡警察課，召集不值班的巡查，嚴重警戒場內、場外。街民冒雨於開會前聚集者共六百餘名，廟內幾無立錐餘地。既而劉阿羅受滿場拍手歡迎，登壇報告大會開催經過，不過五分後就被臨監之八角警察課長，命令解散。雖然一般街民多保持肅靜，但他們心中極不服氣。這時候有位大甲郡大

12 《臺灣日日新報》1925年11月30日，9183號4版。

肚農民組合員趙欽福連呼萬歲，被警察課長以違反治安警察法檢束後旋即釋放（治安警察法自1923年1月1日開始在臺灣實施，以前在臺灣無此法）。趙欽福當場揚言要準備召開第二次大會[13]。

臺南州虎尾郡崙背庄麥寮沙崙後興化厝的土地三百餘甲，是在那裡居住的人民，自前清時代以來的緣故地。靠這宗土地過活的農家有246戶，人口1,476人。1926年 6月14日上午十一時，岩崎、永田等七、八名日本退役官員，率領測量技手及數十名警官等一行，跟著一位監督警部，大舉往虎尾郡崙背庄沙崙後，要強硬去著手測量。這宗土地原開墾耕種者的男女老幼二、三十名盡出來哀訴求情說：「既然[測量]我們的土地，我們一定要餓死了。」那些退官者們連理都不理，靠著警察的勢頭，竟打傷了温响、張惜、林越三名弱者婦女。當天也出了一個好漢說：「打好！打好！藥錢我們出得起，」可見地方人民抱恨之深！

因為第一次的測量演出了慘事，測量不得已而中止，可是兩個禮拜以後（6月27日），臺南州地方課長引率百餘名的警察官，再大舉到崙背庄實測土地。這三百餘甲的土地是地方農民開墾成田的，這時總督府將這筆土地看做原野，而欲拂下給日本退官者三十餘名。這一次又用武裝測量，好在沒再發生肢體衝突，不過地方民眾因為不能阻止強權，也無可奈何，暫時忍從屈服。這些農民的境遇，一下子由業主變為苦力了，因此陳常等115人連署，於9月19日向臺南州廳提出請願書。另有大甲郡大肚庄民與退官者糾紛，於7月21日庄民開墾關係者百餘名，到州廳想向知事求情。知事不肯與他們會見，等待數小時以後才無可奈何地解散回家，這個案件當時也是沒有辦法解決。

臺南州東石郡義竹庄過路子有一片官有地，面積約二十餘甲，係於明治35年（1902）間，該庄八十餘戶農民開墾的肥沃田地。有一次這塊地被洪水沖壞，大半變成石灘，自是農民用盡他們許多血汗去開拓開墾，以後恢復舊狀，得以作為良田耕種了。到了1925年8月，有個退官者熊谷茂吉帶著幾個測量師到那所官有地要畫圖，農民謂該地與他們有密切的關係，極力阻擋，不許他測量畫圖。熊谷遂未達其目的，悵惘而歸。臺南州北港郡下林厝寮的官有地差不多兩百甲，都是林厝寮八十多戶農民，為著自己沒有私產不得已把那些沙漠地努力開墾，變作很有希望的田畑。林厝寮農民曾數次申請拂下，但都被當局却下（駁回），後來再

---

13 《臺灣日日新報》1926年6月25日，9390號4版。1924年3月23日《大阪每日新聞社》報導說，臺灣特別議會設置運動者數十名，在1923年歲暮於全島各處一齊被檢舉的事，1924年3月已預審告終，其中14名以治安警察法違反的名目，被送審公判。

連名去請願也是無效，依然又是却下。原來當局不將農民的生活問題放在眼中，卻去擁護大財閥的製糖會社，把這八十多戶農民歷盡辛苦經營開墾的土地，輕易就拂下給了製糖會社。嘉義郡番路庄內有官有地七百餘甲，全是該地庄民的緣故地，係庄民生活唯一的資源。然而庄民屢次請願拂下都不受許可，嘉義當局說已許可給一名叫赤司的日本人，所以番路的農民不得採收該地的龍眼，也不能在該地栽種蕃薯。可以想像的，番路農民當然憤慨不已。彰化郡和美庄中寮、竹圍子、竹仔腳、番社、嘉寶潭、茶仔潭六庄計一百二、三十戶，人口約一千人，開墾耕種田畑面積共一百二、三十甲。這些土地是庄民祖先的遺業，有清政府的丈單及紅契等。1926年官方決定要預約賣渡於柯秋潔（1872-1945）與林熊徵，六庄庄民也因此連署聯合請願中。

此外，前臺中市役所衛生所長別府兵太郎氏，於彰化郡線西庄字寓埔，獲得拂下土地約五甲，而無斷開墾者是當地人黃鉛。1928年4月11日臺中地方法院執達吏，親赴現場執行引上假處分。聽到這個消息時，大甲及彰化兩農民組合支部，隨即召開反對假處分臨時農民大會。大甲支部通過決議案：1）要求開墾地應該讓予開墾者；2）他們期待土地引上假處分之絕滅；3）他們認為彰化郡線西庄字寓埔黃鉛之開墾地被決定假處分，是無視多數農民之生活，茲敦促法院反省，即時取消。彰化支部也通過了右列的決議案：1）期待撤廢暴虐之土地引上假處分；2）他們期待土地引上假處分之絕滅；3）取消彰化郡線西庄寓埔黃鉛所開墾土地之引上假處分的決定；4）重視農民生活；5）敦促法院當局反省。4月11日當天下午二時頃，農民組合本部簡吉、謝進來等九名，趕到臺中法院陳情，會見小柳監督書記。不過當小柳聽他們的陳述之後，卻用堅定的語氣說，所有關於拂下土地的問題，一切依法律執行。將近下午四點鐘的時候，簡、謝等人懷著無可奈何花落去的沮喪心情，離開法院。其他又有苗栗、鳳山郡下的拂下土地紛擾，眞是不勝枚舉[14]。

3.農民組合支部遍地開花

之後，由於少數臺灣知識分子跟日本左翼運動人物互通信息，臺灣的農民組合又受到日本農民組合本部與日本勞動農民黨的鼓勵與支援，農民組合開始左傾

---

14 《臺灣民報》1926年7月11日，第113號；1926年10月3日，第125號；1926年10月17日，第127號。《臺灣日日新報》1928年4月13日，10048號4版；1928年4月16日，10051號2版。

複雜化。如果用馬克斯的唯物辯證法來詮釋，臺灣的農民組合不僅產生了量變也產生了質變，參加人數從1924年的幾百人、1926年的幾千人、一直增加到1927年的24,000餘人（當年日本的佃農組合人數為365,331人）。農民組合支部從1924年8月首創的彰化郡線西庄，增至1926年六個組合支部，一直到1929年的三十個支部[15]。而抗爭的性質，已經從經濟訴求（竹山、甘蔗、土地、芭蕉、贌耕問題）變成政治的抗爭，從主佃分際的租金價格問題，轉變為社會的階級鬥爭。在抗爭時期，不僅出現一批有理想、有勇氣的臺灣領導人物，而且還有日本左翼律師的介入，甚至受到遠至俄羅斯第三國際的關切跟指導。1926年到1931年間是臺灣農民集體抗爭的全盛時期，在農民組合領導下，臺灣佃農的爭議在1927年間高達431件。下錄的是1920到1930年代農民運動的重要爭議事件[16]：

時間	事件	領導人	介入者	參與人數	議題
1923年底		彰化北斗郡官派的二林庄庄長林爐大城庄庄長吳萬益		二林、大城、沙山以及竹塘四庄2,000餘名蔗農	向當時的臺中州及殖產局提出請願，要求林本源製糖會社降低肥料價格，不抑低甘蔗的收購價格
1924.4	林本源製糖會社	林爐、許學		500餘人	蔗農爭議、蔗價補發金
1924.8.16	甘蔗耕作組合	黃呈聰		線西保正	提高農民權益
1924.12	明治等四家蔗糖會社				蔗價補發金
1925.1	籌設蔗農組和	許辛成		500餘人	提高蔗價
1925.1.1	二林地區蔗農大會			蔗農400多位	向林本源製糖會社施壓、爭取權益
1925.1.20	陳中和收回耕地　鳳山	黃石順		53人	佃農抗議升租

15 有關臺灣農民組合的會員人數，臺灣總督府的資料跟臺灣農民組合發表的數目資料有相當大的落差。請參見楊碧川，《日據時代臺灣人反抗史》，臺北，稻鄉出版社，1988，頁157。

16 資料整理自臺灣總督府警務局編，《臺灣總督府警察沿革誌》第三冊《臺灣社會運動史（1913-1936）》，臺北：南天書局，1939，第六章：農民運動，頁1029-1030，以後簡稱《警察沿革誌》；山邊健太郎，《臺灣》第一卷，現代史資料21（東京：みすず書房，1971），頁338-422；與日本法政大學收藏，《臺灣農民組合本部存留檔案》。

1925.4.6	三菱竹林事件	張牛		400人	土地承租爭議
1925.5.19	新興糖業耕地收回		簡吉、黃石順	269人	抗議還地換地
1925.6.28	成立「二林蔗農組合」	李應章、劉崧甫、詹奕侯等		412人	向林本源製糖會社要求提高蔗價
1925.9.27	二林甘蔗農民召開會員大會			出席人數千餘名	策動協議該年度賣與林本源製糖會社的蔗糖價，決議向林本源製糖會社提出五項要求
1925.10.6	二林甘蔗農民代表與林本源製糖會社交涉	李應章、詹奕侯、泉風浪等		十數名蔗農	代表跟林本源製糖會社總經理兼常務董事吉田等三人進行交涉，要求升高甘蔗收購價格
1925.10.15	代表二林甘蔗農民與林本源製糖會社交涉	李應章			攜帶千餘名蔗農的委託書再次與吉田總經理交涉，失敗
1925.10.21	組合會員阻止二林派出所巡查刈取甘蔗				
1925.10.22	二林事件	李應章、詹奕侯、劉崧甫、陳萬勤	簡吉、黃石順	100餘人	阻撓甘蔗強行採收
1925.10.26	大甲農民大會決定告訴糖農組合背信			數百人	李進興、葉圖、蔡振田等人勸誘各農民代為栽蔗空獲巨利
1925.11.15	鳳山農民組合	簡吉、黃石順		80餘人	於鳳山郡鳥松庄赤山創立總會，成立佃農組合
1926.4.26	官有地拂下抗議	趙港、簡吉		2人	北上總督府陳情，要求將土地放領給原耕種者

1926.6.6	組織「大甲郡大肚農民組合」	趙港	簡吉		涉入農民運動，發動多起陳情和抗爭，爭取取消放領土地於退官人員
1926.6.14	組織曾文農民組合	簡吉、張行、楊順利			以相互擁護利益及貫徹宣言綱領為目的
1926.6.23	豐原街（鎮、市）大甲溪無斷開墾者街民大會	劉阿羅等		600餘名	官有地拂下、無斷開墾抗議
1926.6.28	臺灣農民組合成立大會	趙港、趙欽福、陳啟通、楊順利、張行、楊和尚等		組合員50-60名	議決組合規則
1926.7.21	大甲郡大肚庄民與退官者紛糾			100餘名	庄民開墾關係者到州廳想向知事求情
1926.7.25	麻生久在竹崎庄大廟講「農民生活之向上」	麻生久、林爐		聽眾500餘名	
1926.7.26	麻生久在曾文郡麻豆街講「農民生活之向上」	麻生久、黃信國		聽眾將近600名	
1926.7.26	曾文農民組合主辦，麻生久講演會「農民生活之向上」	曾文農民組合		聽眾1,000名以上	
1926.7.27	麻生久於鳳山大廟講演「農民生活之向上」	鳳山農民組合、麻生久、謝賴登、簡吉		聽眾約有800名	
1926.7.29	麻生久於大肚講演「農民生活之向上」	大甲農民組合、趙港、麻生久			

1926.8.21	虎尾郡崙背庄開農村演講會，設立農民組合虎尾支部	麻生久、簡吉、趙港			土地拂下問題
1926.9.2	設立竹崎農民組合（農組嘉義支部）	林籠	簡吉	70餘人	共同保管竹林土地爭議
1926.9.19	崙背庄土地拂下，農民由業主變為苦力	陳常等		115人	向臺南州廳提出請願書
1926.9.21	鳳山郡大寮庄翁公園蔡招婿家的戶外廣場講演會	簡吉、黃石順、徐世英、張滄海、蔡其仕、洪勤、林大堂等		聽眾300-400人	農民運動方法解說
1926.9.23	鳳山檢舉事件抗議			農民	請願釋放簡吉等八人
1926.11.10		大甲大肚農民組合員		130餘名	大甲大肚農民組合員至臺中州廳抗議拂下土地給退官者池田等五名
1926.11.24（？）		農民組合支部		代表十數人	向總督提出開墾地拂下請願書
1927.1.8	農民組合設置麥寮支部			加入人數約達1,000餘名	
1927.1.15	抗議警察與測量員到大肚庄測量土地	大肚庄農民			300名農民哀求，農民決議以四個方法進行抗議
1927.2.6	竹林爭議	嘉義郡竹崎庄與斗六郡古坑庄的竹林農民		約300名	到嘉義郡要求釋放被拘留的人，陳情他們生活的苦況，並要求政府救濟
1927.2.13	東京請願	簡吉、趙港			臺灣土地放領

1927.3.10	東港郡農民組合開發會式	薛步梯、陳德興、戴雜置、許水詠等		農民70-80名	
1927.3.16	中壢郡觀音庄下大堀成立農組支部	黃石順、謝武烈	臺灣農組	會員700人	要求日拓土地比原來減租四成
1927.3.26	新高製糖所有地爭議	張火炭	大甲支部	95人	佃耕契約爭議
1927.4.13	彰化郡新港媽祖廟演講會	葉水、侯朝宗、簡吉、陳明枝		聽眾約500名	各地新設支部巡迴講演會
1927.4.14	中壢觀音庄觀音廟講演會	陳標中，趙港、侯朝宗、黃又安			各地新設支部巡迴講演會
1927.4.14	中壢郡觀音庄下大堀、隆昌精米所講演會	陳標中、莊金標、簡旺盛、黃蘭盛、許成昌、黃又安			各地新設支部巡迴講演會
1927.4.15	中壢庄三座屋舊社演講會	黃又安、林阿鐘、簡吉、趙港、侯朝宗		聽眾估計1,000餘名	各地新設支部巡迴講演會
1927.4.16	清水街觀音廟農村大講演會			聽眾500-600人	各地新設支部巡迴講演會
1927.4.17	豐原街媽祖廟農村講演會			聽眾1,500人以上	各地新設支部巡迴講演會
1927.4.18	彰化郡二林講演會	趙港、簡吉、侯朝宗、謝春木等			各地新設支部巡迴講演會
1927.4.18	大排砂演講會、座談			座談三、四處各有農民數十名	各地新設支部巡迴講演會
1927.4.19	王功講演會				被強制不得舉行

1927.4.20	大城及竹塘講演會				各地新設支部巡迴講演會
1927.5	番路保守生活同盟會	潘成	嘉義支部	30人	妨害鳳梨種苗作業
1927.5.1	霧峰主辦五一勞動節演講會	農民組合		芭蕉生產者	與芭蕉有關
1927.5.1	大甲街五一勞動節演講會	農民組合		芭蕉生產者	與芭蕉有關
1927.5.10	新竹支部內媽祖宮講演會	古屋貞雄、簡吉等			
1927.5.11	中壢下大堀精米所講演會	古屋貞雄、簡吉等		聽眾約2,000人	
1927.5.11	石觀音廟講演會	古屋貞雄、簡吉等		聽眾1,000餘人	
1927.5.12	新屋庄講演會	古屋貞雄、簡吉等		聽眾2,000餘名	
1927.5.12	中壢舊社講演會	古屋貞雄、簡吉等		聽眾2,000餘名	
1927.5.23	基隆市玉田聖公廟文化講演會	平民俱樂部、簡吉、張信義、邱德金等		聽眾約500名	
1927.6	農組二林支部	蔡阿煌	臺灣農組	80餘人	辜顯榮所有地爭議
1927.6.16	桃園南崁廟桃園支部開幕式	林阿鐘、趙港、黃又安、黃師樵、陳儉等		200餘名	
1927.6.21	新竹郡湖口庄農民組合支部創會典禮暨講演會	彭宗棟等			.
1927.7	農組中寮支部		臺灣農組		山本農場爭議

1927.7.3	中壢農民組合代表佃農到日本拓殖會社事務所提出改善佃農租約的要求	黃清江、黃蘭盛等		3人	
1927.7.23	第一次中壢事件		黃石順		減租、檢舉黃石順等83人
1927.7.30				觀音庄佃農、桃園佃農約二、三十名	到新竹州中壢郡警察課要求釋放被留置的農民組合幹部
1927.7.31				桃園、中壢農民300餘人	到新竹州中壢郡警察課要求釋放被留置的農民組合幹部
1927.8.9		農民組合幹部簡吉等六、七名組合員		萬斗六農民250餘名	至臺中州廳的大屯郡役所，要求釋放被拘捕的本島人
1927.8.15	阻止嘉義街總爺赤司初太郎種植鳳梨	潘啟東等		18人	向現場監督賴欽長持鐵鍬等威嚇阻撓，並在已開墾的百餘甲土地上種植甘蔗
1927.8.20	北港朝天宮講演會	洪清雲、林麗明、古屋貞雄、簡吉等		3,000-4,000人	
1927.8.29	潘啟東等被提出業務妨礙之訴被嘉義郡警察課拘捕	潘啟東等家族與同村居民		家族十餘人同村落居民100餘人	親人村民至郡役所門前冤訴
1927.8.29	要求釋放在尚未拂下土地砍龍眼的人	農民組合竹崎支部長林龍		家族及鄉友100餘名	擁至警察課欲質問並要求釋放在尚未拂下土地砍龍眼而被拘捕者
1927.10.18		萬斗六芭蕉農民	大屯農民組合員	農民150餘名	抗議大寶農林部要求農民蓋印簽署不反對砍除芭蕉之行為的證書

1927.10.22	農組三叉支部		臺灣農組	111人	臺灣製茶公司土地爭議
1927.10.23	高雄州支部會員大會	簡吉、陳德興、顏石吉、蘇德能、陳崑崙等			抗議反對立毛差押、立入禁止
1927.10.29	農組大湖支部		簡吉、王敏川	111人	大湖莊土地爭議
1927.11.4	包圍辜顯榮鹿港豪宅	彰化二林農組人員、農民		200-300名	抗議辜顯榮將土地全部贌耕於林本源製糖會社
1927.11.6	農民組合在宋厝庄與下大堀催開反對耕作禁止、立稻差押講演大會				
1927.11.7	下大堀觀音方面農民組合員示威運動	黃石順、黃又安、謝文烈、楊春松、鍾發超等		5名幹部、農民數十人	到下大堀進行示威運動，抗議日拓會社扣押其第二期作之稻穀
1927.11.8				下大堀觀音農民50-60名	抗議警吏逮捕示威幹部與農民
1927.11.9				農民200餘名	阻撓中壢、桃園的兩警察課加派警吏
1927.11.10-11	第一次中壢事件				
1927.12.4	農組第一次全島大會	農民組合、古屋貞雄、山上武雄、連溫卿等		代表250位、旁聽民眾2,000多名	確立臺灣無產農民的生存權，整合全島農民
1927.12.4	樂舞臺演說會	農民組合、古屋貞雄、山上武雄等		聽眾約2,000人	
1927.12.5	農組第一次全島大會	農民組合		旁聽民眾約1,400-1,500名	

1927.12.5	紀念大會講演會	農民組合		聽眾3,000餘名	
1928.1.4	潮州講演會				被解散並大行檢束
1928.1.26	嘉義保管林檢舉			26人被檢舉	竹林爭議
1928.2.1	臺灣農民組合東石支部成立大會	侯朝宗、林岸、吳庚申等		農民600餘名	
1928.2.1	東石支部成立大會紀念講演會	侯朝宗			侯朝宗講述「農民組合的使命」
1928.2.11	臺中州支部聯合會創立大會	謝進來、蔡瑞旺、陳海、簡吉等			
1928.2.11	臺中州支部聯合會創立大會紀念演講會	吳石麟、蔡孝乾、葉金坤、陳海、簡吉等			
1928.2.29	農民組合大甲支部支部大會與婦女部發會式	陳美、蔡愛子、黃對、趙鳳、陳閩、張財、陳市、陳輕等		400餘名	
1928.3.8	大甲農組支部婦人問題演講會	大甲農組支部、蔡愛子、鄭顏等		1,000餘名	紀念國際婦女節，提高婦人知識向上
1928.3.11				農民200餘名	要求臺南州中部某製糖會社提高甘蔗買收價格及其他之要求
1928.3.13		農組中央委員尤明哲及其他2名			至臺南州訪問石井警務部長表示對三‧一一事件之強烈抗議
1928.3.15	下營上帝廟蔗農大會	臺灣農民組合下營支部		會眾滿場	委任代表負責交涉大會議決十餘條的改善甘蔗問題

1928.3.19	草屯農民組合演講會	洪水牛、洪右、洪錦水、蔡溪惟		800餘名	演講會
1928.3.19的四星期後	草屯農組番子田支部臨時講演會	洪磁虎、溫勝萬、湯接枝、李喬芳、蔡溪惟、洪右宣		200餘名	
1928.3.26	臺灣農民組合番社支部講演會	張碧連、詹評記、蕭萬㯷、林岐山等		1,000餘名	講演製糖會社之榨取、農民的悲慘
1928.4	山本農場爭議	何昆南		82人	申請停止妨害土地佔有
1928.4.6	高雄農組支部第一次發會式				第一次彈壓解散
1928.4.11	大甲、彰化農民組合支部召開反對假處分臨時農民大會	大甲、彰化農民組合支部			臺中地方法院執達吏親赴彰化郡線西庄字寓埔執行引上假處分
1928.4.11	至臺中法院陳情彰化假處分	簡吉、謝進來等九名		9人	臺中地方法院執達吏，親赴彰化郡線西庄字寓埔執行引上假處分
1928.4.11	抗議鹽水港製糖場不平等業佃耕作條件	臺灣農民組合下營支部、新營郡部及曾文郡部蔗農		農組代表15名、下營庄蔗農400餘名（2,000餘名蔗農偕行、1,000餘名被警吏強迫折回）	
1928.4.13	到臺南州訪問石井警務部長	農民組合幹部張行、陳培初、尤明哲		3人	陳述警吏橫暴的情況，官廳祖護資本家製糖會社，不顧蔗農的生存權引起衝突

1928.4.13	警官糾彈政談講演會	（下營？）農民組合支部		2,000餘名	聲討警吏橫暴不法
1928.4.29	高雄農組支部第二次發會式				第二次彈壓解散
1928.5.1	臺灣農民組合二林支部紀念講演會	李應章			講述勞動之意義與歷史
1928.5.1	朴子街媽祖廟紀念講演會	東石郡農組支部、朴子青年讀書會		聽眾2,000名	聽眾抗議閉鎖廟門
1928.5.31		桃園支部		組合員數百名	不滿桃園郡役所干涉集會，包圍牙城郡役所
1928.6.10	二林庄開講演會	莊萬生、劉慶章、葉金坤、趙港、李應章			臺中州支部聯合會巡迴講演隊講演
1928.6.12	溪洲三條圳媽祖廟講演會	黃樹籃、謝進來、陳裕、王坤厚及侯春花		300-400名	臺中州支部聯合會巡迴講演隊講演
1928.6.16	溪湖講演會	陳貫世、呂志民、謝進來、陳海、葉金坤、葉陶		數千聽眾	臺中州支部聯合會巡迴講演隊講演
1928.6.17	？	黃藤木、陳海、謝進來、葉陶、侯春花		聽眾1,000餘名	臺中州支部聯合會巡迴講演隊講演
1928.6.19	花壇庄文祠廟農村問題講演會	黃喬木、謝有丁、許嘉榕、侯春花、葉陶			臺中州支部聯合會巡迴講演隊講演
1928.6.24	農民組合大屯支部支部農民大會	溫勝萬、蔡瑞旺、陳四川、趙港、張行、簡吉、楊貴等		200餘名	

1928.7.4	臺灣農組臺中州支部聯合會第二次委員會	蔡瑞旺、莊萬生等			
1928.7.4	屏東農組支部大會	屏東農組支部		支部議員及組合員共50餘名	討論13件議案
1928.7.14	高雄農組支部第三次發會式	蘇德興、毛見郎、陳福田、李留等		會員60餘位	
1928.7.14	高雄農組支部第三次發會式創立紀念講演會	古屋貞雄、簡吉、顏石吉等		聽眾近600人	
1928.7.17		簡吉、趙港、彭宇棟、張行、陳崑崙		5人	代表臺灣農民組合至總督府提出抗議書
1928.7.20-30	湖內庄、路竹庄、岡山庄講演會	蘇聰敏、組合幹部等			向一般農民宣傳農民組合之宗旨
1928.7.23	大屯支部農民組合演講會	李橋松、陳王葵、楊標棋、莊萬生、謝有丁、陳海等		芭蕉生產者100多位	批評政府的農業政策
1928.8.5		簡吉			提出第二次抗議書
1928.8.5-20	新豐各部落講演會	蘇聰敏、組合幹部等			向一般農民宣傳農民組合之宗旨
1928.8.9	第二次中壢事件	張道福	簡吉、趙港	200多人	辦理中壢支部復活
			第一回公判，監禁十一個月的24名，即趙港，張道福，湯接枝，李木芳，李留，楊龍光，陳金光，陳榮茲，陳石，陳阿富，詹學兒，詹九尾，黃連，黃雙發，宋乾昌，宗龍盛，高新對，許阿安，吳阿兵，呂阿燕，梁阿湯，鄭連續，謝連枝，謝福來等。		

1928.8.14	農組本部向總督府抗議桃園、中壢兩支部被該地警察當局彈壓情況	趙港、侯朝宗、古屋貞雄			
1928.8.19	明治製糖會社蒜頭工場區域內蔗農大會	臺灣農民組合東石支部		蔗農1,000多名	
1928.8.20	向明治會社提出決議文	東石支部張行等21名代表		代表21名	
1928. 8.23-9.1	旗山郡講演會	蘇聰敏、組合幹部等			向一般農民宣傳農民組合之宗旨
1928.8.26	臺灣農民組合設立員林支部舉行發會式	謝進來、詹以信、陳貫世、洪從、蔡標、蔡翁、高平儒、簡娥等			
1928.9月上旬	蘭陽農業組合成立儀式	蘭陽農業組合代表李珪璋		140名	
1928.10.24	鳳山支部第三次支部大會	農民組合鳳山支部		組合員100餘名	清算和整頓陣營，通過預算編成報告並改選役員及會計監查員
1928.12.7	大屯農組支部大會	簡吉、江賜金等		200餘名	
1928.12.18	日本退官者催迫租穀很緊，雇用苦力強行耕作	大肚關係農民代表		10餘人	到州廳求見生駒知事欲訴苦情
1928.12.30	農組第二次全島大會	簡吉、陳德興等	林兌、謝雪紅	代議員出席者162名、一般聽眾約400人	報告過去一年本部與各支部的活動經過情形，審核會計決算以及討論今後運動之方法

1928.12.31	農組第二次全島大會			代議員174名	同上
1929.2.12	二・一二檢舉事件			59人被檢舉	
1930.8月初	高雄州屏東郡下農民組合策動佃農將十數甲蔗園翻掘撒下田薯肥	高雄州屏東郡下的農民組合			抗議臺糖會社關於佃農從事種田薯及犁田的月給
1930.9.18	嘉南大圳拒繳水租		曾文下營支部		拒繳水租
1930.9.18	員林蔗農問題大講演會	員林支部（溪湖）	陳德興、楊炎、謝神財、葉陶、陳貫四、謝進來、鄭老奎、邱江、高乎儒、鄭順	100餘名	蔗農問題大講演會被官憲中止
1930.9.19	東石蔗農大會	侯朝宗，張行，林新木、陳結		1,000餘名	製糖會社剝削，21日派20名代表進行交涉，提出蔗農要求
1930.11.11	澎湖會館講演會	高雄州農民組合主任陳崑崙、王閩川等		500人	
1931.1.1-1.3	臺灣農民組合第一次擴大中央委員會	簡吉			決議支持臺灣共產黨，以圖對一般農民激發革命意識，強化臺灣的農民運動，並通過確立赤色救援會案等
此外，農民陸續對嘉南大圳提出苛斂抗議，尤在臺南州最為激烈。					

值得相對比較的是，1920到1930的十年間，日本總共有1,144,418位佃農捲入抗爭，其中1926年的日本佃農爭議總計有2,751件，1928年臺灣農民組合人數估計30,000人（可是繳納會費的組合員只有20,000人），日本的佃農組合人數是

330,000，等於是臺灣的十一倍，不過爭議的性質、內容與規模卻極不相同。日本佃農的紛爭很多是偶發的個案，不需經過組合的認同支援，二十年代參加爭議的日本佃農，平均是50人，到了三十年代平均只有13人，主要的爭議內容是拖欠地主租金或者是地主強行收回租地[17]。下面載錄的是1920年到1941年日本佃農組合的人數以及佃農與地主之間的糾紛等數目統計[18]。

日本佃農組合與佃租糾紛 1920-1941

年代	佃農組合數量	總會員人數	佃農			地主	
			佃租糾紛	總人數	糾紛的百分比	總人數	糾紛的百分比
1920	-	-	408	34,605	84.8	5,236	12.8
1921	681	-	1,680	145,898	86.8	33,985	20.2
1922	1,114	-	1,578	125,750	79.7	29,077	19.4
1923	1,530	163,931	1,917	134,503	70.2	31,712	16.5
1924	2,337	232,125	1,532	110,920	72.4	27,223	17.8
1925	3,496	307,106	2,206	134,646	61.0	33,001	15.0
1926	3,926	346,693	2,751	151,061	54.9	39,705	14.4
1927	4,582	365,332	2,052	91,336	44.5	24,136	11.8
1928	4,353	330,406	1,866	75,136	40.3	19,474	10.4
1929	4,156	315,771	2,434	81,998	33.7	23,505	9.7
1930	4,208	301,436	2,478	58,565	23.6	14,159	5.7
1931	4,414	306,301	3,419	81,135	23.7	23,768	6.9
1932	4,650	296,839	3,414	61,499	18.0	16,706	4.9
1933	4,810	302,736	4,000	48,073	12.0	14,312	3.6
1934	4,390	276,246	5,828	121,031	20.8	34,035	5.8
1935	4,011	242,422	6,824	113,164	16.6	28,574	4.2
1936	3,915	229,209	6,804	77,187	11.3	23,293	3.4
1937	3,879	226,919	6,170	63,246	10.3	20,230	3.3
1938	3,643	217,883	4,615	52,817	11.4	15,422	3.3
1939	3,509	210,208	3,578	25,904	7.2	9,065	2.5
1940	1,029	75,930	3,165	38,614	12.2	11,082	3.5
1941	294	23,595	3,308	32,289	9.8	11,037	3.3

17 臺灣資料詳見同引書，第六章，頁13-15。日本資料參見Peter Duus, *The Cambridge History of Japan*, Cambridge: Cambridge University Press, 1988, vol.6, p.585.

18 資料來自：農民運動研究會編，《日本農民運動史》，東京：東洋經濟進步社，1961，頁123，127。

反觀臺灣農民的爭議，幾乎在每一個階段、每一個高潮都跟日本的農民組合本部、勞動農民黨、甚至臺灣共產黨環節相扣、息息相連，只是臺灣的農民運動太過衝動，領導人物腰桿挺得太直，不敢違逆「世界洪流」，因此左轉得太快，結果幾乎全數遭到監刑禁錮，徒使一場轟轟烈烈的農民運動，不到五、六年就煙消雲散。據臺灣農民組合本部留下來的文件，臺灣農民運動絕非是一件孤立、單打獨鬥的運動，它的淵源始自日本二十年代的社會背景與政治思想，它的結構大都模仿日本的農民組合，它的運作跟從第三共產國際路線，與中國的革命團體、法國、莫斯科、德國的農民組織都有聯絡，而且還介入朝鮮全羅南道「荷衣面」的農民抗爭運動。

4.夙志農民解放運動的簡吉

自1925年以來，臺灣農民感覺得最痛苦、最直接的不外為竹山、甘蔗、土地、芭蕉、瞨耕（佃耕權）、會社等問題。日本政府對於這些問題調查的態度，屢次聲明仍猶如白紙一張，推諉說已經全權委託委員會，首先為緩和當前的爭議，因此甘蔗、開墾地拂下，佃耕權、佃租等議題被視為研究課題。此等研究課題有諸多困難之處，即使具體方案擬出來，法規制定了，也僅止於顯示土地拂下、佃耕爭議解決上的一項基準，並不可能根本滅絕這些爭議問題的再發生。開墾地拂下、佃耕爭議不單是經濟問題，也隱藏著思想問題，因此不只是總督府，農林省，也應被視為日本內閣不得不考慮的問題。當時是「東京臺灣社會科學研究會」重要會員的蘇新，在他的自傳宣稱，「社科會」協助「日本農民組合」與「臺灣農民組合」建立關係。此外，由於「社科會」的穿針引線，使得「日本勞動農民黨」也跟「臺灣文化協會」建立了關係[19]。不過真正促成「日本農民組合」、「日本勞動農民黨」與「臺灣農民組合」連結在一起的核心人物，是夙志從事農民解放運動理論之研究及親身實踐的簡吉。

鳳山人簡吉在1922年3月畢業於臺南師範學院（現臺南大學）講習科，歷任鳳山公學校訓導，在該校執教鞭，將近四年，熱心教務，頗得該地人士之好評。依照《臺灣日日新報》1923年11月16日的報導，簡吉在1923年11月間，受臺北新

---

19 據蘇新所說，「東京社科會」是介紹臺灣文化協會跟日本勞動農民黨的關鍵人物；不過作者認為黃呈聰、連溫卿才是穿針引線的主要人物，請參見蘇新，《未歸的臺共鬥魂──蘇新自傳與文集》，臺北：時報文化，1993，頁41；陳芳明，《殖民地臺灣：左翼政治運動史論》，臺北：麥田出版社，1998，頁249。

1922, 10,

於臺南師範學校就讀的簡吉（大眾教育基金會提供）

起町佛教本願寺之聘，利用寒暑假到臺北西區大正義塾擔任日文教師，專門教誨所謂的「不就學兒童」（即問題兒童）。1925年10月頃開始投身農民運動。1925年10月3日，簡吉與黃石順等人召開小作人及勞動發起人會，說明設立鳳山農民組合的原因一方面是為拂下退官者的土地問題起見，一方面是因為新興製糖的蔗價問題。新興製糖公司是高雄苓雅寮陳中和家族所經營，1919至1920年間，新興製糖公司因為投機所虧損的款項，想要從農民的身上彌補，故不合理地一味刻薄蔗價。有了強大的團結力，鳳山農民組合員知道新興製糖不肯提升蔗價，於是集體合力不插甘蔗。組合員數十餘名出席，決議以贌耕改善條件，勞動相互救濟，及其他農業者共同利益，並其關係事項為目的，組織農民組合，在11月15日午後二時，於鳳山郡鳥松庄赤山創立總會。大會公選簡吉為委員長，鳥松庄黃石順為組合主事，鳳山街離子內陳振賢為會計，其他選舉役員十餘名[20]。之後趙港領導臺中州大甲郡大肚庄農民組織農民組合，於1926年6月6日一時起在該庄媽祖廟內舉行成立大會。大肚公學校畢業後，趙港在臺中州信用組合信託公司就職，1921年1月入臺中中學會，1924年自該會畢業，暫開業為木炭商，兩年後放棄，決心完全投入農民運動。大肚庄的農民組合成立大會首先由陳啟通演說開會辭，略謂「近日動不動就將農村之疲弊歸諸於經濟界之不景氣，此雖係原因之一，惟亦是欠缺增進各自的共同利益之機關後故」等，力陳設置組合之必要。其後，趙欽福報告創立農民組合之經過並進入議長選舉。全場一致推舉蔡瑞旺擔任，蔡氏就議長席，議定規約宣言綱領等事項。其後，進入幹部選舉，選舉趙欽福為會長，蔡瑞旺、趙港等41人為幹部，接著有來賓致賀詞，下午五時散會，臺中州農民組合之成立以此為嚆矢。大肚農民組合原擬定在7月5日晚上於龍居庄新庄子召開講習會，可是召開講習會的申請提出之後，馬上被臺中州官廳以「非法戶外集會」為理由被禁止。雖然組合幹部趙港、陳啟通等於7月6日午前十時，至州廳與伊東特別高等主任會面，可是仍然不得要領，失望而歸[21]。

　　1926年6月14日簡吉北上曾文郡下營庄，親自指導張行（1899-?）等二十餘名農民組織曾文農民組合，以相互擁護利益及貫徹宣言綱領為目的。曾文農民組合置辦事處於下營，組員資格需臨時雇農、小作佃農方許入會。辦事人員採委員制，公推張行為委員長，其餘半數當選為委員。下營庄農民組織的組合範圍頗

小，初設立時，當地農民聲明加入者風起雲湧，盛極一時。麻豆人士知道此中情形，乃由黃信國（1886-1935）、姜林錦綿等出面奔走成立一個大組合，將下營本部移於麻豆，下營則改為支部[22]。此外簡吉還協助臺南州竹崎庄的林龍等，於1926年9月2日設立竹崎農民組合。

5.臺灣農民組合成立大會

　　由於在臺灣各地創立的農民組合逐次增加，各地同志感覺有聯絡統一的必要，簡吉及黃石順遂於鳳山街發起合併上述組合之運動，整合從前個別性及地方性的農民組合，而各地前後所成立者，都歸納為臺灣農民組合的地方支部，完成全島性統一。有鑑及此，鳳山農民組合事務所，於1926年6月28日，召開臺灣農民組合的成立大會，

臺灣農民組合印鑑

出席者有既成的大甲農民組合代表趙港、趙欽福、陳啟通；曾文的楊順利、張行、楊和尚；竹崎的林龍；鳳山的簡吉、黃石順及鳳山的農民組合員五、六十名，極其盛況。那天先議決組合的規則總共七章三十條（詳見本書頁 218-220），當中最緊要的是本部與支部的關係，如第四章支部的規則中有「支部以郡為區域，以組合員十名以上構成之」；以後為堅固團體的必要，極希望與各地將要成立的團體結合，規定「新設支部時要將其組合名簿規約提出於本部」。臺灣農民組合主張：1）交易合理化；2）促進臺灣自治的訓練；3）發展農村教育及農村文化[23]。臺灣農民組合成立之後，趙港擔任該組合的常任委員兼爭議部長，簡吉也被選為其組織的中央常任委員，身為同組合領導幹部，簡吉與趙港兩人操控大權，從此以來專心致志於農民運動。臺灣農民組合基礎漸固之後，由本部逐次擴充到北部。

　　發展臺灣農民組織的過程中，日本警察緊密的監視組合領導人簡吉、趙港以及其他農組幹部的行動。臺中警察署屢次向臺灣農民組合本部常任委員兼爭議部長趙港發出到案通知，惟趙氏不予理會而逃避，到處為農民運動奔走演講，總督府警察署遂進行拘捕的準備。有一次，趙港前往臺南州曾文郡演講，於1927年6月26日下午二時在蕃子田車站下車時，臺南警察將他逮捕，並帶往臺中警察署持

22　《臺灣日日新報》1926年6月29日，9394號4版；1926年8月20日，9446號4版。

23　《臺灣民報》1926年9月26日，第124號。

續調查，同時搜索他大肚的家屋，以違反治安警察法脅迫問罪[24]。1926年9月21日夜，簡吉在鳳山郡大寮庄翁公園蔡招婿家的戶外廣場，開了一個講演會，大約有三、四百人的聽眾想要聆聽此後的農民運動方法。不料晚上九時，為彈壓而彈壓的某巡查警員，以為簡吉在演講中搬弄煽動性的言論，突然命令講演會解散。簡吉責問其理由，並說他是巡查，不該有解散集會的權限。9月22日警察課的司法部警部補和巡查數人，帶著攝影師，前往昨夜的講演場攝影。警察課認為這次的演講已經超出了戶外集會的範圍，妨害警吏的公務執行，構成違反「治安警察法」的事實，所以第二天上午十一時就把簡吉、黃石順、徐世英、張滄海、蔡其仕、洪勤、林大堂等八人拘入郡役所。23日翁公園及其附近許多農民在鳳山街集合，為釋放簡吉等一事提出請願，同時，向島內各地農民組合發出電報，要求支援並發起釋放運動。以臺南陳逢源為首，各支部之幹部陸續在鳳山集合，商討善後方策，另一方面，計畫召開演講會。

　　徐世英被檢舉後隨時釋放，中央常任委員簡吉、黃石順於9月29日上午六時也被釋放。不過幹部張滄海等五名，卻由鳳山乘汽車直接被送入臺南刑務所，一直等到11月18日才在臺南地方法院開第一回的公判。判官二反田，檢察官長武井，兩位辯護士鈴木、平松各就席後，二反田便先傳喚簡吉審問事實；直接問他是不是文化協會會員，他生平所懷抱的理想，以及臺灣農民組合的目的與組織……。簡吉回答說，日本農民運動幹部麻生久前後四次入獄，他本人也有這些覺悟才是。此外，曾文農民組合幹部楊順利因為輕蔑警官，罵他一句「走狗」，竟然在1927年3月14日高等法院覆審時，以侮辱警察罪判決，依然照前拘留十五天[25]。

　　1927年夏天，以新竹黃又安為首的農民運動者，先在新竹、中壢組織農民組合，進而發展到桃園大溪、湖口、竹東，甚至連宜蘭、羅東兩郡也見到農民運動。宜蘭郡內的李珪璋、陳金波、陳記、林火木及林本泉，以及羅東郡內的林永棟等，糾合有志農民，策動組織有力的農民組合，俾以強大的團體之力與資本、權勢和外力對抗。為了要有統一的步調與訴求，簡吉、黃石順、黃又安等領導人又籌組聯合會，組合員總數達二千餘名。他們最先著手對日本拓殖會社、米商、以及樹林黃純青（1875-1956）等大地主，提議小作料（佃租）減三成的要求。

24　《臺灣日日新報》1927年6月28日，9758號5版。
25　《臺灣民報》1926年10月10日，第126號；1926年12月5日，第134號；1927年4月10日，第152號。

在交涉中，適值小作人（佃農）納繳佃租的時候，所以農民組合實質上有效的威脅到大地主，多少達到他們的訴求目的[26]。受到這種大環境的影響，新竹大湖庄也引發小作爭議。此外，彰化新高製糖會社關於甘蔗之買收價格引起與蔗農之間的紛擾，在臺灣農民組合員暗中支持下，蔗農代表與該社之董監事開始就買收價格進行交涉。1927年7月27日，董監事野村與蔗農代表會面，雙方協議一旦會社決定並發表買收價格，絕對不再動搖；相對的，對於甘蔗枝頭完全切除者，向來每千斤給予20錢獎勵金，今後則給予雙倍之40錢獎勵金，由此圓滿解決[27]。

6.新竹大湖郡的山林爭議

新竹州大湖郡一帶的田野山林，從前是屬於荒蕪的番地，清領臺灣時，苗栗的黃南球（1840-1919）興兵撫蕃，漸次獎勵移民開墾，至日本領臺後，大部分的山野被編為官有地，其中在二十年代發生爭議的約有三千餘甲，自1912年（大正元年）歸為學校用地，因此一直到1915年（大正4年）之間並無納稅事實。1915年新竹加永廳長親自到大湖，召集庄民說明學校其他建築，需要費用數萬圓，若待這費用納完，這些地就要付與所有權或小作權；而且說，要徵收稅額一等水田一年40圓，二等水田30圓，三等20圓，到1920年納完為止。1920年地方制度改正以後，稅額忽然增加，上田每甲稅額一躍到100圓左右，所以農民負擔過重，中間有滯納的，官廳就濫用差押，惹得農民怨聲載道。

還有大湖郡大湖庄古阿龍等二十九名，自清朝時，他們的祖先代代在該庄字苦蕉坑開墾了三百零二甲的山林，又在那設置家屋，栽種果樹，已經有數十多年了。他們幾十家都是靠著該地的出產物去求生活的，每天孜孜的勤勞才得一飽。該地雖然於1920年（大正9年）間，被政府用法令劃為官有地，他們仍是斷續在該地耕種，不幸在1925年時，政府竟將該地拂下給與退官者了。他們念著先前費了許多血汗造就的田畑，如今家資全部被人家襲奪，自己一時變成無家可居，無力餬口，哪裡禁得住愴惶和悲哀呢？因此於1925年12月26日向新竹州及大湖郡提出請願書，要求當局格外憐卹，但還是不得要領[28]。

等到1925年（大正14年）時，新竹廳又提出十四條的契約條件，因為關係到

---

26 《臺灣日日新報》1927年7月26日，9786號2版；1927年8月5日，9796號4版。

27 《臺灣日日新報》1927年11月29日，9912號2版。

28 《臺灣民報》1926年6月18日，第101號。

土地田野山林共三千餘甲以及六百戶農民的生活問題，不願被束縛過重的大湖庄民，推選代表要求政府減稅並修改條件，同時聘請臺北安田薰和與兩辯護士代為交涉。這回爭議中心的契約條件，政府完全是站在維護業主利益的立場，致使小作人感覺非常的不安，因為小作契約內容最重要的就是小作料和小作年限的問題。而這次的小作料比起普通的民風贌耕，雖是輕稅，然據農民說：1）田野山林地質比起普通民間的耕地貧瘠很多；2）有很多面積測量不確不足；3）在民間的贌耕，小作人對於土地全然不要加工就可耕作，但是這土地以前全是荒地，墾作耕地已經投下了很多的費用，所以小作料自然是不得與普通的同一議論。至於小作年限三十年雖然不短，但條件中還有「所有者認為必要的時候，可以隨便解約。」所以雖是表面上寫著三十年的年限，卻也歸為空文，對於這一點農民就感覺非常的不安。而且解約上還有很多給農民不利的條件，譬如說：「中途解約的時候，對於造林及其他的設施事項、調查現況、照甲（所有者）的酌量辨償，對於這辨償額乙（小作人）不得異議。」其餘的全部是規定小作人的義務，對小作人一點都沒有利，難怪農民不服而起爭議[29]。

7.大甲郡大肚農民組合

大甲郡大肚庄溪州官有地五十餘甲，其土地關係的農民有一百餘戶，雖說是無斷開墾者，但該土地乃是這些無斷開墾者的所有，因先前遭遇洪水流失，變為溪流，後再浮出，才編入官有；而農民亦屢次提出開墾許可，但官廳偏藉辭遷緩不肯。至伊澤總督時（1924.9-1926.7），臺中州當局竟置該土地緣故關係者於不顧，斷然拂下給退官者池田等五名，可是原於該土地耕種的農民，依然不肯離開該土地，並且繼續耕作。先是一百三十餘名大甲大肚農民組合員，於1926年11月10日一同至臺中州廳抗議，向州當局表示決心，說他們自祖傳至今日之土地，用盡許多血本，築堤防護岸，種種施設非常勞苦，一旦被奪，情有不甘。今官廳將此權利移與日人退官者，欲斷絕他們生計，論情論理，皆屬不當。然而臺中州當局及退職者全不表同情，辯稱這是國家統制，該土地已經屬退官者所有，手續亦清楚完結，農民的要求斷然是不可能。1926年秋，臺灣各地的農民組合支部及組合員議定聯合提出開墾地拂下請願書於總督府，各支部及各地的代表本擬於1926

29　《臺灣民報》1926年7月25日，第115號。

年9月中旬上北進行，但因上山滿之進總督（1869-1938，日本駐臺灣第11任總督，任期為1926.7-1928.6）出差不在臺北，故決定延期到總督歸任。後來決定11月23日夜於大甲農民組合會齊，開農民組合重要委員會，磋商此後的進行方法，並討論各地的組合設立計劃。24日各支部派代表兩名北上，途次於大甲農民組合會齊，一行十數人的代表向總督提出請願書的組合名與件數如右：臺灣農民組合本部提出一件（彰化郡中寮庄田及園百餘甲）；虎尾支部提出五件（虎尾郡崙背庄田十數甲，麥寮田畑三百餘甲，同安厝田畑二百餘甲，番子寮田畑百十餘甲，後安寮田畑百五六十甲）；嘉義支部提出一件（嘉義郡竹崎庄小梅庄竹林二千餘甲）；大甲支部提出二件（大甲郡大肚庄田畑五十餘甲，大甲田畑三十餘甲）；鳳山支部提出二件（鳳山郡鳳山田畑百餘甲，山林三百餘甲）。這個請願書於12月初旬被駁回了，駁回的理由只說，官有地的處分是任從官廳的意思，官廳將官有地拂下給退官者是合法的處分，適法的處分斷不能再取消，所以農民的請願無效，因此將請願書退回[30]。

　　自請願書却下後，官方的意思似乎要用高壓手段強制引渡業主權。1927年1月15日的上午，忽然一隊三、四十名的警察與數名測量員到大肚庄。警察雖非武裝，但是來勢洶洶，所以農民就通知齊集。約有三百名的男女一齊到溪埔的測量實地，大呼冤枉救命，青天白日有官府人員強奪他們的土地，所以測量員也不敢測量就暫時中止了。到了下午，由臺中彰化等處來的應援隊陸續到來，忽然警隊就增至一百餘名。這時大肚庄農民齊集於媽祖宮開會議對策，全場一致議決幾項對付的實行方法，包括：1）學校兒童同盟全部罷課；2）保甲役員連名辭職；3）實行租稅不納同盟；4）持久的開講演宣傳會。第二天以壯丁團長趙火旺，甲長趙角為首等七十名大肚庄保甲役員連署辭職，而大甲郡大肚公學校學生，因土地問題，遂被父兄禁止登校上學。

　　當時恰好有位住在「室內櫻町」的德記米店老闆名叫吳泗滄，有事赴大肚方面，順途訪問大肚公學校林校長，談及學生停學罷課之事。林校長嘆道，他們的學生已經有十多天都沒到學校了，他自己也想不出甚麼補救辦法。吳泗滄自告奮勇說，他將盡微薄之力，勸誘學生的家長，讓他們盡早回學校讀書。講完之後，吳泗滄逕往農民組合支部，對農組幹部警告，學童長期罷課將徒誤子弟，可能產

生負面後果。果然吳氏的遊說發生了效果，大肚的學徒在2月29日又如往常一樣通學上課。1927年3月上旬，有關大肚二十餘甲的土地所有權，完成移轉退官者之後，因受農民組合宣傳之影響，贌耕契約之簽訂還是無法妥協。等到全部契約剛好要繳租穀的時候，大肚農民集體聲明拒絕繳納。前述日人退休者乃向臺中法院提出申訴，6月23日法院發出通知，要求這些佃農繳納租穀，24日臺中法院執行官，將大肚二百餘名農民，以「妨害公務執行」起訴，為不納租穀，沒收他們的青苗，二百餘名相關農民遂在現場集合，大肚庄地方民情，一時呈現情勢不穩、騷然不安之狀態，幸好最後無事解決[31]。

　　日本退官者因催迫租穀，惹起糾紛，於1928年12月上旬，派人到鹿港、線西方面，雇用一百五、六十名苦力，在該土地耕作起來。又臺中州與大甲郡的警察隊四、五十名亦到現場，四面包圍著，不肯讓關係農民進入，若有侵踏入該土地的農民，便馬上被毆打。其中有侯朝宗和農組幹部、關係農民等男女二十餘名被檢束，並於當夜押送到大甲郡役所。由鹿港與線西來的苦力，這時候已曉得此中情由，誰都不敢再下手耕作。日本退官者看此情狀，便起倉皇，最後以懸賞先下手工作者，賞金二圓為計策，於是有不少苦力，受金錢迷惑下手工作，但至夜中，那些苦力便要逃回家。雖然退官者依賴巡查隊去捕住，至第二天早上逃回家者有三分之二，剩餘的苦力不過四、五十名而已！農民組合顧問古屋貞雄聞知此事，馬上到州廳訪問生駒知事，述此情狀，然而生駒知事只顧否認，並說此乃民事問題，沒有警方壓迫和干涉之理，不過生駒知事答應古屋，他會派人去調查真相。12月18日大肚關係農民代表十餘人，閃過巡查隊警戒網，到州廳求見生駒知事，欲訴苦情，然而知事不肯和他們會見，推與保安課長去接見。保安課長勸農民代表說，今後只要依照贌耕契約繳納租穀，就能使得農民得到很好的條件，但是大肚農民代表認為保安課長說話無益，所以就掉頭回去[32]。

8.嘉義的竹林問題

　　此外還有竹林問題！位於南投縣竹山鎮（當時稱林圯埔）一直延伸到嘉義縣竹崎、雲林縣古坑一帶，總面積約有一萬五千六百甲，在1908年，臺灣總督府調

31　《臺灣日日新報》1927年2月6日，9616號4版；1927年4月21日，9690號5版；1927年6月25日，9755號5版；1927年7月5日，9765號4版。

32　《臺灣民報》1928年12月23日，第240號。

查該區域的竹林，將其中最有價值的四千一百三十八甲定為模範竹林，由三菱會社以廉價的補償金（30,194圓），向當地居民取得預約拂下的權利。其餘的一萬一千四百多甲的竹林地，雖然說是共同保管林，但是土地所有權並沒有明確的規定。兩年後（1910）三菱開始用竹林的材料製造紙張，可是跟當地的民眾發生衝突。1911年3月23日，農民劉乾等人殺死竹山頂林的三名日本警察，這就是所謂的林圯埔事件。1926年7月嘉義竹崎庄因為竹林的糾紛，向臺灣農民組合求救，請到日本勞動農民黨的幹部麻生久到竹崎演講，同年9月竹崎成立了農民組合支部，竹林的爭議開始尖銳化。一直到1928年，竹林的爭議從竹崎延燒到嘉義的小梅、中埔、番路庄，斗六郡古坑庄，臺中的竹山庄，與鹿谷庄等地。這七庄在農民組合的指導下，堅持直接由關係者承購，不賣給三菱。其中小梅庄一帶的竹林，因為官廳不給開墾者而放領給三菱會社，業主產權確立了不久，三菱會社就要求當地的農民瞨耕。不過瞨耕料每年比從前要增加六倍之多，所以農民憤慨不肯承諾。在2月初期間，有區內農民為了自家用，砍伐了數支竹竿就被告發為盜伐罪，拘留於郡警察課。因為連自家需用的竹材都不得採伐，農民很感不安，所以決定在1927年2月6日午前聯合嘉義郡竹崎庄與斗六郡古坑庄的竹林農民約三百名，到嘉義郡要求釋放被拘留的人，陳情他們生活的苦況，並要求政府救濟。到了下午二時農民列隊，在市街上舉行大遊行，大叫冤苦[33]。

　　最後，鹿谷、竹山兩庄跟三菱預約承購，解決了產權的問題，可是嘉義四庄的農民繼續抗爭，特別是小梅庄大半天寮、大草埔方面，堅持不願將竹林土地的權利轉讓給他人。此外虎尾郡麥寮方面約有三百甲的「無斷開墾者」土地，當局無視於農民的生活問題，拂下所有權給遠矢喜之助等三十名日本退官者，自1924年以來，與該地開墾農民紛爭未息。1926年8月21日設置農民組合虎尾支部之後，形勢大好，麥寮的農民與嘉義郡小梅等四庄的開墾地關係者互通聲氣。1927年1月8日農民組合再設置麥寮支部，加入農組的人數約達一千餘名，可謂聲勢之浩大。虎尾郡當局見形勢不對，欲破壞此團體，因此屢次干涉農民加入農組。舉例說，1928年9月11日虎尾郡警察課長和特務劉某出差到麥寮，命令保正召集該地的農民於派出所，強迫農民要退出農組。當天被召集的農民卻一律不怕他們脅迫，祗做馬耳東風聽聽而已。麥寮人團結嘉義四庄的農民與日人退官者對抗，並

---

33 《臺灣民報》1927年2月6日，第143號：1927年3月6日，第147號。

稱為臺南州治之癌，自此爭議不停。

1927年8月15日，嘉義街總爺赤司初太郎（1874-1944）擬在其承購之番路132番地官有原野開墾地上種植鳳梨之際，嘉義郡番路庄番路121之潘啟東等十八人向現場監督賴欽長持鐵鍬等威嚇之，阻撓其栽植鳳梨，不僅如此，他們還在已開墾的百餘甲土地上種植甘蔗，而被赤司初太郎之代理人福迫忠亮提出業務妨礙之訴；22日，彼等均被嘉義郡警察課拘捕，調查後，29日以同一案件送至法院審理，彼等之家族十餘人帶著孩子和同村落之居民百餘人手持書寫「洗清他們的冤罪」、「趕走資本家」等之白旗，一齊蜂擁至郡役所門前，並泣訴「丈夫被拘留，我們母子只有餓死，若不能將我們一起關起來，就殺了我們吧！」警察見民眾越來越騷動，不分青紅皂白就拘捕三、四人，彼等終於因感到恐慌而退散，但他們後來趁著嘉義舉辦祭典活動時，又到郡役所搗亂，讓郡守感到困擾，不知如何處置是好[34]。

另外在8月29同日十二時，農民組合竹崎支部長林爐，率引他的家族及鄉友百餘名，擁至警察課欲質問課長，為何要拘捕在尚未拂下土地砍龍眼的人，要求釋放他們！同年9月小梅庄水底寮林讓等七名，涉嫌盜伐三菱公司的竹林，被嘉義郡司法室召訊審問後釋放。當時農民組合爭議部長簡吉計畫在9月22日，率領小梅山民到警察課抗議，聽到簡吉要親自到嘉義抗爭的消息，嘉義警察課保安主任金子警部，反而提早一步在21日午後一時四十一分，帶高等刑事乘坐由嘉義站出發之列車，至大林轉搭新高製糖社線小火車，親赴小梅庄調查事情的真相[35]。從這個事例看來，農民組合的抗爭活動其實已經發生了效果，對於解決久懸的竹林問題，至少引發官方的謹慎處理。

總督府當局為了維持面子，依照所聲明的方針，於1928年3月26日對嘉義郡下的竹林問題發出辦法指令如右：1）因數年來的爭議，面目上不能夠直接拂下給農民緣故者（保管農民）；2）因此須經過公共團體街庄的基本財產名義，方才可以處分這些竹林地；3）當局不能夠即時以六割半（65%）的便宜時價直接給農民緣故者承購。臺南州當局依指令的辦法，於3月30至31日兩天偕同嘉義郡守等官員，往小梅、中埔、番路、竹崎四庄，跟庄長及關係者共同解決這個問題。結果嘉義郡守依指令照辦，先以時價的三折，將竹林地拂下收為街庄的公共

34 《臺灣日日新報》1927年8月30日，9821號5版。
35 《臺灣民報》1928年9月23日，第227號；《臺灣日日新報》1927年9月2日，9824號4版；1927年9月23日，9845號4版。

財產，待五年後，再加拂下給街庄之價格的六折半賣給農民（緣故者）。總督府自1928年3月26日對於小梅、竹崎、中埔、番路四庄的竹林問題發出指令後，認為是適當解決的辦法，就不肯再稍微讓步，因此強迫命令各緣故關係者，要重訂新契約。然而農民即以竹林地與自己的生存權大有關係，以為這種辦法不太妥當，起初仍然不敢輕易贊成。可是官憲為了要早日解決這個數年來糾紛的竹林問題，不惜以種種手段強迫緣故者的捺印，也有巡查恐嚇緣故者要簽字的。在此情形下，大部分緣故農民，雖然心懷不滿，還是無奈地簽字蓋印，承認竹林的贌耕新契約。

1928年時，嘉義郡下小梅、竹崎、中埔、番路四庄的三千甲竹林地，街庄地方政府以35,800圓收為公共財產。照這樣的辦法解決，五年後由四街庄拂下給農民的時候，可賣約45,000圓，街庄政府所得的利益共9,000餘圓，扣除其中要支出8,800圓的利息和四庄五年間所花費的事務費，其實一個街庄所得的純益微乎其微。用這樣的辦法解決竹林問題，不但在手續上花費了很多的工夫，甚至在街庄政府與農民之間的經濟損失也是不少。不過總督府總算維持了面子。然而緣故農民為維持生計，又因不知法律，照常在已經是公共地的竹林採取竹筍，因此官廳方面即援引法律，依違反治安警察令，照法治罪。1928年5月19日久邇宮殿下蒞臺時，嘉義郡當局以違反警令，拘留小梅庄大半天寮莊采等十四名，但在拘留期間，遭受到緣故農民的反抗。6月8日夜，嘉義郡招集新營郡、北港郡、東石郡百餘名的警察官吏，在中山檢察官與荒木郡守的指揮下，由嘉義搭臨時列車至小梅庄大埔，逮捕二十四名農民，帶回到嘉義，嚴審結果，即送到嘉義法院。這事件自發生當時，消息就被禁止，一直到8月3日才解禁讓報社揭載。而此事件經數回的公判，結果判決翁發等五名妨害公務執行，懲役八個月；李祿等十四名違反森林令，各罰金百圓至20圓；林專等二名公務妨害，各懲役六個月[36]。

9.二林蔗農事件

1909年總督府為了振興臺灣糖業，在臺中州溪州庄（今彰化縣溪州鄉）建立一所林本源製糖會社，社長以臺灣人林熊徵掛名，但實際上，會社的主要幹部職員，都是曾經擔任過總督府糖務局或臺灣銀行的日本人。換句話說，林本源製糖

---

36 《臺灣民報》1928年4月1日，第202號；1928年4月15日，第204號；1928年8月20日，第221號。

會社其實是由日本人掌握經營的公司，目的在利用彰化一帶的甘蔗原料，製糖之後，賣到日本國內營利。1923年年底，彰化北斗郡官派的二林庄庄長林爐，大城庄庄長吳萬益帶頭率領二林、大城、沙山以及竹塘四庄二千餘名蔗農，向當時的臺中州及殖產局提出請願，要求林本源製糖會社降低肥料價格，而且不能抑低甘蔗的收購價格。此次蔗農的要求理由充足，請願獲得地方有信望的名流醫師許學與陳建上等人的支持。又因為北斗郡役所石渡郡守個人出面，直接跟當時債權者臺灣銀行的特派管理人員斡旋，林本源製糖會社終於讓步，同意每甲支付補助給金5圓。這種補助金額數目雖然微不足道，但意義非凡，因為自從新式糖業會社運作以來，這是首次臺灣蔗農集體陳情（lobby）成功的紀錄[37]！

　　1921年在臺北市大稻埕靜修女中成立的「臺灣文化協會」，除了要以文化知識提昇臺灣人的尊嚴，促進臺灣民族自覺之外，而且還是推展二十年代臺灣社會運動的急先鋒。「臺灣文化協會」直接、間接地催生協助臺灣青年會、婦女會、勞工聯盟以及農民組合等民間團體的設立，而其中最早的農民組織就是長久以來跟林本源製糖會社糾紛不斷的二林蔗農組合。早在1925年元旦，二林地區的蔗農為了團結一致向林本源製糖會社施壓、爭取權益以及對付「二十世紀的敗類」辜顯榮等地方御用富豪，舉行了一次蔗農大會，會中決議籌組類似日本佃農組合之類的集體協商（collective bargaining）組織。接著四百多位蔗農在同年的6月28日成立了「二林蔗農組合」，並推選李應章、劉崧甫、詹奕侯、詹仁華、蔡淵騰、王芽、謝日新、邱菊花、曾明得、戴成共十人為理事；謝黨、陳萬勤、謝月、詹忠、洪珍、詹昌寶六人為監事；以及五十位代議員。臺灣有史以來第一個農民組合同時聘請鄭松筠（1891-？，明治大學法學系畢業）為律師，以及日本籍的《臺南新報》記者泉風浪（泉政吉）為顧問[38]。

　　「二林蔗農組合」的首腦人物是臺北醫專畢業的李應章。李應章除了在二林開設保安醫院之外，也是「臺灣文化協會」的理事，當時他才28歲。1915年當日本軍警在臺南縣玉井鄉西來庵大規模屠殺以余清芳（1879-1915）為首的1,413名抗日群眾時，出身於中醫世家的李應章才就讀高中，在作文簿寫了一篇〈嗚呼慘矣哉！〉的悼文，結果遭到校方處罰。李應章不久考上臺北醫專，可以想見，西來庵大屠殺的餘悸依然深深烙印在他的心中。課餘之際，李應章喜愛閱讀《新青

37　蔡培火、葉榮鐘等人編，《臺灣近代民族運動史》，臺北：自立晚報叢書，1971，第九章〈農民運動〉，頁505-506。
38　泉風浪著有《臺灣の民族運動》，臺中：臺灣圖書印刷合資會社，1928。

年雜誌》，不其然間，開始接觸日本及西洋的新思維。當時他閱讀的書籍幾乎都是日本人寫或翻譯的，而且也很快讀到山川均、大杉榮等日本社會主義者的文章。前面提到，山川均、大杉榮都是主張重組社會秩序的無產階級革命分子，受到這些左翼思想感染的李應章，因此曾經發動同學反抗臺北醫專舍監的濫權貪污[39]。

　　除了李應章之外，其他幹部如劉崧甫、詹奕侯、蔡淵騰，也是文化協會的會員。1925年4月19日（組合成立前的十個星期），文協總理林獻堂率領文協幹事到二林演講，舉辦講習會，大大地提高了當地農民的民族意識以及瞭解組織的重要性[40]。適逢各製糖會社甘蔗買收價格及其他契約更改期，還有蔗葉收穫等繁多問題，一直以來製糖會社跟蔗農之間互不相讓的紛爭，已被視為是一般的現象了！二林的甘蔗農民有了組織與領導人之後，9月27日在二林庄媽祖廟內召開會員大會，策動協議該年度賣與林本源製糖會社的蔗糖價——協議價格，即田每千斤8圓80錢，園每千斤7圓50錢。蔗價協定後，接著有來賓講演，出席人數千餘名（《臺灣日日新報》載稱六百餘名），會中通過決議向林本源製糖會社提出五項要求：1）甘蔗收刈前公布收購價格，2）肥料任由蔗農自由購買，3）會社與蔗農協定甘蔗收購價格，4）甘蔗斤量過磅時應會同蔗農代表，5）會社應公布肥料的分析表。代表組合的交涉代表包括李應章、詹奕侯及十數名蔗農，日本顧問泉風浪也隨行。他們在10月6日抵達會社總部跟總經理兼常務董事吉田等三人進行交涉，當場要求甘蔗收購價格應明訂為一千斤7圓，但不得要領。主要的原因是吉田根本不承認「蔗農組合」的合法性，而且堅持要李應章持有正式的委託書（Power of Attorney），才肯跟組合的代表做任何協商。等到10月15日，李應章攜帶千餘名蔗農的委託書再次求見吉田總經理時，吉田蠻橫變臉說，只有庄長才能代表農民，李應章等完全沒有資格代表農民講話[41]。

　　在此同時，林本源製糖會社已經宣布從10月21日起開始收刈甘蔗原料，可是會社因為不願看到農民組合的成立，而且想藉機使參加組合的會員吃點虧，教訓他們一番，所以故意先讓非組合會員的甘蔗採收，因為愈早採收的甘蔗原料含水份愈多，過磅時，斤量會較高，當然賣的錢也較多。可是這是違反傳統的作法，

39　參見《簡吉獄中日記》，中研院臺史所，2005，頁263-264。《臺灣日日新報》1925年10月4日，9126號4版。
40　蔡培火、葉榮鐘等人編，《臺灣近代民族運動史》，臺北：自立晚報叢書，1971，第九章〈農民運動〉，頁507-508。在1925年8月上旬，北門郡學甲庄，曾文郡麻豆街（鎮），蔗農一千餘名連署向臺南州知府陳情，要求合理收購甘蔗價格。
41　《臺灣日日新報》1925年10月4日，9126號4版。

因為向來各區域的採收日期都是用抽籤決定的，李應章所領導的組合幹部於是訓令組合會員，在會社還沒發表收購價格之前，拒絕採收，並且分別勸告非組合會員的蔗農也不要刈收甘蔗原料。

1925年10月21日，二林派出所巡查帶數名苦力到竹圍仔蔗畑刈取甘蔗時，被組合會員阻止；隔天上午，會社派出原料員十幾名，帶領苦力十四人到火燒厝謝財的蔗畑採收，又被組合會員阻止。下午會社人員二十名，加上臨時被雇用的十六名臺灣苦力，又來到謝財的蔗畑，企圖強行採收。苦力雖然知道工資比平時優厚，但儡於組合會員的聲勢，也是打退堂鼓，不敢砍甘蔗。這個時候，會社的原料主任矢島軍治手抓一把鐮刀，自己動手刈取甘蔗，而且有六名警官環繞著保護他。站在蔗畑角邊的組合會員因此大聲喊叫說：「沒發表價格，不能採收甘蔗！」就這樣，在情緒高昂，紊亂叫罵當中，幾位年輕的蔗農將兩名日本警官的佩刀搶走，另外還有人用蔗節、土塊、石頭把日本人打傷[42]。之後，又一群蔗農群眾朝著製糖會社原料區辦公室的方向叫囂，日本警察很快趕到，這時農民就逃之夭夭。

1925年10月22日，一群二林蔗農，在光天化日之下，公然敢向製糖會社嗆聲，跟日本殖民統治者對峙抗爭。他們基本的訴求是適當調整勞資、買賣關係，他們的反剝削理由（raison d'etre）是充分足夠的，而他們的壯氣膽量多少來自組合的相挺。在現今的社會，類似這樣的勞資對立，應該不是什麼大不了的衝突，而且可以循仲裁理性解決！可是站在當時日本統治者的立場，蔗農竟敢搶走警官的佩刀，敢辱罵、打傷製糖會社的員工，這是對殖民權威者的暴動挑釁行為，因此絕對不能姑息，務必要處罰，以達到以一儆百的效果，何況這種抗爭又是含有農民組合的「赤色毒素」，萬萬不能讓它蔓延到其他的糖廠。臺中州的日本當局認為這是一種嚴重的騷擾治安事件，果然在10月23日命令北斗郡召集刑警百餘人，立刻馳往二林、沙山兩庄，並以煽動、騷擾的罪名，檢舉逮捕九十三名嫌疑會員。

根據《臺灣民報》週刊記者謝春木的報導，被檢舉的人被拘捕到臺中地方法院二林分室，先吃一頓刑警的拳腳體罰，再由檢察官古河氏詢問，罪嫌嚴重者，還被押到北斗郡役所再度拷問，最後被送預審者，共有四十七人。在拘留當中，

---

42 參見蔡培火、葉榮鐘等人編，《臺灣近代民族運動史》，臺北：自立晚報叢書，1971，第九章〈農民運動〉，頁510；也參見《臺灣民報》1925年11月15日，第79號；1926年9月12日，第122號。

《臺灣民報》於1926年2月7日刊登了一首〈忠告林糖社長歌〉：

林本源林本源	臭名由社員	為著溪州社	污及您先爹
社員內外變	串了會社錢	有時分黨派	激鬥事甚大
退社就慰勞	錢銀豈小可	此奇肆長傲	吸著農民膏
土地就交換	賄賂喜歡歡	社長憨不知	反返稱利大
費用不節制	原料算無價	問伊何理由	應答全不周
開言就講起	阮社欠人錢	你等敲仔屏	共阮拖分離
所答真不通	懷著您社風	這回二林事	冤枉無天理
講起此事誌	咬牙更切齒	心肝大不願	遺傳子孫知
股早本源號	到處人荷老	今來林本源	四處人都挫
用人不著好	專吸農民膏	社員若改造	原料若公平
你號就再興	出此直言辭	忠告社長醒	

　　1926年4月30日，預審判決三十九人，分別以妨礙業務、妨礙公務執行、傷害、騷擾等罪名被起訴，七人免訴釋放。在預審中的李應章氏由獄中來書說：「我的藥局此去是愈變質著愈壞著，望你為我設法，則個若有人要同情者，不妨讓渡與他，也將那所得的錢，於咱地設立一農村的圖書室，以期啟發農村的文化，然則我於此內也會得安心過日。」[43]五個月之後（1926年9月30日），臺中地方法院第一審由中山氏當檢察官，判決八人無罪，但三十一人被判勞役（其中緩刑執行者三人），其論告要旨如下[44]：

> 本件是多數農民利用集團抵抗會社毆打警官的，是本島統治上土匪事件以來最初發生的。由形式上看來雖小作人對資本家的爭議，但內容是文協一派的煽動的結果……。被告李及組合幹部一派，因前年治警事件文協皆觸刑法，各地的文協幹部皆恐犯法。
> 故不敢出頭表面運動，而轉方向向農民運動。而在蔗農組合幹部的通弊，是以抵抗警官為榮譽，試舉其不誠實的點：就是蔗農組合成立的目的是「要做緩衝機關」的美詞，而事實上卻作種種的歌惡宣傳。若組合是以運動起價為目的，怎得與會社共存共榮，他們的目的實在要得私利。

43　《臺灣民報》1926年3月21日，第97號。
44　《臺灣民報》1926年9月12日，第122號。

10.日本勞農運動指導者麻生久到臺灣

前文提到李應章總共被羈押了189天之後，才由日本勞動農民黨幹部麻生久保釋出獄。1926年年初成立的日本勞動農民黨的政綱裡，就有了「殖民地的解放」、「八時間勞動制的即時實施」、「失業防止的徹底」及「生產權的獲得」。1927年2月底臺灣農業組合幹部上東京拜會勞動農民黨幹部的時候，起初，該黨幹部也曾勸告臺灣農民組合加入該黨。後來經過考慮，卻主張臺灣有弱小民族的特殊因素，所以須採取弱小民族的運動，而日本勞動農民黨只立在援助的地位才好。總而言之，不管臺灣左翼領袖與日本勞農黨的交涉經過如何，麻生久（當年擁有臺北律師公會會員資格）辯護人之辯論如下[45]：

> 爭擾事件，其性質上，各被告行動有曖昧不明之點，如檢察官所云，則少數巡查之拔劍數，且不能判明。第一，檢察官之論告及預審判官調書所稱輕佻浮薄豪奢思想，竟出於淳樸之農民耶，其理由難解！國家開土地、興產業非為林糖也。本件為出於從來固陋之思想，故對於各要求，視之宛然罪惡，特如檢察官云，微李應章，則本件不至勃發。此論縱在臺灣，亦未免過於時代錯誤，因舉安政大獄及明治維新之例，而大聲叱其誣事實之大甚也。本件業務妨害，可斷為法律的不成立。（我去）年以一辯護士，在東京法庭，聞勞動者之要求，為當然權利，惟不可過於程度。因而今日既以勞動運動為正當，則其團結的之示威運動，亦當然之權利也。若如此種事實，視為業務妨害起訴，則勞動者團結之牙城，朝失一城，夕陷一壘，弱者永遠涸渴。本件非業務妨害，亦非煽動誘惑蔗農要求過於當然。夫警官之拔劍，以擁護強慾非道之會社，其理由安在？使警官冷靜，則事件得以防止未然。信如檢察官所云，因引用長野事件之梅谷知事蓋出於當局，不明民眾心理，言次諧謔交出。終言當局對於本件，所視過於重大，實則寧視為單純之傷害也！

擁有黨員約二十萬人的日本勞動農民黨幹部勞動總同盟政治部長麻生久氏，為了替二林蔗農事件辯護，於1926年7月20日到臺灣。自7月24日起，麻生久赴中南部農村各地視察，同行者包括鳳山農民組合的簡吉，大甲農民組合的趙港和上

---

45 依第一章所述，麻生久相信軍事勢力和無產勢力，天皇勢力和庶民勢力的結合，才能使日本的革命展開。麻生九因此「轉向」，跟右派甚至軍國主義者合作，以致受到日農組及他先前勞農黨同志的責難。參見《臺灣日日新報》1926年9月1日，9458號2版。

海大學的蔡孝乾等。這三位同行的臺灣人都非常年輕、優秀而且都是有獨立思想的行動家，其中彰化人蔡孝乾是一個特殊的人物。他曾在一篇題名為〈轉換期的文化運動〉寫說：「思想落後的臺灣，自從大正9年（1920）7月《臺灣青年》發刊以來，才發見著臺灣是臺灣人的臺灣，才曉得講究自新自強之途……。《臺灣青年》的發刊時代，可以說是臺灣思想界的黎明期，本來臺灣的經濟權和政治權都操在日本人的手掌，在客觀條件是這樣，所以那時臺灣人的思想都是隸屬於統制者的。《臺灣青年》一出現，才把隸屬的思想打破，才發見了臺灣人的臺灣，臺灣的思想界才有些生機了……。」[46]中國抗日時，已經是臺灣共產黨黨員的蔡孝乾改名「蔡前」，在中共蘇區首府延安研修生活。

　　1926年7月24日下午一時，麻生久一行自臺中出發，當天下午四時抵達嘉義，是夜受到某事件家人之囑附，前往嘉義郡役所司法課查問該事件之內容。7月25日午前十時，麻生久出席嘉義有志者主辦的歡迎會，同日十二時半搭五分火車到竹崎庄，受到該庄林籠為首等百餘名農民整列於庄驛頭的熱烈歡迎，午後二時農民開茶話會邀麻生氏做一席之談。席間有人提土地問題、有人提竹林問題出來討論。其中有一人說：「我們百姓處於今日真是難得過日，一面政府的稅金年年加重，而一面我們的火食年益不足。倘若盡納稅金的義務，則火食不足，若謀火食足，則不能納稅金，真是進退兩難。」眾百姓聽此一言，莫不吐出悲哀之嘆！7月25日晚，麻生久在竹崎庄大廟，面對五百餘名的聽眾，開講「農民生活之向上」，引論日本農民運動與臺灣的農民生活的現狀，說農民在社會所做的事業是最重要的，但農民在社會上卻處於最壞的地位。近來農民漸漸覺醒曉得此道理，所以非團結不可，於是有一種共通的感情，興起組織農民組合，以圖自己生活之向上[47]。

　　7月26日麻生久到曾文郡麻豆街，午後二時在曾文舞臺講演，先由黃信國致開會辭，講題與前夜相同。當天天氣甚熱，然農民、街民不畏熱氣乘興而來，聽眾將近六百名，至四時餘散會。當晚八時，麻生久出席於曾文農民組合主辦的講演會，秩序演題一切和前日同，聽眾有千名以上之多，到十時半散會。7月27日麻生久一行到簡吉老家鳳山，鳳山農民組合幹部及組合員五、六十名到車站歡迎，以音樂隊為先鋒整齊行列，一直至農民組合事務所。午後三時，組合幹部級

---

46 《臺灣民報》1927年2月6日，第143號。
47 《臺灣民報》1926年8月22日，第119號。

組合員四十餘人開茶話會做歡迎之叙談，同晚八時在鳳山大廟開講題目及內容相同的演說會，聽眾約有八百名。麻生講演完畢，再由謝賴登講演「無產者的悲哀」，說到二林蔗農事件為引證時，忽被警部中止，聽眾一時異常激憤，最後由簡吉致散會辭[48]。

　　7月28日午後三時麻生久自鳳山出發，五時到臺南，即時坐車往安平遊覽，八時赴文化協會主辦的文化講演會，先由陳逢源致開會辭。當晚麻生久的講演與前三、四夜前的內容略有不同。前三、四夜所講的只是關於農民問題，而是夜所講的是關於一般的社會問題，來聽者約八百餘名，十時餘散會。7月29日午前，麻生久自臺南出發，午後四時到臺中，31日到大肚，大甲農民組合幹部及組合員百餘名到大肚車站歡迎，一直至農民組合事務所才休息。未幾風雨並至，大有暴風襲來的前兆，但到黃昏時狂風大雨平息了，講演會便在這不可預料的氣候中舉行，首由趙港致開會辭，到十時半散會，麻生久的講演題目以及內容大概與前日相同[49]。

　　日本勞動總同盟領導者麻生久，藉訪臺機會做了多次巡迴演講，宣導社會主義並喚起臺灣農民的覺醒與團結。這種鼓勵與支援，誘使臺灣農民漸漸看到農民組合的設立是維護自身權益，爭取公道、合理的第一步。臺南州虎尾郡崙背庄的農民，只因他們三百餘甲的原野開墾地，一切被拂下與一班日本的退官者，所以不得不組織一個團體來維持他們的生存權。他們於1926年8月21日特聘麻生久、簡吉、趙港等人，在崙背庄沙崙後大開農村演講會，順便請麻生久指導設立農民組合[50]。此外在高雄州的屏東、內埔、東港也都陸續成立了農民組合。自東港郡農民組合成立以來，其活動頗可觀，極力鼓舞潮州方面的農民也覺醒起來，並於1927年3月10日在東港郡力社開發會式。當日郡下參加的農民有七、八十名，照順序舉行發會式，通過宣言及決議、並選出文協會員薛步梯為支部長，庶務部長陳德興，教育部長戴雜置，組織部長許水詠等；東港、潮州兩組合聯合社事務所設在東港郡力社。東港、潮州兩組合聯合社設立後，32歲的薛步梯，在高雄各地從事激進演講而為當局所注意之人物。1927年3月18日薛步梯返回現居澎湖馬公，3月23日警方以涉嫌「欺騙愚民、詐欺取財130餘圓」，將薛步梯羈押留

---

48 同前引。
49 同前引。
50 《臺灣民報》1926年9月5日，第121號。

置。[51]這是日本當局對付農民組合幹部一貫的手段，藉以達到以一儆百的效果。

11.《臺灣日日新報》的偏頗

二林事件發生的當初，日本人控制的《臺灣日日新報》報社，以為這屬於匪徒叛逆的性質，便為之大驚小怪，驚疑莫措而失了對該事件公判的冷靜態度，稱那些敢向製糖會社嗆聲的蔗農為「暴民」；又指控二林蔗農組合公然對庄民施加種種威嚇，致使「路上厝的庄民處於戰戰兢兢的狀態。」《臺灣日日新報》的記者認為此次引騷動從整體區域來看，只侷限於極少部分而且還舉了陳琴當例子。陳琴擁有約二十甲的蔗園，每年都獲取相當的利潤。距騷動約十天前，陳琴在路上遇到李應章，李說了很多近似威脅的事，陳堅持不理會，最後於1925年10月22日自己完成甘蔗的收割。《臺灣日日新報》甚至說，首謀李應章建立蔗農組合對抗製糖會社的真正原因，是為了「自己的慾望。」1924年李應章僅僅擁有三分蔗園，卻想將二林庄長林爐數年前為會社贌耕之蔗園約三十甲納入自己手中，製糖會社當時拒絕，李應章因繼續執著慾望，憤而不滿而出此舉，藉用蔗農組合的力量來脅迫會社[52]。

據聞臺灣的三報紙──《臺灣新聞》、《臺灣日日新報》、《臺南新報》──本欲一齊抹殺二林事件公判的詳情，奈何此案影響力太大，而且還頗能聳動世人的視聽，加之在報紙經營政策上又難把它輕輕帶過，為了避免貽笑於大方，所以各報紙終於不得不詳細報導二林事件的始末。而臺、日報紙的報導，起初似乎對所有的被告人都含有敵意的樣子，後來看到中南部兩報紙的報導有近於公平公正之處，於是難再維持其曲筆，不得不照事實報導。然而《臺灣日日新報》報社的幹部實在相當可鄙，甚至連麻生久的辯論，也要一併抹殺。不料該社因二、三位有天良的記者活動所致，終於揭發出有關於麻生氏的辯論，而且內容不稍遜於中南部的兩報紙。該報社幹部為此怒髮衝冠，大大的責難那些擔任採訪記事的記者。這件事於此暴露了臺、日報社的內訌，以及幹部和記者的衝突[53]。

---

51 《臺灣民報》1927年4月3日，第151號；《臺灣日日新報》1927年3月25日，9663號2版。

52 《臺灣日日新報》1925年10月25日，9147號5版。

53 《臺灣民報》1926年9月19日，第123號。

12.二林事件的判決

　　第一審公判之後，李應章與另外三十名被判有罪的二林鄉親全部提出上訴。
1927年3月24日上午十時起在臺北法院開庭進行第二審時，日本「水平社」的著
名律師布施辰治來臺義務辯護（下段詳述）[54]。審判的第二天，吵雜紛亂的旁聽

日本勞動黨與臺灣農民組合聯手，為二林事件辯護。（大眾教育基金會提供）

席上滿座著三百多名臺灣人，法庭內則意外地安靜。進入事實之審理時，鈴木法
官首先要求洪熟起立，質問他有無加入蔗農組合。洪氏對於1925年10月22日騷擾
事件發生當時，眾人中是否有農民宣稱，會社發表收購價格前不能刈取甘蔗一
事，予以否認；對於事件發生之際，是否強迫會社員大屋某氏一事，亦予以否
認。其次法官令謝義起立，同樣對於阻止刈取甘蔗（即宣稱發表收購價格前不可
刈取）一事訊問之。謝義承認他阻止會社雇用的臺灣苦力刈取甘蔗，但對於是否

54　布施辰治的法律事務所位於東京市外高田町，雜司ケ谷815番地，也擁有臺北律師公會會員資格。

向會社人員投擲石塊、奪取<u>巡查</u>佩劍等，則加以否認。法官再令謝耀起立，問他有無加入蔗農組合，騷擾事件等訊問之，謝耀答覆表示，因會社員矢島某揮刀，他才丟擲甘蔗逃跑，當時遠藤巡查拔刀追來，可是謝耀否認奪取巡查的刀。謝波也坦承宣傳阻止刈取之事實，但也否認與騷擾事件有關。

　　法官接著要謝先錯起立，謝氏因已是64歲高齡，乃特別給予座椅，並作相同之訊問。謝先錯不斷就事實以外的事情發牢騷，形成被告與口譯者相互爭論之狀態。此時布施辰治律師站起來，說道：「我也有擔任口譯的經驗，但聽取事件非常困難，口譯者對法官之訊問應以直譯或意譯為宜？再夾雜口譯者與被告之談話，變成像在相互爭論一樣，基於法官之本旨，雖希徹底審理案件，法官之主張最為重要，惟口譯者乃是本島法院中的通譯，為口譯的權威者，知道該怎麼做，請放心。」布施辰治講完之後，審理持續，結果謝先錯表示他一無所知。接著蔡琴被命起立，對於22日騷擾之際是否奪取警官配刀一事，蔡琴表示，他僅奪取大石、諸富兩巡查之佩劍兩副，而無其他舉動。法官再命陳法、謝任、謝蔡、李萬得、洪加走等一一起立，並就騷擾事件當時之情形加以審問，上述諸人均異口同聲否認有奪取警官配刀之舉[55]。

　　二林事件第二審完畢之後，鈴木法官判有罪的有二十五人，其中八人緩刑；二十五人當中，有二十四人繼續上訴到高等法院複審部，要求第三審，最後，高等法院複審部在1927年7月駁回大部上訴並維持原判決。三級三審終結判罪最重者是勞役一年，最輕的是四個月，其中李應章被判勞役八個月，劉崧甫、陳萬勤、詹奕侯都被判勞役六個月，這就是臺灣歷史所稱的「二林事件」，也是臺灣農民運動的濫觴。它具備的影響與啟示有多層次的歷史意義，這幾年來才逐漸受到國人注意，其全部被告罪刑如下（未決拘留日數六十日通算）[56]：懲役一年的有蔡琴（農，44歲）、謝衡（雜貨商，25歲）；懲役十月的有陳法（農，35歲）；懲役八月的有李應章（醫師，31歲）、謝波（農，58歲）、紀金（農，26歲）、楊良水（農，28歲）、謝龍（農，36歲）、楊寶（農，36歲）、謝壽（農，30歲）、謝龍空（農，28歲）；懲役六月的有陳萬勤（農，20歲）、劉崧甫（農，30歲）、詹奕侯（書記，26歲）、李萬得（農，22歲）、謝邇（農，24歲）、洪泉（農，33歲）、洪雙林（農，24歲）；懲役四月的有洪盒（農，39

55　《臺灣日日新報》1927年3月25日，9663號2版。
56　《臺灣日日新報》1927年7月13日，9773號2版。

歲）。

　　二林事件的主腦者詹奕侯、劉崧甫、陳萬勤等已於1927年12月先後出獄，而李應章也於1928年1月14日刑期役滿，故其家族親友於1月13日前往臺中，等待迎他出獄回家。殊不知刑務所當局卻格外好意，於13日清早五時半，就喚李應章起床準備，於六時頃特備一部汽車，將李氏由刑務所載出，經彰化北斗直接送到二林李宅。以官用汽車送出獄者回到其家，蓋以李氏為嚆矢。但刑務所對李氏這樣的優沃待遇未必是出自真好意，大概恐因出迎人多，在臺中及沿途惹起民眾示威抗議的緣故。李氏在獄半年期間，遇其令尊逝世，接著又遭二林大火，其家屋被火焚燒。這些事李應章乃全然不知，車入二林目睹一片荒涼的情景，見到家人之後，始知老家遭遇如此不測之變。李應章在歸途車中無限感慨，作〈出獄車中口占〉詩二首於下[57]：

> 曉夢未全醒，雞鳴暗度關，拭開睡眼看，已到舊家山。
> 狗盜車行緊，歡呼拍掌遲，獄前應悵望，待到幾何時。
> ×　　　×　　　×　　　×
> 受盡熱刑又冷刑，○○○○○○○，從今踏出人間地，脫卻紅衫喜再生。
> 半載光頭跣足人，今朝始獲自由身，何當覓得桃源路，一棹春風好避秦。

　　1928年五一勞動節，臺灣農民組合二林支部，在二林媽祖廟開催紀念講演會，是夜雖天降大雨、李應章向擁滿會場的聽眾，講述勞動之意義與歷史。

13.布施辰治的臺灣行

　　1927年2月17日，當「二林事件」的訴訟尚未落幕時，臺灣農民組合中央委員長簡吉偕大甲出身的農民運動活躍人物趙港等人，先赴大阪參加日本農民組合第六次總會，之後於2月25日抵達東京，經由臺灣文化協會以及其他旅日臺灣人的協調安排，簡吉有機緣認識「日本勞動農民黨」與「全國水平社」的重要幹部。日本「水平社」從1922年春天創立開始，不斷譴責種族歧視，主張人類無差別，專門替弱勢族群（特別是部落族）打抱不平。水平社的運動，後來開數次之決議，所出手段漸見熾烈，而且非常徹底。有次開大會時，受警官過度嚴厲取

57　《臺灣民報》1928年1月22日，第192號；1928年5月13日，第208號。李應章後來改名為李偉光，1949年出任中共政權第一屆的政治協商會議的臺灣代表。○表示被黑色筆跡塗掉。

締，於是激起反抗，與警官發生大衝突，各自開銃相敵好像內亂一樣。不久在西
上州大會，水平社會員樹起大旗堂堂行列，在會場內外有警官數百餘名警戒。然
而水平社員說，警官帶劍，使他們萌生惡感，因此要求警官脫劍。警官回答說，
這是因為職務難應所求，水平社的會員聽之後，滿場憤慨殺氣騰騰。最後憲警
人員看看形勢不對，只留署長一人帶劍之外，其餘全部棄劍。看樣子威權只能威
嚇無團結的弱者，像水平社員又有團結又如此堅決，警官的威權也是無法可施，
這種思潮在某些方面可能促使臺灣農組領導人覺醒起來的緣故！水平社開會時也
有多數臺灣人打電報來祝賀，可見當時臺灣民眾對社會問題、政治問題，已經大
大覺醒了[58]。

　　日本「水平社」的律師布施辰治這次在東京跟說得一口流利日語的簡吉交談
之後，頗同仇敵愾的情緒，於是答應要抽出時間到臺灣替二林蔗農事件被判刑
的臺灣人上訴辯護，並幫臺灣的工人、農民爭取權益。1880年11月13日布施辰治
出生於宮城縣石卷市蛇田字南久林（舊蛇田村），青年時代受到托爾斯泰的影響
（可說是一直持續影響他之後的人生行動規範），明治法律學校（現明治大學）
畢業後，從事擁護社會運動的辯護活動。就讀明治法律學校時，布施辰治與朝鮮
和中國的留學生往來密切，在日本統治下的朝鮮，免費替許多獨立運動家辯護。
在布施氏的心目中，臺灣人長久以來受到日本殖民統治與資本主義的雙重壓迫，
他想藉訪臺機會宣導馬克斯主義、民族解放、和階級鬥爭的重要性，並希望作全
島巡迴演講，喚起臺灣農民、工人的覺醒與團結。他的口頭禪是「相信民眾，全
力以赴」、「促進人類生活的理想」。

　　布施辰治係於1927年3月14日晚上從東京搭火車先到名古屋，接見「水平
社」的同志，然後轉車到門司，於17日早上乘臺灣聯絡船「信濃丸」，經過六十
多個小時的海上航行，於3月20日早上七點抵達基隆。布施後來回憶說，當「信
濃丸」駛進琉球某個小島時，他拿出簡吉寫給他的信件反覆咀嚼，簡吉寫說：

> 您承諾為臺灣的二林農民事件上訴審判擔任首席律師，我異常高興。抵臺
> 之後，請您不僅出席法庭審判的辯護，也請作全島巡迴演講，俾推進臺灣
> 人解放運動。為使萬事能順利進行，我已經和臺灣文化協會與其他單位聯
> 絡。先前拜見您時曾提醒，來臺灣的話，多數日本人（異議人士）都會被

殺害，所以為了避免被殺，請您要有覺悟。當時面談之際，您似乎沒理解我說的話，若加以解釋，就是說，幾乎所有日本社會運動家渡臺以後，他們原本要抵抗臺灣總督府的鬥爭精神，後來都一一被扼殺消失！總督府會讓這些日本人覺得殖民政府到底還是很通情達理，而且會給予很好的招待。他們反過來卻會亮出彈壓言論的殺手鐧，來扼殺社會運動家的鬥爭精神。對於這一點，務請注意，以回應臺灣人的期待。[59]

3月20日早上七點，當布施辰治抵達基隆港時，馬上意識到總督府要「扼殺他鬥爭精神的景象。」正當「信濃丸」要靠岸時，基隆的平民俱樂部、臺灣文化協會、臺灣農民組合與臺灣機械公會的代表，每人手上都拿著一支小旗搖晃地歡迎布施律師的到臨。可是其中卻有一面特別顯眼，又大又長的旗子，鶴立雞群大搖大擺在人群中飛舞。這時一位日本警官奪取這面大旗時，被走下舷梯的布施氏見到，布施馬上向警官隊隊長抗議，果真如簡吉所料，日本警官隊隊長很順從地命令將那面大旗歸還給撐旗的人，當然也放走了撐旗人！布施這一招似乎馬上贏得臺灣人的信賴，很快的島上民眾都聽到日本警官奪旗後，被逼還旗給原主的傳聞[60]！

布施上岸當天的上午立刻趕到已經安排好的基隆聖公廟，作他在臺的第一次公開演講。雖然早上九點到十點並不適合集會，而且聖公廟場地也不很適宜，可是聽眾卻擠滿了會場，從前庭到中庭都是人潮，幾乎無立錐之地。這樣的會從臺灣北到臺灣南，從基隆、汐止一直到鳳山、潮州，總共二十一個地方，布施作了三十次演講，都是一樣的場場爆滿。在每次演講之前都有文宣廣告，譬如說，臺灣文化協會主辦的大眾文化演講會，在臺中演講時發布的文宣中說，「我們親熱的無產階級前衛，遠自日本之地的布施辰治，這回為著同胞所提心吊膽的二林蔗做爭議的辯護。」在彰化的平民大演說會演講時，文宣廣告說：「布施辰治是日本勞動界的泰斗，是無產勞動階級唯一的辯護士。」下列是布施演講的日程表：

3月20日：基隆市，聖公廟；斗六街，新興宮；斗南庄，順安宮

3月21日：土庫庄，媽祖廟；斗南庄，斗南書報社；北斗街，奠安宮；二林
　　　　　庄，仁和宮

59 布施柑治著，《布施辰治外傳──自幸德事件至松川事件》，東京：未來社刊，頁36。
60 同前引書，頁40-41。

3月22日：彰化街，彰代座；大肚庄，永和宮；豐原街，慈濟宮；臺中市，
　　　　醉月樓；臺中市，樂舞臺

3月23日：新竹街，公會堂

3月24日：臺北市，文協支部；臺北市，機械公會；臺北市，蓬萊閣；汐止
　　　　街，濟德宮；臺北市，文化講座

3月25日：臺北市，文協支部；桃園街，街役場；桃園街，公會堂

3月26日：嘉義街，公會堂

3月27日：麻豆街，郭氏邸；麻豆街，農組本部；臺南市，靜仙閣；臺南
　　　　市，公會堂

3月28日：潮州庄，天主宮；屏東街，武廟；鳳山街，雙慈亭；高雄市，高
　　　　雄劇場

　　布施辰治每場演講大約以一個半小時為限，因為他是用日語演說，再透過簡
吉以臺灣話口譯，所以時間顯得很緊迫。他長期修煉的體力、精力與毅力使他能
完成使命。另一種支持他不休不眠各地奔走的力量，來自臺灣民眾的熱情，以及
對時間的嚴守準時。布施演講的對象當然是被資本家壓榨，遭到日本官吏憲警欺
負太多的臺灣農工、勞苦大眾。他演說的內容除了替二林事件被判刑的臺灣人叫
屈，指控殖民政府的苛酷法律之外，還不時批判日本中央政府的帝國主義政策，
昭和初期的金融危機，以及一般民生的痛苦。他也藉機會攻擊總督府第一位民政
長官後藤新平（1857-1929）和臺灣銀行的壟斷臺灣金融經濟，形容臺灣銀行是
日本帝國主義對東南亞的前哨部隊，還透露臺灣銀行濫行放款融資給鈴木貿易大
商社。演講結束前，布施辰治呼籲臺灣民眾要以組織團結的威力跟資本家、統治
階級鬥爭[61]。布施先生來臺演講時，沒有臨場監聽，而同時期演講的蔣渭水就要
臨監。據臺北州當局的說明，布施的演講是階級鬥爭，在臺灣不甚厲害，而蔣氏
的演講──同胞須團結、團結真有力──是煽動民族的反感，這在臺灣是很厲害
的，所以要臨監。又東京大學矢內原忠雄（1893-1961）教授是主張民族自由、
民族自治的主義，所以當局認為比布施氏的演講更加厲害，在屏東和臺中，矢內
原的演講竟行正式臨監[62]。

　　布施辰治在繁忙的緊湊日程，抽空為二林蔗農對抗林本源製糖會社的騷擾事

61 同前引書，頁36；《進め》第五年第五號，1927年5月發行。
62 《臺灣民報》1927年5月15日，第157號。

二林事件第二次審判中的被告與農組幹部律師等合影，前排左三為李應章、最後一排中央為簡吉，簡吉右二為來臺協助辯護的日本律師布施辰治。（大眾教育基金會提供）

件辯護。舉例說，3月24日是農民事件上訴審判的第二天，他白天偕同永山章次郎律師與蔡式穀（1884-1951，明治大學與中央大學法學出身）、鄭松筠兩位臺灣辯護士在臺北法庭有力地辯論，要求法官無罪釋放所有被告者，使得擠滿法庭的三百名左右旁聽者大為感動。當天傍晚六點半至七點半，布施辰治又到汐止濟德宮演講，之後又趕到臺北市內做一場「文化講座」，讓擠滿會場的聽眾大飽耳福，一直到午夜十點多鐘，才停下腳步！有關布施對二林事件的問題與整個臺灣蔗田佃耕的看法，簡譯於下：[63]

> 我這回的臺灣行，日程有二十日，於3月14日出發，4月2日返回，主要任務係為對農民運動帶來劃時代刺激的蔗農組合對抗林本源製糖會社的二林騷擾事件辯護。

關於該事件事實內容之批判暫且擱置，就其動機而言，此乃向使臺灣全島蔗作農民受苦之所謂製糖王國的抗議式的要求，造成會社方面的逆襲之事件。因此，無論該事件有罪或無罪，假使真的有罪，關於該事件發生的原因動機之裁判是否認同蔗農組合方面的主張？對於所謂的製糖王國向來的橫暴是否不加追究？這些事情對於臺灣農民運動今後的方針至關重大。

依據事件紀錄，簡述二林騷擾事件發生之動機，乃是對迄今農民最為會社之橫暴所苦的：1）被強制購買肥料；2）未協定販賣價格即刈取甘蔗；3）秤量收割甘蔗時拒絕[農民]在旁見證等三項施策提出抗議，為其原因。

以上三項措施，單憑標題，難以想像其過分的程度：1）所謂肥料的強制購買，乃是以臺灣尚未實施肥料法為良機的會社，特製其任意混合的肥料，不管該肥料究竟有無效力，只要是會社所屬區域的蔗作農民，都被強迫購買，並從最後的甘蔗收購價格中扣除。為此，蔗作農民好不容易自力種植的甘蔗，實際上白白被奪取了。對此，農民以要求肥料自由購買作為抗議。2）所謂未協定販賣價格即刈取甘蔗，蔗作農民的自作甘蔗哪一部分要賣給哪一個會社是由官方指定的，萬一違反，依規定，將被處以罰金。因此，在蔗作農民自種的甘蔗已預先決定由哪一會社購買的理由之下，會社方面尚未協定購買價格時，就依會社的方便任意收割甘蔗，之後才向蔗作農民發表今年度甘蔗的收購價錢，並扣除強制販賣的肥料費，甚至連會社任意刈取的苦力費都算在農民身上。為此，即使加上收購的金額，實際上蔗作農民無法獲得金錢。因此農民提出抗議，要求會社在收割甘蔗前協定價格。3）所謂秤量收割甘蔗時拒絕[農民]在旁見證，乃是農民要求會社在秤量那些從蔗農收割而來的甘蔗有幾萬、幾千斤時在旁見證，但會社方面不許作為賣主的蔗農在旁見證，而由身為買主的會社任意決定從哪一塊地收割幾千斤、哪一塊地收割幾千斤，蔗農對此過分的行為提出抗議，要求秤量時在旁見證。

瞭解以上三項抗議的背景及具體內容後，感覺如何？無論何人，對於上述三點蔗作農民組合的抗議要求都會視為理所當然，且沒有人不對於會社向來的橫暴感到驚訝吧！儘管如此，會社方面對於蔗農方面的要求卻斷然拒絕，因而引發此一事件。故彷彿不是只有作為被告，而是被強拉上法庭的蔗農受到判決，這與二林騷擾事件的被告者同樣身受製糖王國之橫暴所苦的全臺蔗農，皆認為今後的蔗作問題將在這次二林騷擾事件上作裁判一般地，一致注目，掛念該事件，利害與

共。

回到日本之後，布施辰治還將他在臺灣觀察的印象陸續在日本的法律雜誌和出版社發表，包括五件「面對臺灣」的文章（全文詳見本書頁417-423）。

在〈**面對臺灣（一）赴臺考察錄**〉一文，布施辰治說，因錯誤的日本殖民政策，臺灣農民受到雙重的壓迫與榨取之痛苦、悲慘，比日本農民更嚴峻。他以二十天的時間到臺灣實地調查視察，發現臺灣農民自己的土地沒有自己耕種的自由，都是依照資本家和日本官憲指示栽種何種作物；耕作所需的肥料、水利灌溉，也都依他們的指示而決定；農產品如何販賣也不能依農民想賣的價錢賣出，而是會社工廠任意收購農產品，之後才斟酌給付代價。臺灣的農民沒有獨立人格，生活沒有產業自治，比農奴更殘酷，只是活著工作的機械。布施辰治說，他要當臺灣農民的靠山，與他們攜手合作[64]。

在〈**面對臺灣（二）能夠看到天空的會場是室外**〉一文，布施辰治寫道，這次渡臺之前，最使他心痛的是，在總督府政治的專橫壓迫下，臺灣人言論沒自由。在船中，他為瞭解臺灣言論自由的範圍，閱讀了田川太吉郎所著的禁書《臺灣訪問記》。布施辰治在臺灣所發表的言論雖然沒有被警告、中止；可是文化協會主辦的大眾文化演講會以及農民組合舉辦的演說會，卻不斷有干涉、有壓迫！而總督府對於取締言論集會竟然全無方針，無論什麼事都有可能，這實在是令人不可思議的臺灣總督政治專橫之一斑[65]。

在〈**面對臺灣（三）內地人（按：意指日本人）警部不知日本語**〉一文，布施辰治批評總督府的陰險與事事講究差別待遇的作法。他強調，他有強烈的覺悟，不怕威脅，不接受禮遇款待，要以鬥爭的精神，徹底地堅持言論自由。不過令他人感到不可思議者，是內地人警部不瞭解日本語的結構與用語，因此簡吉氏的翻譯，雖然正確適當，又相當洗鍊，卻頻頻受到「不妥當」的警告，甚至被迫中止換人。布施辰治所作的結論是，臨監的日本人警部不瞭解日語[66]。

〈**面對臺灣（四）似有若無的地方問題**〉則諷刺臺灣的日本警察既嚴峻苛酷，又官僚氣息太重，大都欠缺通融性。各郡到處的警察、課長一面說「此處沒有特別重大的地方問題」，一邊卻要求演講者「切不可觸及地方問題」。布施辰

64　《生活運動》東京，卷六四號，1927年4月1日發行。

65　《法律戰線》東京，第六卷第七號，1927年7月3日發行。

66　《法律戰線》東京，第六卷第八號，1927年8月1日發行。

治指出，每當他赴各地演說會時，警察都假裝維持懂事、寬容的態度，而且前來表達敬意。不過等他與該郡警察課長對談後，警察都必定要求他的演說「千萬不要觸及其地方問題。」同時，闡述「若觸及特殊地方問題，很抱歉，除中止演說之外別無他法。」這裡所謂的特殊臺灣地方問題，包括諸如警察砍伐數萬株芭蕉的保安林問題；向某地日本退役官員出售國有土地之問題等。這些問題只要稍稍一提，彷彿就是觸及腐臭的膿汁，就會流出一般的醜惡的地方問題，這實在是以日本在臺官吏為罪魁禍首製造出來的[67]。

在〈面對臺灣（五）歡迎的示威遊行與宗吾靈堂〉文章裡，布施辰治寫說，他在臺灣的歡迎演講會，不僅場所、主題等，都是以臺灣同胞為本位。開始前滿廟的聽眾對他展示如火焰一般的歡迎熱情，此一熱情遍及他在全島各地的演講會。所謂的內地人（亦即日本官憲當局），無疑感到意外，也感到不快。臺灣同胞如此的熱情，加上他對於無產階級運動者的共同戰線，團結的尊貴、親密以及強大的力量，使他想起，前幾年他參拜日本農民運動犧牲最悽慘的佐倉宗吾（1605-1653，德川幕府初期的人物，因告發藩主的殘酷而被誣陷，其紀念靈堂位於成田市東勝寺）之靈堂之際，發現捐獻壯大的宗吾靈堂建築費，以及前來參拜者，多數都是農民、小市民的無產階級。他認為這些農民、小市民的真意，必定不只是為了追思崇慕宗吾的偉大，更是要表達對地主凶暴的搾取與官憲彈壓之現狀的示威反抗[68]。

布施辰治每日忙於言論戰線，在肅清檢舉左翼活動家的三‧一五事件（1928）中，成為辯護律師中的領導級人物。但是在審理該事件的裁判所（法院）之一的大阪地方裁判所（地方法院）的辯護活動，他卻被指為「玷辱了律師的面子」。1932年在東京控訴院（高等法院），接著在大審院（最高法院），布施辰治被判決褫奪律師資格。（但是當時日本律師聯合會並不存在，律師懲戒制度是由所屬律師會或由檢事正「檢察官的職稱」獨自的聲請而產生功能）。不過，布施辰治的律師資格在1933年皇太子（明仁親王，現今的平成天皇）誕生恩赦時回復了。他在韓國被稱為「日本人的辛德勒 （Oskar Schindler, 1908-1974）」，2004年布施辰治成為第一位接受大韓民國「建國勳章」的日本人。布施辰治死於1953年9月13日。

---

67 《法律戰線》東京，第六卷第九號，1927年9月7日發行。
68 《法律戰線》東京，第六卷第十號，1927年10月1日發行。

第四章
農民運動的全盛時期

古屋貞雄：「本事件全然是因經濟組織之缺陷，法制之不備所引起的……，更深
入探討本件內容，應視日本拓殖會社對佃農的虐待，殘酷的榨取為引起此次爭議
的原因……。從國家社會的立場來看，如此不合理且帶來重大損失的制度，於是
成立農民組合，謀求農民之團結，矯正制度缺陷之必要便產生了……。」

——1928年9月27日臺北地方法院刑事合議部
審查中壢騷擾事件時，古屋律師的辯論。

1.臺灣農民組合vs.日本農民組合

　　1927年2月17日到20日，簡吉與趙港聯袂到大阪出席日本農民運動組合第六次
總會，在杉山元治郎組合長與山上武雄引導下，目擊日本農民組合運動之實況，
且受其思想上之感染，從而模仿其委員會的組織、規約與聲明書而組織臺灣農民
組合，且其所揭櫫之數條綱領亦是明顯立足於階級意識上之鬥爭。2月25日簡吉與
趙港又到東京代表臺灣農民組合向日本中央政府訴願。上京後，簡吉與趙港忽染
感冒，抱病奮鬥，與中央諸位支持人士商量之結果，歷訪首相、農相及議員等，
詳訴實情，頗得各界人士的同情。關於土地拂下難題的請願書於3月12日由清瀨一
郎（1884-1967）議員介紹提出，之後清瀨代議士預定不日先直接質問首相，而後
要求臺灣當局向請願委員會辯明（請願書見本書頁285-287）。請願書雖然被眾議
院受理，列為該院請願委員會的議程，不過，最後還是以「審議未了」，從此都
沒有下文，不了了之！3月13日簡、趙在佛教青年會館開講演會，熱情辯訴臺灣島
農民的苦情。14日簡吉由神戶搭船回臺，趙港暫留在東京繼續奔走[1]。

　　這回日本行，簡吉與趙港會見了幾位日本的社會運動健將，包括後來答應當
臺灣農民組合顧問的辯護士布施辰治、上村進（1883-1969）、細迫兼光（1896-
1972）、黑田壽男（1899-1986）、古屋貞雄、岡崎一夫（1899-1986）、水谷長

---

1 《臺灣民報》1927年3月13日，第148號。

三郎、近內金光（1898-1938）、米村正一、赤司友輔、鶴知夫、川越利兵衛、井藤譽志雄（1901-1982）；也會見了花田重郎，當時是日本九州農民組合聯合會會長。日本農民組合第六回大會（議事錄）有下列的記載[2]：

> 大阪天王寺公會堂
> 第一日　2月20日　開會致辭　主席　山上武雄
> 緊急動議
> 花田君：我們想請教遠到而來的臺灣農民組合同志關於彼地的情況。
> 簡吉君：（臺灣）我等如何被壓榨不用多說。甚至日本政府給予我們的登記權最後也遭到資本家侵害。在臺灣條件最惡劣的是甘蔗，他們支付給我們三千萬圓款項，卻以四億八千萬以上的價錢販售。各位看如此可惡至極的壓榨。像香蕉也被課予種種的賦稅。還有，以作為優惠退職官吏之用為名義，奪取我們的土地。如果要我等離開那些土地，我們寧願死在那塊土地上。（大拍手）

　　日本農民運動家花田重郎出生於福岡縣宗像郡池野村（現玄海町），學歷是尋常小學校畢業。1923（大正12）年4月，花田讀了九州農民學校設立的新聞報導之後，拜訪高崎正戶，從此與高崎一起行動。同年指導熊本縣郡築村小作爭議，加入日本農民組合福岡縣聯合會與日本社會黨，並巡迴九州各地致力於農民運動的組織化。1926年日本農民組合福岡縣聯合會分裂時，花田身為常任委員的一人，開始進行排擠會長高崎的活動。1927年，當上了日農中央常任委員，但因病辭職，從此遠離運動[3]。

　　臺灣農民組合領導人自東京陳情歸臺後，增長一股新的活力並開始採取積極的方針進行活動，除了成立了十處新的支部，還針對退官者的土地拂下問題、蔗農問題、竹林問題、芭蕉問題、墣耕問題尋求解決的配套辦法。就中以退官者的土地紛爭最為激烈，總督府當局也極力阻止，退官者也用盡所有的手段出來爭鬥，乘組合領導人上京陳情運動中，當局派刑事及巡查跟蹤農組幹部，不准他們進入發生問題的地點，只要一步踏入那地方就要檢束；另一方面就是籠絡警察、保正、甲長、街庄職員去強制農民蓋印，承認引渡土地。獲得強制引渡後的退官

---

2 《土地和自由》第六十二號，1927（昭和2）年3月15日。
3 [參考文獻]花田手記〈郡築爭議の思い出〉《農民組合運動史》，日刊農業新聞社，1978。

者，即時就用官印證明去通知農民，要求農民在1927年4月7日之前，去除一切地上物。農民組合受這樣的挑戰，為了組合的存立和農民的利益不得不奮鬥。1927年4月5至6日，中央委員會在麻豆開會，決定每月開辦兩次研究會和講習會，一方面聘請專家來訓練指導組合人員，另方面培養鬥士精神。

自從農民運動開始以來，農民組合的成員吃了不少虧，有鑑於此，組合的中央委員會決議通過一項援助同志的具體方案，除了援助本人及入獄者的日常雜品費用之外，還要扶助為組合利益犧牲者的家族。假如其家族不能自給自立，組合員要負責任扶助他們，提供勞力，使他們的所耕之地不致荒廢。中央委員會也決議，要在5月1日舉行勞動祭，於各地支部開演講會，並舉行示威大遊行。據此，1927年農民組合在霧峰主辦五一勞動節，自下午一時半起召開演講會，至三時左右解散。同日大甲街亦有同樣的演講會，由於聽眾大多為芭蕉之生產者，當天晚上在旱溪媽祖廟的演講會內容均與芭蕉有關，因此被臨監的警官命令中止。但聽眾則要求談論更多芭蕉的相關話題，而不願輕易離去，終於有三人被臺中警察署羈押。得悉此事之聽眾均蜂擁趕至臺中警察署，該署告誡三名被羈押者後，當晚即被釋放，在署前聚集的聽眾亦暫時全部退回[4]。

2.農組的巡迴講演隊

之後，中央委員會決議於各地新設支部舉辦巡迴講演，接著在1927年4月13日，葉水、侯朝宗（1905-1968，後來投誠國民黨的劉啟光）、簡吉、陳明枝於彰化郡新港媽祖廟開演講會，聽眾約五百名。4月14日，陳標中、趙港、侯朝宗、黃又安在中壢觀音庄觀音廟內開講演會。當天午後七時，陳標中、莊金標、簡旺盛、黃蘭盛、許成昌、黃又安也在中壢郡觀音庄下大堀、隆昌精米所內開講演會。巡迴隊隊員侯朝宗講「南部農民生活」，簡吉講「農民組合」，趙港講「農民運動的目標」，蔣渭水講「團結的力量」。侯朝宗、簡吉、趙港的演講均受到中止的處分，蔣渭水的演講則受到警察注意。4月15日午後一時，黃又安、林阿鐘、簡吉、趙港、侯朝宗又在中壢庄三座屋舊社內開演講會，聽眾估計有一千餘名。4月16日午後七時半，巡迴講演隊在清水街觀音廟開農村大講演會，那天晚上雖是春雨淋漓，聽眾也有五、六百人，也算是盛會。4月17日午後一

4　《臺灣日日新報》1927年5月3日，9720號5版。

時，農組幹部在豐原街媽祖廟內開農村演講會，聽眾有一千五百人以上，這回的巡迴講演露骨的控訴，支配階級是如何的壓迫臺灣農民，這類型的演講當然又被中止。

農民組合中央開始全島總攻擊，於各支部舉辦巡迴講演以來，各地的州郡地方官員都非常的敏感緊張，幾乎都派警察隊尾隨著農組幹部。因是之故，大屯農民組合舉辦演講會時受到檢束，大溪也被阻擾，連演講會都找不到場所。其他如豐原、大肚、清水莫不受命中止或解散。4月18日講演隊巡迴到彰化郡二林時，當天出席的農民組合的幹部是趙港、簡吉、侯朝宗三人，此外《臺灣民報》記者謝春木也參加行列。他們一行到北斗的時候，一群警吏也跟著搭車往二林，不但課長親自出馬，就連司法警部也臨場監督。警部預先引率三十多名巡查，從早上就在二林等待！趙港、簡吉、侯朝宗一行到二林時是下午四點鐘，少憩之後就開始演講。該講演會的四名講者不幸都被警察命令中止。侯朝宗看見簡吉受到中止的處分時，突然大大的興奮起來，接著詳細說明現在臺灣農民的地位。他說農民所種的五穀在田園裡頭青青可愛，要下肥、要除草的時候，那時的五穀都是農民的所有物。等到這些五穀成熟變成黃金色，在庭上曝乾時，還仍然是農民的所有物。然而一旦被裝入了穀袋，就大半已屬頭家的所有物了！留在佃農手裡的五穀，除了還債納稅之外，自己食用的穀米就寥寥無幾，甚至有時要賣子餬口了！農民種米養頭家，肥了支配階級，如此尚可忍耐，可是如果要把心愛的女兒也賣到妓院煙花任人玩弄時，叫佃農情何以堪。說到這裡，尾隨的警官當然就不肯讓侯朝宗繼續講下去了、終於又被命令中途停止了。

1927年4月18日晚，巡迴隊在大排砂演講，是夜的講演被警官命令解散，農民皆不願離去。農民組合鬥士只好分路到各處座談，三、四處皆有數十名的農民願意會談，這樣反而得到意外的收穫。4月19日夜間，巡迴隊訂在王功講演，因為該地方有保安林和溪埔四千甲廣而肥沃的土地，是退官者和一班官紳最為垂涎萬丈的，所以官廳非常害怕農民組合在當地的活動，可以想見，當夜的演講受到阻止不得舉行。4月20日在大城及竹塘的講演雖未被解散，然而也都受到中止的處分。這次散會之後，簡吉在竹塘與農民繼續會談，北斗郡木原警部認為這也是集會，因此也命令解散，並將簡吉及李應章檢束，送到郡役所留置[5]。

---

5 《臺灣民報》1927年4月24日，第154號；1927年5月1日，第155號；1927年5月8日，第156號，第157號。

簡吉（左）、李應章受檢束後留影（大眾教育基金會提供）

從上述的活動所遭受的挫折，簡吉深深的知道，如果臺灣農民運動要繼續發展，順利展開活動的話，務必需要日本朋友的大力協助。所以在簡吉從日本回臺的四個月以後，他又寫了幾封信給花田重郎，其重點如下：

> 我們仍一如往常地在惡戰苦鬥；在農民組合，組合員被毆打、拘留、處以罰金，幹部被隨便地羈押逮捕，事務所也被胡亂地搜索，文件被胡亂地扣押；勞動者逐漸被趕入工廠——目前全島罷工的總人數約兩千人——學生被責罵少不更事，而被處以停學、轉校等處分；報導變得瘋狂，將原因歸諸於思想惡化；最重要的是，臺灣太小，方便他們斷然實行壓制、橫暴、迫害等貪得無厭的陰險政策。臺灣四面環海，如同監牢一般，遑論人的出入，連郵遞品的出入他們也表面上管理，暗地裡蹂躪。[6]

另封信簡吉寫道：

> 花田吾兄：許久未見，我想您應是和往常一樣為農民組合奮鬥吧！我們回臺後馬上就組織宣傳隊，在北、中、南部各地征討，受到大家的歡迎，那些傢伙完全沒有耍手段的空間。然而，那幫人的鎮壓，不用多說，是赤裸裸的毫不留情的。目前，十三個支部的組合員超過一萬三千人以上。可是這次的佃租爭議，因為人手不足，我們感到很窘困。我們沒有律師，因此每次只要有爭議就感到非常辛苦。25日的中常委會決議中，我們提出請勞農黨派遣一名律師來臺，我想他們應該會來支援。還有，祈求您能寄送貴組合的聲明書以及其他各種能作為我們解放運動參考的文件。[7]

3.農組軍師古屋貞雄

日本勞動農民黨很快就答應臺灣農民組合的要求，派遣一位幹部律師來臺灣支援。山梨縣出身，1919年畢業於明治大學的古屋貞雄辯護士，於1927年5月4日第一次到臺灣，一直待到5月23日才返回日本，在臺的二十天期間，古屋貞雄到二十五個地方演講。5月10日古屋貞雄偕同通譯簡吉來到新竹，主辦單位是臺灣

---

6 日本法政大學收藏，《日本農民組合本部資料、國際部文件日本農民組合本部資料》，頁110-111；以後簡稱《日農總本部國際部資料》。

7 同前引。

文化協會新竹支部，於竹意閣為他們開了一個盛大的歡迎會，是夜在內媽祖宮開講演會。古屋氏身穿臺灣式的短衣，乍看之下，無法區別他是日本人或者是臺灣人。講演含通譯約有三個小時之久，替無產階級者與無產運動的人伸張了萬丈的氣焰。當夜雖然有警察的正式臨監，好在因為古屋的言詞婉轉，所以沒有受到停止的處分。5月11日午後一時，古屋貞雄（簡吉為通譯）在中壢下大堀精米所演講時，聽眾約有二千人，同日傍晚七時半在石觀音廟內開講時，聽眾亦有千餘人，可以說是無立錐之地；12日午後一時在新屋庄開講演時，因會場受警察干涉，所以改在野外開會；當夜八時又在中壢舊社開會，聽眾皆有二千餘名之多。

臺灣農民組合這回邀請古屋法律顧問來臺，主要的是要解決農業糾紛的法律問題，並在各地舉辦巡迴演講會，冀望藉此激發農民階級對解放的熱心奮鬥。毫無疑問的，桃園地區的農民不期然間也受到古屋貞雄的鼓舞，於6月16日在桃園南嵌廟內，舉行桃園支部開幕式盛會。當天出席的來賓和會員加起來總共約二百餘名，首先由林阿鐘致開會詞，其次選舉支部委員二十名，並公推林阿鐘為委員長，接著來賓趙港、黃又安、黃師樵以及陳儉女士發表恭賀祝詞。五天之後（6月21日），新竹郡湖口庄的農民組合支部創會典禮，於上午十一時至十二時半在該地的三元宮舉行。當晚自八時起持續在該處舉行演講會，以湖口庄湖口出身的東京駒場大學生彭宗棟擔任講員。彭宗棟用臺灣語演講，不顧臨監警察官屢次警告，亦不服從中止命令，而終被羈押。另外竹山庄青年會，因古屋辯護士到竹山庄講演的時候，該會會員以樂隊歡迎古屋氏，致使警察當局大驚小怪，所以該會會長便以此為口實，遂將該會解散了[8]。

在臺期間，古屋貞雄要求日本當局改變他們一向的榨取干涉政策，因是之故，於5月21日向臺灣總督府提出如下的陳情書[9]：「臺灣總督府的土地政策是無視緣故者及耕作者，徒使土地買辦階級簇出，而惹農村的紛爭。又在產業政策方面，也是對生產物的管理權行不當的干涉，導致中間買辦階級擅行榨取，以致極度威脅到農民的生活。因此要盡速廢止這些政策以及不當的干涉，尊重本島古有的土地習慣以及生產物管理權，使土地緣故者或耕作人能安心精進於農業，俾得多額生產，以期保障農民生活……。」

古屋氏本來的使命是在解決種種農村爭議的法律案件，可是當他看到臺灣官

---

8 《臺灣民報》1928年7月8日，第216號；《臺灣日日新報》1927年6月23日，9753號2版。
9 《日農總本部國際部資料》，頁17；《臺灣民報》1927年5月29日，第159號；1927年6月5日，第160號。

憲彈壓人民太無程度，所以不得不利用起草訴狀的剩餘時間到各地召開講演會，徹底地與官憲抗爭。他在臺灣二十天鬥爭的感想，後來在「吉野丸」船上與尾行他的便衣刑警談話中，非常正確中肯的表明他的觀察。兩人對談的大略內容如下：

> 刑警：先生來臺二十天期間，有何感想？
> 古屋：你不要問我的感想較好，我的感想換句話說，就是攻擊你們的話，罵你們的辦事不好吧！
> 刑警：不要緊！拜聽先生的高談。
> 古屋：第一、我到基隆的感想，像入四面密封的箱內，無所不受壓迫，事事都要許可。這可是臺灣特有的事！第二、臺灣的官憲不知法律，不遵守法律。前者像下營的業戶犁除了佃人的畑上五穀也不知取締，後者像退官者土地問題，郡守及課長等與其部下結托，將人民開墾成田的土地霸佔，總督府反而出來獎勵。在內地官憲害怕農村爭議的頻發，制定種種法律去取締有地不耕的人。然而臺灣總督府卻反要造出中間階級，播種將來爭議的禍根。第三、一也要專賣、二也要專賣，[什麼都要專賣]，何不將我們無產階級的生活問題還歸專賣呢[10]？

　　5月23日午後七時起，簡吉、張信義、邱德金（1893-1971?）等為送農民組合顧問古屋貞雄歸還日本內地的機會，順途在基隆市玉田聖公廟開辦一場文化講演。這場講演是由平民俱樂部主催，聽眾約有五百名之多。臺中張信義就最發達之工業國為題發揮，講至中途，說我臺灣勞動者有今日之苦痛，實在是因為臺灣受帝國主義之害所致，因此馬上被臨監警官中止。接著，鳳山農民組合長簡吉以無產階級運動為題目，講到中途，引述1923年東京大地震時，成千上萬的災民避難於公園數日，沒有東西可以吃，飢餓不堪，甚至發生了災民強奪他人之物而食的慘劇。他說，一般人如果到了像這些災民這麼窮困的時候，根本就無暇顧及政治與道德。當簡吉大聲的提到災民搶食，導致道德淪喪的時候，也立刻被臨監警察官中止[11]。古屋貞雄離臺後不久（1927年6月20日夜晚），簡吉寫一篇題目為

10 《日農總本部國際部資料》，頁20；《臺灣民報》，1927年6月12日，第161號，〈古屋氏離臺的感想〉。
11 《臺灣日日新報》1927年5月26日，9720號4版。

〈大同團結而奮鬥！〉的文章發表在《臺灣民報》，內容如下：

> 日本資本主義和世界的資本主義一樣，在沒落的過程中。（它）因為想要
> 延長其餘命，於是對於臺灣露骨地進行著更強度的榨取。因為要完成這
> 種榨取，要延長這種榨取，於是用盡一切欺瞞政策、陰謀政策，加之壓
> 制，橫×、迫×等等的直接行動。日本資本主義——世界資本主義的一環
> ——更加動搖，這種行動則更加凶惡更加嚴重。
>
> 這次臺中一中事件，也不過是其中的一表現。在現在的臺灣，教育機關只
> 是他們的一種工具。若是被否定的我們，把持著真正的階級意識，則就是
> 他們的致命傷。於是他們的必然地企圖抹殺我們的這個意義，而注入奴隸
> 根性。教育機關是要幹這種陰謀的工具。被否定的階級呀！
>
> 我們須正確地認識一切事物，不可看見片面的現（象），而沒卻了事物
> 的本質。不可只「看見樹木，而忘了森林」。我們須提高我們的階級意
> 識，而結成廣大的堅固的團結，而進攻呀！大家趕快起來鬥爭，而取得我
> 們的生存權。
>
> 日本資本主義要倒了，世界資本主義也要倒了，我們不僅僅是要由教育機
> 關解放出來，而且要由一切壓迫解放出來！[12]

　　簡吉寫了這篇文章的十天後，依據下列的信件（1927年6月30日，第二報
告，東京辦事處），我們可以確定的揣測，日本的農民總部遣派古屋貞雄赴臺
灣，企圖將臺灣的農民組合併組為日本農民組合的一個支部：

> 本日古屋貞雄出差前往「臺灣農民組合」。其渡臺後，將向總部報告與對
> 方磋商一事，故預先通知您[下列事項]。
>
> 一、擬定關於臺灣農民組合與本組合（按：即日本農民組合）聯絡組織之
> 具體方案。（似有變成日本農民組合支部之意見）
>
> 二、關於[臺灣農民組合]希日本農民組合派遣代表人至臺灣的時間與條
> 件。（似有旅費由對方負擔之意向）
>
> 此乃古屋氏第二度因農民組合之事渡臺，且迄本組合中央委員會開會前應
> 可提出具體方案。[13]

12　這篇文章在一個月以後，登在《臺灣民報》1927年7月22日，第166號。

13　《日農總本部國際部資料》，頁28。

　　日本農民組合中央總會甚至全權委託其中央委員會計畫召開日、朝、臺聯合會議，這個計畫雖然一直無法實現，不過從下列的文件我們可以看出日本農組始終不斷的關心、支持臺灣的農民運動。

> 在臺灣在朝鮮農民因其開放之風氣以血奮戰，其目標是次第地往打倒××資本主義的方向前進。支配階級欺瞞我們說，內地米價低落起因於臺灣、朝鮮米之輸入。我等對於臺灣、朝鮮農民大眾充滿了同仇敵愾之心，彼等農民正是在××資本主義和當地資產階級、地主的三重壓榨下，不得不勒緊褲帶的受害者。我們要和他們協力合作，打倒××資本主義，農民的解放才得以實現。因此，我們必須要和臺灣、朝鮮的農民堅固地結合，一起奮戰。其第一步就是要召開第一回會議，做好鬥爭之準備。實行方法全權委託中央委員會。[14]

　　1927年6月30日古屋貞雄第二度渡臺，取得臺北律師公會會員資格，以豐原的律師事務所作為根據地，不遺餘力地把日本勞動農民黨的思想指導原則、組織宣傳技術，以及鬥爭經驗傳授給臺灣農民運動的領導人，而且到各地演講，隨時準備幫助、營救被捕捉的臺灣農組活躍人物。譬如說，農組幹部簡吉、黃信國及陳侯三人，因觸犯臺灣新聞紙令及出版法違反罪，被告在案。古屋律師為他們辯護，原定於1927年8月11日宣判，嗣以故乃延期，後以證據不充分，判決無罪。

　　1927年8月20日午後七時半，古屋參加了在北港朝天宮所舉辦的講演會。演講開始前，已經聚集了三、四千民眾，首先由洪清雲致開會辭，接著由林麗明講「自由之言論」時，突然受到警官勸告不可多講。可是林麗明反駁說，如不許屋外講演那是壓迫言論的自由，是違背憲法第二十九條的言論結社自由原則。這個時候古屋貞雄登臺發威了（被判無罪的簡吉仍然是通譯），滔滔數萬言大為無產弱者吐氣，甚至於惹起臨監的警部也改穿了制服，不過卻沒有聽到被命注意或中止。演講會一直持續到十一點，直到由丁塗龍登臺要致閉會辭，講了一句「今晚集會在這裡的被壓迫民族」的話，才立即被中止散會。

　　1927年12月16日，在臺灣農組第一次全島代表大會召開之後，古屋辯護士由臺中到臺北，住在太平町文化協會支部招待所，接著搭乘「蓬萊丸」郵輪，經由

---

14 青木惠一郎解題《日本農民運動史料集成》第一卷，東京：三一書房，1976，頁295。

門司港赴朝鮮，受聘替朝鮮農民運動所發生的糾紛事件辯論[15]。1928年春天適逢日本國會選舉，而山梨縣全縣成了單一選區，雖然此區應選議員名額為五人，卻有十三人參選，無庸置疑的必定成為激烈的戰區。當中政友會的參選人便超出名額，相對於此，民政派候選人極少。對政治問題非常敏感的古屋貞雄，雖然人在臺灣指導農民運動，可是決定以勞農黨名義出馬競選。他從臺灣拍了一封「選舉保證金已備妥，請做宣戰之準備」之電報，接著急忙返鄉從事選舉運動。根據此電文，我們可以推測古屋在臺灣籌到了選舉保證金[16]。不過他這次沒有選上，之後又回到臺灣，一直留到戰後才回日本，等於是臺灣農民運動的智囊軍師（brain trust）。他後來被選為日本社會黨的中央執行委員，當了三任的眾議院議員到1976年才過世。

4.反對立毛差押（扣押青苗、稻穗）、反對立入禁止（禁止進入耕地）

　　由於租佃爭議惡化至極，扣押青苗、稻穗（立毛）或禁止進入耕地（立入），在日本國內的新潟縣和其他地方頻頻引發最嚴重之紛爭。扣押青苗或稻穗即佃農提出降低租穀等要求而未履行租佃契約時，地主（即業主）即對該佃農之作物作假扣押之處分，或藉由假執行進行扣押；而禁止進入耕地則是佃農未履行租佃契約卻依然想耕作該土地，或業主想要收回該土地貸予他人，引發佃農不滿，而無忌憚地想要植苗插秧時，業主乃作禁止佃農出入該土地之假處分或藉由假執行禁止佃農進入該土地。佃農面臨此兩種處分，幾乎一籌莫展，其結果，造成在新潟縣等地佃農的直接反抗，昔日地主與佃農間的溫情瞬間變成宛如仇敵般的勢不兩立，以致感情上也相互反目。本島的佃農中，放言來自佃地之收穫是自己的生活必需品，不能因租金而將幾成的收穫繳納給業主，而要在生活資源有剩餘時，才繳納租穀。因為這樣的情況，業主遂使出扣押青苗或稻穗、或禁止佃農進入耕地等手段，致使問題更加混亂。

　　臺灣農民組合堅決反對保護大地主、大資本階級的法律，也質疑法院未能保護受到田畑立毛差押或立入禁止等行為迫害的農民。1927年10月23日午後一時

15 《臺灣日日新報》1927年8月20日，9811號4版；1927年12月17日，9930號4版。也參見《臺灣民報》1927年8月28日，第171號報導有關古屋氏在北港的講演會。
16 《臺灣日日新報》1928年3月19日，9991號2版。

起，在小川警部臨監下，高雄州支部於鳳山大廟內，針對此事，召開盛況非常的會員大會，大聲拍掌聲通過對法院官廳提出決議文。支部委員簡吉首先開講，概述臺灣農民當時所處的苦境，縱受大地主、大資本家榨取，橫受官廳法院方面的壓迫。小作人（佃農）倘若恰逢荒年減收的時候，不能夠照常繳租，地主便要轉贌他人。農民如欠租不能夠清算奉還，或是不應地主升租、或贌耕小作人不應大地主的種種無理要求，資本階級就利用著保護他們的法律，請求法院將該田畑的稻穗（立毛）差押，禁止佃農進入耕地耕作（立入）等酷待，而官廳方面亦不問是非，就強制執行。依靠贌耕生活的農民受差押立毛、禁止立入的時候，就是要搶奪他們的飯碗，叫他們去死一樣。簡吉說，開這個堅決反對立毛差押、立入禁止大會，就是有這樣重大的意義，敢望諸位會員注意討論，提出議決文，請法院官廳方面尊重農民的生命。六百餘名的出席會員精神猛醒，活氣似的拍掌，會場添加許多生氣。

　　簡吉講完開會辭後，立即獲得出席會員的贊成，推舉陳德興（1906-1931）為議長，顏石吉（1905-?）為副議長，蘇德能、陳崑崙（1906-1991）兩人為書記。該時林杉木起來朗讀臺灣島內各友誼團體——如各農組支部、民眾黨、文協、各工友會——的激勵祝電，讀不過近十通時，臨監警官小川起立命令中止。文化協會本部特派員洪石柱（1900-?），高雄機械工友會會長黃賜（1891-1947），高雄州文化協會代表黃石輝（1900-1945）等相繼起來講述祝辭，旋即進行議案討論。陳德興與顏石吉前後提出議案的時候，在解釋理由當中，都被臨監警官中止。後來由洪石柱以農民組合員的資格，向眾會員使用臺灣話宣讀，經大眾一致拍掌表示通過，全權委託高雄州下支部草成對法院官廳提出決議文，送出行政官廳及報社言論機關[17]。

　　利用立毛差押、立入禁止、或轉贌他人來榨取壓迫佃農的，大部分是佔有廣大甘蔗田的日本財閥與日本人的「臺灣走狗」、臺灣資產階級和大地主，因此他們也是臺灣農民組合鬥爭的對象。譬如1927年11月4日，彰化二林農組人員加上二、三百名農民半夜三更包圍辜顯榮在鹿港的豪宅。辜顯榮在二林地方擁有土地六、七百甲，起初多是不毛之地，後來經過農民苦心開拓，辜顯榮的土地遂變成良田。剛開始時，辜顯榮跟他佃農的租約還算公道，可是後來因他的租稅總管陳

17　《臺灣民報》1927年10月30日，第180號。

某居中貪婪作弊，不但對農民不親切，甚至濫自升租，升到比左右鄰地還貴，導致農民的生活日趨困難。1927年春季適逢蓬萊稻米大歉收的時候，不少二林的農民因此幾乎破產，無法依約完繳穀租。更糟糕的是，辜顯榮後來將土地全部贌耕於林本源製糖會社，完全沒有通知二林的佃農。農民聽到這個消息大起恐慌，害怕製糖會社再加榨取，於是團結一致，不肯承認製糖會社為他們的新地主，也不繳納1927年春季的穀租。結果男女二、三百人在11月4日徹夜自二林走到鹿港，重重的包圍了辜宅，同時大罵業主的榨取與租稅總管的刻薄。恰好因辜宅所有的要人皆不在，之後由於警吏分室主任的勸解，這批佃農在鹿港遊行示威後，才悻悻然的回家。過了一些時候，經過地方人士的奔走交涉，辜顯榮同意以下列的條件解決這六、七百餘甲的問題：1）照以前種蓬萊米的穀租改換為九折的本地種（在來米）；2）1927年春季無法繳納的穀租概不追討；3）1926年積缺之農民負債一律註銷；4）保證種甘蔗每甲地的佃農有二百八十圓以上的利益；5）按照農民家族所需要的糧食種稻，而且承諾要水稻與甘蔗輪作[18]。

5.第一次全島代表大會

在籌備全島農民組合的期間，臺灣農民運動領導人參考日本農組的規章、組織性訓練、戰鬥報告、指令、情報等，另外先向日本農組訂做一面金屬牌。簡吉還寫了下列的短信給日本農民組合總部（當時設在大阪市）：

> 總本部　鈞鑒：
>
> 為了臺灣的佃租爭議之事，我們希望統一同盟派一名、農民組合派一名代表解決此事。關於這件事，我想統一運動同盟那邊已經通知總本部了。請總本部針對此事做出決定，並儘速將決定通知統一同盟或聯絡我們[19]。

1927年12月4日到5日，臺灣農民組合在臺中召開第一次全島代表大會，象徵著臺灣農民運動的新紀元，為臺灣島添加一頁有價值的歷史。大會重大的意義，一方面是確立臺灣無產農民的生存權，另方面即為整合全島農民的步驟，一齊向大地主資本家作戰，在這共同戰線上來達到解放全島農民為目的。出席全島農民大會之代表及來自地方出席旁聽之人數約有上千人，其中以「無產農民」之名

---

18 《臺灣民報》1927年11月30日，第182號；日本法政大學收藏，《臺灣農民組合本部存留檔案》，頁32，92-96。
19 《日農總本部國際部資料》，頁91。

者，於3日晚上來臺中後，多數在初音町樂舞臺的地板上或舞臺旁的休息室席地而臥，吃飯則到市場或其他小吃店。第二天上午其疲勞全消，呈現精神飽滿之狀態。因開會前之示威遊行被阻止，來自全島的組合員、旁聽者等為直接前往會場而有些慌亂。還好，第一天大會於十時十分爆竹放後，出席大會的兩百五十位代表（總督府警務局稱有代表155名，旁聽者600餘名，來賓50名）在臺中公園集合整齊入場。各地支部長手執支部赤旗，赤色紅光發射於全會場，在場二千多名旁聽民眾的歡呼拍掌聲如雷震動，執旗各支部長即於這時候上臺，顯出的狀態非常莊嚴，可說是在臺灣罕見的蓬勃朝氣。

大會司儀侯朝宗主持致開會辭，解說農組的歷史，二年前組合員在鳳山僅十三名，現今已達二萬三千四百餘人，在這大會要解決的是農民大家的生命問題，大家要深思考慮。司儀侯朝宗推薦黃信國為正議長、陳海為副議長，經代表鼓掌表示贊成，黃、陳兩人立即就正副議長席。司儀侯朝宗介紹日本農民組合常任委員（後來被選為委員長，日人稱組合長）山上武雄，日本勞動農民黨律師古屋貞雄。古屋氏在如雷的掌聲中登臺，陳述祝賀辭，略謂：今日得以代表日本勞動農民黨出席，十分光榮。期盼諸位為完成農民組合運動之使命而奮鬥，亦必須致力於團結日本、朝鮮、臺灣之無產大眾，撤除農民生活的大障礙。接著，農運鬥士上山氏登臺，呼籲：本會之召開原擬在臺灣劃下新紀元，惟看看臨監的政府官員之警戒，即可察知其壓迫是如何不當，官員活生生的壓迫，取締農民們的酷嚴⋯⋯。剎那間，臨監席向場內響起中止之聲。

接著由文化協會總部代表王敏川，文協支部代表連溫卿（臺北），蔡孝乾（彰化），洪石柱（臺南、高雄），民眾黨代表盧丙丁（1901-1945），東京臺灣青年會代表黃新山等先後祝辭。隨後即朗讀日本朝鮮臺灣島內各地寄來的祝電祝辭，皆為勉勵苦戰，求解放之目的等語，可惜多被中止。下午一時十分宣布休息，自二時起再開會。依序由趙苑登臺作本部報告，其從鳳山農民組合之成立，談到邁入運動時代之傾向，又觸及退休官員承購土地之問題，而被命中止；其後由侯朝宗登臺，侯氏一開口就以激烈的言詞談資本主義之壓迫，因而立刻被命中止。二時二十分，齋藤警部上臺命令解散，會眾雖暫無離開之意，最後仍逐漸退散。

大會第一天（12月4日）於下午二時二十分被命解散，七時起在樂舞臺舉行演說會，開場前滿場已無立錐之地，聽眾約兩千人，因中午被命解散而使場內氣

氛十分緊張，開會時間較預定晚五分鐘，日本勞動農民黨執行委員上山氏登臺，其因白天僅說兩句話即被命令中止，此時乃委婉地從日本農民運動史說起，但亦僅七分鐘即被命令中止。接著，古屋氏登臺，對農村問題似觸及核心又似未觸及核心地、迂迴地切入，巧妙地持續演講兩個小時。王敏川等兩人雖有演說，但九時半即在平穩中結束。

　　由於臺中州警務部的干涉取締，農組代表立即與山上氏、古屋氏向警務部長抗議。山上武雄、古屋貞雄一同前往臺中州廳，表示對於警務部曖昧的回答完全不上當，並且對於表達對這樣毫無責任的暴行惡狀有徹底抗爭的準備，同時要求他們謹慎地調查速記的記錄後，再負責任的回答。在此「曖昧」的情況下，第二天的大會會場仍在臺中市初音町樂舞臺舉行，繼續演講，出席的民眾比第一天減少四、五百名，但會場的壯浩聲勢比起支部旗入場式的時候並不稍遜色，反而更加莊嚴，所以臨監警官及崗警們都為之失色。議長黃信國於十時宣布開會，通過宣言、綱領，接著選出各種委員會委員及十八名中央委員，即高雄州的簡吉、陳德興、蘇清江，陳崑崙、蘇德興；臺南州的陳培初、尤明哲（1904-?）、黃信國、張行、楊貴（逵）（1905-1985）；臺中州的趙港、謝進來、謝神財、陳任貴、莊再生；新竹州的黃石順、彭宇棟、謝武烈。這些人盡是集合農組的健將鬥士，全部在當場宣示就任。此外，大會通過尤明哲所編列（由王良提議）的預算以及其他十六項議案，包括：1）組織特別活動隊；2）支持勞動農民黨；3）促成消費組合；4）制定日雇農最低賃銀法；5）通過一圓五十錢為最低賃銀；6）通過八小時勞動制；7）確立耕作權；8）通過組織耕作權；9）確立同盟運動；10）反對立入（耕作）禁止、立毛（稻穗）扣押；11）禁止差押；12）對當局提出抗議文，取消退官者土地拂下；13) 反對土地政策；14) 確立生產物管理權；15）撤廢惡法；16）反對職權濫用。

　　開會期間，大會不僅掛了二十四面飄香的紅旗，而且喊出：「反對虐殺的土地政策」、「反對臺灣總督獨裁政治」、「工人、農民團結起來」、「打倒帝國主義」等口號。在兩天的聚會過程中，雖然忍受了許多的干涉，遭遇了許多無理的中止，這個大會仍然順利通過了所提的議案。會員大眾期待農民組合來日能確實辦理實行所有通過的議案，俾免被支配階級笑為虛構。12月5日下午七時再開紀念大會講演會，聽眾有三千餘名之多，唯輪過了三、四名演講者，就被中止。每當警察命令中止或是解散時，會場都會稍顯騷動，甚至於聽到群眾喊出不法橫

暴的口號，控訴叫罵臺灣言論的不自由！不過大體說來並沒有重大事件發生，也可以說，此次的全島的大會辦得很有秩序，無波瀾告終，算是相當的成功[20]。

　　開完第一次全島代表大會後的兩星期（1927年12月28日），臺灣農民組合本部還寫了一封信給日本農民組合本部，感謝後者供給的情報和援助，特別提到所派的兩位社運專家——山上武雄和古屋貞雄——蒞臨大會指導[21]。山上武雄則跟主張「世界語」的 連溫卿繼續保持聯繫，下列一封信證明臺灣第一個勞工工會的產生，在很多方面都是得力於山上武雄與連溫卿的幕後策劃與支持。

　　　山上先生：

　　　我想您已平安返回大阪了。

　　　如附件所示，臺灣機械工聯合會第一回全島大會預定將於明年元旦
　　　（1928）在臺北舉辦。

　　　如先前所約定的，我想將印刷品寄給您過目，但不知寄至何處為佳？我考
　　　慮到印刷品之性質，正在猶豫中。

　　　新竹事件還會持續擴大。是否可請您在您所知的範圍內，即時暴露[該事
　　　件之發展]？

　　　那麼，再會吧！

　　　（1927年某月）十五日　　連溫卿[22]

6.東石郡的侯朝宗與下營的張行

　　在這裡稍微交代一下大會司儀侯朝宗的社會背景，他在1923年，臺南師範學校畢業後，返回家鄉蒜頭公學任教，因為看不慣日本糖廠會社剝削當地的蔗農，批評日本當局，而遭受解聘。1928年2月1日，臺灣農民組合東石支部在朴子戲院舉行成立大會，是日出席的農民達到六百餘名，會場幾乎無立錐餘地。下午一時由侯朝宗宣告開會，接著選舉林岸為議長，任命侯朝宗、吳庚申兩人為書記；陳敬瑞報告創立經過，農組本部及高雄、臺南兩州的農組代表與其他各團體的代表起述祝辭。侯朝宗披讀各友誼團體的祝文祝電時，由於場下臨監的警官大唱中

20　《臺灣民報》1927年12月11日，第186號；《臺灣日日新報》1928年5月10日，10075號4版。

21　《臺灣農民組合本部存留檔案》，1927年12月28日，頁34-40。

22　《日農總本部國際部資料》，頁2。

止，不准侯氏再讀別通的祝電，會場大眾大為憤慨。其次進入規約審議，侯朝宗起立欲說明規約的內容，穿著私服的桑原州高等課警部說，一旦中止了的人，在同一會場內，再沒有言論的自由。侯氏辨駁說，披讀祝文祝電，乃一種類似錄音機的動作，並非表示自己的意思，所以雖披讀祝文受中止，亦沒有喪失言論的自由，才為合理。規約照原案通過後，即選舉林岸為委員長，吳庚申、吳有才、林伯、陳啟瑞、吳塗黃、劉溪南、李天生（1906-1984）等為常任委員。至下午五時由議長宣告閉會，是夜在戲院開紀念講演會，辯士侯朝宗講述「農民組合的使命」[23]。

從此以後，侯朝宗全心全力投入農民運動，以致引起日本警察對他的敵意，伺機要逮捕他入獄，終於在1928年五一勞動節的時候，讓警方找到藉口。1928年5月1日，東石郡農組支部和朴子青年讀書會合同主辦，預備在朴子街媽祖廟開紀念講演會。是日早晨，東石郡當局大驚小怪，召集警吏編成隊伍，以備萬一，又派四名刑事，在農組支部事務所警戒，並對媽祖廟管理者，公然以種種手段刁難干涉。為演講起見，侯朝宗預先對朴子媽祖廟管理人講好，要借廟宇做民眾活動。不料該廟管理人受了東石郡當局的干涉，當天竟拒絕農組的借用，甚至閉鎖了廟門。當夜七時，約有二千名聽眾來到現場，詰問管理人，廟是民眾共有的營造物，民眾本來是可自由出入的，為何緣故竟在青天白日擅自閉鎖廟門呢？管理人自知理屈即時就開了廟門，一般民眾看見廟門開了，就一齊擁擠集在廟內。是時臨監警官小濃引率許多公私服警吏到會場，將會場團團圍住，在充滿險惡戒嚴的氣氛中，林伯廷、吳庚申、李天生、潘祿、黃水金、劉溪南、林岸各發揮熱辯。等侯朝宗登壇講演至中途時，竟被警察命令解散，且以家宅侵入罪被檢束。在這時候，全場的聽眾因憤慨當局的壓迫過於厲害，便公推農組幹部為代表往郡役所抗議。然而由於部分會眾也跟到郡役所，令警吏吃驚不少，倉皇莫措要命解散，不肯四散回去的會眾，因此遭警吏毆打。對此無理的暴力行為，更加激起民眾的憤怒。

侯朝宗被控侵入朴子媽祖廟管理員黃玉臻家宅，受東石郡郡警課召喚。侯朝宗懼罪逃匿到曾文郡麻豆庄農民組合支部，但在5月8日被警方捕住送到嘉義，再搭乘明治製糖會社的小火車，送交東石郡警察審查辦理。直到5月19日，侯朝宗

23　《臺灣民報》1928年2月19日，第196號。

才由日本人岩切檢察官向法院求刑懲役二個月、罰金三十圓（26日開庭公判定讞），其他的三位農民組合員李天生、黃水金、劉溪南也受到同樣的刑罰[24]。另外農民組合東石支部委員長林岸與同部會員吳貴一，於1928年5月19日在朴子印宣傳單，沿街分散，其中言詞激烈，兩人被當局檢舉違犯出版法，送交嘉義法院檢察局。6月3日開始公判，由中山檢察官求刑，林岸處懲役三個月、罰金二千圓，吳貴一罰金三十圓。

　　三個月之後（1928年8月19日下午一時），臺灣農民組合東石支部，於大塗師（今嘉義縣六腳鄉）侯朝宗家，召開明治製糖會社蒜頭工場區域內的蔗農大會。當日雖然霪雨綿綿不斷，大多數蔗農皆冒雨出席，在召開時刻前，已聚集了一千多名，可以說是無立錐餘地的盛會。在數十名警官嚴格監視下，侯朝宗陳述開會辭，之後，推張行為議長，林新木、陳結（1908-1931）兩人為書記，進行議事；由侯朝宗、李天生、劉溪南輪流說明支部委員會議案，然後逐條審議。當日大會會場極為靜肅，偶爾也有熱烈討論之時，讓蔗農對製糖會社的不平、不滿，一吐為快。午後三時半頃，議事終於告一段落，臺灣農民組合高喊萬歲三聲，會議在盛會中安然閉幕。第二天，東石支部選出張行等廿一名代表，向明治會社提出下列決議文：「吾等為圖改善廢除，與製糖會社間的甘蔗買賣問題，及其他一切不平等條件，祈求貫徹下列各項之實行。1、蔗價與蔗農協定；2、撤廢等級；3、撤廢農檢制度，依照舊例以抽籤方式；4、蔗尾歸蔗農；5、捆束、機臺、削根皆由會社負擔；6、甘蔗秤量後，三日以內支付費用；7、不扣除割竹的斤量及其他雜物斤量；8、割取後二十四時間內秤量，不然會社得賠償同等損害；9、肥料以實價配給，但由蔗農自由選擇；10、會社使用後污水不得放流入溪；11、秤量時須蔗農在場，臺車本身重量、載重要確實檢查；12、撤廢秤量場上削砍上下左右甘蔗的鐵棒；13、改善蔗農待遇；14、設置休憩所。」[25]

　　臺南州下營出身的張行對於農民問題奔走甚力，尤其是一直以來對蔗農被明治製糖會社無理地榨取感到不平，多次帶領蔗農向位於鹽水港的明治製糖會社抗爭。在全島大會不久之後，張行乘舊曆年元旦農民休息的機會，籌備召開農組的春季支部會議。1928年3月15日，臺灣農民組合下營支部於下營上帝廟內開催蔗農大會，午後一時由張行宣告開會，推薦林安然、陳培初為正副議長。首先張行

24　《臺灣民報》1928年5月13日，第208號；1928年5月27日，第210號。
25　《臺灣民報》1928年8月26日，第223號；1928年9月2日，第224號。

向擠滿場內的會眾，述說蔗農的慘狀，然後進入議事。其間蔗農異口同聲吶喊很多不平等的業佃耕作條件，有人主張先選代表對鹽水港製糖會社交涉，若不得要領，就停止搬運甘蔗；有人主張全體會眾即時擁到製糖會社交涉。最後多數通過決定要先禮而後兵，互選十三名代表，委任他們負責交涉大會議決十餘條的改善甘蔗問題，結果被鹽水港製糖場拒絕了[26]。

　　然而為要求改善耕作條件，當地的甘蔗農民於4月3日即開部落委員會，農民組合幹部張行等執其牛耳辦理，決定於4月11日再派十三名代表到鹽水港製糖場交涉。此次要同行到製糖場搬甘蔗者，揚言於4月10日罷工援助；還有，新營郡部及曾文郡部的蔗農也決定偕行。要包圍鹽水港製糖場的消息傳出後，新營郡役所即大起恐慌，竟在4月10日先檢束該代表十三名。翌日4月11日，臺灣農民組合再開委員會，決定派十五名代表去交涉，甚至有二千餘名的蔗農要偕行。這個消息傳出後，新營郡、北門郡、曾文郡、嘉義郡當局大舉巡查總動員，派到鹽水港製糖場附近的警吏總數有二百餘名之多，皆在各重要路頭口擋住去路，因此折回的蔗農民有千餘名。以急水溪流域為界限守衛的警官，雖然讓農組選派的十五名代表立刻通過該線，卻極力阻礙來自下營庄的四百餘名蔗農，不許他們越過一步，違反者定必檢束。可是其中追隨的三百餘農民們趁這個機會，不待代表交涉的告終，突破界限線，跑到新營工場與警吏發生衝突。工場附近似乎短兵相接，逼得交涉代表因外面爭執喧騷而退出事務所，各自散回。衝突發生時，佩有武器的警吏橫地大打蔗農，其中有名農民陳及，即被打到人事不省，洪福等亦受重傷；而且即大行檢舉，被檢束者十餘名。為了要警戒新營郡、曾文郡警吏，農民組合幹部張行、陳培初、尤明哲三人，於4月13日上午到臺南州訪問石井警務部長，陳述警吏橫暴的情況，要求其善為監督，並責備這次之釀成衝突，實是官廳祖護資本家製糖會社，不顧蔗農的生存權所引起的，這方面警務部要擔負責任。當天晚上農民組合支部主辦，在下營召開警官糾彈政談講演會，二千餘名聽眾極為憤慨，聲討警吏橫暴不法之聲四起，更加激發該地的民氣[27]。

7.南臺灣的農組活動

---

26 《臺灣日日新報》1928年5月10日，10075號4版；1928年6月21日，10117號4版。1928年1月22日，9966號4版；1928年1月25日，9969號4版；1928年7月7日，10133號4版。《臺灣民報》1928年3月25日，第201號。

27 《臺灣民報》1928年4月22日，第205號。

　　農組全島大會不久，有代表宣稱，因為潮州郡是臺灣有名的言論束縛的地方，所以大家策劃於1928年1月4日，為貫徹農組全島大會目的，到潮州街、四林、新致庄三處講演。1月4日夜七時於潮州開講時，聽眾極為擁擠，可是輪不過第二名講者，潮州役所警察課長急忙命令解散，並大行檢束。潮州郡的警察二十餘名全部穿著制服，九時後即將農組支部包圍，形勢頗為嚴重，好像是要大剿土匪一樣，全街民眾都喧譁起來。結果被檢舉者十餘名，都被留置於牢內，宛如待重犯一樣。是夜該郡巡查在寒氣迫逼的牢內，用繩子套縛住他們的身體，又以鐵鍊綑縛他們的手腳，且不給予被褥或是毛氈，可見該郡役所虐待的一斑，誠然難怪世人說潮州郡役所的野蠻呢！翌日初五因受農組幹部簡吉等的抗議，潮州郡役所即釋放數名，並解開繼續留置的邱運、蘇德興、林神木、羅神致四名的鐵鍊、繩子，不過即以妨害公務及侮辱巡查治罪。

　　雖然蘇德興等農組人員在潮州受到郡役所的野蠻對待，他們仍舊召集屏東農組支部議員及組合員共五十餘名，於7月4日午前十一時，在屏東臺灣勞動協會樓上事務所，開支部大會。來賓有農組高雄支部聯合會與潮東支部的委員數名。委員蘇德興、陳啓瑞、蘇德能、顏石吉報告屏東支部狀況與會計，得到大多數組合員承認通過後，即進行討論十三件議案。對於議案的討論，出席的委員及組合員都抱著慎重的態度，決定要積極將通過的各議案踏實執行，並且努力幫忙高雄同志，促使他們的支部組織早日實現[28]。

　　先前高雄農組支部籌備發會式時，慘遭官廳兩次彈壓。先是在1928年4月6日，高雄農民組合欲舉辦發會式時被解散，4月29日重新再舉行時，又被解散。然而高雄地區的農民不因此灰心喪志，反而繼續熱心鼓舞活動，乃再決定於7月14日午後三時，在高雄工友鐵工場舉行發會式。此次為第三次發會式，因為應允官廳的要求，在開會中不提及高雄青菜組合的事情，方得舉行。六十餘位出席的會員聆聽司儀陳啓瑞敘述開會辭後，立即推選蘇德興為會議長，並選出毛見郎為農組高雄支部常任委員長，陳福田為爭議部委員，李留為庶務部委員，陳崑崙當教育部委員，張効為組織部委員，林芽為調查部委員，林登福任財務部委員，周海龍任宣傳部委員。選舉後，日本顧問古屋貞雄起來講話，強調無產者團結的必要。是夜仍然在鐵工場開支部創立紀念講演會，講演者包括古屋、簡吉、顏石吉

---

28 《臺灣民報》1928年1月22日，第192號；1928年7月22日，第218號。

等，聽眾近六百人，至十時餘散會。

　　高雄農組支部順利成立之後，農運人士接著到岡山郡進行活動。農民組合創設委員會代表蘇聰敏，曾因名片上印了「自由平等」的字句，官廳就以違反出版法，檢束他治罪。蘇聰敏在1928年6月出獄後，招集各委員商議，決定先向一般農民宣傳農民組合之宗旨，乃邀請組合幹部到岡山郡各地巡迴講演。實際的講演活動包括：7月20日至30日在湖內庄、路竹庄、岡山庄等處；8月5日至20日在新豐各部落；8月23日至9月1日在旗山郡。講演的主題不外乎是引導農民覺醒，為小農民謀利益，積極向會社要求合理的蔗價及補助，以及確立農民階級的生存權等。還有，農民組合鳳山支部欲清算和整頓陣營，一百餘名組合員於1928年10月24日午前，在鳳山街大廟內舉行第三次支部大會，通過預算編成報告並改選役員及會計監查員[29]。

8.臺灣農民組合臺中州支部聯合會

　　臺灣農民組合的進展，最初在鳳山以十三名的組合員創設鳳山農民組合，以後大肚也僅僅以十八名的組合員創立大甲農民組合，可是兩年以來全臺灣已經成立了三十個組合。為了統制團結全島的農民運動，堅固組合的組織，農運領導人決定創設臺中州支部聯合會，於1928年2月11日午前十時起，在彰化天分壇內召開盛大的創立大會。定刻前，各支部代表分別執支部旗齊集，而旁聽者即時擠滿了會場。在聽眾拍手歡呼中，謝進來講述開會辭，說明創設聯合會的必要，之後推薦蔡瑞旺為議長，陳海為副議長，任命簡吉為書記。簡吉披讀各地寄來的祝電祝辭，至中途竟被中止，周天啟（1895-?）繼續讀又被中止。祝電的內容大多數都有「兄弟們：團結起來打倒帝國主義、推翻資本主義和支配階級」的字句，最後蔡孝乾簡略只讀了大意才通過。接著來賓有王敏川、黃容、黃媽城、楊克培等相繼登壇，但都因臨監警吏認為言語過度激烈，多受中止。

　　正午休憩並合影紀念，聯合會於午後一時再開，即進入規約審議，由簡吉說明，全都贊成照原案通過。其次進行議案審議，各支部提出的議案總共有一件反對土地政策，一件反對立稻差押、耕作禁止，一案確立生產物管理權，一案確立小作權。對上記四案的說明者，因受到無理的中止，後來決定交由中央委員會處

29　《臺灣民報》1928年7月22日，第218號；1928年7月29日，第219號；1928年11月4日，第233號。

理實行。嗣後選舉聯合會役員，至午後四時，所有與會者一同起立歡呼三聲萬歲，才由蔡孝乾宣告散會。是夜在同會場開紀念演講時，吳石麟（1902-?）主持當司儀，蔡孝乾致開會辭，葉金坤講「農民的貧困」，陳海講「農民的真相」，簡吉講「組織與團結」，謝進來講「無產者階級的行動」，葉陶（1905-1970）女士講「婦人與無產階級運動」。為了實踐理念，幫助弱勢農民鄉親，高雄市旗後出身的葉陶自從昭和2年（1927）11月3日，辭掉高雄州第三公學校月薪37圓的教職之後，就馬上加入鳳山農民組合，投身於簡吉領導的社會運動，1929年與臺南新化的楊貴（逵）結婚。

　　臺灣農民組合地方委員洪水牛、洪右、洪錦水、蔡溪惟等主催的草屯農民組合演講會，於1928年3月19日午後八時起，在炎峰青年會館內開會，聽眾約有八百餘名，葉陶女士再講「無產階級與婦人之使命」。四星期後（4月16日），草屯農組番子田支部在公廳開臨時講演會，是夜聽眾有二百餘名。午後八時半起，由洪磁虎宣告開會，溫勝萬（1899?-1953）、湯接枝講雜談，李喬芳講「農民須要團結」，蔡溪惟講「現代農民的生活」，至十一時半由洪右宣告閉會[30]。

　　此後，臺灣農民組合臺中州支部聯合會所組織的巡迴講演隊，在該州各地開始活動，主辦演講會：1928年6月10日夜在二林庄開會，由莊萬生、劉慶章、葉金坤、趙港、李應章諸位講演；6月12日受到溪洲農民熱烈的要求，巡迴講演隊在該地三條圳媽祖廟開會，三、四百名聽眾冒著風雨，聆聽黃樹籃、謝進來、陳裕、王坤厚及侯春花女士講演；6月16日在溪湖開會，此地係初次的講演，人氣甚好，不下數千聽眾歡迎陳貫世、呂志民、謝進來、陳海、葉金坤諸位與葉陶女士講演；6月17日黃藤木帶領陳海、謝進來及葉陶、侯春花兩女士向千餘名聽眾演講；6月19日午後七時半起，農民組合臺中州支部聯合會之巡迴講演隊，在花壇庄文祠廟內開農村問題講演會，演講者有黃喬木、謝有丁、許嘉榕、侯春花和葉陶女士。

　　臺灣農組臺中州支部聯合會第二次委員會，於1928年7月4日在該本部樓上開會。午前九時互選蔡瑞旺為議長，莊萬生為書記，接著聽取州轄內各支部情勢報告，聯合會情勢報告，以及本部全島情勢報告。報告完畢後，委員補缺選舉，結果黃天、溫勝萬、陳四川、莊萬生等人當選，嗣後又通過決議案如右：1）大甲

30　《臺灣民報》1928年2月26日，第197號；1928年4月1日，第202號；1928年6月24日，第214號。

支部退官者土地問題對策，2）大甲支部產業部工場地對策，3）三五公司源成農場爭議對策，4）確立本部、州聯合會、各支部的財政，5）員林支部創立對策，6）反對芭蕉問題、舊仲買制度復活，7）有關臺灣解放運動團體與臺中協議會[31]。

9.農民運動女鬥士

　　自從第一次全島代表大會以後，農民組合在宣傳演講活動場合，開始起用女性講者，不久，葉陶女士成為各支部爭相邀請的對象。1928年2月29日葉陶繼續在大肚媽祖廟講「婦人與無產階級運動」。當日農民組合大甲支部開支部大會，並舉行婦女部發會式，參與會者男女總計約有四百餘名之多。其中，趙陳氏美對參加之婦女會員講述：「我們婦女處於現代之時勢須要出來活動，不可像舊式時代的婦女不出門戶，宛若木偶而以無事作為貴，這樣的思想實是時代錯誤，所以希望各自醒悟進出社會上活動，以求幸福為是。」[32]接著即選舉婦女部議員，當選者包括陳美、蔡愛子、黃對、趙鳳、陳闖、張財、陳市、陳輕。就中二十歲左右妙齡的日本女子蔡愛子是大肚支部委員長蔡瑞旺的夫人。1928年3月8日為了紀念國際婦女節，並提高婦人知識向上起見，當夜七時半起，大甲農組支部在同地媽祖廟內，開辦婦人問題演講會，會場聽眾滿座，約有一千餘名，男女各半。蔡愛子（以葉陶為通譯）講「無產婦人的使命」，鄭顏女士講「無產婦人的悲哀」。蔡愛子與鄭顏都認為，無產婦人的貧窮和男人一樣，都是受資本家的剝奪和支配階級的欺騙所致。至此臨監官便命中止，旋即被解散[33]。

　　參與臺灣農民運動的少許婦女多為農組幹部的親人，如妻子、姊妹；簡吉跟簡娥（1909-2005）的關係，則是因為他們對反抗日本人的壓迫有所共鳴。臺灣農民運動如火如荼的展開之際，毫無疑問的已經驚動了殖民地統治者，充當臺灣總督府喉舌的《臺灣日日新報》也開始轉向，對農民組合做負面的報導，甚至於找機會抹黑中傷農民運動的領導中心人物。舉例來說，該報在1928年6月2日，以「農民組合爭議部長因誘拐婦女被提起告訴」的聳動標題，誹謗宣傳農民組合爭議部長簡吉誘拐高雄市高等女學校十八歲的學生簡娥。報導說，1928年5月25

---

31 《臺灣民報》1928年6月24日，第214號；1928年7月1日，第215號；1928年7月22日，第218號。

32 《臺灣民報》1928年3月11日，第199號。

33 《臺灣民報》1928年3月18日，第200號。

日，簡吉約簡娥至高雄堰堤密會，兩人商量後，26日從高雄車站分別坐火車至臺
南會合，然後再搭同車至臺中。此事揭露之後，簡娥家人大為震驚，母親和兄
長一起趕來臺中，要求與簡娥會面，簡吉稱沒有他們所要尋找的女子。至5月30
日，簡娥被發現在臺中大肚某個地方，簡娥的姊姊簡棉趕至，將她帶回高雄；簡
娥兄長在高雄署向簡吉提起誘拐告訴，因此簡吉在30日從新竹地區的旅行地被帶
回臺中署。在臺中署調查當中，簡吉被拘留四天，到6月3日出來後，立刻寫了一
封信向大阪日本農民組合總本部自清說明，宣稱是報紙對他抹黑，大肆渲染他跟
同志之間的關係，證明農民組合的活動發展與當局的壓迫干涉是成正比例的。
簡吉並且引述簡娥所說：「是不是誘拐，看我（簡娥）今後的行動就可以知道
了！」1928年8月26日臺灣農民組合設立員林支部，舉行盛大的發會式時，組員
謝進來、詹以信、陳貫世、洪從、蔡標、蔡翁、高平儒等共同推選簡娥為書記。
在議案審查過程，簡娥提出並說明「撤廢女勞動者差別待遇」的議案。

　　雖然簡吉向日本總部澄清他跟簡娥的關係，而且臺灣農民運動的幹部也都知
道，這是日本當局故意離間農運同志的手段，不過對一般農民可能造成的負面影
響，其實很難揣測。此在識者的眼光看來自然不受迷惑，但在無知之輩則難免受
其宣傳所誤。1928年10月11日午前，臺中警察署的警部，帶著十多名巡查，把榮
町農民組合總部辦公室的前後門把住，該警部更同巡查數名登上樓去。簡吉問警
部有什麼貴事？他回說要來相訪的。簡吉說既是要來相訪，應當在樓下出聲以便
招待，怎可擅便登上樓來？該警部沒有回答只是冷笑，停一會才說是要來差押農
組總部發給各支部的情報、印刷物及青年部的提綱等。簡吉向警部說，這些書類
早已發出，總部現時沒有存置。警部不理會，即下令搜查，竟找不出所要差押的
書類！該警部老羞成怒，把許多沒有關係的書類，拿來包了一大包袱，更把簡
吉、簡娥、連同一個炊飯的僮僕，一起檢束到警察署，中餐也不給吃，三人挨了
一頓餓，到下午三時過後方才釋放。簡娥後來說：「把我們檢束到警察署去，彫
了小半天的古董，無意無思就釋放出來，莫不是以檢束為兒戲嗎？隔了一天又召
喚我們到警察署領回一大包袱的書類、真是不勝其擾呀！」[34]

　　簡娥的母親雖然身體不好，仍然到處尋找她女兒的下落，甚至於跟簡吉口角
動粗。在此情形下，簡娥又回到高雄，暫憩火車站前面的昭和旅館休息。這時簡

---

34 《臺灣民報》1928年9月2日，第224號；1928年10月21日，第231號。

娥說要去洗澡，姊姊簡棉在浴室外看守，有事到外面一會兒，回到旅館時簡娥已經不告而別。反正簡娥雖然年紀輕輕，可是思想漸次受簡吉的薰染，已經立下決心，要替臺灣的弱勢農民爭一口氣。總督府的御用報紙《臺灣日日新報》，當然不會輕易放過簡吉，於是在1928年12月23日，又以如此駭人聽聞的標題「大鬧農民組本部，痛罵公豬拐誘吾女，負我纖手撫養成人，憤然欲與簡吉拼命，該組伏魔殿暴露」，來污衊簡吉個人，並打擊臺灣的農民運動[35]。

簡娥的父親簡忠烈是臺南新化的漢文老師，她三歲時，父親因在噍吧哖起義事件為日本軍警所殺，所以簡娥在長大的過程中，就已經意識到日本殖民主義帶給臺灣人的災害。考進高雄女高（現高雄女中，當時是四年制）的簡娥恰巧認識了一位也是反抗日本帝國主義的女鬥士名叫張玉蘭（1909-1967）。張玉蘭出身屏東大埔中產階級農家，父親是保正（等於是現在的里長），她的哥哥張添丁也是臺南師範的畢業生，跟一些屏東農民組合的幹部如蘇清江、陳崑崙都很熟悉。可能是由於這種理由，張玉蘭經常出入農民組合，替他們張貼宣傳單。1928年正月就因為違反出版法關係，張玉蘭遭逮捕而被學校退學，嗣後在臺南法院第一審被判禁錮五個月，她在法庭馬上就聲明要上訴，至第二審果然判無罪。是時檢察官對無罪的判決不服，於是再控訴於第三審。1928年11月2日在臺北第三審時，張玉蘭受判決禁錮三個月並罰金二十圓。

農民運動同志為安慰張玉蘭，於1928年11月5日晚，由陳迺祥主催在潮州農組支部，開了盛大的送別會，意外的有多數人參加。陳迺祥讚揚張玉蘭的堅強志氣，會場內掌聲不絕。11月6日早上張玉蘭搭車前往臺南刑務所服役，入獄當時，在刑務所前預先打一通電報，祝賀臺灣農民組合第二次全島大會（於1928年12月30日召開）成功[36]。出獄後，18歲的摩登女郎張玉蘭成為各方面爭相邀請的對象。農民組合在宣傳演講等活動，開始起用女講者的現象越來越普遍，尤其在彰化、大甲、臺南、鳳山地方，各支部皆邀請女講者。1929年5月1日的高雄州勞動節，農民組合與文化協會高雄支部聯合，於當日午前七時，在鳳山大廟舉辦紀念演講會。幹部黃知母等約十名聚集一起，在當局警戒中準時召開，張玉蘭也加入熱列演說。張玉蘭25歲的時候，參加臺共赤色救援會被捕，坐了四年的牢獄；

---

35 《臺灣日日新報》1928年6月2日，10098號2版；1928年12月23日，10301號4版。簡吉6月3日的明信片寫於臺灣農民組合本部，寄到大阪市北區堂島濱通二～一八，日本農民組合總本部　臺啟。明信片右標明：「農民加入農民組合！」明信片正上標明：「勞農結成！」明信片左標明：「工人加入工會！」

36 《臺灣民報》1928年11月18日，第235號。

1930年11月參與臺南州農民組合曾文支部所發動的「減免嘉南大圳水租」抗繳運動時，再度被捕。她的丈夫陳崑崙在戰後因為二‧二八事變與白色恐怖的關係，曾經入獄兩次，從此夫妻就不再參加政治社會運動。

　　1928年6月4日當簡娥是三年級時，高雄高等女學校以其「品行不良無完成學業之希望」為理由，處以退學處分。之後簡娥乃直接加入臺灣農民組合，作一名女性鬥士，輾轉於組合本部與各支部之間，先在臺中農組支部工作，不久就轉到屏東方面，埋首從事農民運動。1929年簡娥女士因為往桃園郡下，安慰中壢事件犧牲者家族，致犯桃園警察課之嫌，隨被拘去，即刻宣告拘留二十天。然而簡娥不服，於留置場提出正式裁判申請書，被釋後在臺北地方法院開一次公判，而於1929年7月13日在臺北法院再開第二次公判，有古屋辯護士替她辯論，最後由吉里判官宣告判決無罪。其間，簡娥與臺灣共產黨員顏石吉、趙港、蕭來福、陳德興等人交往，遂對共產主義有所共鳴，於1930年11月，因黨員顏石吉之勸說，同意加入臺灣共產黨。因為這種關係，簡娥在1931年企圖逃往中國大陸時，在基隆被日本刑警逮捕下獄。戰後她的丈夫陳啟瑞（原嘉義朴子人、曾任屏東農組潮州支部長）也是因為涉嫌參與共產黨活動被捕，簡娥終於在1970年代移居美國，一直活到九十幾歲[37]。

　　此外，在農民組合宣傳活動場合，經常講「婦人與無產階級運動」的葉陶，自從社會運動退隱以後，為了生活，便跟她的丈夫經營裁縫業，製造衣裳販賣。1930年4月11日午前，葉陶（妊娠中）於鳳山街，帶著一個成人女子幫忙，將草蓆鋪在市場內空地上，排開叫賣。當時恰好遇到市場監督田中，到市場視察，馬上跟葉陶說，不可在那個位置販賣，而且立刻命她搬走。這時葉陶卻認定這個位置，以前也有人使用過，所以向田中求情，可是這位老監督總是不肯。後來竟在眾人圍觀的市場內，打起架來了，最後被巡查召往警察課，可見當過農民運動的女鬥士，艱難生活的一斑[38]。

10.大屯芭蕉與竹東相思樹

37 部分有關簡娥、張玉蘭的資料由大眾教育基金會提供；也見《臺灣民報》1929年7月28日，第271號；《臺灣日日新報》1933年7月24日，2版號外。

38 《臺灣民報》，1930年4月19日，第309號。有關葉陶在二‧二八事變被判死刑，以及她的其他抗爭活動，請參見李喬，《埋冤一九四七埋冤》，苗栗：海洋臺灣出版，1995；張季琳，〈葉陶──臺灣農民運動的「土匪婆」〉，陳慈玉編，《地方菁英與臺灣農民運動》，臺北：中央研究院臺灣史研究所，2008，頁161-197。

　　在全臺灣三十個農民組合支部當中，除了鳳山（1925年11月15日）、大甲（1926年6月6日）、曾文（1926年6月14日）、虎尾（1926年8月1日）、嘉義竹崎（1926年9月2日）是在1927年以前創立的，其他有二十一個支部都是在1927年組織創立的。換句話說，1927年是臺灣農民運動的巔峰時期，另外的四個支部是成立於1928年（東石2月1日、高雄7月14日、員林8月26日、下營10月28日）。在1927年成立的二十一個支部當中，其中相當活躍的是臺中大屯郡農民組合支部。大屯郡農組支部設立運動自很久之前即有計畫，創會典禮於1927年4月10日下午二時半舉行，來自臺南州麻豆臺灣農民組合本部的組合長列席，臺中署派遣二十五名警官臨場監督。加入的一千四、五百名組合會員大多是芭蕉生產者，其中三分之一當場繳納會費（組合員費一圓二十錢，後來升為二圓，包括本部費、支部費等），就中以改善芭蕉移出之調節及生產者自營等事項進行協議時，會場最為騷然。

　　大屯郡農組支部租屋於市內曙町六丁目，並且設置事務所，購置椅桌什物，整頓場面。該事務所的地點為頭汴坑芭蕉生產者往來必經之途，對當地會員的出入頗為便利。不過當時沒有召開委員會，等到4月13日午後二時半，組合支部假臺中市內寶町文化協會本部樓上開會，選出李橋松為委員長兼爭議部委員，宣傳部委員趙草片等十一名，財務委員李橋岳等十一名，以及教育委員楊標棋。為了紀念5月1日國際勞動節，大屯農組糾集霧峰、萬斗六諸支部委員等，假臺中市旱溪媽祖宮，舉辦慶祝講演會。演講者包括大屯的莊萬生，萬斗六方面的林炳輝等二名，霧峰方面的李橋松等四、五名，全部以當時芭蕉界生產狀況及市場為演講議題。不久之後，臺中警察署警部帶領巡查七、八名，搜查市內曙町大屯農組支部事務所，押收若干違反出版物以及「有曖昧」的書類，以致有一種淒愴之氣氛瀰漫著事務所。

　　不久官方設立的臺中芭蕉同業組合代議員會，於1927年6月24日上午九時起，在州會議室召開，按例由猪股組長就議長席，議員六十人中有四十八人出席。大屯郡農組支部組合員自開會前即蜂擁而至，旁聽席無法全部容納，甚至窗戶邊都有許多芭蕉生產者站著翹首觀看。會議內容乃係決算報告，對於前豐田副組長與一名代議員的退職慰勞金1,330圓，有人質問曰：「本島人代議員擬辭職者不給此一酬勞，僅內地人代議員擬辭職時才給予此一退職金，在內地人、本島人[有別]的理由下，予以差別待遇是不合理的！」此言一出，該會議獨特的所謂

議場心理，瞬間變得浮動詭譎，彷彿波瀾將起，似形成一場大風波之態。豬股議長及參贊懇切地說明內、臺人全然無差別待遇之旨，並表示前述內地人代議員於年末前退職，[退職慰勞金]除包含年終獎金外，亦因其自制度修改前即為本組合鞠躬盡瘁，故給予微薄之退職金等，惟聽眾不能接受。這時農民組合大屯支部長李橋松起立大聲說，「議長及參贊之說明等同娼婦之言」的激烈言語，豬股議長臉色通紅，要求其取消發言，但李氏拒絕，豬股議長乃以此一言行污染會議之神聖為由，命其停止發言，李橋松憤然退場[39]。

可是不到一個月，大屯農組支部因積欠房租以及米菜錢等二百餘圓，於是訂在1927年7月31日改選宣傳、財務、庶務各部長，決定籌款還清債務，結果由委員十一、二名各貸款十圓給支部解燃眉之急，其他不足的金額再鼓勵組合會員繳納會費。同時為了籌募一萬圓的組合基金，委員盡力宣傳勸誘多數農民加入組合，希望能夠充裕會費以鞏固未來財源；支部委員並計畫組織合作社，鼓勵會員從今以後向合作社買賣豆粕、肥料、米穀、雜貨等，俾將盈利充填組合的資本金。農民組合幹部，成立不久之後，就分途到大屯郡大平庄頭汴坑，北屯庄大坑，同廓仔，霧峰庄萬斗六一帶，大寶農林部區域內，去調查當地的農民生活狀態以及耕作情形。

當時大平庄頭汴坑有四、五名受雇於大寶農林部當巡視員，要求農林部調整待遇薪水，結果反而被解雇，於是與農民組合接洽，求助替他們策劃訴願。再者，霧峰庄張質承租該庄萬斗六山地十餘甲，自1924至1925年開始墾耕芭蕉。當時大寶農林場為樟樹造林間作，恐怕張質的芭蕉種植收成過程時間太久，會影響林場樟樹的發育，所以在1927年1月為造林上必要，通知張質要立刻將他的芭蕉砍伐掉，使其放棄栽種。張質因沒辦法依照林場的命令實行，因此被林場告上法院。自8月14日起數日開始，林場派遣二十幾名苦力，而且也有警官在場，強行砍伐十餘甲總共有一萬數千株的芭蕉。同時也通知萬斗六其他六十五名芭蕉生產者，至遲到9月底，必須把山地一百五十甲餘總共有十五萬株的蕉樹連根掘起。跟張質一樣，此六十五名蕉農也面對了難題，於是派代表五名，於29日至臺中芭蕉同業組合，訪問渡木副組長，向臺中州佐藤知事陳情，提供救濟方法，而且跟大寶農林部交涉請願，希望能延期一年，等他們把芭蕉自然成長，結實收成所得

之後再處理。內務部長岩滿承諾將與總督府當局交涉，結果獲得延期一年之非正式同意，大寶農林部乃對上述農民寬限一年。

　　一年尚未期滿之際，大寶農林部突然要求農民蓋印簽署，絕不做出反對砍除芭蕉之行為的證書，但因大屯農民組合員之介入，想辦法保護芭蕉栽培者，策動為他們爭取權益，結果有半數的農民不答應蓋印簽署。大寶農林部無計可施，乃於1927年10月15日開始以百餘名之苦力在萬斗六現地進行芭蕉之砍除工作。這時農民乃至於其妻女皆出動，死命抓住想砍除芭蕉的苦力之鐮刀，阻止其砍除芭蕉，形勢頗為不安，無法判斷將產生何種結果。其後，因某人之通知，命令苦力退去，苦力遂擔著鐮刀撤退。10月18日當臺中芭蕉檢查所檢查日時，多數運至此一檢查所的生產者或多或少都有承租大寶農林部所擁有大屯郡下八千甲的土地，因此幾乎面臨相同的悲慘命運。同日，前來檢查所的生產者共計一百五十餘名農民，於下午一時半，以農民組合為先導蜂擁至州廳，在州廳前的臺階上集合。雖然此時樓上正好在召開警察會議，但農民仍喧囂鼓譟，俄而選出四名代表，希望面見知事後向其陳情，惟因知事不在，乃由地方課長松岡氏代為會面，其結果松岡課長婉言拒絕，上述代表向農民報告後，農民群眾大為激昂，大聲地怒吼，情勢變得很緊張，因此，州廳內或附近的民眾都十分吃驚，好奇圍觀者人山人海。經過兩小時半後，終因不得要領而解散[40]。

　　1927年7月25日晚上，大屯組合支部長李橋松集合與大寶農林相關之三十位農民密議某事，正巧混入其中的便衣巡查在筆記本紀錄時被發現而被毒打一頓，被警官告發，其後便展開調查。8月9日下午兩點多，兩百五十餘名萬斗六農民（前頭依例是農民組合幹部簡吉等六、七名組合員），突然蜂擁至臺中州廳的大屯郡役所，要求釋放被拘捕的本島人！在郡役所前，為鎮壓而大舉出動的十餘名警官，將聚集的農民隔開一町（按：距離單位，約109公尺），分為兩半，一半在郡役所前，另一半在醫院官舍前。起初，在病院官舍前的農民被警官所阻止，後來因在郡役所前會集的一群人大聲叫喊著：「來這裡！」警察乃打破靜止，轉向跑至郡役所前，場面緊張。在玄關等候的農民，又引起一陣騷動，其不願離去，喧囂吵鬧至下午四時過後才散去[41]。

40　《臺灣日日新報》1927年4月17日，9686號4版；1927年4月28日，9697號4版；1927年8月4日，9795號4版；1927年8月21日9798號4版；1927年8月29日，9820號4版；1927年8月31日，9822號4版；1927年9月11日，9833號4版；1927年10月19日，9871號5版。
41　《臺灣日日新報》1927年11月11日，9894號2版。

　　農民組合大屯支部於1928年6月24日，在臺中市內中央亭開支部農民大會，當天雖是傾盆豪雨，然而會員皆踴躍出席參加開會，人數達到二百餘名。午後四時，由溫勝萬推薦蔡瑞旺為議長，陳四川為書記，之後趙港、張行、簡吉、楊貴等為所提案件的內容詳細說明，然後開始進入議事討論。一、有關芭蕉問題的改造案：1）依公選制選舉同業組合長，副組合長，評議員，代議員，2）反對仲賣制度復活。二、有關甘蔗問題的改造案件：1）協調價格，2）秤量監督，3）撤廢田畑等級差別，4）前借金無利貸，5）肥料照時價計算。三、確立耕作權案。四、反對立稻差押處分。五、實施八小時間勞動制。六、制定最底賃銀法。七、反對暴行暴壓拷問。八、反對干涉言論集會結社出版之自由。九、撤廢諸惡法。十、反對總督獨裁政治。十一、反對出兵中國。

　　對上述議案中芭蕉問題改造之案件，由簡吉及趙港解釋其關係內容，並提供將來的對策和促醒農民的覺悟，隨後即決議委任支部委員與當局交涉。其次關於甘蔗問題改造之案件，由張行及呂得華詳細說明內容並暴露製糖會社所用不正當的手段，詐取甘蔗的斤量及其他的弊害，結果亦是決議委任支部委員與製糖會社交涉。對於確立耕作權議案，由簡吉說明內容並強調說，農民要結合與惡地主對抗始可達成目的，結果是滿場一致決議由委員奔走折衝。其他議案皆是由提案者說明內容而已。後來因議論漸漸白熱化，議場的空氣出現異常的緊張，所以被臨監官命令解散。當晚又因雨天阻礙，以致所預定的講演會亦中止不開[42]。

　　1928年7月23日是芭蕉生產者的特別日子，當天下午大屯支部農民組合幹部，假臺中市旱溪媽祖廟開演講會，向一百多位芭蕉生產者演講，講演者包括李橋松、楊標棋、莊萬生、謝有丁、陳海。因為他們的言辭強烈批評政府的農業政策，因此沒有講完就被警察命令中止；最後由於李橋松激烈嗆聲，不到一小時就被警察命令中止，並解散演講會。接到一連串的農民的訴求及請願之後，大屯農組支部長李橋松、宣傳部長陳王葵、楊標棋等三人，隨即代表農民向官方抗議，結果反以侮辱警官及妨害執行公務理由，被告到臺中地方法院。1928年10月25日，第二訟庭開公判，檢察官辯述起訴原因，法官先審問李橋松有沒有侮辱警官，李則極力否認，當時替李、陳、楊三人辯護的有日本人古屋貞雄及臺灣人鄭松筠。被告人經法官質問，一直到當夜（即10月25日）筆錄幾項細節狀況，才宣

42　《臺灣民報》1928年7月1日，第215號。

布延期。但兩天之後（10月27日），臺中地方法院正式宣判，三人各處懲役四個月。1928年4月到1929年4月之間，農民組合大屯支部長李橋松及萬斗六賴平進（?-1969）、林分，為運送當地芭蕉到檢查所，接受檢查之便，而設萬斗六代理店。官方指控他們溢領費用一千七百七十餘圓，雖然沒有證據，在1929年6月19至20日，他們三人卻被留置大屯郡警察課究問[43]。

　　1928年12月7日午後一時半起，大屯農組支部於霧峰革新青年會館召開大會，出席者兩百餘名一同拍手注視會場赤地的支部旗，以表敬意。農組本部的簡吉及江賜金蒞臨指導，開會前有穿正服的巡查來檢閱寫在紙條的會議事項，欲將數枚抽起沒收，因為沒有押收的命令書，所以簡吉不肯讓他拿去，於是發生爭執。隨後大屯郡鈴木司法主任到場正式臨監，即要求設筆記席於會員出入的通路。簡吉說，這顯然是要阻礙大會的進行。鈴木警部說；無論如何，一定要聽我的要求，要不然我有相當的打算。簡吉回說，有什麼打算？不過解散開會吧了！你一句來，我一句去，互不相讓、形勢趨於險惡。雖然開會前的會場就如此緊張，開會中又有許多受注意和中止的事故，但是後來議事居然平穩進行。開會由溫勝萬述開會辭，共推林新乾（?-1973）為議長，任命張行、簡吉為書記，賴方簡單報告支部狀況，決算委員賴仁報告收支、出入各四百三十餘圓。來賓祝辭者包括《臺灣民報》陳姓記者，呂靈石（1900-?），大湖支部蘇英女士，大甲支部蔡愛子女士等。日本人蔡愛子說，農組很受世人的誤解，如一週間前某資本階級的新聞，在社論欄寫著：「非國民的農民組合員，可以脫離臺灣，退回中國去……。」對這幾句話，臺灣通譯才開口就被中止。最後披讀各地支部寄來的祝文十餘通，及至念到「勇敢的同志們呀！須協力打倒帝國主義」，也馬上受到中止。下午四時閉會後，兩百餘名出席者三唱臺灣農民組合萬歲，同夜仍在青年會館，主催啟發農民的講演會[44]。

　　同是山區的竹東郡，其郡下橫山庄南河字內灣派出所後面一帶一百六十餘甲的山地，是1908年古乞食、溫阿祥等先人三十餘人，竭盡畢生的心血，努力開墾成功的。當時山地的族群關係還未穩定，開墾的先民被原住民殺傷的很多，可以說這一百六十餘甲的墾地，是開墾者用著生命血汗換來的代價，照理政府應當要

43　《臺灣日日新報》1927年8月27日，9818號4版；1927年12月11日，9924號4版；1928年2月4日，9979號4版；1929年6月22日，10480號4版。

44　《臺灣民報》1928年12月16日，第239號。

將這墾地拂下給開墾者才是公平的處置，可是事實和情理恰好相反。開墾者所提出的拂下請願書，被當局一律推卻，反而許可給無緣無故、住在臺中市的日本內地人香木長太郎。

香木長太郎聘請住在竹東的內地人吉鹿德次郎為經理，於1925年囑託他著手栽植相思樹。起初吉鹿德次郎造的林木規模很小，所以開墾者得仍舊耕種蕃薯、苧麻、茶等產物，用以維持生活。但吉鹿所雇用的苦力監督陳某，是竹東郡有名的無賴漢，於1927年把開墾者的農作物掘掉，曾經鬧出一番紛糾。1928年6月，橫山庄南河接連下了數天的大雨，很適合於栽種，温阿祥偕十餘同伴，從山下延及山上，漸次栽種蕃薯。同時吉鹿的苦力監督陳某，也雇了多數工人，一邊從山上向山下栽植相思樹，兩邊至半山腰的地點相碰，終於在6月25日發生衝突，鬥口和打架。但陳某跑到吉鹿面前捏造說，温阿祥等如何無理，如何妨害造林，如何蓄意要殺害吉鹿！吉鹿聽了目瞪口呆，震驚之餘，馬上通告警察課。而警察方面也以為這是件了不得的大事，於是秘密向各郡召集應援隊，準備要大動作、大檢舉。

等到6月28日，新竹州福田警務部長帶著織本保安課長，並從竹南、苗栗等處臨時召來的警部、警部補等齊集於竹東郡役所，整頓了警察隊，於同日午後十一時頃，分乘十七輛汽車，朝南河出發。新竹警隊30日夜晚，趁南河農民正在熟睡的時候，分頭包圍農民的住宅，迅雷不及掩耳地檢舉温阿祥等二十二名農民，於早晨六時頃逮捕，帶回到竹東來。雖然同日釋放了無關係的四名，但其他被留置在郡役所十九名的農民卻很受虐待，白天叫他們和狗一樣蹲在桌下，夜晚因為留置場不夠，十九位農民都要在地上睡覺，又一概不許家族差人送東西。竹東農民對於警察這般無人道的態度，當然異常的憤慨[45]。

11.第一次中壢事件

總部設在中壢庄的日本拓殖株式會社（日資鈴木商店系統），在中壢郡觀音庄下大堀、草漯、許厝港、新堀、崁頭厝、北勢，及中壢庄下水尾、內壢、宋厝等處一帶所擁有的土地，共計二千八百餘甲，年租收入六萬餘石。日拓會社與當地農戶五百餘人訂有贌耕契約，加上再分贌耕的租雇總共七百餘人。農民與日拓

契約賃借土地是在1925年（大正14年）12月1日開始，期限有效五年。訂了契約後的農民，或移居或購買耕作工具，竭盡所有血汗，努力開墾耕作，不到一年間，日拓會社看見土地逐漸起色，收成漸漸增加，就說要升租。農民那時對土地已用盡血汗與金錢，實在騎虎難下，承認升租也不得，解除契約也不得，故不得已只好接受新租約。不料幾個月之後，日拓又再通告第二次升租，那時農民已經與土地關係更密接，愈難脫離。大部分的農民只得再次忍耐、承認升租，然而一小部分的農民卻無力可再繳納定金去維持生計，因此只有解除契約一途而已。

因為佃戶、租雇農民長久以來不滿會社一再增加穀租、肥料價錢過高，又兼米價極端暴落（一石米從十三圓下落至七圓），後來在臺灣農民組合幹部黃石順、謝武烈等指導下，於1927年3月16日在中壢郡觀音庄下大堀成立農組支部，要求日拓土地比原來減租四成。同年7月3日中壢農民組合副支部長黃清江（年28）、 支部會計役黃蘭盛（年48）等三人，代表佃農到日本拓殖會社事務所，向日拓當事者提出改善佃農租約的要求。可是日拓會社的常務董事小松，以會社與佃農個人訂有租佃合同為藉口，不接受黃清江的要求，反過來卻對七位欠租的佃農，向法院呈請抄封他們的稻穀。聽到風聲的這七位佃農先把他們的稻穀隱匿起來，致使執達官吏無法執行任務。日本拓殖會社再以詐欺以及業務妨害的罪名提出告訴，並在1927年7月27日將其中六位被告締捕，拘押在中壢及桃園兩郡警察課。

農民組合員被新竹州中壢郡警察課留置的三天之後，有觀音庄佃農約百名與桃園方面佃農約二、三十名密集，於7月30日下午一時半衝到郡衙，欲闖入警察課，要求釋放被留置的幹部，但是不得要領。這時候警察課池田警官突然說，佃農有話可以派代表來談談。中壢農民組合支部長黃又安等三名，於是跟中壢郡衛藤郡守面會，提出三個請願：1）釋放留置中的兩名幹部，2）強調官廳辦法不公平，3）強調官廳之辦法，對佃農不利。衛藤郡守回答說，黃又安等所提的指控多沒有證據，也無前例證；接著甚至威脅說，凡有冒瀆司法權之尊嚴者，不論何人皆要處罰。最後代表者悄然離開。

第二天 （7月31日）聽說有千名農民準備襲擊郡役所及日本拓殖株式會社，中壢郡警察課臨時調集警官，準備防範未然。果真到了上午十時，又有一批三百餘人的桃園、中壢農民，都肩挑柴草烘爐鼎，米油鹽及破被破蓆，不約而同聚集在郡役所附近，表示要決心力爭，示威要人。之後，每天都有十數位農民分批輪

番到郡役所吵鬧鼓譟。在示威吵鬧的同時，臺灣農組幹部黃石順曾會晤沼本警察課長，提出跟前次相同的要求請願，可是反被課長斥責說教一番。憤憤不平的黃石順於是刻意演講，激勵農民的鬥志，繼續抗爭。此後由於日本律師古屋貞雄替農組幹部的奔走辯護，黃蘭盛終於在8月2日釋放，而且其他人也都在8月11日保釋回家[46]。

　　在中壢、桃園抗爭事件發生的時候，開始有了社會的漣漪反應，譬如說，中壢鐵路株式會社機師、工人，因為屢受農民組合鼓動，一百二十名中有八十餘名，於6月17日同盟罷業。鶯歌庄長黃純青怕農民組合聲勢浩大傳到北部，對業主產生威脅，因此在8月13日邀請當地的大地主召開業佃懇談會，跟他們的佃農溝通，以免未來發生齟齬糾紛。再者宜蘭有志組織農民組合一事，也漸見具體進行，由李珪璋、林本泉、吳桐生、陳圻諸人起草規約，擬在9月間徵集會員，與民眾黨支部同日舉行發會式。此外9月1日至2日間，全島警察會議在總督府召開時，除了討論高等警察機密事項之外，還特別針對農民組合以及勞動爭議等取締方針，進行相當深入的討論。向來總督並不出席此一會議，這一次上山滿之進總督和行政長官則從頭到尾都熱心傾聽。9月2日預計半日結束的會議到下午還未開完，結果直到下午四時才結束，期間臺北州警務部長增山氏以兩小時作關於臺灣統治之報告。最後上山總督嘗試以親和之態度，坐著向列席者談話，其內容乃是關於臺灣統治之根本方針，故從王道和霸道的區別，談到內地延長主義、同化主義等。依據總督府喉舌《臺灣日日新報》的報導，這是一場對內地人與臺灣人如何真正的融合，做出明快判斷的談話，因而總督特別強調「非行王道不可」的統治哲學[47]。

　　還有《臺灣日日新報》也出現了下列的社論：「近聞某處，有農民組合對於業主提出種種要求，如所云佃農若無錢可納地租，不妨抗納等等。此語若果事實，則是無視官憲。又如小租穀抗納之事，若果事實，則是無視所有權，宛然是一種赤化思想。夫赤化者，環地球立國之人，皆視同蛇蠍，想為我敬愛之敦厚農民各位，所不贊成。若萬一事實，則是出於一、二無賴煽動者之所煽動。政府當局，亦當引為島內重大事件，不能默默，異日敦厚農民必有噬臍之悔。」[48]

46　《臺灣日日新報》1927年8月18日，9809號4版。
47　《臺灣日日新報》1927年9月3日，9825號2版。
48　《臺灣日日新報》1927年7月23日，9783號4版；1927年8月6日，9797號4版；1927年8月12日，9803號4版；1927年8月23日，9814號4版；1927年9月4日，9826號4版。

　　1927年10月底，日拓會社突然發表，對臺灣農民組合中壢支部委員黃清江、黃蘭盛、莊金標、呂苓、楊婦仔等五名，承認減租半額，並對其開墾費用及田寮造作費也有支出賠償金。儘管日拓會社用盡所有的手段企圖收買離間其中的一些農民，可是都沒有效果。在此糾紛當中，第二期農作物已經快到收成期間，日拓會社竟然向法院聲請假扣押，查封刈收前的稻穀，而且不准佃農進入稻田，最後因為農民的強力阻止而作罷。當時農民組合應援，於1927年11月6日在宋厝庄與下大堀催開反對耕作禁止、立稻差押的講演大會，嗣後又再在大園庄埔心廟內開農組新竹州各支部聯合會，決議反對耕作禁止、立毛差押的議案。

　　據聞下大堀觀音方面的農民組合員，因第一期作未納租穀，日拓會社乃扣押其第二期作之稻穀。對此，11月7日午前十時頃，黃石順、中壢支部長黃又安（31歲）、苗栗街文化協會會員謝文烈（25歲）、大溪街楊春松（30歲）、大溪出張所長鍾發超（25歲）等五名幹部以及同行的農民數十人，又要到下大堀進行示威運動，為警吏探知，在8日上午十一時左右，被埋伏的警察隊於舊社輕便車站，全部逮捕到警察課。這時五、六十名農民也跟著到警察課，不肯分散。於是警吏再從農民中檢束了張阿桶（46歲）、黃炎（23歲）、羅萬伸（40歲）三人，同日午前，差押官亦到許厝港差押立稻。出來抗議阻止的農民，被該地警吏四名及會社人員等十數名團團圍住，結果農民廖逢照、古庭福二名被毆，慘狀流血[49]。

　　隔天中壢、桃園的兩警察課又派遣二十三名保護執達吏，想強行抄封，可是又被二百餘情緒激昂的農民（不少是從三十數里遠方來的）所阻撓，撕下執達者的封條，其糾紛達到無法執行扣押之程度。11月11日上午，來自臺北檢察局之武井、新井兩檢察官，以及新竹州警務部警務課長福田、保安課長織本兩人所率領的警吏二百五十餘名，到中壢地方執行差押。警務課長福田派一百五十名的警吏圍住草漯，剩餘的警吏駐在中壢為後備，禁止一概人們——不管是商人或無關係的人——統統不許進入庄內一步。在11月10日至11日兩天之間，新竹州當局以騷擾及妨害公務執行的罪名，執行締捕扣押關係者八十三人，這就是所謂的第一次中壢事件[50]。

　　1927年11月24日，在被捕的八十三人中，有四十一人被起訴，1928年3月30

49　《臺灣日日新報》1927年11月9日，9892號5版。
50　《臺灣日日新報》1927年11月11日，9894號2版。

日偵查結果，6月14日在臺北地方法院第一訟庭開始公判。九時一刻，判官堀田、小野、小田村三開庭，由內田檢察官立會，辯護人有水谷、古屋、佐佐木、永山等四人出席。中壢事件公判時，布施辰治原本有意再來臺替被告辯護，但因內地法庭戰忙得不可開交，抽不出時間，只能抱憾。這回改由水谷、上村、佐佐木三律師搭乘6月4日的船抵臺。法院審判的三天前（6月11日），水谷代議士與佐佐木辯護士自新竹乘車至中壢驛前，斯時出迎者千餘名，皆整隊伍排列，有農民組合紅旗先導，其他各執紙旗大呼無產者萬歲；午後一時五十分，在宋屋廟內開社會問題講演會，旁聽者踴躍爭先恐後，盛況非常。

　　訟庭公判開始，首由堀田判官按照被告人的順序，逐一詢問年齡、職業、住所、或出生地與本籍地，而被告也全部應答無遺。這樣簡單的詢問，就費了兩小時之久，至十一時半才全部完畢。午後零時五十分再開審，內田檢察官的起訴論告剛剛終了，堀田審判長馬上宣告禁止旁聽，把滿庭的被告人家族旁聽者全部驅離出。禁止旁聽的範圍包含記者席，連記者也要一律退出，可是《臺灣日日新報》的御用記者例外。古屋辯護士向審判長要求臺灣人本位的言論機關《臺灣民報》和《大眾時報》的特派記者許可旁聽，竟被拒絕。判官堀田最後決定判有罪的共三十五人，免訴六人[51]。

　　聳動世人耳目的中壢擾騷事件，於1928年9月繼續在臺北地方法院刑事合議部審查，公審費時二週，9月27日舉行了律師的辯論，古屋律師的辯論概要如下：「本事件全然是因經濟組織之缺陷，法制之不備所引起的……，更深入探討本件內容，應視日本拓殖會社對佃農的虐待，殘酷的榨取為引起此次爭議的原因……。從國家社會的立場來看，如此不合理且帶來重大損失的制度，於是成立農民組合，謀求農民之團結，矯正制度缺陷之必要便產生了……。深切盼望法官在本件審理之際，將重點特別放在被告農民自身現在的社會環境中，以進步的思維解決的裁判，才是在社會進化的層面扮演重要的角色。」[52]（辯論見本書頁439-443）10月11日法官宣判無罪者一人，處罰金刑者一人，其餘都被宣判禁錮。組合幹部黃石順、黃又安被拘入獄，至1930年5月15日二年半的刑期屆滿出獄，當天有農組同志三十餘名於午前九時齊到刑務所前迎接，而南署北原高等主任亦率二十餘名公私服的巡查警戒，彼時有名陳煥珪者，欲將當場的狀況攝影，

51　《臺灣民報》1927年10月30日，第180號；1928年4月8日，第203號；1928年6月3日，第211號；1928年6月17日，第213號。
52　《臺灣民報》1928年10月7日，第229號；1928年10月14日，第230號；1928年11月4日，第233號。

竟被巡查檢束帶走。隔天黃又安在龍潭自宅，接受該地盧德榮等數十名親友的晚宴慰問[53]。

12.第二次中壢事件

以古屋貞雄為首，擁護社會運動的律師，開始關心人權，討論設置調查侵犯人權機關之事。1928年5月24日臺北律師公會通過決議：1）關於刑事被告事件，檢察官拘留期間中犯罪證明不充分，卻暫提起公訴繼續以犯罪搜查之行為，違反刑事訴訟法精神，故希冀無此等事發生；2）關於司法警察官，推測犯罪卻無足夠懷疑之具體實質時，為了要拘留，往往濫用違警令行使拘留，應監督之；3）對於司法警察官之拘留速決宣判，若申請正式裁判，應立即釋放並將其記錄改送法院。通過這些決議事項後，由律師公會安保忠毅（1885-1937）會長正式向岩松檢察官提出談判[54]。

日本拓殖株式會社因贌耕料的爭議問題，與中壢農民惹起了很大的糾葛，自知與農民持久爭執為不利，故在1928年3月至2月間，就中對一千餘甲的土地與農民解決了贌耕問題：1）介紹農民贌耕一甲者給介紹金五圓；2）對贌耕土地者每甲給與移轉金三十圓；3）播種蓬萊稻米者每甲補助豆粕八塊及燐酸四袋；4）一年的租穀每甲平均二十七八石[55]。同時總督府茂野拔手派州郡相關屬官劉勸業課長、倫庫技師等人交互出差，連續十幾天到桃園、中壢一帶，白晝協力圓滿解決多起紛爭事件，夜晚利用活動照相及家長會，向殷實的農民宣傳農民組合的不可靠。而且以一流極巧妙之詭辯要求純樸的佃農，不要誤入歧途，如果有糾紛的話，需要藉由官方所設立的業佃會（原名地主佃農協調會）來調解處理。由於日本當局的直接介入，在1928年7月6日桃園的農民組合支部長及少許幹部，齊集在埔心事務所開臨時會員會議。當時也有日本官員在場，於是就決議要解散支部。三天後，桃園少許佃農再聚集於大園庄的會議室，就這樣單面宣布解散了臺灣農民組合桃園支部。不到一個月，日本當局與業佃會如法炮製，肆意要瓦解中壢的農組支部。

在中壢事件醞釀而引發輿論的混亂局面當中，簡吉、趙港、彭宇棟、張行、

53　《臺灣民報》1930年5月24日，第314號。
54　《臺灣民報》1928年6月24日，第214號。
55　《臺灣民報》1928年3月4日，第198號。

陳崑崙五人代表臺灣農民組合於1928年7月17日午前十一時，至總督府欲面會總督川村竹治（1871-1955，秋田縣出生的貴族院議員，任期1928.6-1929.7），具體陳述桃園與中壢支部，受該地警察當局彈壓過於厲害，而且針對農民組合現狀，提出抗議書。然而因川村總督忙碌，由平島秘書官代理，在應接室與諸代表會面。抗議書所抗議的事實大略包括：1）1928年5月22日，桃園支部在大園庄竹圍欲開講演會時，警察當局無理壓迫，禁止講演，聽眾欲退散時，警吏擅認這是大眾運動，欲將幹部游木火、陳結兩人當為治安警察法違反的現行犯威嚇捕縛；2）於5月24日，農民因憤慨這種暴虐，欲到桃園郡役所抗議，這時也被認為是大眾運動，警吏不應該檢舉幹部陳結、游木水、陳阿石、王惡，將他們陷入牢屋十七天；3）6月22日警吏無理檢束呂得華、陳結兩人，是日該警察課長對陳結氏說，以後絕對不許開座談會，若發覺時便要命令解散；4）6月6日起每日以巡查四名包圍事務所，比對監視現行犯行動還嚴；5）7月4日大園分室主任警部和四名穿正服的巡查到游宅，強迫游木火脫退農民組合，中止農民運動，並強迫他要加入業佃協調會；6）7月6日警方檢束陳結，9日課長竟對陳結宣告說：「你在此地方宣傳共產主義與稅金不納同盟，並說臺灣是臺灣人的臺灣，日本人須一律追放出臺灣島外的惡思想。又再說桃園有業佃會就好，沒有農民組合的必要，我不承認農民組合的存在，因此要追放你回去。況且以後農組的幹部，一律不許進入桃園郡內。」抗議書說，郡役所當局等於是地主的傀儡，警察的威信，已經受到一般民眾的懷疑。又當局表示不理解農組的精神，要撲滅農組的運動，永久置農民於被榨取境地，所以農民已忍無可忍，於是提出抗議[56]。

　　這時平島秘書官詢問農組要求的目標，而簡吉答說，現時要求的是，小作權的確立和農民生活的保障而已！簡吉再說，臺灣農民組合絕不是危險組織，總督府尚未諒解農民組合之主義及主張，也未好好理解本島的業佃實情，如今地方官憲反而更加強取締。簡吉以最近從桃園地方開始，延至全島各地之現象為例，乞求川村新總督裁量。平島秘書官聽了組合員的陳情之後，表示當局完全不能接受純然的階級運動，或民族關係所發出之不純主張，不過答應說，若如此是合理的要求，待當局調查後，當然會作相當之處置。最後平島還做出如下的敘述回答：「代表者似乎認為換新總督之後，取締更加嚴格了。然而這關係到是否果真是

---

56 《臺灣民報》1928年7月22日，第218號。

總督意志之問題，於初訓示時也曾提到，牴觸統治根本之作為應斷然被排除才是。」[57] 將近午後一時，平島答應會將建議書傳達給總督，於是諸代表始告辭而歸。是夜簡吉在港町文化講座，開訪問總督報告講演會，頗呈盛況，然而因臨監警吏的持續阻擾，不過二十分鐘，就不得不宣告閉會。

平島秘書官既聲明要待調查，嗣後當有一番處置，然而至1928年8月上旬，該地的警察當局之威勢並未稍減，對兩支部的彈壓依然繼續。8月2日午前十時，一封令人感到疑惑的電報從新竹發至臺中農民組合本部，宣稱中壢農民組合支部評議部長陳榮慈幹事、陳阿石等五十五名，集合於組合事務所，召開臨時總會。會議討論結果說，今後地主對佃農間發生爭議時，全權委託業佃會解決，並決議解散中壢支部。可是中壢支部當時擁有組合會員七、八百人，不僅團結一心，而且勇於奮鬥。農民組合本部簡吉、趙港等人，認為該支部是被警察、業佃會壓迫強迫解散的，而不是組合員自己的意思，於是策劃該支部必須迅速恢復。

欲使前頃已解散之桃園、中壢等組合支部復活的簡吉，除了再度會集幹部計議作成第二次抗議書（於8月5日先以郵件寄送給川村總督）以及策劃中央幹部總動員之外，還潛赴桃園、中壢兩郡，教導農民繼續抗爭。1928年8月9日上午，簡吉等人召集多數農民在中壢支部辦事處，再度豎起被警察拆卸下來的牌匾，舉行支部再建集會，重新選舉支部長等幹部。這時候中壢郡警察課派來十六名警察到新坡派出所，不過張道福等五人也招集了二百多位農民湧進警官派出所的內庭，不期然間，喧嘩、謾罵、投石紛然沓至。該事件突發時，惱羞成怒的警察當然受不了這種鼓譟滋事，不過為了搜查上的關係，日本當局即時禁止新聞揭載。一直等到臺北地方法院預審終結後，方才於1929年5月15日午後一時解禁。

1928年8月14日，農組本部特派趙港，侯朝宗與古屋顧問北上，欲向總督府河原田總務長官表達抗議。河原田又因忙於會議，故先訪小林保安課長，陳述這回農組桃園、中壢兩支部被該地警察當局彈壓的大略情狀：1）該地警察當局不理解農組是合法的經濟運動，該照法律的手續發出命令，可是該地警察當局不理解，因此對農組員濫用其職權彈壓，強要農民脫離農組，甚至強迫該支部委員宣告解散農組；2）對於欠地主租穀的農組員，屢次受地主催迫，而農民因凶年失收，不得照額繳清是屬於民事問題，然而這時候警察當局偏要用不法、過分的種

種方法去脅迫干涉；3）又警察當局對於農組員的看待如牛馬一般，若稍違逆著他們的命令，就大發脾氣，無理毒打，如對王惡的毆打傷痕，其證據是很確實的。與小林保安課長會見後，古屋、趙港等人再會見河原田長官於辦公室，照前一樣陳述警官的彈壓並表抗議之意，並質問這次對農組的壓迫，聽說是川村新總督的方針，確實與否，要求長官回答。這時河原田隨口答說，新總督才匆匆就任，尚未明白事情，那裡會就立定如此方針，這確是誤傳。若總督府認定有必要極端彈壓的時候，將以合法的手續，命令農民組合解散。河原田隨著以單刀直入的口氣，詢問農民對地主所要求的要怎樣才好？古屋答說，要從所生產的利益（除去生產費）讓地主和農民平分。最後長官要求將此次的糾紛及所要陳述的事項，詳細以書面提出，好待日後調查[58]。

　　1928年8月初，二百多位農民在中壢警官派出所鼓譟投石的事件，一直等到臺北地方法院預審終結後，於1929年5月15日午後一時解禁，才讓新聞報導。起初警部以暴力行為及妨礙公務等罪名締捕農組組員趙港、張道福、周井田、黃師樵、李木芳、湯接枝、楊龍光、李留、陳金光、陳榮慈、詹學而、陳阿石、陳阿富、呂阿燕、吳阿兵、黃雙發、宋乾昌、高新對、邱金萍、謝福來、宋龍盛、詹九尾、謝連枝、黃連等三十五人，這就是一般所謂的第二次中壢事件。此外被懷疑者，還有臺中大甲沙鹿北勢坑人鄭連續與梁阿楊。1929年6年18日午前九時，此案件繼續在臺北地方法院刑事合議部審查，法官用很長的時間對被告審問事實，逼得松村檢察官僅求刑論告趙港等二十一名為新坡派出所襲擊者。

　　等到1929年7月13日午前十時公審開庭公判時，松村檢察官論告求刑懲罰，古屋辯護士則辯論主張無罪。松村檢察官的論告要略說，中壢事件發生並非偶然，都是農民組合關係的問題，幹部思想惡化，莫不以反對總督政治，主張階級鬥爭為能事，其目的乃是要極力擴張勢力，勸誘農民加入。他們的費用很浩繁，但這些費用的出處實在可疑。人們常說農民組合幹部，自己坐二等車，用錢很闊綽，不少組合員因而憤慨。故這回中壢事件的動機，亦由於一般支部組合員之不滿，主張退出，亦有主張解散，於是警察課順應時勢，幫助其重要分子解散而已！至於趙港要復興該支部的方法是很多的，何必用潛行計畫與秘密行為反抗警察呢？而趙港雖沒參加暴行，但他是立在指導地位，有教唆的犯行，故判處八個

月懲役，張道福等八名各處六個月懲役，呂阿燕等六名則罰金五十圓。

古屋發揮熱辯約二小時之久，其辯論要略說，本案件發生的根本動機，完全是因為警察方面強制解散農組支部所致，證人亦明說，警察課長親身指揮，然後召喚三十餘名的農民組合員集合，而強命其解散。但警察課長豈不曉得，中壢支部組合員總共有八百餘人嗎？擁有八百餘人之團體，只單獨集合三十幾人就決議解散，其餘七百餘人之組合員是否聽從一事，身當警察課長重職的沼本，豈不會判斷嗎？雖說組合員在解散當時，沒一個人有異議，但是要曉得三十幾個農民，被很多警察包圍，一般鄉下農民，誰敢聲張異議？至於解散後，器具什物皆被拿到保正那裡去，支部的印章則被拿到派出所用石油燒毀一事判斷，就可見警察對付鄉下農民的魯莽強制行動！關於潛行、秘密會議事，實出於不得已之事實，因為警察把車站埋伏得水洩不通，禁止一切組合員往來，所以在特別情勢之下，是出於不得已的，何況團體行動是國家承認的合法行為。這回案件雖有一、二人打破窗戶，或是撕破衣服，亦只是普通刑法上的違犯，決不能將一、兩人的責任轉嫁於眾人，而構成什麼暴力行為處罰法違犯，讓無辜的鄉下農民長受囹圄苦楚[59]。

法官堀田小野根據法理的見解，最後以該事件不能算是暴力行為，而只以妨害公務執行判論，宣判八人無罪，十四人被判處三個月至六個月之禁錮，判決如右：1）趙港、張道福、湯接枝、李木芳、陳金光、楊龍光、陳榮慈、詹學而（各無罪）；2）李留、陳阿石各懲役六月，四年間執行猶豫（緩刑）；3）呂阿燕（罰金五十圓）、陳阿富、黃連各懲役四月，三年間執行猶豫；4）吳阿兵（罰金五十圓）、宋乾昌、邱金萍、宋龍盛、高新對、謝福來、詹九厄、謝連枝、黃雙發（罰金五十圓）各懲役三月，二年間執行猶豫。對於此案的判決，被告與檢察官雙方均已決定不再上訴。[60]

農組幹部被捕、農民組合被迫解散之後，官廳為維持地方治安，極力倡導業佃相依，永敦交誼，彼此有益的政策。凡業佃關係，要求雙方尊重業佃協調會調停，請其公平裁斷，要以理爭，毋以力爭。又加上1928年第一期、第二期農作物的收成都比去年（1927）增加一成，中壢業佃的糾紛頓時減少。土地訴訟、被請差押競賣的事件，也大多依賴業佃會調停，獲得圓滿解決。根據日本官廳所發表

---

59 《臺灣民報》1929年7月14日，第269號

60 《臺灣日日新報》1929年5月16日，10343號4版；1929年7月14，10502號4版。《臺灣民報》1929年10月21日，第270號。

的資料，自1929年1月起至11月末，中壢郡下各庄業佃會所處理的佃農爭議件如下：受付件數一百二十四件，調停救濟件數一百十六件，未決件數八件[61]。從這些數目看來，以總督府為首的日本統治者，已經全方位、隨時隨地在對付農民組合，鎮壓農民運動，取締農組幹部的所作所為了！

61　《臺灣日日新報》1929年1月2日，10311號8版；1929年7月9日，10497號8版；1929年9月27日，10576號2版。

第五章

農民運動由盛而衰

我（蔣渭水）五月廿五日去基隆演講的時候，邱德金君對我說：「簡吉君昨日送古屋氏到基，那時他說：『我們的方針是在階級鬥爭利用民族性的』。」照上列的事情看起來：簡君的腦筋中，仍是存在著「民族膜」、「民族性」，所以是脫不出民族主義的範圍外。這是很明白的事，免我再說了！

——《臺灣民報》1927年6月12日，第161號。

1.臺灣農民組合第二次全島大會

　　耐得住苦痛，而且毫不退卻的臺灣農民組合會員，為了要檢討過去和確立未來的奮鬥進攻方針，不畏日本政府的重重疊疊暴壓和所需經費的無著落，組合總部有步驟的計畫籌備各種事宜，定於1928年12月30至31日，在臺中市初音町樂舞臺召開第二次全島大會。午前十時四十分起，組合法律顧問古屋帶了通譯就席，先由簡吉宣告開會，陳德興等十六名委員審查出席者的資格。全組合的代議員二百零九名當中，當時出席者一百四十名，開會中報到出席者二十二名，總共有一百六十二名。從事島內各種社會運動的人士、各友誼團體的來賓亦有二、三十名出席，雖然適逢歲末，一般聽眾大概也有四百人。此外，共有四十餘通電報祝賀文，包括來自日本無產新聞社，日本農民組合，日本檢關制度，改正期成同盟會，日本社會運動犧牲者救濟會，以及上海青年社會科學研究會等。臺上陳列著各支部

第二回全島大會招待券

帶來赤地的組合旗共二十二支，無論代議員席、或來賓席、或旁聽者席，莫不雜有不少的女性，為這次大會放一異彩。這次大會的一百四十名代表，推舉才25歲的簡吉為書記長，柯生金、譚廷芳、謝進來、林芳雲、張克敏五人為書記，並推薦楊春松（臺共）為正議長，蔡瑞陽為副議長。

　　高雄支部的陳啓瑞代表講了開幕辭後，下列各團體代表及來賓輪流講述充

滿著戰鬥氣氛的祝賀辭：臺北文協支部胡柳生（因太激烈被命中止），岡山文協支部蘇聰敏（被彈壓中止），文協本部吳石麟（中止），中國人來賓陳仍山（通過），臺北楊雙女士（通過），彰化民眾黨支部許嘉種（通過），臺北王萬得（1903-1985，中止），豐原文協分部林德旺（中止），苗栗文協支部郭禎祥（中止），苑裡陳煥珪（通過），霧峰革新青年會王杰夫（通過），臺中民眾黨支部陳玉（通過），竹山文協分部張庚辛（中止），北港讀書會賴啟超（通過），北港文協分部代表（中止），臺中總工會代表（中止），以及農組顧問古屋貞雄（通過）。

　　大會內容主要為報告過去一年本部與各支部的活動經過情形，審核會計決算以及討論今後運動之方法。趙欽福、劉建業二人為1928年度的會計監查委員，江賜金說明1929年度的新預算。張行報告本部情勢說，現時二十七個支部有組合員24,000餘名、繳納組合費的有12,543名，代議員是由已經繳納組合費的組合員，每六十名中選出一名。臺灣農民組合自成立以來總共開了五次中央委員會，一次爭議部長和聯合會聯席會議，二次中央委員和聯合會聯席會議。侯朝宗補充報告的部分提到：1）臺灣農民組合本欲聯絡日、臺、鮮的共同戰線，終於不見效；2）想要謀全臺戰線的統一，也是一樣沒有結果；3）本部要發給各支部的情報，可是一年之中，被差押三十三次；4）地方未組織的蔗農和農組的步調不能一致，以致向製糖會社進攻的收效很有限；5）中壢、桃園兩支部是被支配階級強制解散的。侯朝宗的報告開始顯露出臺灣農民運動的侷限與困境，各聯合會的情勢報告則指出個別支部爭議的中心點。當中，高雄州聯合會所屬六個支部，大多是為對付各製糖會社而設的。臺南州聯合會所屬十個支部，以竹林問題、製糖會社爭議最多。臺中州聯合會所屬五個支部，爭議居多的是退官者土地拂下問題和芭蕉問題。新竹州聯合會所屬六個支部，爭議的中心點是三叉土地問題以及中壢日拓問題。全島各支部代表午後四時順利完成第一日會議，會員和來賓在會場一同拍照紀念，同夜七時起，在同場地所舉行紀念講演會，但不到一個鐘頭就被解散。

　　第二天12月31日午前十時起繼續開會，要入場的時候，不論組合員、來賓、旁聽者，也不拘男女，同第一天一樣，一律要受把守門口的巡查詳細搜查身體，才得通過。議長振鈴命委員整理會場，披露日本內地布施辰治等五名遲到的祝電。第二天出席的代議員比第一天增加十二名，總共是一百七十四名。

一百七十四名代議員選出十六名新的中央委員：黃信國、楊春松、陳德興、簡吉、張行、周渭然、林新木、江賜金、蘇清江、侯朝宗、顏石吉、陳崑崙、陳結、譚廷芳、陳海、莊萬生；以及十名候補委員（當時入獄中的居大多數）：劉溪南、陳啟瑞、曾金泉、劉建業、張玉蘭、謝武烈、趙港、溫勝萬、廖奕富、陳良。再決定由中央委員之中選出常任委員五名，以黃信國為中央委員長。蘇清江代表建議委員會，朗讀各支部提出的十八條議案。簡吉代表法規委員會，報告規則中要增加候補委員一項，於實行機關要添上產業部、婦女部、救濟部、青年部等，湊上本來的各部共是十一部，全場一致贊成交附中央委員會實施。

第二次全島大會的口號公開喊叫「臺灣被壓迫的民眾團結起來」、「擁護工農祖國蘇維埃」、「全世界無產階級解放團結」等口號，且通過臺灣農民組合婦女部組織綱領、救濟部組織綱領，以及青年部組織綱領。作者判斷這三套綱領是由第三國際領導人片山潛所擬，但由當時27歲的謝雪紅所指導提出的。這期間，趙港對共產主義產生共鳴，1929年12月依謝雪紅之勸誘，同意加入共產黨。1928至1929年時，臺灣農民組合已經跟日共、臺共掛勾，主張農工結合，無產階級政治鬥爭，踏上無產階級的路途。依照臺共楊克煌（1908-1978）的回憶：「簡吉叫我每禮拜一到本部去取他刻好的《農組情報》蠟紙，送到商業學校的農家，給躲在那裡的簡娥油印，我[再]把印好的《情報》寄送到各地……《農組情報》是違反出版法。」[1]

違反出版法的農組情報刊頭

接著是來年的正月2日，農組本部也決定舉行紀念文化協會分裂之「文協日」，可以說1928年終至1929年初之交，臺中全然成為農民左傾運動的城市。在此情況之下，日本警官不分晝夜都忙不完，準備隨時應變，根本沒有時間喝他們日本人年節時的屠蘇（按：過年喝的酒）。因此大會會場內有警部二名，警部補一名，正服巡查一、二十名，至於私服與各地方尾行來的警察更是無從算起。甚至井上高等課長也穿著私服入場，還有陸軍的特務也看見好幾個。當委員在審議提案中，憲警時常命令委員中止發言。副議

1　楊克煌，《我的回憶》，楊翠華編，臺北市，自費出版，2005，頁47。

長在審議「生產物管理權確立之件」，當滿場一致贊成的時候，突然由臨監席發出一聲「解散」命令。配置在各處的正、私服巡查，一齊動手，把代議員推拉逐出會場！簡吉和數十名代議員被檢束，就連二十餘支的赤旗，也要和檢束者遭受著同樣運命，暫時被沒收扣押，可以想見日本憲警「恐共」的程度了[2]。

　　當時日共的組織特別設立一個「臺灣民族支部」，而且吸收了三位臺灣人。這三位名叫陳來旺、林添進與林兌的日共黨員，在1928年4月16日所謂的治安「大檢舉」遭到緝捕，被關在東京市監獄。兩年後，終於有機會寫信給臺灣農民組合的幹部，其中有一封日文信經過農組會的同志翻譯節錄如下：

　　　貴信和金×圓確已入手了，貴芳志實要感謝的，但受於艱難飢餓和惡戰苦
　　　鬥的諸君的差入錢，是倒覺心苦的，以後若要給我的金項，望將這做鬥爭
　　　基金，我們對諸君所求的不是金錢，是諸君所激發起的鬥爭一件一件及組
　　　合員一人一人的增加；那麼這才是給我們最上的贈物呢！受著不斷的襲擊
　　　致同志很少，而工作不得如意……。日本的監獄雖然是像西伯利亞的寒
　　　冷，但諸君始終被投的臺灣監獄是像焦熱地獄同樣的暑熱，結局是同樣
　　　的。這些的苦痛若耐不得是退卻去較好。總是希望你們安心！我是甚健在
　　　地待出獄後，即時和諸君共同工作！（1930年？）4月4日，東京市市ケ谷
　　　刑ム所　陳來旺。[3]

　　自從1905年起義失敗之後，俄共最響亮的基本口號是：民主共和，工人每天工作不超過八小時，以及土地歸佃農所有。第三共產國際的這種指導原則，傳到日本勞動農民組合，再傳到臺灣農民的耳裡，難怪有很多人欣然跟著他們的口號行動。歷史的潮流像海水一樣有漲潮的時候，也有退潮的時候。1918年俄共建立了人類歷史上第一個社會主義政權，加上列寧揚櫫的世界革命，於是在二十年代期間赤潮漲滿了各國，吸引了百萬的革命志士，像海邊的螃蟹全部爬出洞口、跑到海灘，包括西歐、亞洲、美洲以及中國、日本、朝鮮以至臺灣。可是共產革命並沒如馬克斯、列寧所說的，是千真萬確的「科學診斷」，一定會循著歷史唯物論而演變成功。首先是1923年德國共產黨的起義失敗，接著是歐美工業化繼續發展，無產階級無法推翻民主政治體制；再來是1927年中國國民黨剿共順利，日本

2　《臺灣民報》1929年1月8日，第242號。
3　《臺灣農民組合本部存留檔案》，1930年4月4日，頁61。

政府1928到1931年間有計畫地清除左翼分子，以及匈牙利1937年共產暴動的被壓制。

　　臺灣的左翼領導者被第三共產國際的宣傳蒙在鼓裡，同樣地一一被捉、被捕、被逐流亡。有一點絕然不同的是，當赤色的歷史潮流退潮時，大國的共黨人員因幅員廣大，海灘廣闊到可以讓螃蟹馬上找到洞口躲避（如中共黨員逃到江西山區落草）。可是臺灣太小，海灘的螃蟹蟹洞難找，於是一隻隻螃蟹輕而易舉地被漁翁（憲警）捕捉入竹籠。等到二十年代義大利法西斯墨索里尼（Benito Mussolini, 1883-1945）、中國蔣介石，三十年代德國納粹希特勒以及西班牙佛朗哥、日本的軍國主義者掌權之後，共產黨分子有的自首投降，有的落荒而逃，有的被監禁、槍決，而在臺灣的左翼運動也敲起了喪鐘。

2.農民組合的侷限

　　二十年代的臺灣農民運動，歷經數年滄桑，期間也掀起幾次波瀾，但終究無法鼓動風潮，造成時勢，以致最後偃旗息鼓，無聲無息的自我消失。其中失敗的理由，除了國際大環境不利於全球左翼運動之外，主要是因為日本政府有效地清除掃蕩日本國內的左翼活動分子，進而切斷臺灣農民運動的外援與資助。除此之外，總督府不斷援用警察「治安維持法」與「出版規則」第十七條，無理干涉集會、阻礙講演、蹂躪人權、拘捕臺灣農組幹部入獄。臺灣農民組合番社支部，於1928年3月26日午後七時起，在新營小腳腿的廟內召開農民問題講演會，約有一千餘名熱心的聽眾傾聽張碧連、詹評記、蕭萬塝、林岐山講製糖會社之榨取、農民的悲慘之時，被臨監警吏無理干涉解散[4]。1929年2月12日臺灣農民組合因違反出版規則事件決定起訴的十名中，臺南相關人士有三名，當時以嫌疑人身分被逮捕的有十數名，頓時臺南州所屬的農民組合支部，幾乎成了全軍覆沒之狀態。特別像是曾文郡麻豆支部、新營支部，之前被視為最具戰鬥性的組合，喪失了主導者蘇清江、黃信國等之後，完全無法振作，脫會者接踵而出。黃信國自1929年2月12日事件發生後「悔悟前非」，脫退組合。當時臺南州組合十三個支部當中，實質上稱得上組合支部的只剩二、三個，幾乎消滅殆盡。

　　無法從日本吸取奶水的臺灣農民組合，轉而與在上海成立的臺共合作，接受

4　《臺灣民報》1928年4月8日，第203號。

第三共產國際的指導，結果不但造成農組內部領導的分裂，而且嚇倒了一般殷實小康（原本同情農組）的臺灣老百姓，所以他們紛紛脫退組合，以致組合的會員越來越少。舉例來說，嘉義東石郡農民加入該支部（創立於1928年2月1日）的組合員者，總計有六百名之多，可是自從1929年以來，該支部的組合員漸見脫退，後來只剩下大約三百五十名而已。新竹郡湖口庄農民組合支部（創立於1927年6月21日）鑑於時勢，認為組合的存在沒有時代性意義，辛英會及其他十四名，於1930年7月22日開會，決議解散該支部，獲得一致贊成；7月30日午前十一時於湖口庄元宵廟，由主要成員十八名舉行解散式。辛英會說明解散的理由，吳帝昌報告當時狀況，所以決議解散，燒毀相關文件。

　　員林農民組合支部組合員自1928年8月26日創立以來，慢慢感覺參加組合的弊多於利，茲於1930年9月25日由委員召集總會於溪湖媽祖廟，總組合員一百五十餘名中，有九十五名出席，由鄭有奎致開會辭，接著推委員劉雲說明這次開會的目的，不久之後就等於是解散了員林的農組支部[5]。可是根據《臺灣民報》的報導，員林的農民組合支部所屬的組合員約有二百五十名，但是9月25日那天集合在媽祖廟的人僅五十名，其中組合員只有二十名，其餘皆是郡守的特派及密探等。解散發起人鄭有奎是前組合員，已經被除名，對於解散議案其他的人都沒有半點異議，遂即通過了。《臺灣民報》記者發現該支部事務所解散的理由，是因為要償還很多債務與房租，所以日本地方當局極力出來幫忙，向各大企業、地主、及地方的所謂士紳等募款，充當做解散費用。《臺灣民報》記者甚至載錄捐助其解散費用的後援者及款項如右：明治製糖會社（五十圓），公醫楊本（1898-?，三十圓），庄長楊春木（1900-1992，五十圓），合義製米工場，產業製米工場，新開樓，昭和館；其外各保甲士紳如李俊黨、李功垂（1896-?）、陳萬福（1894-?）、吳陞弟、山內等人皆有出資援助。[6]

　　因為當局的壓迫相當劇烈，其他還留在農組的組合員大多冷漠，表面上似乎銷聲匿跡，不繳納會員費者更多。為著臺灣農民生活問題而鬥爭的農民組合運動，雖然還是埋伏著很大的潛力，伺機而起，但是因缺少經濟的援助者，結果農組的經費縮水拮据，讓幹部非常困擾，不知如何維持局面，也無法執行必要的公開與地下活動，甚至於連臺中農民組合總本部辦公室的房租都一再滯納，積欠數

5　《臺灣日日新報》1930年7月31日，10881號2版；1930年9月27日，10939號4版。

6　《臺灣民報》1930年10月11日，第334號。

月之後，被趕遷了幾次。農組的總部本來是租在楠町楊老居的房子，唯因數月停納沒繳房租，屋主楊氏催迫農組遷徙。在1928年春間，總部的辦公室轉移到榮町，以和美庄黃珍木名義向厝主林烈堂（1876-1947）承租，先交了一個月的租金二十八圓，等到搬進之後又是厝稅全然滯納，此時，林家才發覺原來他的房子是租給農民組合當辦公用的。林家後來將那房子賣渡給張福立，又是因為很難收房租，所以屋主在1929年2月18日向臺中法院提出訴訟，要求農組本部補交房租，並強制執行。農組本部不是有意抗納，而實在是因為經費不足所致，逼得後來又搬徙到寶町元中央亭，不久又被迫遷居於臺中市後壠子，因為當地厝稅一個月只需九圓而已。1929年6月間農組臺中本部自臺中市後壠子，又轉移到市內梅枝町李炎名下的房屋。因當初未嘗明言租額，迨搬居後李炎方知，在糾紛中，又要農組本部遷徙[7]。

依據臺灣農民組合規約（1927年12月5日生效）第四章，農民組合的會計年度是自11月1日至翌年10月31日。組合之經費，由組合員負擔之，分為總本部費，聯合會費與支部費；總本部費要一個年前繳納，由支部徵收之，聯合會費及支部費由聯合會及支部決定之。新設支部時，須向本部提出組合員名簿及規約，本部須開中央常任委員會決定承認其支部，由該支部選出中央委員或中央常任委員。新支部選出委員之同時，須繳納該年度全額之總本部費。總本部經費預算，於中央委員會作原案，提出大會受協贊，經費決算要受大會之承認。依照臺灣農民組合殘留的紀錄，它的總本部1927與1928年的收支預算表如下：

Ⅰ.1927年度合計決算表[8]

◎總收入

　　壹千五百五拾參圓六拾五錢（1,553.65）。

◎總支出

　　貳千貳百參拾貳圓五拾七錢（2,232.57）。

◎差引不足額———一時借入金——

　　六百七拾八圓九拾貳錢（-678.92）。

備考：未拂事務所費壹百八拾五圓（185.00）。

7　《臺灣日日新報》1929年2月21日，10360號4版；1929年5月18日，10445號4版；1929年6月11日，10469號4版。

8　《日農總本部國際部資料》，頁84-85。

收入之部

項目	金額		摘要
組合費	1,232	10	1927年1月1日起1927年10月31日止收入的組合費
雜收入	321	55	有志組合員的特別據出
合計	1,553	65	總收入

支出之部

項目	金額		摘要
事務所費	702	65	家賃、電燈、新聞雜誌、食費、消耗品等一切
通信費	138	59	通信費一切
備品費	99	30	備付諸品代
旅費	1,292	03	本部為公務出張的旅費
合計	2,232	57	總支出

Ⅱ.1928年度收支預算表[9]

收入之部

科目	預算額		摘要
組合費	6,000	00	組合員三萬名 出納二萬名 一人當三十錢
雜收入	300	00	出版購買、其他
合計	6,300	00	

支出之部

科目	預算額		種目	預算額		摘要
事務所費	4,060	00	人件費	960	00	十人分，一人當月八圓
			借家費	400	00	家賃、水道、其他
			備品費	200	00	
			旅費	800	00	

9　《臺灣農民組合本部存留檔案》，頁159。

			消耗費	400	00	
			印刷費	400	00	
			通信費	400	00	
			炊事費	400	00	
			雜費	100	00	
會議費	550	00	大會費	250	00	
			中央委員會費	200	00	
			各種委員會費	100	00	
特別活動費	600	00				
臨時費	863	92				負債償返
預備費	226	08				
總合計	6,300	00				

　　以1928年年度的收支預算表來看，臺灣農民組合員有三萬名，可是繳納的會員只有二萬名。如果每個會員繳納三十錢的話，臺灣農民組合整年的會費總收入也不過是六千圓而已。二十年代的臺灣，為了跟農民組合抗衡，辜顯榮等臺灣大地主組織一個「公益會」，當時農民組合一年六千圓的經費預算，辜顯榮跟公益會的另外十一位領導人，或許在臺北、臺中、臺南一天的招待費用就花光了。在此窘困的情形之下，1929年11月5日，農民組合本部發布一則「財政危機」的求救短訊，大意說，農組本部財政近來為支配階級狂暴的恐怖彈壓和迫害，面臨短絀危機，希望各支部和各同志，趕緊努力，救援維持，若有米食料品也希望盡力寄送一些來支持財政的艱難！不久之後，又發出了下列的通訊[10]：

　　組合員諸君！在這資本主義／帝國主義殖民政策[搶]奪深踏下，尤其是帝國主義戰爭切迫的現（況）下，我們的路只有二條──死或是鬥爭而已！我們斷不可自[卑]自侮，我們是天利，只有鬥爭。是的！大眾的鬥爭一路可跑吧了！但是戰爭是不可缺乏軍糧，沒有軍[糧]是不戰要自敗的。鬥爭是[與]戰爭同樣的，沒有軍資我們的鬥爭是不能徹底的！然而鬥爭不能徹底，不能展開，我們的勝利從何得達到呢？鬥爭是我們勝利的約束著確信者呀！組合員諸君！明白了嗎？最後的勝利是我們的，要早些達到我

10　《臺灣農民組合本部存留檔案》，1929年11月5日「本部財政危機」；「組合員諸君！組合費納了否！？」，頁174。

們勝利須要猛勇展開我們的鬥爭。要展開我們的鬥爭，須要確立我們的財政充實我們的軍資！財政確立萬歲！！！

3.臺灣分裂為左右兩派

臺灣人自身分裂，骨肉相爭，各階級勢力不集中，勢力分散，日本當局獲得漁翁之利，更容易統治臺灣人。早在文協分裂以前，日本的社會運動已經發生左右鬥爭的裂痕，在左翼陣營之中，出現了日本共產黨、日本農民黨、社會民眾黨、日本勞農黨以及勞動農民黨。第一次無產政黨組織計畫，自籌黨當時起，內部已被預期將因右傾、左傾兩派意見相左而分裂。1926年4月19日下午二時，日本勞動農民黨在神田日吉館召開中央委員會，就黨員加入之範圍進行協議，總同盟方面主張排除「共產主義派的評議會、無產者教育同盟、水平社、無產者同盟、全國無產者青年等同盟團體。」在此同時，日本農民組合因厭惡、排斥共產黨運動之急先鋒「山梨聯合會」，七千人退出而趨於分裂。接著，又有福岡聯合會一萬五千人，岐阜、橋木、埼玉、茨城、群馬等一萬人與中部農民組合一萬人，合計四萬人退黨，轉向與右傾派之大眾會合，向新政黨樹立運動邁進[11]。

1927年初，臺灣文化協會內部因為反抗日本統治策略的不同，而分裂為右翼民族主義者與左翼社會主義者兩陣營。老一輩的創始會員，如林獻堂、蔣渭水、蔡培火（1889-1983）等主張以臺灣議會運動為主軸，用漸進的方式進行。帶有濃厚左傾思想的連溫卿、王敏川等以及新進的年輕會員則主張以合法但激進的手段，實現一般大眾之政治的、經濟的、社會的解放。在此情形之下，主張前者的六十三位臺灣民族主義者被逼先後退出文協，並於1927年7月10日，假臺中市新富町聚英樓飯店舉行「臺灣民眾黨」的創立大會。當年三月間，布施辰治在臺灣一連串的演講，對臺灣的社會民眾又灌注了更多新鮮的社會主義思想，因此很多有理想、有作為的臺灣菁英分子便奮不顧身的投入激進的政治、社會運動。對於臺灣人解放運動的方針，可否採取以農工階級做基礎的民族運動，從此有了見解之差。

本來以簡吉為首的臺灣農民運動，無論在觀念上或行動上，早已跟日本的勞

---

11 《臺灣日日新報》【東京特電30日發】1926年3月31日，9304號2版；1926年4月21日，9325號1版。

動農民黨亦步亦趨，毫無保留的邁向國際化、大眾化與階級化的道路。可是日本勞動農民黨從1926年4月開始右轉，繼而清算左派人士，一時導致臺灣農民運動領導人不知何去何從。1927年年底在臺中召開農組全島大會以後，中央及常任委員幹部之間開始產生齟齬，分裂成左右兩派，而且旗幟越來越鮮明，其中簡吉、趙港為左派，謝神財、謝進來、葉陶等人為右派。臺灣的左派說階級鬥爭是奉第三共產國際指使的，右派說臺灣是弱小民族，弱小民族內的階級鬥爭是民族自殺；又說中國的先覺者孫中山先生，累積了四十年的經驗和研究，竟判斷共產組織不合中國之用，中國尚且不適合用共產制度，何況於臺灣呢？[12]結果卻造成了臺灣文化協會的左右分裂，而且加速臺灣政治運動的對立。臺灣政治社會運動的分裂、對立，也驗證了「內地延長主義」理論的正確性，那就是，把日本勞動農民黨主張臺灣要本土民族運動的說法，全盤地移植到臺灣，請看下列左右兩派的筆戰。

　　1927年5月27日《臺灣民報》（第157號），以「勞動農民黨主張臺灣要民族運動」為標題，登載左派對農民運動的聲明書如下：

　　　　聞前般臺灣農業組合幹部上京接見勞動農民黨幹部的時候，起初該黨幹部也曾勸告臺灣農民組合加入該黨，後來經過考慮，竟主張臺灣有弱少民族的特殊事情，所以須採取弱少民族的運動，而我們的黨只立在援助的地位才好。

　　　　這篇的託事完全是事實無根，勞動農民黨在現在日本的無產政黨中是最進步的，所以他們的主張不消說是純係階級鬥爭為本位，他們對臺灣依然是主張階級鬥爭的！據他們所說：雖是民族受解放，我們無產階級還是依然要在榨取下過生活的，我們日本的日本人在國內，卻沒有受著他民族的壓迫，然而無產階級依然是沒有見光的日子。所以你們臺灣若採取民族運動的時候，只好打倒舊的榨取機關然後建設新的榨取機關呢！換句話說，就是將榨取你們的日本人逐走，再造成榨取臺灣人的臺灣人出來吧！

　　　　這種欺瞞愚弄吾們全無產階級的運動，我們不論如何都要排斥的！

　　　　這也是我們的主張，可見勞動農民黨的主張，決非吾臺反覆無常的鼠輩所

12　《臺灣民報》1927年5月15日，第157號。領導員林農民組合支部的謝進來，在1928年到嘉義東石郡六腳庄大塗師遇見農民組合女鬥士侯春花，一見鍾情，開始交往。1929年6月16日，謝進來為了要展現他立志破除舊式婚姻制度，決定在梧樓自家舉行文明結婚，有不少無產階級同志登門祝賀，歡慶這樣的自由戀愛結婚方式。《臺灣民報》1929年6月16日，第265號。

能逆料呢！所以我們因欲實行我們的主義主張，無論伊是過去社會運動的功勞者，也是受眾人崇拜的偶像似的人，若現立榨取階級，我們也要徹底的和他宣戰，百折不撓，至於勞動農民黨聲明欲立在後援的地位，大家諒必知道，前回布施、古屋兩氏（兩氏俱是勞動農民黨同人）來臺，和我們同寢同食，惡戰苦鬥，由是觀之，他們是立在觀戰的地位或是和我們立在同一戰線呢？

雖是民報發表這種自欺欺人的暴論，我們的態度是絲毫不動的，但恐世人誤解，特此聲明！！

萬國的無產者啊！緊團結起來！和他們宣戰吧！未來是我們的了！

昭和二年五月二十七日（1927年5月27日），臺灣農民組合本部[13]。

兩星期後（1927年6月12日），右派不甘示弱，也針對農民組合聲明書，在《臺灣民報》（第161號），發表他們的聲明：

我（蔣渭水）五月廿五日去基隆演講的時候，邱德金君對我說：「簡吉君昨日送古屋氏到基，那時他說：『我們的方針是在階級鬥爭利用民族性的』。」

照上列的事情看起來：簡君的腦筋中，仍是存在著「民族膜」、「民族性」，所以是脫不出民族主義的範圍外。這是很明白的事，免我再說了。由賢明的農組幹部和讀者的自由判斷就是了。

農民組合聲明書內有一句「反覆無常的鼠輩」，這句話我很感服，老實說：在臺灣這反覆無常的鼠輩，是很多的，尤其是社會運動家。請大家警戒警戒才好！最後，我要說一句：「以左為時髦，不左為不時髦，故特意粉飾做左派的幼稚病者也很多！」，請大家也要警戒警戒！！

1927年10月臺灣文化協會正式分裂，右翼文協的新宣言「不談階級鬥爭，提倡民族運動」，發表於1927年11月6日的《臺灣民報》（第181號）如下：

文協自去年十月分裂以來，新幹部不是主張階級鬥爭，便是排斥民族運動，學著第三國際的戰術，對民族運動者，加以毀謗中傷，將臺灣全民解

---

13 也收集在《日農總本部國際部資料》，頁18。

放運動的共同戰線，弄到紛紛亂亂。致使臺灣民眾的勢力分散，解放運動的前進為之停頓。其妨害指導原理的統一，致使民眾頭腦紛亂，莫衷其是，恰像中國共產黨搞亂國民黨，致使北伐停頓，其阻礙國民革命的進步是一樣的。

然而經過了這一年，漸入反省的時期了。這次文協全島代表大會的宣言，想及至今的實際運動方針，殆有隔世之感，照現在的文協——階級鬥爭，臺灣無產者大團結的專門招牌——是不應該發出這樣的宣言。若不是明明看見著文協的署名，我想大家會斷定是民眾黨的宣言。因為其內容和民眾黨主張的口氣無異，宣言說「文協永為農工小商人小資產階級的戰鬥團體」。照多數社會主義學者的定論「殖民地的原住民族只有小資產階級，沒有大資產階級——只有所謂プチブルジョアジ——petty bourgeoisie」。那末文協已經是包含全民族的運動。他們既醒悟到宣言裡所說「由這些文明的利器，從勤勞的臺灣民眾榨取來的這一大宗利潤流到哪裡去……？」就不應該在自己民族內主張階級鬥爭，他們已然覺悟宣言裡所說「臺灣民眾的努力換得甚麼？只是農工小商人等的無產階級日趨於貧困，小資產家落到下級階層裡去」，所以不可主張階級鬥爭，須主張民族運動。一篇宣言八百餘字中，沒有一句階級鬥爭的字眼，反倒有特殊階級對弱小民族高壓的字句，這是很痛快的「我們臺灣民眾既被人家壓得做了肉餅」。須知這個人家要認識清楚才好。宣言裡的口號「使農民工人組織起來」，「使小商人小資產階級團結起來」，這是和中國國民黨的「扶助農工」，農工商學聯合起來的口號一樣了。「立在臺灣民眾利益上的團體皆引為戰線上的唯一戰友」，沒有再主張立在臺灣無產階級利益上了。「那末他們明明是由階級鬥爭移到民族運動來了，這種方向轉換，也是臺灣人的幸福，但是實際運動方面，也希望他們要照著這個宣言忠實去做，宜要名稱其實才好。」

對極左的農組領導人蔡孝乾來說，文化協會的改組，證明了臺灣思想界有意義的轉換，因為有了思想界的轉換，才促成文化協會有意義的改組。他在〈轉換期的文化運動〉一文當中寫到：「如最近日本的勞動農民黨的分裂，以至社會民眾黨和日本勞農黨的成立，果然在無產階級的陣營中發生

左派和右派之爭。但是從反抗資本主義這一點著想，他們都是『共同戰線』上的友軍。此次文化協會的分裂，我還是看做像支配階級的內部鬥爭，像無產階級陣營內的左右派之爭同樣是必然的過程，絕對不會阻礙臺灣解放運動，反會促進臺灣解放運動的展開……。」[14]

　　蔣渭水在開始時，也是很贊成支持臺灣農民組合，譬如說1927年4月14日下午，他專程到大堀（中壢附近），應援農民組合的演講，不過當時蔣氏主張的「民族運動」跟簡吉主張的「階級鬥爭」已經是水火不相容了。左翼運動的文協新幹部不是主張階級鬥爭，便是排斥民族運動，走第三共產國際路線；而右翼文協的人士，另外成立「臺灣民眾黨」，向日本政府登記為第一個合法的臺灣政黨，繼續透過運動尋求更大的臺灣人憲政權力與民族平等。在此情況下，臺灣的左右菁英互相毀謗，找機會中傷對方，致使臺灣民眾的勢力分散，民眾心裡霧煞煞，結果臺灣的政治社會運動無法帶來具體有形的結果。茲將蔣渭水與簡吉針對臺灣解放運動看法分歧的一段對話抄錄於下[15]：

簡：「你們前所設的臺灣自治會的方針是在哪裡？」

蔣：「是以農工階級為基礎的民族運動，詳細曾刊在一百五十七號的民報。」

簡：「那麼和我們的宗旨卻差不多，我們到日本的時候，起初勞農黨的幹部，叫我們加入他（們）的政黨，到後來他們考慮了，再對我們說：『你們臺灣是弱小民族，有特殊的事情，須取弱小民族的運動，而我們的黨，只立在援助的地位才好。云云』，所以我們的運動方針是階級鬥爭包民族膜的。」

蔣：「那末，我們以『農工階級為基礎的民族運動』和你們所說的『階級鬥爭包民族膜』，是差不多一樣的。」

簡：「但是我們對階級意識是很明瞭的。」

---

14 《臺灣民報》1927年2月13日，第144號。
15 對話的時間是1927年4月14日，地點是大堀；引自《臺灣民報》1927年6月12日，第161號。

4.1929年2月12日事件

臺灣農民組合一直以來以佃耕問題為主，土地問題、竹林問題為表面看板，對農民從中巧妙注入共產主義思想，自1928年3月以來宣傳漸漸露骨，特別是對於第一線鬥士的培養愈發明顯。接著1928年在組合全島大會籌備時，以簡吉為主等人，印刷激進宣言書百數十通，並以日本內地、朝鮮為首，頒布給島內支部其他各方面團體，以期貫徹共產主義之實行。日本當局在這方面目光非常銳利敏感，因此對島內左傾運動言論取締越來越嚴格。因是之故，逼使島內聯絡內地同志地下化，秘密出版宣傳共產主義的活動反而越來越旺盛。農民組合第二次全島大會召開時，日本警察出面干擾，而且以「業務妨害罪」

左傾後的農組宣傳單

逮捕幾名代表到郡役所質問。顯然地，臺灣農民運動的急速發展讓總督府的官員震驚，深恐演變到不可收拾的全島革命運動。

在此同時，日本政府在日本本國使用兩種法律來打擊共產黨以及左翼人士。一種法律是1900年制定的「治安警察法」，該法律的第十七款禁止「個人以強迫、暴力、恐嚇、誹謗或煽動手段遊說、勸告勞動民眾參加集體運動」。這法令賦予警察有彈性但又很廣泛的權力，視情況取締可疑人士。另一種法律是1925年帝國議會通過的「治安維持法」，清楚地宣告任何懷有革命思想、或者企圖改變國體、或主張重新分配財產的煽動家都是非法行為。準此，政府在日本國內開始捉人，法庭也隨之起舞，將左翼分子判刑入獄，逼得很多左翼組織被逼解散，領導人走入地下，繼續主導整合各種工會的發展和抗爭。

根據「治安警察法」的條例，憲警如果認為有必要時，得向政治結社要求閱覽社員名簿。可是依照「治安維持法」，憲警就沒有權力可閱覽政治結社的社員名簿。日本律師古屋貞雄等強調臺灣的農民組合是「公事結社」而不是「政治結社」，所以憲警更沒有權力要求組合會員的名簿，如果官警欲強制索取農民組合

會員名單的話，他們就犯著瀆職罪（刑法第193條）。最後日本憲警只能用「業務妨害罪」或「違反出版規則」來對付農民組合。1929年1月3日，臺灣農民組合秘密召開組合中央委員會，議決印發共產革命宣言書，當局此回以違反出版規則為範圍，進行取締。日本刑警終於選在1929年2月12日午前六時，全面突襲「臺灣農民組合」的曾文郡本部麻豆街（鎮），以及所有支部和有關的外圍組織，大動作地進行家宅搜索，遍及臺北、新竹、臺中、臺南、高雄各州；查扣各地農民組合支部的文書資料達三千餘件之外，而且逮捕了包括簡吉（當時是中央委員長）在內的五十九名農組領導人，以觸犯「臺灣出版規則」第十七條之罪名移付偵察。其中林新木等四十多名因證據不足，予以免訴釋放，而44歲的組合中央委員黃信國則准許保釋回家。此外，並以「治安維持法」逮捕臺灣各地近二百名臺灣共產黨黨員及彼等左翼分子關係者，這就是所謂的「二・一二事件」。

全島搜索的文件證據，放在五十餘箱麻柳編成的行李，從各地收集至臺中署之際，總督府的法學界資深耆老，包括後藤法院長、竹內檢察長，極力推薦任命帶金悅之助為臺中法院的新檢察長，承辦這樁案件。帶金領導屬下松尾、坂本檢察官，再會合從臺北來支援的吉江、小倉、柳澤檢察官，埋頭一起共同審理。花了一個半月從五十箱的文件搜索重要證據之後，帶金將簡吉等十一名，以涉嫌違反出版規則起訴。第一回公判於1929年7月30日午前九時，開於臺中法院第一訟庭，開庭前，旁聽席早有農組員擁到，旁聽券立即賣完。第二回公判於1929年8月4日午後一時半，在近百度悶熱的天氣，繼續在臺中法院召開。替農民組合領導人辯護的包括頗見緊張的日本律師安保氏、古屋氏及島本氏。政府承辦檢察長帶金氏抱病出席，指控說農民組合成立以來，最近銳鋒莫當，其左傾活動已經危害國家安全與社會治安，並列舉論告臺灣出版規則十七條事實，因而求刑如下：簡吉、楊春松（剛剛新婚）、蘇清江、張行各判一年監禁；侯朝宗、陳崑崙、顏石吉、江賜金、陳德興、陳海、譚廷芳、黃信國各禁錮十個月。

依照《臺灣日日新報》記者的形容，當日被告的律師安保的辯論，不論廣度或深度，有如超級戰艦進攻大洋的情形。他辯說，印刷全島大會的宣言書一直被認為是觸犯違反出版規則，其實是觸當局之忌，因為骨子裡，宣言書是一齣肥皂劇，那是一部抄襲日本內地方面的宣言，內容也是囫圇吞棗。古屋的辯論圓滑卻不失重點，堂堂辯論的論理，有壓倒滿庭之氣勢，因為檢方無人能對於所謂觸犯忌諱的「激進」字句提出令人滿意的解釋，古屋也補充證明了什麼叫做「激進」

的意思內涵。兩位律師各自分析局勢，主張把近代社會的缺陷必然產生之物拉到法庭來，正是社會缺陷的本質。可能由於安保與古屋兩小時多滔滔不絕的雄辯，所以臺中法院在8月20日宣判時，新村判官意外的輕判如下：簡吉等四人僅判四個月（未決拘留一百二十日通算），侯朝宗等八名僅兩個月（未決拘留六十日通算）。結果檢察長帶金認為明顯意圖紊亂國憲之行為，刑責太輕，馬上繼續上訴。帶金檢察長可能由於在本島空前的逮捕大策劃期間，顯示其高明手腕，在結案之後榮升為法務課長[16]。

　　1929年12月20日午前十一時，臺北高等法院複審部公審此案，在堀田審判長，石崎、鷲海兩判官陪席，石橋檢察長官，古屋律師見證下開庭。首由堀田裁判長詢問被告人被控告的理由，被告簡吉等異口同音答說，「自信我們的行為，沒有違反出版法的事實，這回的起訴理由，全部是捏造。」嗣後堀田審判長提醒被告人注意，說農組的中央委員和現在的政治組織比較，是屬於大臣人物的人格，所以若在法庭的答辯不肯直言，未免有卑怯之嫌，希望不遮不掩答辯才是。是時侯朝宗起立答說，審判長警告我們的答辯不能卑怯，而且非人間之云云，但因為我們被警察拷問的時候，不得不照警察已捏造作成的調查書應付，那樣答辯就算卑劣嗎？如果審判長抱持這樣的見解，可謂失去了冷靜的態度！總是法庭的裁判之外，尚有民眾的裁判。因此堀田審判長忙插嘴說，他要被告人注意的，乃是一片的希望，斷不是侮辱。

　　午前中，堀田審判長審問審理開始，被告楊春松稱沒看過宣言書，否認事實，接著進入張行的審理，張亦否認事實。正午暫時休憩片刻，午後一時開庭，審問陳德興、陳崑崙、顏石吉、侯朝宗、江泗金、蘇清江、譚廷芳等。各被告皆稱不知宣言書內容，否認犯罪事實，最後進入被認為是主謀者簡吉之審理。堀田審判長就宣言書內容訊問，簡吉承認宣言書起草是自己所為，因他想被收押物中的宣言書草稿，已受警察檢閱過了，所以才會印刷發布。又宣言的內容，僅是事實的陳述，而不是要發布給組合會員以外的人，何來違反出版法。審判長接著問簡吉加入組合的動機時，簡吉答說：「因為我在村庄做教員的時候，生徒們概由學校歸家，都要再出田園勞動，因為過勞所致，以致這樣的兒童，雖有住學校就學，不過教習效果便失其大半。 為此我想在那裡當教員，確是月俸盜賊，為這

16　《臺灣民報》1929年8月25日，第275號。《臺灣日日新報》1929年8月8日，10527號4版；1929年8月22日，10541號4版；1930年5月2日，10791號7版。

樣的原因，而辭去教員之職。又鳳山地方於明治卅九年（1906）的時候，臺灣總督府為設模範的農園，強制買收該地民有地。又臺灣製糖後壁寮工場，在該地極端榨取蔗農們的膏血，故此該地的住民，概是赤貧如洗。更困窮的莫如在會社自作畑的賃銀勞動者，一日勞動的報酬，不能維持家族的生計，其慘澹的生活，時常目擊。在這周圍過日的我，不覺感著無限的傷心，為此決心加入農組奮鬥的。然而當局不能了解農民的苦哀，反加種種彈壓……。」[17]

簡君說到這裡、審判長以為簡吉發了太多句豪語，採取反抗的態度，對簡吉斥責教訓後，因有妨礙公安之虞，禁止一般人旁聽。後來古屋辯護士對被告發揮一場有利的辯論，經長時間審理，在午後七時燈光燎亮時，堀田審判長最後採定石橋檢察長的求刑，認定被告人「組合員在1928年12月21日將於臺中開第二次農民組合全島大會，乃預先在臺中市榮町組合本部做種種準備時，咒罵官憲，高唱打破地主資本家階級；作成不穩文書，褻瀆國體，擾亂國憲，並將一百五十通頒於支部，違反出版法。」[18]堀田說，為了維持司法尊嚴，他以合議庭審判長的身分宣判簡吉監禁一年，蘇清江（23歲）、楊春松（31歲）、江賜金（24歲）、張行（31歲）各禁錮十個月，侯朝宗、陳崑崙等五名五年間執行猶豫。簡吉遂入獄服刑一年，一直到1930年12月20日才出獄。簡吉自從出獄以來，屢患腳氣病，往臺北被追放後，在彰化礦溪醫院入院，少瘥於1931年4月初回到鳳山故里。自他歸後，簡吉依然以不屈不撓的精神進行農民運動工作，南部農組同志皆以鳳山為中心，或探問、或來往、或策劃活動，所以經常在鳳山集中，因而惹起鳳山郡警察課的特別注意，隨時開始臨時召集，甚或警察大警戒，大有草木皆兵的氣氛。[19]

其間，1930年8月初，高雄州屏東郡下的農民組合，策動佃農秘密深入臺糖彭厝農場區域，疾風似地將十數甲蔗園，翻掘撒下田薯肥。對此意外行動，轄區警察官、派出所員和臺糖會社股員，都嚇得目瞪口呆。會社領悟了這種騷動擾亂的動機之後，不得不直接發給佃農從事種田薯及犁田的月給。還有高雄州農民組合主任陳崑崙也做全島巡迴講演活動，1930年11月11日下午七時起，在澎湖會館舉行的一場講演，陳崑崙及文協幹事王敏川其他數人上臺演說，聽眾約達500

17 《臺灣民報》1929年12月15日，第291號。
18 《臺灣民報》1929年12月29日，第293號。《臺灣日日新報》1929年12月7日，10647號7版；1929年12月21日，10661號4版。
19 《臺灣民報》1931年4月4日，第358號。

人[20]。

5.臺灣農民組合的內訌

　　向第三共產國際傾斜的臺灣農民組合，口口聲聲說要擴大他們在島內的陣營，使他們堅固茁壯，可是它所做所為，卻嚇倒了一般民眾，致使其基地愈來愈狹窄萎縮。當時的要務是要極力鬥爭、打倒文協右翼的民眾黨，指控民眾黨是臺灣的土豪劣紳集團，是民族改良主義者，只知道請願，卑躬奴顏地當日本帝國主義的走狗，因此他們是臺灣無產階級的大敵，需要極力鬥爭打倒。受到臺共滲透之後的臺灣農民組合，甚至連走溫和社會主義的連溫卿、以及主張無政府主義的楊貴（逵）一夥也無法容納共事：稱連溫卿為流離分子，是托洛斯基派，無視於臺灣的農民問題，因為托派否定中央集權，中傷詆毀農組中央幹部，因此也要與他鬥爭，鬥臭鬥垮，一起粉碎。如第一章所述，在二十年代後期，日本的山川均主義為第三國際所批判，福本和夫的激進派認為山川均走的是落伍的社會民主主義路線。恰好連溫卿又是山川均的忠實信徒，雖然連溫卿是組織臺灣機械工會聯合會的主腦人物，可是卻與王敏川的國際派相對立。

　　1929年10月11日，王敏川趁臺灣文化協會在彰化召開第三次全島代表大會時，向六十九名來自基隆、臺北、新竹、通霄、苑裡、臺南、高雄、北斗、彰化支部的代表（其中包括賴和、陳崑崙、李應章、張道福、江賜金），推銷設置新的行動綱領，名稱為：「糾合無產大眾參加大眾運動以期獲得我們政治經濟的自由」。王敏川又提出成立全島犧牲者救援會，促進大眾黨以及「大眾時報」的即時實現，並且主張國家賠償法即時實施等議案。當天臺灣農民組合幹部向文協提出「反對左翼社會民主主義者連溫卿一派之檄」一案，激烈辯論後，結果付托中央執行委員會辦理處分或除名懲戒。當時彰化一部分青年，因為和文化協會意志不和，遂脫退文化協會會員籍，另外召集同志約三十名，於11月1日，以「臺海勞動互助社」為名稱，別樹一幟，在彰化天公廟舉辦結社式，自此專注於批評、反對以王敏川為首的（新）文化協會！

　　全島代表大會開會後的新文化協會，風聲鶴唳，公開宣稱臺灣革命現階段鬥爭的目標是獨立運動。1929年11月3日午後八時起，在彰化召開紀念講演會，左

20　《臺灣日日新報》1930年8月5日10886號5版；1930年11月14日，10986號2版。

翼領袖王敏川、吳石麟，苗栗的郭常（1887-1933），新竹的吳拱照，臺南的洪石柱、侯北海，屏東的陳崑崙，臺北的張道福、江賜金、王子玉，竹山的張庚申，高雄的簡娥，鳳山的簡吉，北港的吳丁炎、楊坤木，竹山的張昆南，臺中的湯接枝，宜蘭的張清秀，鹿港的許嘉裕，嘉義的李明德，以及彰化的賴少英等計二十一名，一人平均講演四分鐘，決定開除連溫卿的會籍[21]。連派在根本上反對民族鬥爭，這起因於他們對臺灣民族革命的不理解及無視於臺灣客觀現實情勢之故，這是他們最大的謬誤。共產國際規定，殖民地之共產黨最重要初步的任務是動員勞動大眾打倒帝國主義，為民族獨立而鬥爭。連派反對共產主義，因此當然無法理解此根本性的任務。

　　此外，臺灣農民組合本部也在1929年11月3日以日文發表了一篇攻擊連溫卿一夥人的長篇公開信。公開信稱，處於瀕死邊緣的狡猾的帝國主義者，現在為了要維持自己的地位，採取了更進步，更聰明的策略，其方法不同於以往的是，他們現在的目標是有自覺並且有革命思想的勞動階級或一般無產大眾。為了阻斷無產階級者的正確道路，並且使其腐敗墮落，他們製造了一種總是玩弄一些空虛的革命言詞的「左翼」社會民主主義者。帝國主義者不可或缺的道具，也就是左翼民主主義者，日本的山川均一夥以及他的嘍囉臺灣的連溫卿一黨即是這一類。公開信說，山川均、連溫卿是徹頭徹尾的「地盤主義者」、「分裂主義者」、「反共產主義者」，把勞農大眾束縛於他們的幻想上，用大眾來遮蔽他們的袈裟，時時刻刻都把階級鬥爭掛在嘴邊，其實只不過是把勞農大眾賣給資本家和地主的仲介，充當帝國主義資產階級的走狗罷了。公開信並且舉例指控連溫卿等明顯而且毫不留情的背叛行為，其中包括：1）1928年2月左右，正值日本普通選舉，各團體代表為了協議對日本無產政黨的態度而召開會議，數日後其會談的內容，甚至出席者姓名、發言者、以及發言內容都被詳細記載報導於資產階級報紙。不僅僅使會議言論內容曝光，還累及逃難的同志被發現、遭到逮捕。而擔任該會談紀錄的人正是連溫卿一個人而已；2）1928年4月，農組他們召集謝神財、尤明哲等農組的墮落分子到臺北，進行有組織計畫性地攪亂臺灣農民組合的活動；3）1928年6月，農組果決地正確地整頓處分「幹部派」楊貴一派時，連溫卿他們站在先鋒攪亂臺灣農組的戰線，特地來臺中，以昭和館為巢穴，赤裸裸地進行策動，分

21　《臺灣民報》1929年11月10日，第286號。

化勾結農組的墮落分子；4）1928年6月16日農組士北口支部針對支配階級暴力的強制解散事件，向臺灣總督發起共同抗議。連溫卿他們一開始答應參加，等到第二天要去抗議時，突然說「有事不能去參加」，臨陣脫逃，完完全全背叛了農組的策略；5）1928年6月16日當天，連溫卿他們接下了在臺北市文協講座舉行的士北口支部強制解散、彈劾民眾大會會場的整理和宣傳工作，但是他們還是故意偷懶，在閉會的前幾分鐘才開始發宣傳單，以致於當晚的聽眾僅僅二、三十名而已。這是過去農民組合沒有遇到過的事；6）連溫卿他們致力糾合農組的腐敗分子反幹部派和文化協會的反中央派，創設第二農組、第二文協、某某團體之類的組織，有意識地分裂農組左翼戰線，策動破壞活動策動；7）陰險、惡毒、令人憎恨的連溫卿一夥為了破壞臺灣××運動，在某個大眾集會前，公然指出誰是共產黨員，以這種方式除去臺灣農民組合的前衛分子。他們是有計畫並且是憑著自己的意識堅決進行的。而且，在今日極端可惡的反動政治下，他們對於忠實勇敢並且持續苦戰的我菁英分子，不分時間和地點，毫不留情地指責、中傷、誣陷[22]。

上述公開信的議論，不特失於刻薄，而且令人有同類相殘之感慨！這裡必須指出的是有關尤明哲在農民組合內訌時的立場。1928年3月11日午後二時，臺南州中部某製糖會社，突如其來地湧入二百餘名農民，要求提高甘蔗買收價格及其他之要求。可能因事態不穩定，所以郡役所出動警官，命令集會解散，但農民不肯聽從，警官當場逮捕十二名被認定為煽動麻煩製造者。對此次事件，臺南州選出的農組中央委員尤明哲及其他二名，聞訊之後隨即於3月13日趕至臺南州拜訪石井警務部長，對警察採取之態度表示強烈抗議之意後才離開[23]。至於連溫卿被極左派整肅之後，就退出政治社會運動，專心於民俗方面的研究，晚年抑鬱不得志，於1957年過世，享壽63歲。

由於臺灣農民組合的內訌及耗損，在受難期間的農組領導人，不能加倍團結、忠實奮鬥於運動上頭，以致無法獲得全島農民的信賴，組合的會員從1927年的兩萬四千餘人驟減到1931年以後的幾千人，不久就風消雲散，自動瓦解。反之，日本的農民組合沒有實質地受到日共的滲透，而且日本農民跟工人不一樣，比較缺乏階級意識，因此在三十年日本佃農組合尚能維持在千個支部，而且也

---

22 日本法政大學收藏，《臺灣農民組合本部存留檔案》，1929年11月3日，頁166-170。
23 《臺灣日日新報》1928年4月15日，10050號2版。

擁有二十萬到三十萬之間的會員人數[24]。在此同時，臺灣自治聯盟創立於1930年8月17日，本部設在臺中，在全島二十四個地方舉行巡迴政壇演說會，重要的演講者包括曾經替二林事件辯護的蔡式穀、鄭松筠律師，以及臺灣的名流楊肇嘉（1892-1976）、蔡添丁、葉榮鐘（1900-1978）等等。自治聯盟所舉辦的每次演講，聽眾都有百、千餘人，不過卻常常受到文協、農組及民眾黨旗下的工友聯盟肆意搗亂、揶揄、謾罵、騷擾，無所不至。有時演講者無一人不受到他們的惡語相加，由此可以反映出臺灣當時的社會、政治運動分崩析裂，無法團結的現象。

1930年8月21日午後七時，臺灣地方自治聯盟假臺北市內永樂座開大講演會，聽眾四、五百名之中，反對派之民眾黨、（新）文化協會、臺灣農民組合、工友聯盟會員佔過半，已伏下鬧事之明顯預兆。李延旭為司儀兼述開會辭者，次為楊肇嘉，其人就關於臺灣自治聯盟之創立發揮熱辯時，形勢漸漸不穩，壇下反對派聽眾一時騷動，惡罵譏刺詞氣頻發，而且由樓上撒下有小型五色宣傳單。繼則有民眾黨黨員白成枝及文協會員一名受臺北署官員檢束，會場始漸鎮靜。再由葉榮鐘、蔡式穀、吳萬成、莊遂性（1897-1962）、陳振能（1890-1969）接續講演，直至十一時閉會。1930年8月24日午後七時半，臺灣地方自治聯盟假新竹公會堂，開政談講演會，是夜新竹署配置二十餘名制服及私服警官嚴重警戒。首由講演會司儀李良弼講述開會辭，次由楊肇嘉、葉榮鐘等四名輪流接續登壇演說。壇下聽眾慣例有反對派之文協員、民眾黨及農民組合員等，入座數次揶揄。可是當他們想站起來質問時，立刻被警官命令退場。不過那些在場外撒布反對自治聯盟之宣傳單被檢束的民眾黨員，不久就被戒飭釋放[25]。

1931年8月16日第一次臺灣地方自治聯盟全大會於臺中市公會堂舉行，同日上午，先在臺中醉月樓召開第二次評議員會議（出席評議員三十人），下午大會由蔡式穀當司儀，推舉劉明哲為議長，楊肇嘉為副議長，並且為8月6日逝世的蔣渭水默禱一分鐘。臺灣地方自治聯盟成立一年之內，會員從三百七十人，增加為三千三百餘人，由十個支部增加到十四個支部[26]，這種趨勢當然會大大影響到臺灣農民組合自己的發展，因為新的組織已經侵蝕到農民組合的地盤，所以在1930年8月19日（這時簡吉被關在牢裡服刑）臺灣農民組合本部發表了下列的「反對

---

24 參見農民運動史研究會編，《日本農民運動史》，東京：東洋經濟進步社，1961，頁123，127。

25 《臺灣日日新報》1930年9月23日，10935號4版；1930年9月26日，10937號4版。

26 蔡培火、吳三連等著，《臺灣近代民族運動史》，臺北自立晚報叢書編輯委員會，1971，頁456-457，464-465。

臺灣地方自治聯盟的聲明書」[27]：

> 敬愛的勞苦工農無產市民青年學生兄弟姊妹們！！
>
> 我們的解放運動已變了國際的一個關連的現在，臺灣土著豪紳地主資本家們，又將要結成和臺灣民眾黨同樣的資本家地主的政黨——臺灣地方自治聯盟，十七日要舉行發會式了。其標榜的是「確立臺灣地方自治」為單一目標，除限「確立臺灣地方自治」外，其主張主旨等都和臺灣民眾黨相同，而且其手段都是一些妥協、哀願、建議等的叩頭式。是大有撲滅民眾的鬥爭性，故站在無產階級的我們，不但要絕對反對，而且要把他們打得粉碎才是！
>
> 不過臺灣民眾黨以「民眾黨員不能加入任何政治結社」的決議，和其領導下的工友總聯盟所屬團體的反對演講等，亦在反對。我們要曉得，那完全是資本家地主們恐怕自己的勢力（臺灣土著資本家地主們的勢力）分散，一方面則臺灣民眾黨藉此把自己的行為正當化，欲欺騙工農無產市民青年學生兄弟姊妹們，走上資本主義的路上去，永遠做資本主義的奴隸，是絕對的和我們對立的。
>
> 那麼我們就不要「自治」嗎？絕對不是，其實在目前的情勢下最渴望「自治」的就是我們工農無產市民青年學生兄弟姊妹們啦，我們所渴望的「自治」是（×××××五個字被塗黑），並不是臺灣地方自治聯盟和臺灣民眾黨的「掩耳盜鈴」式的「地方自治」！
>
> 最後我們不但絕對反對臺灣地方自治聯盟的結成，而且反對臺灣民眾黨，進一步，就要把那些反動團體打得粉碎才是！
>
> 勞苦工農無產市民青年學生兄弟姊妹們！起來！起來！
> 工人加入工會的旗幟下！
> 農民加入臺灣農民組合！
> 無產市民青年學生加入臺灣文化協會！
> 堅決的握手起來！
> 打倒臺灣地方自治聯盟，臺灣民眾黨等一批的反動團體！祝　健鬥！

---

27 《臺灣農民組合本部存留檔案》，1930年8月19日，頁46。

臺灣文化協會　臺灣農民組合　同啟

6.臺灣共產黨滲透臺灣農民組合

1931年2月間，臺灣民眾黨遭受日本殖民政府以違反治安維持法取締，而被強迫解散。之後，少部分的民眾黨舊黨員加入文化協會，也有少數舊黨幹部加入工友總聯盟，兩者皆標榜共產黨運動。不過在1931年間文協的會員很少，可以說徒具空名而已，實質上無法吸引民間大眾力量，也沒有真正的鬥爭能力。可能是日本當局也看破文協的真面目，所以也就不禁止這個無能為力的政治組織。此外那些還特別熱心於農民運動的民眾黨舊黨員，為了保持他們的銳氣，休養他們的英氣，暫時加入了農民組合。至於臺灣地方自治聯盟，它的班底有些是來自大眾政治的鬥爭團體之舊黨員，黨內依然存在著不少不平的分子。

正當臺灣人自身分裂，階級勢力分散的期間，第三共產國際為了滲透臺灣農民組合，於1930年年底派遣彰化人詹以昌（1907-1995），攜帶翁澤生（1903-1939）的信，從廈門回臺灣，在彰化北門吳石麟（文協常委）住家，將信件轉交給文協會會長王敏川，同時把第三共產國際的捐款轉送給農民組合幹部張玉蘭。此後，詹以昌常出入吳石麟家裡——當時是文協和農組幹部集會的主要場所，結識了許多社會運動的志士，如臺共王萬得、文協會員張信義、鄭明祿、石錫勳，以及農組幹部陳崑崙、簡吉等。此時，正趕上臺灣文化協會要召開全臺第四次代表大會，會長王敏川時下正缺人手，經吳拱照推薦，詹以昌（這時他已是臺共黨員）擔任了王敏川的秘書。文協第四次代表會提出擁護臺灣共產黨，並明確當為臺灣共產黨的外圍組織，有大量的文字和組織工作，詹以昌按照王敏川的要求認真完成。這次大會於1931年1月5日，衝破了當局的層層阻擾，在戒備森嚴下，於彰化順利召開[28]。

1930年12月24日簡吉出獄，隔年二月初，曾到臺北進行種種策動，結果在1931年的2月12日被臺北署小野高等主任檢舉，將他當為「長期拘留」的嫌疑犯，並且暗中派警探尾隨探查簡吉的行跡。2月27日下午四時，小野高等對簡吉取調錄下口供之後，命令他立刻回臺中，同時警告簡吉，如果他執意想滯留在臺

---

28 詹高越回憶，〈家父詹以昌〉。

北策動活動的話，官署將斷然採取處罰。簡吉口中答應小野高等所求之後，即被釋放，可是心理卻忿忿不平地想，滯留在臺北又不犯法，有何不可！之後，簡吉的行動一直都被跟蹤官憲所監視。返回中南部之後的簡吉，注意到正在坐牢同志家屬的生活困境，以及剛出獄幹部的窮愁潦倒，因此召集江賜金等同志，開始籌組「臺灣赤色救援會」，並且物色各地組織負責人[29]。

　　臺灣農民組合，因為1929年受了過度的彈壓，組合的幹部，都為事件而被繫獄，故在1930年中，該組合的全體戰線，可謂寂寂無聲，只在臺南州的曾文、下營兩支部還有多少活動，維持表面而已。及至1930年末，該幹部由獄中出來，重整旗鼓，始策動做出以現物納租的工作，頗引起世人的視聽。1931年元旦起連續三天，簡吉出席於臺南州嘉義郡竹崎庄瓦厝詹南山宅，召開之臺灣農民組合第一次擴大中央委員會。會中臺灣農民組合決議支持臺灣共產黨，以圖對一般農民激發革命意識，強化臺灣的農民運動，並通過確立赤色救援會案等，審議通過之後，承認臺灣農民組合為支持黨（按：共產黨）團體。1931年3月10日第三國際東方局「致臺灣共產主義者書」提到包括下述的六項黨綱：1）帝國主義統治的顛覆、日本帝國主義企業的沒收，臺灣政治、經濟的完全獨立；2）一切的土地無條件的加以沒收，歸還給鄉村的貧民、中農使用；3）勢必消滅榨取階級及一切的封建殘餘；4）顛覆帝國主義土著地主、資本家的政權，建立農工蘇維埃；5）取消帝國主義一切的賦稅，一切的苛稅；6）實行八小時的勞動制、社會保險，極力改良工人階級的生活[30]。為了呼應第三國際的要求，臺共這時提出了下述的口號：1）打倒總督府專制政治，打倒日本帝國主義；2）臺灣民族主義萬歲；3）建立臺灣共和國；4）廢除壓制農工惡法；5）土地歸還農民[31]。1931年5月18至19日於臺中市臺灣農民組合本部，簡吉接受以黨改革同盟中央委員王萬得指令為依據的詹以昌之勸說，加入臺灣共產黨。5月20日，簡吉與詹以昌、湯接枝、蔡才及陳崑崙於前同處所集會，由詹以昌報告臺灣共產黨結成及其後之活動經過、逮捕狀況等事項。

7.大湖、竹南事件

29 《臺灣日日新報》1931年3月1日，11092號2版。
30 《警察沿革誌》，第三冊，第三章，共產主義運動，頁698。
31 同前引書，頁611。

　　1931年1月臺灣農民組合在嘉義郡竹崎庄召開擴大中央委員會時，代表苗栗山區大湖郡的青年劉雙鼎（1906-1934）決定支持臺灣共產黨。回到大湖後，劉雙鼎依其指導，銳意積極於活動，努力宣傳共產主義思想及招募新的支部組合員，幾月之內已經多達一百數十名。同年2月頃，劉雙鼎又出席在新莊召開的農組北部支部聯合委員會，結識了陳德興、陳結、湯接枝等臺共幹部，同意遵照共產主義為指導精神之行動綱領草案，用以釐訂往後支部的組織方針、活動方針。1931年4月間，簡吉潛入寒村僻地的苗栗山區，計畫在當地吸收具有革命性的農民，培養革命武裝鬥士，甚至於建立蘇維埃（Soviet）紅區，簡吉選中了劉雙鼎負責籌組這項大膽的計畫。之後，劉雙鼎又受農組本部陳結及臺灣文化協會員郭常等指導，一方面針對土地問題、贌耕問題等向當局抗爭，另一方面以巧妙細胞組織、保持聯絡及結社的方法，將農組／臺共的任務宗旨傳達於支部組合員，積極策畫臺灣獨立陰謀事件。1931年5月頃，劉雙鼎潛入永和山活動，農組本部指派林華梅（年36歲）暫時代理大湖支部長的任務。劉雙鼎在永安山活動的同時，郭常、湯接枝等在1931年初到竹南吸收當地農民張阿艷、呂鴻增、張阿英等，糾合農民三十數名，設永和山假支部，俾方便這些革命鬥士在南湖、淡水等人跡僻近之處，頻頻聯絡會合。

　　1931年9月18日起，日本關東軍開始侵占中國的滿洲（現今東北），日中關係更加惡化，國際間紛紛譴責日本的軍國主義與暴力行為。1932年4月，大湖郡傳說有一百萬的日本軍在攻擊上海時大敗，總共死傷有九十萬，而且有第三國（蘇聯）援助中國，日本軍國主義絕對無法勝過中、蘇的聯合陣容。謠言又說，中國共產黨將乘隙進攻臺灣，幫臺灣人從日本的殖民枷鎖中解放，取得獨立。聽到這些謠言的農民運動領導人，以為臺灣人建設共產主義、自由平等國家的日期已經快到了。以劉雙鼎為首的永和山農民組合成員，向農民宣傳說，在共產黨統治的社會，人民免納稅金，大家都是平等勞動，物品都會平均分配等等好處。

　　臺灣共產黨殘存分子（這時大部分能深謀智慮的臺共幹部都已經被逮捕坐牢）誤信謠言，為了呼應中國援軍並迎合世界帝國主義大戰的來臨，他們認為這是發動暴力革命最好的機會，因此下令最有勢力之新竹州大湖郡及竹南郡兩支部著手準備武裝暴動工作，實現黨的任務。苗栗山區的幹部指導者包括劉雙鼎，農民組合苗栗支部長郭常，以及參謀者大湖支部書記林華梅。在大湖支部方面，他們準備先襲破大湖郡役所、火藥庫、押收武器後，鏖殺憲警，再出礦坑、石油坑

並切斷郡下的電話線；在竹南支部方面，準備先攻破竹南郡役所，錦水瓦斯井並襲擊所有主要設施物，切斷郡區的架設電話線為目標。接到指令之後，劉雙鼎和林華梅選擇在1932年3月6日夜——適值大湖媽祖祭典賽會，夜間尤其熱鬧非凡，人潮往來絡繹之時——開始武裝起義。

　　恰好這個晚上，有一位正在忙於處理交通的勤務巡警名叫陳卓乾，值班到更深才回宿舍。沒想到他的妻子因為生病，無法入眠，看到陳卓乾回家時，立刻問她丈夫說，他們當地有沒有大湖農民組合。陳巡查覺得妻子這種問題非常古怪蹊蹺，經過他的盤問後，陳巡查的妻子說，有位從南湖來的親戚告訴她，當地的農民組合成員正在準備武裝起義革命。因為妻子非常擔心，怕起事太危險，會殃及巡查的家庭，希望丈夫立刻辭職歸隱山林。突然聽到這秘密大陰謀的陳卓乾嚇了一大跳，深怕會再發生類似霧社事件的流血慘劇，於是馬上將大湖農民組合員計畫陰謀之事，報告於上司。事先發覺襲擊計畫的大湖郡警察課，隨即採取措施，銳意究辦，以防範未然。1932年5月當局首先檢舉林華梅等暨大湖支部員五十數名，這就是所謂的大湖事件，接著在6月12日搜查主謀劉雙鼎並檢舉其他被疑者。但是因為主謀者潛躲在永和山上，一直等到6月22日早上才發現劉雙鼎在新竹郡香山庄某一人家，而將之逮捕到案。最後在1932年9月9日檢舉永和山農民組合首腦數名以及其組織部長張阿艷。

　　所有上面所述的情報細節及其事件過程，都是根據日本總督府石桓警務局長，在事後向報社、大眾宣告而知的信息。因為當大湖、竹南事件發生時，日本當局禁止揭載，一直等到1934年7月16日才解禁有關這件臺灣獨立的重大陰謀事件[32]。石桓警務局長說，當局於事前獲得情報，將陰謀暴露之後，才能徹底一網打盡檢肅者，這全賴諸位警察官之熱烈責任觀念及獻身的努力使然。石桓警告說，臺灣農民未得中國共產黨援助而圖臺灣獨立，可以實證本島民，受中國影響是如何的敏銳，將來在指導教育上，當局相信一定要檢討、考慮。石桓警務局長的公開談話，當然是代表日本官方的立場，他有沒有隱瞞掩飾事件的真情，我們不得而知。對於統治者有利的情節，他極力宣揚，可是對臺灣人所受到的委屈與壓迫，他隻字未提。舉例來說，有關劉雙鼎在1934年10月21日死亡的原因，以及郭常（年46歲）在1933年8月16日在審判中死亡、公訴棄卻的原委，也都沒有交

32　《臺灣日日新報》1934年7月17日，12316號8版。

代。也可以說，大湖、竹南的事件還有待未來史家探求真相的空間。

大湖、竹南兩農民組合支部林華梅等三十三名牽涉到「治安維持法」的違反事件，從1933年11月23日開第一回公判以來，數回公審，至1934年12月5日為止，由內田檢察官論告求重刑，古屋辯護士則辯論求輕刑結審。12月20日午前九時半於在臺北地方法院合議部訟庭，在公服巡查、私服刑警嚴密警戒之下，由宮原審判長，草薙、岩淵兩陪席官，中村八十一檢察官參與見證之下開庭。宮原審判長對大湖、竹南分為二回，逐一量刑審判如左：林華梅、張阿艷、呂鴻增等懲役八年，鄧阿番、張子登、張仔旺各懲役七年，徐鼎坤、張阿英各懲役六年，江阿榮懲役五年，張阿煥懲役四年，陳德富、賴細妹懲役三年，廖阿威二年，曾阿盛二年（五年執行猶豫）[33]。

8.臺灣赤色救援會

1931年5月31日到6月2日臺共二次代表大會，在臺北淡水郡八里莊召開，會前臺共代表通知詹以昌，要求務必準時到達（有「密線人」蕭來福接應）。詹以昌擺脫巡查監視後，於5月29日下午搭乘赴臺北的火車，因大雨，路基被沖毀停運，不得已在後龍站下車，步行到銅鑼站，才繼續搭車北上。到了臺北錯過與密線人蕭來福商定的原定時間，詹以昌找不到臺共二大的召開地點，轉回到員林，卻被守候的特高警察架走，被「檢束」十天。更主要是因為日本皇族賀陰宮到臺灣視察，警方需嚴格管束可疑分子，賀陰宮離開臺灣之後，他才被釋放。此後，島內開展大檢舉，詹以昌、簡吉已列入黑名單。臺共二大結束後不久，就傳來臺共被破壞瓦解，新選出的的領導人相繼被捕的消息[34]。

關於瓦解文化協會支部之事，1931年8月間，簡吉於臺北、蘭陽方面、張茂良於竹北、北港、嘉義方面、詹以昌於臺中州一帶、陳崑崙除嘉義外，臺南、高雄州一帶，開始行動。1931年9月4至5日，詹以昌、陳崑崙及張茂良等人召開農民組合、文化協會協同鬥爭委員會，各自整理報告臺灣文化協會解散之事，以及經過此事後，各地支部員對「借家人同盟」及救援會組織之其他意見。赤色救援會是1922年第三國際第四次大會中，即決定對部分共黨受難者的常設組織，這是一種非社會主義國家內支援共產主義運動的組織。臺共在1928年4月於上海建黨

---

33 《臺灣日日新報》1934年12月21日，12472號12版；《警察沿革誌》，第三冊，第三章，共產主義運動，頁804-812。
34 詹高越回憶，〈家父詹以昌〉。

時即有「赤色救援會」的計劃與工作方針。1931年臺灣共產黨員遭逮捕後，以致臺灣共產黨及其所策劃的活動都處於停頓狀態。同時日本在中國發動九‧一八東北事變，日本軍方氣勢凌人，農民組合及文化協會裡未遭逮捕的臺共黨員幹部，如簡吉、陳結、陳崑崙、張茂良、詹以昌、王敏川等，於同年8月9日，大家商討的結果，決定：1）黨的活動要繼續，不可停頓；2）調查尚未遭逮捕的黨中央委員並與之連絡，派遣黨員前往中國與中共中央及東方局取得連絡並依指令重建中央；3）將文化協會與農民組合的會員及組合員吸收於將成立的臺灣赤色救援會，透過救援活動來進行重建黨組織及訓練無產大眾；4）迅速成立「臺灣赤色救援會籌備委員會」。

大家商討之後，隨即籌設「臺灣赤色救援會組織準備會」，由張茂良任議長，陳崑崙為書記，推舉簡吉、張茂良、陳崑崙為中央負責人，並決定各地方組織負責人。其後，依據簡吉之提議，臺灣赤色救援會籌備委員會通過支持赤色救援會的組織方案與策略：1）此時應儘速組織救援會；2）其組織應在各地方確立班隊，在各地設置工場班、街頭班等，以十名為一班，以五班為一隊；3）會員為普通會員及特別會員二種，前者為可動員之會員，後者雖無法動員，但對運動產生共鳴，並願意繳納會費之會員；4）會費，普通會員每月五錢，特別會員每月二十錢；5）救援會的成員，包含工人、農民及一般勤勞大眾；6）救援會之目的，不單只是救援，更須實行下列事項，例如要求釋放犧牲者、要求撤廢送東西至拘留所之制限、抗議禁止接受文書、要洽公判公開、抗議不法拘留，藉以發揮黨的補助組織之職能；7）協議決定以簡吉為首，詹以昌、張茂良、陳崑崙、李明德、呂和布和吳丁炎為構成救援會組織準備委員會成員，經常召開會議[35]。

臺共在赤色救援會的掩護之下進行活動，以重建臺灣共產黨組織。依據1931年9月4日「臺灣赤色救援會籌備委員會」的決議後，各負責人即展開組成地方組織，對會員及救援金的獲得有相當的成績。在黨的重建工作方面有：1）陳結在竹崎方面組成十一班八十人，2）小梅地方七班四十、五十人，3）陳崑崙、林銳在曾文、北門地方四班二十四人，4）李鹿、謝彰洲在北門郡學甲庄組成一班八人，5）嘉義地方兩班十七人，6）吳丁炎在北港方面五班三十五人，7）呂和布、張玉蘭在高雄方面十二班，8）臺中地方八班，竹山李水岸宅，組成五班，

35 許進發編輯，《戰後臺灣政治案件，簡吉案史料彙編》，臺北：國史館文建會印行，2008，頁12-20。

並編成一隊，9）豐原地方四班二十餘人，10）呂朝枝在農民組合本部以賴天來等七人結成一班，11）湯接枝在霧峰組成一班等，12）其他江賜金在臺北，李振芳在羅東也竭力進行救援會組織工作。

　　臺灣赤色救援會籌備運動，同時又以結成「共產青年同盟」為目標，努力把臺灣勤勞青年組織化，如此新加入的秘密臺共黨員逐漸增加。根據被警察發現的新加入的黨員，依每一召募者列名如右：陳結召募的黨員有姜林小、張行、劉運陣、林征綿、林寵、張火生、董蒼、陳神助、林水福；顏錦華召募的黨員有謝少塘、黃石順；莊守（1906-1995?）召募的有陳錫珪、賴象；陳崑崙召募呂朝枝、蘇清江；吳丁炎召募的有吳博、楊茂松、許啟明、蔡西涵、蔡紡、張溜、呂賽、陳越。陳結在嘉義組成「農民組合青年部」有二班十餘人。吳丁炎在北港溪邊選擇偏僻的甘蔗園開秘密會議，講習「世界的客觀情勢」、「蘇聯革命成功十四年紀念」、「農民組合青年部的組織與當前急務」等，當時還組成四班二十七人的「赤衛隊」。

　　1931年3月間，簡吉到嘉義竹崎支部，指導陳結如何重整擴充嘉義山區的農民運動。陳結是南投草屯人，畢業於嘉義農林學校（現嘉義大學），依照《臺灣總督府警察沿革誌第二編：領臺以後の治安狀況（中卷）》所載，陳結是臺共機關報《真理》的發行人。依據「救援會組織準備會」發刊機關誌的決定，陳結在八月底獲得簡吉派來陳神助及二十圓的支助，購買紙張及油墨，以阿里山鐵路獨立山的樟腦寮為秘密的油印所，在九月底刊出秘密雜誌《真理》第一號（印150份）、《二字集》（250份）、《三字集》（400份），《真理》第二號（250份），《真理》第三號紀念蘇聯革命紀念月刊（150份）；但《真理》第三號因林水福在1931年11月被捕而終不能分發。到了12月，日本刑警也逮捕了陳結、陳神助等人，並且沒收所有的謄寫鋼板，文書及印刷器具。《二字集》、《三字集》乃以平易的臺灣話寫出符合貧民的心聲，有高度的社會主義思想，易讀且容易瞭解、暗誦，在救援會班的地區被複寫而普及，到警方查獲時許多人將此《三字集》朗朗上口，這也就是達到書寫者的本意，要激發大眾潛在的民族意識與階級意識。[36]（原文見本書頁354-356）

---

36 有關「臺灣赤色救援會」的大部資料由大眾教育基金會提供。

9. 1931至1934臺共案

　　1931年3月24日深夜在臺北陳春木家，農民解放運動巨魁趙港被臺北市北署搜查之時，查收到不少臺共祕密書類，是為臺共檢舉之導火線。1931年9月，臺灣總督府下令掃蕩臺灣共產黨並大舉檢肅臺共外圍團體分子，結果四十五人遭捕起訴。住在臺中「高砂旅館」的詹以昌，於1931年9月13日（或14日）清早，被特高警察叫醒帶走，關入拘留所，後移交彰化警察署，戴上手銬、腳鐐，在森嚴的戒備下，與蘇新等人一同移送到臺北警察署，押入臺北市南署拘留所。被捕的人在尚未定讞前一直被拘留，經過預審、複審的程序，這場臺共案的審查總共持續了三年之久。開始時，這些案犯都是單獨關押，後來案情有了一定眉目，視案情，改以單獨或兩、三人或多人關押。詹以昌後來是三人一間牢房，先與臺北青年讀書會員林武鎔、王日榮同房，後來與楊克煌、簡吉同房。詹以昌形容預審檢查官中村八十一陰險、冷酷、狡猾；他審問時都是桌上放著香菸、糖果，嘴裡吃著糖，手中舉著菸，引誘犯人，抗拒者則被施刑。中村八十一，和歌山出身，1919年關西大學畢業，翌年開業律師，1927年成為小樽區裁判所檢事，1928年調至函館區裁判所，1930年轉任臺北地方法院檢察局。1930年5月20日中村八十一由北海道搭乘基隆入港的船，赴任臺北地方法院檢察局履新，一上任，當時33歲年輕的檢察官就因法務課事務忙碌至極[37]。

　　詹以昌後來回憶說，當時臺共案的同志，在獄中組織鬥爭，開始利用日語字母的「段」和「行」編成語言號碼，敲牆傳遞，被發現後又改敲打水管，有時也打手勢或以咳嗽傳遞信息。當時誤傳第三國際日本共產黨領導人片山潛在莫斯科逝世，臺共案犯組織追悼會，大家齊唱國際歌和赤旗歌，高呼打倒帝國主義。期間農組幹部陳結被拷打致死，案犯舉行抗議法西斯殘暴大會，為有效抗爭，提出臺共案件要「集體公判」，反對「分離裁判」等要求[38]。在預審的三年期間，簡吉、詹以昌被提審三次或四次，一般多以「記不得」、「沒有印象」搪塞。檢查官追問詹以昌是由誰介紹加入臺共時，詹回說：「不知道」、「沒有向任何人提出要加入臺共」、「也沒有任何人告訴已加入臺共」。庭上爭執很久，最後檢察官逼問：「是王萬得吧？」，詹不得已說：「你認為是，就算是吧！」[39]1933年

37　《臺灣日日新報》1930年5月20日，10809號2版。

38　詹高越回憶，〈家父詹以昌〉。

39　詹高越回憶，〈家父詹以昌〉。

底預審結束，發給每人一本「預審終結書」，列舉了所犯罪行和所違犯的「改正治安維持法」條款。

1934年3至4月間，臺北地方法院正式審理「臺共案件」，他們四、五十名被告，在眾多全副武裝的警察戒備下，分別押上被告席（最後押上的是謝雪紅），分別核對身分、詢問姓名、年齡、住址、職業等，即休庭。此後三個月，單獨開庭，就每個人的「預審終結書」一一核實。1934年4月24日午前九時，高等法院複審部開訟庭，分離單獨審理趙港，由宮原審判長、中村檢察官立會，古屋辯護士列席。事實審理平穩進行，十時休憩，十時二十分再開庭。據聞趙港所供述如右：「自己最初從事於農民解放運動，因言共產主義目標亦同，故加盟之。自己對於共產主義無十分把握（暗示被共產主義者所欺騙），且向審判者立誓，臺灣大眾運動，難中之難，故今後欲脫離農民運動。」[40]趙港被判12年禁錮，後因肺病惡化，1935年以33歲壯齡病死於監牢。

審了趙港之後還不到一個星期，臺北的高等法院複審法庭接著開庭審理屏東人顏石吉。因受到文化協會運動之刺激，抱持反日之民族情緒的顏石吉，加入農民組合運動之後，被選為常任委員，1930年3月受趙港之勸誘加入臺灣共產黨。審理顏石吉案仍然由宮原審判長、中村八十一檢察官等參與，於1934年4月30日上午十一時五十五分左右結束。可能由於顏石吉對共產主義欠缺認識，所以在供述他的心境路程、思想轉向一事時，對審判長作出語無倫次的陳述，1934年11月高等法院判決他十年有期徒刑。日本當局的分離訟判繼續進行，接著是審理農組中央常任委員長簡吉（年31）的臺共案件。簡案於1934年5月1日午前九時在高等法院複審部開庭

左起志邨判官、中村檢察官、宮原審判長、及岩淵判官

時，依然由宮原審判長，志邨、岩淵兩陪席判官，中村八十一檢察官，以及古屋貞雄、楊基先兩辯護士等出庭，至午後零時半審完[41]。依據《臺灣日日新報》所報導，簡吉所供述的心境如右：「余之運動，非共產主義運動，乃為農民解放之根本運動，故余並無入臺共云云，極力否認其為臺共黨員也！」[42]《臺灣日日新報》一貫以抹黑簡吉為職責，這段引述的話，未必真確，讀者應該有保留的採信（should take it with a grain of salt.）。

　　1934年6月連續開庭兩天，全體案犯出庭，檢查官中村八十一「論告」每個人「罪行」，一一提出「求刑」，然後義務律師辯護，接著王萬得、潘欣信、謝雪紅等提出申述。臺灣法院有史以來之重大事件，聳動臺灣社會視聽的臺灣共產黨事件，一群被告四十五名，長達四年未判決之監獄生活，多達一萬張預審調查書，五十餘次公審開庭，留下了三千餘張公審調查書之記錄，終達到最後結局，定罪之日為1934年6月30日。宣告判決之日，臺北地方法院合議部第一公庭，外圍拉了兩條非常顯眼的警戒線，在穿著制服或私服的警官、憲兵森嚴的戒備中，正午前九時，宮原增次審判長、志邨、岩淵兩陪席判官、中村八十一檢察官、古屋律師以及以下各相關律師見證下開庭。宮原增次首席法官大致採定檢察官的求刑，因犯人他們召開了三次文協、農組聯合會議，成立臺灣赤色救援會等罪行，宣告下列判決：潘欽信懲役十五年，謝氏阿女（謝雪紅）懲役十三年，王萬得、蘇新、趙港各懲役十二年，陳德興、劉守鴻、蕭來福、顏石吉、簡吉各懲役十年，莊守懲役八年，莊春火、吳拱照、詹以昌、張茂良各懲役七年，林日高、陳崑崙、簡娥各懲役五年，吉松喜清、盧新發、郭德金、楊克煌各懲役四年，洪朝宗、高甘露、吳錦清、廖瑞發各懲役三年，津野助好、朱阿輝、林殿烈（1906-1988）、林朝宗（1900-1997）、宮本新太郎、周坤棋、林潔材、施茂松、陳朝陽、張園梅、陳義慶、林文評、翁由、詹木枝（1908-1952）、陳振聲、李媽喜則各懲役二年[43]。其中，詹以昌在1940年2月才「特赦」「減刑」釋放；簡吉禁錮刑期十年，一直服刑到1941年年底才出獄。王敏川判決書上注明「非共產黨員」，雖判刑四年，但卻蹲滿六年的黑獄，到1938年王敏川才得出獄，但身體在獄中受到各種摧殘以致損害，又日本軍閥在中國業已發動侵華「七七事變」，臺

41　《臺灣日日新報》1934年5月1日，12239號2版。依據《臺灣人士鑑》（臺灣新民報社，1934），楊基先律師於明治36年（1903）12月11日生於大甲郡清水，1931年3月畢業於日本大學，高等試驗司法科合格之後，於清水開設律師事務所。

42　《臺灣日日新報》1934年5月2日，12240號8版。

43　《臺灣日日新報》1934年7月1日，12300號1版。

灣進入戰爭體制下，民主活動全面禁止，動彈不得。王敏川晚年在貧病之中仍做出「更留痴態在，書卷當良儔」之詠，1942年9月2日逝世，享年54歲，葬於八卦山畚箕湖墓地[44]。

　　審判長宮原增次的身分，表面上看起來是日本帝國主義公權力的象徵，從另外一個角度來看，他也是日本帝國主義用於統治臺灣人的法律劊子手，以他在法庭的權力來貫徹日本的殖民政策。這一次他把臺灣的異議人士、社運活躍分子一網打盡之後，自然地，東京的政府便論功行賞，難怪他很自豪輕鬆地說了下面一段話：「去年以來，為了此次臺共事件公審，就開始準備。本年3月26日第一回公審開庭後，經過審理日數三十一日、開庭回數五十二回，今日得以宣判，真是無比高興。無庸多說，此係各位高等、地方兩法院院長官長閣下及其他相關人士指導之功，亦是和本公審有直接、間接關係的中村上席檢察官，盡心押送戒護被告人的刑務所職員，法庭內外擔當警備的憲兵、警官及擔任被告辯護律師的各位律師之協助所賜。特別要再三感謝，中村檢察官為使公審審理首尾圓滿進行，而設想的種種考量。還有，治安維持法違反罪，是犯罪中最重大之項目，在此次宣告判決之際，被判緩刑者，或被科實刑者當中，亦有人將在服刑後受到假釋恩典得以出社會，對於這些每一個人都有相當多必須為他們考量之事，深切希望社會各界人士能好好理解這一點，不使其重蹈覆轍，而能循循善誘之。」[45]

　　被臺灣人形容為陰險、冷酷、狡猾的中村八十一檢察官似乎很滿意這次的判決，甚至有些農組幹部說他是日本殖民主義與帝國主義的幫凶與爪牙。臺共案宣判之後，中村得意忘形地說了以下這段話：「關於檢察官獨自的立場是誠如眾所皆知的『求刑』與『判決』時，大家都偷偷注意，到底宮原首席法官所訂之罪和我的求刑間有多大的懸殊。正如今日之判決所顯示的，我們各自站在獨自的立場，毫無任何連絡，所判之決定約略一致，誠可謂赤誠相通，深感痛快！最後，本人對宮原首席法官、憲兵警察各係官之協力深表謝意，同時也期待今後為防止此類犯罪再發生，須更努力不懈。」[46]中村八十一在臺北地方法院檢察局任職六年二個月，期間，怪船ジユノウ號、テレーク號事件、お岩殺害事件、基隆分屍事件等，軟硬兼施，中村以犀利完備的手腕處理眾多大事件，不斷受到臺灣司法

44 許進發編輯，《戰後臺灣政治案件，簡吉案史料彙編》，臺北：國史館文建會印行，2008，頁12-20；王敏川的部分資料由大眾教育基金會提供。
45 《臺灣日日新報》1934年7月1日，12300號1版。
46 同前引。

行政單位拔擢。難怪《臺灣日日新報》記者讚賞中村八十一，評價他「為具信念的人」，說他「適材適所」。1936年12月19日中村轉任法務課長，1940年3月晉升法務局長，1942年10月轉任總督府高等法院檢察官長，為古山春司郎之後任[47]。

　　在漫長監獄生活中，受刑人被剃光了頭，穿上紅色囚服。在臺北的監獄由「未決監」移到了「服刑監」單獨監禁，開始每天給幾個竹製的盤子和一塊布，把盤子擦亮，感到非常無聊。後來換成剝「桃」（一種高纖維植物）絲，如果受刑人能看出進度，他們都會感到有點意思。受刑人不久就被轉移到臺中監獄，那裡監獄的伙食很差，又長年不見陽光，很多人先是患上腳氣病，有些後來又患上肺結核。在獄中的受刑人幾乎都要分配到工場做工，如果他們在木工工場做工，因勞動強度較大，又塵土飛揚，對他們的肺非常不利。若是調到裁縫場做縫紉，他們倒可學會做粗布，甚至毛料的西裝褲。運氣比較好的，被派到洗衣工場洗衣兼記帳，在此情況下，這些人可以曬曬「日光浴」。還有所謂的模範受刑人，他們因為能遵守獄規，又在工場做工盡力，被認為表現好，已經具備監獄獲假釋的條件，因此被派去做管理圖書和整理設有佛堂的小禮堂，做相對輕鬆的工作。但是，等到日本在1937年發動「七七」事變，全面侵略中國之後，總督府怕後方不穩，從此對臺共案犯從嚴管教[48]。

10.結束語

　　1924年前後的臺灣農村，因旱害造成收穫減少，導致佃農和地主間種種利害衝突尖銳化，農民間或造成騷動，開始有農民組合運動之類的組織即將興起的跡象。由於日本國內的農民組合已經如火如荼的展開，臺灣的總督府似乎已預見此類事情也即將在臺灣發生，不過他們的腳步卻相對的緩慢，起初僅企圖利用所謂的業佃會來協調地主與佃農之間的紛爭。用這種灌水式的慢動作，對農村已經引起的火災不但無法消滅，火勢反而不斷的從臺灣的南部蔓延到臺灣的北部。在此情況之下，臺灣的農民組合運動自1925年在鳳山開始，在島上急速的發展，包括臺灣蔗農對日本製糖會社提出的種種冠冕堂皇的抗爭理由，以及1925至1926年間臺灣各地發生一連串的官有地拂下爭議。總督府要將臺灣人已經開墾的可耕地，

47　《臺灣日日新報》1936年12月20日，13196號1版；1940年3月7日，14361號1版；1942年10月24日，15315號1版。
48　詹高越回憶，〈家父詹以昌〉。

放領給在臺退休的日本官員，令臺灣人強烈的質疑日本殖民政府的種族歧視。此外，臺灣的農民組合還介入很多的竹林地爭議、芭蕉地爭議等問題。

受到從日本留學回來的臺灣知識分子的影響，1925年6月28日，在臺中州二林出現了二林蔗農組合，該組合傳授蔗農應該享有的基本權利，終於導致組合成員與林本源製糖會社間發生糾紛，甚至還演變成暴力事件。從此，臺灣農民組合藉這一次的抗爭運動，到各地宣導，鼓動風潮，陸續設立同類的組合，依次從高雄州，向北發展到臺南州，臺中州，新竹州，以至於桃園地區。有了農民組合的領導，原本平和的臺灣農村急速變得波濤洶湧，其中因為鳳山郡土地收回問題所造成的事件，使得地主跟佃農的爭端持續發生，而且有越演越熾的嚴重趨勢。之後數年間，臺灣農村的這場火災越燒越烈時，日本總督府官派的業佃會也捲入了與農民組合激烈的對峙。另一方面，日本的官憲跟業佃會狼狽為奸，用各種手段壓迫禁止農民組合舉辦的活動，總之，從1925年到1930年之間，平和的臺灣已經發生了一波又一波的糾葛紛爭。

如此，農民組合總本部在臺中設立，而其三十個支部分設在全島西海岸各地，可以說是遍地開花。1927至1928年間，在農運最高峰的時候，農組的組合員達到三萬人以上。1925年到1928年間是臺灣農民集體抗爭的全盛時期，也是農民組合的黃金時代，在農民組合領導下，臺灣佃農的爭議在1927年間高達344件。除此之外，農組的外圍支持團體也有好幾個，諸如文化協會，工會等。在向資本家大地主抗爭的過程中，臺灣的農民運動演變得越來越複雜，本來鬥爭的對象是佔有廣大甘蔗田、山林地、芭蕉地的日本財閥，不過後來也包含著對反對日本統治者的民族歧視。由於臺灣共產黨的口號一再強調臺灣的民族解放，從1928年以後臺灣的農民運動，不期然間受到第三共產國際的滲透。自此農民運動就從本來單純的地主／佃農間的租賃紛爭，蛻變為無產階級革命的政治鬥爭，這和臺灣農民運動後來轉向與臺共合作連結的運動之事實有關。受到臺共滲透之後的農民組合，不但造成農組領導的分裂，幹部沉溺於內部互相排擠，而且導致臺灣左右菁英的水火不相容，互相毀謗，找機會中傷對方，加速臺灣政治運動的對立。

總之，1928年前後可以說是臺灣農民運動的分水嶺，從歷史的縱面來看，複雜化以後的臺灣農民運動從此卻一路走下坡。農民組合幹部用各種宣導吸引純樸的農民加入組合，然而熱潮退燒後，繳納組合會費的農民並不是立即可以得到很多權益，有些組合員覺得很失望，因為他們的期待跟現實有落差。農民因驚訝幹

部所言沒有實現，而有退卻的傾向，退會人數後來就逐漸增多，以致農組的經費縮水拮据，這是農民組合蛻變而脫的皮。

　　1932年10月日本無產運動重要人物、社會大眾黨書記長麻生久再度來臺。他認為臺灣農民運動之混亂係受左傾思想之刺激。麻生久與來訪記者之對談中，關於臺灣島社會運動及其他問題之內容大要如下：「臺灣有沒有哪裡變了呢？現有放送局成立、似為文化都市之樣貌，確實如此！上次來臺時，記得是比聲勢並沒有振興。我上次來時，農民組合才剛『發芽』，雖然我播下本島農民運動之種子後就返回日本，若它繼續成長，現在應該已茁壯挺立了吧。然而，在那之後，莫名其妙的人從內地（按：指日本）來臺，其不辨臺灣之地方特色，即冒然帶來左傾之刺激，好不容易在成長中的農民組合運動遂逐漸沒落。當然，此亦有中國左傾運動之刺激，但本島農民運動之芽因左傾之刺激而變得混亂，乃是十分可惜之事。」[49]

　　麻生久對臺灣農民運動的感想表露出他自己的右傾轉向。正由於日本社會運動領導幹部的左右分裂，導致日本農民組合的內訌，日本國內農民運動則因右傾之刺激而變得更混亂。1934年日本國內的佃農組合主要有三：一為全國農民組合，二為日本農民組合，三為日本農民組合總同盟（走中間路線）。全國農民組合分為兩派，即走中間路線的總本部派與極左的會議派。而被視為極右派的是日本農民組合，該派與由軍部、在鄉軍人等組成之皇道會相互聯絡。受麻生久支持的日本農民組合，主張兵農一致，富國強兵之基礎在於農村。另外有大阪的大日本農政協會，為地主協會，保持對全國地主之統制[50]。日本農民組合運動如此的內訌、分裂，對臺灣農民運動造成混淆負面的影響。

　　不過臺灣農民運動之所以由盛而衰，其實大部分是來自日本當局的打壓、憲警的不斷阻擾。日本當局祭出「出版法第十七條」以及「治安維持法」之後，箝制言論自由，徹底逮捕各關係人，又下令禁足，向總督府警察署急報，監禁違規的組合幹部，所謂的「根絕禍根」鎮壓。在1929年年頭，因為匆匆發出第二次全島大會宣言書，官方認為其內容違反出版法，於1月12日以治安維持法的名目，逮捕簡吉以下的幹部數十名。因這回的大檢舉，農組全島的陣營雖被破壞的甚多，幸得其他的組合員繼起而復興。又於1929年4月中旬，在臺中本部所發出的

49　《臺灣日日新報》1932年10月17日，11683號7版。
50　《臺灣日日新報》1934年2月11日，12161號5版。

通報，再觸當局之忌，簡吉等二十餘名再被檢舉，以違反出版法起訴，經過公判，結果簡吉被判決禁錮二個月。及至1929年7月上旬該組合麥寮支部，因和退官者惹起土地爭議問題，又遭彈壓，七名被檢舉。又於下營支部轄區，因該地的官憲彈壓更加厲害，連續有十數回正當的講演會，亦被發出緘口令，繼而遭檢束。農民組合中央委員顏錦華、顏金墩、蔡溪惟和林火烈，於1931年5月下旬在土城派出所管內的各鄉村，每處開座談會宣傳農組的主旨及甘蔗問題、水租問題，事被草屯分室探知，各被檢束拘留數天。尤其是新竹州當局更沒道理，也絕對禁止農組員到該州做合法的運動，只要農組員一到，若不是被檢束，便要受放逐[51]。

儘管組合方面聲明無論官方如何壓迫均不會中止運動，但是沒有大將（幹部）的農民組合自然無法訓練出強兵（組合員）。尤其是在組合長簡吉牽連事件入獄之後，就連日本的法律顧問也都開始悲觀，判斷臺灣的農民運動可能無法成功。日本殖民政府借法律之力，妄加彈壓抑止臺灣農民運動勢力的發展，同時呼籲臺灣社會各階級要「以和為貴」，並且一再強調，衝突、抗爭不但不需要，而且浪費人力、財力，這些都是總督府當局不容許的。這一連串的軟硬措施雖然沒能立即奏效，不過至少阻挫了下層階級抗爭的蔓延，消滅了異議人士憤怒抗爭的合法理由，這應該是臺灣左翼運動無法擴大，以致於不能掀起全島無產階級大革命的重要因素。

這裡必須特別指出的是，在整個打擊左傾赤色的臺灣農民組合的「軟過程」當中，右傾而穩健的業佃會努力扮演好調停的角色。業佃會（又名地主佃農協調會）為總督府當局之創意，1922年底最初試驗性地在臺南州新營郡設立，迨至翌年1月才開始從事調停土地借貸關係之民事紛爭。因新營郡的業佃會辦得頗為成功，逐漸次普及到其他地方，其後在臺南州的東石、北港、嘉義、新豐等四郡，新竹州的中壢、桃園、竹南等三郡均設有業佃會。業佃會又致力於向農民運動所未及之處推進，結果臺北州的淡水、海山、基隆等三郡亦有業佃會之組成；從1927年4月的新年度起，宜蘭、大溪兩郡亦開始有業佃會。三年期間，雖然總督、長官屢有更迭，業佃會排除萬難致力於將事業普及全島，努力使其擺脫左傾之色彩，呈現相當良好的成績。協調事業開始前，臺灣平均一年有35乃至45件業

---

51 《臺灣民報》1931年6月13日，第368號。

佃紛爭，之後第一年遽減為7件，第二年全無，第三年僅2件。從全島的角度概觀，農民問題的爭議也有漸次減少的傾向。還有向來的租佃契約由口頭契約改為書面契約，且租賃期限定為六年，農民得以在其租賃之土地上安定下來，從而深化其愛土地之觀念，亦使其熱心施肥，完全從向來的掠奪式農業提升為集約農業。其結果，不僅農作物顯著增產，租金降低，另一方面，拖欠者亦大為減少，業主佃農均受其益，雙方關係亦變得相對圓融[52]。

　　因為業佃會的競爭，有些地主與佃農的糾紛，逐漸往業佃協調運動方面移動，那些不良地主亦同時覺醒了，行為逐漸改正，農民運動也次第喪失其立場，後來就由業佃會出面解決了事。難怪針對此點，日本的官方媒體都對業佃會表示稱讚。下表足以說明，從1930年農民組合幾乎被消滅以後，業佃運動的奏效節節上升，也可以說，業佃會運動等於主宰了臺灣各郡的租賃糾紛。

臺灣工業和農業糾紛：事件數（參與的工人或農民數目）

年份	勞資糾紛		租賃糾紛		租賃糾紛涉及農民組合成員	
	件數	人數	件數	人數	件數	人數
1924	14	415	5	229	……	……
1925	18	539	4	256	1	20
1926	26	1,280	15	823	6	505
1927	69	3,312	431	2,127	344	1,469
1928	107	5,445	134	3,149	80	2,745
1929	49	1,900	26	701	5	65
1930	59	15,706	11	1,245	……	……
1931	52	2,256	18	1,533	……	……
1932	29	2,002	29	527	……	……
1933	22	1,571	40	706	……	……
1934	18	1,294	46	373	……	……

資料來源：《現代史資料》，東京：みすず書房，1971，第21冊，頁424-425，505。

　　日本官方打擊臺灣農民組合的另外一套辦法是埋首於「愛佃」的設施。舉例

---

52 《臺灣日日新報》1926年10月1日，9488號2版；1927年3月15日；9653號2版。

來說，高雄州東港郡農會為了改善業主／佃農關係，特別著力設置三處愛佃共濟會。1933年10月初，東港郡新園庄力社（業主）陳崑崙與鳥定、萬盛、嘉會、陳燒復等五業協同，以陳姓愛佃共濟會之佃農五十餘人為會員，舉行創會儀式，郡守及十餘位官員到場觀禮。陳崑崙曾加入農民組合及其他思想團體並策劃抗爭運動，當時也是臺共案嫌疑犯，居然公開投入愛佃設施，此一轉向頗令一般人感興趣而深為社會注目[53]。象徵著臺灣社會農民運動頑強本質的大甲農民組合支部——曾幾何時，他們的領導人趙港馳名全島——雖然繼續堅持抗拒時代的潮流，不買日本官方業佃會、愛佃共濟會那一套，不過在現實的客觀環境之下，特別是國際大環境不利於全球左翼運動時，還是被迫於1936年9月4日在大肚庄大肚媽祖廟宣布解散。當天晚上，在日本憲警的監視之下，來賓及組合員一百三十餘人出席解散儀式後，據說還一齊誓言「轉向」，捐獻國防獻金，表明今後絕不再從事反抗政府的運動[54]。

　　二十年代的臺灣農民運動、農民爭議，幾乎在每一個階段、每一個高潮都跟日本的農民組合本部、勞動農民黨、甚至臺灣共產黨環節相扣，息息相連。歷經數年滄桑的臺灣農民組合，期間也掀起幾次波瀾，但終究無法鼓動風潮，造成時勢，以致最後無聲無息的自我消失。但從歷史的長期觀點來看，二十年代跟三十年代的臺灣農民運動並沒有白白的浪費犧牲。臺灣農民組合的鬥士，儘管受難最多，仍總是站在無產階級運動的前線，前仆後繼，在重重彈壓中工作，不但沒有絲毫退縮，反而更積極為貧民階級、農村青年以及農村婦女的組織化努力。在臺灣的民族解放運動團體中，苦戰苦鬥的農組幹部和組合員，算是最為積極，也最有成績。他們不斷的爭取生產管理權，奪回埤圳管理權，並以撤廢彈壓無產階級的苛法和集會結社出版之自由為目標，而奮鬥不懈。

　　三十年代後期的臺灣，由於臺灣總督府愛佃事業強力推行的結果，五年、六年之長期書面契約亦漸成形，佃農也安心從事農耕。這個時代正是日本軍國主義發動全面侵略的時期，不要說是臺灣人，就連在內地的日本農民也無法掀起傾向社會主義的農民運動。與此同時，總督府當局先發制人，在各地設置業佃會、農事組合、共榮會等致力於改善租佃慣習，向農民運動所未及滲透之地區推進，為農民子弟開辦農業補習夜學會，努力使其擺脫左傾之色彩。二次世界大戰美國資

53　《臺灣日日新報》1933年10月3日，12031號2版。
54　《臺灣日日新報》1936年9月8日，13094號9版。

本主義、帝國主義以兩顆原子彈打敗日本資本主義、帝國主義，幫國民黨政府「光復」了臺灣，沒想到，也造成解放臺灣佃農的機會。1951年簡吉被國民黨政府槍決時，他和他的同志所主張的三七五減租已經即將在臺灣實現了。這時大陸剛淪陷不久，流亡在臺灣的國民黨意識到他們在大陸時沒有妥善處理農民與土地的問題，是導致內戰失敗的關鍵理由之一。國民政府接著配合美援設立了農復會，大大地改善臺灣農民的生活。還有麥克阿瑟將軍的農業顧問雷正琪，將他在日本戰後改革土地的成功經驗全盤搬到臺灣，終於促進了耕者有其田政策的實施，從此有效的杜絕地主剝削欺凌佃農的弊病紛爭[55]。

---

55 有關雷正琪的生平，詳見Louis J. Walinsky所編的*Agrarian Reform as Unfinished Business: the Selected Papers of Wolf Ladejinsky*, New York: Oxford University Press for the World Bank, 1977, 頁580-585；也請參考Wolf I. Ladejinsky自己所撰寫的*Farm Tenancy in Japan, A Preliminary Report*: Tokyo, General Headquarters, Supreme Commander for the Allied Powers, Natural Resources Sect, 1947.

輯二・資料編譯

第六章

農民組合從無到有：組織章程、全島大會、口號

▌臺灣農民組合鳳山支部規約　1926/2/28

資料出處：《資料A：臺灣農民組合本部存留檔案》，頁1。

第一章　總則

第一條　本支部稱為臺灣農民組合鳳山支部事務所置於鳳山

第二條　本支部努力本組合的目的貫徹及本支部的決議貫徹為目的

第二章　機關

第一　支部大會

第三條　本會為本支部最高的決議機關審議本支部的重要事項

第四條　本會以本支部的本組合大會代議員本支部委員本支部的部落委員構成之

第五條　本會每年本組合大會後由支部委員長召集於前年度議定之場所開催但支部委員會認有必要時得召集臨時大會

第六條　大會議長於大會選舉議長要選任大會書記及大會各種委員

第七條　大會構成員非半數以上的出席不得議決

第八條　大會構成員以外的組合員得有發言權但不得參加議決

第九條　組合大會代議員由支部委員中依中央委員會決定之方法選出而代表本支部臨席組合大會於支部大會要報告組合大會的狀況

第二　支部委員會

第十條　本會為本支部的執行機關執行支部大會之決議

　　　　此外得審議決行要緊急的事項但此欵的決行要受次期支部大會的事後承認

第十一條　本會議長於本會公選之

第十二條　支部委員以各部落的部落委員互選之

　　　　　其數於支部大會據組合員數決定之

　　　　　支部委員有缺員時該部落再得選出補缺

第十三條　支部委員長由支部委員中於支部大會公選之

　　　　　部落委員於各部落選出

第十四條　本會以常任委員認為有必要時和支部委員四分之一以上的要求時支部

　　　　　委員長須要召集之

　　　　　但非半數以上的出席不得議決

第三　支部常任委員會

第十五條　本會是本支部的常務執行機關置支部常任委員長、庶務、會計、調

　　　　　查、教育、爭議五部門

第十六條　支部常任委員由支部委員中於支部委員會選出

第十七條　支部常任委員長以支部委員長兼任之代表本支部總理本支部一切事務

第十八條　專門部各置部長壹名部員若干名執行各部門的事業

第十九條　支部經費預算於支部委員會作原案提出經支部大會之協贊

　　　　　支部經費決算要受支部大會的承認

　　　　　非受支部委員會的承認不得行預算外的支出

第三章　附則

第二十條　本規約非大會半數以上的贊成不得修正變更　　　以上

〔編者按〕

此次大會選出幹部如下：

組合長　簡吉；主事　黃石順；會計　陳振賢；調查部長　吳敦；調查部員　謝
賴登；爭議部長　黃石順；爭議部員　張滄海

■ 大甲農民組合綱領　1926/6/6

資料出處：山邊健太郎編，《臺灣》第一卷，現代史資料21（東京：みすず書房，
1971），七，農民運動，頁342-343。

> 1926 年 6 月 6 日大甲農民假大肚庄媽祖廟舉行大甲農民組合的成立典禮，以趙港為委員長、陳啟通為庶務主任、趙欽福為會計主任，在會中通過了由簡吉所擬的組合綱領規章。

一、我等養成農民之知識、磨練技術、涵養德性、以期享受農村生活及完成農村文化。

二、我等依相愛互助之力，相擁相倚，期望農村生活之向上。

三、我等農民期以穩健踏實、合理合法之方法達成共同的理想。

大甲農民組合之主張

一、交易合理化

二、全臺灣農民組合之確立

三、臺灣自治制度之訓練

四、農民教育之發達

五、農村文化之開發

大甲農民組合之宣言

農業為一國之本，此乃縱貫古今、無論東西洋均不敢否認之真理。蓋夫一國之窮富、工商之興衰，實仰賴農業之隆盛者不少。今天下人視農業為卑賤，貧者投靠名門大家而不顧隸屬；富者以弱肉強食唯利是圖，收利權於掌中，吸民膏於腹裡，圖私利而窘眾，亦無富利均霑之念。依此農民之疲弊、農民生活之低下日趨惡化，至於不堪想像之地步。人又以此為農民自招者，而輕視、侮蔑、嘲笑其無智也，予吾人最大之恥辱。嗚呼！彼為人，我亦人也，孰能忍之？吾人為國家圖經濟，為社會謀安寧、劃秩序，每念及為吾村謀農民之福利，則夙夜憂慮，不得已而緘口無言，徒然掩面痛哭。是故，召集我等同業者而奮起，組織農民組合，以應時勢之要求，改革積弊，謀吾人知識之增進，改善耕約，以期生活之向上，除以振興農村為根本方針之外無他意也。

請看國際勞動會議。保障吾人團結之自由，是促農民之覺醒，欲其奮發而已，優勝劣敗〔譯按：即社會達爾文主義〕已為時勢所不容，不容吾人之徒然無為，吾同業同志，為吾村文化之向上速起直進，至盼以親睦互助免於沉淪苦境，

則國家幸甚，吾人亦幸甚！

▌臺灣農民組合規約　1926/6/28

資料出處：山邊健太郎編，《臺灣》第一卷，現代史資料21（東京：みすず書房，1971），七，農民運動，頁340-342。

1926年6月28日制定

第一章　總則

第一條　本組合稱為臺灣農民組合，本部暫時設於鳳山。

　　　　本組合以擁護組合員相互之利益、謀求貫徹宣言、綱領、決議為目的。

第三條　本組合由全臺之佃農、佃農兼自耕農、日工農及獲本組合承認者所構成。

第二章　機關

第一　大會

第四條　大會為本組合之最高決議機關，審議本組合一切重要事件，由大會代議員及中央委員構成之。

第五條　大會代議員以支部〔按：分部〕為選舉區域，依中央委員會決定之方法選出。

第六條　大會每年一回，由中央委員長召集，於前年度大會議定之日期、場所舉辦。

第七條　大會之議長及副議長於大會選舉之；書記及各種委員由議長選任之。

第八條　大會若無大會代議員半數以上出席不得議決。

第二　中央委員會

第九條　本會為本組合最高執行機關，依大會之決議及本組合之宣言綱領執行事務。

第十條　中央委員由各地支部大會代議員於大會互選之，其員數係依中央委員會之提出，經大會之承認者。

第十一條　中央委員缺員時，得於該當支部補選之。

第十二條　本會於中央委員四分之一以上要求時，中央委員長須召集開會之。

第十三條　本會若無中央委員半數以上之出席不得議決。

第三　中央常任委員會

第十四條　本會為本組合之常務執行機關，一旦有突發緊急之事件，得代中央委員會進行審議、發行綱領等，但事後須經次回之中央委員會承認。

第十五條　中央常任委員依中央委員會選出，其員數係中央委員會提出，經大會承認。中央常任委員長由中央委員長兼任之。中央常任委員長及中央常任委員以常住本部附近為原則。

第三章　本部

第十六條　本部為中央常任委員（中央委員）之執務所，置庶務、財務、教育、爭議、調查等五部；各部置部長一名、部員若干名。

第十七條　中央常任委員長（中央委員長）代表本組合總理一切事務；各部門處理各部之事務、執行本組合之事務。

第四章　支部

第十八條　支部以郡為區域，以組合員十名以上構成之。

第十九條　新設支部時，須向本部提出組合員名簿及規約。本部須開中央常任委員會決定承認其支部。由該支部選出中央委員或中央常任委員。新支部選出委員之同時，須繳納該年度全額之本部費。

第五章　會計

第二十條　本組合之經費由組合員負擔，分為本部費及支部費兩種。本部費須預付一年份，由支部徵收之；支部費於支部決定之。

第二十一條　本部之經費預算須於中央委員會作成原案，向大會提出，受大會之協贊。經費之決算須受大會之承認。

第二十二條　若未受中央委員會之承認，不得為預算外之支出。

第二十三條　每年大會須選出三名會計監察人，監察會計。

第二十四條　本部之財務部長於必要時得監察支部之會計。

第二十五條　一旦繳納之組合費，無論任何理由均不得返還。

第二十六條　本部之會計年度自四月一日起迄翌年三月末日止。

第六章　罰則

第二十七條　本組合所屬之支部，若個人不服本組合之宣言、綱領、大會之決議、規約及中央委員會之統制者，中央委員會得除名之。受除名處分者有異議時，得於收到通知後一個月內經中央委員長向本組合大會上訴。

第二十八條　除名之決議特別需要定員三分之二以上之同意。

第七章　附則

第二十九條　本規約若無大會出席者三分之二以上之同意不得變更。

第三十條　本組合得努力創設機關報。

　　　　　　大正十五年（1926）六月二十八日制定

■ 臺灣農民組合規約修正案　1927/12/5

資料出處：《資料 A：臺灣農民組合本部存留檔案》，頁 35-36。

1927年11月4日第三回中央委員會決定

1927年12月5日起施行生效

第一章　總則

第一條　本組合稱為臺灣農民組合，置總本部於臺中

第二條　本組合以貫徹宣言、綱領、決議，擁護組合員互相之利益為目的

第三條　本組合以全臺灣之日雇農、小作農、小作兼自作農及其他本組合承認者構成之

第二章　機關

第一　全島大會

第四條　大會為本組合最高決議機關。審議本組合一切重要事件，以大會代議員及中央委員構成之

第五條　大會代議員以支部為選舉區域，由中央委員會決定之方法選出

第六條　大會每年開會一次，由中央委員會召集於前年度大會議之期日及場所開催之，但中央委員會認有必要時，得召集臨時大會

第七條　大會議長於大會選舉，大會書記及大會各種委員由議長選任之

第八條　大會非大會代議員半數以上之出席不得決議

第二　中央委員會

第九條　本會為本組合最高執行機關，執行大會之決議及合於本組合宣言，綱領之一切事務

第十條　中央委員於大會由各地支部大會代議員互選，其員數要依中央委員會提出受大會承認之

第十一條　中央委員有缺員之時，依中央委員會之決議，再由支部選出補缺之

第十二條　本會有中央委員四分之一以上要求時，中央常任委員會須召集之

第十三條　中央委員長於大會由中央委員中公選之

第十四條　本會非中央委員半數以上出席，不得議決

第三　中央常任委員會

第十五條　本會為本組合常務執行機關，如有突發緊急事件時，得代替中央委員會審議、執行一切事務，但事後要經次回中央委員會之承認

第十六條　中央常任委員由中央委員會選出，其員數要依中央委員會提出經大會承認之

中央常任委員長以中央委員長兼任之

中央常任委員長及中央常任委員要常住於本部附近為原則

第三章　組織
第一　總本部

第十七條　總本部為中央常任委員（中央委員）之執務所，置庶務、財務、政治、組織、教育、爭議、調查、青年、婦女之九部，各部置部長一

　　　　　　名，部員若干名，部長特要中央常任委員
第十八條　中央常任委員長（中央委員長）代表本組合及總理一切事務，各部門
　　　　　　處理各部門之事務，執行本組合之一切事業

第二　聯合會

第十九條　聯合會以州為單位，以該州之支部構成之
第二十條　聯合會在中央委員會統制之下，統一所屬支部之行動，處理共通之事
　　　　　　件及業務
第二十一條　聯合會規約，須要經中央委員之承認
第二十二條　支部置於適當區域，以組合員十名以上構成之，而未來支部之地方
　　　　　　組合員，以最鄰近之聯合會或總本部統制之
第二十三條　新設支部時，須將組合員名簿規約提出於總本部
　　　　　　總本部要開中央常任委員會承認及決定其支部之中央委員，使該支
　　　　　　部選出新支部選出委員同時，須即納同年度金額之總本部費

第四章　會計

第二十四條　本組合之經費，由組合員負擔之，分為總本部費，聯合會費，支部
　　　　　　費
　　　　　　總本部費要一個年前納，由支部徵收之
　　　　　　聯合會費及支部費由聯合會及支部決定之
第二十五條　總本部經費預算，於中央委員會作原案，提出大會受協贊，經費決
　　　　　　算要受大會之承認
第二十六條　非受中央委員會之承認不得行預算外之支出
第二十七條　每年大會要選出三名會計監察役（負責）監察會計
第二十八條　中央常任委員會認為有必要時，得監查支部之會計
第二十九條　一旦納入之組合費，不論有何理由，不得返還
第三十條　總本部之會計年度，自十一月一日至翌年十月末日

第五章　罰則

第三十一條　本組合所屬之支部或個人，若有不服本組合之宣言、綱領，大會之

　　　　　　決議、規約、及中央委員會之統制者，於中央委員會得處分除名

　　　　　　受處分除名者，若有異議者，通達到著後一個月以內，得經中央常

　　　　　　任委員會上訴於次回大會

　　　　　　但上訴期間中，暫停止其組合員資格

第三十二條　除名之決議，特要定員三分之二以上之同意

第六章　附則

第三十三條　本規約非大會三分之二以上之同意，不得變更

第三十四條　本規約之解釋權在中央委員會

第三十五條　本規約自昭和貳年（1927）十二月五日起施行發生效力

■ 大會議案及其決議

資料出處：山邊健太郎編，《臺灣》第一卷，現代史資料21（東京：みすず書房，1971），七，農民運動，頁343-346。

大會議案

一、發表宣言、綱領之議案：交付中央委員

二、規約改正之議案：託付法規委員，於委員會審議之結果，決議通過原案

三、組合決算認可之議案：託付決算委員會，審查之結果決議認可

四、預算編成之議案：託付預算委員，審議後決議通過原案

五、設置特別活動隊之議案（參照次項）

六、支持勞動農民黨之議案（參照次項）

七、勞農結成（按：即組成團體）之議案：（參照次項）

八、促進設置消費組合之議案

九、制訂日工農最低工資法之議案：以上交付各中央委員

十、確立耕作權之議案：決定作成決議文，以大會之名向總督提出

十一、反對沒收青苗、反對禁止進入[產業地]之議案：決定作成決議文，以大會之名向總督府法務課、法院、總督及中央政府提出

十二、出售土地之議案：決定以大會名義提出抗議文

十三、確立生產物管理權之議案：決定依撤廢不當產業政策之要求之旨趣，向總

督府提出抗議文

十四、反對土地政策之議案：決定向總督府及中央政府提出抗議文

十五、撤廢惡法之議案：要求撤廢臺灣違警例、保甲條例、臺灣出版規則、匪徒
　　　刑罰令、浮浪者取締規則、法院條例第四條、暴力行為取締法、治安警察
　　　法、治安維持法等

十六、濫用職權之議案：與日本農民組合相互合作，以期達成本提案之目的

十七、教育農民之議案：交付中央委員，決定刊行特殊書籍等

大會決議

一、支持勞動農民黨之議案　中央委員會提案

決議：在我國，我等應信賴之政黨、為我等做事的政黨唯一只有勞動農民黨而
　　　已。亦即勞動農民黨係日本唯一的無產階級鬥爭機關。故我等於本全島大
　　　會決議支持勞動農民黨。

理由：自臺灣農民組合結成以來，以誠意指導、援助我等之活動者，唯有勞動農
　　　民黨而已。所有勞動農民黨之鬥爭皆是為無產階級及弱小民族之利益。本
　　　組合的綱領政策與勞動農民黨有共通之處，因此很早即接受其顧問之派
　　　遣、援助我等之鬥爭，此乃組合員所熟知者。

實行方法

（一）發送決議文，向勞動農民黨表明吾人之態度。

（二）發表聲明書，向全體民眾宣示我等之態度。

二、設置特別活動隊之件　中央委員會提案

要旨：規約所定的九個部門以外，在今日的階段，我等應為之事甚多。故設置一
　　　個特別活動隊，進行此一工作。

理由：今日我等之運動，已過了自然發展之時期。我等無理論、目標欠明確，故
　　　所做的工作經常再三犯錯。在今日的階段，我等不能不參加所有無產階級
　　　的政治鬥爭。正當此時，必然會產生種種特別活動之必要。如出版之事、
　　　對外、對農民勞動者、對政黨組織等諸活動，係此際最要緊之事態。如農
　　　民運動，若勞工不為先鋒從事組織運動，就不能使黨有系統、不能統制整
　　　個無產階級的政治鬥爭，亦不能達成解放之目的。為使農民兄弟習慣此一

方針，刊行我等的報紙、雜誌、單行本乃是不可欠缺的。此一活動在此過渡期要獨立進行將有所困難。其他特別應活動之工作在今日的階段極多，故我等在此過渡期進行此一工作之意義極為重要。

實行方法

（一）特別活動隊的設置

三、促進勞農結成之件　　中央委員會提案

要旨：與世界資本主義合流，急遽沒落的日本帝國主義必然對我等殖民地、半殖民地施加露骨的榨取，阻礙勞動組合的運動，或計畫性地謀劃破壞我等具戰鬥性的農民組合。無論彼等如何橫行，我們將要在「絕對專制政治」的權力指導與擁護下的資本主義反攻，作為一股新勢力。故在日帝經濟鬥爭下，我臺灣農民組合，在整個無產階級的利害關係上，負有重大的任務。我們農民須與勞工聯手，促進勞工之結合，致力達成具體的解決。

理由：瀕死的日本資本主義為苟延殘喘，必然將勾結「絕對專制政治」，殖民地域對半殖民地進行極端的榨取。我臺灣勞工、農民的生活受到威脅，面對生死問題之不安，因此，自然產生勞工組合與農民組合。這些組合雖然幼稚，但卻是為自己的生活問題而勇敢地奮戰。本年春季末，遇上空前的金融恐慌而受到致命傷的資本家降低工資、延長工時、關閉工廠、剝奪勞工的生活，所有的勞工們因工作與工資減少的不安而結合一致，開始與資本家抗爭。迄今自然發展、成長的勞工已在此一過程中累積種種經驗，接受教育，階級意識逐漸明瞭，鬥爭更趨白熱化、尖銳化，受到地主的封建性榨取之農民因負擔加重，在不平不滿之間逐漸產生自覺。今春金融恐慌之際，農村陷入極度的困乏，致使農民陷入地獄之苦，因此，農民運動之組織如暴風一般質量俱增，風靡全島。如今見此強勢的都市資本階級與勞工階級間處於白熱化競爭的地主們蠢蠢欲動，組織業佃會、業主組合等，大同團結，整備鬥爭之陣容。試看地主們進行的攻勢如扣押財產、扣押青苗、禁止小作農進入[產業地]等的猛烈攻擊、直接行動等，不是像箭一樣來襲嗎？

吾等農民為了生存不得不積極奮戰。吾等戰鬥的農民組合不論組員或未加入組織的農民，都必須成為日常經濟鬥爭之主體，勇敢地參與。然而，被

推落無底深淵的勞工們與農民日常鬥爭之領域雖不在同一場所，蓋以勞工為主之處，係以工資與工時為中心，農民則以佃租和耕作權為中心，鬥爭的口號並不一致，但皆係以大眾日常經濟之利害為鬥爭問題之中心。即使欲將農民運動與勞工運動分開，仍有不可切斷之關係。不只限於此一關係，勞工階級因身處於作為新生產方法的大規模生產之現場、以及生活在都會之緣故，容易帶有階級意識，且勞工階級在資本主義社會係與支配階級對立、富有重要的歷史使命之階級，故農民運動應成為勞工運動之後援。

依據馬克斯主義所述，指導與支持無產階級之方法，有賴解決農民問題之方針。

基於此故，吾等應奮力促進勞農結合之實現。

實行方法：為促進勞農結合，吾等農民組合對大眾應宣傳此一必要。

關於促進勞農之結合，任何團體的提議都贊成支持，盡全力作日常經濟之鬥爭，徹底地進行勞農結合。

▌臺灣農民組合行動綱領

資料出處：山邊健太郎編，《臺灣》第一卷，現代史資料21（東京：みすず書房，1971），七，農民運動，頁 371-373。

趙港起草

昭和5年2月入手

一、減免佃租之鬥爭

　　1、各頭租之撤廢　2、磧地金之撤廢　3、佃租減三成　4、荒年時佃租全免

　　5、舊租之免除

二、解決土地問題之鬥爭

　　1、土地歸於農民　2、耕作權之自由　3、反對臺灣總督府之土地政策

　　4、開墾地歸於開墾者　5、組織不買土地同盟

三、反對假扣押處分之鬥爭

　　1、反對扣押青苗　2、反對起耕[典契]及扣押農具

四、奪回生產物管理權之鬥爭

　　1、一般性的——（1）生產物處分權之奪回；（2）反對總督府之政策

　　2、芭蕉——（1）打倒青果會社；（2）打倒收貨組合

　　3、甘蔗——（1）提高蔗價；（2）蔗價均等；（3）廢止獎勵金；

　　　　　　　（4）拒絕欺瞞的獎勵金；（5）秤量的自由檢查；

　　　　　　　（6）反對扣除數量；（7）肥料依時價；（8）買賣的自由；

　　　　　　　（9）資金無利息

五、獲得制定農業工人最低工資法之鬥爭

　　1、最低工資一日1圓50錢

　　2、男、女、大人、小孩的工資一律[平等]

　　3、最低工資法之制訂

六、爭取七小時勞動制之鬥爭

　　1、工作7小時　2、教育8小時　3、休息9小時

七、爭取農會埤圳管理權之鬥爭

　　1、農會埤圳管理權歸於農民　2、減免水租　3、反對嘉南大圳三年輪灌

　　4、反對水路之濫開濫掘　5、水路用地以時價賠償

　　6、農會會長、水利組合長、評議員等由農民公選

　　7、事業計畫之進行依農民之決定

八、爭取言論、出版、集會、結社等自由之鬥爭

　　1、言論、出版、集會、結社之絕對自由　2、示威運動的自由

　　3、反對言論中止　4、反對集會解散　5、廢止檢閱制度

　　6、反對總督獨裁政治

九、確立團結權、團體交涉權、罷工權之鬥爭

　　1、反對強制解散組合　2、反對迫害組合員之活動　3、反對強迫退出組合

　　4、反對跟蹤　5、大眾行動之絕對自由

十、撤廢治安維持法、匪徒刑罰令、浮浪者（按：遊民）取締規則之鬥爭

　　1、撤廢臺灣出版規則、臺灣新聞紙（按：報紙）令、治安警察法、保甲條
　　　例及其他壓制無產階級之各種惡法

　　2、撤廢治安維持法及其他壓制無產階級各種惡法之撤廢

十一、反對逮捕、羈押、扣留、拷問、毆打、驅逐、住宅搜索、跟蹤之鬥爭

　　1、反對逮捕、羈押、扣留、監禁　2、反對毆打、拷問、跟蹤、驅逐

　　3、反對住宅搜索、搜身　4、反對取締組合事務所

十二、撤廢苛斂誅求農民之各種惡稅之鬥爭

　　1、反對牛稅、牛車稅、腳踏車稅　2、撤廢間接稅

　　3、對資本家、地主採累進課稅　4、反對一切捐款

十三、撤廢保甲制度之鬥爭

　　1、反對徵用賦役　2、反對建造道路　3、反對冬防警戒

　　4、使用道路之自由　5、反對申報投宿義務　6、撤廢保甲費

　　7、反對壯丁、甲長之就任

十四、反對強制、欺瞞捺印之鬥爭

　　1、反對以強制、欺瞞之手段要求捺印　2、契約之自由

十五、打倒業佃會、興農倡和會、農民協會、民眾黨等諸反動團體之鬥爭

　　1、打倒官設的業佃會、興農倡和會　2、打倒地主的業佃會、興農倡和會

　　3、打倒欺瞞民眾的農民協會

　　4、打倒日本帝國主義的走狗黨──臺灣民眾黨

十六、農民、工人、貧農等迅速加入臺灣農民組合吧！

十七、擴大青年運動之鬥爭

　　1、一切教育費由國庫負擔　2、實施義務教育　3、入學之自由

　　4、制訂6小時勞動制　5、工資一律平等　6、反對壯丁　7、組織自衛團

　　8、打倒官制青年團　9、結婚、離婚之自由　10、反對家長制度

　　11、組織農林研究會　12、設立農民學校之自由　13、組織農民少年團

　　14、廢止聘金

十八、擴大婦女部運動之鬥爭

　　1、男女工資平等　2、產前產後八週之休養　3、休養期間發給全額工資

　　4、懷孕期間停止開除　5、支給分娩期最低百圓之休養費

　　6、月經期間休養一週　7、休養期間發給全額工資　8、制定婦女保護法

　　9、打倒迷信　10、結婚、離婚之自由

　　11、農村婦女一齊加入農民組合婦女部！　12、農場設置托兒所、休憩所

　　13、設立免費幼稚園

十九、擴大救援部之鬥爭

1、會面、送[給被拘留者]物品、讀書、通信之絕對自由

2、改善監獄之待遇　3、撤廢保釋金制度　4、撤廢一切惡法

5、即時釋放政治犯　6、犧牲者家族加入救援部

7、同情組合員者立即加入臺灣農民組合救援部！

8、促進臺灣解放運動者救援會

二十、策進臺灣解放運動犧牲者救援會之鬥爭

1、被榨取者、被壓迫者大眾參加救援會！

2、同情社會主義者來參加救援會！

二十一、為促進刊行機關誌之鬥爭

1、確立吾人宣傳者、煽動者、組織者、指導者之政治報紙

2、促進發行吾等階級的機關誌　3、撤廢臺灣出版規則、臺灣新聞紙令

二十二、促進結成臺灣解放同盟之鬥爭

1、工人加入工會吧！　2、小市民、小資產階級加入臺灣文化協會吧！

3、農民加入農民組合吧！　4、促進臺灣解放運動同盟！

5、結成統一戰線！

二十三、支持泛太平洋勞動組合之鬥爭

1、泛太平洋沿岸無產階級團結站起

2、太平洋沿岸一切被壓迫民族站起來，支持太平洋勞動組合

二十四、支持反帝國主義同盟組織之鬥爭

1、打倒國際帝國主義　2、民族自決　3、促進結成反帝國同盟支部

4、支持反帝國同盟

二十五、支持中國、印度的工農革命之鬥爭

1、反對干涉中國印度之工農革命　2、反對帝國主義的中國出兵

3、反對帝國主義的中國侵略　4、中國、印度、蘇維埃政權萬歲

5、世界革命成功萬歲

二十六、反對帝國主義戰爭之鬥爭

1、拒絕帝國主義戰爭之預備軍費　2、反對侵略殖民地之戰爭

3、打倒國際帝國主義　4、將帝國主義戰爭轉向階級戰爭

二十七、反對總督獨裁政治之鬥爭

1、反對以暴力壓制之政治　2、反對獨裁政治

　　3、臺灣是臺灣人的臺灣　4、打倒臺灣總督政治

▋臺灣農民組合婦女部組織提綱　1928/8/29

資料出處：《資料A：臺灣農民組合本部存留檔案》，頁156-158。

（編者判斷此提綱是由第三國際領導人片山潛所擬，然後由謝雪紅提出）

1、我們臺灣婦女為處在現代資本主義社會，受著經濟上、社會上和特殊總督政
　　治的數層壓迫，飢寒恐嚇侮蔑生活不安的狀態，已經一天天的加深起來了。
　　尤更加封建殘餘的壓迫──宗教道德家庭制度等等的束縛──簡直是使女子
　　陷於很深的非人生活的慘境。

　　所以過去的婦女們在這種情形之下，都不能發揮她們的本能。但現在因受著
　　國際運動的影響，他方面臺灣解放運動的發展，也都使婦女們在十八層的地
　　獄裡，都覺醒起來要求參加在無產階級解放運動的戰線上了。然而如婦女共
　　勵會，婦女協進會，文協婦女部，工會婦女部等團體，這些團體[仍]然很幼
　　稚，組織沒有群眾化！

　　大部分因為指導者是小資產階級的婦女組成才沒有鬥爭性的！

　　但總亦是表現臺灣婦女已經覺醒起來的了，所以臺灣婦女為解放自身計，非
　　[得]去參與無產階級運動不行。換句話說，婦女運動即無產階級運動的一部
　　隊，這是很淺顯的事，例如俄國是個鐵證。

　　我們婦女與男子[即]是站在同等的重要任務，就不再忍受舊時習慣和因襲的
　　束縛，而漸漸進入解放運動的戰場上和無產農工兄弟相握手了！！我們臺灣
　　的婦女姊妹呵！我們要向一切敵人進攻，必須我們無產農工婦女起來組織整
　　[個]綱領和政策，始得同現代重壓我們婦女的傳統惡制度和一切欺瞞我們的
　　階級鬥爭，否則斷然不能達到我們婦女完全解放底地步。

　　我們在此制度下，不但得不到與男子同等待遇，簡直認定婦女不成一個人，
　　應有[的]權利一點都被剝奪去。我們知道，××帝國主義逆世的治安，警察
　　法第五條──婦女絕對不允加入政治結社──這是在違反他們的立憲國真義
　　呀！「我們工農階級的恩人列寧先生告訴我們說，政治鬥爭[是]為婦女脫掉
　　重重壓迫的第一步。」我們臺灣婦女要求徹底的解放，非將法律上一切障礙

物排除不可。

尤其是勞動情形更為殘酷，勞動時間勝過男子而工資卻減至差不多一半。這樣惡劣[的]環境慘無可言了，我們知道自從國際勞動會議議決了八小時工作制以來，歐[美]各國[屢]見實行，唯有××獨裁的帝國主義的國家尚還未見實施，我們還要受十幾時間（小時）的強制的勞動苦痛。關於這些都是我們無產婦女須努力去撤廢的根本勞動條件，像禁止婦女做夜工，及坑內勞動，獲得工資平等，產前產後休養，廢止公娼制，撤廢人身買賣，確立婦女及兒童保護法，改革教育制限，設施義務教育，打破迷信等目標，是我們日常所覺到的應當的急務。

這些目標都是在目前我們臺灣無產婦女所要努力去鬥爭的使命啊！那末我們要完成這使命第一步就要動員一般無產農工婦女，在無產階級戰線上和宗主國的無產階級共同向××資產階級進攻。同時與賣叛階級的惡勢力爭鬥。此外還要向婦女運動者清算過去所犯的誤謬——把婦女運動和無產階級分開，什麼女權對男子運動——這盡是小資產階級婦女的空想口頭[禪]吧了。

這種口頭[禪]是欺瞞人的，不合實際的。我們要曉得在歐洲女權運動發生最早至今已有兩世紀了，可是實際上除了俄國以外沒有達到的，就像民主的美國也是不能實現。所以我們可斷說：婦女解放運動若無參加無產階級革命，是絕對不能成功的，我們須先打破這種貴族式的偏見才能進出有意義的運動啊！

2、我們回想到農組婦女部過去所做的是什麼呢？實在是有名無實的婦女部組織，只有大甲支部婦女部員有五十餘名，餘外都是在進行中，這乃是農組忽略婦女在運動上的力量，因不積極吸收農村婦女在戰線上奮鬥；即以為婦女運動是婦女自身的事，不看與無產階級運動有密切關係的。這種無意識的錯誤是犯著無產階級運動的真義，所以若要使農組群眾化和鬥爭化，非極力吸收一大批農婦來站在農組旗幟之下，不可有了，這樣的努力才能強猛的向敵人決死戰呀！

3、因此我們就馬上擴張農組婦女部計畫如[下]：

（1）農組各支部急組織婦女部

（2）各支部婦女部置責任者一名

（3）組織特別訓練班「研究會」

（4）組織宣傳××隊，訪問隊，救濟隊

（5）參加各團體一切會議

（6）有特別爭鬥時時發情報

（7）設立和日本各團體婦女部等聯絡者若干名

4、我們農組此種種的組織是非常必要的，同時我們在目前所要求的目標總括如下：

一、獲得加入政治結社自由！

一、獲得男女工資平等！

一、撤廢壓迫婦女一切惡法！

一、反對教育制度！

一、確立八小時工作制！

一、確立婦兒保護法！

一、廢止公娼制！

一、廢除人身買賣！

一、打破婚姻制度！

一、打破舊禮教！

一、打破迷信！

一、確立新作權！

一、確立最低工錢法！

一、確立生產物管理權！

一、立毛差押・假處分絕對反對！

一、埤圳農會為農民管理！

一、打倒一切壓迫階級！

一、臺灣農工婦女團結起來！

一、臺・日・中・[朝]鮮姊妹聯合起來！

一、全世界婦女聯合起來！

一、婦女解放萬歲！

一、全世界無產階級解放萬萬歲！

▋臺灣農民組合救濟部組織提綱　1928/8/29

資料出處：《資料 A：臺灣農民組合本部存留檔案》，頁 77-78。

（編者判斷此提綱是由第三國際領導人片山潛所擬，然後由謝雪紅提出）

（一）大略

　　最近因偉大的無產階級運動的進出，引起支配階級恐怖起來了。他們為要永久確保他們的生命，因此他們就用種種慘無人道的行為來暴壓和虐殺我們無產階級解放運動的最勇敢的鬥士——中國的白色恐怖於全國，日本的未曾有的大檢舉朝鮮共產黨事件，臺灣新竹事件，廣東事件，中壢事件，最近上海事件等。這都是向我們無產階級解放運動的戰線上，開始總進攻了。此種種攻勢都是很有組織的、有計劃的，所以我們要向敵人宣戰，必須有很鞏固的組織團結力才能達到最後的勝利呵！

　　農民兄弟呵！我們既然知道無產工農階級運動更發展，支配階級暴壓是屬害的，這種暴壓不但過去是這樣，就是現在及將來，也是一定屬害的，在這兩大營壘交戰的當中，自然會產生很多為無產大眾謀利益而犧牲的鬥士。所以我們農組就須要組織救濟部。我們認為救濟部的意義，救濟部不只是解決經濟一方面，同是幫助農組的發展，使農組成為真正的鬥爭團體，換句話說，即做個農民向資本家地主進攻的活動舞臺，這就是農組組織救濟部的意義。

（二）組織

　　指導與被指導的關係如下！

（1）農民組合組織救濟部，是幫助農組的組織，一部分能使農組組織群眾化，即是「附屬機關」

（2）農組本部及支部確立救濟部

（3）農組委員會，應特選出負責人員五名組織委員會

（4）指導關係，由農組指導的，但經濟一方面是由救濟部獨存，因要時時刻刻準備救濟的利便

（5）經濟收入支部按定每月末日報告於本部，使本部知其用途。

（6）有爭議的時本部特派人員到爭鬥地去參加救濟部員，一同去調查和訪問犧牲者的家庭及攜帶安慰品給[與]

（三）宣傳

（1）對內宣傳，向會員解說救濟運動的目的與解放運動的傾向，使我們會員全體對於本農組救濟部所作的工作，能很深刻地明瞭，與直接觀念。

（2）對外宣傳，我們農組組織救濟部的意義是在互相幫助「共同鬥爭對付敵人」，共具體而特別爭議時，互相提出聲明書抗議，救濟資金等等。

（3）國際宣傳，把國際潮流介紹「勞工農民在國際上的使命及地位」。特別介紹中國日本朝鮮××運動的真相，把他展開給我們臺灣無產階級兄弟，做個參考，使我們臺灣的無產農工階級能夠真正完成這歷史的使命！

（4）對內外反國際宣傳，[暫]時利用情報通信及現在的報紙發表。

（四）調查

調查方面我們認為很有作用的，此種作用可以幫助農組採取很正確的爭議對策，並且可以看出我們的鬥士的戰鬥力如何強大！

因此我們就要規定調查的要點如下：

（1）調查爭議時及往過及真相，

（2）調查犧牲者數及家庭狀況，

（3）查問犧牲者特點

（4）蒐集犧牲者著作物和寫真

（5）蒐集來的材料交給救濟本部及農組本部，可發刊物，[暫]時時利用情報，發給各團體或有志者

（五）經濟

救濟部經濟由救濟部員維持之，救濟部員應納會費。定如下

（1）農民會費（每月）五錢以上，

（2）婦女會費（每月）三錢以上，

（3）子供（小孩）會費（每月）二錢以上

（六）救濟

（1）救濟每人若入獄者按月九圓「未決者」

（2）家庭確不能生活者，每人每月救助三圓「限定一年」

（3）鬥士的家庭確實無鬥士自身維持生活不能過日時，須救濟最低限度多少由同地生活程度決定之

（4）鬥士的家族死亡不能安葬時發給救助費二十圓。

（5）鬥士被解時，住外地要回到本地時，須發給車費，隨地而定。

（6）可能的範圍須要他們團體的救助——精神上、物質上兩方面。

（7）我們以上的提綱已經說明救濟部組織的意義和作用。那麼我們在目前應要注意幾點重要問題。而反對帝國主義戰爭，保護工農祖國蘇俄，幫助中國革命反抗暴壓無產階級解放運動，反對檢舉無產階級的鬥士，過去被監禁獄者立刻釋放，打倒御用紳士及走狗等等口號。這些口號提出我們幾個重要口號如下：

（一）反對新帝國主義戰爭！

（二）保護工農（祖國）蘇俄！

（三）反對出兵去中國干涉中國革命！

（四）反抗暴壓無產階級的鬥士！

（五）反對無理檢舉檢束！

（六）被監禁者立刻釋放！

（七）打倒一切反動階級「御用紳士和走狗」！

（八）打敗一切帝國主義！

（九）農組救濟部萬歲！

（十）全世界無產階級解放萬歲！

▌臺灣農民組合青年部組織提綱　1928/8/29

資料出處：《資料A：臺灣農民組合本部存留檔案》，頁79。

（編者判斷此提綱是由第三國際領導人片山潛所擬，由謝雪紅提出）

　　在階級未消滅，私有財產制度未廢除以前的社會人類的生存是在黑暗的地獄過生活的，這種無趣味的生活我們稱為不幸的，在歷史上那樣明爭暗鬥，奇形怪狀的慘[相]，是使人類生存最可怕的生活呀！

　　在這種可怕生活的現象中我們更覺得人類的一半以上青年男女的生活尤其是

慘境的，受外民族的統治，政治的壓迫，經濟的剝削，宗教的迷愚，封建的婚姻不自由，又更加近代資本主義生產制度的不良，就養成了一大批的青年工人來對立資本家。

在廿世紀的初期歐洲就發生了勞動青年運動了。無產青年運動速出直接的原因，是在資本主義制度下產生出來的，因為他們在工廠、農場、礦山其他各種生產機關事務等勞動的當中受極度的榨取，使他們認識他們自己的地位及使命，勞動青年既然認識自己的階級利益，就起來組織團體抗爭。

榨取者同時防衛自己的階級隊伍，無產青年運動最勇敢的表現於我們共知的歐洲大戰。「一九一四年八月」大戰當時，第二國際的先生們提倡著擁護祖國的口號，來欺騙無產階級不去反對帝國主義戰爭，反而去參加戰爭，願做資本主義的忠實狗——在這臨陣的時候，熱血的革命青年奮起萬分，就召集萬國的無產青年在[柏林]開國際無產青年大會。「一九一五年」在大會上決議「反對戰爭」、「無產青年國際團結」，又在當年十二月三日以十二萬青年大眾「反對軍國主義」、「反對戰爭」為口號，敢行示威運動和其他種種方法去反抗國際帝國主義。這是無產青年反抗支配階級的第一聲。再來是中國五四運動，五、三十運動，尤其是臺灣解放運動大部分是青年最活動的，這是可以看見青年運動在無產階級解放運動的戰術上是何等的重要呢！所以我們無產農工運動無論實際上或理論上，都不能把[這]青年運動分離的，因為無產青年在生產過程中所受那資本的剝削特別厲害，差不多變成非人類的生活，當中使他們覺悟起來，團結本國的無產階級農民，要打倒一切壓迫階級，達到最後成功！

我們臺灣農民組合呢？各國無產階級運動的經驗告訴我們青年無產階級解放運動上的重大位置，那麼我們立刻就把農組青年部清算，顯示我們農組青年部的組織是有的，但沒有很廣大的發展，其原因是鬥士缺乏的緣故。不能有很好的組織×××沒有組織教育機關研究會和訓練班，因為農村青年大部分都沒有受過教育的，所以農組鬥士若要向農村青年用口頭宣傳，官狗就來壓迫，農組因為過去在這種情形之下，就不能發展起來了。

所以我們知道過去那種種缺乏，不能使農組的運動進步，此後是要使更加努力去組織真正青年部，才能使速度發展起來。

（一）各支部確立青年部

（二）選定青年部的委員若干名

（三）青年部組織研究會特別訓練青年鬥士

（四）青年部確立宣傳[組]

（五）青年部確立鬥爭[組]

（六）確立對於各團體青年部的聯絡

（七）特別關於青年要求發出情報

目標如下——（口號）

（一）打倒一切壓迫階級！

（二）反對總督獨裁政治！

（三）打倒田中反動內閣！

（四）反對帝國主義戰爭！

（五）確立耕作權！

（六）惡法撤廢！

（七）六小時勞動制國際無產青年團結起來！

（八）世界無產階級解放萬歲！

■ 農組第一次全島大會通知書　1927/11/8　中文翻譯

資料出處：《資料A：臺灣農民組合本部存留檔案》，頁30。

　　我臺灣農民組合成立至今時間還很短，沒有經驗，甚至可說只是因為非得成立不可而成立了。火災以非常大的火勢燒到我家了，所以我們不得不站起來了。但是還並不能很明瞭地了解該怎麼辦，因此我臺灣農民組合創立以來，所做的事情有很嚴重的錯誤。我們承認，並在這次第一回全島大會中毫不隱瞞把我們的錯誤明白地指出來，同時現在要確認將來要怎麼走。

　　所以我們要嚴密地以科學的眼，追根究底，來看清楚我陣營與敵陣營是處於怎樣的關係，是走甚麼樣的路線過來的，也就是說要探究我農民組合有怎麼樣的社會地位，歷經了什麼樣的過程。到今天為止我們臺灣一直被世界隱藏起來，現在依然如此。但就算是太平洋上的一個小小的孤島，世界的潮流也是不得不以破曉的紅光將之染紅。一直以來我們的眼耳口等全部都被蒙蔽，然而破曉勇壯的空氣通過我們的思慮，將我們引導到那樣的氛圍。

　　所以，這樣就算沒有往正確的方向走，我們終於能夠窺探世界的大勢了。

　　現在我們這樣了解了。俄羅斯的我們的弟兄們正在快速發展中，中國的革命也以非常的速度進展中，日本內地的我們弟兄在勞動農民黨、在勞動組合評議會、在日本農民組合等非常地活躍。

　　我們也要盡最大的努力召開全島大會，決心要將之前做的工作檢討整理，計畫未來一年要走的方針。

　　諸君不可能遠離世界的潮流而存在！

　　在此我們殷切期盼諸君出席全島大會

　　　　　　　一九二七・一一・八　臺灣農民組合本部（臺中市楠町六之九）

■ 臺灣農民組合本部關於全國大會的報告　1927/12/6　中文翻譯

資料出處：《資料 A：臺灣農民組合本部存留檔案》，頁 38-40。

臺灣農民組合本部1927.12.6報告
對抗暴力壓迫，我等的全國大會召開了！

二十四幅的紅旗飄揚，掌聲、歡呼沒有停止。
　　這樣的勇壯！這樣的盛況！
已經報導過。我們的第一次全島大會被官憲組織性的陰謀壓迫。
不過就連暴虐的臺灣官憲也震懾於我們有組織的訓練決死的氣概，終於來哀求我們。我們的鬥士的大部分都因亂七八糟的檢舉被關進監牢。
就算這樣農民們自己也知道自己該做的事，所以在本月三日對我代表說希望中止公園集合之事。當然我們從大會的整體考慮，正正當當地決定中止原本要盛大舉行的示威。不是因為要避免煙火般醒目的鬥爭，而是要思考該在何時展開鬥爭，我等的鬥爭將會有所進展的！

代議員二百五十名在大眾二千餘名中旁聽　我等紅旗將要進軍！

一、特別活動隊設立之事宜
二、勞動農民黨分部之事宜

我們在公園集合中止前述事宜、並讓會眾各自到會場集合。

然後，本部聯合會分部的代表高舉二十四幅紅旗入場。市民對這樣壯觀的景象狂熱。進軍議場時將近三千名的會眾用血要噴出來似的歡呼如雷的掌聲來迎接。警官被這壯烈的景象嚇得不知所措。

堆積得像山的賀電賀詞，來自全日本、朝鮮、臺灣的聲援。就這樣讓我國際統一戰線準備好了。

因為我等的組織性訓練和全日本的無產階級的聲援，臺灣農民組合第一次全島大會的勇壯氣氛浸潤了全市，使市民大眾為之瘋狂。

十二月四日早上十點半在主持人侯朝宗君開會致詞中揭開，我第一次全島大會的序幕資格審查通過大會因而成立。接下來黃信國氏被推為議長，陳海氏被推選為副議長，各就其職。從書記的任命到各種委員的任命毫不停滯地進行。從莊萬生氏的歡迎辭到林乞食氏的答辭之後，接著就是賀電賀詞祝賀文的朗讀。來自全日本各個角落的同志的聲援讓我大眾為之狂熱，讓那些傢伙為之警惕。

就這樣我國際性統一戰線地第一步準備好了。

「全世界的無產階級團結起來吧！」的宣傳標語具體化了。

當進入本部的報告時膽怯的官憲啊！

以「中止」「解散」來襲擊！

那幫人對我組合的快速的發展感到害怕，

因此想在眾目睽睽下將之隱藏！

午後二時我全島大會繼續進行，本部的情報報告由趙港君執行。

對我組合飛躍似快速發展的事實一開始就害怕的官憲忌諱這樣的事實讓大眾知道，並且亟欲掩蓋自己壽命快到盡頭，所以用「中止」、「解散」的方式襲擊我全島大會。而我組織性的理論把我們從無政府的反抗運動中解救出來，讓我們不致落入動員所有憲兵、警察等集合全島高等軍將我們構陷入罪的陰謀的圈套中。不動聲色地解散準備□□。要把那些傢伙愚蠢的臉在市民的面前現形。

我代表本部員立即與山上氏、古屋氏一同向警務部長抗議，並徹底地打敗他們。

委員長山上武雄氏、顧問律師勞動農民黨代表古屋貞雄氏一同前往州廳，表示對於他們曖昧的回答完全不上當，並且對於表達對這樣毫無責任的暴行惡狀有徹徹底底抗爭的準備，同時要求他們謹慎地調查速記的記錄後再負責任的回答。表達這樣的訴求後方始離開。

> 對抗暴力壓迫！
> 繼續鬥爭（我等全島大會第二日）
> 對我分部報告終始一貫以「中止」的方式壓制，
> 完全不說真相的理由是與以「中止」「解散」的命令阻撓本部報告的動機相同，是要掩藏我組合光輝的鬥爭的歷史和飛躍的發展的計謀！

我臺灣農民組合全島大會第一天午後二點進入本部的情勢報告時，被「中止」「解散」的命令打斷。對這個不合理的事我們立即向警務部長嚴重抗議。第二天十二月五日我全島大會繼續開會。早上十點從各種委員會的報告開始，然後進入分部的情勢報告。因害怕我臺灣農民組合飛躍似的發展和光輝的鬥爭歷史，而對本部情勢報告做出「中止」「解散」的暴虐行為的官憲雖然對我們的嚴重抗議感到害怕而斟酌的下手的力道，到底隱藏不了狐狸尾巴。他們對二十個分部的情勢報告全部有意見而且中止以此掩蓋事實。然而二十四幅紅旗、數千的會眾、熱烈的組織性行動已經成為非常無可奈何令人煩惱的種子，並留在官憲、資本家的腦海中了。

特別活動隊的設立　另外十一件
就這樣我們明年度盛大的鬥爭已經準備好了。

我們了解我組合的□□的歷史性階段。除了特別活動隊的設立，另外有十件的議案通過，明年度我臺灣農民組合盛大的鬥爭已經準備好了。

■ 臺灣農民組合第二次全島大會宣言　中文翻譯

資料出處：山邊健太郎編，《臺灣》第一卷，現代史資料21（東京：みすず書房，1971），七，農民運動，頁 367-368。

勇敢的工人農民、兄弟姊妹們！一切被壓迫的民眾！

我臺灣農民組合自1926年成立以降，開始向日本帝國主義者、資本家及反動地主勇敢宣戰、猛烈進攻，使凶惡橫暴的日本帝國主義者、資本家及地主膽顫心寒。官犬劣紳及一切走狗慌張狼狽之極，一心以種種蠻橫暴戾之手段持續地、計畫性地壓迫我等之運動。然而，勇敢的農民大眾對於這種類似狂犬的暴壓淫威不僅一點都不害怕，反而還以決死的大決心更活躍、更勇敢地、進行越來越熱烈的鬥爭，堅守組合的陣營，擴大組合的勢力，光明正大地在本島樹立組合之陣營。

殖民地反帝國主義運動的一大部隊──「臺灣農民組合」，為組織性、計畫性、有意識地攻擊萬惡的帝國主義和反動地主作準備，為清算過去一年間的鬥爭、運動之適當與否，排除一切的暴壓和障礙，召集數百名勇敢且精銳的鬥士──代議員，在此狂風暴雨的鎮壓下，召開第二回全島大會。

戰鬥的工人農民！一切被壓迫的民眾！臺灣農民組合第二回全島大會的任務及其意義大且重要。在我們的公敵帝國主義者尚未倒下、封建的餘孽尚未殲滅、民族解放尚未成功的現在，無論從民族的、政治的反帝國主義運動戰線上觀之，或從農民自身的土地、民主主義的解放運動上觀之，本次大會所提出的勞動結成問題、臺日鮮共同委員會問題、大眾黨組織促進問題、機關報問題、救援會問題、確立青年部和婦女部問題、機關報及關乎農民死活問題的耕作權之確立、生產物管理權之確立與佃租減免等問題相當重要，乃是被殖民政策蹂躪的我們不可須臾或忘之問題。

我等在解放戰線上一心一意希望堅強且勇敢的各團體、各位同志以全力撲滅一切陰謀毒計，以排除一切障礙，完成我們的重大任務。戰爭的工人農民──一切被壓迫的民眾啊！瀕死的帝國主義者與反動地主為保持其狗命，一面準備屠殺工農的場所之第二次世界大戰，一面積極地對無產階級──特別是對殖民地臺灣的無產階級施加越來越殘忍、越來越露骨的壓迫和榨取，為此，臺灣的工人、農民、小市民所受的政治、經濟的痛苦已經達到極點。看啊！嘉義、高雄的大罷工、新竹事件、第一次和第二次中壢事件及最近大肚的土地問題，不是特別顯現出支配階級的凶暴殘虐嗎？

工人、農民、一切被壓迫的民眾啊！起來吧！勇猛地奮起！不是要擁護我們的生存權，以同心協力建設自由平等且友愛的新社會嗎？

工人、農民、一切被壓迫的民眾啊！工農的祖國蘇俄建立以來，如何在其治

下為工農群眾謀解放、增加其福利；如何為各國的被壓迫階級與被壓迫民族之解放援助指導，已相當清楚。雖然國際帝國主義大大地武裝進攻、做出經濟封鎖等危害，但是遇上工農堅固團結的蘇俄，不是終歸徒勞，不攻不戰，不得已而自行撤退了嗎？現在的蘇俄不僅在政治上獲得絕大的勝利，在經濟上與革命前相較已獲得超過數十倍的增收，其工農階級的自由幸福，世界上無其他地方足以相比。

長久以來在世界第一的英國帝國主義者之鐵蹄蹂躪下的印度、埃及，今亦應時代之要求高舉反英之叛旗，接著，摩洛哥、爪哇、蒙古，不都為脫離帝國主義者之羈絆而要求民族獨立，向帝國主義者宣戰嗎？中國工農群眾也全國武裝，起而向國際帝國主義者及其爪牙的新軍閥、貪官污吏、土豪、劣紳等反抗，在廣東、福建、江西、湖南、湖北組織工農政府，一步步地獲得勝利。日本、朝鮮的工農群眾也奮勇與帝國主義鬥爭，在同一公敵下呻吟的中、日、臺、韓無產階級，當然必須迅速聯合，越來越鞏固團結，以勇往邁進之精神與一切力量撲滅日本帝國主義者及一切的反動勢力。

工人、農民、一切被壓迫的民眾啊！我們的覺悟是，這是我們的命運。我們的組織、團結，就是我們去苦就樂之道，就是決定我等命運之關鍵，也正是決定全[體]無產階級命運的關鍵。

我們前進吧！我等成為先鋒，徹底地鬥爭，最後的勝利終究是我們的！曙光就在眼前，讓我們急起高呼：

一、農民們！迅速加入農民組合吧！工人們！迅速加入工會吧！

二、工人、農民團結吧！

三、確立耕作權！確立團結權！

四、全臺被壓迫的民眾團結吧！

五、臺、日、鮮、中的工農階級們，團結吧！

六、擁護工農的祖國蘇維埃

七、支持中國工農革命

八、打倒國際帝國主義

九、反對新帝國主義戰爭

十、被壓迫民族解放萬歲

十一、全世界無產階級解放萬歲

■ 農民組合口號與鬥爭路線宣傳文　1929/1/1　中文翻譯

資料出處：山邊健太郎編，《臺灣》第一卷，現代史資料21（東京：みすず書房，1971），七，農民運動，頁 368。

組合的口號

（昭和4年1月1日、3日中央委員會所決定）

　　關於爭取生產物管理權：

　　　生產物管理權歸於生產者

　　　反對總督府產業政策

　　關於糖業：

　　　撤廢採取區域制度

　　　反對強制扣除

　　　反對不正當之秤量

　　　與農民協定蔗價

　　關於販賣芭蕉（香蕉）之制度：

　　　打倒青果會社

　　　奪回同業組合管理權

　　　打倒收貨組合

　　　反對禁止自由移出

　　　反對舊經紀人制度之復活

　　一般口號：

　　　貧農立刻加入農民組合吧！

　　　確立耕作權

　　　打倒惡地主

　　　撤廢磧地金（按：佃租保證金之一種）

　　　耕種自由

　　　打倒官制農業團體

　　　結成拒買土地同盟

　　　確立團結權

　　　反對破壞我等之團體

奪回桃園、中壢支部

反對假扣押處分

爭取最低工資法

日工農立即加入農民組合

同一工作，同一工資

確立8小時勞動制

佃租永遠減三成

荒年免租

工人農民起而組織產業部

奪回產業組合

奪回埤圳管理權

反對嘉南大圳三年輪灌政策

反對土地亂開墾

對於被開墾之土地給予相當數額之賠償

立即釋放犧牲者

打倒土地賊

反對總督府之土地政策

反對新帝國主義戰爭

打倒國際帝國主義

反對強制欺瞞捺印

反對不法羈押逮捕

反對暴壓政治

撤廢惡法

打倒田中反動內閣

反對禁止結社

反對干涉集會言論

農民立即加入農民組合

工人即時加入工會

工人農民聯合吧！

第七章

農民組合的高峰與低谷

第一部分：地方性的抗議

■ 蔗農組合趣意書　　1926年6月　　中文翻譯

資料出處：山邊健太郎編，《臺灣》第一卷，現代史資料21（東京：みすず書房，1971），七，農民運動，頁338-339。

　　試看我們臺灣的山村僻地，蔗苗森然繁茂，蔗園成林，製糖會社到處設立乃是當然之事。工廠的煤煙遍及全島，糖產額在米、鹽、樟腦之上。此全拜政府關於獎勵方法的研究及設施無微不至、會社的鼓吹方法鉅細靡遺，以及關於耕作者對耕作方法之研究詳細清楚之故。然而，關於耕作者的權利問題，政府、會社皆未曾謀求圓滿的措施，耕作者自身亦尚未醒悟，乃係可悲之事。

　　耕作者種植一期甘蔗需要耗費兩年的時間。流下粒粒辛苦的汗水、耗費莫大的心神，才能種出如森林一般茂盛的蔗園、堆積如山的原料甘蔗。然而，一旦這些甘蔗運入會社的秤量場，便由會社任意秤量，耕作者沒有在現場的權利，也沒有被獲予監督的權利。此實為無理而專橫至極之作風的第一點。

　　蔗葉剝落之完否、掃莖清潔與否，全憑會社單方認定，據此扣除斤量，減少等級，不許耕作者置喙，此乃無理專橫之第二點。至於收購價格，以前係依據政府與會社之協定，現在全賴會社自由決定，若是多少還有良心的會社，還能獲得相當的價格。否則，待會社擅斷決定，一旦發表，即毫無修正餘地。彷彿神聖而不可侵犯一般，不當的價格也不許耕作者有異議，連抗辯的餘地都不給。彼等以製糖聯合會的規則為後盾，藉口不可破例違反公約，完全不理會農民的抗辯，蔗農無論何時都得忍氣吞聲。此乃彼等無理專橫之第三點。

　　在糖業界沿革史之中，說起來最可憎可恨的一大不名譽皆在此，世人稱製糖會社為「甘蔗的專賣局」亦宜哉！

　　政府以「糖業取締規則」使製糖會社併吞舊式糖廍，更劃定採取原料之區域，使耕作者不得將其所生產之甘蔗賣給其他會社，此完全是擁護會社政策、對

蔗農苛酷的產業政策，使蔗農永遠跪在專橫的製糖會社膝下。

　　堂堂在政府殷勤保護之下的製糖會社，還組織糖業聯合會這樣的團體作為專橫之後盾、作為臨機應變時的護身符。而我們小民耕作者不組織固定的團體，對此不謀求對抗方法，行嗎？

　　連像政府如此大之機構；社會這麼廣泛的地方，都設立種種的政策及制度，有監視社會之機關、救濟其專橫之措施，此為尊重民權之故。何況是耕種者與會社間[這麼小的範圍]，卻尚未尋求任何的救濟機關和方法，誠令人寒心！

　　會社本不過是榨蔗的製糖廠，其主要的原料除了向耕作者購買之外別無他法。即一為買方一為賣方。雙方的關係完全是商人間的買賣。原料即是商品。沒有強買商品或可強奪商品之道理！

　　既不許強買強奪，則遵守買賣原則、秉持商人道德乃是理所當然的。然而，會社不思及此，徒然以專橫之手段訂定不合理的價格，貪圖一時的奸利而喪失百年大計，此完全是愚劣的作法。共存共榮乃是現今世界不可埋沒之真理。違反此一真理者將走向破滅。階級鬥爭不已寫下過去世界革命之慘史？勞資鬥爭之結果不已形成今日俄國之怪劇？吾人鑑於此等事實，一為獲得耕作者之權利，一為圖製糖會社之便利，在此組織蔗農組合，俾以維持兩者永久的和平。若蒙同志諸君奮起支援此舉，實為耕作者之幸。（大正15年6月）

■ 臺南州蕉樹伐採事件　1926/9/11　中文翻譯

資料出處：《臺灣日日新報》1926 年 9 月 11 日，9468 號 2 版。

臺灣農民組合本部

　　半數民眾接受了解當局條理分明的勸告而撤退了，剩下半數認為放棄了祖先的土地，或離開已認定為永住之地不是那麼簡單的事，而奮力對抗，別無他法，自然而然一拖再拖，進而拖延至本年三月。當局也表示，這段期間，若沒有任何阻礙，[芭蕉]卻無法自然成長的情況下，不得不採取必要的方法。這時屋內之子女跌倒在[官員]一行人腳下，也毫無理由只是一味地哀求延期，一看屋後[父母]仍然繼續開墾，幾乎看不到任何誠意，因此陸續開始進行植林地準備。

　　當地居民見狀，從地上約三尺之處將芭蕉樹六十五萬株（另外二萬株正在結

果，因此特別延期）地上約三尺處全部採伐完了。然雖說採伐但並不是連根挖掘放棄，因此並沒有斷了芭蕉的生命，留了一點餘地。針對此事，為進行上述栽種者之救濟，而調查臺中州栽種者生計水準，其結果皆為過著中流上下的生活之民眾，因此不須特別救濟。

接到上述的回答，[當局]因此充分諒解彼等態度，從此，上述移住者隔一段時間順次離開，現在計有七戶、三十六名，以觀察芭蕉生育狀況為由，以芭蕉看視者的身分留下，計畫等待十一月頃之結實期，招集既已撤退的多數同志，收穫芭蕉。然而，若放縱彼等如此無誠信之行動的話，官廳的威信全如付之淤泥。近期，允許當地居民芭蕉結實所得，但本其交換條件為須將蕉樹連根掘起，使其放棄栽種，但伴隨此事，上述任意開墾者和當地居民間，預期將有相對之糾紛。對此一般認為，臺南州應會採取不造成遺憾的方法，另外當地居民借貸請求也已被受理，不久便可接到許可指令。問題內容大體如上所述，[當局]不讓上述任意開墾者有機可趁，同時其解決方案也無任何困難之處。須將蕉樹連根掘起，使其放棄栽種自然成長結實所得。

■ 農組第二次中央委員會抗議文　1927/4/5　中文翻譯

資料出處：《資料A：臺灣農民組合本部存留檔案》，頁3-4。

臺灣農民組合運動在客觀的情勢，也就是資本主義之現實運動的最後階段的帝國主義時代中興起了。正因適值資本主義逐漸沒落的時代，農民組合運動如雨後春筍、勢如破竹般地展開來了。

原本還做著桃園夢的農民，受到帝國主義的二重三重的壓榨而自覺，自然而然地以組合主義的理念結合了。而今隨著組合自身內部的發展，從原來的組合主義的經濟鬥爭，漸漸地轉型為全無產階級的政治鬥爭。

大家看啊！土地拂下問題，竹林問題，芭蕉問題不是已逐步地進展成大眾運動了嗎。然而，地主資本家的爪牙官憲，為了維持瀕臨沒落的資本主義的殘年餘生，益是以可惡毒辣的手段鎮壓我們的運動。

大家看啊！

戶外集會，絕對禁止！

室內集會的不合法取締！

不合法且不合常理的跟監！

身為官憲不該做的反宣傳！

對組合會員不法鎮壓！

被神聖的治安警察法（？）所認可的戶外集會的自由，竟因不好管理的理由而慘遭無情地蹂躪。例如虎尾郡的事件，把廟內也視為戶外那般蠻橫的態度，實讓人感到啞口無言。例如室內集會，若不把窗戶關上便不認可為室內，要求將窗戶緊閉，甚至意圖致聽眾於窒息的殘酷作為，令人不得不感到寒心。將組合運動的幹部渲染成無賴漢，並阻止民眾加入其組合的官憲之卑鄙！官憲對組合會員的不法鎮壓，我們從方桶君的例子可充分窺知了！其悲慘居全島之冠的。方桶君在一個月之內被罰款兩次，被不法拘提數次，又如今年一月十二日，慘遭該派出所山內巡查毆打，造成須治療四天的重傷。官憲如何殘暴，如何恣意蹂躪人權，由此一覽無遺。另外，猶如監視囚犯般的跟蹤行為，大概是臺灣官憲的驕傲吧！

諸如上述官憲對臺灣農民組合運動的態度，不止是對一個臺灣農民的暴力壓迫的陰謀，而是對全無產階級的虐殺的陰謀。

在此，我臺灣農民組合第二次中央委員會，不但對於運用如此極其陰險、可惡、毒辣手段的臺灣官憲毅然表示抗議，同時也將此事昭告全天下無產階級的諸兄。

昭和二年四月五日

臺灣農民組合第二次中央委員會

臺灣警察當局收

■ 對總督府的土地政策之陳情書　1927/5/21　[中文翻譯]

資料出處：《資料A：臺灣農民組合本部存留檔案》，頁6。

1927.5.21　陳情書

臺灣總督府的土地政策無視土地緣故者及耕作者，徒然助長土地仲介的簇生，引起農村的糾紛。

另雖有產業政策，但卻對生產管理權進行不法干涉，縱容仲介恣意榨取，讓農民生活極度受到威脅。因此請儘速廢止右述政策及不當之干涉，並尊重本島古有的土地習慣和生產者的生產物、管理權，使土地緣故者或耕作者安定，專心致

力農業，增加作物的生產。因上述理由，切盼政府能斷然實行確立農民生活保障之政策。

　　如右陳情。

昭和二年五月二十一日　臺灣農民組合

臺灣總督府　公啟

▌對警察官吏不法行為之抗議書　1927/6/2　中文翻譯

資料出處：《資料 A：臺灣農民組合本部存留檔案》，頁 9。

1927.6.2　對警察官吏不法行為之抗議

一　警察官吏濫用職權干涉民事事件

イ、臺南州嘉義郡小梅派出所及同州斗六郡古坑庄崁頭厝派出所巡查，利用職權傳喚人民，強制對三菱製紙股份公司簽訂贌耕契約（編者按：定期租約），對不答應者以「像去年一樣，出動軍隊，全部殺光」之詞威脅。

ロ、高雄鳳山郡役所也同樣有退休的官吏，針對國有土地轉讓問題，傳喚開墾緣故者，強迫開墾緣故者，承認退休官員的國有土地轉售事宜，並強制其交出土地。

　　而對不答應者不許其返家，監禁並威脅。然而這樣的行為不是舊部下協助（退休官員中，有的是前郡守）的權力濫用嗎？

ハ、在佃耕的爭議時，屢屢將所有權、佔有權及債借權解釋錯誤。地主以直接的行動把即將變成佃農的土地收回，甚至更可惡的，是把田中的農作物重新鋤耕、翻掘，這樣粗暴的行為在白晝下公然為之。而官吏不但完全拒絕佃農所要求的佔有權保護，甚至擁護地主（新佃農）的實際行動。這根本是否定裁判權，獎勵漠視法律的神聖。因為如此，農村大為攪亂，刑事被告人不斷產生，使得多數的良民受到牢獄之災。

▌對警察官吏不法行為之抗議／致內閣總理大臣田中義一

1927/6/2　中文翻譯

資料出處：《資料 A：臺灣農民組合本部存留檔案》，頁 10。

1927.6.2　抗議

　　這簡直是打壓我無產階級的行為。臺中州大甲郡清水街，臺中州豐原郡豐原街大湳，臺南州曾文郡下營庄，高雄州鳳山郡赤山嶺等更是有明顯的例子。

　　警察官吏仗勢權力，行使凌虐及暴力行為之事。儘管警官是要維持秩序，謀求人民幸福的，然而公然在白晝毆打人民，其可惡至極。對刑事被告人和證人殘忍的拷問及監禁之暴行不是只有一件，特別是對農民組合、工友會員以露骨的手段暴力壓迫。例如有一例，新竹州新竹的演講會中毆打聽眾之事件（導致須治療三週的重傷），臺中州大屯郡太平庄，對林添因的毆打（治療一週）；又如臺南州斗六郡古坑庄崁頭厝毆打林某之事與之前的暴力事件如出一轍。特別是林添因對加害者的巡查提出瀆職傷害罪的告訴時，林添因的口述當然不用說，連證人的證詞一字一句也完全不加以採用，不止如此，甚至反過來為了誣陷告訴人入罪，經各種的拷問後，強制其「自白說（自己的告訴是胡說的，非常對不起，敬請原諒）」，林添因因此以誣告罪被拘留。還有，對陳銀定及其他數名毫無關係之人以妨害公務為由拘留。這豈不是擁護資本家，以暴力打壓生產者的陰謀嗎？

　　如右抗議

昭和貳年（1927）六月二日　臺灣農民組合本部　印

內閣總理大臣　田中義一　先生

■ 二林土地事件　中文翻譯

資料出處：《資料 A：臺灣農民組合本部存留檔案》，頁 92-96。

臺灣二林的弟兄六百餘名
耕地二百餘甲步被迫交出
臺灣人的公敵、賣國奴、帝國主義的走狗辜顯榮的暴虐

　　臺灣臺中州二林的二百餘甲步土地，在八、九年前還是在海邊的一片不毛的原野。臺灣人的公敵、賣國奴、日本帝國主義的走狗、受三等勳的辜顯榮不花一毛錢，從臺灣政府手中得到了這塊土地。當時這是一塊不毛之地，賣國賊辜顯榮用甜言蜜語誘拐桃園、中壢、苗栗的佃農來開墾這塊土地。當時的約定是1），一個人的搬遷費是一百二十圓，加上補助；2），永久佃耕；3），佃租一年一甲步十八石（臺灣斗）；4），八年內不漲佃租。我二林的弟兄被他們欺騙，花了

龐大的開墾費，流了數不清的汗水，開墾了這片土地。另一方面，我們也築起了三萬多圓的埤圳，才有今天肥沃的田地。強勢的帝國主義走狗一看到土地狀態變好了，就不遵守當時約定的事項了。不只如此，從那年的隔年起，每年都調漲佃租，如果不從的話，他們就威脅我們要收回土地。現在，他們一甲步的地要收三十五石，以這麼高的佃租壓榨我們。甚至，對於佃農自己築的埤圳也要收一甲步十數圓的水利款，以這種無理的方式壓榨我們。　二林的弟兄被那幫人如此殘酷地壓榨，不得已過著比奴隸還要悲慘的生活。　然而那等傢伙的慾望還不能滿足，為了要貪圖更多的暴利，今年六月把這塊土地借給了鹽水港製糖會社。鹽水港製糖會社聲稱是要自己耕作，要來將土地拿走。不過，對我們來說，比生命還要重要的土地被奪走的話就會餓死，所以我們終於團結一致對抗利慾薰心的傢伙們。然而，暴虐的傢伙們在白晝下公然指使一百多名的無賴漢（黑社會），攜帶武器，強行搶奪我們的土地。我二林的弟兄拚命地動員所有的人，勇敢地與黑社會的傢伙對抗，最後終於漂亮地把那群人制服，使他們臣服於我們的膝下。諸兄啊！！　資產主義的政府對於這樣的不法完全不取締，甚至還說出「他們的行為是正當的」這樣的暴言。

一百餘甲步的未熟農作物全部收押

我弟兄們一起往前！！

召開反對大會，和他們對抗？

帝國主義走狗辜，於上個月十月十五日、十六日兩天，收押我弟兄每天流汗千辛萬苦耕種的二百餘甲步的未熟作物，這樣的暴行加諸在我們弟兄的頭上。我弟兄們那個時候比被宣判死刑還要痛苦。弟兄們的憤怒達到了極點，立刻舉行「反對收押未熟作物」「確立耕作權」大會，勇敢抗爭。另一方面，弟兄們於十一月五日，突破了十數里的路途，包圍辜宅，要求立刻取消「收押未熟作物」的規定。但是，暴虐的傢伙們完全拒絕我們的要求，更過分的是，還端出比豬飼料還糟糕的稀飯來侮辱我們的弟兄！！我弟兄對於這樣的暴力殘酷的行為，感到非常的憤怒，於是在鹿港街舉行一大示威運動，將那群傢伙的暴虐殘忍一一揭露出來。平常對那些傢伙恨之入骨的民眾，對我們非常同情，而且更加憎恨那幫傢伙的殘酷，大家嘴巴都快喊破似地高喊萬歲。

暴虐至極的辜走狗！應是要強制收取土地！將六百餘名的兄弟活生生地殺死！

　　之前的十一月二十日到二十三日間，他們把收押的未熟作物拿去拍賣了。我弟兄不分男女老幼總動員將拍賣會場佔領了。當時有兩三個中間商想要投標，不過因為害怕我弟兄的威力最後嚇跑了。　那幫人所申請的價格是一萬七千圓，我弟兄以還不到他們寄存金額五千餘圓的三千二百元買下了[未熟作物]。然而，傢伙們以更加殘忍的手段申請強制土地交付。資產階級的走狗臺中地方法院被傢伙們的三等勳章擺佈，無視土地和我弟兄深切的關係，就這樣一次辯論也沒舉行，就准許土地的交付了，十四日他們就強制取走土地[所有權]了。

　　不過，在十二日那天，我二林弟兄三十餘名走了十幾里的路，來到臺中地方法院，陳情訴請「執行停止」。可是，資產階級的手下官憲說，「如果一開始便知道你們和土地的關係如此深厚的話，就不會准許可了，不過既然已經准許了，就沒有辦法了」。諸兄啊！　資產階級的法院怎麼如此地不負責任啊？　我弟兄立刻在臺灣農民組合的支援下，於臺中、彰化召開真相大演講，揭露這件事情，並譴責資產階級的政府。　但是，才進行到開會致詞，馬上就被勒令中止解散會議，我們就這麼赤裸裸地被沾滿泥巴的髒鞋和佩刀蹂躪了。

　　全日本農民諸兄啊！！資產階級政府的殘酷還不止這些。這次被強迫交出土地所有權的事，我們的弟兄無法沉默，賭上性命奮而一戰。他們確實知道了這件事，所以想出了許多的陰謀，他們構陷說，之前來拜訪時，我們侮辱、恐嚇他們，所以把我二林支部的鬥爭組合員及支部的幹部逮捕，打入監獄。諸兄啊！

　　我二林弟兄的財產全部被收押了。

　　我二林弟兄比生命更重要的土地被強制奪走了。

　　我二林弟兄被逮捕了。

　　我二林弟兄處於飢寒交迫中。

　　但是，我二林弟兄在臺灣農民組合本部的指導下，誓死奮戰。

　　諸兄啊！　請支持二林弟兄啊！

　　要求耕作權的確立啊！

　　打倒帝國主義的走狗、臺灣人的公敵、賣國奴受勳三等的辜顯榮！

■ 臺灣農民組合本部罷工宣傳文　1927/5/27

資料出處：《資料A：臺灣農民組合本部存留檔案》，頁7。

檄！！

頑迷的大榨取機關　日本一之凶惡的日華紡織株式會　臺灣工場！！

他對工場的勞動者　怎樣地彈壓呢？

請看！這回的罷工！－是因十八日早朝會社解雇遲刻二分鐘的職工四名－－噫！－－在沒落之過程的日華---極力來榨取臺灣工場的勞動者－吸膏血----來維持自己的餘命。

全[體]無產階級諸兄呵！！

奮起－抗爭打倒－日華紡織會社－

屈服於我們之前！！！

五月廿七日　臺灣農民組合本部

■ 竹東郡橫山庄土地抗爭　1927/7/12

資料出處：《資料 A：臺灣農民組合本部存留檔案》，頁 11。

強奪我們的土地，又將我們投入獄裡

兄弟！起來抗爭！！

竹東郡橫山庄南河，山畑六〇〇餘甲，這個土地是我們兄弟的首[級]和生蕃、毒蛇換來的，不但這樣，且是我們的飯碗啦！！

比土匪較殘酷的日本帝國主義，將我們這個土地強奪去給與日本人資本家，甲木某了，大財閥的甲木某，二八日率了無賴漢和官犬（日本警察）數十名來強制佔有了，我們兄弟遂起來和牠土匪隊欲決生死了。

然，酷虐的官犬，說什麼業務防害罪，將我兄弟十數名投入獄裡了。

兄弟呵！我們的比生命較重用的土地被奪，又被投入獄裡！　兄弟呵！得想的嗎？竹東的兄弟，將餓死啦！

兄弟　齊起來 救竹東的兄弟吧！！

反對虐殺的的土地政策

反對臺灣總督獨裁政治！

兄弟齊起死守我們的土地吧

以上

　　□□

一九二七、七、一二

■ 農民組合抗爭通知書　1927/10/9　中文翻譯

資料出處：《資料A：臺灣農民組合本部存留檔案》，頁 12-13。

通知

　　雖逐漸走向世界資本主義強烈沒落的潮流，然也同時進入至國家資本主義獨佔市場的最高形態的日本帝國主義，特別在春天的金融恐慌以及最近中國無所不至的炙熱的排日風潮以來，是如何對我們臺灣農民用露骨殘酷的手段來壓迫榨取呢？

　　國有土地轉讓問題！甘蔗區域問題！竹林問題！芭蕉問題！嘉南大圳問題！這已將所有事實雄辯似的說明了。漠視我們的生存權，築起金城鐵壁，不外乎是想要永遠榨取我臺灣農民的企圖。

　　然而，和我們無產農民同在日本帝國主義治理下的地主階級也受到專制的壓迫和無時無刻的榨取，不也時時刻刻逐漸陷入了無產化的必然的悲慘命運嗎？

　　然而，可憐的是不理解這樣的必然結果由來的地主階級，為了防止這必然的沒落，為了轉嫁帝國主義的壓榨，魯莽地斷然對我等農民更加施以殘酷的榨取。看啊！我們的生產額的分配率——地主七佃農三——我們已經過著比封建制度下的農奴更悲慘的生活。

　　而地主階級榨取的演變必然地一定會走向土地返還的地步——（也就是）對農民施以「禁止進入」「收押未收成的農作」的暴力壓迫。這樣的暴力壓迫對我等來說，不就是和判決死刑一樣嗎？

　　如此，我們臺灣農民為了成就歷史的使命，在這裡一同憤然站起如下：

　　召開絕對反對「禁止進入」、「收押未熟農作物」之大會，徹底地和他們對抗。

　　同志諸兄，一起來支援吧！

一、日期　本月拾貳日

二、場所　イ、中壢郡中壢街（臺灣農民組合中壢支部）

　　　　　ロ、大甲郡大肚（臺灣農民組合大甲支部）

　　　　　ハ、曾文郡麻豆街（臺灣農民組合曾文支部）

二、鳳山郡鳳山街（臺灣農民組合鳳山支部）

一九二七年一〇月九日

臺中市楠町六　九

臺灣農民組合本部

▌臺灣農民組合大甲支部致臺灣總督陳情書　1927/10/12　中文翻譯

資料出處：《資料 A：臺灣農民組合本部存留檔案》，頁 14。

陳情書

最近，我等農民怎麼樣都無法再生活下去了。每天家族總動員，從老人到小孩都動員出來，沒日沒夜像牛馬一樣地勞動，生活絲毫沒有變得輕鬆。

不止如此，負債逐漸累積，連蕃薯也都不知道是三餐吃不吃得到的窘狀。

小孩的教育也疏忽了，甚至在垂死邊緣也無法看醫生。

就算是處於這樣的情況下，暴虐的地主們還是年年歲歲提高租金。如果無法應付被要求的租金的話，就會受到被收押未熟作物及禁止進入耕地的處分。

今年六月起，光大甲郡下的追分、大肚、新港、水裡港等我們的弟兄數十人被打入牢獄中。從臺灣全島來看，更是不勝枚舉。這樣的情形等於我等無產農民被處死。我等為了維持生存權，召開農民大會，協議的結果，決議向以維持社會國家的治安為使命的諸公陳情，並請求儘速實行下列事項。

一　禁止進入和收押未熟作物之及時廢止

昭和二年十月十二日　　臺灣總督　上山滿之進　鈞啟

臺灣農民組合大甲支部

▌農組大甲支部反差押會議紀錄　1927/10/12　中文翻譯

資料出處：《資料 A：臺灣農民組合本部存留檔案》，頁 18。

立毛差押立入禁止　反對農民大會政議錄

（譯者按：「立毛差押」意指佃農交不出租借田地費用時，地主會將還未收割的稻子扣住。）

期日：一九二七、一〇、一二，午後七時

場所：臺灣農民組合大甲支部

開會順序
一、司會者　謝進來　君
一、開會辭　謝進來
一、議長　　蔡瑞旺
副議長　趙欽福
一、書記　　陳王癸　鄭盤銘
一、祝詞，祝電，朗讀　謝進來
一、來賓祝辭　楊健

議事和決議事項如左

一、關於立毛差押、立入禁止的反對文件
1. 提案者說明：趙港，陳王癸，李喬松，謝神財，謝進來。
2. 質問
3. 討論
4. 裁決
一同可決

一、實行方法
1. 陳情書提出
2. 提出者：總督府，法務局，臺中地方法院，臺中州知事，大甲郡守

一同可決（全數無異議通過）

一、閉會
臺灣農民組合大甲支部

■ 全島農民抗議事件情報　　1927/10/16　中文翻譯

資料出處：《資料A：臺灣農民組合本部存留檔案》，頁23。

情報——臺灣農民組合——1927.10.16

對於農民大會的暴壓，向臺灣總督提出抗議書。
12日全島一齊召開的「反對扣押青苗、禁止進入」農民大會，為官員對農村問題大演講會所施加的暴壓，向臺灣總督提出抗議書。

抗議文：

臺灣總督粗暴，使地方官員對我臺灣農民組合所提倡、於12日臺灣全島一齊召開的「反對扣押青苗、禁止進入」農民大會施以罄竹難書的暴壓。

在新竹州中壢與高雄州鳳山藉由種種卑劣至極的手段阻撓開會，在臺南州麻豆專搞中止解散這一套，阻礙我大會之進行；臺中州大肚則是以中止解散、拘捕等暴虐的手段面對我農民大會，連依民眾熱烈的要求所召開的農村問題大演講會，都以中止解散來回報。

向來當局對我無產農民生活之不安沒有任何考慮，連僅剩的最低限度的生活資源也試盡各種暴虐的手段榨取。本次對農民大會的暴壓明顯地顯示了當局的陰謀。

連被置於生存不安之處境中的我們集合討論如何擺脫生活苦難的會議，都以如此的魔手壓制。我們對於這樣的暴虐，已有徹底抗爭的覺悟，此事謹向閣下告知。茲鄭重向當局暴壓之態度提出抗議。

昭和2年（1927）10月15日　臺灣農民組合印

我們為使我們的鬥爭步上正確的道路，必須同時提高我鬥士之質量。基於此故，決定舉辦研究會，切望諸君參加。

臺灣農民組合第一回講習會

一、時間：一個月　自11月1日至11月30日

二、地點：臺中市福町　臺灣農民組合本部

三、不問男女老幼、不拘資格、農民組合關係者

四、費用：會費月9圓，住宿免費

五、寢具、日用品請自行攜帶

科目

初級		中級	
經濟學概要	楊健	唯物史觀	楊健
社會學概要	楊健	組織論	楊健
實習	本部員	實習	本部員
課外講話	請適當者擔任	課外講話	請適當者擔任
志願者儘速報名		迄10月底前在研究會集合	

■ 萬斗六農民抗議事件　　1927/10/19　　中文翻譯

資料出處：《資料A：臺灣農民組合本部存留檔案》，頁 15-16。

1927.10.19　情報——臺灣農民組合——

我萬斗六的弟兄四百餘名蜂擁至臺中州廳欲與知事陳情

　　十八日午後一點半左右，我萬斗六的農民四百餘名組隊蜂擁至臺中州廳，眾口紛紛叫說要和知事見面。確立我們的耕作權！擁護我們的生存權！

　　我們不得不像鬼畜般一樣讓大寶農林荒蕪死去！

　　我們反對漠視我們生活的總督府土地政策！

　　我們必須見知事，把我們的生活的實情說出來，並聽聽知事的意見！

　　芭蕉被採割了就等於我們的頭被割了一樣，所以誓死不能讓我們的芭蕉被採收！

　　如果要採割我們的芭蕉，那請給我們食物！

　　我們什麼都不怕！

　　與其餓死，還不如在監獄裡死去！

　　讓知事見我們！

　　告訴我們到底要怎麼對我們負責！

　　四百餘的農民對地方課長的粗暴言語感到激憤無比。

血被吸乾了，肉被吃光了，就連剩下的骨和皮也要被取之殆盡。我萬斗六的農民弟兄要求知事，見在餓死前卻又被逼至絕路的弟兄們一面！弟兄們跨過警官築起的柵欄蜂擁而上。

在激烈的鬥爭中，警察這傢伙挑戰我弟兄把一人拘留起來了。因被逼至餓死邊緣而陳情卻遭到拘留的壓迫！對於此事，雖是我們的弟兄，也是忍無可忍了。我們的弟兄們在熱血沸騰之際，熱氣更加煽動，因而勇往直前。在那個當下要求釋放，並要求能和知事見面。

我等農民用這樣的力量，以我們自己團結的力量，從那些傢伙的手中把我們的弟兄救回來了，並讓他們嚇破膽了。

接著連呼萬歲，更提高了威勢。

就在那個時候西村警察署長出來了，表現的非常地親切，非常地紳士，說這麼多人吵吵嚷嚷沒有辦法理解訴求的要點，請派個代表來。我們的弟兄把他的話做善意的理解，不但立即派謝武烈、謝神財以外，還派了兩名代表，靜肅地等待回答。

然而地方課長這個傢伙魯莽的是——也許因為人數少而感到安心——竟突然瘋狂地以不堪入耳的粗暴語言謾罵。

　　我不承認你們是代表！滾出去！

　　什麼陳情！農民不都是你們煽動的嗎！

　　我沒有什麼要對你們說的！

　　我不承認你們是代表！快滾出去！

被趕出來的我方代表，立即向靜靜地、等得不耐煩的萬斗六的農民弟兄，報告課長的粗暴語言。農民們原本就對課長的殘忍暴虐感到憤慨了，現在又在表面上騙我們派代表，然後用這種態度、這種暴言把我們的代表趕出，終於忍無可忍了。

　　大家蜂擁前進！

　　打死畜生！

　　把資本家的走狗趕出去！

　　我們農民弟兄應該要遊行臺中市街頭喚起輿論的注意！

二、三個小時在臺中州廳的抗爭之後，我等農民成群結隊在臺中市街頭遊行，向全市民報告大寶農林殘暴的總督府的暴政、臺中州知事的不負責任以及地

方課長的暴言。

全市民都同情我們弟兄對警察、資本家的殘酷感到激憤，因為我們農民的報告而了解真相的全臺中市民進而同情農民，並陸續參加示威運動，終於達到了數千人了。

我萬斗六的農奴漸漸地理解警察的真面目和其陰謀了，因此發誓徹底和那幫人對抗，直到當日日落之後方才解散。

我農民連名簽署，決定提出請願書。

我（芭蕉）萬斗六農民數百人商量的結果，選出代表，製作請願書連名簽署後向總督府臺中州提出並做出將請願書向勞動農民黨、內閣總理大臣提出。

■ 「反對扣押青苗、禁止進入農民大會」各地情報 　中文翻譯

資料出處：《資料A：臺灣農民組合本部存留檔案》，頁24-25。

1、新竹州因中壢事件之發生而延期。

2、臺中州大肚，製作抗議官員暴壓之決議文（陳情書），向法務局、臺中地方法院提出。

3、臺南州麻豆，製作抗議官員暴壓之抗議文，向各地方法院提出。

4、高雄州鳳山，因我鬥士被官員拘捕，故延至23日。

一、請瞭解鳳山大樹事件的真相！看看他們的計謀！

拘捕張德海等九人的詭計就是這個！

暴露了官員的真面目。

1、原鹽水港製糖、今臺灣製糖的所有地──至去年為止還是草原。

2、大樹的農民於去年7、8月左右借貸該土地開墾。

3、地租雖於今年4月到期，3月左右會社還給農民播種於該土地之田菁種子。

4、加以今年7月與農民締結新契約。

5、然而，該地大樹庄役場書記黃設這傢伙卻勾結會社，號稱新佃農，意氣洋洋地雇人將農民已除草、翻土過的土地任意種植蕃薯。

6、農民立刻阻止其行為，但其絲毫不聽，仍狐假虎威。農民立刻前往農民組合，與張德海等人商談，翌日，將他們種植的蕃薯用鋤頭砍除，連同其他所有種苗一齊清除。

7、黃設立刻串通該地的警官，控告農民毀棄作物和業務妨害罪。

8、已預作準備的鳳山警吏立刻動員逮捕張滄海等9人。

9、11日鳳山支部之同志與鳳山警察課長談判。

10、13日將逮捕者全部送至臺南。

11、民眾都高喊：「如果這樣有罪的話，我們全都是罪人。我們已充分瞭解官員的真面目了。」呈現想要勇敢戰鬥的意氣。

一、內埔事件——內埔支部

1、臺灣人退職者利阿雲走狗獲得45甲步的土地作為報酬。

2、該土地已由組合員郭有祥瞨耕。

3、但利阿雲仰仗昔日判任官的保護傘，任意將該土地貸予他人。

4、雖無地上物，但43甲步的土地被任意奪取，已難以忍受，另還有生長甘蔗的一甲多土地被粗暴地鋤起。

5、內埔支部不能忍受，逐動員組合員在該土地種植苗木。

6、昔日的判任官乃提出妨礙業務之告訴。

7、警方直接逮捕之同時，還搜索家宅（被逮捕者6人中有3名婦人。）

8、搜索家宅時在郭有祈家中發現鴉片。

9、警官未免也太橫暴了，竟然禁止送便當、衣服給被拘留者。

10、11日高雄州下的幹部逼迫潮洲郡警察課，終於使其解除不許送便當、衣物之禁令。

一、南河事件——竹東支部

1、當地農民數度提出申請其流著汗血所開墾的土地，卻都不獲許可，卻將該土地放貸給後來才提出申請的資本家、有勢力者及退休官吏。

2、現在庄民作為唯一生活資源的、散在各處的土地，其面積有四百餘甲（其多數是山野）。

3、然而，總督府無視於農民的開墾權，已將其中□64甲土地□□（原件不清，無法辨識），與給尾崎、金谷、市野、木村、村谷等退休官吏的土地合計，共放貸□□甲。（其後不明）

4、狂犬們聚集而來，但問題並非如此簡單（原件不清，推測為此意）。……（原文不清）友人的介紹，16日在日本政府租借給人民的土地上造林，其任意地擴張，乃至於將農民的茶園、芋田、菸田等都用來造林。

5、吉鹿他們知道問題不容易解決，於是雇請無賴漢，經常手持武器威脅農民，不許其耕作，甚至不許農民收成其唯一的生活資源、流著血汗耕種的作物。

6、造林後，就宛如強盜般，強迫地方的茶園、菸田主繳納稅金，沒見過比這個更過分的！

7、農民開墾新土地後，就立刻尾隨而來造林。

8、這次的問題，發端於將農民努力想要維持生命所種植的芋田掘起。

9、我竹東支部[將此一情形]照相以作為日後的材料，並向州廳發出警告。

10、特務來調查現場，紀錄庄民的要求，但卻沒有相關的回覆。

11、如此，生存權被蹂躪的南河農民起來宣告應戰，而能夠堅決實行第一階段的不納佃租同盟。

12、我們的戰鬥從此開始。我南河的兄弟著手第二戰之準備，鼓起要將他們斬草除根的精神奮戰。

■ 中壢支部爭議解決第三回報告　中文翻譯

資料出處：《資料 A：臺灣農民組合本部存留檔案》，頁 25。

地主	佃農	佃租	減額	精要
莊李賜	楊江□	85	49	持續3年
王韻	黃阿□	440	90	歸還土地
陳廚	林寶枝	一甲內地種25	減125	即在來種若繳納10石，則無限期持續
楊大目	楊金水	水租34石	免除水租9石	同上
王天靜	王石火	45	45	全免
廖逢榜	謝維蘭	84	減三成	
呂先進（等9人）	李崇（等2人）	800	140	其他非組合員的部分減租
林□德	李再隆	420石	100	
許江嬰	鍾石溪	148	51	歸還土地
黃吳順	羅維度	4甲60石	2成5分	

呂家聲	羅萬進	□民第1060號事件（編者按：此乃法院編號）舊欠85圓7錢	全免	依和解
同上	同上	□民第1198號事件64石8斗3升	減八成	歸還土地
宋有昌	宋龍盛	450	160石	歸還土地
蔡大江（等4人）	陳阿日	4200圓	減1500	歸還土地

萬斗六事件經過──大屯支部　中文翻譯

資料出處：《資料 A：臺灣農民組合本部存留檔案》，頁 26。

I，[1927年] 9月大寶農林株式合資會社以官方命令為後盾，通知擬將我萬斗六農民唯一的生存資源芭蕉砍除。

II，割取芭蕉等於割取首級！我萬斗六的農民堅決反對，向州知事提出延期一年以上的請願書。

III，其後大寶農林便強迫農民在過分的宣誓文上捺印，所謂的宣誓文，實係如下無理至極的暴虐之事：不得除草，故意毀損會社之物，應提供兩倍的賠償金。

IV，我部分可憐的、文盲的農民，被他們所騙，雖在該宣誓文上蓋印，卻絲毫不瞭解該宣誓文之意義，若瞭解的話絕對會拒絕，為何？因為不除草就沒有收穫的希望。被摘除的芭蕉也相同。「故意毀損」一詞有如惡魔，蓋「故意」與否係由會社所認定的，故我農民十分不安。

V，傳聞會社已決定於15、16日一齊聘雇無賴漢，秘密割取芭蕉，以致人心惶惶。

VI，我大屯支部立刻提出警告書，擬於14日晚上與警察課長、警務部長見面談判，警務部長任憑我們叫喊數十分鐘，仍逃避與我們見面，警察課長則吐出暴虐至極的暴言，對此，我臺灣農民組合直接上呈臺灣總督抗議文。

VII，我萬斗六農民諸君排除萬難，憑藉團結之力、勇敢的意氣，才能阻擋無賴漢割取芭蕉。我農民顯露越來越堅固的決心，立誓要迫使這些畜生們面對

今後的戰線。

■ 萬斗六事件警告文　中文翻譯

資料出處：《資料A：臺灣農民組合本部存留檔案》，頁 26。

　　聽說株式合資會社大寶農林部擬於15、16日聘雇150名無賴漢，將我大屯郡霧峰庄萬斗六40餘名農民流血流汗所種植的芭蕉一齊割取，儘管仍在契約期限內。該地之農民以生產芭蕉為唯一的生活資源。故割取其芭蕉等於割取其首級。若傳聞是事實，農民為自衛其生存權與契約權，恐不會袖手旁觀，任憑無賴漢割取與其性命同等重要的芭蕉。茲預先警告以維持社會國家之治安為使命的閣下，希防止如此慘劇於未然。

昭和2年10月14日　臺灣農民組合大屯支部

致臺灣總督府警務局長、臺中州警務部長、大屯郡警察課長

■ 萬斗六事件抗議文　中文翻譯

資料出處：《資料A：臺灣農民組合本部存留檔案》，頁 27。

　　股份公司大寶農林部無視於裁判權，陰謀雇請150餘名的無賴漢，偷偷地將我大屯郡下萬斗六農民流血流汗所種植的芭蕉於15、16兩日一齊割除。

　　其欲蹂躪我農民之佔有權，顯然是犯罪。我臺灣農民組合因獲得此一證據，乃迅速派遣代表，前往大屯郡警察課長之宅邸，控訴其不法，並警告若仍放任其行為，我萬斗六農民亦不可能袖手旁觀地看著他們割取相當於農民性命的、唯一的生活資源芭蕉等云云，敬告希防範該事件爆發於未然之旨，惟警察課長卻魯莽地說出如下無責任至極的粗暴言語。

　　「這是沒辦法的」、「阻止其事對大寶農林部不利」、「大寶農林不過是實行其自身的權益而已」等等，其說話方式宛如是大寶農林的雇員一樣。最後，他說「這是總督府的命令，我一介地方官員也毫無辦法。」

　　難道總督閣下真的做出此一殘酷至極、相當於奪取數千農民性命的暴虐命令？

　　我們想問總督閣下是否真有如此暴令，並對於大屯郡警察課長無視於我農民

之生存權之狂言提出嚴正的抗議。

　　昭和2年10月16日

臺灣農民組合🅿️

致臺灣總督上山滿之進

■ 臺灣農民組合致臺灣總督抗議文　1927/10/15　中文翻譯

資料出處：山邊健太郎編，《臺灣》第一卷，現代史資料21（東京：みすず書房，1971），七，農民運動，頁346-347。

　　臺灣總督粗暴地使地方當局對我臺灣農民組合所提倡、於（1927年10月）12日在臺灣全島一齊召開的「反對禁止進入、扣押青苗農民大會」施加荒謬絕倫的暴力壓制。

　　在新竹州中壢與高雄州鳳山，地方當局以種種極卑劣之手段阻止其開會；在臺南州麻豆專門用「中止」的手段阻撓妨害大會之進行；在臺中州大肚以中止、解散、拘押等暴虐之手段對待我農民大會。對於依民眾熱烈要求而召開的農村問題演講會，報以中止解散。

　　向來當局對於我無產農民生活之不安沒有絲毫考慮。不僅如此，連我等所剩最低限度生活資源都想要以各種暴虐的手段榨乾。

　　這次對農民大會的暴力壓制明明白白地暴露出當局的陰謀。處於生活不安的我們集合在一起，為想要脫離此種生活之苦境而作的談論，被如此之魔掌所壓抑限制。

　　我等對於這樣的暴力壓制有徹底抗爭的覺悟，茲將此事通知閣下，並對暴力壓制表示嚴正的抗議。

　　昭和2年（1927）10月15日

　　　　　　　　　　　　臺灣農民組合

臺灣總督　上山滿之進　鈞啟

▌全島各地農組抗爭情報　　1927/10/13　中文翻譯
資料出處：《資料Ａ：臺灣農民組合本部存留檔案》，頁 19-20。

戰鬥報告──臺灣農民組合大甲支部，一九二七、一○、一三

收押未熟作物
　　　　　於反對農民大會我農民全力戰鬥！
禁止進入
　　　　無論有中止、解散、拘留的暴力壓迫
　　　　　　　　　　排除萬難終於通過決議文。

我臺灣農民組合基於寫在另紙的理由書，提倡反對「收押未熟作物」、「禁止進入」。本月十二日午後一時為期全島如[下]項四個地方一起召開農民大會。

　　海報無視退去命令、大會不足而解散！
　　　　　　──於大肚召開的臺中州農民大會的戰況──

　　當日午後一點前為參加農民大會，我無產農民往媽祖廟蜂擁而至。到了預定時間會眾增至一千多人以上，多到好像要溢出來似的盛況。

　　趁著忙亂第一個衝鋒陷陣是不斷稱讚我農民的海報，是描繪因農民大眾的團結一致而使惡地主遭到毆打，「收押未熟作物」、「禁止進入」的牌子遭踢開，機械人類──警官被拖行之景象的海報。隨著這些海報撤退，大會也經我們的鬥士謝神財說明後中止了。

　　在這暴力壓制下，主持人站起宣布開會，從正副議長的推選到書記的任命都依規定通過了。接下來，誦讀來自我全臺的同志寄來的賀電、賀詞深深地感動了大家。

　　然而連來賓的祝詞也因暴力的壓制而遭到封口，之後就進入了議事。

　　當我們一進入理由說明的時候，暴力壓制的魔手就更加伸進來了，說明者中甚至有三名被命停止，議事還沒進行到決議就解散了。

　　對於依民眾要求所開的演講會，官憲以中止、解散、拘留來報復。

　　被解散的民眾對於官憲的暴舉憤慨，要求召開演講會並站了起來。人們組成了隊伍從這條街進軍到那條街，離「臺灣國」一里的頂街媽祖廟有好幾個小時

——大眾集合要求召開演講會，有些人自動自發地忙著準備椅子，有些人忙著會場的整備。

各項事宜準備就緒，主持人站上講壇正要開口時，官憲再度以中止、解散、拘留的方式將民眾趕出去了。眾人將警官派出所包圍，要求被拘留者的即時釋放。情緒達到激昂的民眾，不管警官的威脅越來越聚集在一起，跟著拘留者之後排隊走至派出所，終於將之包圍，要求被拘留者的即時釋放。大家抗議對於將被拘留者以繩子綁起來之事。經過約莫兩小時，對民眾的力量感到害怕的官憲終於將我方被拘留者全數釋放了。

入夜農村問題大演講會，分成四個會場召開，場場都是爆滿的盛況。到達激昂之極致的民眾蜂擁至農民組合大甲支部事務所而不散去。依熱情的民眾要求當晚如左的四個場所所召開的農村問題大演講會中、民眾親自為了會場的整理、燈光的準備等的設備而奔走。

決議文排除萬難終於通過！

第一會場的演講會充滿了熱烈的光景。我熱血沸騰的辯士說，一旦演講會被中止會立刻站起來。經過了一個小時三十分鐘之後演講會結束了。

第二會場在數度被命令中止的暴力壓迫下安然通過。

第三、四會場在民眾熱烈的要求下中途停止演講會，農民×××最後通過決議文，並以陳情文的形式向臺灣總督府，總督法務局、臺中地方法院、臺中州、臺中州大甲郡五個處所提出。

第一會場下街媽祖廟，第二會場農民組合、大甲支部，第三會場頂街媽祖廟，第四會場——水裡港。

首先由臺灣農民組合大甲支部向州廳郡役所提出抗議文

臺灣農民組合大甲支部首先為了表達對警察當局的暴力壓迫的抗議，把[下]項的抗議文扔到了州廳郡役所了。

抗議文

大甲郡警察課長和大肚警部補粗暴地解散了我們的反對「收押未熟作物」、「禁止進入」之農民大會以及因應農民熱情要求所開的農村問題演講會。

從來，當局的諸君對於所有無產農民生活的不安沒有一點的考慮。非但如此，甚至還設立了讓我無產農民的生活更加惡化的政策，不停地施加壓制的手直到只剩一根頭髮的空間。今天的大會被解散的事實正明白地驗證了當局的政策。

純樸的農民集合在一起訴說著生活的苦，並且討論以合法的運動來脫離生活的困苦時，即剝奪其言論自由，命令其解散。那麼叫我們做什麼呢？無產農民既已變成了奴隸，要讓忍耐心絕對地消失，在此我們表達嚴重抗議暴力壓迫。

　　昭和貳年十月十三日

　　　　　臺灣農民組合大甲支部

■ 農組聯名抗議書　　1927/10/13　中文翻譯

資料出處：《資料 A：臺灣農民組合本部存留檔案》，頁 21。

1927.10.13　　通知

　　如同另紙抗議書，近來頻頻掠奪吾等無產農民，正如同宣告死刑。「禁止進入」、「收押未熟作物」之法令不是確實地對吾等臺灣農民丟下一大致命的鐵鎚嗎？

　　之前、我們臺灣無產農民為了徹底實行生存權擁護、耕作權確立的運動，在反對「禁止進入」、「收押未熟作物」的我臺灣農民組合的主辦下，於十月十二日在全島各地一齊召開了「禁止進入」、「收押未熟作物」的絕對反對大會。在同日，那些幫統治階級的爪牙，雖施行了各種蠻橫殘暴的壓迫行為，但吾等無產者向他們展現了唯一的、絕對的「團結力量」，讓他們的狐假虎威屈服了。不過雖然戰勝了強敵，那些傢伙的鎮壓光是對臺灣就可惡至極了，說明議案的人只要一開口說話便會被命令停止。已經預想到這樣必然性的我們，讓議會持續進行，並完成了議案的說明。吾等邁向前展現了無產階級絕對伏特加（vodka俄國烈酒）的力量，勇往直前。

　　無產的同胞啊！以此通知謹向諸兄表示吾等的戰績，同時挺身反對統治階級的政策。

　　　　　　　　　一九二七、一〇、一三

　　　　　　　　　　　　　臺灣農民組合

　　　　　　　　　　　　　曾文支部　鹽水支部

　　　　　　　　　　　　　嘉義支部　小梅支部

　　　　　　　　　　　　　虎尾支部　麥寮支部

　　日本農民組合總本部　公啟

臺中州蕉農土地請願書　中文翻譯

資料出處：《資料 A：臺灣農民組合本部存留檔案》，頁 88-90。

請願書
要旨

臺中州當局以造林地的名義將土地借給了株式合資會社大寶農林部。在這裡也請求大人不要出售臺中州大屯郡北屯庄大坑，同廓仔，太平庄頭汴坑，霧峰庄竹篙坑、大堀坑、粗坑、柚子坑的山林原野四千餘甲的土地，而能轉賣給開墾者——緣故者。

理由

剛才所說的土地是我等□□□冒著危險，砍伐茂密的森林，將巨大的岩石取出，造橋鋪路，或被番人砍頭，或被野豬奪走了生命，被毒蛇咬傷才開墾出來的土地。

依靠著這塊土地取得生活資源的人有一千五百多戶，七、八千人之多。但是當局卻漠視我們的生存權，竟然於大正元年以造林地的名義，將我們的土地借給株式會社大寶農林部！

然而，大寶農林部真的遵守當初的許可條件，把向政府借來的那塊地用來造林嗎？才不是！！他們完全漠視許可條件，為了欺瞞政府，僅將數萬甲步的地拿來造林，其他的土地全部拿來當做壓榨我們農民之用。起初他們誘惑我們來開墾，說開墾一甲地就會給我們幾萬元的補助，但是等到我們開墾成功後，他們卻閃爍其詞，絲毫沒有付給我們補助金。

除此之外，他們還要從我們微薄的收入中榨取佃租，並且強迫我們做白工，所有的工作，包括照顧造林的樹木，除草等一切任務都要我們來負擔。

我們在我們開墾的土地種植芭蕉，卻還得被收取佃租，還被強迫免費勞動。我們被大寶壓榨，被青果組合壓榨，已經受不了了。

昭和二年（1927）九月頃，大寶農林寄出存證信函，叫我們除去地上物（芭蕉）。我們花了數十年，犧牲了很多人的生命，投下大量的資本和勞力的土地被他們收取佃租。他們壓榨完了之後，現在叫我們滾。

剛才也說了，芭蕉是我們生存的唯一繩索，如果被割除掉了，我數千名的農

民從今以後只能徘徊街頭，數千名的人被逼到餓死的邊緣。

我們那個時候曾經向臺中州知事請求延期，但是他的回答竟然是這樣啊！

會社說要我們簽署「不得除草，還有故意毀損會社的東西要賠二倍的賠償金」，這樣荒謬絕倫的宣示文。

不除草的話，就沒有收穫，這是明明白白的事。他們說的「故意毀壞」，可是經驗告訴我們，比魔鬼和畜生更可惡的大寶農林會將天災也算成是「故意毀壞」，把責任加諸於我們的頭上。

他們說有三十名左右的農民簽署，但是真正的農民是看不懂字的，實際上應該是因為他們沒受過教育，所以多是被騙被強迫簽署。因為沒有那麼笨的農民會不去除草卻想收穫。如果，結果同樣是不能收穫的話，那麼被砍掉芭蕉反而比不能除草好！

是誰！說要答應要簽署！一下說臺中州內務部長是激進派！一下說是穩健派！（原文文法奇怪，語意不明，譯者以常理詮釋）聽到這樣的解釋，我們不得不說他如果不是欺騙家，就是暴露出自己的無知了。

十四日我們忽然聽到風聲說「大寶農林雇用了一百五十名的無賴漢，準備在十五、十六日的深夜秘密地將我們的生命線芭蕉砍掉」。我們的驚訝非言語得以形容。於是我們立刻派代表向大屯郡警察課長請願。如果大寶農林一定要砍掉芭蕉的話，我們無論如何不會沉默等著餓死。我們警告這是關係者生存的重大時刻，然而，身為官憲大屯郡警察課長的說明實在是太不知羞恥了。他好像是大寶農林所雇用的人一樣，眼前是攸關人命的重大事件，可是背負著維持治安重任的人竟然說出以下這段話。我們不得不說難怪官憲會讓人們起疑。

或說「沒有其他辦法了」、或說「我們不能阻止那件事」、「大寶農林只不過是實行自己的權利」

最後說這是總督的命令，把問題丟開，然後逃避。

像這樣的人竟然是維持我郡治安的警察課長，真是令人驚訝，令人感到不安。還有，我代表去找臺中州警務部長，叫他出來，可是他避不見面，這麼重要的時刻，逃避我們的請願，實在是豈有此理了。

我們不斷地被官憲背叛，在此我們了解到無產階級的治安得靠我們自己才能維持，官憲和我們的安居是不會同時並存的！於是，我們馬上回家，以自己的力量親自向無賴漢說明，讓他們理解無產階級不應該有這樣的行為。我們要確立我

們的生存權，耕作權。因此我們集合四百多人到臺中州，要求和知事見面，請他傾聽我們的苦衷，並確立我們的生存權和耕作權。

然而，魯莽的地方課長不承認我們選出的四名代表！他對我們的代表說他是煽動農民的元凶，並怒罵「出去」！把代表趕走了。從這件事後，我們不得不說我們對官憲的疑慮更加深了。

再說一次，諸公自認維持國家社會的治安是諸公的使命，正因如此，你們應該無法坐視讓我們幾千人餓死，把資本家養得越來越肥。

請把等於是我們的生命，也就是我們流血流汗開墾出來的土地還給我們。我們流血流汗栽種的芭蕉是我們生命的繩索。

祈求大人能依請願要旨處理本案。

如右請願

臺中州大屯郡北屯庄、太平庄、霧峰庄芭蕉農民

（臺灣農民組合大屯支部組合員）全體

▋彰化勞工農民聯合大會致內閣總理大臣田中義一抗議文

1928/5/1　中文翻譯

資料出處：山邊健太郎編，《臺灣》第一卷，現代史資料21（東京：みすず書房，1971），七，農民運動，頁348-349。

田中反動內閣在共產黨事件中奪走我一千餘名勇敢的前衛鬥士，將之打入牢獄後，更揮動粗暴的魔掌，解散我勇敢的大眾黨「勞動農民黨」、大眾的鬥爭團體「全日本無產青年同盟」及「日本勞動組合評議會」等三團體。如此顯然地是身為資產階級與地主之爪牙的田中反動內閣對勞農有意識的挑戰。田中反動內閣事事都擁護各種資產階級與地主榨取勞農之機關，如金融恐慌時所遇到的，尤其是榨取勞農之血稅，擁護資產階級與地主。又在勞農的各種鬥爭中，田中反動內閣以暴壓暴行壓制勞農，援助資產階級地主降低工資、解雇、提高佃租、扣押青苗、禁止進入等惡劣的行為，斷然虐殺勞農，又在殖民地臺灣、朝鮮以暴壓暴行徹底榨取。這就是所謂的滿蒙積極政策。田中反動內閣公然地當強盜，還以勞農的數百萬圓血稅將勞農的父子兄弟送往中國出兵，妨礙中國的革命運動，盡全力榨取中國的勞農。如此資產階級地主的爪牙想要以暴壓暴行蹂躪農民的各種反抗

運動並不令人意外，田中反動內閣剝奪言論、集會、結社、出版之自由，動員建國會等暴力團體並非不可思議之事，我們勞農既已看清我們真正的敵人，就不會妥協。我們期待以我們勞農的力量、大眾的力量粉碎田中反動內閣。

（我們要求）言論、集會、結社、出版的絕對自由、反動團體的撲滅、立即釋放勞農的前鋒、撤廢治安維持法、治安警察法等諸惡法、反對向中國出兵！殖民地解放！

　　1928.5.1

彰化勞工農民聯合大會

（致）反動內閣總理大臣田中義一

■ 臺灣農民組合本部致臺灣總督、新竹州知事抗議文

1928/7/12　中文翻譯

資料出處：山邊健太郎編，《臺灣》第一卷，現代史資料21（東京：みすず書房，1971），七，農民運動，頁 347-348。

　　我等佃農因地主殘酷的搾取，現在的生活落入最悲慘之境地。貪婪的地主尚不滿足，不僅一粒租穀都不肯稍減，還一次接一次地強制要求提高價格，無法按其要求之數額交租穀時，更以取回土地作威脅，等於是想要絞殺我們佃農。因此，我們為維持生存而組織農民組合。與此等無視於社會國家而貪圖私欲的凶惡地主鬥爭難道不是當然的嗎？

　　然而，閣下為擁護地主之搾取，竟可撲滅此一正當運動，對我們當頭施以狂暴的鎮壓。您看：

　　一、5月22日干涉在大園庄竹圍的演講會場，事實上禁止了演講。

　　二、隨意認定此一集會為群眾運動而命其解散，對於幹部游木水、陳結等，以違反治安維持法之現行犯為由，威嚇將逮捕之。

　　三、同派出所之巡查許某毀謗我組合為「無賴漢團體」、「詐欺團體」，甚至在無任何理由之情形下強行搜索我組合員陳阿石、呂童等之身體。

　　四、同日大園分室警部補強制檢閱我組合事務所之文書。

　　五、5月24日對於不法之暴亂感到憤慨，而向郡役所表達抗議一事，當局亦視之為群眾運動，並以違反治安警察法為由不當逮捕幹部陳結、游木水、陳阿

石、王惡等，將其羈押在牢內長達17日。

六、為阻止20日在桃園郡八塊厝舉行之講演，將前往用午餐途中的陳結以脫逃罪拘捕，蹂躪演講會。

七、22日同樣地拘捕呂得華、陳結。

八、同日警察課長向被拘捕之陳結發出狂語，聲明「以後絕對不准進行座談會，若發覺時將命其解散並逮捕之」。

九、6月6日起每日有三、四名穿著正式服裝的巡查包圍我事務所，對我們的行動施以較現行犯監視更嚴密的跟監。

十、7月2日我桃園支部長被叫去郡役所，該所警察課長曰「你到地主那兒是為什麼？陳結來此總是在宣傳共產主義或俄國等激進之事，故政府驅逐之。所剩者僅你一人，你應停止運動了吧！地主與佃農的爭議，我們會圓滿地調停，若你不同意，就連你也逮捕」等，對其施予種種威嚇。

十一、同（7）月4日大園分室主任警部補與四名穿著制服的巡查及地主至游木水之住宅，威嚇游氏：「脫離農民組合，停止運動，加入業佃協調會，並且遷移農民組合事務所」。

十二、7月6日組合員王惡、林阿昇因借予農民組合事務所，於2日內被拘押。

十三、同警察課長又命4名穿著正式服裝的巡查至事務所對陳結宣告「你不要總是在這裡遊蕩，游木水已經回歸正途，你也該早點回家從事正業了！」語畢又將之拘押。

十四、7月9日晚上9時起被叫出，曰「你總是在這裡宣傳共產主義、俄國之事或拒繳稅金同盟，甚至說政府是地主的爪牙。宣傳『我們佃農、日工農全部加入農民組合，且臺灣是我臺灣人的，必須將日本人趕出臺灣等』，真是豈有此理。又桃園已有業佃會，沒有必要成立農民組合，我們不承認農民組合，回去！」說完後將之驅逐，還說：「此後誰來到這裡都會被拘捕，回去向本部的人傳達。」

十五、7月6日中壢郡警察課以和桃園郡警察課一樣露骨的手段壓迫農民組合，8日晚上10時至9日凌晨1時拘捕我中壢支部之幹部呂得華，施予種種威嚇。

這些是政府擔任地主的爪牙的明顯證據，不僅暴露其不瞭解我們的運動為何，也是撲滅我們的運動，把我們永遠鎖在榨取的鐵鎖，進而虐殺我無產階級之

陰謀。然而，對於如此的陰謀鎮壓，我們決不默認，茲在此提出嚴正的抗議。

昭和3（1928）年7月12日

臺灣農民組合本部

臺灣總督、新竹州知事　鈞啟

■ 銅鑼土地事件抗爭　[中文翻譯]

資料出處：《資料A：臺灣農民組合本部存留檔案》，頁85-86。

臺灣銅鑼三叉兩庄的農民
日本金融資本王三井他的掌櫃
和臺灣的官憲決一死戰的鬥爭！！

　　日本勞動者農民諸兄啊！吸食諸兄的鮮血的金融資本王三井還要把他的魔手深入我們臺灣！那些傢伙盡悉奪走我們的石炭、茶、其他重要的生產物還不滿足，為了要完全榨取我們，因此搶奪我們的土地。

　　我們被那些傢伙奪走的土地已有數萬町步，而他們是以如何的手段奪取我們土地呢？他們奪走我們的土地如何殘酷地壓迫我們掠奪我們呢？我們來看那血淋淋的事實！

　　苗栗郡銅鑼庄同郡三叉庄，橫跨二庄四千餘甲步的土地，在八十年前還是一片大森林，這是兩庄的農民歷經辛苦開墾出來的田地，然而為了開墾這片土地，不知有多少人被猛獸毒蛇咬死！如此這土地完全是這些農民的血和汗整理出來的東西，而且這是這些七千多人唯一的生活資源。不用說清國政府擁有所有權的證書，日本政府在明治三十四（1901）年土地調查時同樣承認所有權。但是！諸兄啊！被猛獸、毒蛇咬死的農民屍骨未寒啊！明治四十一（1908）年當時苗栗支廳把農民叫到派出所說：「你們！現在政府要將農田作為模範茶園，你們必須要把田賣給政府，」就這樣強制出賣了。諸兄！你們知道其強制買權是用如何殘酷無道露骨的手段嗎？先拿出白紙讓他們蓋章，然而對於不服從的人，就讓巡查拳打腳踢折他們的膝蓋並吊起來。還不從的話就監禁，不讓他們回家，不給他們食物，當然晚上也不讓他們睡覺。就像這樣殘忍的狀態呀！當時因為這樣的殘忍暴虐的毒手，有幾個人被活生生殺死了。

　　諸兄啊！他們這樣強制性地買來的土地真的是拿來做模範茶園嗎，才不是

呢？那些傢伙是要把田地賣給我們的強敵奴等大榨取魔三井會社啊。

　　諸兄啊。被強奪土地的七千多人的生活是如何？變成自作農的農奴，一天五十餘錢的工資強迫被勞動。那幫人的殘虐惡利不只如此！連木材一根也要向傢伙們買，掘一鍬土也要他們的許可！他們說如果沒有他們的許可就是竊盜，要罰免費勞動，還要毆打拘留。

　　諸兄啊！這二十餘年間真是血和淚的歷史。受到這樣殘酷榨取壓迫的這些農民也好幾度暴動起義。但是大概是為了將農民的反抗去勢，好永久把他們當農奴榨取吧？大正十四（1925）年他們的走狗新竹州知事提出了一案！以下列出其要點：

　　　　──前略───一戶的蔬菜園

　　　　家族五人以內，一人一釐二毛（一〇釐＝一分）

　　　　　　十人以內，每增加一人加八毛

　　　　　　二十人以內，每增加一人加五毛

　　　　　　三十人以內，每增加一人三毛（中略）

　　　　　　二牛一頭，放牧地三分。三莊一日十五斤以內＝一戶　後略

　　諸兄啊，一人要壹釐貳毛，而且家族五人以內的蔬菜園，牛一頭三分的放牧地，一戶一日十五斤的木材，這樣要如何生活？光看這些不就足以知道，這些農民因為大榨取魔，如何被壓迫如何被強迫過這悲慘痛苦的生活啊？現在這些農民集合在臺灣農民組合的旗下，為了土地無償收回，以決死的心和那幫傢伙戰鬥。

　　然而可惡的傢伙們害怕我們的團結威脅我們加入農民組合的人。

▋ 農組動員群眾抗議事件記　1930/6/　中文翻譯

資料出處：山邊健太郎編，《臺灣》第一卷，現代史資料21（東京：みすず書房，1971），七，農民運動，頁389-390。

1930年6月以後的鬥爭經過

　　在上述客觀的情勢下，我們農民運動是如何展開鬥爭的呢？我們可簡略地列舉其主要鬥爭如下：

　　一、7月30日曾文支部動員三百餘名組合員，包圍製糖會社，要求改善蔗作條件及提高蔗價。

　　二、8月1日是反戰紀念日，在這一天各地農村召開座談會，其中，屏東支部召開紀念大會，動員160餘人，高呼打倒日本帝國主義或反對帝國主義戰爭等口號。

　　三、9月22日為抗納或減免嘉南大圳的水租，在臺南州支部聯合會領導下動員一千餘名農民群眾，包圍學甲、佳里、麻豆、下營等各庄役場。

　　四、10月中在屏東為反對起耕，前後兩次各動員六十餘人，擊退地主的強制起耕。同月7日革命的勞工指導者渡邊政之輔紀念日之際，臺南州聯合會召開紀念大會，同時，舉行示威運動，動員60餘人。

　　五、10月25日張（玉蘭）同志出獄，臺南州聯合會動員千餘人前往迎接，與官憲發生衝突。

　　六、11月4日舉行屏東支部鹽埔出張所（編者按：即辦事處）開張典禮，動員200餘人參加示威運動。

　　七、11月7日俄國革命紀念日，臺南州聯合會動員300餘人，高雄州聯合會動員600餘人。

　　八、11月，打倒反動團體鬥爭委員會主辦全島巡迴演講會，動員兩萬餘人（20處）。

　　九、11月。桃園支部為反對扣押青苗而動員百餘人，將地主可扣押的稻子全部割取，使地主瞠目結舌。

　　十、11月23日為抗納租稅，臺南州聯合會動員千餘人包圍各庄役場，不論婦女男女老幼，或抬出棺木、或搬出馬桶、或牽來水牛，進行示威運動，數小時間使役場警察非常狼狽。

■ 農組對埤圳管理權之問題 　中文翻譯

資料出處：山邊健太郎編，《臺灣》第二卷，現代史資料22（東京：みすず書房，1971），七，農民運動，頁390-391。

奪回埤圳管理權之鬥爭

　　農民大眾啊！一齊起來吧！

　　奪回埤圳管理權！反對亂掘亂鑿！發起水租減免運動！

　　資本主義的發展必然產生農業與工業間的不均衡。即招致農產物——諸原料

——之不足。為解決之，必須佔領非資本主義國，不得不將之作為諸原料的供給地——殖民地。日本帝國主義亦無法脫離其羈絆。不僅如此，現在的日本帝國主義，其農產物中的米僅足夠十一個月的食糧，尚欠一個月的食糧，此不足的一個月之食糧仰賴從外國——仰光、西貢輸入。因此，一旦帝國主義戰爭爆發，以致斷絕輸入，其難免不戰而自斃於死地。換言之，食糧不足可謂為日本帝國主義自我崩壞的致命傷之一。其經常呼籲解決食糧問題，乃是為解決一旦危急時的問題。故其佔領臺灣以降，成立農會等其他各種機關，力圖米穀之多產增收；又如在臺南州下不顧民眾之生死，宛如秦始皇造萬里長城般，以殘酷的手段壓榨出莫大的資本，開鑿嘉南大圳，將一望無涯十五萬甲的土地變成農田，其目的意在解決此一問題。另一方面，集中土地俾以達成工業化政策，其理由亦極其明瞭。看啊！看這帝國主義的手段！大正8年（1919）特別發布法律，組織嘉南大圳組合，強制使臺南州下的土地所有者加入，以開鑿現在的嘉南大圳。其組織法規定在大組合中再以一百五十甲為單位設小組合，小組合下再分為三區。其組合長、評議員及處理其他事務者皆由政府自由任命（故全是官犬）。若要描述其目的，非常有趣，我們可簡單地作「水租負擔額表」。

大正9年度（1920）一甲10圓，大正10年度一甲6圓50錢，大正11年起至本年為止8年間每年一甲5圓50錢，翌年起一甲30圓，應注意者，翌年起雖可收到供水，但卻是三年灌溉一次（三年輪灌），未灌溉的年份也必須繳納一甲30圓的水租。此外，小供水路的負擔金為每甲22圓。如此自大正9年迄今已被掠奪82圓50錢，若加上利息已達百圓以上。而日本帝國主義的野心不止於此，彼等非達土地集中工業化之目的，就不放棄永久榨取的偉大目標。看啊！其採取三年輪作制，目的不僅只是榨取稅金，實際上還想達成上述之目的。

由於日本帝國主義如此殘虐地掠奪土地所有者，其土地只好不得不歸於大資本王國之製糖會社所有，遂連妻子亦必須充作水租（資本家及其走狗中傷共產主義者，說共產主義者把妻子作為共有物，他們難道不是更橫暴地在光天化日下搶奪他人的財產、妻子嗎？）

臺南州下的農民不平不滿，今反抗的烈焰將衝往天際。我臺南州支部聯合會身先士卒，極力爭取未加入組織之民眾，準備展開民眾鬥爭。

全臺南州下農民之鬥爭！

奪回埤圳管理權！

減免水租！

反對三年輪流灌溉！

反對亂掘亂鑿！

反對總督獨裁政治！

反對帝國主義××！

■ 農組東石支部蔗農抗議紀錄　1928/8/19

資料出處：《資料A：臺灣農民組合本部存留檔案》，頁70。

千餘名冒雨齊集

東石蔗農大會盛況

──蔗農意氣威壓官憲

　　使他不得伸腳出手

──決議十六條的要求

　　臺灣農民組合東石支部主催之下，於十九日下午一時起，對明治製糖會社蒜頭工場區域開蔗農大會於大塗師侯朝宗氏宅。那天雖自以前[霪]雨綿綿不止，但那地方的蔗農兄弟都是不避風雨。定刻前幾乎無立錐之餘地，所謂人山人海，約有千（餘）名很熱誠地來參加。還有警官二十多名仰天狂奔（站）在四面示威。首由侯朝宗（劉啟光1905-1968）（致）開會辭、推舉張行為議長、林新木、陳結為書記，很滿場，一致可決，進入議事，支部委員會的議案逐條審議，滿場很沉重熱烈討論，久積來的對製糖會社的不平不滿吐露不盡。決議十六條的要求二十一日由選舉的二十名代表去製糖會社交涉。削剝鬼的會社只想剝奪，毫無誠意，交涉八時間，不得要領。代表們近日再要報告給全蔗農，和展開第二期的更激烈的鬥爭。三時二十分齊唱三聲的臺灣農民組合萬歲盛況裡閉會。

蔗農的要求：

　　一、蔗價協定蔗農參加

　　二、撤廢等級

　　三、撤廢濃度檢查制度

　　四、蔗尾歸蔗農

五、捆束、積雨、削根會社負擔

六、蔗價稱量後三日中要支付

七、反對扣除雜物的斤量

八、刈取後二十四時間以內要秤量

九、肥料實價配給，蔗農自由選擇

一〇、會社的污水不可放流入溪

一一、秤量要蔗農立會，台車的重量要蔗農檢查

一二、秤量場的上、下左右的鐵棒要撤廢

一三、對農民的待遇要改善

  a. 設置休憩所

  b. 設置宿泊所

  c. 給發便當料

一四、貸付金無利息

一五、獎勵金要照甲數

一六、植付獎勵金均等

■ 反對嘉南大圳組合文　中文翻譯

資料出處：山邊健太郎編，《臺灣》第一卷，現代史資料21（東京：みすず書房，1971），七，農民運動，頁 394-395。

指令

臺灣農民組合臺南州支部聯合會

臺南大圳鬥爭委員會

嘉南大圳組合員兄弟姊妹諸君速速覺醒覺悟，我們面臨此一機會，萬不得已，不得不以正義、正當的手段引發鬥爭。

兄弟姊妹啊！嘉南大圳設置完備的今天，總督府或號稱其為勞苦的貧民群眾之福祉（實非福祉而是毒死）；或宣稱為民眾之幸福，實乃進行施毒之陰謀，恣意沒收吾人的所有地，開鑿圳路，任意亂鑿，毫不顧慮對穀物的損害，以及民眾的痛苦。

大圳組合規約全是出自製糖會社的擁護，總督府與會社共謀，要民眾採取三

年一次的灌溉法（即兩年不灌溉，一年灌溉之際種稻，其他兩年栽培甘蔗），以此狡猾的手段，良田也會變惡田。

兄弟啊！就此點擦亮眼睛，仔細想想，資本家地主政府──日本帝國主義者陰謀詭計，強奪吾人的土地，而設此機關，欲極露骨地榨取、吸收我們的膏血。事已至此應如何？應施以何種手段？看啊！製糖會社任意採收甘蔗，任意秤量，任意制訂價格，我們的生命不是掌握在會社的手心上嗎？其次再看看蕃薯簽，品質優良者一千斤尚只有20圓至22圓。即因大商閥限定收購價格，故陷入無可奈何之困境。如米一般價格逐漸暴跌，這個月一千斤僅36、37圓。這是世界的不景氣，世界資本主義經濟的第三期，吾人今日想要被雇用也沒有雇主，偶遇被雇用之機會，其工資連吃飯都不夠，想活下去卻只有餓死。

兄弟姊妹啊！我們正舉家瀕臨餓死，看看此一慘澹的現狀！我們背後經常有一陣強盜資本家、地主、政府的日本官犬與大地主賊逼近，催交稅金，要求租穀。因貧窮困乏，若不能繳清，則直接扣押掠奪家財，甚至拘捕、監禁、毆打、拷問等施加無限的侮辱。看！他們大小紅白各式各樣的徵收通知書不是每月分發給我們嗎？這種通知書不能拿來吃，實乃對千辛萬苦賭上性命以求充飢的我們進行強制繳納，使我們餓死的符咒。即地租、水租、戶稅、保甲費等直接間接地附上各種名目榨取。要記得三字絕的「賊政府，卻重稅；賊官廳，凡物欲」之言。

兄弟姊妹啊！我們此時必須覺悟。以必死之身起而鬥爭，必可招來幸福。故我們在此有一方策，即應先從睡眠中醒來，安靜思考，以我們正義正當的行動、手段及戰術為準據，致力於貫徹使我們勤勞群眾生活提升之目標。我們遂行此一正確的鬥爭方針，不可不盡我們真正的任務。故基於如下的具體方針，各地的諸同志及所有組合員應一同協力，一齊奮起，努力奮鬥。

兄弟姊妹啊！以犧牲的精神勇往邁進，奮起鬥爭！

下記

一、鬥爭的形態

確立「大圳鬥爭委員會」之組織。聯合會為其主體，從具鬥爭性的大圳組合員中選出若干名鬥爭委員構成之。同時，在各地方支部大圳鬥爭委員會的統制下，即時確立「拒繳水租同盟」之組織，以糾合全體民眾展開鬥爭。

為遂行鬥爭條件，設置下列各部。部設部長及部員若干名。

1、煽動宣傳揭露部　2、組織部　3、調查部　4、庶務部　5、爭議部
6、財政部

二、鬥爭目標

1、以時價收買水路用地，立即賠償地上物之損壞。
2、獲得埤圳管理權
3、減免水租
4、撤廢埤圳令
5、堅決反對臺灣總督府的水利政策

三、口號

1、埤圳管理權歸於農民
2、幹部全部公選
3、徵收之費用由組合員決定
4、水租立刻減五成
5、水不足減免水租
6、灌溉之自由
7、反對三年輪作
8、反對亂開鑿
9、埤圳用地以時價收買
10、即時賠償被損害之地上物件
11、反對總督府的水利政策
12、反對總督府的獨裁政治
13、堅決反對帝國主義戰爭
14、支持中國、越南、印度的工農革命
15、擁護蘇聯
16、○○××萬歲

四、實行方法

1、積極的煽動、宣傳、揭露

2、提出請求書，要求損害賠償

3、召開庄民大會

4、召開代表者大會

5、向總督府、州郡政府提出決議文

6、動員大眾包圍，提出要求，至貫徹目的為止

下達指令如上。

第二部分：中央請願

■ 大肚庄土地問題請願書　中文翻譯

資料出處：山邊健太郎編，《臺灣》第一卷，現代史資料21（東京：みすず書房，1971），七，農民運動，頁 339-340。

請願書

要旨

　　為請臺灣總督府取消將現在農民耕作中的大肚庄水田25甲、旱田25甲（以下列舉25處的水旱田面積）售予或擬售予臺灣的退職官吏及製糖會社、政商及其他人士之處分，並希冀為現在耕作中的開墾者設定其土地所有權，而提出此一請願。

理由

　　農村之興廢與國家關係密切，因此現在我政府設立種種的法律，謀求疲弊的農村之救濟方策。基於本旨，茲提出本請願。

　　前述之土地及竹林為耕作者之祖先於兩百數十年前開墾耕作者，清國政府認定其所有權，而交付其田契、契單等證明文件，並使其繳納租稅。改隸我（日本）領土之際，總督府對此進行調查，亦如往常認定其所有權且加以課稅。然而，上述土地中，關於田地的部分，於明治30年左右及明治44、45年時兩度因洪水而流失荒蕪。於是政府將之作為荒地而給予免訴之許可。邇來各關係者（原所有人）歷經千辛萬苦，種植草木、建造堤防，投入莫大的勞力資本，致力於開墾整理之結果，漸如今日所見得以復舊。其間，關係者屢次提出賦予所有權之申

請，政府則以開墾不足之理由駁回，有部分甚至沒有接到任何裁定。然而，大正14年臺灣總督府行政整理之結果，淘汰了許多官吏，為慰勞這些官吏，使其永住臺灣，並促進啟發臺人、內臺人融合，以及為開發未墾原野，以作為值產興業之策為目的，而將上述土地從農民的手中奪取，給予退職官吏。

又關於竹林，明治41年2月政府命令原地主攜帶印章至轄區派出所，地主至指定場所集合後，當時的斗六廳長轉達總督之命令：「汝等的竹林發育優良，其優美冠於全島。因此，本次總督府為保護育成此一竹林，決定將之編入模範竹林。此實為汝等之名譽，有利於汝等之處亦大。雖然編入模範竹林，日後竹林之採伐、生產仍一如往常，聽憑汝等之自由，無庸擔心。總督府為獎勵汝等祖先以來竭誠栽培之辛勞，決定支給汝等補助金。」其命部下巡查取出預先寫下地址姓名的白紙，催促地主們捺印，然而，地主心中感到不安，每人都躊躇不決，警察施加一切恐嚇、暴力、威嚇等手段迫使其捺印，仍抗拒者，警察則以筆墨言辭均難以形容的苛酷殘忍之態度將之監禁，強制其捺印。然而，政府在模範竹林之美名下沒收此一竹林，其標木之墨跡未乾，政府已將之給予政商三菱。

回顧上述土地及竹林，第一，是耕作者之祖先所傳下之遺產；第二，田園因洪水而流失後，使其如今日般復活的是現耕者開墾之努力；第三，現耕者已屢次向政府申請賦予所有權；第四，這些土地是現耕者獨一無二的生活資源。政府若剝奪之而售予政商及退職官吏，地主們將忽然面臨生活之困窘，也必將帶著家族陷入流落街頭、生活無著之慘境。然而，如退職官吏等概係律師或其他有相當之職業地位者，且享有年金恩給之特典。請參酌上述情形後，以特別之審議，作出如請願要旨之裁定，謹此請願。

■ 竹林放領事件抗議文　[中文翻譯]

資料出處：《資料A：臺灣農民組合本部存留檔案》，頁87。

被披露的黑暗的臺灣

（日本政府）不但擁有權利，還奪取開墾地和農作物，並威脅本島人的生活，極端壓迫本島人，為斷絕內（地人）、臺（灣人）共同陣線而瘋狂奔走。現在，吾黨向總理大臣及臺灣總督抗議的同時，也與全島同志協力發起解放運動。之前布施氏訪臺，現在黨代表古屋律師的來臺出差，告訴我們彼地的同胞在帝國

主義的暴政壓迫下，生存權被剝奪了。

臺灣總督廳的土地政策漠視全島島民的生活，祖護一部分資本家階級的利益，使得全島人民的生活極度受到威脅。臺灣原有「先墾後稟」的習慣被排除了，開墾者和耕作者沒有考慮到我們和土地關係或民眾的生活狀態等，把土地賣給或借給不親自耕作的資本家和退休官吏等，播下了買方、借方和耕作者之間可能引起爭議的種子。還有，官員對於這些惡政所招致必然的爭議，想盡辦法維持面子，刻意保護資本家，更加曲解所有權、佔有權、債借權的法律關係，使之能適用於這些爭議。他們魯莽地，以妨害公務罪逮捕主張佔有權並欲維持法律秩序的佔有者（現耕作人），他們漠視法律的保障，實行妨害治安的暴行。嗚嗚！深陷於黑暗的臺灣啊！

特別是關於竹林的問題，這是一個無法不掉眼淚的悲哀事件。島民數百年前從對岸的中國進口了竹苗，歷經千辛萬苦造了林。然而，現在數萬家族生活保障的竹林於明治43（1910）年時，在軍隊和警官的監視下，以要作為模範竹林的美名，被總督廳奪走了業主權（所有權）。過了三年，前述的模範竹林被借給了天下的富豪三菱，總督廳可以無條件獲得竹林內所收穫的果實。因為總督廳沒有被履行公約，多數的住民在三菱的壓榨下生存權被剝奪。如同十數年以來的慣例，在大前年（總督廳）將所謂的模範竹林的所有權賣給了三菱，同時要求漲數倍的佃租。就在強制農民撤離竹林地的期間，警官和三菱的領班聯合強行要求佃租漲價。這些事情根本不是我們能用常理想像得到的。不只如此，農民苦於資本以及官權的聯合攻擊，其他還有被奪走甘蔗生產地的事件等等，不勝枚舉。還有對於農產品也是如此，比如說不賦予生產者自由的管理權。他們建立了區域制度，只能賣給總督廳規定的營利公司，一概不允許販賣給其他人（那有名的二林事件也是拜本制度之賜？）。芭蕉也是如此，他們不允許自由出口，同業組合青果株式會社（內地的組合）在保護政策之美名之下，讓一部分的人擅自壓榨生產者，讓農民陷於不安定的生活。不只如此，他們把依據組合規約而主張制度改革的人，渲染為思想危險之人或無賴，並要求政府逮捕那些人。這些事情也是把資本和權力共同作戰的成果發揮得淋漓盡致。歷經明治、大正，到昭和新政，日本政府對待臺灣同胞，就是延續當初領臺時討伐藩族之弊。警官違法干涉單純的民本問題，並且對於臺灣在諸因素下（指日本統治）所必然產生的解放運動，持有時代錯誤的偏見，而計畫要消滅解放運動。或者是威脅恐嚇組合的幹部，或施以懷柔

政策，鎮壓農民組合工友會、文化協會等的解放團體，並加以不法的迫害。對於譴責這種態度的人，他們又不理性地感情用事，或陷入民族的偏見，忘了自己的殘暴，而加以凌虐施暴。現在，在臺灣施行錯誤的帝國主義殖民政策，正是趨使在睡夢中的島民憤然而起走向解放運動之途。雖然臺灣全島到處都有暴虐的鎮壓，但是我們仍以燎原之火的氣勢，獲得了改革的□□（編按：此處模糊不清）。就像現在，就引起了日華紡織及嘉義營林所全體罷工的大問題。

以上

■ 臺灣竹林問題的請願運動　1927/3/20

資料出處：《臺灣民報》1927 年 3 月 20 日，149 號。

臺灣農民向帝國議會請願
關於土地拂下的難問題
由清瀨代議士介紹提出

　　兩三年來，臺灣全島各地的開墾地拂下給退官者及政商等，已達數千甲。因此而數十年來，費盡心血從事開墾的臺灣一萬餘農民，一時感覺著生活的困苦，而屢次嘆願於該郡、州、督府各當局，本報曾有報導了。但因向臺灣當局嘆願，似沒有什麼見效，故這回特推選臺灣農民組合幹部簡吉、趙港二氏為代表，攜帶請願書到京，與中央諸同情人士商量之結果，歷訪首相、農相及議員等，詳訴實情，並由眾議院議員清瀨一郎氏介紹，本月十二日提出請願書於眾議院，茲將其所請願之要旨及理由，譯載於下。

請願書之要旨

　　臺灣總督府對於現在農民所耕作之臺中州大甲郡大肚庄大肚田二十五甲、同畑二十五甲餘、同州同郡大甲街田七甲、同州同郡龍井庄水裡港畑三十九甲、同州豐原郡豐原街大滴田十三甲、同七甲、臺中市旱溪畑一甲、同州彰化郡大竹庄渡船頭畑十甲、同州同郡和美庄中寮畑七十甲；臺南州虎尾郡崙背庄麥寮畑三百餘甲、同州同郡同庄崙背畑九甲、同州同郡土庫庄新庄子前田三十九甲、同州同郡土庫庄馬鳴山畑十七甲、同州同郡海口庄新興畑七十五甲、同崙子頂畑七甲、同南公館畑六甲五分、同安厝畑三百七十餘甲、同番子寮畑百五甲、同崙子頂田

二十餘甲、同州東石郡過路子畑三十餘甲、同州北港郡四湖庄林厝寮畑七十八甲餘；高雄州鳳山郡大寮庄五十餘甲；臺南州嘉義郡小梅庄龍眼林竹林四百餘甲、同郡同庄圳頭竹林九百七十餘甲、同州斗六郡古坑庄大湖底竹林六百十四甲、同庄苦苓腳竹林七百二十二甲、臺南州嘉義郡竹崎庄金獅寮竹林四百餘甲、同樟樹坪竹林五百餘甲、同番路庄內甕轆子腳畑七百餘甲、同郡竹崎庄糞箕湖石棹畑八十甲、同竹林六十甲、同頂本畑五十甲、竹林六十甲、同茄苳畑三十甲、同竹林六十甲之土地，既拂下及將拂下與臺灣退職官吏、製糖會社、政商等之處分，伏望應即取消，而將其所有權附與現在之各開墾者。

請願之理由

農村之興廢，對於國家社會實有重大之關係，故現在我政府有設種種之法律，而立農村疲弊之救濟策，因是而敢為之請願焉。夫前記之土地及竹林，乃現在耕作者之先祖，自二百數十年前所開墾耕作者，在清朝政府既有一一認定所有權，而交給田契、契單等之證書，且使其納稅。迨改隸我國領土之際，臺灣總督府亦一一調查而照從前之例使其納稅。然而土地（田畑）在明治三十一年間有一部分，在明治四十四五年有一部分，因為大洪水流失而變作荒蕪之地，故政府認為荒地而許可其免租。嗣後該緣故者（原所有者）竭盡其辛苦，栽植雜草木及建築隄防以防備水害，竟不負緣故者之功。其後再陸續浮復，於是各緣故者又投多大之勞力及資本，努力於開墾整理之結果，始得有如今日之復舊。此間，緣故者屢次提出所有權附與申請之手續，而政府皆以開墾不完全為理由却下之，又有一部分至今日並無何等之通告。然而臺灣總督府，大正十四年行政整理之結果，淘汰多數之舊官吏，欲對於此等舊官吏之報酬，及使其永住臺灣以啟發臺灣人，並圖內、臺人之融和，而且欲使其開拓原野增殖國產為目的，遂將前列記之土地，由農民之手奪之而給與退職官吏矣。至於竹林係明治四十一年二月，政府對緣故者命令其攜帶印章到該管轄警察官吏派出所，各緣故者皆遵命照期日到派出所，當時斗六廳長乃對於彼等謂為傳達總督之命令曰：「汝等之竹林實是佳良之竹林，發育優秀，其美全島無有匹敵者。這回總督府欲將此佳良之竹林，保存於永久，決定編入為模範林。此實是汝等無上之名譽，又是汝等之利益。雖在編入後，採伐及其他各種生產，概如從前，聽汝等之自由，故汝等不足憂慮。於是而總督府對於汝等自先祖以來盡丹誠以栽培竹林，欲褒賞其功績，且為將來獎勵之

意味，給與補助金，汝等宜感激而敬愛之。」於是命令巡查取出記載各人住所氏名之白紙，督促人民蓋印。但緣故者頗抱不安之念，不即蓋印而稍有躊躇，警官等立即用各種恐[嚇]及暴行以××之，有不應蓋印者則××之等，其苛酷殘忍之態度，決非筆舌所能形容者，以此強制的使其蓋印。但政府以模範竹林之美名所沒收之竹林，其標木所書之墨痕尚未乾而既貸與三菱政商矣！

伏惟前記土地及竹林，第一、係耕作者之先祖遺留地；第二、洪水流失之土地，能得復舊如今日之田畑，係流無限之苦汗所開墾者；第三、對於政府既有屢次履行所有權下付申請之手續；第四、係緣故者唯一無二之生活資源，若政府奪之而拂下與政商及退職官吏等，則各緣故者之生活，立歸窮迫，不得不陷於引家族迷於路頭之悲慘狀態者矣。至於退職官吏等，現在不但有辯護士及其他相當之地位，而且有受年金恩給之特典，故敢望酌量前陳之事情，祈為特別之詮議，照請願之要旨裁決之，謹為請願。

第三部分：運動下的暗流／反對的聲音與流言

■ 辜顯榮反對文　1927/8/2

資料出處：《臺灣日日新報》1927 年 8 月 2 日，9793 號 4 版。

敬告農民運動諸君
辜顯榮

臺灣農民運動，近來漸見得力，此皆賴諸君，立於陣頭，獻身效勞，遂能有其結果也。從來諸君熱心毅力，排去一切艱難，以為農民請命。無我相，無為農民請命，無我相，無人相，一本於公，一乘至誠，吾人所深敬服，不得不為農民，謹申謝意也。顧諸君所以為此者，其真意在實現社會正義乎？或在振興國本民本乎？或在確立農業政策乎？或在啟發農村文化乎？竝得其時乎？以上五者，在諸君指導者，或所指導之農民觀之，或以為然。然在業主方面，及局外人觀之，則未必以為然也。

試問吾儕本島人間，今日果有所謂特權階級者乎，曰無也。有政治上，特加擁護之之支配乎，曰無也。然則起而排除之者，同室操戈之類耳，而迄相鷸蚌持，利必落於漁人手矣！諸君賢明指導者，盍更深長思之乎。今日又有所謂資本

階級者乎，曰無也。有政治上特加擁護之之支配乎，曰無也。然則起而打破之者自相殘賊之類耳，而迄爭執無[已]，勢必竝鼠貓而俱死矣！吾人詳察現狀，今日所謂資本階級，欲求少數名稱其實者，不可得也。大抵自大正九年（1920）以來，中財政的大疾病，負債纍纍，無臺可避。蓋一年所收，納利納稅，生活交際，在在需費，欲與勞動階級者，易地生活，又不可能也。由此觀之，所謂資本階級者，不待人之打破而時勢自打破矣。所謂勞動階級者，不待人之擁護，而時勢自擁護矣。質言之，社會正義，不假人力，已自實現久矣。

抑民族之繁榮也，文化之發達也，必以共同均平為一大理想矣。今也，全島一般業佃之關係，究何如乎，請就吾家與斗六佃人之關係言之。吾家未嘗取佃人磧地金，每甲一年索收小租穀，或三十石、或三十五石、或四十石，而分之兩期，或四六分、或三七分。計每期佃人所得，或一倍或一倍餘，比之業主，有加無減。利益之治，輕業重佃，他人當無甚異也。大正九年以來，全島貧富變遷，迄今所謂新發財者，多屬佃人矣；所謂賣土地者，多屬業主矣。共同均平之理想，殊相背馳，國本民本，安在可以振興乎？

又吾儕本島人間，民智尚幼，所能經營成功者，唯一農業耳。吾儕生活上，所賴以安定而向上者，亦唯一農業耳。從其利益之分配，毫釐莫苟，而迄相反如此。又復抗租爭執，勢必至於無心力田，致衰替農業，產業政策，安在可以確立而實行乎？本島重農之地，農村文化必要健全發達，期肥佃人之身者，正所以促進之，然彼佃人者，果知所滿足而感謝乎？竊恐得隴望蜀，貪婪無厭，欲以進其文化者，適以長其頑迷耳，農村之文化，安在可以完成乎？不寧惟是，目下吾儕本島人間，自受財界打擊之後創痍未復，且憂後患，難以救濟，求伸不得，求縮未能。彼佃人者，偏於此時，尋瑕[覓]短，根本抵抗，使業主忍無可忍，憤慨之餘，業落人手，將來勢必至於共為勞動者而後已，此可豫設想矣！到斯時也則其難受之苦痛，不知幾十百倍於今日乎。

諸君賢明，所見當能及此矣，爭執之小作契約，小作地，小作料，小作期諸問題所關，豈別無圓滿解決之善法哉，切望諸君萬全指導之無[已]也。

■ 農民組合對業佃會的批判文 　中文翻譯

資料出處：山邊健太郎編，《臺灣》第一卷，現代史資料21（東京：みすず書房，1971），七，農民運動，頁 349-350。

反動機關
業佃會已露出馬腳，農民爭先退出，走狗目瞪口呆。

在此資本主義沒落之過程中，支配階級為保持自己的地盤，為求苟延殘喘，極露骨地以殘酷的手段鎮壓我等。其手段一日比一日更殘酷，一天比一天更露骨。資本家地主的忠犬——政府——亦如所料地發揮其惡劣的手段，起初與其飼主資本家地主緊密連結，一面以積極的手段進行逮捕、拘留、監禁，想要威嚇我們；一面用消極的手段，組織一些佛教會、業佃會等，想要抹殺我等的反抗運動。

我們中壢、桃園的兩個支部遭狗咬傷後，官犬與地主等日夜奔走，在役場的門柱上懸掛一個美麗的「業佃會」招牌。向農民說得天花亂墜，勸其加入。

然而，頻頻被欺騙、心寒膽裂的農民們，無論他們如何花言巧語，都齊聲高喊：「業佃會並非代表我們利益的機關，而是擁護地主的機關，是我們的敵人，我們農民只能仰賴農民組合。」

那些狗不得已藉由保甲會議、家長會議之名召集農民，以宣傳業佃會，勸說其加入業佃會。一開始被欺騙的農民，到第二次會議時，就連農民的影子都看不到了。在他們美麗的看板下，只有幾個地主在伸懶腰，寂寞無聊地支持業佃會。

近來又派出電影隊大肆宣傳，欺騙農民，使其觀看電影。一旦進入會場就再也不能走出會場外。走狗等嚴密封鎖，將電影隊變成黑暗的地獄，強制農民蓋印，使其加入業佃會。兄弟啊！業佃會若果真是為農民謀福利的機關，又何需如此？

日前有一村婦，至業佃會委託其向地主交涉減租，然而，彼等曰，若欲減租應向地主哀求。業主若同意則屬成功，業佃會與此事無關。

該名村婦氣得柳眉倒豎，直接在彼等面前撕毀加入書後忿忿而去。聽到這樣的消息，先前被欺騙的農民都爭先恐後地殺到役場，迫使役場歸還加入書，結果業佃會恢復原本的樣子，成為一個純粹的業主會。

諸君，何為真正擁護農民的機關？農民已經知道了。業佃會的馬腳還想藏到何處？

農民立刻加入農組吧！死守農組！

打倒反動機關業佃會！

剿滅走狗！

■ 農民運動巨頭簡吉　1927/2/　中文翻譯

資料出處：不著撰者，〈農民運動の巨頭──簡吉〉，《台湾実業界》第二年第二号（昭和 5 年 2 月）1927 年 2 月。

身為本島農民運動巨頭，擁有舉足輕重地位的簡吉，現在（去年十二月）正等待應該快寄到市內建成町寓所的上訴判決，在此同時也燃燒著鬥志。雖然臉色還是藏不住憔悴，但是他所說的理念依然是不辱其名，尖銳而深刻。

不理解我運動的官憲

一般，特別是對於官憲無法理解我運動的態度，我們驚訝得啞口無言。××××所有屬於組合的文件全數扣押。他們也許以為只要做出××，我們會改變運動的方法，那真是天大的錯誤，每次他們採取××措施時，我們就會累積經驗，鬥志倍增而上。農民組合浮上檯面是在大正十四年（1925）時，起初迄今，我們的宣傳口號一點都沒變。

合理的要求

西部臺灣百十二萬甲耕地中，有高達三十一二萬甲擅自開墾地，特別是農民組合員所有的四千七百甲的問題，農作物交給農民、即確立所謂所分權、全額免除北部臺灣特別嚴重的佃租拖欠、撤廢交付最初佃耕契約地主之押金、農民管理農會及埤圳組合，這些悉皆農民合理的要求，完全找不出有任何無理之處。

過去之實例

例如，原新營郡所屬，今任殖產局的茂野技師在組織業佃會當時，曾來拜訪我，提議「業佃會宗旨和你們的主張在其根本上是一致的，要不要一起合作」。大正十五年（1926）向農商務次官陳情時，其驚訝於農民自信汗水的結晶，協助官憲自身開拓而整理出來的土地，竟被冠上擅自開墾之名，並將被×××之事實，他說「真有這回事嗎？這是很嚴重的問題」，於是接受了陳情。甚至，之後內田（嘉吉）總督（任期1923.9.6-1924.9.1）亦對我等之主張產生共鳴，承諾會以對農民有利的方式解決。

農民之自覺

然而，其後的實際狀況依然對農民不利。看似以××、××為唯一的武器。中壢事件時，連我們都曾認為這樣不可行，然而那卻變成了一種體驗，農民們也在每次的事件中增加理解的熱度。說要×××××，用謄寫版印刷或其他方式報告，其後又寄給我們取消通知，這不是很諷刺嗎？關於會員的狀況，前年末第一回大會當時有二萬四千名，至去年末只不過約三百位退出。

我等之意志

「總而言之，今後運動方法，就是要在各方面都無法信任的前提下，喚起農民內心深處的理解和自覺。而且，我相信除了徹徹底底熱烈地表示我等的意志之外，別無他途」。關於他辯才無礙的故事，實在說不完。

▌簡吉與簡娥（1）　　1928/6/2

資料出處：《臺灣日日新報》1928 年 6 月 2 日，10098 號 2 版。

農民組合爭議部長
因誘拐婦女被提起告訴
臺中署正在調查

農民組合爭議部長簡吉氏經常投宿高雄市本島人某旅館，宿泊中認識其旅館女兒現在高雄市高等女學校四年在學中的簡氏娥（十八），注意到二人的行徑之後，同旅館便拒絕簡吉氏的宿泊。所五月二十五日簡吉氏約簡氏娥至高雄堰堤密會，二人商量後，二十六日從高雄車站分別坐火車至臺南會合，然後再搭同車至臺中。此事真相大白後，簡氏娥家人大為震驚，母親和兄長前來臺中，要求與簡氏娥會面，簡吉氏稱沒有他們所尋找女子，不讓其會面。至三十日，發現他們在大肚某所，簡氏娥姊趕至將她帶回高雄，兄長在高雄署向簡吉氏提起誘拐告訴，因此同氏三十日從新竹地區的旅行地被帶回臺中署，目前正接受調查。

▌簡吉與簡娥（2）　　1928/6/3　　中文翻譯

資料出處：《資料 A：臺灣農民組合本部存留檔案》，頁 129。

簡吉個人說法
大阪市北區堂島濱通二～一八
日本農民組合總本部　台啟

（明信片右）農民加入農民組合！
（明信片上）勞農結成！
（明信片左）工人加入工會！

祝賀貴組合的勇健奮鬥。

　　看到以中傷謾罵我們為宗旨的御用報紙標題寫著「簡吉誘拐婦女」，我想大家馬上就明白「是那幫傢伙的陰謀！」，不過另一方面應該也替我感到擔心吧。其實事情只不過是，大家所熟知的張玉蘭女士的好友同學簡娥女士果敢地離開學校，加入了農民組合婦女部而已。為什麼因為這件事，我需要被拘留四天，還要被報紙大肆宣傳呢？我想和我處於同樣境遇的各位，應該可以推察出來。

　　簡娥女士說「是不是誘拐，看我今後的行動就可以知道了！」，顯得很開朗。我今早也從拘留所出來，和往常一樣要在第一戰線服務，敬請各位安心。

　　六月三日　簡吉（於臺農本部）

■ 簡吉與簡娥（3）　1928/10/27　中文翻譯
資料出處：《臺灣日日新報》1928 年 10 月 27 日，10244 號 2 版。

高雄農民組合信用掃地
　　臺灣農民組合高雄支部，近來都沒辦什麼活動，只是說說官廳的壞話而已，且只是越來越惶恐退縮了。今年六月某幹部引誘某高女學生加入組合，以女鬥士身分錄取，而近頃該女失了貞操的惡聞已傳開，父兄方面之警戒無庸多言，一般農民之信任也全掃地。組合員中皆無人繳納組合費，加上被視為金庫的東港街某氏已蕩盡資產。如今亦無活動資源，實為秋風寂寞之狀。

■ 簡吉與簡娥（4）　1928/12/23
資料出處：《臺灣日日新報》1928 年 12 月 23 日，10301 號 4 版。

大鬧農民組本部，痛罵公豬拐誘吾女，負我纖手撫養成人，憤然欲與簡吉拚命，該組伏魔殿暴露

臺中農民組合本部。女鬥士簡氏娥，乃高雄市人，投身於農民組合，與諸幹部頗相契合。前番其姊來中，欲強率之歸，被乘隙遁走一節。經誌前報。其母曾提出保護願，者番病癒，親自到中，欲率之歸訴於當局，請為查尋。去二十一日午前中，受持[農]民組合巡查，往組合本部查問，簡吉答以不知。云諒想是在古屋氏之宅。午後三時頃，和田巡查部長帶該受持巡查，及娥之母到該本部，登樓搜尋，發現娥果在，其母大怒，對簡吉破口大罵。[則]訴於圍觀之人眾四、五百，云娥自三歲，即遭父喪，由己以纖弱之手撫養，既掙得有相當教育，將為擇快婿，何堪被爾輩公豬拐誘怒極。且欲與拚命，經勸解方止，群相顧語，謂拐之則不可。娥見鬧得如是，粉黛驟呈青紅，哀勸其母[願]即與之同歸。其母恐其再逃，乃託警察署保護，擬搭夜車偕歸去云。

▌救援趙港

資料出處：《資料 A：臺灣農民組合本部存留檔案》，頁 184。

大家起來！來救援我們的趙港兄呵！！

我們的前衛鬥士——趙港兄是什麼號人？我不多說大家勿論有加入農民組合人沒入組合人，都通通知道的。他身不但為臺灣三百餘的無產農民，為臺灣四百餘的被壓迫被榨取民眾，夠再是為全世界無產階級解放運動生死的一個戰士。他自參加運動到今日，完全放他一身來指導咱的運動，即為咱無產兄弟的利益。他沒論什麼風雨早晚，起腳就行，走就奮鬥，對地主官憲支配階級，連毫絲的可惜都沒有。去鬥爭，頭與尾，都是立在於無產階級的先鋒隊去進攻的他，為階級的工作一時都沒有離開的，對階級的事業是最徹底的，忠實的，是一個的模範的階級的鬥士。

因為這樣他沒眠沒休的奮鬥，當然致（得）了著病，他目（眼睛）早就已經著病了。不過總是他全沒顧著自己一身的病，依然地奮鬥，所以病也緊積緊重，身體也緊衰弱。這回在獄十一個月（1928.8-1929.7）間，出獄的時也是同樣地奮鬥地工作。我們常常都勸告他就要靜養，總而他也不準備去靜養，忍病忍苦，都與我們同樣工作。固然他的病鬼不准他的工作，都襲擊他了。

自新曆（1929）十一月十日起到今日通通沒有食飯，通通臥著沒離床，沒有講話的氣力，行也不能在，面墾[孔]變了了，殘（剩下）一隻骨，總講一句，全身殘成一個雲絲吧了。

同志諸君呵！我們怎樣能得漠視這樣咱的同志港兄呵，他的存在是像咱的運動存在一個星一個支柱啦。所以今日咱即是沒來救援這樣咱的港兄，都是像欠了一個的星一個的支柱吧。

同志諸君起來！快快起來！來救援咱的港兄呵！

一點二點也是好，來給他的治療費、生活費。

送先　臺中市梅枝町一一七

臺灣農民組合本部

▋東京臺灣學術研究會致臺灣農民組合及支部通知書

（1929年2.12事件）　　1929/3/12　中文翻譯

資料出處：山邊健太郎編，《臺灣》第一卷，現代史資料21（東京：みすず書房，1971），七，農民運動，頁370-371。

通知書（1929.3.12）

臺灣農民組合本部臨時中央委員會

各州支部聯合會公鑑

在暴虐無道的日本帝國主義鐵蹄下成長的我臺灣農民組合，受到全島貧農工人的絕對支持，加以運動日漸進展，組織逐漸鞏固，突破暴力壓制網，勇敢地進攻突襲，使面臨帝國主義鬥爭之危機的日本帝國主義者震驚，致於魂飛魄散之狀態。農曆正月3日（1929.2.12）黎明，彼帝國主義者伸出毒爪，攪破我等之戰線，斷然進行全島性的住宅搜索，實施大逮捕，同時，被逮捕者雖達七、八十人，但除現任中央委員13名外，其餘皆已釋放。

諸君，我等已明白，他們資本家之官犬們，在全然沒有事實、沒有證據之情形下竟敢做出此一舉動，伸出其毒手。我等首先要知道彼等之橫暴。什麼治安維持法、出版法？我等不能忘記此一橫暴手段。我們因此一鎮壓而受到什麼影響？我們只是得到很大的教訓，但我們的陣營並未動搖，猶再宣布向敵人進攻。雖然大多數中央委員已被囚禁，該事件後，我等立刻以全島大會所選出的候補委員遞

補中央委員，立即再確立統制機關中央委員會，以統制我等之農組運動（但仍缺員，中央委員會應再補選之）。而我等與勞農大眾一同高喊下列口號：

一、即時撤廢臺灣出版規則，撤廢一切惡法！

二、即時釋放我農組被囚禁之中央委員！

三、擴張農組救濟部之活動，向農村滲透！

為全國大拘捕告農工兄弟書

敬愛的農工兄弟們：日本帝國主義者在臺灣逞其豹狼之本性，進行其經濟侵略，我四百萬之多數民眾早已無業可就，無生可享，尤其農工兄弟所受的壓迫和榨取暗無天日，乃諸君所見。工資日漸減少，物價實在很高，住在家要繳房屋稅、耕田要繳地稅，車稅、馬稅、牛稅、保甲費、街庄費等較之亦甚，裸體亦是犯罪。如此榨取尚嫌不足，還以強權霸佔農民兄弟之土地，強奪農民兄弟的芭蕉、鳳梨、竹林、甘蔗等。

敬愛的農工兄弟啊！當吸血鬼以強權霸佔強奪土地時，幸好有「臺灣農民組合」，替農民兄弟謀利益，時時刻刻代表農民兄弟之利益而奮鬥，如諸君之所見。過去兩年間主張「土地歸於農民」、反對扣押青苗、反對強奪土地者，不是臺灣農民組合嗎？反對課重稅、反對沒收竹林者，不是農民組合嗎？為謀農民兄弟之利益而考慮，拋棄日本帝國主義與生死者，不是農民嗎？

敬愛的農工兄弟啊！過去日本帝國主義經常以極陰險之手段陷害我等農民組合，已為農工兄弟所體驗。因農民組合係替農工兄弟謀利益之組合，故組合之存在即日本帝國主義之眼中釘。換言之，若日本帝國主義欲在臺灣發揮其豹狼之本性，使農民兄弟永遠作為彼等之奴隸，彼等必先鎮壓農民組合始能逞其獸慾。

敬愛的農工兄弟啊！本次日本帝國主義者為徹底地榨取壓迫農民兄弟而拘捕各地臺灣農民組合的勇敢分子，並使用極毒惡之陰謀，陷害我等勇敢的兄弟，我等相信，本次全島的大逮捕係日本帝國主義者對農民兄弟的挑戰、欲狠狠榨取農民兄弟之第一步。

敬愛的農工兄弟啊！我等甘於默默接受日本帝國主義之榨取與酷刑嗎？農工兄弟啊！我等若期望完全的解放，非諸君團結打倒日本帝國主義而不能達成。

農工兄弟啊！一切被壓迫的兄弟呀！一齊起來吧！緊密地安排我等陣營佈局，拋棄個人的生死，與此一凶心勃勃、食人肉的強盜──「日本帝國主義」戰

鬥。無論如何，諸君起來吧！以大眾行動救出被拘捕的兄弟，死守諸君的臺灣農民組合！

立即釋放[帝國]主義的犧牲者！

農工兄弟聯合奮起

反對總督獨裁政治

打倒日本帝國主義

1929.3.3

第四部分：臺灣共產黨滲透到農民組合

■ 臺灣共產黨的農民運動對策文　中文翻譯

資料出處：山邊健太郎編，《臺灣》第一卷，現代史資料21（東京：みすず書房，1971），七，農民運動，頁 359-367。

農民問題對策（原文白話文）1928

臺灣共產黨成立後，立即遭到日本帝國主義野獸般的大鎮壓，我勇敢忠實的同志大半被奪去了，組織陸續被破壞，因此黨的活動有一部分呈現暫時停止的狀態。這是我們的恥辱，同時也是我們重要的教訓。

然而，帝國主義的資本家對地主的勞動者、對農民的經濟、政治攻勢必然會驅使勞農大眾奔向革命的路線。最近農村鬥爭的白熱化以及農民組合向具革命性的馬克斯主義靠攏之事正是其一例證。黨因組織幼稚及活動不周密之故，無法充分指導農民的鬥爭。然而這是不得已之事。

黨對於農民組合的指導尚不能稱完全，但一般而言，已達到某種程度的革命化，且漸次建立了密切的關係。這是目前的形勢，而且是我們應注意並努力之處。農民組合日益戰鬥化，並且眼看極重大的全島第二次大會即將到來。今日黨對於農民運動之根本政策雖尚稱正確，但仍有部分未能符合客觀的情勢之處。特別對於這次的大會當然必須要有一定的具體方針。

臺灣共產黨中央常務委員會（之後改稱中央政局）在此之際，發表有關如下第二大會之政策。

一、促進農民組合機關報之方針

農民組合受到黨的影響，因此比以前更顯著地向前邁進，但是我們必須更進一步指導之。唯有如此，才能使農民組合成為共產黨指導下的一革命性大眾組織。

例如，農民組合機關報之確立正是其中一項主要的工作。現在農民組合雖然已經定期發行農民組合情報，然而只有這樣是不充分的。

（1）為爭取政治自由之鬥爭，特別是為言論、出版、集會、結社自由之鬥爭

（2）大眾的政治、階級訓練

（3）以馬克斯主義對抗資本主義式的教化

（4）集體行動、集體指導及其普遍化

（5）教導大眾革命理論

為完成以上各項重要任務，只有一項情報是不夠的。因此，必須促進更大規模全島性的農民組合機關報之發行。這是極為重要的工作，同時也是戰鬥農民的要求。

其具體創立方法如下。

從事農民運動的同志平時就必須為發行機關報而做宣傳。而且，當然為在此第二次大會中提出發行機關報之議案及其貫徹，我們必須努力不懈。

（1）使大會發表創立機關報之宣言。

（2）大會議決促進機關報之議題，首先準備委員會必須在所有的地方設置本部、州聯合會、地方支部、出張所。唯有如此，才能動員大眾參加這偉大的集體共同動作。也須請左翼勞動組合、文協及青年讀書會給予援助，並在未加入組織的大眾之間，宣傳此事，使其普遍化。

準備會須召集大眾代表會議，決定其方針及最初的工作。

A爭取大眾讀者運動

B支局準備會之設置

C基金募集運動，不僅限於國內，也要在國際上進行募集

關於以上具體行動，須極力動員大眾，更進一步還須友誼團體的協助。目前為促使機關報實現之初步工作就是定期發行情報。最重要的是不要成為依靠大眾時報股份的組織，要成為像日本的無產者新聞那樣，僅以大眾為基礎的戰鬥機關

報。換言之，階級的基礎和大眾的支持才能打破法律上的壓迫，才能推進我們日常的政治鬥爭。

二、民族共同鬥爭的展開

在目前的革命情勢下，1927至1928年間農民組合實際上已成為臺灣社會運動最具戰鬥性最大且最堅固的大眾組織。然而，在農民大眾鬥爭目標的這一點來說，尚有不充分且不明確之處。在日本帝國主義支配下的臺灣客觀的、經濟的社會狀況下，臺灣共產黨所規定之臺灣被壓迫民眾革命鬥爭目標如下：

（1）打倒日本帝國主義

（2）廢除反動地主及其他一切封建的殘餘物

從革命的性質上來看，現在是民主式的民族革命。然而，資產階級日益往支配階級陣營靠攏，他們正準備與之妥協。因此革命的原動力及指導者是臺灣勞動者階級，其根本勢力是以勞動者農民為中心的勞農小市民之聯合戰線。因此，在目前的反帝國主義民族解放戰線，民族共同鬥爭，即聯合戰線依然是臺灣各左翼勞動團體的任務。農民組合既已形成革命戰線的一部隊，就必須在民族共同鬥爭的口號下動員大眾，和左翼勞動組合、文化協會、青年團體等在鞏固的統一戰線下鬥爭，特別是黨員要站在前頭指導各個團體。還有，在對於容易妥協的「民眾黨」、「工友總聯盟」的協同鬥爭中最重要的是，要從下層，亦即是要爭取被他們欺瞞的大眾，集中勢力對抗敵人，絕對不可以幹部之間的商量來進行。我們於共同鬥爭的過程中，必須不斷地公然批評民眾黨的反動性，揭露彼等向日本帝國主義的降服，揭發彼等的欺瞞政策及反革命的主張，喚起一般大眾的左翼化。農民組合在民族共同鬥爭的口號下，不只對農民大眾，對於其他大眾也要極力煽動。

三、土地問題

土地問題是農民的生命，是目前農民大眾拚命鬥爭的根本目標，臺灣民族的民主革命的根本社會內容。這在黨的農民問題政策中已經明確地解決了。我們在此所說的土地問題是關於農民組合的一部分。農民階級鬥爭的白熱化、農民大眾對帝國主義及封建地主鬥爭的激化、這些根本的要求是土地問題之根本解決法。然而，農民組合關於這一點的指導尚不明確，因此，第二次大會對於此問題必須

更做明確的解決。農民目前有最迫切的經濟需求，同時有最後的根本需求。在所有的鬥爭中，結合此兩者才能夠將農民引導至正確的革命戰上。先不論當前的問題的需求，農民組合必須在所有鬥爭的場合中提出，「土地還給農民」、「土地公有化」或「土地還給農民蘇維埃」的口號，並加以宣傳煽動之。特別是在日本帝國主義進行猛烈土地剝奪的今日，「土地還給農民」的口號必須更強烈地提出來。革命的馬克斯主義者當然無條件贊成生產力的向上發展，因為其發展將建立共產主義之基礎。然而，上層階級犧牲大多數民眾而強奪土地，強制沒收土地之農村工業化，這不是理想的資本主義發展。因此我們必須從根本反對。而以革命勞動者農民的勢力對抗日本帝國主義的陰謀，農民工業化，從下層根本地改革農村經濟，亦即勇敢地遂行土地革命、農村革命。以革命的方法反對帝國主義式的土地剝奪，沒收地主和日本帝國主義的土地，將之分配給農民，這才是農民問題的根本解決之道，亦是革命的馬克斯、列寧式的解決方法。

四、臺灣革命的指導權勞動農民革命同盟

臺灣民族的民主式革命的原動力及指導者無疑地是勞動者階級。這是從臺灣各階級的勢力關係和階級構成狀況中導出的最正確之結論。從農民在其生產所占之地位和分散的生活狀況來看，很多是帶有小資產階級式的反封建性質。然不僅如此，農民雖然是臺灣的基本階級，但目前是處於接受革命文化的一個過渡階級。因此，農民絕對不是革命的指導者，更不是革命的原動力。但是，農民是臺灣革命的主要勢力，勞動階級獨一無二的同盟軍。

農民組合對於此點有正確的見解，更因負有革命指導權之使命，仍須進一步極力宣傳，使農民組合往更正確的方向前進。農民革命的當事者、解決者當然是農民自身。

農民問題必須農民自身去解決。但是沒有勞動者階級的指導，其結局將在不徹底的情況下結束。因此，農民必須結成勞動者和革命同盟。勞動革命同盟的口號，在所有的場合都要提出及宣傳，使其普遍化，並訓練農民大眾。平常也要不斷地使農民注意都市勞動者的鬥爭，必須在精神上、物質上給予援助。具體來說，農民組合必須做到時時刻刻和左翼勞動組合共同召開勞動協議會、勞農代表者會議共同研究會。只有如此，才能使勞動大眾做有生命力的結合。特別是要向農民宣傳，唯有和勞動者階級的指導和勞動者的結合，農民才能徹底地解放，這

是共產國際授予各國共產黨關於農民運動之指導方針。而且，目前農民組合必須援助左翼勞動組合的統一，協助臺灣總工會的實現。唯此為援助真正之左翼，絕非援助反革命的連溫卿一派。

五、自衛團組織（或農民組合守衛團）

日本帝國主義日益反動化，益發積極準備世界大戰，因此，對臺灣民眾的政治、經濟的壓迫頓時加重，更加狂暴。加上，革命勞農大眾拚死地鬥爭使彼等反革命之地主日本帝國主義更逞淫威，那是因為臺灣的革命運動高潮對日本帝國主義的支配造成了威脅。此兩年內日本帝國主義對我們的迫害、打入監獄、逮捕、拘留、解散、破壞團體、逮捕大眾鬥士、偵查政策、陸軍演習、警察制度等，他們要用所有的手段打敗我們，時而甚至斷然實行大眾屠殺。在如此反動的情勢下，我們若袖手旁觀，無庸置疑地團體將會遭到破壞。且看中壢事件及最近發生的各種事件告訴我們，若沒有尋求任何具體的對抗方法，一切爭議終將失敗。我們不得不徹底保護農民組合，而要達成此項任務，如果沒有農民組合自衛團，是不可能的。此自衛團的基礎正因為置於最下層的農民中，才能鞏固並發展，不走向個人式的「恐怖主義」。現今，我們必須從農民組合內部挑選出最頑強、勇敢的農民鬥士（20歲以上30歲以下），著手進行組織。其最重要之任務即是參加一般的農民運動，特殊之工作則是：

（1）保護農民組合的各種大會

（2）對抗警察和偵探，保護自由運動，站在先鋒整合自由運動，對抗暴力團的襲擊及警察隊所有的暴舉。

六、設置青年農民講習所

此工作決不能輕視，因為這在農村青年大眾的革命運動中所佔之地位極為重要。我們在此所說的內容不只是關於農民組合青年部和青年農民的一部分，這是一大缺點。農民組合為吸收農村青年必須要有一定的具體計畫，如此青年部的活動才能熱烈進行，其組織才得以擴大。為輔助此項工作，農民組合必須要設立青年農民短期講習所，培養青年鬥士。

（1）從各地方拔擢具活動力勇敢的青年農民。非組合員，非農民也無妨。

（2）期間為兩個月或三個月，於講習期間時時動員之，並實際訓練之。

（3）以「共產主義的A、B、C」、「青年教程」、「資本主義的構造」、「臺灣問題」、「國際問題」等為教科書。

（4）編纂白話文的講義錄。

（5）以在農民組合、其他各種左翼團體受過實戰訓練的前輩為講師。因考慮對青年鬥士的影響，將排除學者型的講師。

（6）徵收相當的學費，但亦不能過重。

七、在全島各地發展農民組合救濟部

救濟會的主要目的和根本意義及任務不只是救濟為革命而犧牲的鬥士及其家族，同時也是革命的後盾。因此救濟會是以勞動者農民為中心的各階級協同組織體，又其為一獨立組織之故，黨對此會必須要有一定的方針，現階段也僅是促進全島各地的創立而已。農民組合中雖有救濟會，其活動極不充分，範圍也非常狹小，加上，最近日本帝國主義的反動化造成越來越多的犧牲者，因此救濟活動範圍漸次擴大開來。全島性救濟會的組織是我們現在迫切的需求，是當務之急。對於救濟會的創立也許還有其他政策，然而現在必須以農民組合救濟部為基礎，將之擴大，並發展成全島性的組織。其具體方法為：

（1）擴大組織及救濟範圍

（2）以農民組合為發起團體，與其他各團體召開連席代表會議

（3）為促進創立全島性救濟會進行討論

（4）使救濟會成為大眾戰鬥組織

（5）代表者會議決定具體進行方針

（6）另外組織一準備會，以便宣傳及其他一切準備

八、國際問題

農民組合提出反帝國主義戰爭，擁護蘇維埃俄羅斯，擁護中國革命，打倒國民黨、中、日、臺、鮮勞農合作等的口號，並參加多次實踐活動，然尚有不徹底之處，即國際問題在大眾中尚未滲透、未普遍化，特別是國際問題和農民的日常鬥爭被切割分散了。反對帝國主義戰爭，擁護蘇維埃俄羅斯，支持中國革命是和臺灣革命鬥爭互有直接根本的利害關係，因此，國際問題不得不和農民的日常鬥爭結合。如此國際上的問題才能和一般革命運動密切結合，成為勞農大眾自身迫

切的問題。

　　帝國主義戰爭準備，租稅的加重，土地的沒收，陸軍演習，其他各種陰謀和因此形成勞農大眾之窮乏化等事實要周知大眾，反對帝國主義的口號亦須不斷地在文獻中宣傳。國際上發生之事件須急速向大眾報導，並以演說會，自由運動等形式加以援助。更進一步臺灣農民組合須與日本農民組合合作，特別是要提出加入赤色農民國際的口號，宣傳農民國際間團結的必要。

九、農民組織和數量的擴大

　　農民大眾的鬥爭日益白熱化的狀況下，農民組合要擴大組織和數量是較容易且重要之事。然此必須有計畫性的活動始能達成。其範圍的擴大，為吸收（1）貧農、雇農，（2）青年農民，（3）農村婦人應特別給予注意，因為此階層在農民大眾中佔有最重要的地位，且最大多數，最激烈的分子。農民組合為代表農民日常利益一大眾鬥爭組織，其政策和規約決不像共產黨那樣嚴密。故加入農民組合的人，是農民自身的需求，特別是在日本帝國主義的強制性沒收土地、地主冷酷無情的榨取等，二重、三重的壓迫下，農民只要勇敢地奮起，團結一致與敵人鬥爭即可得到解放。農民大眾現在已經擁有相當的決心，故農民組合須以一定的方針吸收之，並擴大自己的規模。例如，農民組合財政的窮困已陷入了無法負荷的狀態，無產團體本來就無法避免鬥爭和財政的困乏，這不論在何處皆如此。不過，為維持農民組合財政必須進一步尋求某些方法。為維持農民組合財政第一便是要擴大組織，平時組織基金募集隊，派遣至各地募集基金，並且在國際上也必須募集基金。又，國際上發生問題時，臺灣亦要募集基金進行援助。關於此點，就足以證明臺灣農民大眾和國際間的聯絡是如此重要之事。

十、吾等對於連派一夥對農民組合的策動應採取之態度

　　以連溫卿為首的連派社會民主主義者、投機主義者、逃避主義者、機會主義者之陰謀分裂主義者已形成了一派。隨著革命日益發展，日本帝國主義日益凶暴，彼等一夥反革命之真相日益明顯，此事甚至亦為一必然性。原本對連溫卿一派有其他特別決議，在此文書中特別限定討論如何動員農民組合打破彼等陰謀。

　　在決定農民組合對連派的態度和鬥爭之戰術前，要先明確了解何為連溫卿一派，他們根本的謬誤在何處，究明其反革命性。此規定之方法稱為革命式馬克

斯、列寧主義戰術。

A連派根本的謬誤和毒害及其反共產主義之真相

（一）、連派在根本上反對民族鬥爭，這起因於他們對臺灣民族革命的不理解及無視於臺灣客觀現實情勢之故。這是他們最大的謬誤，共產國際規定，殖民地之共產黨最重要初步的任務是動員勞動大眾打倒帝國主義，為民族獨立而鬥爭。連派反對共產主義，因此當然無法理解此根本性的任務。臺灣革命現階段鬥爭目標是獨立運動、打倒帝國主義、建設最大多數的民主式共和國（勞農獨裁制）。關於此點是我們一再重複之處。

（二）、對農村革命的輕視歸根結底仍是彼等之無知使然。因此他們看不見農民的要求和革命的精神。在連氏著〈1927年的臺灣〉中，連氏解釋土地問題。

（三）、連氏是反對階級鬥爭的階級協調主義者。不論連氏自身如何大聲疾呼階級鬥爭之口號，那也是他自製之物，決不是馬克斯主義式的內容。

何故？若彼等是真實的階級鬥爭主義者，為何反對勞動組合的統一，反對協同鬥爭，反對民族鬥爭（民族鬥爭在帝國主義時代不是單純的東西，民族問題是無產階級獨裁重要問題的一部分。因此彼等反對現實階級鬥爭之事實，同時也是反對馬克斯主義之證明）？

（四）、彼等是凶惡的分裂主義者，勞動組合統一運動時，連派收買無賴漢擾亂左翼的統一，反對以共同鬥爭的手段吸收右翼大眾。在資本的猛烈攻勢下，統一戰線是左右勞動組合大眾迫切之需求，是為了集中統一勞動者之力量，是為了對抗資本家冷酷無情之榨取。因此，像他們為了自己的地位破壞統一戰線之事實，即證明他們在根本上是反革命性以及其對帝國主義的援助。進而，他們為破壞農民唯一戰鬥組織的臺灣農民組合，收買楊貴、謝進來等，可憐的是終究以失敗結束。

然而，因農民組合在此之前的清算會議實在不充分且不徹底，因此他們為使農民組合內部的分裂而進行策動。此諸多事實證明彼等之分裂主義。

（五）、他們是最卑劣的逃避主義者、機會主義者、反抗馬克斯主義最下層的徒黨，最惡劣的黃色民主主義者。請看！他們無視革命勞農勢力，只管緊咬住地盤和地位，收買無賴漢。（像胡柳生、李肇基這類人物）

若他們是勇敢的鬥士，為何他們不清算自己的謬誤，將責任推諉給他人呢？僅此一點亦可窺見其一斑。上海共產黨事件發生時，連溫卿宣傳我為共產黨員等

事⋯⋯若不將他們排除，諸君自身將被打入牢獄吧！暴力壓迫才剛來一次，他們就退縮了。這證明了他們是逃避主義者。而且，他們現在和間諜沒兩樣，因為他和臺北某秘密偵探暗中來往。這證明了他已是出賣階級的叛逆之徒。

（六）、連小狗是日本山川均、反革命勞農派的私生子。特別是被派遣來臺灣的機會主義者之大使。從其他方面來看，他早和愚笨惡劣的山川均有關係之事，萬人周知。山川均是日本勞動者農民最憎惡的敵人亦是眾所皆知之事。此事和連派與吾等革命臺灣勞動農民之對立完全相同。

（七）、他們是反動化中國國民黨黨員的同志。彼等即（連小狗）今年六月派遣一隻小狗謝神財到上海，在上海召集李友邦、謝文達，以無知的厚臉皮，向反革命的國民黨跪坐，向國民黨要求一年五百圓的援助金做為他們在臺灣的運動費，因此事日後欲虐殺臺灣勞動者農民。其結果是未收取五百圓，結局是事情含糊不清地結束了。他們如此陰險無智，不又顯示了他們奔向反革命陣營的證據了嗎？他們又利用團體，擴大個人地位，事實上他們與資本家政黨的一門閥無異。在本島內部，出乎意料地黃色連派社會主義的毒害到處流竄，成為無法言喻的害蟲，比起蔣派的臺灣民眾黨更為愚劣，而他們在臺灣勞動者農民當中擁有一些勢力。而連派社會的基礎當然也和民眾黨相同，代表他們的是流泥無產階級，因此他們是極端的官僚主義者。勞動者農民大眾由此點觀察，要求打倒彼等連派，我們應該將彼等一派從大眾團體中放逐。放逐他們並不是困難之事，這取決於我們如何對他們宣傳煽動，取決於我們對他們鬥爭的戰術。農民組合方面尚存相當多的對立，前述的排擠鬥爭尚不徹底，故農民組合尚殘存幾分毒素。

總而言之，應該如何規定現在農民組合對他們陰謀之鬥爭形式呢？如前所述，連派現在對於臺灣解放運動不僅沒有任何益處，甚至日益反動化。因此我們必須有計畫地宣傳他們前述的錯誤及毒害，盡力揭露，讓民眾看見他們的真相，最後揭穿他們終將回歸間諜道路之事實，宣傳鬥爭必須在日常鬥爭中實行，要注意群眾自我的覺悟及自己的經驗。一次的鬥爭勝過一萬次的演講。

1 我等不能認同以連派為臺灣的特產物。國際上，各國都存在黃色社會民主主義者。只是臺灣的黃色社會主義者是真的毒害，以幼稚、無智厚臉皮為特色而已。臺灣共產黨的強化及發展不只要使之屈服，更要與之鬥爭。此為國際上的一公則。試看最近的日本，再看俄羅斯和共產黨四十年來的鬥爭歷史，我們應以此偉大的共產黨歷史做為我等臺灣共產黨最高貴的教訓

及模範。

2 農民組合對楊貴、謝進來的鬥爭不只在指導方面，更須擴大至大眾的日常鬥爭上，和農民相關聯的一般鬥爭即是動員大眾的鬥爭。

3 楊貴等的反幹部陰謀分裂政策在於利用團體，反宣傳個人地位，攪亂戰線等事實，並以廣大宣傳及揭露為手段進行之，不只是和連個人的接觸而已。因此我們要以什麼作為攻擊？是否使之成為政治問題的中心呢？

4 在未來前進的路上，我們要死守農民組合的統一，提出打倒分裂政策的連派等口號。

5 堅固中央（本部）的統制權、領導權的具體方法不外乎是確立戰鬥式的中央集權制。

堅固農民組合上部及支部出張所嚴密的連結，就是使農民組合漸次廢除他們過去的謬誤，使之得以補充修正，是使農民組合發展，並引導其往革命式的黨領導權路上的條件。

以上是農民組合最近的情勢和對從這次大會考察吾黨農民組合大會之政策決議文。

第十一次革命紀念前七日（1928.10.31）

臺灣共產黨中央委員會

▌與日本農組同陣線　中文翻譯

資料出處：《資料 A：臺灣農民組合本部存留檔案》，頁 126-127。

祝　日本農民組合第七回大會

秉持戰鬥精神的全日本農民諸君　惠鑒！

諸君的敵人就是我們敵人。

諸君的鬥爭就是我們的鬥爭。

諸君的勝利就是我們的勝利。

在階級的連帶責任和赤旗林立之下、我們期待諸君有沉著的戰術和戰略規定以及能勇敢的鬥爭，全世界的無產者皆為諸君光輝的鬥爭歷史感到高興。

秉持戰鬥精神的全日本農民諸君！

諸君在耕作權的確立、減免佃租的鬥爭上，和阻礙我們道路的帝國主義走狗

——官憲勇敢對抗。

無庸置疑的，諸君勇敢對抗我們共同敵人的事實，意味著我們鬥爭的進展，我們無產者往勝利的道路更前進了一步。

秉持戰鬥精神的全日本農民諸君！

我們雖然只有微薄的力量，可是我們勇敢進攻反擊連我們的骨頭都要啃噬的敵人——的日本帝國主義。

他們以佃租的名義、租稅的名義、利息等名義榨取我們，以難以想像的方式榨取農村勞動者的剩餘勞動，這樣還不滿足，還搗亂我們祖先留下來的唯一生活資源——竹林、芭蕉林、茶園、耕作地，以欺瞞等的方式奪取沒收，獨占甘蔗、芭蕉等農產品，幾乎都是不花一毛錢徵收。

對於這樣暴虐的總督政治、狂暴的日本帝國主義，我們的鬥爭蔓延全島，現在已經進展到全島性的鬥爭了。

秉持戰鬥精神的全日本農民諸君！

現在日本的客觀情勢也漸漸要求全國性統一戰線，憑藉著諸君不鬆懈的鬥爭，統一戰線越來越具體化。

此時此刻，我們要促進全國性統一戰線，努力實現和朝鮮、臺灣組成共同委員會的目標、以此統合勞動者和我們國際性的力量、對我們敵人作出最後一擊！

我們以全臺灣農民的名義，期待我們能為建設理想社會，勇往邁進。

以上

臺灣農民組合本部

▍臺灣農民組合重申階級路線文 中文翻譯

資料出處：山邊健太郎編，《臺灣》第一卷，現代史資料21（東京：みすず書房，1971），七，農民運動，頁382-384。

指令

臺灣農民組合本部（1929.10.9）

以大眾之力救援我們犧牲者，掀起救援運動，突破總督府的殘暴壓制！

一、救援運動的意義與任務

（1）相對立的兩大陣營，其對峙戰線日益鮮明。其中，一方為反動帝國主

義者、資產階級，另一方為××的無產階級，雙方各自編成其指揮、指導體系。此一形勢不單使得國內情勢迫切，亦造成一般經濟組織之破綻、支配階級之反動化、勞工及農民的極度貧窮化，致使勞農的反抗日益激化。為此支配階級動員可壓制勞農之解放運動的警察、法院、軍隊及暴力團體等所有權力。特別是對我們殖民地臺灣的解放運動之迫害最為暴虐，新竹、高雄及其他等地發生罷工，第一次中壢事件、第二次中壢事件、二‧一二事件（舊曆正月3日的全島大檢舉），強制破壞農組桃園支部、中壢支部，連續摧殘農組的言論集會，對各地民眾無政府的暴行脅迫實不勝枚舉。新帝國主義戰爭的危機亦在最近急遽發展。此一形勢今後勢必更加速發展。

（2）在如此緊張化的階級戰線中，犧牲者必然前仆後繼地出現。

（3）故我們為獲得勝利，必須確立組織、擴大工農同盟，擴大大眾訓練機關之組合。此事片刻亦不可忘。另一方面，組織救援我方陣營陸續出現的犧牲者及其家族之紅十字軍，乃是目前的重大任務。何故？

　A、以使我方戰士無後顧之憂，使其勇於鬥爭。

　B、鼓舞激勵戰士，使勇敢參與的新鬥士投向我方陣營。

（4）前項任務是防衛性的，而我們救援運動是積極性的任務，其要點如下：

　A、大眾訓練：此一任務甚為重要。作為我們的救援運動，是組織慰安隊、作業隊、釋放運動隊（援助犧牲者之家務勞動）、行商隊等，致力於大眾訓練。

　B、獲得未加入組織之大眾。

　C、完成戰線之統一：階級鬥爭的犧牲者是從最勇敢、最徹底地代表勞農大眾，並為其利益而鬥爭的左翼團體中挺身而出者。故此一團體的犧牲者當然是絕對多數。然而，不論何種團體的民眾，與資本家地主鬥爭之結果，都不能免於被鎮壓迫害。故對犧牲者的救援不論何種團體，對所有解放運動者都必須予以同樣的救援，以壯大解放運動。換言之，救援運動是完成戰線統一上極重要的活動舞臺。

二、救援運動的組織

（1）負擔此一重大任務的救援運動須全島性地進行組織，應不斷地向各團體提倡該事業，促進全島性救援會組織之確立。又，本部應盡全力向各團體宣傳本運動之意義。

（2）在尚未組織全島性救援會的當下，我們農組宜確立救援部以進行活動。

三、農組救援部

（1）組織

　　A、依組織細則確立組織

　　B、作成部員名簿

　　C、發送救援部之情報

（2）財政

　　A、救援部與組合之會計明確劃分

　　B、會費為普通部員每月5錢；特別部員每月50錢

　　C、利用各種集會募款

　　D、組織綁上救援頭巾的行商隊

　　E、其他事業計畫

（3）工作

　　A、救援觸犯法律的犧牲者

　　B、辯護事務

　　C、送物品給被拘留者：金錢、防寒衣物、書籍、慰問信等。

　　D、監獄的法規改正運動

　　E、糾舉彈劾拷問、毆打、不法逮捕、監禁等行為，以及要求公開審判之運動。

（4）對死傷者之救援

　　A、向醫師、病院交涉

　　B、補助部分或全部的治療費

　　C、對加害者之糾舉彈劾及告訴

　　D、舉行告別式及追悼會

（5）對家族之救援

　　A、救援住宅之建築及其經營和生活費之補助

　　B、介紹職業

　　C、家事上的諮詢、協助（勞工援助等）

　　D、慰安隊的組織、慰安會、家族會之召開、參加其他各團體、各方
　　　　面階級的大眾鬥爭

（6）工作上的注意

　　A、救援部的工作全面地立足於全部階級，對於犧牲者作成其名簿，
　　　　且完成其家庭生活狀態之調查。

　　B、救援日的重新計畫

（7）「一般性的」標語

　　A、起來救援解放運動的犧牲者及其家族！

　　B、擴大解放運動的後衛！

　　C、通信、探視、送物品、讀書等的絕對自由！

　　D、以大眾之力釋放犧牲者！

　　E、即時撤廢治安維持法等一切惡法！

　　F、反對毆打、拷問、驅逐出境！

　　G、反對不法拘押、逮捕、監禁！

（8）對農民勞工的口號

　　A、勞工、農民加入救援部！

　　B、青年、婦女加入救援部！

　　C、大眾起而參加救援部！

（9）對正義的勞工之口號

　　A、大眾起而救援推進社會進化之犧牲者！

　　B、正義友愛的人士來參加救援運動！

■ 臺灣機械工聯合會　第一回全島大會籌備處　1927/12/14

資料出處：《資料B：日農總本部國際資料》，頁 70，93。

臺北市太平町二ノ一二〇

公鑒

　　我們鑒於過去一年間的經過、例如高雄、淡水、日華、嘉義、新竹罷工等等皆由資本家的挑戰而勃發的。但其結果如何，無一不是因為缺些組織、訓練，若一旦遭遇資本與權力苟合起來，皆終於失敗。

　　因為資本主義已在最後階段的帝國主義過程，而內驚於本國勞動階級的覺醒，外懼於中國國民運動進展的緣故，而欲維持其斷末魔，不得不努力轉向於我們殖民地的榨取，這是明顯的事實，所以其發展即是沒落。

　　在這樣狀態底下，定來一九二八年一月一日照別記方法，開催第一回全島大會，為一大階級組織的先鋒，敢請臨席，以指導我們是幸。

臺灣機械工聯合會，會場：臺北文化講座

場所	期日	傍聽卷	團結起來！	全臺灣無產階級
文化講座	午前八時半起	一月一日		
臺灣機械工聯合會				
第一回全島大會				

■ 臺灣農民組合本部聲明書　1927/4/12　中文翻譯

資料出處：《資料 A：臺灣農民組合本部存留檔案》，頁 5

聲明書

奮鬥是我等該做的工作，罷工是我等無產階級唯一的武器，所以對於這次高雄機械工的弟兄所發起的罷工，我等應充分盡力協助使之成功，他們的成功同時是無產階級的勝利。看！敵營的將帥和機關無一不是有頭有臉的大資本家。看！那間公司的股票總數四萬股當中，以製糖公司重要職位的名義加入的股份便佔了三分之一，還有以其他名義加入的股份也很多。另外，其製品幾乎全部供給製糖公司，根本是榨取我等農民百姓脂膏的機器，此公司是製糖公司的另一支部隊之事實昭然若揭。

全島的農民諸君啊！！！前進！！！前進打倒我們共同的兇惡的敵人！！！

一九二七、四、一二

臺灣農民組合本部

■ 回應〈農民組合聲明書〉的聲明　1927/6/12

資料出處：《臺灣民報》1927 年 6 月 12 日，第 161 號

對農民組合聲明書的聲明

我五月廿五日去基隆演講的時候，邱德金君對我說：「簡吉君昨日送古屋氏到基隆，那時他說：『我們的方針是在階級鬥爭利用民族性的』。」

照上列的事情看起來：簡君的腦筋中，仍是存在著「民族膜」、「民族性」，所以是脫不出民族主義的範圍外。這是很明白的事，免我再說了。由賢明的農組幹部和讀者的自由判斷就是了。

農民組合聲明書內有一句「反覆無常的鼠輩」，這句話我很感服，老實說：在臺灣這反覆無常的鼠輩，是很多的，尤其是社會運動家。請大家警戒警戒才好！最後，我要說一句：「以左為時髦，不左為不時髦，故特意粉飾做左派的幼稚病者也很多！」，請大家也要警戒警戒！！

民國十六年六月十二日發表於臺灣民報

■ 對文協階級論的回應／民報文　　1927/11/6
資料出處：《臺灣民報》1927 年 11 月 6 日，第 181 號。

文協的新宣言
不談階級鬥爭，提倡民族運動

　　文協自去年十月分裂以來，新幹部不是主張階級鬥爭，便是排斥民族運動，學著第三國際的戰術，對民族運動者，加以毀謗中傷，將臺灣全民解放運動的共同戰線，弄到紛紛亂亂。致使臺灣民眾的勢力分散，解放運動的前進為之停頓。其妨害指導原理的統一，致使民眾頭腦紛亂，莫衷其是，恰像中國共產黨搗亂國民黨，致使北伐停頓，其阻礙國民革命的進步是一樣的。

　　然而經過了這一年，漸入反省的時期了。這次文協全島代表大會的宣言，想其和至今的實際運動方針，殆有隔世之感，照現在的文協——階級鬥爭，臺灣無產者大團結的專門招牌——是不應該發出這樣的宣言。若不是明明看見著文協的署名，我想大家會斷定是民眾黨的宣言。因為其內容和民眾黨主張的口氣無異，宣言說「文協永為農工小商人小資產階級的戰鬥團體」。照多數社會主義學者的定論「殖民地的原住民族只有小資產階級，沒有大資產階級——只有所謂プチブルジョアジー」。那末文協已經是包含全民族的運動。他們既醒悟到宣言裡所說「由這些文明的利器，從勤勞的臺灣民眾榨取來的這一大宗利潤流到哪裡去……？」就不應該在自己民族內主張階級鬥爭，他們已然覺悟宣言裡所說「臺灣民眾的努力換得甚麼？只是農工小商人等的無產階級日趨於貧困，小資產家落到下級階層裡去」，所以不可主張階級鬥爭，須主張民族運動。一篇宣言八百餘字中，沒有一句階級鬥爭的字眼，反倒有特殊階級對弱小民族高壓的字句，這是很痛快的「我們臺灣民眾既被人家壓得做了肉餅」。須知這個人家要認識清楚才好。宣言裡的口號「使農民工人組織起來」，「使小商人小資產階級團結起來」，這是和中國國民黨的「扶助農工」，農工商學聯合起來的口號一樣了。「立在臺灣民眾利益上的團體皆引為戰線上的唯一戰友」，沒有再主張立在臺灣無產階級利益上了。那末他們明明是由階級鬥爭移到民族運動來了，這種方向轉換，也是臺灣人的幸福，但是實際運動方面，也希望他們要照著這個宣言忠實去做，宜要名稱其實才好。

民國十六年十一月六日發表於臺灣民報第一百八十一號

プチプルジョアジ：小資產階級

■ 文協與農組反對臺灣自治聯盟的共同聲明書　1930/8/19　中文翻譯
資料出處：《資料A：臺灣農民組合本部存留檔案》，頁46。

1930.8.19　反對臺灣地方自治聯盟的聲明書

敬愛的勞苦工農無產市民青年學生兄弟姊妹們！！

　　我們的解放運動已變了國際的一個關連的現在，臺灣土著豪紳地主資本家們，又將要結成和臺灣民眾黨同樣的資本家地主的政黨——臺灣地方自治聯盟，十七日要舉行發會式了。其標榜的是「確立臺灣地方自治」為單一目標，除限「確立臺灣地方自治」外，其主張主旨等都和臺灣民眾黨相同，而且其手段都是一些妥協、哀願、建議等的叩頭式。是大有撲滅民眾的鬥爭性，故站在無產階級的我們，不但要絕對反對，而且要把他們打得粉碎才是！

　　不過臺灣民眾黨以「民眾黨員不能加入任何政治結社」的決議，和其領導下的工友總聯盟所屬團體的反對演講等，亦在反對。我們要曉得，那完全是資本家地主們恐怕自己的勢力（臺灣土著資本家地主們的勢力）分散，一方面則臺灣民眾黨藉此把自己的行為正當化，欲欺騙工農無產市民青年學生兄弟姊妹們，走上資本主義的路上去，永遠做資本主義的奴隸，是絕對的和我們對立的。

　　那麼我們就不要「自治」嗎？絕對不是，其實在目前的情勢下最渴望「自治」的就是我們工農無產市民青年學生兄弟姊妹們啦，我們所渴望的「自治」是□□□□□（編者按：此處五個字被塗黑），並不是臺灣地方自治聯盟和臺灣民眾黨的「掩耳盜鈴」式的「地方自治」！

　　最後我們不但絕對反對臺灣地方自治聯盟的結成，而且反對臺灣民眾黨，進一步，就要把那些反動團體打得粉碎才是！

　　勞苦工農無產市民青年學生兄弟姊妹們！

　　起來！起來！

　　工人加入工會的旗幟下！

　　農民加入臺灣農民組合！

　　無產市民青年學生加入臺灣文化協會！

　　堅決的握手起來！

打倒臺灣地方自治聯盟，臺灣民眾黨等一批的反動團體！

祝　健鬥！

臺灣文化協會　臺灣農民組合　同啟

昭和五年（1930）八月一九日印刷，昭和五年八月二一日發行

臺中市寶町四之五四

發行人　蔡天來

臺中市橘町四之二

印刷所，博文社印刷部

▋農組與文協反對勞農大眾黨聲明文　1931/1/10

資料出處：《資料 A：臺灣農民組合本部存留檔案》，頁 57。

工農無產市民兄弟姊妹們起來！驅逐全國大眾黨幹部河上、河野出境！！

　　資本家階級的走狗，全世界勞動者農民的公敵，全國大眾黨幹部河上丈太郎、河野密二氏，於六日在××保護之下來到臺灣的時候，我們無產大眾個個都拒絕牠們上陸，獨獨民族改良主義的豪紳資產階級地主的黨，臺灣民眾黨竟敢無恥的公然派代表要去歡迎牠們，這次河上、河野來臺的目的，說是：第一要調查霧社事件的真相，第二要連絡臺灣民眾黨，第三要連絡文化協會和農民組合。

　　工農無產市民兄弟姊妹們！不要給這二隻狐狸精欺騙愚弄呵！專門拍賣日本工農同胞的利益給××主義的全國大眾黨的幹部，河上、河野這次來臺的真的目的是：以「調查霧社事件真相」為口實，要和臺灣××做買賣；受日本××主義金融資產階級的指使，要來和民族改良主義的臺灣民眾黨地方自治聯盟結合，形成反動勢力的統一戰線：比從前更露骨的阻礙破壞我們日臺無產大眾的解放運動，河上、河野這二隻狐狸精，早就預先知道牠們若一步上陸了臺灣，必要遭受無產大眾的反對，排斥，所以牠們一旦到了臺灣，便即在報紙上聲言說要和文化協會，農民組合聯絡。

　　工農無產市民兄弟姊妹們！代表無產市民和農民群眾利益的我們文化協會農民組合，不但要絕對拒絕牠們的魔手，還要動員大眾，用大眾的威力，把牠們驅逐出境！我們的口號：

工人組織產業別的戰鬥的工會！

建設臺灣××總工會！

農民加入農民組合！

無產市民青年學生加入臺灣文化協會！

日臺無產大眾團結起來！

打倒臺灣民眾黨自治聯盟！

打倒左右社會民主主義者！

打倒全國大眾黨！

臺灣解放運動萬歲！

一九三一‧一‧一〇日

臺灣農民組合、臺灣文化協會

昭和六年一月十日印刷

昭和六年一月十三日發行

臺北市新富町一丁目一五二番地

發行人　周合源

臺北市綠町五丁目十八番地　　印刷所　愛愛寮印刷所

■ 原臺灣農民組合中央委員致農組中央委員會聲明書　中文翻譯

資料出處：山邊健太郎編，《臺灣》第一卷，現代史資料21（東京：みすず書房，1971），七，農民運動，頁355。

聲明書

　　同志諸君，自6月24日起召開的臺灣農民組合中央委員會，入獄、辭職、缺席者各一名，結果出席者12人中，有8人以我們為戀愛而墮落、或進行什麼陰謀等為理由，將我們三人革職。我們為解除一般人之誤解，特此聲明之。彼等此舉係出於私情，未顧慮我階級之利益，而將我等革職。

　　當然，我們雖然被中央委員會放逐，但是我們仍頑強地清算其錯誤的處置，又為改造其錯誤的觀念，而干犯各種迫害，與大眾結合，堅持與其執拗地戰鬥。

　　現在我們以組合員的身分各自就職，但中央委員會的決議是監視我們的行動。訓練有素的無產大眾啊！請嚴密監視想要監視吾等行動的中央委員之行動，一旦彼等有反階級的行動請將之揭穿。

　　最後，吾等再次聲明，我們已就任所分擔之任務。

　　打倒反動分子！清算人道主義者，埋葬機會主義者，統一戰線！

　　　　　　　　　　　　　　　　　　原臺灣農民組合中央委員

■ 葉陶等三人致農組中央委員會聲明書　中文翻譯

資料出處：山邊健太郎編，《臺灣》第一卷，現代史資料21（東京：みすず書房，1971），七，農民運動，頁 356-357。

聲明書

臺灣農民組合　彰化支部　葉陶
　　　　　　　員林支部　謝進來
　　　　　　　斗六支部　楊貴

同志諸君！我們已抵達各自之赴任地，我們應從事之任務——為全無產階級之解放，致力完成目前所被賦予之任務。我們於6月24日的中央委員會上被中央常任委員所驅逐。

　　當時中央委員會所宣讀的許多罪狀及其後播送或發送給諸君的許多奇怪的信件、電話、謠言等蠱惑許多同志諸君，又使很多同志嘆息吧！我們在此為擁護真理而聲明；為撲滅虛構的反宣傳而聲明。諸君明晰的頭腦應可明瞭地判斷吧！

　　一、諸君首先應瞭解此事：中央委員會將處理吾等之革職的議事錄廣泛地傳布，甚至連非組合員亦得見，卻對被革職者任地之上述支部隱瞞。為何彼等所謂幹部派不敢讓我們看到該議事錄呢？

　　真金不怕火煉！

　　二、本次的革職中央委員會雖有旁聽者列席，但為何所謂托洛斯基派所介紹者全被排除在外，不許其旁聽？其害怕批判之程度較資產階級為甚。

　　三、我們看到從非組合員手中取得的議事錄才明瞭。為何彼等不敢讓我們看

到議事錄，又為何拒絕我們所介紹的旁聽者，看過議事錄後均一目了然。不得參加此一革職中央委員會者固然不知道，獲准參加此一會議之同志啊！請比較、對照諸君所見的會議與議事錄！看看彼等究竟是如何偽造、虛構、刪除的？！

四、「理論的破產者孟什維克」、「托洛斯基」、「反動」——不要被口中一邊喊著統一，一邊以擾亂統一的聲響號召我們的新名稱所眩惑！——瞭解其本質！——究明其本質！

五、所謂陰謀乃是籠絡收買，這是花言巧語！是謊言！

請反省吧！向諸君花言巧語、說謊而加以收買，進行籠絡行動的究竟是誰！

六、楊貴沒有勞動，因此是反動。——以如此反動的楊貴，臺南州卻擁護之，而向本部投擲抗議文是為何意？！說其他州明明都能理解革職問題，只有臺南州不能理解，而強行將楊貴革職，激怒臺南州是為何意？！最瞭解楊貴的行動者不就是臺南州嗎？未見楊貴之行動，而說理解革職運動是為何意？

七、依趙港之報告，有來自東石支部的反楊貴投書。該東石支部對於革職問題的反抗氣勢最盛，投遞給本部的抗議文、給楊貴的激勵文代表什麼意思？！即使如此，所謂的幹部派不仍舊相信彼等之報告？稱之為擾亂統制的反動分子？我們在此只點出事實。

而我們必須研究如何克服宣傳所言之分裂。在現階段暴力壓制日趨嚴重之情形下，對我們而言最重要者乃是統一戰線。此時擾亂統一戰線之行為是反階級的。農民組合是大眾團體，是馬克斯主義的教育機關。從而此一團體應包攝所有反榨取階級者。在此馬克斯主義克服所有思想，致力於馬克斯主義之滲透，沒有人應該被排除。此處我們負有下列任務：

（一）反對因思想對立而除名

（二）克服因鬥爭所帶來的分裂

（三）確立批判之自由、公開的理論鬥爭

（四）確立民主主義、反對各種委員的官僚式任命

（五）反對封閉主義

以上

▍農組全島巡迴報告　中文翻譯

資料出處：《資料A：臺灣農民組合本部存留檔案》，頁80-82。

打倒反動團體鬥爭委員會鬥爭經過和結果
——全島巡迴演說會報告

　　日本帝國主義預測到，不斷受到毫無人性之剝削壓迫的我臺灣四百萬餘勞農大眾，忍到最後終將爆發。他們害怕這樣的事發生，所以在前年（1927）將本地資產階級和地主以及傾向於民族派的改良主義者、高層的小資產階級集合起來，緊急製造一個叫臺灣民眾黨的東西；還不厭倦地集合本地資本家、惡劣的鄉紳拼湊一個臺灣自治聯盟。一九二七年全島的階級鬥爭已到最高潮，對日本帝國主義無窮無盡如野獸般的殖民政策感到害怕的當地資產階級、地主、劣紳、高層小資產階級等，往反革命的陣營走去，服從於日本帝國主義的腳下，最後竟然迎合野獸般屠殺同胞的政策。特別是那個臺灣民眾黨對我勞農大眾提出所有卑劣、空虛、虛偽、欺瞞的政策，吹噓自己是臺灣解放運動的唯一政黨，但實際上它是日本帝國主義最忠實的協助者，令人憎恨的反革命政黨，違背臺灣全民族的利益。完全成為日本帝國主義走狗的臺灣民眾黨的反革命行為日益露骨，我勞動農民大眾老早就看破這件事。正當我勞農大眾對日本帝國主義的反抗不滿越來越擴大累積，越來越穩固自我階級的組織活動，要顛覆日本帝國主義的根底時，他們摸索出更虛偽欺瞞的現實政策，也就是製造了臺灣地方自治聯盟這樣的東西。我們依照以下的事實，可以明白了解到他們自治聯盟是如何虛偽，只不過是反革命的走狗機關。看看那聯盟發起時三百餘名的組織成員有大地主七八十名、總督府、評議員、州市街、協議會員二十餘名、街庄十數名、信用組合長和其專務、庄助役、昭和新報社長和其支局長等十數名、醫學博士和律師十餘名、醫師四十餘名，其他還有中小地主、資產家及庄協議會員等等，這些充斥了反革命的諸要素。

　　還有八月該大會的宣傳標語是像這樣的——「地方自治制的確立」，「正當權利之擁護」，「合理義務之負擔」，「偽裝自治制之改革」，「自治精神之發揮」。再看啊！「單一目標」，「合法主義」等等。再看他的宣言書，寫著「自覺的臺灣民眾對於不完備的現制度一邊抱持著很大的失望，一邊期待臺灣當局當機立斷的大改革（？）這樣過了十數年的歲月，這樣擅自的謊言，並不知羞恥地說出：「惟地方自治的確立實為新興臺灣的基礎工程，所有改革運動都得以此為出發點。」他們公然拒絕婦人大眾和學生、教員及被剝奪公權者之無產大眾的加入。如前述他們想要欺騙我四百餘萬民眾，他們是最有力的日本帝國主義的協助

者，所以我們全勞動農民小市民斷然站起來為自己的階級，然後為全臺灣民族完全燃燒的火焰，要徹底粉碎這樣的反革命性質的諸團體。在這樣的情勢下，在臺灣農民組合、臺灣文化協會的提倡下，十日中旬在臺中全島各地的左翼團體成立了「打倒反動團體鬥爭委員會」。如此具有鬥爭力的活動團體，第一個鬥爭計劃是舉行全島巡迴演講會。此外，我們在全島的工場、職場、農村街頭揭露自治聯盟民眾黨的陰謀。我們為了徹底粉碎他們而戰鬥，在全島各地散佈數萬張「打倒自治聯盟和民眾黨」的傳單。還有我們在此計畫前，對自治聯盟全島演說會和民眾黨的減稅演說會，所到之處都被我們攻擊到體無完膚。另一方面，官憲以驅逐、逮捕、拘留、毆打等方式極力擁護及保護他們反動的演說。雖然遭到官憲如此的策略和鎮壓，我們的反對和撲滅的鬥爭，因為大眾熱烈的支持而進展，終於發展成上述的活動團體（俄語kampania）。

　　現在大略報告該鬥爭委員會全島巡迴演說會的全部經過。演說會十月下旬開始到十一月中旬為止，全島約有二十個地方，在臺灣首都臺北有數十名的勞動者參加支持此會。臺北不只是工業和政治的中心地，也是經濟社會中心地。因為活動是位於敵我雙方的根據地，所有的反革命方的團體，對我們的演說會有種種的策動。不過因我勞動者強力的參加和支持，特別是有具戰鬥性勞動者的紅色自衛團守衛會場，讓那些傢伙一個手指都碰不到我們。例如反革命陣營的人發出兩三個噓聲，我紅色自衛團立刻會把他們抓出來。大會的始終，一切反動性妨害的計畫被自衛隊頑強的戒備和我們絕對優勢的聽眾偉大的力量壓制下來了。會議在約二千名的聽眾百分之百氣勢的守護下，以絕佳的盛況閉幕了。當時有一聽眾站起來大聲喊臺灣解放運動萬歲，又叫了一聲，禮堂的聽眾也呼應叫了起來。他馬上被官憲逮捕並被激烈地毆打。會後聽眾還不解散，跟著講演者的後面成群結隊地走在大馬路上散佈傳單。在農村大湖大部分是貧農參加，其中一人茫茫七十多歲的農夫站起來演說時，大家熱烈拍手歡迎，並被他的熱誠深深感動；他並且向演說者發誓到死那天為止，不會停止和日本帝國主義抗戰的決心，並身為一介貧農要徹底為無產階級而戰。在彰化時，那幫人以牽扯到霧社的暴動為由，以致公共不安全為藉口，發布中止及解散的命令，臨監官親自出馬將七、八名演講者逮捕。對此狂暴的行為，我們到州的高等課長抗議時，××某說的「現在霧社烽起的生蕃那邊……」一句話刺痛了那些傢伙神經，使他們驚慌失措，逮捕了當時去抗議的三名民眾。這些還是臺灣總督府的地方警視高等課長，竟然吐出令人噴飯

可笑至極的暴言。還有在當日的演說會中，官憲告發一個巨大的廣告塔妨礙交通，實地臨檢時聚集了千餘名的觀眾，觀眾在光天化日下看破那些傢伙的陰謀。之後正式舉行審判，立刻被判無罪。

　　貧農的集結地學甲和佳里兩處的演說會到處都被擠得滿滿的，場外還有五、六百名滿出來的盛況。此會大部分是貧農，演說者一句一句痛擊反革命的民眾黨和自治聯盟時，聽眾發自內心熱情狂叫拍手，使禮堂為之震動。場外等不及的聽眾呼應裡頭的歡呼聲，在外頭喊叫拍手。聽眾中也代表致詞敘述熱烈的感謝詞，說誠心感謝這次演說隊諸兄的努力，強調今後要堅定地，打死民眾黨和自治聯盟的走狗混蛋。高雄是南部唯一的貿易港，是勞動者很多的地方，有些勞動者對我們左翼表現絕大的支持。千、萬的聽眾中大部分勞動者、演說者揭露民眾黨黃色工會沒出息的幹部所有背叛和反動行為時，聽眾感到深有同感，並熱情叫道打倒民眾黨。最後巡迴演說會結束之後，十一月中旬在新竹再度舉辦，特別是「撲滅民眾黨」的演說。我們針對比較沒有組織的地方，把活動植入當地，這是我們對抗民眾黨大膽卑劣地召開「反駁」演說會的計畫。民眾黨動員多數在本部或各分部沒出息的幹部，計畫使我們的演說會不成功，我們不得不說他們完全徒勞無功。聽眾聽了之後，擁進民眾黨的事務所，撻伐之前民眾黨因牽扯到電燈問題，欺瞞民眾之事。那些傢伙是民眾的死敵，民眾痛罵他們是徹頭徹尾地，成為日本帝國主義走狗的走狗黨後撤退。以上是大致的經過，接下來做結論吧。

　　我們這次的演說會及一般性跨島的鼓動宣傳所獲得的收穫列舉如下。

　　（一）實際動員約二萬勞農大眾和市民會，非常明確認識民眾黨和自治聯盟所有的陰謀。

　　（二）直接或間接地接受我們的鼓動宣傳全島的勞苦群眾及被壓抑都市民眾，幾乎同樣排擠他們，承認我們是正確的並朝向我們。

　　（三）以前的民眾黨員或他們黃色工會會員，接受勸誘而加入的下層自治聯盟其他小資產階級青年，這次受我們的影響，所以對他們原來的團體變得不信任或懷疑。有些人開始動搖，有些人新加入我們的組織。

　　（四）總而言之，自治聯盟和民眾黨不是真實為臺灣解放運動而戰的團體。漸漸地屬於少數派的人對日本帝國主義越來越表現善意，並和他們協力合作的事逐漸刻印在一般民眾的腦海裡。

　　（五）臺灣農民組合和臺灣文化協會徹底讓民眾認識正確的事並益發加深民

眾的信賴感。很遺憾我們無產階級非常地幼弱，因為沒有自己地獨立的全島性合法組織。然而，農民組合和文化協會擁有臺灣解放運動史上最有信用聲望的戰爭歷史，所以一般民眾，從勞動者到農民、小市民進步的小資產階級，傳統以來一直都信任二團體。然而各地左翼勞動者，一面在這個鬥爭中扮演革命的任務，一面深切地感受到應該要有全島性的結成。

（六）最後全體而言，大眾越來越左翼化、本地資產階級和地主劣紳、高層小資產階級等更加從民眾中游離出來往右！往右像這樣往反革命的陣營邁進，並請求日本帝國主義的庇護。

（附記）我們這次爭鬥中創造了如下的具戰爭性名為「打倒反動派」的歌。

　　　　打倒反動派

　　　5 5 5 3 5 6 6 1 5

（1）打打打打倒他反動派

（2）、、、、、、、、、

（3）殺殺殺殺盡他資本家

　　　　3 2 3 3 5 3 2 1 2 1

（1）怕什麼民眾黨的狗奴才

（2）怕什麼自治聯盟的狗奴才

（3）怕什麼現政府的狗奴才

　　　　3 3 3 5 6 1 1 6 5　5 5 6 5

（1）把我們的政府建起來　　蘇維埃

第八章
農民運動的活動與阻力：官方彈壓與組織困境

■ 農組第二回中央委員會抗議文　　1927/4/5　　中文翻譯

資料出處：《資料B：日農總本部國際部資料》，頁12。

　　臺灣農民組合運動其客觀的情勢，即資本主義之現實運動在最後階段的帝國主義時代（換言之，在經過資本主義沒落過程的時代）裡發生，如雨後春筍般以破竹之勢發展。

　　貪戀桃園之夢的臺灣農民，醒悟到自己受到帝國主義雙重、三重的榨取，自然而然地與組合主義結合，今透過其自身內的發展，從組合主義的經濟鬥爭轉換到所有無產階級的政治鬥爭。

　　看啊！以土地拋售問題、竹林問題、芭蕉問題為契機，民眾不是參與大眾運動了嗎？

　　然而，身為地主資本家之爪牙的官員，為維繫瀕臨沒落的資本主義之餘命，對我們的運動施加越來越惡劣毒辣的彈壓。

　　看啊！絕對禁止屋外集會！不合法的取締屋內集會！不合法且不合理的跟監！作為官員不該有的惡意中傷！對組合員的不法彈壓！

　　由神聖的治安警察法所承認的屋外集會自由也以取締上不便之故，被殘酷地蹂躪殆盡。如虎尾郡，連廟內也認定為屋外，其橫暴的態度委實難以言盡。如屋內集會若未緊閉門窗，即不認定為屋內；其要求緊閉門窗，欲使聽眾窒息，殘酷之至，令人不得不寒心。中傷組合運動的幹部是無賴漢，以阻止其加入組合之官員，其卑鄙無恥如是！官員對於組合員之不法彈壓，以方桶為例即可充分窺知。窮困冠於全島的方桶兩度被處以一個月的罰款、數度被不法拘提，如本年1月12日，其被該地派出所山內巡查狠狠地毆打，身負需治療4日之重傷。以此，官員如何橫暴、恣意蹂躪人權之情形，推察有餘。又恰如監視囚犯般的跟監之舉，蓋為臺灣官員之榮耀吧！

　　如此，官員對臺灣農民組合運動所採取之態度，不獨是對臺灣農民暴力壓制之陰謀，而的的確確是對所有無產階級虐殺之陰謀。

　　對於玩弄如此陰險毒辣至極的手段之臺灣官員，我臺灣農民組合第二回中央委員會堅決對此提出抗議，同時，要向無產階級諸兄申訴。

昭和2年4月5日

臺灣農民組合第二回中央委員會

臺灣警察當局　收

▌農民大會絕對反對立入禁止、立毛差押

資料出處：《資料A：臺灣農民組合本部存留檔案》，頁91。

無日期

理由

　　我們無產農民一年三百六十五日無夜無日，無論大人孩子，總總出去像牛馬一般的勞動，食不成食，穿不成穿，子弟不能教育，病倒不能見醫，而且借金年年增加罷！

　　我們知道，我們這樣貧窮不是運命，是[因]為資本家和封[建]的惡地主的榨取，所以我們若想向上我們無產農民的生活，不可不向地主要求小作料的減免！

　　這個正當的要求，我們尚未[講]出嘴，惡地主們也反之要求[升]租來了！這樣惡地主的無良心，實是像惡鬼一般了。我們無產農民現在這樣苦狀、斷斷不能應他們的要求是明明白白的事。我們無產農民若無即時應他的要求，他們便即時[假]這個作口實隨時立入禁止了！立毛差押了的暴壓加上大家無產農民的頭上來。

　　立入禁止，這樣的暴舉，我們的耕作權離大家的手裡底去了！我們的生命，即時變成那樣，風前的燈火一樣，就陷入生死不安的境地了。

　　[講]到立毛差押的暴舉呢，是[殘]酷極了！

　　我們已有納相當的小作料地！然若不能應他們那像惡息一樣的惡地主們的無常識的，無謀的地租的要求，他們便即時、利用權力提出供託金，而來奪取我們生命的資料了！奪取我們無夜、無日艱難受苦所作的生產物了。這樣狀體，立入

禁止、立毛差押，這樣無謀的暴舉若無速速廢止，我們無產農民的生活是不安極了！

所以今日大家在這大會要對這個立入禁止、立毛差押的徹底的抗爭。若無我們斷不能解放！

這樣的作法才能[打]倒資本家。封[建]的惡地主，打倒反動的專制政治，獲得大家的生存權。就是大家發這個大會反對立入禁止、立毛差押的理由，我們過去[無法考究]，我們要怎樣實行這個任務呢？

實行方法：大家在這裡、在這個大會，要緊做成幾張的陳情書，陳述大家的苦狀，提出總督府、法務局、地方法院、及六郡役所要求他們趕緊廢止。

立毛差押、立入禁止的暴舉。

■ 桃園的兄弟數百名大舉包圍奴等的牙城郡役所

1928/7/12　中文翻譯

資料出處：《資料A：臺灣農民組合本部存留檔案》，頁130-131、頁132-133。

地主的走狗桃園郡役所的狂暴極了，對我們的集合場所堂堂干涉，致不得開會，不但這樣，還擅自搜查我們的身體和事務所。這樣亂來，明明是阻害我們的運動，並打破我們的桃園支部啦，然受這樣的狂暴，組合員兄弟已奮鬥起來，遂於五月三十一日動員數百名的我們兄弟包圍奴等的牙城郡役所了。

包圍郡役所說什麼是示威運動，將幹部總檢舉！

桃園郡的官犬，雖那樣狂惡，一旦被我們農民軍包圍，也未免愴惶失色著驚了。便說是什麼示威運動，將幹部總檢舉投入軍屋，十七天才放出來啦。

恐再被我們包圍
對事務所用了正服犬數名包圍
兄弟起來擊退！！

被我們吃了大驚的奴等，恐再被我們包圍，自那時以後，便用可憐的下級巡查，把守我們事務所！×××××兄弟一齊起來擊退奴等，死守我們的桃園支部啦！

桃園支部委員陳結君七月七日受奴等得檢束，繼續被檢束二夜。奴等說陳君宣傳共產黨所以須追放，八日夜被釋放隨時受強制追放，將陳結君押送到停車場強制上車。對此本部決定派簡吉、趙港二君到新竹州及總督府抗議，抗議文如下：

> 我們佃農遭到地主殘酷的壓榨，我們的生活陷入了悲慘的深淵。然而，貪心的地主尚不滿足，不但佃租一粒也不減免，還不斷地派價，如果我們不配合的話，就以要取回土地來威脅，根本就是要絞死我們。因此，我們為了捍衛我們的生存權，成立了農民組合，與這等漠視社會國家利益而想中飽私囊的可惡地主對抗，這不是理所當然的事嗎？
>
> 可是，你們為維護地主的壓榨行為，竟然撲滅我們正當的運動，再不斷對我們加以鎮壓。看啊！
>
> 一、干涉五月廿六日大園庄竹圍的演講會場，禁止演講之事。
>
> 二、你們武斷認定這個無法集會而解散的活動為「多眾運動」，並恐嚇將幹部游木水、陳結要以違反治安警察法為由，視其為現行犯逮捕之事。
>
> 三、同派出所許某巡查罵說，我們組合是無賴漢團體詐欺團，並且沒有任何理由，就將我們的組合員陳阿石、張阿梓、呂[龍]綁起來的事件。
>
> 四、同日大園警部補來，並強制扣押我組合事務所的文件資料之事。
>
> 五、（編者按：此處影印不清楚）
>
> 不當逮捕陳阿石、王惠，把他們關入牢房十七天之久的事件。
>
> 六、二日為了阻止桃園郡八塊厝的演講會，以逃逸罪逮捕正要去吃午餐的陳結君，並踐踏我們的演講會之事。
>
> 七、同樣逮捕呂德平、陳結君。
>
> 八、同日警察課長對被逮捕的陳結君罵道，以後絕對不准開座談會，如果被發現，我們不但會立刻命令你們解散，同時還要逮捕你們。
>
> 九、六月六日開始，每天都有三四位制服巡查包圍我們的事務所，監視我們的行動，比現行犯監視更嚴格地跟監我們。

一〇、七[月]三[日]同警察課長把我桃園支部長叫到郡役所，說「聽說你到地主那裡去了，你去做什麼？……陳結在這裡，無時無刻都在宣傳共產主義或者是俄羅斯的一些偏激的思想，政府應該要驅逐他。

十一、剩下來的只有你一個人，所以你不要再搞這樣的運動了。佃租的問題，我會圓滿調停，如果□□我們還是會逮捕你，諸如此類種種恐嚇事件。地主來到游木水家裡要求，「脫離農民組合，並停止運動之事，加入業佃協調會，並且遷移農民組合事務所」之事件。

十二、七[月]六[日]組合員王惠和林河昂因將事務所借給農民組合而遭到拘留兩天之事。

十三、同警察課長和制服巡查四人又到我事務所來，對陳結說，「你不要一直無所事事，游木水那麼勤奮工作，你也趕快回家找一份正職」說完就將他逮捕，之事件。

七月九日午後九點，警察把我們的同志叫了過去說：「你在這裡，無時無刻都在宣傳共產主義和俄羅斯的思想，鼓吹加入不繳稅金同盟等」。更罵道：「『你們還說政府是地主的爪牙，我們佃農和日雇農都要加入農民組合。而且臺灣是我們臺灣人的，要把日本人全部趕走』簡直是豈有此理」。接著又說，「桃園已經有業佃會了，所以不需要農民組合，我們不承認農民組合，趕快滾回去」。說完，便把我們趕走。

最後還補了一句，「告訴本部以後不管誰來都要逮捕」。……。

你們用這樣毫不留情的手段壓迫我們，從八日午後十點到九日早上一點，逮捕我中壢支部幹部、呂得華，還對他做出了種種的恐嚇。

以上的這些事件可以看出，政府為地主效力昭然若揭，而且政府不僅僅暴露自己不了解我們的運動是什麼，還要消滅我們的運動，並且讓我們永遠處於被壓榨的鎖鏈。更進一步說這些事情都是要虐殺我無產階級陰謀。不過，對於這樣的陰謀和壓迫，我們絕對不默認，並在此嚴正表示抗議。

昭和三年七月一貳日　　　　　臺中市榮町一～五
　　　　　　　　　　　　　　臺灣農民組合本部

臺灣總督　鈞鑑
新竹州【知事】

▍臺灣解放運動團體地方協議會成立　中文翻譯
資料出處：《資料 A：臺灣農民組合本部存留檔案》，頁 134。

　　為著支配階級的彈壓太強，我們要是分散行動是不能抵禦了，所以七月三日由在臺中文化協會本部，開臺灣解放運動團體協議會的組織討論會，出席代表如左記：

文化協會	賴通堯、周永福
民眾黨	陳瓊玖、吳泗滄
總工會	張景元、蔡潤卿
店員會	謝永春、蔡寶卿
木工工友會	楊木生、張龍
農民組合	簡吉、莊萬生

　　一共六個團體、十二個代表，討論的結果，滿場一致，贊成同一戰線的趣旨。

▍土地賊──大寶農民與官憲
資料出處：《資料 A：臺灣農民組合本部存留檔案》，頁 188。

結託搶咱農民的土地

　　與官廳結託的「大寶農林」，自八、九年前渡臺到今日，已經搶了四、五千甲的土地入牠的懷中去了。牠們當初要開墾的時，都約束要開墾者一人則給二十圓。實在開墾了的時牠也沒有一錢給開墾者，不但這樣的欺騙人，牠們對開墾了底耕作的農民們，就亂強要了納小作料（編者按：繳田租）。為開墾地是通通山地，所以要開墾的時，開墾者──農民是費了不少的勞苦及多大的資金。對這層全然都沒有考慮的大寶的賊仔頭，靠勢強要高價的小作料。其他用了萬樣的手段通通都是要剝削咱農民而已。牠們要遂行這樣剝削，勿論（大小）都受官廳的保護與援助或者與官廳結託才有可能的。最近的事，去月上旬因為要搶土地的口實，大寶的賊仔頭，使官憲縛走三人的農民，拘留於大屯郡警察課。牠們常套的手段就拷問毆打，不但拘留三天，道夠（編者按：還要）再罰百餘圓（三人合計）。又個本月上旬同樣的農民被拘、拷問，罰金百餘圓（三人合計）。這樣牠

們的野蠻的剝削，我們只有用大眾的鬥爭力，才能得屈服牠們這樣的野蠻性。

▌官憲拘引勇敢的婦女們去強嚇、拷問！

資料出處：《資料Ａ：臺灣農民組合本部存留檔案》，頁188。

　　這回臺南州下最勇敢的四鬥士因為二・一二事件的公判往北去。看著這好機會，下營的官憲就大歡喜來做事，因然四鬥士離下營了過日，又個因要出，臺北地方法院的玉蘭君四日朝，也離下營去了後。同日早上，下營的官憲都叫十六人的婦女往警察課去。這婦女是每晚在當支部事務所最熱心底研究的人們──[她們]對組合是最有關心的人們！所以看著這勇敢的婦女們，牠們官憲也都非常的沒爽快，順今日這絕好的機會就叫[她們]來強嚇與拷問。官憲就問[她們]組合種種的事，這種婦女都拒絕不說。這時官憲就拷問[她們]，刑教[完]時才放她們回家。要回家之時，官憲都夠強嚇[她們]說：「此[後][妳]們不可去組合事務所」，「那時搜知[妳]們夠再去組合時，斷然就拘留[妳]在這處！」，「知否斷然不可往組合出入」。

　　勇敢的這婦女們元氣活潑出去警察課時，也是先在組合事務所相談一面才回家去。這婦女們實在為此回被這樣的橫暴，得了加倍的勇氣，與牠們鬥爭。對牠們的敵視是夠再加深刻去的。

▌官憲壓迫咱農民兄弟，強要咱農兄弟即時脫退咱組合

資料出處：《資料Ａ：臺灣農民組合本部存留檔案》，頁188。

　　最近官憲對咱農兄弟的壓迫，夠再更加橫步來了，牠們於各地強嚇咱農民兄弟就脫退咱的組合。最近於曾文支部地方召集什麼「家長會」，對農民強要即時就脫退組合。強要農民即時就寫脫退（書），那時不聽牠們強要的農民兄弟們就被暴行，毆打，拘留下去。不但這樣，牠們官憲在各地對農民都是弄呆（壞）話，講咱組合的呆（壞）話。不拘今日，稅金直直重，水租直直加，利息直直重地剝削咱。日頭黑做教（工作到）日頭暗的咱，連三食都不能充（飢）的咱，這時沒天良的惡地主，時時刻刻都要求[升]租啦，起耕啦！又個才等候刈稻仔的時，都差押稻尾啦！差押動產啦！不動產啦！直直來！！直直來！！要搶咱的飯

碗去。這樣咱的貧苦一日一日都貧苦。這樣飢寒交迫的咱農民兄弟呵，咱是無路可去死了！然咱也有一條可活的路，就是農民組合了，農民組合是底為咱貧苦的農民底出力的，農民組合是像咱農民的生命一樣，所以怎樣甘願來脫退咱的農民組合嗎？已經能明白這事，能知道這理的農民兄弟們，沒論官憲用怎樣的橫步來強嚇，暴行，拘留去都是斷然沒有脫退咱的組合。死守咱的農民組合！死守咱的赤旗！！對這樣咱農民兄弟勿論斷然就與牠們去鬥爭，[牠]們是常常都要破壞咱農民組合，不許咱農民組合的存在。對這咱那是沒有去鬥爭，咱農民未知要怎樣死都好。咱只有是鬥爭！以外是絕對沒有法道了！

■ 支配階級的野蠻手段

資料出處：《資料A：臺灣農民組合本部存留檔案》，頁189。

——湖口支部一同志的來信——

　　支配階級對湖口支部怎樣露骨地壓迫。迫害看著他處一同志的來信就明白。

　　……新竹郡警察課對咱湖口支部怎樣地壓迫我不免够再多言的，況二‧一二事件以來，牠們的彈壓手段是最露骨的。一方面牠們用了強[嚇]的手段來對組合員要求強制脫退咱的組合。不拘那沒咱農民組合，今仔日未知要怎樣死的，今仔日咱的兄弟勿論是沒講受著小小的強[嚇]都來脫退咱的組合。一方面牠們對地方要來援助的同志兄弟就檢束、逐放等等的野蠻手段。不單這樣，在本地的活動分子也常常檢束投獄去。我自二‧一二事件出獄以來，已遇就八回的檢束，日數滿一個月。又牠們借了口實，這回對我和英會兄檢束去監禁十二日間。對這樣言語道絕的彈壓迫害，昨日我和文（協）的一同志到州廳去抗議，牠們一句二句都避未知，但這是牠們的常套的態度。

■ 出版物假扣押命令書　　1927/11/30　中文翻譯

資料出處：《資料A：臺灣農民組合本部存留檔案》，頁31-33。

為阻止我全島大會　官憲組織性陰謀　遍及全島的住家搜索數百件

十一月三十日早晨九點左右，官憲有組織地進行數日遍及全島的左翼組合事務所的住宅搜索。最主要的對象是文化協會和臺灣農民組合。

對臺灣農民組合甚至想將文具店的□□帶走，還帶走大會所需要的信任狀進行搜索。新的□明顯是阻止我大會的陰謀。名目上說是和新竹事件相關連，其實只是藉口。而且對於新竹事件我們認為是那幫人的陰謀。

警官拔劍示威　聲聲激起民眾的怨憤　毆打臨監官

十一月二十七日為了糾彈一而再再而三的官憲的暴行，文化協會起而召開糾彈新竹警察大演說會。不過官憲立即以「中止解散」來壓制聽眾，而發生「官憲蠻橫暴虐」的事情，還有官憲以「拘留拔劍」來挑戰民眾。

這時民眾的激憤暴發了。聽眾的其中一人站起來拿籤筒丟向臨監官。臨監官逃走。

激憤地民眾選出代表向郡役所質問。數千民眾包圍郡役所等待官憲回答，這時民眾選出代表派遣到郡役所，並令其詰問官員之暴狀。熱血沸騰的民眾等不及往郡役所擠去，等待官憲的回答。其人數實在多到有數千人。

此時官憲再度挑戰民眾。把門關上，趕走代表，從裡面丟石頭，最後終於弄傷民眾。這個時候同志林各桂君正要把被害者送往醫生那裡時，官憲就檢舉他了。被搞到激憤的民從自我防衛的手段到不得不應戰了。這些明明白白都是官憲的計畫性的挑戰。

像，一樣派出檢察官，於是大檢舉開始了，受害的有一百多名。他們立刻羅織擾騷罪或其他罪名等，有計畫地製造犯人。而且這個事件的報導全島都被封鎖，十一月三十日的全島大住家搜索搜查□□□。

印刷物全部收押　此時黑暗時代來臨

臺灣農民組合所印刷的印刷物全部被收押了。

另紙再將其抄本寄過去。

另外那些傢伙提出「停止命令」，並以在全國住家搜索時找到「停止命令」以前農組發送的東西來判定違反出版法，檢舉臺灣農民組合中央常任委員簡吉、楊貴。而試圖阻止我全島大會的陰謀敗露了。

在全島實施的「收押未熟作物」　在中壢社長被毆打
偷偷看了發現檢舉的橫暴的行為　甚至在中壢設立了臨時法院

今秋收穫時，那幫人在全島各地實施暴虐的「收押未熟作物」，企圖奪走貧農的命。在中壢甚至檢舉採割未被收押的未熟作物的農民，這樣的暴狀使農民被逼到憤慨的極點，終於毆打社長以大眾的力量把執達吏趕出去。

官憲因此動員數百的警官。新竹州警務部長親自出馬當總指揮，一一檢舉組合幹部農民，用無理殘酷的拷問，用恐嚇的方式讓農民害怕。現在還在檢舉當中，其數不下數百人，目前以擾騷罪等罪名調查中。

在二林也有二百餘甲的未熟作物遭收押

儘管開墾時已經約定作為永久佃耕了，可是把臺灣賠給日本帝國主義者的暴發戶、大農拓殖株式會社社長辜顯榮最近把土地收回，並聯合中間仲介企圖借給農民。不過二林的農民斷然反對。

暴虐的傢伙們自己不收取農民繳納的佃租，反而在今秋一齊以「收押未熟作物」來威脅農民，壓榨他們的膏脂血汗。農民勇敢地鬥爭中。

二林的農民三百人，晚上十二點趕著臺里數十里的路走到早上，包圍辜顯榮的住處，要求取消土地的收回，然後舉行示威運動，大大提高了氣勢。其他各地的「收押未熟作物」有多至數百甲步。

我們的資料在昨天住家搜索時被弄得亂七八糟的。因為我們再等拘提單，所以這件事的說明等下次報告。我們的大會也要這樣讓那些傢伙們害怕。

出版物假收押命令書寫　出版物假收押命令書
出版者　臺灣農民組合本部

一　以「農民諸君！快快來加入臺灣農民組合阿！」為標題的文章

我們認定右項出版物有妨害安寧秩序之嫌，依臺灣出版規則第十三例，令停止販賣發售暫時收押印本。

昭和二年十一月十八日

臺中知事　　　　　　　　　佐藤統印

出版物仮差押（假扣押）命令書
出版者　臺灣農民組合本部

一、以「餓死同盟打破暴壓街民對暴橫的警察激憤」為標題的文章

一、以「警察拔劍展威救石傷害民眾」為標題的文章

　　我們認定右項出版物有妨害安寧秩序之嫌，依臺灣出版規則第十三例，令停止販賣發售暫時收押印本。

　　昭和二年十一月三十日

　　　　　臺中州知事　　　　　　　　　　佐藤續印

出版物假扣押命令書

一、以情報「兄弟們一齊起來鬥爭亂彈臺灣總督府的暴壓暴行」為標題的文章

一、以「臺農文協即時聯合（起來）臺中州警務部長開亂彈臺中警察署大演說會」為標題的文章

一、「農民有事故來郡役所什麼呆看」為標題的文章

一、「我們的全島大會迫到了組合員要怎樣準備呢？」為標題的文章

一、「警察拔劍掃除民眾不可使這個現行違紀逃去啊！其元凶是臺灣總督府啦」為標題的文章

　　我們認定右項出版物有妨害安寧秩序之嫌，依臺灣出版規則第十三例，令停止販賣發售暫時收押印本。

　　昭和二年十一月三十日　　臺中州知事　佐藤續　印

■ 為阻止我全島大會，官憲組織性陰謀遍及全島的住家搜索數百件

1927/11/18　中文翻譯

資料出處：《資料A：臺灣農民組合本部存留檔案》，頁41-42。

　　十一月三十日早晨九點左右，官憲有組織地進行數日遍及全島的左翼組合事務所的住宅搜索。在臺灣農民組合本部正處於準備全島大會的繁忙中，官憲搗亂所有的東西，甚至想將文具店的儲金簿帶走，到大屯分部時還將信任狀帶走。

　　如此，明顯是要阻止我大會的陰謀。就和新竹事件中虛立名目的那件事一樣，其陰謀早就讓人看破手腳。對於新竹事件我們要不間斷地繼續戳破那幫人的陰謀。警官拔劍示威終於激起民眾的怨憤，臨監官被籤筒丟擲。

　　十一月二十七日為了彈劾官憲多次的暴行，文化協會起而召開彈劾新竹警察大演說會。不過官憲立即以「中止解散」來壓制聽眾，而發生「官憲蠻橫暴虐」的事情，還有官憲以「拘留拔劍」來挑戰民眾。這時民眾的激憤暴發了，聽眾的其中一人站起來拿籤筒丟向臨監官，臨監官逃走了。

　　不過挑釁者是官憲，民眾因自我防衛而向官憲丟擲是明明白白的事實。激憤地民眾選出代表湧向郡役所質問，數千民眾包圍郡役等待官憲回答。這時民眾選出代表派遣到郡役所，並令其詰問官員之暴狀。熱血沸騰的民眾等不及往郡役所擠去，等待官憲的回答，其人數實在多到有數千人。

　　然而官憲不回答民眾等待的答案，再度向民眾挑戰，並且把門關上，趕走代表，從裡面向大眾丟石頭，弄傷民眾。這個時候（同志林各桂君）見了負傷者流血的慘狀正要把傷患送往醫院時，官憲就將他逮捕帶走了。被搞到激憤的民眾從自我防衛的手段到丟石頭，是因不得已而應戰的事實清楚明白。我們不能忽視這些都是來自於官憲計畫性的挑戰。

　　像得到了很好吃的飼料似地，歡天喜地的官憲派出檢察官，動員消防員，在一眨眼間拘留百餘名。那幫人當下就說是騷擾罪或其他罪名，而且這個事件的報導全島性的被封鎖，甚至當成十一月三十日的全島大住家搜索搜查的藉口。

　　印刷物全部收押，把這個事情當成藉口從頭到尾徹底搜索，現在黑暗時代要來臨。

　　臺灣農民組合所印刷的印刷物全部被收押了，令紙再將那些東西的內容抄寫上。去另外那些傢伙提出「停止命令」，並以在全國住家搜索時找到發布「停止命令」之前農組發送的東西為由，判定違反出版法，拘提臺灣農民組合中央常任委員簡吉、楊貴，把他們打入了拘留所。大會的第二天才被放出來的楊貴佯稱病才能倖免於難至今。但是那幫人恐嚇說如果出席大會就要立即逮捕，他們用非常露骨的手段試圖阻止我們的大會，我們把他們的陰謀揭發出來了。

■ 未熟作物遭收押　中文翻譯

資料出處：《資料 A：臺灣農民組合本部存留檔案》，頁 43-44。

在全島實施的「收押未熟作物」！在中壢日拓會社長被毆打，暗地裡搜索的橫暴行為，甚至在中壢設立了臨時法院。

今秋收穫時，那幫人在全島各地實施暴虐的「收押未熟作物」，企圖奪走貧農的命。在中壢甚至檢舉採割未被收押的未熟作物的農民，這樣的暴狀使農民被逼到憤慨的極點，終於毆打社長，把執達吏趕走。官憲為了要拘捕，動員數百的警官警醫。新竹州警務部長親自出馬當總指揮，只要一見到就拘捕組合幹部農民，用無理殘酷的拷問，用恐嚇的方式讓農民害怕，現在還在拘捕當中，其數不下數百人，目前以騷擾罪等罪名在製造犯人。

在二林也有二百餘甲步的未熟作物遭收押

儘管開墾時已經約定作為永久佃耕了，可是把臺灣賠給日本帝國主義者的暴發戶、大農株式會社社長辜顯榮最近企圖把土地收回的事昭然若揭，斥喝農民欺騙農民，不過二林的農民斷然反對。

暴虐的傢伙們自己不收取農民繳納的佃租，反而在今秋一齊以「收押未熟作物」來威脅農民，壓榨他們的膏脂血汗。農民勇敢地鬥爭中，二林的農民三百人趁晚上，趕著路臺里數十里的路包圍辜顯榮的住處，對辜顯榮的暴行暴狀感到憤慨的農民三百數十人，從二點開始趕著臺里數十里的路，走到早上，到達辜顯榮的住處，並湧入其宅要求取消土地的收回、「收押未熟作物」，然後舉行示威運動，大大提高了氣勢。其他各地紛紛發生「收押未熟作物」的事件。

我們的資料被暴虐的官憲弄得亂七八糟的，所以無法正確報告，不過其數量到達了數百甲步。

出版物假收押命令書寫
出版物假收押命令書
出版者　臺灣農民組合本部

一、「農民諸君！快快來加入臺灣農民組合阿！」

一、「餓死同盟打破暴壓街民對暴橫的警察激憤」

一、「警察拔劍展威救石傷害民眾」

一、「兄弟們一齊起來鬥爭亂彈臺灣總督府的暴壓暴行」

　　「暴壓暴行反對全島協議會」

一、「臺農文協即時聯合抗議臺中州警務部長開亂彈臺中警察署大演說會」

一、「我們的全島大會迫到了組合員要怎樣準備呢？」

「警察拔劍掃除民眾不可使這個現行違紀逃去啊！其元凶是臺灣總督府啦」

我們認定右項出版物有妨害安寧秩序之嫌，依臺灣出版規則第十三例，令停止販賣發售暫時收押印本。

昭和二年十一月十八日、三十日

臺中州知事　佐藤續　印

■ 大學生被拘　1927/6/23

資料出處：《資料 B：日農總本部國際部資料》，頁 29。

農民組合紀念演講

臺灣農民組合。曾於新竹郡湖口庄。設置支部。去二十一日午前十時起。舉行發會式於三元宮。同夜時起。順開紀念講演會。聽講者多至七百餘眾。就中有駒澤大學生彭阿棟、當場被檢束。現在供訊中。又是日在竹東郡北埔庄。亦有文化協會之演講。當場亦被檢束二名。

臺灣新聞記事（昭和二年六月二十三）

■ 農民組合員　涉嫌脅迫被調查　中文翻譯

資料出處：《資料 B：日農總本部國際部資料》，頁 29。

大屯郡警察課

臺灣農民組合大屯支部教育部長楊標祺（25歲）以其頭銜大擺架子，其不像教育部長的行為眾所周知。先前才剛剛因為變造文書行使詐欺被抓，被判處緩起訴，又發現北屯庄大坑322（按：土地編號）名為徐境者以2,500圓向大寶農林承買廍子溪北坑下廍溪的相思樹，將之賣給兩三個燒炭業者，因砍伐搬運之際損傷附近的香蕉或農作物，楊氏即要求損害賠償，並威脅「若不聽就向法院控告，讓你吃不完兜著走」等云云，警方遂以其涉嫌脅迫他人將其強制帶走，現在大屯郡警察課正在慎重調查中。

臺灣新聞記事（昭和二年六月二十二）

■ 萬斗六農民示威運動　1927/10/19　中文翻譯
資料出處：《資料B：日農總本部國際部資料》，頁32-33。

情報—臺灣農民組合

我萬斗六的兄弟　四百餘人衝往臺中州廳　擬向知事陳情。

約下午一點半，我萬斗六的農民四百餘人組隊衝往臺中州廳，高喊下列口號，並要求面見知事。

確立我們的耕作權！

擁護我們的生存權！

我們如鬼畜，一定要使大寶農林崩潰。

我們反對無視於我們生活的總督府土地政策。

我們要會見知事，談談我們的生活，使知事聽取我們的意見。

割取香蕉就如同割取我們的首級，因此，我們死也不願被割取。

若割取我們的香蕉，就給我們食物。

我們沒什麼好怕的。與其餓死不如死在監獄。

讓我們見知事！

讓我們聽聽他怎麼向我們解釋。

四百餘名農民被地方課長的暴言所激怒。

血被吸盡、肉被喫盡，連剩下的骨和皮都殘酷地想要吮盡。我萬斗六的農民兄弟，瀕臨餓死邊緣的兄弟們，要求面見知事。越過警察官所砌築的柵欄蜂擁而至。

在此競爭之中，警察向我兄弟挑戰，拘捕一人。對於被逼入餓死邊緣的我們之陳情，動輒施以拘捕之壓迫！對此即使是我兄弟也無法忍耐。我兄弟們在熱中之上發出豪語，向前突進，要求立刻釋放，要求面見知事。

我們農民用此一力量，用我們自己團結的力量，從他們手中帶回我們的兄弟，使他們膽寒。

我們持續高喊萬歲，提高威勢。

西村警察署長來到該處，擺出親切、紳士的樣子，表示這麼多人無法得其要領，請派代表過來。我們兄弟接受其善意，立刻派謝武烈、謝神財及其他兩名代表前往，其餘皆安靜地等待其答覆。

然而，不料地方課長或因人數少而感到安心，竟忽然猛出暴言：

我不承認你們是代表！出去！

什麼陳情！農民不都是你們所煽動的嗎？！

你們沒有用！

我不承認你們是代表！快點出去！

被趕出來的代表們立刻向不耐靜候的萬斗六農民兄弟們報告地方課長之暴言，原本就對其殘虐感到憤怒的農民兄弟們，對於地方課長此舉更是忍無可忍。

大家一起衝啊！

打倒畜生！

驅逐資本家之犬！

在臺中市街緩步遊行
我們農民兄弟喚起輿論

在臺中州廳激辯兩、三小時後，我農民在臺中市街遊行，向所有市民報告大寶農林的暴虐、總督府的暴政、臺中州知事的不負責任及地方課長的暴言。

所有市民都同情我們（農民）兄弟，為官員、資本家的殘酷感到激憤。

依我農民之報告，瞭解其真相的所有臺中市民都同情農民，陸續參加示威運動，瞬間增加數以千計之遊行者。

我萬斗六的農奴終於瞭解官員們真面目及其陰謀，因此，誓言與他們徹底地戰鬥，迄當天日暮後才解散。

我們農民聯名捺印　決定提出請願書。

我們萬斗六數百名蕉農商談的結果，決定選舉代表、製作請願書、聯名捺印，向總督府及臺中廳提出，並建議勞動農民黨向內閣總理大臣提出該請願書。

■ 古屋貞雄來臺演講情報　1927/5/?

資料出處：《資料B：日農總本部國際部資料》，頁20。

情報　1927.5講演

　　古屋（貞雄）顧問來臺的巡迴講演，各地都是很大表歡迎的，而彈壓階級的下吏自講演前，就弄出種種齷齪的手段地干涉，請看鳳山赤崁的講演⋯⋯。辯士開口：「我是被介紹的古屋」隨時被解散，追究其理由別無可答，只赤面而已⋯⋯。噫，見其一知其十，可見鳳山的警吏，皆抱治外的策略地虐待，酷使，恐（嚇）。驚了假面具的露出，顏面喪恥，也甘願做退官者的門狗了。不過布施先生所云的臺灣是自然的寶庫，又親像人的地獄捌！

■ 竹山郡的取締事件
資料出處：《資料 B：日農總本部國際部資料》，頁 20。

　　去（年）五月十二日，小梅支部幹部劉茂成與同志數名，為宣傳組合的主旨赴該地開演，責其沒有告知辯士的氏名和講題，就檢束他去拘留一天，同在講演中拍手的聽眾也被拉去拘留一星期⋯⋯，可見在內山的警吏，比虎較惡⋯⋯。

■ 下營出張所的小作爭議
資料出處：《資料 B：日農總本部國際部資料》，頁 20。

　　當組合員對[鹽]水製糖塍（租）了土地數甲，早日是皆屬於荒芒很腹的，（經）過小作人的手，地力增進，地價起了五、六倍以上。然而[榨]取唯一的吸膏血的會，全忘卻小作人的勞力，不顧是在契約期間內，從這些土地一盡取還，賣下營曾春風。惡地主的曾某，乃是無法的東西，不知不覺的中間，從這土地轉塍新小作人，從小作人的地上物，一盡犁棄。
　　無視了法律的曾某，又常逆宣傳本組合的惡話。
　　當組合員皆依法律上的手續，提出告訴罷。
　　又資本家的手下○○，敢不知道這個是完全的犯人，被他的○○一時忘卻了職分，在法律下地生活的我們為保持法律的尊嚴，自當對這些齷齪的東西徹底[要]抗爭才是！！

▌向督憲提出抗議

資料出處：《資料 B：日農總本部國際部資料》，頁 20。

去二十一日顧問古屋貞雄氏、常任委員簡吉、趙港、侯朝宗外，同志廖西東氏等數名，攜帶抗議文書上北到督衙，訪問當路者（在高位的人），陳述退官者土地拂下問題，竹林問題、芭蕉問題數件，抗議不當的處置。同夜在文化講座大開批評和糾彈的講演會，頗有盛況。

▌小梅農民們的彈壓！！

資料出處：《資料 B：日農總本部國際部資料》，頁 20。

自祖先遺傳的竹林被[榨]取階級三菱掠奪去以後，這些農民的生活上皆墜落死地了，況而取一枝的竹枝也被認做是竊盜，政治上的壓迫，經濟上的[榨]取已到了極端。這次該農民一齊覺知有耕作權和保管權，從一部分的竹枝採來做生計。那時該地的警察大驚小怪，（出）張了非常××××的警察百數餘名去地鎮壓，然而這些農民們毫無輕舉（五月十三日的事）。又農民皆賴古屋先生與三菱交涉（永小作權以外數項）不免受司法的手，所謂平地起風波的！

▌戰鬥報告──臺灣農民組合大甲支部　1927/10/13　中文翻譯

資料出處：《資料 B：日農總本部國際部資料》，頁 44-46。

在「反對『扣押青苗』、『禁止進入（耕地）』農民大會」上，我農民充分戰鬥！

儘管有中止、解散、羈押之暴力壓制，我農民終究排除萬難，通過決議文！

我臺灣農民組合基於附件的理由書中陳列的理由，提倡「反對『扣押青苗』、『禁止進入（耕地）』農民大會」，期於本月12日下午1時號召全島，在下列四個地點一齊召開農民大會。

海報被命撕除，大會因準備不足而解散！
──在大肚召開的「臺中州農民大會之戰況」──

　　當日下午1時前，我無產農民為參加農民大會而湧入大肚媽祖廟。到預定時間時，會眾達千百人以上，出現人山人海之盛況。

　　趁此混亂之時，警察首先攻擊的是我們農民讚賞不已的海報；是鼓吹農民以團結打倒惡地主、踢飛「扣押青苗」、「禁止進入」等標誌的立牌、使機器人般的警官憤怒不已的海報。當撕下該海報時，我們的鬥士謝神財欲做說明而被中止發言。

　　在此暴壓之下，司儀起而宣布開會，從正副議長的推選到書記的任命，都一如規定地進行。

　　接著閱讀由全臺同志所寄來的賀電、祝詞，使民眾非常感激。

　　其後，連來賓之祝詞也因「中止」之高壓手段而停止發表，直接進入議事。

　　當我們擬進入理由書之說明時，暴壓之魔掌更加伸長，說明者中有多達三名被迫中止，會議終在未作成決議之情形下被解散。

　　在依民眾要求舉辦之演講會上，官員報以中止、解散、羈押。

　　被解散的民眾對於官員之暴舉深感憤慨，乃起而要求召開演講會。人人結隊遊行過一街又一街。在一里（臺灣距離度量單位之「里」）之遙的頂街媽祖廟，不知不覺間聚集了原先預定數量兩倍以上的民眾，要求舉辦演講會，有些人則自發性地奔走準備椅子，或忙於佈置會場。

　　待萬事具備，司會者立於講壇，尚未開口，官員即再度以中止、解散、羈押等驅散民眾。

　　民眾包圍警察派出所，要求立刻釋放被羈押者。

　　情緒達於激昂的民眾不顧警官的威脅，逐漸聚集，接續被羈押者組隊前往派出所，終至包圍之，要求即時釋放被羈押者。

　　眾人對於警察以繩索綑綁被羈押者，皆表達抗議。

　　約兩小時後，懼於民眾力量的官員終於釋放所有被羈押者。

　　入夜後，分四個會場召開農村問題大演講會。

　　每一會場都呈現大爆滿之盛況。

　　興奮至極的民眾殺到農民組合大甲支部事務所，依其熱烈的要求，我們在下列四個地方召開農村問題大演講會，民眾自身為了千頭萬緒的準備工作（包括從會場的整備到電燈之準備等）而奔走。

　　決議文終於排除萬難而通過了！

　　第一會場的演講會上，我們熱血的辯士被命中止發言，又再次開講，自開會起約一小時30分被解散。

　　第三會場在警察施以數次「中止」之暴壓後順利通過（決議）。

　　第二、四會場依民眾熱烈的要求，中途停止演講會而改為農民大會，最後通過決議文，以陳情文之形式向臺灣總督府、總督府法務局、臺中地方法院、臺中州、臺中州大甲郡等五處提出。

　　（地點：）第一會場——下街媽祖廟；第二會場——農民組合大甲支部；第三會場——頂街媽祖廟；第四會場——水裡港。

　　臺灣農民組合大甲支部即刻向州廳、郡役所提出抗議文！

　　臺灣農民組合大甲支部為即刻對警察當局之暴壓表達抗議，乃向州廳、郡役所遞交如下之抗議文。

抗議文

大甲郡警察課長與大肚警部補十分粗暴地解散我們的「反對扣押青苗、禁止進入（耕地）農民大會」及依農民熱烈要求所召開的「農村問題演講會」。

向來當局諸君對於無產農民各種生活之不安不僅毫無考量，反而制訂使我無產農民生活更加惡化之政策。其施以壓制之手，連農民動一髮都不放過。今日大會被解散一事顯然是當局此一政策之明證。純樸的農民一旦聚集談論生活之困苦，進一步以合法的運動討論擺脫此一生活困境之事，（當局）就直接剝奪其言論自由，命其解散。此究竟是在掩飾什麼？！無產農民已宣示絕對要掃除奴隸般的忍耐心，在此對暴力壓制提出嚴正的抗議。昭和2年10月13日

臺灣農民組合大甲支部

通知書

　　如附件之抗議書，近來頻頻掠奪無產農民的□□□□（原件不清），宛如宣告農民死刑的「禁止進入（耕地）」、「扣押青苗」，委實是對我們臺灣農民敲下一記致命的鐵鎚。

　　我們臺灣無產農民應徹底地實踐擁護生存權、確立耕作權之運動，絕對反對

「禁止進入（耕地）」、「扣押青苗」。在我臺灣農民組合主辦下，10月12日全島一齊召開「絕對反對『禁止進入（耕地）』、『扣押青苗』大會」。當日即使他們的爪牙——支配階級——施以各種橫暴的壓迫，我們無產者為了向他們展示我們唯一而絕對的力量——「團結力」，雖使其虎威屈服，戰勝強敵，但他們的彈壓僅在臺灣一地已是言語難以形容之程度。

議案的說明者開口後即被命令中止，早已預想到此一必然性的我們，仍持續說明完該議案。

今後我們擬進而我展現無產階級絕對的力量突進！

無產同胞啊！謹以此通知書向諸兄展示吾等之戰績，並表達吾人擬起而反對之決心。

1927.10.13　臺灣農民組合
　　　　　　曾文支部　鹽水支部
　　　　　　嘉義支部　小梅支部
　　　　　　虎尾支部　麥寮支部
敬致　日本農民組合本部

■ 抗議文（臺南州下支部聯合會）　中文翻譯

資料出處：《資料B：日農總本部國際部資料》，頁48。

與世界資本主義的急遽沒落合流之我日本資本主義，以春季之金融恐慌最露骨地暴露其面貌。今其為維持殘喘之餘命，竟強行實施宛如瘋狂、兒戲之行動。尤其在他們唯一的避難所臺灣，更加速進行。看其對我們臺灣無產農民如何以暴虐且殘酷之手段壓迫、榨取！土地拋售問題、甘蔗區域制度、竹林問題、芭蕉問題、嘉南大圳問題等，不都是壓迫、榨取我們的具體表現嗎？其進而無視於臺灣無產農民之生存權、全城磧築銅牆鐵壁，想要永遠地掠奪我們，這不是陰謀詭計又是什麼？他們難道不是一伸出魔掌，就時時刻刻想要將我們無產農民推入無產化的深淵？然而，有意識地踐踏此一必然之歸結且貪得無厭的他們——地主階級，也就是榨取階級，僅以維持餘命之一念，為防止此一必然之沒落，不是一直橫暴地對我們農民作更殘酷地榨取嗎？此非顯然以我們無產農民之血淚延續他們惡魔之壽命？看看我們較昔日封建統治下之農奴更加悲慘的生產額分配率（如地

主七成、佃農三成）之不平等！而他們地主階級之暴壓不用說是十分悲慘。將土地返還、禁止進入耕地、扣押青苗等這些暴舉施加在我們無產農民身上，不是對我們敲下致命的鐵鎚嗎？此不正等同於處以我們死刑嗎？

　　無產農民在此全體奮起，針對地主階級之專斷喚起輿論，在農民大會上斷然與他們抗爭。一方面□□（原件不清），徹底地對抗地主之暴舉，從事確立耕作權之運動，特別是對於近來頻繁發生的禁止進入（耕地）、扣押青苗、蹂躪耕作權等暴舉，茲召開大會徹底抗議。

昭和2年10月12日

　　敬致

臺北地方法院、臺中地方法院、臺南地方法院院長

臺灣農民組合

　　臺南州下支部聯合會、臺南州下各支部

■ 陳情書（臺灣農民組合大甲支部）　中文翻譯

資料出處：《資料B：日農總本部國際部資料》，頁49。

　　近日我們無產農民無論如何都無法再生活下去了。每日家族總動員，從老人到兒童都不分晝夜宛如牛馬般地勞動，始終仍無法改善。不僅如此，只有借款不斷增加，連蕃薯簽都有一餐沒一餐。

　　又遑論兒童的教育，連將死之際都無法請醫生診療。

　　儘管處於此一狀態，暴虐的地主仍年年提高佃租，若無法應付其要求，則逕施以扣押青苗、禁止佃農進入耕地之處分。

　　自今年6月起，僅大甲郡下之地區，在追分、大肚、新港、水裡港等已有我兄弟數十人被打入牢獄。就全臺觀之，實無暇勝數。在此一狀況下，等於是殺害我們無產農民。我們為維持生存權而召開農民大會，進行協議之結果，決定請以維持社會、國家之治安為使命之諸公實施下列事項，茲陳情之。

　　一、即刻廢止「禁止進入（耕地）」、「扣押青苗」之處分

　　　　　昭和2年10月12日

　　　　　　　臺灣農民組合大甲支部

■ 邀請函（臺灣農民組合本部）　中文翻譯

資料出處：《資料B：日農總本部國際部資料》，頁50-51。

　　既與世界資本主義之急遽沒落合流，又朝向國家資本主義托拉斯之最高形態發展的日本帝國主義，自遭逢春季之金融恐慌與最近中國各地熾烈的排日運動以來，對我們臺灣農民如何以露骨而殘酷之手段壓迫榨取？

　　出售國有地問題、甘蔗區域問題、竹林問題、芭蕉問題、嘉南大圳問題，凡此皆有力地說明（農民被榨取之事實）。其無視於我們臺灣農民之生存權，築起金城鐵壁，不外乎圖謀永久地榨取我們臺灣農民！

　　與我們無產農民在同一日本帝國主義統治及榨取下的地主階級，難道不會因此一專制的壓迫與不斷的榨取，時時刻刻陷入無產化之必然悲運嗎？

　　然而，不能認識此一必然結果之由來的可憐的地主階級，為防止此一必然之沒落，將此一帝國主義之榨取輕率地轉嫁，對我們農民更殘酷地榨取。看啊！我們生產額之分配率──地主七成、佃農三成。我們已過著比封建統治下的農奴更加悲慘的生活！

　　而地主階級榨取之趨勢，必然及於對農民施加土地返還──所謂禁止進入耕地、扣押青苗等暴力壓制之手段，如此的暴壓對我們而言不等同於死刑嗎？

　　如斯，我們臺灣農民應完成歷史之使命。在此全體奮起，召開如下之「絕對反對『禁止進入（耕地）』、『扣押青苗』大會」，徹底地與他們抗爭。

　　同志諸兄！

　　請全體一致給予後援！

　　一、日期：本（10）月20日

　　一、場所：1、中壢郡中壢街（臺灣農民組合中壢支部）

　　　　　　　2、大甲郡大肚（臺灣農民組合大甲支部）

　　　　　　　3、曾文郡麻豆街（臺灣農民組合曾文支部）

　　　　　　　4、鳳山郡鳳山街（臺灣農民組合鳳山支部）

　　1927年10月9日

　　　　　　　臺中市南町6-9

　　　　　　　臺灣農民組合本部

　　敬致 ○○○ 閣下

▌致日本農民組合函　1928/9/7　中文翻譯
資料出處：《資料 A：臺灣農民組合本部存留檔案》，頁 138。

全國農民組合本部鈞鑒

　　　　　　　　　　　　　一九二八、九、七　臺灣農民組合本部

　　祝賀貴組合的勇健奮鬥成果。

　　請告知貴組合的統制委員會以下三點事項。

　　1、組織，2、機能——權限，3、其他應參考之事項

耑此懇請。

▌致日本農民組合函　1928/9/?　中文翻譯
資料出處：《資料 A：臺灣農民組合本部存留檔案》，頁 151。

全國農民組合本部　鈞鑒

　　慶賀貴組合的勇健奮鬥的成果。

　　我們已經收到貴組合寄來的規章了。貴組合寄送的情報大抵也都收到了。在此深表感謝，也請今後繼續寄給我們。

　　當然，敝組合的情報在事件發生後沒多久，就寄了報告過去，是否已經收到了？今後，我們會繼續努力不懈地繼續發送。

　　現在，反動政府傾全力殲滅我組合。中央委員會有半數都被偷偷挖走了，全島幹部組合員共有貳百多名被拉走，因此我們陷入了鬥士不足及財政困難的窘境。他們的鎮壓越來越明顯了。

　　最後，寄上情報、婦女、青年、救濟、各部的組織提綱。謹此

鈞安。

　　　　　　　　　　　　　　　　　　　　臺中市榮町一之五

　　　　　　　　　　　　　　　　　　　　臺灣農民組合本部

　　　　　　　　　　　　　　　　　　　　　　　　敬上

▌致日本農民組合函　1928/12/3　中文翻譯
資料出處：《資料 A：臺灣農民組合本部存留檔案》，頁 152。

敬啓者：

　　對於貴團體斷然抗拒暴壓，勇敢戰鬥的表現，我們深深表示滿腔的敬意。

　　我臺灣農民組合也肩負歷史的使命，全力奮戰至今，為了檢討過去，以期將來能有更正確的發展，我們將於十二月三十日、三十一日兩天，早上十點開始，在臺中市樂舞臺舉行第貳次全島大會。我們深切盼望貴團體給予指導，懇請貴團體派遣代表參加、或惠賜檄文、檄電。耑此奉邀，敬候示覆，並頌

台祺

　　一九二八年十二月三日

臺灣臺中市榮町壹之五

臺灣農民組合本部

謹上

■ 致日本農民組邀請函　1928/12/4　中文翻譯

資料出處：《資料 A：臺灣農民組合本部存留檔案》，頁 154。

全國農民組合鈞鑒

　　祝賀貴組合的勇健奮鬥成果。

　　在此誠摯邀請貴組合代表光臨我臺灣農民組合第二次全島大會。

　　深切期盼貴組合排除萬難派遣代表參加本大會。

　　特此敬邀。

　　　　一九二八、一二、四

　　　　　臺灣臺中市榮町壹之五　臺灣農民組合本部　（分機）電話九六五番

（信封正面）

大阪市天王寺區伶人町二四　大原社會問題研究所　鈞啟

（信封背面）

臺灣臺中市　臺灣農民組合本部

■ 反對官方農民團體之抗議文

資料出處：《資料 A：臺灣農民組合本部存留檔案》，頁 179-180。

☆兄弟呵！大家起來打倒反動團體　劫（業）佃會！

　　　　　　　　　　　　　　　　　　暈（興）農會！

　　　　　　　　　　　　　　　　　　弄事（農事）組合！

　　帝國主義戰爭，一日一日地迫近來的今日，支配階級對咱無產者——散鄉（窮）人——的剝削是愈殘酷，像稅金愈加重！些少[更]動著都要「科料」、「罰金」等等，又對吾們的無產運動，盡展了牠們的無天理的鎮暴來彈壓和[咒]罵。

　　然而支配階級，欲打破咱的農民組合和阻害我們的無產階級運動，不使用了「欺瞞政策」！近來和它所在的×發田頭家——地主——結[託]，而漸漸地組織的劫（業）佃會、暈農倡禍（和）會」，農事（弄事）組合等等，這是「欺瞞政策」的一個的表現！

　　劫佃會暈農會……等等做什麼呢？牠們自己謀圖該地主和小作人的協調，和農民階級會過得和好日麼？實在像……好聽好聽！

　　兄弟啊！總是咱大家來斟酌想著——頭家（地主）和佃人敢實在有影會得和好過日嗎？在前記已有些說過，帝國主義戰爭，日日地迫近來的今日，為擴張大準備的（緣故），一切的稅金——無論戶稅，地租，所得稅，甚至到車稅，牛稅……月月地加重，地主是著也要納這個「加重的稅金」。總是地主的稅金若無灌對咱佃人的田租——小作料——入泉，頭家要對何處出水呢？

　　稅金也不得被人加重的今日，「主」「佃」的「和好」要對那處來呢？

　　咱農民組合對小作佃人的「鬥爭[口]號」的第一句就是：小作料永久三割減！滯納小作料一切免除！著！這是實在將要（剝）削落去？和要寒死去的咱散鄉佃人的切實要求！咱的切實要求，咱的希望，農民組合對咱高高地公然揚在著了！這正是咱的團體啦！是！農民組合咱自己的團體，是咱的厝一般樣！今日咱若無產不能過日，咱無產農民和佃人若無農民組合，不時都要受人剿躂，見無現，不[但]咱和咱的老人淒慘，咱的後代——不是，連咱眼前的「後日」是著更加悲慘！

　　兄弟！總是咱要曉得，農民組合是一種的鬥爭團體，咱的農民組合是不比自有租稅的「官廳」，也不比銀行、信用組合。雖然已有對咱的切實要求，咱的所愛，高高地掛在「鬥爭口號」的第一句。要達到這個要求時，也要在農民組合厝內的咱大家，和心來顧咱這間厝；不是顧，且要有膽——勇敢，打拚招呼大大

群來團結，而拚命進來去！有了這樣地協和，勇敢，奮鬥，即會得成功！這層事千萬都不可忘棄！

　　兄弟！我們又要曉一層，農民組合無力就是咱大家無力，就是咱大家不知是咱「加治（自己）的厝」，是咱沒有打拚，沒有和心，沒有勇敢的證據！這是證明咱自己的憨憨，並表現咱大家的（劣）恥！咱的打拚，不是只講組合就好，若只就組合費就好的時，咱的農民組合沒有說的必要啦！那樣想的組合員都已經和信用組合員的「納了（株）卷錢就好了」的所想，是沒有隔樣了！這是完全錯誤，若有覺醒的兄弟，不可像那樣想！我們不[但]納了組合費，對咱「組合的工作」——像宣傳，招呼，×動，爭議，調查，組織……等等……一項一項要求學習！其他對咱農民組合要犧牲一切——像省煙，減酒，即省年節的祭事，放工……等等——照顧，擁護！這樣來做，這樣來打拚，咱的「農組」必定很堅固，非常有力起來！

　　咱的「農組」若有力起來，咱的切實要求和其他一切所愛的，定著會得實現。那時一切的「反動團體」

　　是著七身影，一切的「吸血鬼」和「食人骨頭屯成山的大士爺」是著滅亡了！

　　兄弟啊！來！大家做伙來啦！

　　農民加入農民組合！

　　打倒劫（業）佃會！

　　打倒暈（興）農會！

　　打倒弄事（農事）組合！

　　打倒一切反動團體！

　　滯納小作料一切免除！

　　撤廢磧垻金！

　　小作料永久三割減

　　土地歸農民！

　　打倒農民協會！

　　臺灣農民組合萬歲！

　　全無產階級團結萬歲！

■ ★一齊集起來向不法檢束抗爭　1929/10/31

資料出處：《資料A：臺灣農民組合本部存留檔案》，頁 180。

　　我們的運動若一日一日進展起來，陣營一日一日堅固起來，為要達到我們最後的目的進攻去，牠們支配階級和[榨]取階級們必是覓無穴可隱，覓無路可逃。又再一方面帝國主義戰爭迫來，在眼前的現在，牠們[榨]取階級們為要保持牠們無人道的[榨]血血城，時常用了惡毒至極的手段來彈壓我們的運動，阻害我們的戰線。資本忠犬的支配階級們亦因要保持牠們的地位，發揮了其盡忠的奴隸根性，也忘卻了牠們的祖公祖媽，憲法所保障的自由，而用了很殘酷，很惡的方法來破壞我們的團體，[阻]害我們的戰線，彈壓我們的運動；用犬蟻相踏，雞母相鬥作口實，強奪了我們的鬥士去。如今般口實，奪去了我們的勇敢鬥士去，其氏名期間，場所，經過詳細如[下]：

氏名	檢束日	釋放日	場所	期間
簡娥君	10/20	22日	在臺中署	三日間
湯接枝君	10/24	[當]日	在霧峰旅館	一晚
張道福君	10/24	26	在臺中署	三日間
李木芳君	10/24	尚未[來]	在大湖郡役所	
江阿蒲君	10/25	31	在潮州郡役所	一週間
顏石吉君	10/26	31	在屏東郡役所	六日間
劉見業君	10/26	31	在屏東郡役所	六日間
張添財君	10/26	31	在東港郡役所	六日間
楊春松君	10/26	28	在中壢郡役所	三日間
楊順利君	10/25	11月1日	曾文郡役所	八日間
林籠君	10/22	出來了	嘉義郡役所	

　　內中，接枝兄因為要歸他的家宅，至霧峰山的時尾行者就說：「キキンソク（檢束）。」

　　而就要縛接枝兄，時接枝兄反問「ナニキャニソク（怎麼檢束）法律[法]イクラ（法律第幾條？）。尾行者被湯君反問了這句，面色一時變紅，變青。遂放手不敢縛，同時用了很有禮的話，請湯君同行去霧峰分室。分室主任再說「キャンソク（檢束），湯君抗議道：「ナニキヤンソクカ？（檢束什麼？）ウチ」へ

ラウ（要返去厝裡）。」主任再說：「ウチカヘラウ（要返去厝裡）キヤンソク（檢束）イカン（不可）。」

主任看著湯君的勇敢，又堪自己的良心不過，遂檢束在霧峰旅館一夜（不是留置場）。

道福君是[因]有些文協的事務被檢束去的。

江阿蒲君是因：阿蒲兄自轉很緊快，尾行者尾行不著的。

添財兄因二十六日早有些少事，乘自轉車往潮州，出發的時亦沒有看見尾行者。他自己想這樣打算是無尾行的必要，所以直直去。事務幹了後，午[後]四時頃，往崑崙君宅，東港郡派了一個私服的人，和尾行陳君的二人問張君道：「課長有事，要你和我同往」。張君答：「課長若有事，你叫他來，我因有些事不得去。若必要我去，你拿拘引狀來吧。」被張君拒絕不同往的奴犬，即時奔回去請正服的巡查部長，高等特務，刑事三人夜八時餘用了貸切自動車，張君請去。

顏石吉君，劉見業君是於前十時頃，自顏君宅出去，屏東支部事務所的時被檢束去的，其理由是：同駐在屏東支部的張添財君，其早被尾行者尾行不著，所以恐兩人採取同樣的行動也，無一定的。釋放的時，強制的叫兩君寫了[下]記的請書。

私儀（）釋放ミタ後ハ尾行者ヲマキマセン但是尾行者ハルズヲ以テ被尾行者ヲ檢束スル等ハ度々体驗ミタコトハ甚夕殘念デアル依ツテ当局ニ誠意アル尾行者ラ遣フコトヲ願ヒマス　昭和四年十月三十一日

右　某某

譯文　請書

我被釋放後，必是無走使尾行者尾行不著，但是常體驗著尾行者很怠慢而來檢束被尾行者，實是很遺憾，所以望當局以後派有誠意的尾行者。

昭和四年十月三十一日　在　集集

楊順利君是一個賣布為職的人，二十五日早亦如前[擔]了布[擔]去北門郡學甲賣布。時說他是有害著公安，所以檢束。但檢（束）當時，被留置場巡查用了

手銬打在額一穴流血，恐他出來後提出手續，遂叫公醫醫治，他的傷處完全癒的時始放出來。

兄弟們呀！我們的鬥士要返去厝亦被檢束，有事要去幹也檢束。生理（生意）人要做生理（意）也檢束，尾行者怠慢，尾行不著也檢束，他人走去自己也要負責，釋放的時要寫請書，這樣有理呢？若非意識的計劃的彈壓我們，（阻）害我們的是什麼呢？釋放的時我們是沒有寫請書的義務的啦！在這階級鬥爭尖銳化的今日，敢不敢彈壓這件事，明明是階級對階級的（角）力的關係。若被支配階級的力比支部階級的力較強，較大的時，他們必定不敢動手。所以我們為要活，要得自由平等，要用次的口[號]鬥爭去吧！

一、反對一切的不法檢束，檢舉！

二、反對拷問毆打，追放！

三、獲得言論，結社，集會，出版的絕對自由！

四、反對總督獨裁政治！

五、打倒帝國主義！

▌呼籲加強識字以對抗官方

資料出處：《資料 A：臺灣農民組合本部存留檔案》，頁 182。

兄弟啊！到這將不識字是不可了！

大家緊緊來！來學習「咱的上大人和三字經」！

階級對立極鮮明的今日，資本家階級盡出了牠們的「豬群」「狗黨」「獅兄弟」──×犬，教員，和尚，人道主義者，改良主義，民主主義……等──來壓迫和欺瞞吾們：這是咱大家已經用身軀經驗過的事實！

資本家階級的現在的勢力、組織……等是「太大」和極「周至」在著，有這樣「太大的勢力」，和這樣「極周至的組織」的支配階級──牠們是不過在於歷史上必然的生出來的人物；然而這是不過「一時的人物」，且牠們有一日定要死落去無產階級所掘的墓穴內：這是社會的進化上所觀來，必要達到的事！這件事咱要知道，和這個時機的咱的任務──生做「散鄉人」無做不可的「工作」，咱大家也要知道！

要知道者，不識字是不可的！勿論「咱大家」的其中，也有讀了上大人，三

字經，四書，五經……等等的是不少的書，而在來的「識字人」，都是大概讀過
這些書的人了，兄弟！咱大家要曉得這些書，是一、二千年前的「[舊]冊」，其
內容全沒有合應現在的世間社會的路用，不但不能救咱的艱苦；這種的「舊冊」
已經變做支配階級要[榨]取和壓迫咱的好武器了！這「舊冊」的內面，專專都
（叫）咱著要「條直」、「老實」、「正直」，「勤儉」或「盡忠」；而對咱的
「重稅金」、「貴田租」、「怎樣的到達今日的慘苦」、「支配階級怎樣這樣地
橫暴」、「咱若愛好過日，著怎樣來做？」……等等的事項，些少都沒有講著！
兄弟！在於今日，什麼人會得比較咱勝勤儉，勝盡忠，勝正直嗎？吾們的「甘
蔗」隨在人定價，咱的「籾（稻穀）」、「芭蕉」隨在人喝俗（喊便宜）——無
價數，「有錢人官廳」若召咱去，咱就趕緊「爬」兼「走」去，隨在人罵，隨在
人罰金，隨在人「躂腳精」，「北嘴邊」也默默地吞目滓（吞眼淚）去落去……
等等，這樣做的咱，尚且要講沒有正直，而要求咱要加倍努力變做一個「死意
人」麼！？兄弟啊！那樣說的「舊冊」，實是可燒棄的廢物啦！

　　於這時某無名氏，有寄來了一個研究材料，實是可做「吾們的上大人，三字
經」；望大家兄弟，提起和自己各地方的現實問題做參考罷！而對這個，會得來
添加咱大家的好意見是更加好的！

　　來！無論老幼，男女，大小，也無論前有讀或無讀的！

　　大家來讀大家來學習「咱的三字經」！

■ 學習階級路線宣傳文　1931/9/?

資料出處：《資料 A：臺灣農民組合本部存留檔案》，頁 73-74。

統一戰線
單字集

一・二・三・四・五・六・七・八・九・十・｜・川・川・乂・δ・宀・亠・
三・文・10・1・2・3・4・5・6・7・8・9・10・I・II・III・IIII・V・IV・IIV・
IIIV・XI・XX。

人・狗・豬・雞・禽・獸・蛇・虎・鬼・名・個・隻・尾・[號]・班・組・隊・
頓・片・大・小・上・下・天・地・日・月・山・川・星・雲・溪・谷・海・

陸・田・畑・厝・寮・片・草・樹・木・竹・菜・水・火・飯・湯・[鹽]・油・
醬・醋・米・柴・炭・刀・針・線・笠・帽・你・我・他（她牠）・吾・咱・
恁・們・這・那・此・彼・遠・近・來・往・走・逃・避・跳・飛・的・碼・
呢・咧・啦・呵・啊・、，。；：一「」。！？

雙字集

農民・佃人・田租・稅金・飢餓・赤貧・非常・悲慘・尚且・可憐・一生・打
拚・猶是・辛苦・販賣・妻子・到尾・自盡。

地主・頭家・現時・有勢・快活・過日・食飽・閑坐・嫺婢・跟隨・奴才・奉
茶・聘請・官廳・盡用・毒計・起田・差押・兼奪・牛犁・社會・階級・分離・
鮮明・大家・團結・起來・鬥爭・哀求・妥協・已經・無用・宣傳・組織・努
力・進前・放工・沒眠・也要・犧牲・煽動・奔走・青年・使命・老人・婦女・
唱拂・加爭。

官憲・巡查・[壓]迫・就來。綑縛・毆打・拷問・厲害。（追？）放。拘留。監
禁・棍笞。手鎖・腳械。橫暴・周知（哉）。倘若・放棄・工作・結局・活人・
投海。

眾人・希望・幸福・解放。出錢・碎身・粉骨・苦痛。覺悟・堅忍・堪受・應
當。大眾・這樣・步調・協同。敵人・死滅・[搾]取・滅亡。

三字集：「咱的三字經」

無產者，散鄉人，勞動者，日做工，做不休，負債重，
住破厝，壞門[窗]，四面壁，全是穴，無電燈，番油點，
三頓飯，蕃薯簽，每頓菜，豆[豆甫]鹽，設備品，萬項欠，
吾衣裳，粗破布，大小空，烏白補，吾帽子，如桶箍，
咱身軀，日曝黑，老至幼，著勞苦，瘦田畑，納貴稅，
染病時，無人顧，咱線被，世界薄，厚內衫，大概無，
布袋衣，裘外套，寒會死，也著做，冬天時，迫近到，

老大人，痰呂呂，少女兒，流鼻蜩，一家內，寒餓倒，
腸肚哼，哼哼號，斷半錢，請醫生，不得已，祈神明，
雙隻腳，跪做前，金香紙，陸續前，嘴出聲，誓豬敬，
沒聽著，佛神明，豈有力，來同情，那瞬間，變惡症，
哀一聲，失生命，噯呵囉，叩頭殼，爭心肝，父母情。

沒覺醒，重惹禍，無團結，慘難無，設團體，眾協和，
萬項事，自己做，要努力，力自靠，惡地主，來打倒，
惡制度，來毀破，這時候，萬人好，資本家，收大租，
大會社，大規模，一秒間，儲數圓，強剝奪，很[糊]塗，
住樓閣，妾多數，食山珍，兼海味，飲燒酒，雞肉[絲]，
香肉[乾]，紅燒魚，吃不完，就捨棄，金[石區]碗，象牙箸。

這強盜，想計智，連政府，得大利，開墾地，盡搶去，
現國家，照牠意，有錢人，的天年，工業家，設機械，
愈文明，咱愈死，失業者，滿滿是，愛做工，無好去，
倘有職，很少錢，趁無食，愛寒飢，飲塞錢，渡生死，
無打緊，這時機，土地賊，逆天理，[榨]取咱，無慈悲，
走狗派，欺騙人，講要納，照起工，納稅金，飼官狗，
害咱死，目屎流，抗租稅，著計較，日政府，土匪頭。

勝利時，得大份，戰爭近，飛行機，冥日煉，無休止，
兵演習，似做戲，市街戰，要防禦，假相刣，夜間時，
浪人工，費大錢，戰一擺，呆算起，日本兵，練打銃，
警察狗，練弓箭，學柔道，推白旗，郡役所，遊戈矢，
帝主戰，切迫時，總動員，周準備，日月潭，設電氣，
吾要識，這意義，反動狗，反瞞欺，說盡忠，不怕死，
即是民，應該是，吾同胞，要銘記，咱著裁，大相刣，
資本賊，第一愛，戰爭起，牠免死，尚且彼，乘那時，
騰物價，得大利，戰爭道，的時機，散鄉人，著慘死，

貧工農，亡身屍，壯男人，被召去，做工伕，無工錢，
徵牛馬，運糧資，老婦人，顧空厝，要自計，無人扶，
起反亂，數無久，吾兄弟，為此死，咱父母，為此饑，
目滓流，目滓滴，無通食，亦是死，這原因，在何處，
私有制，保大富，可怨恨，賊政府，虐待貧，且殺誅。

蘇維埃，工農操，[榨]取滅，剝削無，全世界，解放母。
共產黨，握指導，白色匪，日亡逃，捨資產，甘[願]做。
勞動制，七點時，諸學校，入免錢，婦產院，養老院，
各病院，自由去，圖書館，甚濟備，卜讀冊，真便利，
托兒所，顧吾兒，眾安樂，沒惡意，作竊盜，自滅止。
資本賊，全部除，子這時，設機械，全民眾，始有利。
像這款，萬人希，咱大家，親兄弟，有一日，達這時，
要奮鬥，緊奮起，要大膽，免驚死，牠強搶，勿給伊。
大大群，招抗起，免三日，牠餓死，抗稅租，吾武器。
咱團結，勝銃子，倘若無。拳給伊，眾除寡，實容易。

支配者，狂化期，咱結社，被禁止，我罷工，無權利，
吾領袖，被拉去，各個個，打半死，小蟲類，昆蟲蟻，
被人攪，牠同志，些少無，恐怖起，生為人，豈無恥，
赤貧人，眾兄弟，齊集來，咬切齒，掠仇敵，碎分屍。

同這樣，像這款，青年們，也團結，婦人部，可後援，
又組織，少年團，一家內，總動員，共產軍，咱的兵，
為主義，抵牲犧，為階級，抵戰爭，是工農，握專政，
共產黨，咱的主，為正義，的辦事，須丹林（Stalin），咱師傅，
咱師祖，是列寧，馬克斯，他傳導，資本論，他建設，

▋大湖支部被家宅搜查 1929/12/1

資料出處：《資料 A：臺灣農民組合本部存留檔案》，頁 183。

情報　臺灣農民組合本部

關連共產黨的事，大湖支部被家宅搜查

　　李木芳兄其他被拘去！亂押收情報去！我們最勇敢的木芳兄徹底的對牠們鬥爭！！

　　新曆十一月四日大湖支部事務所及李木芳兄的厝被大湖郡警察課家宅搜查。牠們強奪咱的農組的情報通去，牠們搜查的理由是「近來海外有共產黨寄信來與你的農民組合，所以要搜查你的事務所和你的厝。」其實這是牠們官憲的口實而已，事實因要對地主們、官憲們去徹底的鬥爭，所以大湖支部的事務所最近已移轉到真適當的場所。對這事，官憲大湖郡警察課就已了大大的恐怖了，牠們都緊緊下了大彈壓，要來破壞我們的工作。固然新曆十一月十九日起對李木芳兄就尾行了。不單這樣來迫害木芳兄的鬥爭，十一月廿四日就將木芳兄的和彭金玉兄檢束去了。這檢束的理由，我們可將警察課長向木芳兄所說的話而知道的。警察課長說「你真可惡，十月廿日苗栗演講的時，你講什麼被狂犬咬場，你敢有權利可講嗎？」木芳兄答：「我就有講的權，你不知道呢？」牠卻說：「前日我（叫）你將大湖支部要解散，你不解散，再將事務所轉移。我看你明明愛同官廳極頭的，今天將作要留置。

　　單說這樣的（忿）話、橫步，牠們又去郵便局長交涉說：「李木芳君若所有的信，全部總給警察課都都好。」果然當時寄來的五、六張信，全部被警察課收去了。牠們即將留置場（叫木芳兄）出來，將這些信子要在牠的面前開。但木芳兄就其中二張斷然不開，所以在當場大鬧了一場了。又有一日，木芳嫂拿衣要給木芳兄換的時，木芳兄用了真巧妙的方法，茲不開的信子交給木芳嫂了。牠們知了這事就到木芳兄的厝夠，再去要搜查二張的信子。這時勇敢的木芳嫂都說：「你要搜查我的厝，是為何人的命令？」牠們說：「你若是將前日的二張信子開候（給）我看的時，我就不要搜查。」木芳嫂再說：「這二張信子是我夫的名。是我夫的所有物，不是你的，所以我絕對不交給你的。」當場又大鬧了一場了。牠們又再到強制要搜查的時，木芳嫂都說：「你要搜查的監督者是何人？」牠們說：「我是做官的人，不免什麼監督者。」

　　木芳嫂再說：「你這不法的警官，你緊緊出去。我的厝不免你在這多說，你若是沒有正式的命令我絕對不承認的。你出去！出去！」看看！這樣勇敢的木芳

嫂，對官憲絲毫都不讓步，徹底的去鬥爭，二夫妻是同樣勇敢的。又十一月三日有二張信子著郵便局都被警察課強奪去了，木芳兄即時向郵便局長抗議，木芳兄對局長問：「怎樣我的信子送到郡去呢？」局長說：「我並不知……。但司法警察說「近日李君在郡留置場，所以牠的信子總送給與郡就好了。」

木芳兄再說：「總是後來絕對不可像這回事故，後來若是有像這樣的事，我絕對不承認的。又夠再我有考慮的。」局長說：「我知道的後來決不像這回的事，望不可怒氣，你請你請。」

因二・一二事件大湖支部也受都多大的破壞狀態，這時單只有木芳兄一個人來死守支部。支配階級都食也食不得，寢也寢不得了，所以常常都作事由壓迫迫害咱木芳兄，來破壞大湖支部。不夠木芳兄受就一回反毆打迫害，都了強度的鬥志再去與牠鬥爭，如打鐵一樣，直打都直強。總講一句，支配階級對咱的木芳兄及大湖支部是用了取野蠻的手段去彈壓迫害的。

一、反對不法的家宅搜查・檢束・拘留！

一、反對不法的押收書類──情報！

一、臺灣農民組合再建萬歲！

一、臺灣總督專制政治反對！

▌ 援助大屯郡開嶕山的兄弟

資料出處：《資料 A：臺灣農民組合本部存留檔案》，頁 183-184。

兄弟啊！齊集來！來援助大屯郡開嶕山的咱的兄弟！！

帝國主義者欲完成牠的「工業政策」和製造大砲、毒煙銃、大戰艦的戰爭準備！……等的緣故，對吾們用了極殘虐的手段，而盡了牠們的「狗力」來壓迫和[榨]取，這是咱大家親身經驗著的事實！

看！帝國主義戰爭很切迫的現在，這些強盜──無論美國、英國、法國、××（日本）……等等對伊的無產階級散鄉（窮）人，不得無下了極凶暴的彈壓和剝削的。在這切迫時機牠們倘若來使咱的「（牝）肚」（肚子）會得半飢半飽，吾們無產階級，或時會生出沒有什麼情願地服從牠──這是資本強盜們，十分所知道著的。所以牠們在這時機，絕對無躊躇地來奪咱兄弟的所有地或開墾地！這也是資本強盜必然的表現的行為。

　　像臺南州嘉南大圳的問題，也是這個事實的一項。創設嘉南大圳的真意是在於要掠奪臺南州下的咱勞苦的兄弟的十餘（甲）的土地，而集中去達到牠們的工業化政策。土地被搶去了的勞苦的兄弟，以後要怎樣呢？定著是殘（剩）了「二隻腳、二隻手」，以外是無半項？這樣兄弟若無去作工，（就變成）賃銀奴隸。但工資是隨在資本家所定的最少尺度的，大家就會餓死了了的。這樣的人，即為要生活，雖然工資最少，也不得已走去作資本家的奴隸的。人若愈[多]，資本強盜們是愈歡喜兼大有利。怎麼講呢？愛做工的人若愈多的時候，資本家就將這些多大的愛做工的人，一一選擇「比較的工資最少而且所做的工作更大、又更作久的人」，即採用這樣的勞動者。所以資本家，不單將平洋（坦）的墾地或所地要[奪]去，一方面又做出多大的勞動預備軍（失業者）——牠們要用的時，就隨時有。而且「比較的工資最低而兼做久」的人，去附伊的勞動者的井水——這事我們有確實的實證！就是我們勞苦的農民兄弟用了無限的血汗來開墾的芭蕉山！明明白白要強強奪去！

　　牠們設了青果會社、同業組合等等，將咱勞心苦情（照）顧大的芭蕉強制定了最低的價，這也是大家聞知的事實！兄弟呵！咱大家來些想想看看咧！假做勿說蕉苗顧到大，除草種種的工夫，是很大的勞苦。再說了「擔芭蕉」的一事，目滓就滿了鼻孔管了。一擔芭蕉的重是一、二百斤，山頭是極斜險兼狹，尚且起起伏伏，非常地無平坦，倘若一腳（沒）踏實，就要墮落數千丈的深[溪]中，去做粉身碎骨的「無屍鬼」！呵！勿講講到這事，毛管就要起了，總是這樣的重，這樣的苦的擔，路是臺里的一、二十里的遠了！兄弟！這樣艱難辛苦擔出去的芭蕉好賣嗎！？無！對咱唱像狗屎的無價。不單對咱唱像狗屎的無價，這個代金就要待到一半個月後，始能入咱的手啦！這樣烏臭心的剝削，致此這處的兄弟，都瘦枝落葉，殘（剩下）些一、二隻骨頭的！這個可惡的事已經徹入我們的骨髓的怨恨了！我們定必不忘記了！

　　再來講了在這切迫的時機，芭蕉山主大保會社開了什麼凶惡的手段來迫苦的呢？這處的芭蕉山在一、二十年前，大保會社就甲當（每甲）出了二十圓的獎勵金，（叫）咱的兄弟去開墾，這個的血汗、工情是無量的！不止這樣，也有打拚過頭致病致死去的，也是（或者）墮落去深谷受滿身軀的傷，到今尚痛爛未[癒]的等等的犧牲，也有不少的！勿論起初時，大概的人都堪不住，著手來數日，就不做而散退的很多。而那大保會社，非常地「好嘴」說著，「你們開的土地，恁

可隨意好永久去耕作……，」所以咱的兄弟則始（認同）這塊地，甘願犧牲了血汗和工資著手開墾！

然而起初用爬也難上的險山，被咱的開墾到有路可行、有地可耕作的時候，大保會社就來造林栽樹。不但造林栽樹，連咱有栽芭蕉的畑內也要強制栽牠的樹了！對這個壓迫，吾們兄弟勿論熱烈地和牠抗爭過的，牠們看了咱的尚未甘死放手，就再用了第二層的手段——阻害除芭蕉草來了。我們專工栽的芭蕉，若無照顧三頓的，[鹽]米要對何處拿來呢？大保會社不但這樣的臭心，而近日尚要對有蕉苗和開花成實吐苫的芭蕉，操掉倒的聲音，常常入吾們兄弟的耳內了！

兄弟！咱的人若是尚有些「米」或是「蕃薯簽」，可止飢的時，或是稍能忍耐的。然而芭蕉若被操掉的時，咱的兄弟的家族，定著餓倒了了啦！被迫到這個慘無人知、飢寒交迫的地步的蕉山兄弟，已經忍不住這樣殘虐的剝削。凶極惡極的迫害，正欲蹶起來向這凶殘的強盜鬥爭。所以蕉山的勞苦兄弟，已經感覺有團結的必要，不但知道有團結的必要，同時也知道有農民組合的必要。又已經感覺著沒有自己武裝起來是不可了，所以在這處的兄弟已經決意要戰死於他們的芭蕉頭下，兼決意再建和擴大咱的農民組合了！

勞苦的農民兄弟們！

共一領褲的大家兄弟呵！我們蕉山的兄弟有這樣悲壯的決意要向資本家地主強盜鬥爭這時候我們不可拱手旁觀了。大家起來起來！大家趕緊組織起來！武裝起來！

來援助我們的開蕉山的勞苦農民兄弟！！

▌臺灣農民組合略史—續—
資料出處：《資料 A：臺灣農民組合本部存留檔案》，頁 186，189。

在上回已經說了臺灣農民組合發生的原因，這回要續陳述其發生的動機和第一段的鬥爭。在帝國主義殖民政策踐踏下的民眾，勿論在政治上，個個都是受壓迫絲毫沒有權利的。然在那經濟上面呢，也是嚴然明白分了有產者、無產者的二大階級——剝削階級的被剝削階級。

而有產階級欲擴張牠們的經濟上的發展，一方面帝國主義者，要壓迫大眾的，於是乎帝國主義者與土著有產階級必然發生密切的結[託]——土著的有產階

級遂受成帝國主義最忠實的奴僕。

　　高雄市陳某某（中和）是臺灣有數的大地主，自然是帝國主義的大走狗。牠們在高雄州高雄、鳳山兩郡下有二千餘甲的水田和一軒資本金五百萬的製糖會社──××新興製糖會社。

　　牠們這二千餘甲廣大的水田原本是很早的土地草埔佔一半的。他們用了種種欺瞞的手段使無智的佃人開墾改良才變成今日的好田的。換句話說，這樣好的田是這等佃人的勞力和血汗所結成的，貪慾的陳某為[遵]守積蓄的原則那裡有顧交這點的由來呢？陳某對這等佃人這樣非人道的剝削，起租得很厲呀！不但這樣一九二四、五兩年，連續呆冬（壞年頭，景氣不好的意思），而牠意一粒也（不）減租，而稍（滯）納租穀，便起田迫出田寮，差押牛犁、牛等等無所不至盡有的手段一齊起來了！但是這樣強迫這等佃人怎樣呢？遂不得不蹴起來了，遂於一九二五年一二月一五日在鳳山街組織鳳山農民組合，欲和橫暴無人道這個惡心地主決死戰了。這就是我們臺灣農民運動的的第一聲，同時也是牠們帝國主義者──地主資本家[悼]鐘的第一聲了！！我們在這裡順序發會式。

　　國家是支配階級的剝削機關，而警察是國家機關最重要一部分，換句說，警察就是有產階級對我們無產階級剝削的左右手啦。那麼！帝國主義為守牠們的階級利益和維持牠們的地位，我們這樣運動怎樣痛恨，是牠們不時都不忘不時都記在牠們的心中。所以牠們也自明白了對我們的運動要即時，要撲滅的徹底，所以牠們對可算牠們的[悼]鐘的第一聲的鳳山農民組合發會式怎樣著急視為重大，而怎樣欲破壞這可想而知的。

看看當日發會式的狀況！！

　　自那早（晨），就表現牠們本相的武裝警察隊三三、五五對鳳山街示威遊行，至那將開會的時便對我們的會場，齊集包圍起來，狗數總計不下五十名，所以那日的發會式是在警察隊武裝包圍之中開會的。在此光景，我們的發會式會得完全無終結。已經係無望是自明白，是日除發表會則及選舉役員，以外的宣言、綱領、主張，一切都被禁止的。帝國主義支配階級這樣彈壓，出席者組合員不過十三名，（旁）聽者百餘名，然皆十分活潑表示和牠們決一個最後的鬥爭。所以沒有發表宣言、綱領，主張，而「鳳山農民組合萬歲」，「臺灣農民解放運動萬歲」，「世界無產階級團結萬歲」的（叫）聲，已照文字波及全世界了！

　　我們臺灣農民解放——即是全臺灣的被抑壓[榨]取民眾的解放運動第一聲的鳳山農民組合，在那樣情勢發生，所以對運動上，怎樣受壓迫干涉、侮辱，這也不消說得自明白的吧了。自鳳山農民組合發生了後，怎樣受壓迫干涉我們，介紹簡吉、黃石順兩君的述懷，使得知道幾分！！

　　我們自組合成立了後，我們都確信臺灣無產階級的解放，要無產階級自己大同團結起來鬥爭，以外是沒有別途的。那麼無產階級欲得解放者，是要速速確立大眾，組織基（層），訓（練）大眾，所以我們便不分晝夜在農村奔走。然警察說什麼要「維持安寧秩序」，不時都隨在我們的身邊——就是尾行！但不幸者，臺灣被壓迫的大眾，受日本帝國主義三十餘年的暴力和奴隸政策，精神上殆消滅了意識，所以一見了警察便生出恐怖，不敢來聽講演座談。

　　因若來聽講演座談者，翌日警察便到那家裡（查問）：「你有入農民組合呢？好大膽你要再做第二次哆吧呢（タパ二イ）事件；你要記得，你要保得你們公媽無事」等等威脅。不是威脅對稍熱心的組合員，便是利用保甲規約路道取締法，亂來罰金拘留。狗奴用了這種方法實是有十分效果。怎樣呢？我們最初數回的座談或演講會的時，有多數的聽眾，但未幾已沒有人敢來聽了。不但這樣看，我們沒有客氣便拒絕，所以每次的演講會或戶別拜訪問皆歸於徒勞了。到了這個地[步]，我們便不得不講求別途的法子，但其法子，只有避免走狗的尾行而已。所以我們欲避免尾行，不得不變做農民；不但變做農民，日間要潛在山裡，待日沒才出去活動。但這且不是萬應膏，狗走失了尾行，便大起恐慌，全郡下大行搜查。不但公然搜查，且陰然（私下）再用臺灣人做走狗，（協）力搜查密告。好當這個走狗的大任務者大部分是保正、甲長壯丁、甘蔗原料委員，所以其苦心可想而知的。然我們雖費了這樣的苦心，自成立至翌年一九二六年二月末，組合員都沒有一人加入。不但沒有增加，且受支配階級和會社地主的欺瞞，懷柔買收，再反動了八名，想來也真是好笑吧……但我們確信，最後勝利是在無產階級我們的主張主義，決有一日得浸透於大眾的。所以一點略知我們的運動，是自著手的日，就受惡戰苦楚來的，且我們這個苦楚，我們非至完全解放的時，是不得消滅的。不但這樣，我們的運動愈發展，所受的苦楚必然更加，猛烈的比較我們現在的情勢。便知道的，但我們的苦楚決定有消滅的一日……簡吉、黃石順、張滄海三君在這苦楚奮鬥之中，我們的光明到來了。一九二六年三月在大寮方面，新奧製糖會社要起七百餘甲的土地做自作農園，又在赤崁發生一件（日本籍）退官者

的土地拂下爭議了！

　　自這二個問題發生為契機，我們組合遂旭日初發展起來了，每月加入組合都有十數名。怎會那樣發展呢？對這個我們要先說明這個問題的真相和其（鬥爭的狀況吧了）─未完─

▌臺灣農民組合本部「反對暴壓暴行全島協議」準備的進展狀況

中文翻譯

資料出處：《資料A：臺灣農民組合本部存留檔案》，頁102-107。

全島的弟兄站起來！

一起來抗議專制總督的暴壓暴行，還有殘酷的拷問！

臺灣民眾黨文化協會機械工聯合會和我臺灣農民組合共同提倡這次抗議活動！

△正是現在，全島各團體要組成共同戰線──

　　三十年來總督的暴虐政治實在是可惡至極了！所謂什麼什麼事件全部都是臺灣總督虐殺臺灣民眾的虐殺史。我們最近又目睹了中壢事件、新竹事件等的殘酷拷問！

　　還有，全島的弟兄每天在拘留所在監牢裡接受拷問、被施暴、被虐殺，我們組織的頭被壓的死死的，我們的集會被命令「中止」「解散」！

　　我們的出版物，無論內容為何，都被禁止、收押、搶奪。

　　正是現在，全島大眾的激憤已經達到了極點了！

　　臺灣民眾黨、臺灣文化協會、臺灣機械聯合會、臺灣農民組合的四團體提倡要共同舉辦「反對暴壓、暴行全島協議會」！

　　現在全島各團體的共同戰線正要成立！

　　我們要以大眾的力量抗議專制的政府！

　　絕對反對暴壓、暴行、拷問！

　　要求言論集會結社出版的自由！

　　保護我等「反對暴壓暴行全島協議會」！

請所有的人民

　　支持「反對暴行暴壓全島協議會」

　　　　讓會議更為熱烈！

組合員要利用各種機會宣傳，讓大眾了解「反對暴壓暴行全島協議會」的意義！

　　組織□□部調查隊，徹底的□□しき（譯者註：原文不清楚）

　　請調查報告暴壓暴行拷問的事實！

　　把我們三十年來受到的暴壓暴行拷問等殘酷暴虐的事實，告訴全世界被壓迫的大眾！

　　全世界的無產階級是我們的同志，會援助我們的！

　　各支部組成特別調查隊徹底地宣傳「反對暴壓暴行協議會」，並調查報告所有他們暴虐事實！

　　我們要將之出版，把我們弟兄血和淚的紀錄給全世界弟兄們看。

　　所有的組合員向全島大眾宣傳，讓大家了解我們「反對暴壓暴行協議會」的意義。請動員全島大眾！只有這樣做才可以粉碎專制總督的暴壓暴行拷問等的虐殺行為。「說！說是組合幹部的命令！」拒絕說的人不只會被摔，被踢。

　　還會被施加許多無法言喻的暴虐暴行

——在中壢事件中被拷問的片段——

　　關於因日本拓殖會社的佃組爭議事件被拘留的中壢同志們被拷問的情況，現在還無法詳細報告，不過根據二三位弟兄親眼目睹，雖然只是一部分就能明確地顯示他們殘忍暴虐的本性，他們對□說，「差押へに来た□□や」。「說！反抗警察是組合幹部的命令！」他們就是以這樣態度審問！如果抗拒他們的審問，他們就會對弟兄們採取殘忍的暴行！

　　（上圖）

　　「好！你不說是嗎！」

　　「說！是幹部的命令！」

　　（中圖）

　　「快！說啊！」

　　「說！是幹部的命令！」

　　（下圖）

「快！說啊！」

「說！是幹部的命令！」

把棒子放在腿上，警察再站在上面拷問

——新竹事件中被捕的弟兄——

中壢的弟兄們接受了殘忍暴虐的拷問之外，被關在土間，不分晝夜罰坐著，一不小心超出了他們所畫的圓圈就會被打被踢！

而且，這麼寒冷的天氣，連一條毯子都不給，晚上連躺下來都不行！

新竹事件中被捕的弟兄們所接受的拷問，詳細情況還不清楚，現在就所知道的部分趕緊告知大家！

打、踢！很簡單所以沒有□□，那幫人絞盡腦汁讓我們的弟兄受苦。

例如，把棒子放在腿上，警察站在上面拷問！在拘留所、監獄裡也要展開鬥爭！

同志楊貴告訴其他被拘留的人，臺中警察署拘留所的暴行及違法行為。

拘留所警察之暴虐行徑根本可以說跟猛獸一樣。

二十三日那天，同志楊貴被拘留時所目睹的暴行著實令人感到戰慄。那樣的暴行竟然也加諸於同志楊貴的身上了。

楊貴因為三四天裡，臉一次都不能洗，因無法保持清潔以致於眼睛紅腫，他低下頭來休息，馬上就被叫出去，並被命令「坐在水上」！

對於這樣的殘暴的行為，同志楊貴拚命地抗爭，並在數十位拘留人面前將他們的暴行揭露。楊貴被巡查二人和警部補一人摔在地上，不過他不肯屈服繼續鬥爭。

那些傢伙還說了「殺死這個大胖子！」這樣粗暴的話。

我們對於這樣的暴行正準備提出告訴。

同志諸君！

為了對抗他們的暴虐，我們要在各個地方展開鬥爭，

面對非法的行為我們要徹底抗爭！

拘留起來的人當作是犯人虐待，對於這樣的暴行，我們要告訴其他被拘留的

人！

　　如果再發生暴行，請立刻報告！

　　為撲滅暴壓、暴行，我們要在各個地方展開鬥爭！

▲他們侮辱請願▼

×　　×

我們要和官憲抗爭！！二林兄弟的苦難！！！

　　如同之前報告過的，到辜顯榮住處去請願的二林農民數百人被侮辱之事件。那次我們數十名的弟兄被打入了警察的拘留所一星期，由於我們嚴正的抗議，弟兄們被送往檢察局後，終於被釋放了。不過，我們還是要徹徹底底地和這樣的魔爪戰鬥。這樣荒謬的暴舉，只有靠我們的力量才能粉碎的。

　　弟兄們啊！我們要知道，具體的事例是我們最好的老師！！

×機械工聯合會全島大會將要盛大舉行！！

　　我們的代表謝進來站起來致賀詞。

　　一月一日，臺灣機械工聯合會第一回全島大會盛大舉行，我們的謝進來兄站起來表達了自己的意志，我們的手握得更緊了。在都市的弟兄們勇敢地踏出和我們共同的敵人——帝國主義——鬥爭的第一步。我們永遠要盡全力準備和我們都市的弟兄共同對付敵人！！

　　朝鮮的同志即將來到！

全島的弟兄啊！一起表示歡迎之意吧！！

　　數名朝鮮的同志近期要來到我們臺灣。

　　全體大眾要舉起雙手表示歡迎之意！我們要緊緊地握手！

　　臺鮮的無產階級萬歲！

　　臺鮮日共同委員會萬歲！

　　全世界的無產者團結起來！

▲看！正在改變的世界局勢！▼

看！我們不停成長的力量！

我們要向全世界展現我們的氣焰！

廣東二千人的流血事件
漸漸高漲的革命浪潮！

‧最近在廣東有二千名勞動者、農民弟兄因白色恐怖慘遭殺害，導致運動失敗。但是那些血不會白流的。

二千人的流血使幾千萬的勞動者農民更加團結奮起了。

「工人有飯吃，農民有田種，民眾要和平、一切權力交給蘇維埃」。這樣的宣傳口號深深擄獲勞動和農民的心，蘇維埃在農村裡無一倖免地被檢察，全部被趕走了，農工軍在東江方面成立了蘇維埃政府，並把宣傳隊送到各個地方去。

‧在上海勞動者勇敢奮鬥的大罷工目前仍在持續進行。右翼的工會統一委員會所計畫的擁護蔣介石總司令市民大會，被總工會打得潰不成軍了。

‧武漢也是一樣。革命的浪潮時時刻刻都在高漲，勞農者抱著必死的決心，等待這決定性的瞬間。

人心的動搖沒有停止過，民心完全遠離國民政府。

——無能的南京政府——現出原形！！

面對這樣一波一波逼近的勞農革命的浪頭，已經完全墮落於反革命陣營的國民黨及南京政府他們是如何處理呢！他們害怕有潛力的無產階級抬頭，和帝國主義諸國結合，發表和俄羅斯斷交的宣言，對於勞動者農民實行各種恐怖政治，至於其他方面就是極端無為無能了。你們看！他們對勞動者發出「禁止一切集會」的命令，並且用槍、劍、還有毒瓦斯對付我們。

被課惡稅！被剝奪自由！

在北支那，在滿蒙
革命的浪潮動搖了張作霖的權力
——山東的農民要起義了——

苦於重稅及暴政的山東農民，他們的革命遍及全省！所到之處皆發生農民的暴動。在天津革命的腳步已經整齊了。張作霖軍事基礎動力的石油庫已經二次爆

炸了。

他們還要出兵山東——軍艦長良要前往青島——

日本帝國主義看到了張作霖的危機，企圖出兵山東的軍艦長良已經出發前往青島。熊本師長已經做好出動的準備，等待時機出發。他們如此害怕中國農民勞動者兄弟！

強化「對支那非干涉同盟」！

南支那（中國）的海岸及重要都市被軍艦、陸戰隊和反革命分子收買；山東被陸軍及陸戰隊佔領；滿蒙完全在我軍事的獨裁下，就這樣日本帝國主義時時刻刻在防備支那勞動者農民的抬頭，要絞殺支那的革命。日本的弟兄現在正猛烈出兵，發起反對運動。為了反對一切侵略政策，支持支那勞動者農民，「對支非干涉同盟」奮起，以下列的宣傳口號，奮勇戰鬥。

強化「對支非干涉同盟」！

發起反對出兵運動！

反對侵略滿蒙政策！

對抗帝國主義戰爭的危機！

保護「勞動者農民之國」俄羅斯！

■ ◎各支部的事務監察隊出發了！ ［中文翻譯］

資料出處：《資料A：臺灣農民組合本部存留檔案》，頁108-109。

本部為充實各支部的管理，進而組織事務監察隊，而且已經出發了。請各支部做好各項準備，以配合我們的壯舉！

要讓我們的行為有意義！

全體組合員，我們要保持備戰狀態！

要讓我們的組合更勇敢，更順利地迎敵！

我們有屬於我們的日記《勞動日記》

一本價格五十錢，有需要的人備妥費用向本部預約！

他們搶奪了土地，又把我們的弟兄打入[監牢]（譯者註：原文不清楚）

支援勇敢抗爭的番路（譯者註：嘉義地名）的弟兄！

日本帝國主義將我們的生產物掠奪殆盡還不滿足，還殘忍地要奪取我弟兄的土地。我番路的弟兄遭到這帝國主義的毒手，土地七百餘甲步被奪走。不只如此，三十多名男女鬥士被以公務執行傷害為理由，打入了監牢。

弟兄們啊！！我們要對抗他們暴虐至極的作法！

我們要送錢和米，作為番路弟兄的軍事資金！！

大家奮起挑戰這邪惡的帝國主義！！

我們要和惡地主的爪牙大溪郡警察戰鬥！

他們威脅我弟兄說不給入山券
大家看！幫助惡地主非人道壓榨的官憲的狐狸尾巴！

我大溪弟兄反對惡地主非人道地漲佃租，已經持續抗爭一年了。

這個惡地主最後把土地賣了。但是，新惡地主因為有非常強烈的慾望，他和他們的手下大溪警察計畫了路人皆知的陰謀。大家看啊——他們傳喚我們的弟兄，說「你們不配合地主的漲價，我們就不將入山券交給你們」，並用沾滿泥土的鞋和配刀威脅。

弟兄們啊！站起來對抗這樣的暴壓暴政啊！

我們堅決反對佃租漲價！

我們要求耕作權的確立！

▲發揮全面性的淋漓盡致的狂暴本質▼
◎潮州郡警察課的暴舉！

對於不當的拘留及逮捕，我弟兄要發動決定性的鬥爭！！

之前的一月二日到四日，於潮東支部我們舉辦了光輝的第一回全島大會報告大講演會。官憲發揮淋漓盡致的狂暴本質，對於我們有實力的大會狀況報告感到恐懼，因此以「中止」、「解散」之命令來挑戰我們。對此暴壓感到激憤的弟兄仍然繼續講演會。不用說，警察當然是總動員了。我弟兄偉大的壯舉遭到警察的蹂躪，演講者全部被拘留，更可惡的是，半夜警察闖入組合事務所，以公務妨害的惡法為由，將我弟兄逮捕了。

大家看啊！

看他們在拘留所對我弟兄們的虐待及暴行！！

更殘忍的是，他們對於在拘留所的我弟兄們，就算寒冷的夜晚，連一條毛巾也不給！！大家看！他們綁縛我弟兄的手法，更勝於綁殺人犯！

他們將弟兄全身用繩子綁起來，手和腳還用手銬腳鐐套住，剝奪我們全身的自由。

飯也不給！物品也不准送入拘留所！我們要要求言論、集會出版的自由！弟兄們啊！挺身對抗這樣的暴行！！要求言論集會出版的自由！譴責橫行霸道的潮州郡警察課！

■ 悼鄭茂未文　1927/?/?

資料出處：《資料 A：臺灣農民組合本部存留檔案》，頁 72。

1927年 鄭茂未君！！我們的老鬥士被拘致死

　　嘉義支部番路庄的兄弟，久年來開墾占有中的田畑狗官強奪去給日本人赤司初太郎緣故者們因覺著生活受威迫，一齊奮起，進來我們的旗下，決死地和他們開始鬥爭，致受狗官和赤司的陰謀，以致怎處業務妨害罪陷三十餘人入獄以來，經過一年間的預審，七月十九日才在臺南地方法院，俱受了有罪的判決。對這一件事我們還記得清楚，然而被拘入中的鄭茂未君，因受這無理的暴壓和身體的拘束，幾乎險悶死在獄中，及至[預]審終結後，判官才把他責付釋放了——因病勢危急，所以叫家族去領出來醫院——出獄後的鄭君，一面到家裡，再思及妻女長男都還在獄中受苦，一家殘只數個幼年的小孩子，惱！怒！悲！痛！不時都在攻擊著他的病身。咳！似此那裡能夠做有效的療養呢？

　　病勢一日沉重一日，嗚呼！惜哉！勇敢、熱烈的戰士鄭茂未君，五十多歲的老戰士，已本月於還在獄中的妻女、長男，和幼小的小兒女做不歸之容矣，哀哉！鄭君，痛哉鄭君！君之生也為解放運動而忘寢食，君之死也為解放運動而損尊躬，我們安能不悲惜哉！同這個事件，公判前日我們也已被狗官拘死一個潘××君。對這件的事實我們都覺著對橫虐無道的支配階級，加上數倍的切齒的痛恨，來[繼]鄭君的遺志！

　　被壓迫大眾兄弟啊！

奮起突破狗奴的陰謀！
蹴散狗奴的暴壓啊！

本部一接訃報哀惜不已
即寄去家族慰問狀和香料

鄭君老同志的訃報一到本部，諸同志都表哀惜之情於面上，即時決定對鄭君的家族送慰問狀及香料，以表哀惜之意。

■ 臺灣農民組合本部情報　　1928/8/23

資料出處：《資料A：臺灣農民組合本部存留檔案》，頁135。

一九二八、八、二三
情報──臺灣農民組合本部──

臺中市榮町一，五

潛行運動進展　中壢支部　決戰期迫近
──速速寄軍資金來！速速派鬥士來！──

中壢被暴壓後，該地組合員，不怕官狗官的展威，在表面上雖不能十分的活動，在裡面的活動是很活潑、勇敢去和狗官徹底的爭。現在該支部的組合員，已自組織犧牲者家族慰安隊，一面救濟，一面鞏固組織極力地準備決戰期，整齊更有力的戰陣，著著地進展。

現在被拘中的幹部和組合員二十餘名，全部被狗官掛暴力行為違反的罪名，送去臺北檢察局。各地的同志派去的臺鬥士多被不法的監禁、追放。據聞九月一日官界將要大移動，狗官們狂奔要保持他們的帽子，便大奔、大跑，走去發揮走狗的本[事]，去亂干涉、亂壓迫郡下的農民運動。

總是他們的這個狂奔，不止不見得效，一番一番愈添農民大眾的不滿，一天一天倒反使農民來結束著農民組合，促進農民的潛行運動愈活潑。

諸同志呵！準備好嗎？決戰期迫來了！速速寄軍資金來！速速派鬥士來！

官憲的魔手伸到湖口支部來

　　新竹郡的狗官也伸魔手來到湖口支部地欺瞞恐[嚇]，強要該支部的組合員脫離農民組合，對這個魔手，本部已派張玉蘭同志去幫助。

　　被官憲掠去監禁數月間，近日出獄的譚同志，看這樣的危機，也抱病地奮鬥。組合員也不怕狗官的恐[嚇]，不被狗官瞞，結束著農民組合地和狗官爭。

鳳山支部回魂來。不納同盟抗地主！

　　久默的鳳山支部，因為赤崁土地問題，再醒起來，十分緊張，不納同盟地對抗暴虐的地主。一時沉默是因認錯了組合委員為庄役場的人，今由幹部的宣傳，已明白來，日日向準備對地主的鬥爭和應援，中壢、桃園兩支部的行事。

■ 震動全[島]第一次中壢事件　　1928/9/14

資料出處：《資料 A：臺灣農民組合本部存留檔案》，頁 139。

情報　一九二八、九、十四　臺灣農民組合本部

震動全[島]第一次中壢事件
本月十五日在臺北公判
被壓迫大眾齊去法庭監視！！

　　為反抗大地主日本拓殖會社的橫暴，獸慾，去年十一月初旬被官憲拘入獄的鬥士黃石順君外三十三名，預審經決定有罪，於十五日要在臺北地方法院公判了！

　　勞農大眾急激的進出發展；代表資本家、大地主的利益的政府，對於解放運動的彈壓日益意識化，狂暴化起來。

　　看！！最近法律對我們的鬥士長久的監禁，和種種的制限——如新竹事件八、九個月，本件九個月——這是一面要使被拘的鬥士身體不自由，甚至衰弱，一面是要使各解放團體的鬥爭不能活潑，甚至要其潰滅，法庭這種的陰險——自然他們藉著種種理由——我們要用全力去掀破啊！！

　　全被壓迫大眾！！我們當以熱烈的態度去監視號稱公平無偏——其實現在的法律那一條一項不是保護資本家、大地主的法律呢？——的裁判，不可死死隨便給敵人要宰肥割瘦啊！！

　　過去日本農民兄弟的經驗曾告訴我們；他們對付法庭的手段，是以大眾的力量，使裁判官顫慄而屈服。

　　這次我們亦要如日本農民兄弟的勇敢，以大眾的力量，預防「秘密裁判」，極力暴露其假面具，使他膽怕而屈服。

　　我們當以身臨戰場的態度和勇敢到法庭去監視啊！！

大家起來展開大眾鬥爭

勇敢的暴露法庭的真面目

▌寄附金八百圓為二林分室新築費　其用意何在？

資料出處：《資料Ａ：臺灣農民組合本部存留檔案》，頁139。

　　這次二林分室新築，善剝削蔗農的會社，慷慨寄附一大注[錢]——八百圓——唉！我們應該明白××是會社養的狗，狗哭飢的時，主人也該賞賜些東西給他吃。但是主人給狗吃的東西，好呆多少總是由工人、農民搶來的啊！×××××寄附八百圓和重要職員的集合，不外是要想方法命令其忠犬替他們効勞。

▌東石郡的官犬橫暴

資料出處：《資料Ａ：臺灣農民組合本部存留檔案》，頁140。

劉同志再被拘

　　東石支部自成立以來，很順調地發展，組合員日益增加，基礎逐日堅固起來，官犬們見此現象，嚇的腳忙手亂，便盡展其毒牙，欲來破壞我們的陣營。自五・一的建造物侵入事件發生以後，甚麼出版法啦，違警例啦，保甲條例啦，無所不用，把我們的同志都去投獄、拘留，罰科者十有[餘]次。就中對於劉溪南君的迫害最為露骨，屢次使走狗們恐[嚇]其××，又對劉同志直接聲言要為他周旋職業，然而劉都不為之軟化，反而意志更加堅決起來。官犬看到懷柔買收動他不得，便轉用強硬手段，屢次綁他去拘留，昨日又不知甚麼緣故，再把他召去郡衙拘留了！

　　支部幹部往問警察課長，質其理由，犬們只道：「因有事取調權留置的」。

這樣的橫虐亂來的官犬，我們還要把他們×在一處，×個不留，方消我們積年之鬱恨啊！

■「地方戰報」

資料出處：《資料 A：臺灣農民組合本部存留檔案》，頁 140-141。

東石
△事務所移轉

東石支部事務所，原置於朴子街，因朴子街離附近農村頗遠，接觸組合員甚覺不便，故移轉於「六腳庄蒜頭」。該地乃東石支部區域的中心地點，又是農村小市，和一般農民接觸，頗為便利，東石支部此後的進展望可期待。

△交涉經過報告大會

去十九日開催的蔗農大會，議決十六條議案，舉二十二名的代表向製糖會社交涉。然而傲慢的資本家，毫無誠意！我們提出的極正當的條件，都被拒絕了！所以計畫本月二十三日在大塗師開經過報告大會，再講究第二段對策，現正準備中。

「各地情勢」
▲高雄州支部聯合會

前次中央委員會議決各州聯會，支部俱要設置「監視委員會」，高雄州聯合會於本月×日開委員會曾議，決遵照中央議決案，首先設立監視委員會了。

▲高雄州各支部大會

州下各支部大會的大會期日經決定了。現負責各同志正竭力籌備。
▲中壢支部

×●楊婦君平常對農運很努力工作，這次支部所受的暴壓，他日夜不眠不休努力做反抗的工作，因此惹了狗大人之忌，誣以「妨害公安」的罪名，受即決二十天的處分。他現在靜坐在留置場裡，計畫為更有力的打倒一切支配階級的手段、方法。

　　×●中壢街壹成商店主人李春輝君平素對於農組支部時時加以援助，這次因憤慨中壢郡的蠻橫，更積極地努力，因此也惹了狗大人的[惱]恨。藉口「過輕便橋」為違警例的違犯，而被拘留四十八時間。

　　×支部的女鬥士傅華嫂，前幾天被檢察局召喚，歸途在中壢街，遇著幾隻四腳動物（日本警察），無理無由的押去拘留！

　　×第二次（這次）中壢事件的殊動者特務×××，論功行賞的結果，好容易的升進做巡查部長了，這是支配階級獎勵走狗的十個良法。

「日本」
第六師團已由山東歸日
市民多數歡迎？

　　反動的田中軍閥內閣，不顧國內無產階級大眾的反對，悍然出兵去彈壓中國革命。但是中國革命是任帝國主義千攻萬打不會失敗的。他是帶著歷史的使命，他的成功是指（日）可待。

　　這次山東出兵到底得著甚麼？費了由國內無產大眾[榨]取來的數幾千萬的錢；換了中國勞農大眾數千的生命，結果是促進××帝國主義的滅亡。

　　市民出迎的意思並不是如資本家的機關新聞說：「市民歡迎奏凱」而是說無產大眾的士兵們幸得沒為××帝國主義去送死哩！！

　　蔣介石你不是要去出陣打戰，帶二千兵幹甚麼？你莫不是怕浙江的勞農大眾要買你的狗命吧！！！

　　廣東海陸豐農民的一對春聯：
　　「欠債欠租將刀還盡，有槍有砲快活過年」

▊ 同志的感想

資料出處：《資料 A：臺灣農民組合本部存留檔案》，頁 143。

確信

　　戰友，熱血的戰士——第一見面，我獻給你這細微而寶貴的禮物——這便是你在戰場上的鋼盔，護心甲，這便是你在槍林彈雨中的唯一鼓動者，安慰者，這便是你勝利的秘訣！戰友，你應該確信，目前的社會，只有××才是的出路！戰

友！你應該確信，只有馬克斯與列寧所指示的世界××──無產階級××，才是一條最正確的路途，最有神效的藥方！戰友，你應該確信，只有在第三國際領導之下的×××與××××青年團，是真正能領導臺灣××，使他走上正確的道路，並且使他一日千里地完成臺灣××，完成臺灣在世界××中所負擔的使命！戰友，最後你還應該確信，你自己也是一個被壓迫者，是和其他一切被壓迫的人們一樣的，你為一切被壓迫者努力即所以為自己。在一切被壓迫者未能解放以前，自己一人是沒有方法得著解放的，除非你去作帝國主義者的奴隸和走狗！

　　戰友，熱血的戰友們！這幾個「確信」，可以在你的心裡建築起一具驚人的發動機，使你能堅毅，勇敢，努力，不怕犧牲去達到你自己今天投身於我們隊伍裡的願望，使你能成功一個最好的我們戰線上的伴侶！

　　戰友，我們是這樣誠摯地接待你，期望你，請你細細咀嚼這細微而寶貴的禮物，不要囫圇吞下去了。

完結

■ 農組報告 / 第一次中壢事件判決　1928/9/23

資料出處：《資料 A：臺灣農民組合本部存留檔案》，頁 144-146。

報告　一九二八、九、二三　臺灣農民組合本部

第一次中壢事件的公判
勇敢的兄弟盡量暴露官犬與日拓的陰謀事實

　　在這資本主義帝國主義鐵蹄下，誰也不能否認國家是擁護資本家大地主階級的利益的事實──除起資本家大地主的走狗，及願為一切支配階級的走狗之外──

　　過去三十四年間，所謂立在公平地位的國家機關，怎樣地不惜以極卑劣殘忍的手段去擁護資本家大地主，而來壓迫剝削屠殺我們全被壓迫（的）階級呢？我們想到先年南部的某事件，北部的某事件等等，心裡一上一下，跳個不息，手肢亦沒有氣力可記述過去的慘狀！！

　　在這帝國主義將近死期的當中，一切支配階級，一定是以壓制、橫暴、迫害等等，盡其玄妙的手段，來攻迫我們工人、農民、小市民的。而我們亦為要擁護

我們的生存權，為要創造新社會奮勇起來，於是乎，我們著受支配階級的暴虐，無人道的彈壓，這是不可避免的。

這次的中壢事件，很明白而確切告訴我們、大地主日拓（日本拓植會社）為要逞其獸慾、官犬為要完犬務、互相結[託]，竟將我們的鬥士拘去，他們在郡衙檢察局是怎樣地受了極刑和陰謀陷害。我們只將在法[庭]裡，被告人與判官的問答，擇錄一二，就得窺破官犬的慘無人道的極刑。

▲周井田君與判官的問答

問：漫畫中所表出的拳，是不是煽動農民暴動，以多數的力量，威脅抓反抗官廳的意思？

答：不，那是表示弱者須團結才有力量，才能避去惡地主剝削，因為地主所有的是黃金，是勢力，神鬼且可驅使，我們農民只有是團結，團結起來，才有避去些惡劣的掠奪之可能，並不是煽動農民以暴力去胡為的。

問：那業佃會是什麼意思呢？

答：我們照實質上看來，業佃會這個團體，老實不能解除農民的痛苦，不能增進農民的福利，因為主持的人是官廳，他祇會好用漂亮話兒欺騙民眾，斷不會誠意地代我們盡力的，這有很多很多很多的證據，我們決不相信業佃會，是有益於農民的，所以形容了一些真相。

問：那末只有農民組合是好的嗎？

答：我相信，只有我們農組才能代表農民的利益，有這個組織，才能使貪婪無厭的惡地主稍知斂[跡]。

▲黃師樵君對於反對立毛立禁的問答是「反對大會，一面是要促進惡地主的反省，因為農民終日勤苦，而所得的農產物大部分為地主所掠奪，而不能自己充飢，稍欠租[穀]的時候，就是差押啊！什麼啊！把汗血所結成的東西，付之水流，這無異要農民的命，因此非反對不可」

▲謝傳華──判官

問：巡查到去捕你的時候，你和他打架是實嗎？

答：不，他把我打得半死。

問：你老婆，以褲浸尿去打巡查，是真的吧！

答：沒有，她是個女子，怎敢去觸警察的虎威，自去逆死呢？當日我的女人，也被凶惡的警吏毒打一頓。

問：你在預審也承認了，說巡查被你的打傷，治療要一週間，真嗎？

答：全沒有這回事，到是巡查把我推倒泥中，險死斃命。並且拳足交加、打得我滿身傷痕。沿道以捕繩縛我，左右牽引，使我痛苦難堪，[至]郡三日以後，傷痕才漸好，濕衣亦才乾了，這樣猶不能滿他獸慾，寒夜裡又不給毛氈，凍得全身發抖，險[著]送了老命以後每次取調，我預備把這慘[事]，要詳述一番，但都不肯給我講。

▲張道福──判官

問：對於日拓之差押事，黃石順，不是教你「我們把公證書給他，這不犯差押，（若不可以）就和他大鬧一場，也不打緊」，這樣做嗎？

答：不

問：你[撕]下執達者的封條嗎？

答：沒有

問：你和你的弟弟，和巡查衝突沒有？

答：絕對沒有，我是說欠稅一（事）。因這份田已經公證給人家，你要差押的時，可以到沒有公證給人家的，另外二甲餘的農產品好吧？那時候立會的警察不肯，說：「你和地主商量沒有效力因為事件須官廳解決，才得圓滿」，而硬要禁止我和地主交涉的機會。

問：事件發生後，你逃到什麼地方躲避呢？

答：沒有，我有去嘉義一次，餘均在家。

問：你打了日拓社員中山某有沒有？

答：是巡查走來，乘我不提防的時候，把我的キンタマ（譯者按：金玉，即睪丸的意思）緊緊握住，痛得要命，那時我的老婆到來求巡查放手，中山那時亦在附近

▲廖逢照──判官

問：你看見古廷福打了中山嗎？

答：沒有

問：你在郡役所已經承認了，怎說不知？

答：因為巡查以拳腳，鎖鏈種種刑具，硬迫我們承認該偽調查。如不遵行，則施以殘酷的極刑，不堪其虐，故只得亂承認了。

問：你追中山，把他打了一頓是實嗎？

答：我反被他撕破上下衣，並且被毒打一頓，暈倒地上，幸喜有人前來營救，不然現在是做鬼了。

問：此外廖水來，許阿彬等沿途呼著，打、打、打啊！你知道嗎？

答：不知。

▊ 警察橫暴無理干涉農組 恐嚇農民，使他[疏]遠組合！

資料出處：《資料 A：臺灣農民組合本部存留檔案》，頁 146-147。

　　農組中壢桃園兩支部，已遭毒手，被強制解散後，在御用紙上，法螺雖吹得很好聽，難免識者一笑，奴等尚不滿肉慾，一舉欲撲滅我們的運動，以繼殘喘，魔手漸漸伸到湖口支部來了，每派刑事或私服的巡查，切斷我們的往來，每對在支部出入的農民行身體搜檢，用恐[嚇]的手段迫他們，使他們會[疏]離組合，當地的楊查公，最橫暴的，但遭著我們的對策的猛威，最近已漸漸軟化的樣子，今再受同黨的護祖，又橫暴起來了。到來支部的樓上，毫無忌憚，對支部的書類亂閱，說道——這書類我要沒收去。嗚呼！查公，你那有沒有的權限呢？他強要沒收去，故在樓上與屏東來的女鬥士玉蘭君口鎗舌彈，演出一場的笑劇來，結局領一個紅面皮回去，後來對屋內所貼的ポスタ（poster海報）沒收去，說著是警部的命令來的。唉！小子的報仇心已積了幾十層了。被壓迫的大眾呵！覺悟起來[消]滅這種東西啊！

殺狗！殺狗！
當支部開盛大的洗塵宴
官犬嚇得大驚小怪，蒼荒（惶）失色，欲移禍於幹部！

　　當支部的幹部，譚國仇氏、陳英會氏自本年春，受無妄的檢舉，[押]六個多月的衙柵，自九月一日受宣[判]後，判決無罪，自下回來湖口支部，更增加了幾

倍的熱烈性。立在戰線上奮鬥，所以數名組合員，欲慰勞他們，於陳英會氏的宅裡開了盛大的洗塵會。而神經過敏的官犬就小驚大怪起來了，派查公正式臨監，這是北部的第一個新例哩！當地有普渡的緣故，支部出入的組合員多得很，所以他要藉這機會來干涉我們的組合運動，大張警察線的招牌。當日奧山警部補駐在湖口指揮，召喚幹部譚君數回，說著：我今天受課長的命令，湖口支部組合員集合這樣多，恐怕有甚麼陰謀，所以今天特來監視你的行動，你的行為若有些少嫌疑的時候，定將你們檢束起來：所以本日對譚君的監視是嚴重得很，一時一刻都不得接近組合員，若是與組合員談話的時候，就目瞪口呆起來，啊！真真是神經過敏，本夜尾行譚君的楊巡查，在支部邊樹下，受人投石，楊巡查即就報告警部，說這是組合計畫的，即時召幹部譚陳兩君到派出所去，一句二句都是說道今夜要檢束你二[人]。早晨已問你們注意了，到今晚又做出這不法的事來，不得不檢束罷！譚陳二君強要與他討一個證據，他們都沒有法子了。直到午前一時再召鄭君到案，說是他所做的，強迫他承認。但鄭君無論如何不承認，然後四、五個狗吏就橫暴展起虎威起來，四、五個犬吏輪流向鄭君打擲，打他得落花流水，到十五日早拘去郡衙了，未知要付應把劇呢？自由何哉？

■ 員林蔗農問題大講演會

資料出處：《資料 A：臺灣農民組合本部存留檔案》，頁 147-148。

橫暴的臨監　聽著「蔗價」和「會社」
就亂發中止　檢束組合員一名

去九月十八日員林支部主催的蔗農問題大講演會於溪湖，本部特派陳德興君，臺南州派楊貴君，大甲支部謝神財君、二林支部葉陶君去參加援助。當日有無數的四腳（官犬）從早上就將事務所包圍起來。

午後七時半由陳貫四君述開會辭，謝進來君講「資本主義的糖業政策」，將進入曝露他們的臭空（時）被中止。陳德興講「蔗農的生活與任務」也中止。葉陶君講「甘蔗問題」開口就中止，當時數百的聽眾怒氣充滿會場。謝神財君講「時勢與真理」，講到真理到那裡都是真理。事實就是事實，非決不能為是，所以現在官犬雖是極端的彈壓，農運是不會中止，而是要進展的也被中止。鄭老奎君講「蔗農須團結」，臺灣農民的窮苦，誰也不能否認，農民生活的困苦，就會

起來組織反抗亦被中止。怒氣忍不得的邱江、高平儒、鄭順三君，由聽眾中跳出登壇，講「蔗價」、「會社」、「[榨]取」皆被中止。楊貴君講無三分間亦被中止，閉會是八時四十分。然而聽眾皆不散，為因此官犬即檢束楊振約君，欲來威嚇大眾，然而三十四年受盡許多剝削、壓迫，憤慨異常地大眾，全然無搖動，默默示威，然後方自解散！

動員大眾抗議橫暴！

打倒吃盡農民工人血汗的製糖會社！

確立生存權！

土豪劣紳與會社結托
驅使狗吏　三更夜半亂拉我們兄弟
我們兄弟即動員抗爭

山寮事件的凶惡會社，再結[託]幾個的反動分子，來地伸腳出手了。但我們的兄弟，到死亦要和牠們徹底的計較。

於十四日雇著七八個的工人來要[犁]著我們的兄弟湯君的土地，我們兄弟知道即時去阻止，而牠們即時[託]了官犬，將我們的湯君以業務妨害檢舉去了。我們的兄弟聽著這樣事情，隨時動員百餘名來做工，二日間竟占了土地。牠們看著我們這樣的團結，大驚起來，隨即差了中間者來說道，要媾和，求我們和[牠]換了呆土地，我們的兄弟，勿論是不從的。因此牠們就不得不再[使]出更可惡的手段呀！

犁頭厝九月十三、四日三更夜半，官犬總動員出來，破開我們兄弟的門戶，強捕我們兄弟去拘留，被捕的家族送飯菜又遭拒絕。

山寮亦是三更夜半，官犬總動出來，捕了我們的兄弟去要拘留，我們兄弟亦勇敢動員去分室和牠抗爭，個個很慷慨明亮，呼[號]著「那要拘留者，總要全部啦！」分室長遂不得不將我們的兄弟放出來！

湯君即時釋放！滅走狗！反對暴壓政治！

警吏濫用職權強制抄寫組合員名簿
公事結社──無產團體──須起來以大眾的力量徹底抗爭

按明治三十三年以前的<u>治安警察法</u>，官犬如認為必要時，得向政治結社，要

求閱覽社員名簿。至明治三十三年治安警察法改革後，官犬就沒有權利，可閱覽
政治結社的社員名簿。

農組工會，這並不是政治結社，是公事結社，所以官犬是更沒有權利可閱覽
組合員名簿的；換句話說，公事結社，即農組工會等團體，名簿是沒有給官犬閱
覽的義務的。官犬還強制閱覽時，明明是犯著瀆職罪（刑法第百九十三條，職權
を濫用して義務（）何はしの（少），人は權利を妨害したる公務員は六ケ月以
下の懲役禁錮，中譯文為：強迫使民眾履行不須履行之義務，又妨礙民眾權利之
公務員判六個月徒刑禁錮）。我們須要以大眾的力量起來。

滅萬惡官吏！　確立團結權！　確立團體權！

■ 抗議大甲郡、麻豆郡等官憲壓迫

資料出處：《資料A：臺灣農民組合本部存留檔案》，頁149。

九月十九日你們使部下大甲郡警察課長，派數名巡查來我們臺灣農民組合大
甲支部事務所，威嚇我們的委員長蔡瑞旺君，亂用職權來強制把我們的組合員名
簿等抄去。

這明明是越權的行為，用暴威來強制我們做非義務的事情，蹂躪我們的人
權，傷害我們的工作，是人民的仇敵。

我們於這會議決議××要擁護我們的農民組合和全被壓迫大眾，緊緊握著
手，與狂狗一般，亂來狂猛的你們抗爭。

臺灣農民組合大甲支部委員會

臺灣總督

臺中州知事　殿

大甲郡

▲不許農組員賣藥販賣行商
曾文郡警察課的職權惡用

原在這資本主義社會下，想要作工，沒有工可作，掩腹在底餓死的，是充滿
街路，時時刻刻不休地都有聽著，那個地方的警察課底取締，沒有一定的住所和
沒有一定的職業，就叫做浮浪者。像麻豆地方有一個農組員陳春厚君，[原]是糊

口於四方，今回為欲圖一定的職業，所以對曾文郡役所，提出賣藥販賣申請，被當郡警課長拒絕說：「你們是農組員，所以不許你賣藥」，嗚呼！可惡至極呀！為要破壞我們無產團體，甚麼手段都敢擺出。

謀一個生活計的組員，也要妨害！剝奪生存權！

噫！這樣明明職權惡用吧了。

我們若不起來，推翻這個腐敗的社會，努力創造新社會，我們是不能得到活路罷！殺狗！擁護生存權！確立職業的自由。

▲虎尾郡警察課長還要放言！！終被農組員質問到啞[口]無言！！

九月十二日虎尾郡警察課長在麥寮警察派出所，召集了許多農民。對個個詳問有沒有加入農組？若是沒有加入農組的可站在右邊，有加入農組的可站在左邊，然後大放狗屁！！說著：

我曾數次說農民組合的真相給大家聽，今天我特再說：警告大家，望大家賢明下一決斷，趕快脫離農組，你們若脫離農組之後，就可以解決多年懸案的土地問題，好建設一個模範村，造成一個平和而安樂的農村。農組表面上是說要謀農民生活的安定，依團結力而建設理想社會來欺騙你們。你們想一想，農民組合成立以來，到底你們得到甚麼利益呢？解決多少的土地問題呢？他們農組的幹部，都是呼你們去坐牢獄，農組的幹部，個個都是無賴漢，沒有飯可吃的，所以到處煽動農民，現在全島各地檢舉幹部都是因為是無賴漢的，所以你們不要再被欺騙為要。

佩著長刀的警察課長，[流]汗為資本說了這好多的話，到底得著甚麼呢？勞苦淒慘的農民，是不會受其愚弄了，當場對課長的話一一加了質問，將其假面具完全剝下來，使一個威風凜凜的課長，啞口無言！！！

■ 走狗品評會──抑壓階級若要除，走狗要先乎死！──

資料出處：《資料A：臺灣農民組合本部存留檔案》，頁150。

▲虎尾老（劉）狗放大屁！

昨年因為果敢給退官者鬥爭，在麥寮被三腳保正（當日本走狗的臺灣人）毆

打、倒被處罰的林港君，受過那樣暴虐以後，毫沒有失志，更加勇敢於製糖會社走狗等迫害之下地打拚，這是我們所共知的，是我們深深地表敬意的。噫！兄弟們呵！我們可敬的人都是敵人怨恨的啦！看著林港君，這樣不但不屈暴壓，反之進出的走狗們，怎麼會得冷靜呢？警吏嗹使無賴漢闖入事務所（農組麥寮支部），課長的臭屁等等，恐是脅迫、欺騙啦！但是不只如此，尚有如下之懷柔。

老狗說：

農民組合對你們農民一點利益也沒有，所以你們若要解決土地問題是不能靠農民組合，而是要靠警察力。我看你們要好早將農組麥寮的看板放下來，這於老兄也有利益！

林港君答道：

你不要再講[憨]話，警察力可以解決問題，那麼現在怎樣土地問題，還是一些些也不能解決呢？過去我們受了官犬數十次的詐騙，我們現在都明白官犬的話等於臭屁，你們若要放下組合的看板，你亦可自由吧？

▲東石蒜頭的　有呆無好狗

東石郡蒜頭庄派出所，有[匹]呆狗，於保甲會議，亂吠一場！東石農組支部，移轉來蒜頭是因為農組所跑（的）都是歪路啦，幹部被拘啦，現在組合員大起恐慌，所以才由朴子移轉蒜頭。他們農組成立當時說，農組是專為擁護農民之利益，但從支部成立以後，都是和官廳反對，所以你們以後不要加入，你們加入組合，是有呆無好！

▲潮州的狗員！放屁不敢做屁主！

潮州某公學校的狗員，常對學生說農組合幹部許多的壞話，但經幹部去質問牠，牠更不敢做屁主！

▲我們的果敢的李留君被拘
　留嫂救援會將成立
　無產兄弟須奮發起來參加！

鳳山支部李留君，將被惡地主差押到如洗的家庭，給病身而懷孕的留嫂，和年幼的娘子留守，勇敢去中壢援助，去七月九日遂與二十四名的同志，被狂猛的

官犬拘去，現時靜坐臺北刑務所。

然而，留嫂的病疾，日加沉重，兼之近日中將要分娩。故鳳山支部熱心的組合員，自發的組織個「留嫂救援會」了。

全島的無產兄弟呵！積極來參加這救援！！

▲為要維護生存權，確立耕作權
　鳳山支部將蹶起開始鬥爭
　全組合員須要起來支持！

為經濟恐慌集積來的我們的窮狀，更受日前的暴風大水、我們無產農民的生活，誰都想得到呀！然而受著日人資本家極度的壓迫，竟陷於頻死之南部陳某物產，為著要延牠的殘喘，不去慮及農民的生活，倒反以「起耕」來地恐[嚇]農民。我們的兄弟，遂忍不得住，猛然憤起，要給牠徹底地鬥爭，經已著著地進行了！

全組人員諸君！起來支持鳳山支部吧！？

打倒惡地主！　滅走狗！

確立生存權！　確立耕作權！

確立團結權！　確立團體權！

■ 高雄州聯合會通信　1929/9/19

資料出處：《資料 A：臺灣農民組合本部存留檔案》，頁 160-161。

高雄州聯合會　一九二九・九・一九

組合員兄弟們！趕快齊起來：

用骨頭和土地賊抗爭！

奪回旗山郡勞碡溪，我們兄弟的開墾地！！

勞碡溪的兄弟七十餘戶，自數十年前，在當溪邊費了無限的血汗和本錢，開墾了四十餘甲的土地來渡苦過日子，那知狠極蠻無理的帝國強盜土地賊日本帝國主義，卻直說是官有地，而於三年前將這些開好的土地，強奪去給電力會社的退職者了。

唉！嚙！不勞而得的帝國強盜的爪牙退職者，便展起「頭家」的威風來要租料了。後來狗奴們竟將這些定為：

——期限一[整]年——小作料每甲一百圓

堂哉！皇哉！狗奴的剝削手段，就這樣嗎？

兄弟們呵！我們在校里，或保甲會議及其他的會議的席上或總督老爺更迭的時候，每有聽過他們說甚麼：「……為人要正直呀（！？）博愛呀（！？）勤勞呀（！？）……我們日本帝國對你們臺灣人是一點都沒有差別的，和赤子般地愛你們哪！你們出門便有火車，自動車，人力車可乘，也有綢緞，セル（毛織布），洋製可穿。尤如臺北、臺中、臺南等的街市那樣地繁華好著，且沒有土匪（？）搶挾的憂慮，好一似天堂（？）的生活著！你們享得這種的文明（？）幸福（？）的生活，豈不是大日本帝國的庇蔭麼！？你們當要無時不刻感謝我們的大恩德才是呢……？」

[噢]……兄弟們聽呀！狗油嘴說得天花亂墜的好聽。

是了；是了；強奪吾們的土地就是他們底正直博愛！

這不是土匪是什麼？著，著，公開的土匪！

使我們這種的慘無天日，飢寒交迫，大人逼稅，老爺逼租，這就是他們底大恩德了！

火車呀。セル呀。×××。多著呢，多麼好看！……？

我們有反[抗]就掠捕入獄，種種酷刑無所不至。政治上的經濟上的種種壓迫說也話不盡，這直是「人間地獄」！

不消說我們已看[出]他們的本相了！……

勞磋溪的兄弟受了這個死刑的宣告，要活命就不得和牠[拚]個死活。現在勞磋的兄弟們英勇地和牠抗爭起來了！

斯時的鬥爭，怎樣的痛，怎樣的受著迫害；大肚，豐原，鳳山，小梅，嘉義，竹山，斗六，麥寮，北門等各處的兄弟都有體驗過，不用再說我們也知道的。但蠻橫的帝國強賊，看著我們勞磋坑的兄弟的決死的鬥爭，為要永久的[榨]取，奴隸化，要暫且保一點假面具以遮眾人的耳目，並且又恐惹起第二次的「円巴尼」（譯者按：應指噍吧哖事件）×××……所以也不得不退一小少的步了。

這麼一來結果改了剝削表如次

一、期限三[整]年，小作料甲當年三十圓

　　然而又來了到了，今年的三月期限已滿，這輩土地賊便再板起強盜的面孔來了，要將這耕地起耕一半，而其殘餘的一半，每甲一[整]年一百二十圓

　　這可又來了……

　　我們鳳山支部聽著這個消息，即刻派了勇敢的鬥士——張滄海君——去指導他們。那天晚上在那裡開了座談會，出席的有一百數十人，而即刻加入組合員的七十餘名，同時納組合費的十數名之多。

　　這也可證明勞磚坑兄弟的決意，和被迫害的狀態了！

　　旗山郡警狗聽了這個消息，大起恐慌了不得！用了他的老手段，便大出其警狗陣去勞磚坑庄大行搜查，將我們的鬥士張君掠去了！犬長說，這個問題是我郡下的事，我自有解決策，不必你們農民組合員來干涉！如後不得再來擾亂（？）地方治安（？）秩序（？）說罷將張君強制追放了。

　　兄弟們！勞磚坑的兄弟現在正在苦鬥中，我們要齊起來！

　　趕快起來；援助我們兄弟的勝利！

　　打倒土地賊！

　　開墾地歸開墾者！！

　　反對總督獨裁政治！！！

▍奴隸們的誓言

資料出處：《資料A：臺灣農民組合本部存留檔案》，頁162。

　　我們辛苦耕田，
　　吃不飽一頓淡飯；
　　我們辛苦織布，
　　穿不夠一件破衫；
　　我們築起廣廈高樓，
　　住的卻是不禁風雨的大雜院！
　　○　　○　　○
　　是我們打的鎖鏈，
　　卻拿來鎮鎖我們自己；
　　是我們造的監牢，

卻拿來關囚我們自己，

是我們做的刀槍，

卻拿來殺本國和外國的工農兄弟。

○　　○　　○

噫　嘻！

從今以後，吾們覺[悟]矣！

要打鋼成刀，

向強盜們指！

要熔鐵成鎗，

向強盜們刺！

要做成一切武器，

武裝我們和我們的兄弟！

○　　○　　○

一切的權力，

要搶在我們手裡！

一切的仇敵，

要踏在我們腳底！

舊世界重打他個粉碎，

新世界重新造起！

看紅旗招展處，

預言著全世界被壓迫（人們）的勝利！

■ 中央常任委員會議事錄　1929/9/19

資料出處：《資料 A：臺灣農民組合本部存留檔案》，頁 163-165。

中央常任委員會議事錄——一九二九・九・一九　於□□□□

　　一、出席者　楊春松　陳德興　趙港　簡吉

　　一、議長　　楊春松　書記　　簡吉

　　一、情勢報告

（一）南部……簡吉

1.高雄州

イ.鳳山屏東兩支部為整理中心

ロ.現在調查州下的情勢　不日就會根據調查的[資]料決定中心的爭起目

ハ.對陳中和的小作爭議（水田部分）亦在調查準備中。

ニ.青年部所關二・一二事件發生後，各地青年自然發生的感[知]自己的使命，各地方要自己地方的青年共力出來工作 這點個個都很明白的，所以當下青年部的組織可謂最好的[時]機。

ホ.高雄工友會因為指導者的無責任，[出]賣階級行為，很露骨！組合員對工友會總聯盟大部離開了，其重要原因有四點：

△第一，洋灰會社罷工中，發生的暴力行為取締規則違反事件，保釋出獄的幹部，對工友會[絲]毫沒有關心，放置不顧。尚且工友會的工場（實在是幹部的）的勞動條件比較資本家經營的工場更惡劣。

△第二，四月三日是高雄工友會發會式的日（一九二七年），恰好今年的那天，臺灣鐵工所就業中，被機械傷死五名工人。對這工人，鐵工所僅照普通辭職者一樣，支給手當（編者按：遣送費）而已，[絲]毫沒有給與慰藉料，對這層工友會，亦置之度外（不聞）。

△第三，暴力行為事件，現尚控訴中，干係工人，多數沒有旅費，得往臺北出庭；而幹部很冷淡，說過，沒有法度。

△第四，十五日，洋灰會社的工人，在採掘原石當中，山石崩落被活埋死了五名，其中三名的兄弟（臺灣人）對這層工友會依然沒有什麼動靜。

以上工友會的幹部的墮落已到底了，一般大眾也已經很明白他們的×體了。又再洋灰會社，善用欺瞞政策工人亦俱著破了。

現時鬥爭的工人，已經明白了自己的使命，漸漸地準備再起，對這裡我們農組須要傾注全力援助他們早一日組織化、鬥爭化起來！

（十二日開聯合會委員會　會議的重要事項是：

第一　本部決定事項的討議

第二　人員配置

　　　高雄　李留

　　　鳳山　[張]滄海　[周]渭然　[顏]錦華

　　　　屏東　[劉]見業　[張]添才　[顏]石吉　簡娥
　　　　東潮　[陳]崑崙

2. 臺南州

イ.曾文下營二支部作中心地進行整理

ロ.曾文支部講座建設進行中，支部事務所移轉了

ハ.下營支部青年很活潑，在支部常委對應援鬥士，不甚親切，但十日夜在支部開支部常委會，互相清算，互相理解，對誤謬互相誓要克服

ニ.鬥爭題目決定對製糖會社、對嘉南大圳為中心，既著手地蒐集材料

ホ.二・一二事件發生後，一般大眾越愈明白我們的運動的重要性，對我們農組的支持更加熱心。

ヘ.嘉義支部委員長林龍君也被行政誡告

ト.聯合會事務所移轉於下營支部

ケ.十二日開聯委會　會議的重要事項
　　第一　本部決定事項的討議
　　第二　人員配置
　　　　　下營＝　張玉蘭　陳結　張行　侯朝宗
　　　　　曾文＝　新木　　清江

（二）中部……趙港

1.大甲支部

イ.事務所決定移轉，新籌計畫中

ロ.青年部再組織中

2.大甲支部產業部

イ.自開業至今一個年左右之間，損失五千餘圓，這個損失不用說是當事者蔡瑞旺君、陳啟明君等之責任，但是組合員說道，農組幹部對共謀費與消產業部的財產誤解不淺。

ロ.本部看到這樣情形，自前月初旬就問當事者的蔡瑞旺君（產業部委員長），要求整理決算。這個不用說，非在要摘發當事者們的罪情或要取還金[錢]，純然是在欲水解組合員的誤會而已。

ハ.然而蔡瑞旺君事事推三託四，一日延過一日，貸借對照表將不造出。

ニ.但是近日來他的底意組合員已明白了，產業部的損失的原因那裡已知道了。

ホ.對產業部這個誤解消滅，同時對支部的支持日日地回復起來了。

（三）北部．……楊春松

1.湖口支部

譚廷芳君被追放，英會君由對岸回來後依然[銷聲匿跡]。

2.大湖支部

事務所移轉於大湖郡大湖庄大湖六八九：著著地活動。

一、決定事項

1.部門會議開催之件……一任簡吉

2.對新彈壓（濫用浮浪者取締規則）的鬥爭

イ.向大眾曝露

ロ.聯合各團體往總督府抗議──抗議委員簡吉

ハ.抗議期日，和對他團體交涉，一任抗議委員

3.會計監查之件

イ.監查委員　趙欽福（財務部長代理）

ロ.部門會議後一週間內就要出發進行

──以上──

■ 臺灣農民組合本部報告　1929/11/5

資料出處：《資料A：臺灣農民組合本部存留檔案》，頁171。

一九二九・一一・五　臺灣農民組合本部

武裝警察當頭陣

大湖庄役場差押農民的「五穀」

禁止農民立入開墾地！

大湖是苗栗再入山去近蕃界的地方，當地的住民都是先前由外面走入去的。

那些蕃界的所在是[個]荒蕪的自然地，所以他們當入去的時候所費下勞力和苦工是很大的，尤其是農民將那荒地開墾成耕地，是用著全生命血汗去開殖的，他們才能夠在那裡居住耕種。但是這[個]荒山將有些成田園，有些面目了之間，帝國強盜，農歲勞苦農民怨家支配階級，就實行強奪來了！趁著不曉得怎和牠抗爭，將這農民投下了全性命根的現成地——農民八百餘戶二千餘甲的土地，十年前全部附給該庄賊酒保——庄役場了！

他們農民用了性命血汗本錢才將成田[園]的不毛地，那肯白白被這強盜來佔去？並且那裡的交通又很不便，開墾了成田[園]也未幾年，耕種的工、肥料又要比別處下得多，而收成卻又比他處很少，又要納甚麼狗賊的殺人稅，刀砲錢，戶稅嘮，保甲費嘮，白單，烏（黑）單的日常剝削！他們農民雖有那些開墾地，也是很貧苦的。很難過日的！土地又被奪去了，庄役場——賊酒保要來剝削租料了，這再能夠過日子嗎？除非賣妻當子來充允，但是有個妻子好賣（嗎）？那末像牛馬地勞作也堪不住這樣[搶]劫！剝削！

農民雖然是怎樣的無智啊，怎樣的戇啊，大概一定也曉得要活、要有可吃這個生命原則！到了他們再堪不住了，五年前他農民猛然躍起來，向庄役場抗租和強盜鬥爭起來了！支配階級看著了這樣勢力，也就換了手段來，哄騙種種的方法了。但是農民團結很堅固，不能達到牠們的目的——大剝削，[一]直對峙到今年來。然而因為新帝國主義戰爭突然迫到，因此含著世界無雙的大矛盾的日本資本主義／帝國主義大（狂）暴起來，到處施行著最野蠻的法[西]斯白色大恐怖！當今年的九月中，這問題，大湖郡警察課總動員，還（不）以為足，再召集四十餘名壯丁，通總（全部）武裝著，排開隊伍，大示虎威，團團圍住了種地，將農民的血汗栽培的五穀物立毛差押去！再將土地假處分去了！一面又恐農民組合去活動，那戰鬥的農民通通尾行著，想要將我們的大湖支部也破壞去！但是那[裡]的兄弟，受著這猛然的大[搶]掠，不[但]不退卻一步，更加激烈鬥爭！又教我們只有鬥爭沒有別路，兄弟們啊！我們也只有這樣才能夠徹底的鬥爭！鬥爭才能達到解放！

被壓迫，被剝削的勞苦農民兄弟們呀！

起來！快快起來！

打倒土地賊！開墾地歸開墾者！土地歸農民！

▉ 催繳組合會費　1929/11/5
資料出處：《資料 A：臺灣農民組合本部存留檔案》，頁 171。

一九二九・一一・五　臺灣農民組合本部

組合員諸君！組合費納了否？

　　組合員諸君！在這資本主義／帝國主義殖民政策[搶]奪深踏下，尤其是帝國主義戰爭切迫的現下，我們的路只有二條——死或是鬥爭而已！我們斷不可自[卑]自侮，我們是天利，只有鬥爭。是的！大眾的鬥爭一路可跑吧了！

　　但是戰爭是不可缺乏軍糧，沒有軍[糧]是不戰要自敗的。[鬥]爭是戰爭同樣的，沒有軍資我們的鬥爭是不能徹底的！然而鬥爭不能徹底，不能展開，我們的勝利從何得達到呢？鬥爭是我們勝利的約束著確信者呀！

　　組合員諸君！

　　最後勝利必定是我們的，但這個歷史給我們確約的勝利，要早達到要晚達到，全在我們鬥爭的如何？換句說，我們的勝利我們若猛勇組織的意識的起來展開鬥爭，愈鬥爭都愈早得達到的吧了！

　　組合員諸君！

　　明白了嗎？最後的勝利是我們的，要早些達到我們勝利須要猛勇展開我們的鬥爭。要展開我們的鬥爭，須要確立我們的財政充實我們的軍資！

　　財政確立萬歲！！！

▉ 中壢事件逮捕餘波（1）
資料出處：《資料 A：臺灣農民組合本部存留檔案》，頁 71。

全被壓迫大眾勇猛起來！
擴大鞏固我們的陣營
奮勇發起犧牲者的救援運動

　　為要[糾]彈官憲的暴壓而起來反抗的中壢、桃園兩支部組合員，和本部派遣的先鋒隊島內的鬥爭的有志諸君，經被官憲用了種種的罪名投在臺北刑務所了。不要說，我們也知道他們在獄中一定受了許多不忍見、不忍聞的苦刑。我們在這

強權下，對這樣暴虐的攻勢，我們須要奮勇起來，擴大、鞏固陣營，捲起激[烈]的救援運動才是。

第一、積極的喚醒全被壓迫大眾起來抵抗資本家，大地主的蠻勇的走狗，造成一條工農階級及小市民的統一戰線，向我們的公敵徹底的進攻。

第二、募集資金——不拘多少——去慰問犧牲者的家族　1.買書、日用品去差入

第三、被檢舉的農民兄弟的農事該地方的農民、尤其是組合員，總要協力去替他做工，使被檢舉的家族不發生無飯可吃的危險。

全被壓迫大眾們，日本帝國主義的危機四伏了，帝國主義欲延長他們的狗命，所以對無產階級的解放運動的暴壓，對於[榨]取剝削無產階級大眾的方法、手段，日益新奇，日益狂暴化走來。我們對於這種的暴壓、[榨]取、剝削的反抗運動——無產階級解放運動——自然是要高漲、強猛起來。

但是我們在激烈地做解放運動的當中，此後不知要更犧牲多少同志呢？！我們此時要組織一個永久的——至打倒抑壓階級止——解放運動犧牲者救援會。這個組織不單是要救援犧牲者，同時也要使我們的戰鬥力集中，使我們的鬥爭力更強、更大，所以我們此後對於這部分的工作是要使其在最短期間內實現。

中壢事件發生後，深蒙全島內各團體或有志者的援助——物質上、精神上——很多。本部並犧牲者是表達萬分的謝意。我們此後對於這種暴壓的抗爭是[十]分的激烈，所以希望各團體或有志更為有力的援助——五錢也好，一角也好——請直接寄來本部或是各地的農組支部。

全被壓迫的大眾聯合起來！！

向我們的公敵撤底的進攻啊！！

促成解放運動犧牲者救援會！！

■ 中壢事件逮捕餘波（2）

資料出處：《資料 A：臺灣農民組合本部存留檔案》，頁 172。

看！兄弟們！起來！
打碎中壢警察課的奸謀政策！

資本主義發展到現在的階段，勞動者階級和資本家階級的對立和衝突，極端

的尖銳化。強化了，國際無產階級革（命）運動，老早進入較新的發展階段——
即奪取政權的階段了。在此國際客觀情勢急變之中，農民大眾，尤其是貧農大
眾，到底在怎麼樣的地位？到底有什麼關係呢？我們的革命先驅者列寧先生的有
名的標語，說：「都市無產者的解放，沒有農民的支持是不可能的：同時農民的
解放，沒有都市無產者的緊密的結合是不能夠達到的。」

從此看來，農民大眾和一般無產階級解放運動的關係是怎麼重大，可以一目
了然。況且現在階級鬥爭，這樣激烈的時候，農民的地位及對於兩大階級勢力的
關係[尤]其重要，越發密切的，因為農民大眾的數目非常的大，他們是軍隊無盡
藏的泉源，又是生活資料和工業上必要的原料生產為……；依此種種理由，在無
產階級和資本家階級的歷史的鬥爭中，負有決定（性）的作用。這種階級的動靜
——或保持資本家地主的陣營，或促進援助無產階級的鬥爭——直接能夠決定這
兩條戰線的勝負的。如果能夠糾引農民階級（團）結在自己的陣營之中，則不單
擴張堅固自己的戰線和增加自己的戰鬥力，一面又得以減少敵人的鬥爭力，縮少
敵人的軍隊；於是鬥爭的時候，能夠很有望的戰勝敵人。所以現在農民階級，不
論在帝國主義本國或在殖民地，都有特別的意義。

現在資本主義很快的趨向於臨終的場所了，然而牠總想稍稍延長自己的性
命。那麼他們支配階級，依靠社會民主主義派熱烈的援助，考慮各種的方法一步
一步地欺騙、懷柔，糾合農民大眾等現[象]，實在不是偶然的事情了。

中壢警察課實施下述的政策的社會的根據就在這裡。

這個政策就是社會改良主義政策的枝葉，十月初初[旬]，命詹現、陳石……
等以前的中壢支部的組合員……到四處精細調查第二期生產狀態，一一報告警察
課。而當局會依此報告書，交給業佃會辦理，的確能給農民一方有益的，別一方
面，則命農民不要復興農民組合，宣傳煽動農民離開農組，這不是離[間]政策是
什麼？

實際上這種政策的本質不過是：

A.奪取我們的兵士，分裂我們的戰線

B.吸收沒有意識的、未組織的農民層

C.犧牲一時的利益，保持自己的權力

D.向主人——地主領功

E.滅殺農民大眾的革命精神

F.擴張形成自己的[預]備軍

所以綜合起來說，就是要[撲]滅大眾的革命化的一個非常狡猾的方策，牠是很（容）易欺騙大眾的；如果能夠使大眾放棄他們的革命工作，支配階級是甘願犧牲一時的利益的。然而他們不是無條件的犧牲利益的，什麼請願書啦！最後還提出一個交換條件，說農民要加入業佃會，他們才肯代那個農民向地主交涉減租云云。這個淺白的語詞中間，那個政策的真實的價值、徹底的[暴]露出來了。

業佃會是什麼？不待言是[榨]取的代理機關，加入這種性質的機關即是願意被地主[榨]取的農民，中壢警察課才要保護他們，即保護他們能夠沒有反抗地主階級，被[榨]取麼！兄弟：牠——走狗們有沒有誠意要救援我們的問題，也就可以明白而解了。他們[把]我們送到虎穴裡去的，他們在「階級協調」名之下，想[搞]階級對立。××那裡真理隱蔽下去，更要以一時的美詞，把我們的將來的幸福白白的賣給地主階級，怎麼[凶]惡啊！

兄弟們！資本家地主的走狗們，戴上假面具，假裝真實要為我們謀利益的樣子，欺瞞大眾的現象。[並]不是中壢特殊的現象，那是全臺各地的情形罷！

兄弟們！起來呵！拿我們的力量打潰支配階級的鬼計奸謀罷！

盡力支持我們真的唯一的朋友——農民組合罷！

■ 中壢事件回顧

資料出處：《資料A：臺灣農民組合本部存留檔案》，頁173。

第二中壢事件真相

西[曆]一九一四年到一九一七年四年間的第一個帝國主義世界大戰爭中，地球表面上的一切地地面——以前概無所屬的獨立國家或野蠻地域，都[被]各[列]強分割完盡，自後資本主義得到一時的漸行的安定。但是資本主義是進步的，非退後的。而且由資本主義經濟組織發展的的自然法則使然，資本主義的發達到了現在的這個階段，生產力和資本主義生產關係中間的矛盾及各資本主義國家發展勢力的不均衡，日一日地很明顯的、很急激的表現出來了。第一回世界大戰，分割而得的勝利品已經不能夠滿足正在發展過程上——其實乃崩壞的過程——的資本主義經濟制度的要求了。譬如日本帝國主義的物質的生產力非常發達進

步，然而政治勢力所能達到管轄的地區卻是很少很少的。物質的生產力不能夠充分的自由發展，不單如此，還要受著許許多多的障[礙]。數年來的產業恐慌，金融恐慌，經濟恐慌等現象，不過是牠的現象形態而已。因此生產力和生產關係的矛盾，明明是已存的事實。這個矛盾衝突的必然的隨伴現象，無非生產過剩，生產停[滯]，恐慌，失業，競爭，戰爭的一切的災害。可是要來解決這個矛盾×××××，自然的必然的結果，就是向外侵略，奪取後進資本主義國家，劫掠範圍更廣的殖民地；換句話說，就是戰爭。所以帝國主義各國，要想撲滅國內重重的矛盾，再度促成勢力的均衡——其實是資本主義發展的當然結局——（就要）第二次世界大分割，世界人類的大殺戰也就必要的了，也就有重大的意義和必然性了。

因為這樣的因子，不息的活動，故這幾年來的歷史一面視察，是各帝國主義國家準備戰爭的歷史；就日本帝國主義而言，戰爭的準備剛在白熱化呢！然則戰爭的準備是甚麼？對內政策和對外政策就是。我們只要觀察對內政策就夠了，近來對國內勞動者、農民階級的革命勢力所用的手段政策，反對軍事技術的促進所用的政策，無不達[到]極點了，例如解散無產大眾的利益代表，鬥爭的勞動農民黨勞動組合評議會，無產青年同盟三個戰鬥的團體。昨年三月一五日第二回共產黨事件大檢舉，加於革命指[導]者的白色恐怖手段，暗殺我們的指導者，對於全勞動者農民運動的大彈壓，四・一六第三回共產黨事件大檢舉。青年團，在鄉軍人，在校學生之積極的軍事訓練，數回的陸、飛、航、海各軍的軍事大演習，軍制編制，軍事費的加速度增加，以及軍用機械的大增設等一[系]列的事實。又對於我們殖民地臺灣被壓迫民族解放運動之近年稀有的暴壓，譬如：第一回中壢事件檢舉；中壢、桃園、兩支部被強制解散；二・一二全島大檢舉及其他各事件等。再者，屏東、高雄、安平、湖口、板橋、花蓮港……等處之軍用機械大施設，對臺灣革命運動全般的彈壓等等的許多的事實，很確切的證明表現日本帝國主義戰爭準備的真相。第三回帝國主義戰爭的危機已經很迫近了，一九二八年八月九日第二回中壢事件亦就是帝國主義戰爭準備進程中，必然發生的一個不可避免的事件罷了。即事件爆發的因子，早已蘊藏在那個母胎裡了。

一、事件經過

那個胎子漸漸成長，一直到一九二八年八月二日急然誕生。支配階級露出牛

面狗貌。這個胚子，終致出而獲得最後的結果。這就是我們的中心石柱——中壢支部——被支配階級強制破壞的那一個最苦悲的一天。我們的組合是合法的團體，而中壢警察課當局沒有正式的解散我們的組合，只有臺灣支配階級的先鋒——日本帝國主義臺灣出張所長——總督提出正式解散命令書，方才可能。其他一切的手段方法完全絕對不能吸收我們的組合的。但是這次的解散，沒有正式的解散命令書，又警察隊武裝起來，任意壓制組合員，偽造解散通知書，強制捺印，冒險燒卻組合的印章。這樣，對於這個解散，不論是在正義同情或資本主義社會制度的法律關係觀點上考察，都知道應該糾彈。克服支配階級的橫暴，更進一步，若果從階級關係著想，這種糾彈和[克]服，愈要為必要和重大。惟其如此，我們的戰線方才能夠保持住，和獲得加一層的發展強大。那麼這回的中壢事件當然有很大的意義的了，因為在那一天，中壢農民大眾有計畫的組織的大眾行動，和支配階級的戰線互相對立，克服敵人的橫暴，復興我們的組合，著無限的希望。要和支配階級作戰，方是我們充滿著階級的激憤，欲吐出浸死支配階級全階級的我們，拿了一句更明白說，就是潛在中壢農民大眾之中的××的精神表現得最為充分明顯的。這是中壢農民——全臺灣的一揆（編者按：一揆いっき，本意為同心致力，後泛指為地方人士對抗官方的小團體、或民眾反抗之意）。同時這一舉，又是正當的一舉，就是為階級正義而戰鬥的。這一舉把支配階級嚇得魂飛魄散了，況且全臺灣的被壓迫民眾，期待八月十二日舉行全島未曾有的大糾彈和反對運動。從這點看來，全島被壓迫民眾的各社會部層之間的革命精神的聯構性，要那麼緊密堅固，也可想而知了。支配階級把我們的組合奪去，把我們的××勢力的結合體破壞去，對這種不法的野蠻的政策，我們要徹頭徹尾的反對和鬥爭。我們為自身的生活計，為正義計，我們當然非奪回我們的組合不可，但是：

全體組合員諸君呀！全[體]被壓迫的民眾呀！去年八月九日以後的事實怎麼樣呢？豈不是正確的[曝]露支配階級——官犬的真面目了嗎？如果官犬是站在和我們同樣的戰線上，為我們的利益而施行一切的政策，則我們這次的正當行為，應該促進和擁護，那裡還有檢舉我們的道理呢？而且他們還偽造證據，說什麼是躂警察，手[毆]官犬，欺押巡查，打破玻璃，爪裂制服……等無根無據的偽證明，亂逮捕我們的兄弟去在黑暗沉沉的地獄裡。被這種惡毒手段慘害的農民兄弟不下數十名，其中二十餘名的兄弟，不但被[毆]打拷問，更被監禁獄中，莫約一

年間。我們不是現行犯也不是逃走的[犯]人，這樣把我們人不當人看，彷彿禽獸牛馬似的款待，我們些兄弟，實在[受]了無辜的災禍了。

全島的被壓迫民眾那樣誠意擁護我們的組合，那樣熱烈的積極的反對和糾彈支配階級，支配階級不只不停止暴壓，反而更加兇猛。其實資本家地主階級的走狗們，即使被人家怎樣譏笑和糾彈，如果對他自己的主人翁有利益的任何卑賤的事情，他們都甘心情願做的，那裡顧及我們的生活的呢？所以由於那次的暴壓，我們越發能夠瞭解這樣的事情：即真實代表農民大眾的利益，而且最果敢獻身和地主等[榨]取階級鬥爭的，只有農民組合！

全體組合員兄弟們呀！

大家想一想，支配階級展武示威，糊糊塗塗抽出幾條事實無根的虛證，破壞我們的組合，虛殺我們的最勇敢的戰鬥的兄弟們，且對於全般的運動×××加上一層的壓迫。依據這種事實，[我們]很能夠明瞭支配階級的本體。那次的解散檢舉，決不是一地方或局部的事情，那是支配階級破壞農組的第一步，一方面有組織的、計劃的、意識的破壞我們的階級戰線，他方面同樣[有]意識的壓迫全[體]被壓迫的民眾和示威罷了。所以這個事件——破壞我們的組合中壢支部——含有兩重的意義。第一，加於全臺灣被抑壓民族的彈壓；第二對於我們工人農民的階級戰線的暴壓。事實上全被[榨]取、被壓迫的大眾如果愈無智，愈服從支配階級，而和支配階級的鬥爭如果益頹廢，分散，愈沒有抵抗力，則日本帝國主義才得安心平氣和別個帝國主義國家舉行激烈的世界市場的爭奪戰。因此過著這樣的暴壓，我們應該充分認識，纔能夠明白瞭解此次的彈壓和我們的全戰線的關係。

二、第一回公判

那次事件犧牲者是誰？監禁十一個月的二十二名即：

趙港，張道福，湯接枝，李木芳，李留，楊龍光，陳金光，陳榮芷，陳石，陳阿富，詹學兒，詹九尾，黃連，黃雙發，宋乾昌，宋龍盛，高新對，許阿安，吳阿兵，呂防燕，梁阿湯，鄭連續，謝連枝，謝福來等。

現在的法律不待言是資本家地主階級的法律，即資本家地主階級壓迫被壓迫的勞動者農民階級的法律，即階級武器，這是非常明白的。施暴力憑藉和見（？），胡[亂]強制解散等的野蠻行為沒有違反法律。反之如上所說，我們那樣的正當行為，卻說違反法律，這樣的認定和解說，到[底]根據在什麼地方呢？畢

竟因為他們是支配階級的別動隊——資本家地主階級的走狗的緣故。一切政治勢力和法律在他們手裡，他們要這樣做就這樣做，要那樣做就那樣做，那裡有關心我們的生活呢？那裡要顧慮我們的性命呢？[毆]打拷問還不夠，把我們的兄弟監禁在活地獄裡，經過一年間，這是什麼緣故呢？無論誰也知道要毒殺我們的，因為我們的兄弟犧牲者，是最果敢，意志最堅 [決]，意識最明瞭的兄弟。

公判延了又延期，接二連三延期三次，結局去年○月○日，事件的公判方才開始。法院判官——資本家地主階級執刑的代理人——總希望不公判的，總想法把我們陷死在活地獄裡的。他們和地方的行政官一樣，站在同一戰線上擁護他們的主人翁——資本家地主階級，這樣的事情實在明瞭得很。

兄弟們！

我們的犧牲者數達二十二名——沒有送入[預]審的兄弟除外。公判繼續公開，即審問六天，調查纔完結。這六次公判，不論哪一回，[旁]聽者都是滿員的，大部分是我們的犧牲者的後援者。我們的犧牲者雖然被監禁十一個多月，他們的憤慨和激怒鬥爭的意志，不[但]沒有沮喪，反而更加堅固，進步。在法庭鬥爭場中，我們的兄弟甚麼勇敢的獻身的和支配階級戰鬥，這裡老實不必多說。我們應當和我們的戰線的犧牲者一樣，要益都堅心為我們的階級正義而戰。

親愛的兄弟們！法院，法官，警察，刑務所……資本家地主階級的一切支配機關。我們要趕緊拿起大眾的力量打破之，征服之。惟其如此，我們的幸福和自由，我們的最後的勝利才能夠開始實現的。

■ 反對日本官方的白色恐怖

資料出處：《資料A：臺灣農民組合本部存留檔案》，頁 172-173。

反動的白色恐怖
用我們的赤色大眾鬥爭抗之

帝國主義戰爭——犧牲我們的生命的各國資本家團體中間的戰爭，日一日的逼迫到我們的臺灣×××××。況且殖民地臺灣是日本帝國主義的重要軍事根據地。那麼對於我們的彈壓，×××××自一九二七年以來，日本帝國主義在我們臺灣恐怖政策×××××，打破我們的組合×××××（編者按：此處印刷不清）。

　　最近則一面來檢舉，追放我們的戰鬥分了。他方面用柔軟的手段和政策，[欺]騙、買收我們的兄弟，又強制威脅、恐嚇兄弟脫離我們的隊伍，四方八面一齊盡出各種形態的方法，破滅我們的運動。然而戰爭的危機愈迫切，則戰爭準備益重要，同時白色恐怖也越發橫行。由戰爭的危機使然，從此以後××帝國主義的橫暴，及加於我們的彈壓還會更加殘酷凶虐，支配階級的瞻望不單在破壞數個支部，或檢束我們而止，更要打消我們的全般的運動的。

　　但是白色恐怖的威[武]，如果厲害，則隨之而起的是大眾的反抗；當然亦在同一種程度上增加工業化政策，資本主義生產合理化。其他一切的生產施設，無非創造些勞動失業群眾，增大我們的戰線上的兄弟罷了。這樣白色恐怖之中，不知不覺使自己的敵人的隊伍膨脹起來，掘成自己的墓。支配階級，任其怎麼樣發威，不過是臨終時的拚命而已。

　　然而我們在這樣的白色恐怖之下應該怎樣呢？降服支配階級好嗎？若是我們情願被人當做牛馬使用的話，就此作罷，那麼只將把我們的解放[拋]去在雲霄之外。可是我們應該鬥爭，應該趕快起來，[團]結我們的陣營，在農民組合的旗幟之下，展開大眾運動，勇敢向前奮鬥衝破白色恐怖。那個時候我們的解放，方才能夠成功的。

　　這樣一時的犧牲，我們纔能夠獲得×××（沒有階級的社會，classless society），壓迫、[榨]取、恐怖……一[切]的現象才能夠完[全]消滅。而且我們的一切的自由、幸福才開始能夠出現。

　　兄弟們！近來稀有的白色恐怖，教訓我們該當向奪取政權的目標前進，要達到這個歷史的教示，我們要快快舉起我們的基本力量——大眾鬥爭。

　　兄弟們！起來啊！奮鬥啊！前進啊！

　　快快捲起大眾的力量撲滅白色恐怖！

　　奪取支配階級的政權！

　　組織我們自己的勞農政府！

第九章

臺灣農民組合與日本外力

■ 日本農民黨宣言 中文翻譯

資料出處:《臺灣日日新報》1926 年 3 月 8 日,第 9281 號 2 版。

【大阪六日發】勞動農民黨宣言要旨如下:

　　普選實施給予我國政治一大革新機會(中略),並預告為樹立健全國民生活而戰之新時代靈光(中略)。近來我國國民生活最值得憂慮的現象是貧富差距越來越大,占國民最大多數之吾等無產階級生活完全失去經濟及精神的安定(略)。然,吾等勞動農民黨以根本精神為第一要務,致力於我無產階級生活權之確立,謀求大多數生活之安定,以期藉此對我國運無窮之隆昌和社會文化無限向上發達有所貢獻。而論手段,堅持以光明正大之言論和合法的政治運用,謀求社會生活之安定和改善。近頃我國議會極端腐敗墮落,議員之言論毫無權威(中略),此為以特權階級構成的既成政黨之罪,未必是議會制度本身所造成。然因普選初獲得參政權之吾等無產階級,堅持光明正大地行使吾等純潔的參政權,首先使議會覺醒,使之成為我光輝議政之府,相信必然得以貫徹我主張(略)。又如,徒然主張外國之議論或行動,不顧擁有三千年悠久歷史和特殊文化之我國情之一部分人的偏激言論,吾等絕對無法贊成。(下略)

■ 弱少民族的悲哀　山川均 作,張我軍 譯

資料出處:《臺灣民報》1926 年 5 月 16 日第 105 號至 1926 年 7 月 25 日第 115 號。

參引 1926 年 5 月 16 日,第 105 號(五月號《改造》所載)。

在「一視同仁」「內地延長主義」「同化融合政策」下的臺灣

　　……臺灣有在日本國民全體的名目之下,於政治的、經濟的都受著支配的三百五十萬的民族……。我們對於他們的利害和運命決不可無關心。今年的眾議

院，接到臺灣特別議會開設的請願，又說是這個請願已被認為沒有違背憲法而得了受理了。……我以為倘能介紹多少可以明白母國的殖民政策下的臺灣的資料於這個議會，這也許是對於他們的責任的一端吧。

「……山有喬木，海有龜鱉，野則穰穰之五穀熟，而百禾離離。富源無盡滅之期，寶庫任人之開發。退足以為子孫建百年之大計，進則可以伸展南方經略之大志。」

打開臺灣年鑑的一九二五年版來看，此序言中的一節，以簡潔的文字，將領臺的意義教給我們。

臺灣於明治二十八年被領隸，自三十年即立了特別會計。以當時的計畫，是豫定到明治四十二年止，臺灣的經費不得不由國庫給補助。這在日本的財政是不輕的負擔，所以甚而有倡寧可放棄臺灣之說。然而臺灣的「開發」，卻得到豫想以上的進步，到明治三十七年止，總督府的財政就獨立，早已沒有受本國補助的必要了。在這九年裡頭、由本國的財政所補助於臺灣的款項、為三千四十八萬八千六百八十九圓，這就是領臺以來，日本所灌輸於臺灣的本錢。

對於這個資本，日本得了什麼？試將自明治三十年到大正十年止的對內貿易（臺灣與母國間）的移出金額總計起來，是二、○○三、二一二、三二○圓……。由此生出來的純利，最低按一成半（百分之十五）是三○○、四八一、八四八圓，將近十倍於日本占領以來所灌注於臺灣的本錢。……

……所以在臺灣土地集中的程度，雖是比內地較低，但是，大體上可以看做是在相去不遠的狀態。……由於自作農減少而自作兼小作增加著的事實，夠能推測到或程度。

參引 1926 年 5 月 23 日，第 106 號。

……據大正九年到十年的調查的結果──臺灣的農民究竟成立自怎麼樣的階級。

試就在大正九年、十年臺灣的耕地七十二萬一千餘甲（七十七萬六千餘甲中的）來看，農民戶數的六十四％強，僅僅持有耕地全體的一四‧四％弱，而三六％弱卻持有耕地的八五‧六％強。……

……在內地的，由於土地集中的作用失了耕地的小自作農的大部分，是變成小作農；在臺灣的，受了同樣的作用的壓迫，卻變成自作兼小作農以維持命脈。

再看每一戶平均的自作地和小作地：自作地是一、一三五甲，小作地是一、三八九甲（大正十年）；比較內地的，廣大些，而且與內地反對，小作地的平均面積多於自作地的。（大正十一年的內地每戶平均：自作地八反四畝，小作地七反五畝弱。）（未完）……

參引 1926 年 5 月 30 日，第 107 號。

臺灣的農民狀況——即是，在一方面雖然也有少數的大地主，但是農民的大多數，只持有些少的土地——依其耕作不足以維持其生活的些少的土地，這些小農，為了經濟上的壓迫，或失土地之一部而使自作兼小作農的社會層膨漲，或完全失掉土地變成小作農，其餘的，從農業被驅了出來。再在一面雖也行著如製糖會社的經營地或總督府殖產局所有的進步的大規模的耕作，但是農民的多數是更作著極其狹小的土地的貧農。因此，跟著商業資本之得勢，容易不得不服其支配與（榨）取。……

……在農村的內部的階級的形勢緊迫，而帶著階級的性質的農村問題和農民問題之成為當面的問題者，不是今日以前的事，乃是今日以後的事。……

……芭蕉的產額年年增加，大正十二年中銷售於內地的金項在八百萬圓以上。而自去年初，臺灣青果株式會社成立以來，臺灣的芭蕉遂專任該公司包辦了。……

……於是芭蕉栽種者立了一切的計劃，到六月末芭蕉（已）陸續運到基隆了。可是郵船公司和商船公司都遵依總督府的密令，拒絕生產者所欲直接運出的一切的芭蕉的積載。……

在臺灣內地資本的勢力，是怎樣地增大著，這依著諸會社與其資本的增大就可以知道。大正元年、各種會社（株式、合資、合名）數一百四十七社，資本總額是一億二千五百餘萬圓、平均一社各分八十五萬六千餘圓，可到了大正十三年，一變而成六百三十四社、資本總額六億二千餘萬圓；一社各分九十七萬九千餘圓，會社和資本的總額大為增加。……

……臺灣的代表的大企業，不用說是製糖業，而占著工業株式會社的資本總額二億七千萬圓中的二億六千二百餘萬圓（大正十一年），正是全體株式會社的資本總額的四五・三%。明治三十三年臺灣製糖株式會社成立，最初領了政府補助金一萬二千圓以來，臺灣的製糖業，在日本政府的殖產政策的暖和的懷裡，是

怎樣急速地成長著呢？由於下表格表示著。

年次	資本金額（圓）
明治　三十五年	一、○○○、○○○圓
同　　四十三年	四○、八八八、○○○
大正　三年	一○二、一○○、○○○
同　　七年	一二七、五○○、○○○
同　　十一年	二七一、○五○、○○○
同　　十二年	二七一、二○○、○○○
同　　十三年	二八一、二○○、○○○

　　擁有二億八千萬圓的資本的十四個新式製糖會社，除在島內把持著四十八所製糖場和冰糖工場一所、酒精工場十所之外，在島外有十七所精糖工場、和八所粗糖工場，而拿那定為原科採取區域的六十二萬二千甲的耕地。……

參引 1926 年 6 月 6 日，第 108 號。

　　製糖公司是在臺灣最大的資本家，同時又做著最大的地主君臨於那等於農奴的臺灣農民。到大正十一年，製糖資本由臺灣的農民之手得來的耕地是五萬二千餘（甲）……

　　這樣的砂糖王國，不但在臺灣的耕地總面積裡頭，所有著愈來愈占了大的比較率的廣大的土地，其對於數萬甲的土地且握著小作權（即贌耕權）。於是、製糖資本，是支配著臺灣的耕地全體的十分之一以上的耕地的，在這點是可以匹敵耕作著約十萬甲的土地的二十二萬五千戶的農民（全農民的五五％）的一大勢力，實在可以說是資本的一大王國。尤其是若只就蔗農來看，大正十二年的甘蔗插種面積是十一萬六千餘甲，所以臺灣的甘蔗農業——因而農民——完全站在製糖支配之下。

　　製糖會社的所有地以及贌耕權取得地九萬甲裡頭，大約有四成是應用著機械力和進步的耕作方法，公司自己直接經營的自作蔗園，而其餘的六成即是農民贌耕的一般蔗園。……

　　……甘蔗的收買價格，照規定是和耕種者協定而後受官廳的許可，而這個規定，只誠實地實行其一半。明言之，製糖會社在事實上僅得官廳的許可以決定價

格，農民的甘蔗常是由於這種獨斷的價格。……

　　……可是、應該注意者，是對於製糖資本的這個神聖的主權，發生了新的反抗的勢力這層。即是農民組合被組織於一部的蔗農的事。由了屬於林本源製糖會社的採取區域的臺中州北斗郡二林庄的蔗農手，前年組織了農民組合，而這個恐怕就是臺灣唯一的農民組合吧。……

參引 1926 年 6 月 13 日，第 109 號。

　　資本的所謂「原始蓄積的秘密」，在近代的殖民地的舞臺，常公開的給重演著，如竹山、斗六、嘉義三郡的竹林問題便是其一例。

　　這個所謂竹林問題，即是上記三郡的竹林和造林一萬餘甲，於神不知鬼不覺之間，自農民之手移到三菱製紙公司之手、而一萬五千的農民得了解放自祖宗傳來的土地的羈絆的，極其平凡的事實。

　　臺灣素以竹林出名，由著農民的家裡工業所產出的竹細工，年算六十五萬圓，而以竹為原料的竹紙的年產額達到十八萬圓。尤其是蟠據於竹山、斗六、嘉義三郡的竹林、自古來稱為林圯埔的大竹林而有名的。這近旁差不多完全沒有耕地，所以庶民大都承了二百年來的祖宗的遺業經營竹紙的製造，而靠著竹生活的人，實有一千六百家、一萬二千人。這些竹林、是庄民的祖宗開拓山腰、如由對岸中華移種良種、造成今日的大竹林。因此，日本領臺以前、清朝政府賜持認定庄民之對於此等竹林的業主權的證明，由是作了課稅簿，令其繳納了稅錢。……

　　……而關於山林即依據著手於明治四十三年的林野調查，一樣地確認了業主權。……

　　……這是四十一年九月某日的事，突而由所轄警察署送來一道命令，著上下全體庄民各帶印章到署候訊。……

　　……其結果，是公司直營竹的採伐和販賣，庄民遂變成「單做公司的苦力、職其指揮、從事於採伐和搬出、而得工錢而已」的。……

　　……除此之外、雖然還有木炭、龍眼乾、竹筍等的出產，但是都不得不對於公司繳著過分的代價而受其許可。……

　　……這樣過了十七年的今日，竹林問題何以又變成新的問題起來呢？因為正如十七年前、「總督府模範竹林」的標札變成「三菱貸下」的標札一樣，這個標札又——而且是極其自然的狀況——將變成三菱製紙會社所有林的標札啦。在竹

林猶是總督府的竹林之間，庄民尚存著一縷的希望。然而為了三菱的竹林拂下運動，這縷剩下的最後的希望如今也將斷了。這就是竹林問題所以在十七年後死灰復燃的原因。……

參引 1926 年 6 月 20 日，第 110 號。

　　在臺灣主要的工業生產品（年產五萬以上）的年產額，大概有二億三千五百萬圓（大正十二年），若從這中間扣去砂糖和酒精，以及如樟腦、鴉片、香菸這類的專賣品，就只有四千萬圓之譜。這些生產的大部分、是由著家庭工業以至小規模的手工製造業給行著。這些製造業使役著近十萬的工人，但是，製造業者之數有二萬一千餘（大正十一年末當時），所以一企業平均只不滿五人。且工人的約五成五分是婦女。……

　　……在臺灣工廠之數，使用動力者一、二六六，不使用動力者一、五七五，共、二、八四一個工廠（大正十年末），而同年中的平均使役工人數是四萬五千人。

　　這些工廠的大多數是內地人所經營的，工人的大多數是臺人。……

　　……臺灣人最多被雇用著的化學工業，是沒使用動力的工廠的比較率最高的部門；而雇用臺灣人的比較率最少的機械器具工業和特別工業（製冰、造船、荷車等）是使用動力的工廠，超過沒使用動力的工廠以上的比較率的部門。

　　臺灣的勞工，是怎樣地由著內地資本給當作無須客氣的無限度無節制的酷使與搾取的對象料理著，這試看了這些工人的年齡別，就更加顯而易明。

　　如此被酷使於工廠的未滿十二歲的幼年，幾乎全部是臺灣人而非日本人，便是未滿十五歲者也依然如此，便是未滿二十歲的、日本人也只有極少數。而且到二十歲以上者，日本人這才占了比其對於工廠勞動者的總數的比較率更其多的比較率。……

　　……其餘如對於官吏的薪俸等等，也嚴存著同一的原則。例如日本人的官吏、有本俸的六成的加俸，又下至雜差、隨其官階各有一定的宿舍料，然而臺灣人卻領不到。……

　　……對於同一的勞動，在內地人與臺灣人之間，立了報酬的差別。……

參引 1926 年 7 月 11 日，第 113 號。

　　我最初第一考究了臺灣人，於經濟是怎樣被支配著，其次考究了他於政治是怎樣被支配著。於是、最後我欲極其簡單地考究臺灣人，於精神上是怎樣被支配著。

　　第四代的臺灣總督兒玉將軍，說是確立了日本的殖民政策的人，果然，他沒有忘記把對於殖民地民族的教育方針混入其殖民地政策的重要的一部。

　　「教育之事，一日亦不當付之忽諸。然而不可漫然灌注文明流，養成趨於義務權利之論的風氣，致使新附之民陷於照例的弊害——這是應該留意的。」……

參引 1926 年 7 月 25 日，第 115 號。

　　在教育界做事的我的朋友，二三年前視察了臺灣的小學校，對著現在實行著共學的某小學校的校長，問他說：內地人兒童和臺灣人兒童打架不打架？於是校長正色而言曰：那是以對等的人對待臺灣人，這才會發生打架等事，然而臺灣人是當做××××教育著，所以內地人的兒童決不與臺灣兒童打架。……

　　……大正十三年十一月十九日（？）的《大阪每日新聞》的社[論]，有如下面的一節：「……實在、現在的臺灣島民，絕對沒有言論集會的自由……，能不能從他們島民奪取言論集會的自由，這（已）成了總督府應做的事情裡頭的，最大的事情的一個。固然，言論機關有《臺灣新聞》、《臺灣日日新報》以及《臺南新報》的三新聞。然而大家都說他們是御用的報紙，與最必要的一般島民的日常生活毫無交關。事實勝於雄辯，近如今春以來，在進行中的治安警察違反事件，關於此事的記載、雖一行亦不使其登出；時或遇有內地報紙，論及該事件——該事件是不消說——或論及總督府政治，總督官憲即很親切的只將那記事一個個剪取，絕對不讓他們島民知道事件的真相。……」

　　這是老實的批評，政治上的言論或集會是不待說，即對於學校裡的學術上的講演會亦加著非常的限制。……

　　……關於臺灣的事，還有很多應介紹的事。……

　　……我的目的，不是要將我自己對於臺灣的意見和判斷提供讀者的，[毋]寧說是提出這些問題以引起一般人對於臺灣的注意的。只有一個無可疑的事實，是內地的資本的壓迫若愈成功，因此即愈將促進臺灣民族自身的階級的分化作用。而且在這種作用的進行的一步一步間，臺灣民族的民族主義的問題，同時將漸漸地帶階級的問題的性質。這層無可疑的事實有這樣的意思：臺灣問題，將變成特

地於內地的無產階級和無產階級運動，要求更多的注意和關心的問題。……

▌大眾黨人麻生久與臺灣（1）
附錄：麻生久小傳

　　麻生久生於大分縣玖珠郡東飯田村（現九重町），舊制大分中學（現大分縣立大分上野丘高等學校），歷經第三高等學校之後，1913年進入東京帝國大學法文系。學生時代熱衷於托爾斯泰、屠格涅夫等的俄國文學，這也是他關心俄國革命的契機。另外，據說他和女性關係也非常的多彩多姿。

　　東大畢業後的1917年，進入《東京日日新聞》（現《每日新聞》）。翌年1918年在《東京日日新聞》上轉載了〈從彼得到列寧〉一文，支持俄國革命。並且在同年和吉野作造等成立大正民主政治啟蒙組織的「黎明會」，並邀請新渡戶稻造、大山郁夫、小泉信三、與謝野晶子等傑出的知識分子和文化人參加。也以學長的身分參加東大新人會。1919年加入友愛會，和東大時代的同期，元棚橋小虎將原本傾向協調主義的友愛會改革為急進的、偏戰鬥的組織。1920年設立全日本礦夫總聯合會、指導足尾銅山、日立銅山、夕張炭礦等糾紛爭議，數度入獄。

　　1925年，他成為友愛會的後身日本勞動總同盟的政治部長，參加無產政黨運動，並當上翌年1926年組成的勞動農民黨中央執行委員。勞動農民黨因黨內左右對立而分裂，於是麻生久和三輪壽壯、三宅正一、山名義鶴等人於同年12月結成日本勞農黨。之後、麻生擔任日本大眾黨、全國大眾黨、全國勞農大眾黨中間派無產政黨的書記長、委員長。

　　1923年，全國勞農大眾黨於社會民眾黨合併為社會大眾黨，麻生就任書記長（委員長是安部磯雄）。這個時候開始，麻生久企圖以和軍部的「革新派」聯合來擴大社會主義勢力。1934年陸軍省發行了「國防的本義和其強化的提倡」的宣傳冊子之後，麻生久發表聲明，將之稱為「軍部社會主義傾向的表現」，給予高度的評價。之後，他和親軍派同時也是國家社會主義信奉者的龜井貫一郎一起推進社大黨的全體主義化。

　　1936年，麻生出馬參選東京都眾議院議員總選舉當選，1937年再度當選。同年日中戰爭勃發，麻生以局地解決、事件不擴大為條件，支持政府並同意通過軍事預算。1938年他策劃結成以近衛文麿為黨主席的新黨。1939年試著與中野正剛

率領的東方會合併，摸索和右翼的合作。

1940年2月發生的齋藤隆夫議員的反軍演說問題，麻生採取贊成除名的立場，將反對派的黨主席安部、鈴木文治、片山哲、西尾末廣、水谷長三郎、松本治一郎等以除名處分、自己則當上了下一任的黨主席。同年，他積極協助近衛的新體制運動，7月比其他黨早一步將社大黨解散。第二次在近衛內閣中擔任新體制準備委員會委員。

1940年9月6日、因心臟麻痺逝世。得年49。

評價

麻生相信軍事勢力和無產勢力、天皇勢力和庶民勢力的結合，才能使日本的革命展開。最近，有些研究提出軍部獨裁以前的麻生的政治活動的意義，麻生的歷史定位尚未被確定。不過，在急速讓軍部獨裁高漲，並支持軍部、中日戰爭、大正翼贊會，驅逐壓迫反對派的麻生，無疑是戰爭肯定論者。

■ 大眾黨人麻生久與臺灣（2）　中文翻譯
支配階級派遣的看門狗，驅逐反動幹部　川崎茂
資料出處：《前進》，長尾文庫。

一

在七黨合併的同時，日本大眾黨因應「大眾要求」產生了，可說是「劃時代歷史性的合併」。然而，此合併黨成立之初，大眾就察覺到聲名狼藉幹部的陰謀策動，以及內部醜陋的金錢交易和向法西斯主義傾斜的目的，因此留下了不愉快的陰影。日本大眾黨結黨以來急速統一黨員，反動正要席捲時，卻因面對議會無法展開強而有力並且熱烈的鬥爭，以致於黨員大眾銳利鋒芒被鈍化了。

而這個陰影根源亦即是那些墮落幹部醜陋的金錢交易，被福田狂二君等人抓到證據時，他們那一夥馬上就急欲消滅事實，並惡人先告狀，急派密使到各地方任意抹黑黨內清廉的幹部，進行毫無根據的反宣傳，致力於將此問題轉化成現有政黨的泥巴仗。

二

　　醜惡幹部等一派仗恃自己在日本大眾黨機關擁有絕對的勢力，先發制人，把問題束之高閣，欺瞞大眾。他們厚顏無恥地隱匿自己的錯誤，反之毒化無產階級的純情，階級的精神。

　　大家看！他們佔領黨的組織，向黨內大眾以及一般無產階級蠻橫無理地發表聲明，意圖要對他們提出告訴的福田君除名。他們於第六次常任執行委員會，不顧古市、鈴木、黑田三常任的極力反對，以五比三的多數，堅決執行此一暴舉。

　　然、此告訴事實尚未明確，告訴人和被告訴人都未接受統制委員會調查，事實與否還未進入任何機關的調查時，就在常任委員會中，由實際的被告訴人平野擔任議長議決此事，這是何等無理取鬧之事啊！黨員大眾能默認如此不正當的行為嗎？我等不是徒然為了擁護福田君。我們憎恨腐敗到骨髓裡的墮落幹部之反無產階級行為以及其厚顏無恥的專橫跋扈。不徹底粉碎彼等，我日本大眾黨的階級性又該如何呢？

三、反動化的陰謀，投機業者的圈套

　　依吾人所見，此次彼等醜陋幹部的金錢交易問題不單只是暫時把黨賣給支配階級的問題，更重要的意義是這是有意識積極地轉向法西斯主義運動的表現。這是舊日本勞農等在合併前就暴露出來×旗黨問題的延長線。

　　舊日勞黨最高幹部計畫的所謂×旗黨問題眾所周知。諸君應該輕易地聯想到×旗黨問題和反動的農民黨平野一派的關係吧！果然兩者是相關的。×旗黨陰謀的一部被暴露出來後，彼等日勞黨幹部因害怕黨內的反對，暫時撤回此陰謀，立即快速將問題轉為五黨合併，藉此隱匿他們的陰謀計畫。然而，了解日農、日勞兩黨急速合併的真意，就可以頓悟了吧。彼等的策謀是以更大的規模實行此陰謀計畫。換句話說，他們有意識地利用五黨合併，將之賣給支配階級，數度調度運動資金，遂成為支配階級的走狗、並以轉變為法西斯黨為目的。

　　平野、麻生一派皆為聲名狼藉之輩。彼等一點階級的良心都沒有，也沒有絲毫階級的理論依據。彼等現在變成政治的交易投機業者。舊日勞黨幹部是完完全全的機會主義者，他們欺瞞黨員大眾的證據已經很明顯了。舊日農勞黨是如何具有反動傾向，我無產階級早已知悉。

　　我等既已指摘日本大眾黨墮落幹部的本意所在。彼等有意識地轉向法西斯主義。現今，支持彼等墮落幹部一派人馬皆轉化為如此的意識形態。然而，在我國

彼等是否擁有些許客觀的法西斯主義傾向的材料嗎？

　　我國今日，在狂暴支配階級的刀口下果敢實行鬥爭的無產階級之對立益發尖銳化。而且，站在無產階級立場的諸黨中，右翼社會民主黨在支配階級所經營的第二國際陣營中，左翼×××以第三國際××政黨自居，各依據其指導精神，國際規模的一部分存在，然後往各個目的發展，中間派諸黨其實都是機會主義者，遲早都會分裂成左右兩翼或漸漸開始反動。

　　由這些中間派的諸黨所組成的日本大眾黨像大雜燴似地，從左派的共產主義分子到右派的反動農民層，包含了各式各樣的分子。以無產階級工場勞動者及貧農組織的勞動、農民組合的黨基礎甚為薄弱，因此他們便吸收反動的勞動組合或被扔到街頭、被遣散的分子以及反動的自作農階層作為黨的基礎。

　　如此成員構成的政黨可想而知會與國家主義對立，且輕而易舉就會變質為國家主義反動黨。並且鎮壓反動的動作越強，他們進展的速度就越快了吧！。或者，國際戰爭的危機越來越近迫，他們就會公然背叛了吧！

　　這就是平野、麻生一派想要反動的根據。他們的目的是什麼呢？他們和支配階級的某軍閥之間有著什麼樣的關係呢？他們現在正和一部分的支配階級共謀，促進無產階級的反動化啊！

四、驅逐醜惡的幹部

　　日本大眾黨員諸君！

　　諸君是否想透過那些墮落幹部將日本大眾黨賣給支配階級呢？現在那些墮落幹部僵化了，拉著同夥要搞分裂。諸君必定要嚴守階級立場絕對要防止分裂，徹底粉碎那些墮落幹部。我們要拋棄個人感情，緊握階級制的手，革新我日本大眾黨。發起黨內革新運動！以大眾之壓力徹底徹底驅逐醜惡的幹部！

附記──此稿之後，根據極東社會運動通信報導東京瓦斯工組合、石川島造船自彊會及日本大眾黨等等有志之士即將組織「國家主義的無產黨」。日本大眾黨諸君不得不警戒。反動的魔手就要扼殺諸君了。

▌福田狂二攻擊大眾黨人麻生久

福田狂二，1887-1971，昭和時代的右翼運動家。

明治 20（1887）年 6 月 14 日出生於島根縣。早大中途退學，日露戰爭時加入反戰社會主義運動，大正 3（1914）年參加普通選舉同盟會。之後，加入日本大眾黨，因牽扯到清黨運動遭除名。昭和 8（1933）年轉向右翼，改名「素顯」。23（1948）年設立防共新聞社，27（1952）年任社長。昭和 46（1971）年 11 月 13 日去世。84 歲。(資料出處：《電子版日本人名大辭典＋plus 解說》。)

詔告日本大眾黨　清黨運動的根據　福田狂二　中文翻譯

資料出處：長尾文庫。

　　不要狡辯說，傍晚時分暗中到田中首相宅邸拜訪並且為了醜惡的金錢交易出賣自己的節操的，只有民政黨一人和其他既得利益政黨的小角色議員而已。率領著在支配階級暴力下呻吟無產階級的無產政黨，而且是無產政黨中擁有最大規模及實力的日本大眾黨最高幹部，竟然和既得利益政黨的議員們沒有兩樣，這真堪稱是一大怪事啊！這正是我們無產階級要深深地警戒，且毅然下定決心的原因啊！

　　民政黨政治家的變節是該支配階級內部的問題，是理所當然的，而且不關我們的事。可是我請問我們無產政黨政府又是如何呢？

　　本來無產政黨的責任是毋須為無產階級以外的任何人爭取權益的。我們和支配階級是水火不容的。然而，日本大眾黨幹部的某某人卻偷偷摸摸地拜訪總理大臣陸軍大將田中義一，把無產大眾當成是商品，以第五十六議會中討論的政府合作計畫等等冠冕堂皇的理由，進行收取金錢的醜陋行為，並且圍坐在議會桌歡樂暢談。這也是我們認定某人為忘卻無產階級歷史使命的卑鄙傢伙的原因，並且毫無顧忌地指責某人之所在。

　　這個問題並非小事。亦非輕微之事。更不是一個笑談。某人蹂躪血淚交織的歷史，被支配階級讚賞是很好控制的玩物，還高喊要放棄解放無產階級熱誠的信念。這真令我無產階級心生恐懼，並且不得不說是無產政黨成立以來空前未有的一大事件。現在正是我們無產階級向天下公開展現階級的偉大力量，並且讓墮落幹部感到戰慄的時刻。

　　至於他們收受金錢的用途為何呢？想到他們一群臭味相投的同類聚集在一

起，在招待所裡頭擁著藝妓，猶如放蕩公子吃喝玩樂，無產階級的各位啊！你們可以繼續沉默，並且不認為盲目服從他們的指導是一種恥辱嗎？

日本大眾黨黨員諸君。現在正是高舉清黨運動旗幟的時候了。是擁護日本大眾黨的階級性的時候了。是逼迫墮落幹部自決，是我們蹶然奮起的時候了。現在如果不站起來，無產運動的前途將會烏雲籠罩，我們只會迷失於應走的道路中。

吾人列舉以下調查的事實，以此詔告天下全黨員諸君，並且證明吾人並非好事之徒。因為這件事連一天都不能放任啊！因為我們領悟到，能比其他同志及全國數以萬計的世人更進一步發揮一根火柴的功用的人，捨我其誰啊！

同時這份聲明書也是本人重要的申辯文，因為他們那些墮落的幹部胡亂利用我的名字為非作歹，他們所作一切反階級的行為都說是福田狂二所為。我發表這份聲明是預防他們離間我和民眾的關係。幸之湖事件、反動化事件、日勞黨大會事件等的問題，不止此一、二件而已。為求自保，我不得不攻擊對方。我又何嘗喜歡辱罵自己多年的同志呢？

事實（一）

昭和三年三日、舊日本農民黨書記長平野及舊日本勞農黨書記長麻生久相偕到田中首相邸拜訪總理大臣陸軍大將田中義一，因為無產政黨的合作關係，淺原民憲黨議員、水谷山本新黨準備會所屬議員、龜井社會民主黨議員、以及河上日勞黨議員，於第五十六議會討論「對支那問題」、「張作霖問題」、「地租委讓問題」等問題，並協議與政府合作，因此約定收取金一千圓，翌年十月四日平野力三向田中義一收取了金一萬圓，而且他們約定會議結束後，若按照協議履行的話，還可以收取為數不少的金額。

註（一）

正因為平野、麻生的陰謀，日本勞民黨對日本農勞黨的合併急轉直下地完成了。立黨以來採取極右翼立場的日本農民黨要求和左翼的無產大眾黨合併。其理由是，和無產大眾合作可以取得新黨準備會所屬議員山本、水谷兩位議員的席次。其二是龜井議員可望脫離社民黨投奔合併黨。

註（二）

和政府合作之事並非意味贊成政府的方案。也不是因無產政黨就任意地做表

面上的合併。其實，向政府收受金錢因而採取不贊成在野黨立場的方式，也是一種合作。無產黨聲稱以獨自的立場，朝自己的道路邁進，這也是一種無間的合作。

平野、麻生所收受的金錢，在麴町區三番町十番地湊屋事・鈴木えつ宅以及赤坂招待所一共數十回。麻生久、柴尾與一郎、平野力三等召同一批藝妓揮霍無度地玩樂的事實昭然若揭。這個事實於十二月二十八日午後九時參拾分、其同夥的其中一人柴尾與一郎到「前進社」本部拜訪吾人，並稱對分配的金額感到不滿，因此像拍了照片似地模擬現場，向我們證實了。

事實（二）

昭和三年九月上旬，古河礦業會社原欲於幸之湖（栃木縣中禪寺湖）旁設立發電所。不過麻生久等人發起了反對運動。幸之湖為明治天皇所命之名，是中禪寺湖之別名也。反對理由的其中之一為，設立發電所是對天皇不敬之行為。然而，於九月二十日，麻生久、河野密、田所輝明三人邀請本人至銀座尾張町丸見屋食堂二樓，希冀以五萬圓之代價懇求古河礦業株式會社出售幸之湖事件。吾人認為此事茲事體大，答應他們考慮後答覆。然而，十月二日麻生久與古河礦業株式會社常務取締役兼足尾礦業所長、佐佐木敏綱會面，約莫拜訪佐佐木兩次之後，同社社員間就流傳著麻生被古河收買了的耳語了。吾人請託友人調查古河的接待人員，確定此事發生於十月二日上午十時。果不其然，麻生停止反對幸之湖事件了。古川不是麻生最可恨的敵人嗎？

事實（三）

九月下旬、麻生久拜訪反動主義者高畠素之宅，表明日本勞農黨在近期可以和建國會合作，並且以承認建國會綱領為條件，懇求調度金三千圓，恰巧吉川守邦氏拜訪鄰室才讓一切曝光了。這就是所謂侮辱無產政黨史反動化事件。

如此的狂態、那樣的醜行、無產黨幹部不應有的行為，在我真摯的黨員中正要宣傳開來時，彼等卻反過來宣傳說，古川問題及反動化問題都是吾人所煽動的。他們猶如是負責監督黨內一切壞事惡行的負責人似地詭辯。他們說：「和田中義一的收受事件，正廣為盛傳，支配階級不可能願意合作」。「若支配階級要

撒錢，應該是為了要反對合併」。他們甚至反撲說：「宣傳吾人排除萬難堅決進行合併之事實，是別有居心的反宣傳」。

如此醜陋的行為竟然可以用美麗的謊言遮蓋。既然如此，我等只需以事實來戳破欺瞞的衣裳，何以需要喋喋不休的言詞呢？吾等若能感受到組織日本大眾黨之無產階級的熱誠，應迅速勸告利用黨與黨的合作並提供政府交涉工具的墮落幹部辭職，以擁護黨的階級性，不可有企圖合併之計畫。

麻生、平野如果還擁有昔日短暫的夢想，請發揮責任感，儘速辭去幹部之職，讓清純的分子來指導日本大眾黨吧！

日本大眾黨員諸君。

清黨運動是無產階級的歷史使命。

立刻開始譴責墮落幹部的運動。

■ 布施辰治與臺灣（1）

面對臺灣（一）赴臺考察錄　布施辰治

資料出處：《生活運動》東京，卷六四號，1927 年 4 月 1 日發行。

我這次預訂以20天左右的時間訪臺。要件是給予臺灣的農民運動劃時代的刺激，為蔗農組合爭議二林事件辯護，以及為全島22個地方的解放運動言論戰出征。

我國的運動戰線迫切告急，我忙於每日的言論戰線，此際約達20天要離開此一戰線遠征臺灣，乃是相當的犧牲。

然而，一聽到臺灣的農民諸君因錯誤的殖民政策而受到雙重的壓迫與榨取之痛苦、煩惱，為了深受比我國農民更嚴峻的痛苦和煩惱所虐的臺灣同胞，我只有秉持患難與共的誠意前往臺灣。

在我迄今所調查的事件中，農民之實情實在非常悲慘。試條列舉例之，如自己的土地沒有自己耕種的自由，都是依資本家和官憲指示「這次栽種何種作物」、「這裡該種什麼」這樣的情形下，被強迫耕種自己的土地。而這樣耕作所需的肥料也好、水利灌溉也好，也都依他們的指示而決定。他們說給水才能引，他們說不給水，即使有水也不能引，因此有好不容易成長的作物不得不枯萎之情形。

　　如此耕作的農產品如何販賣呢？當然也不能依農民想賣的價錢賣出，而是會社工廠任意收購農產品，之後才斟酌給付代價。

　　如此，臺灣的農民生活沒有任何產業自治；臺灣的農民有什麼獨立人格？全部都是農奴。不！比農奴更殘酷，只是活著工作的機械。

　　事實上，這次的事件是忍受這種農民生活的悲慘，兼而發起農作物收納前決定價格的要求。

　　不定價而收取他人之物，在我國的法律稱之為竊盜。此種竊盜不會太過分嗎？

　　農民方面指出，即使後付現金，也得先決定代價後才帶走物品，此一要求是這次事件的起因。

　　為何會演變變成此一事件呢？在此無法再進一步詳細說明。

　　詳細情形待直接前往臺灣實地視察後再向各位報告。

　　事件內容亦在法庭公開。

　　以上述情形之一斑，請鑑察臺灣的農民諸君究竟為受到什麼樣的榨取和虐待而哭泣。

　　我代表日本的無產階級，一方面探望臺灣的農民諸君，另一方面為其靠山，與其攜手合作。

　　（預定4月2日上午返回東京）

面對臺灣（二）能夠看到天空的會場是室外

資料出處：《法律戰線》東京，第六卷第七號，1927 年 7 月 3 日發行。

　　這次渡臺之前，最使我心痛的，乃是事先所聽聞之總督政治專橫的言論壓迫下，所享有的言論自由範圍。

　　在船中，我為瞭解臺灣言論自由的範圍，閱讀了臺灣特定禁止發行之田川太吉郎著《臺灣訪問記》。令我驚訝的是，該書不過是在肯定殖民政策上的總督政治論，與其說是禁書，毋寧似乎是招致臺灣同胞憤慨之作品。我以慎重細心的態度準備這次在臺灣的演講會，取代對於「連此一程度的著作也禁止發行」的訝異感。結果較預料中更容易產出32回大小演講，其中，僅偶而有警告，連一次「中止解散」也沒有，真是意外的收穫。

然而，這只是說對於立於講壇的我的言論沒有警告、中止而已，對於演說會的舉辦，斷然干涉也有、壓迫也有，為難同志諸君的小插曲不知有多少！

茲舉「室內」、「室外」集會會場之區別為例，說明總督政治的專橫與言論集會取締的「無方針」。

在臺灣，民眾式的集會場有較日本寺院更方便的廟宇。就言論集會的管理法規觀之，其構造是由可視為純然的「室內」集會之正殿與樓門所圍起來的前庭所構成，我在以廟為會場的演講中，立於正殿內的講壇或前庭的講壇作演講。

依我觀之，在前庭的側面設置講壇，正殿和前庭一齊作為觀眾席是最好的。儘管如此，一旦詢問為何要彷彿窒息般地在本堂內的講壇演講，即可知總督府警務當局的言論集會之處理全無方針；就言論集會的管理法規觀之，正殿內得視為室內集會場殆無疑義，卻全憑所轄警部之斟酌和心情而決定將廟宇的前庭解釋為室內或室外，再依其結果變更講壇的位置。

即使如此，在我的演講上，蜂擁而至的聽眾將正殿和前庭擠得水洩不通。作為演講者的我，只有要立於室外或室內講壇之問題，彼等所謂的室外亦可收容聽眾，沒有特別的問題。

然而，據說有一次在某一未使用的工廠內舉辦的演講所出現的關於會場室內室外之問答，實在不可思議！據說該會場四面都有牆壁、有入口、對於取締入場者無任何不便，然而，就因為其屋頂有幾分破損，可以看到天空，而被認定為室外，並以其室外集會的手續未備之理由命其解散。由此可見關於言論集會取締，無論什麼事都有可能的臺灣總督政治專橫之一斑。

面對臺灣（三）內地人警部不知日本語

資料出處：《法律戰線》東京，第六卷第八號，1927 年 8 月 1 日發行。

代表臺灣農民組合、今年春天出席日本農民組合總會的簡吉氏，曾對我說過，他與日本某名士談及臺灣事情之際，說道：「來臺的話，大部分的人都會被殺喔！」

使該名士大為驚訝。此意指迄今來臺的日本名士沒有不因總督府的禮遇款待、威脅恫嚇而被扼殺其鬥爭精神者。

從簡吉口中聽聞上述話語之外，我數年前去朝鮮時，親自體驗到鬥爭精神面

臨被抹殺的危機，乃是當局向我提到朝鮮有所謂的「制令」，以期望對我加以威迫，而我直到受到公然而正式的「言論禁止」為止，始終不斷強調燃起鬥爭精神之言論。我是這樣徹底地堅持，所以絕對不會因總督府的禮遇款待而放棄鬥爭精神，卻有被威嚇性的言論自由之威脅扼殺鬥爭精神的充分危險，對此我有強烈的覺悟。

於是，我燃起鬥爭精神，不懈怠地批判與剖析臺灣時事問題，亦較平常更加注意免於招致自綁手腳的「中止警告」之言論要意。

然而，該演講中產生的問題，令人感到不可思議者，乃是「內地人警部不解日本語」之珍奇現象。我相當注意演講論旨的結構與用語，幸而僅偶有警告，連一次「中止」也沒有，得以完成演講，但簡吉氏的翻譯卻頻頻被喊警告，甚至被迫中止換人。

根據臺灣同志的說法，簡吉氏的翻譯相當洗鍊，將我的日語演說逐句語譯、意譯，以適當的臺語表現而無任何錯誤。因此，若簡吉氏的臺語翻譯需受「不妥當」之警告，首先，我的日語演講當然也應該受到「不妥當」之警告。

我想這是總督府對於我的言論的一種禮遇款待，俾以此巧妙地扼殺可強化鬥爭精神的反抗氣氛。

我的鬥爭精神，比起反抗所面臨的壓迫之焦躁氣氛，更真摯地憎恨總督府的陰險與事事講究差別待遇的作法。總之，如此珍奇之現象，引起各方面的注意，成為「這是簡吉氏翻譯所帶來的問題」、「布施氏的演講不妥當」等輿論批評的元凶。

然而，我畢竟認為不怠於合理地理解問題以作檢討的臺灣同志之結論，才是最合理且最積極的。

臺灣同志的看法是：只有將我的日語演講最適當且正確地譯成臺語的簡吉氏受到「中止警告」，而我未受到中止警告一事，確實不公平。若要追究臨監警部之矛盾，首先，必須以該臨監警部同等地理解我的演講和簡吉氏的臺語翻譯，卻如此不公平為前提。萬一該名臨監警部只能理解簡吉氏的臺語翻譯，無法理解我的日語演講，而未對於我的演講發出警告，僅警告簡吉的臺語翻譯，此亦非無可奈何之事乎？

如此合理討論之檢討所作成的結論，實為臨監的內地人警部不解日語之珍談。

面對臺灣（四）似有若無的地方問題

資料出處：《法律戰線》東京，第六卷第九號，1927 年 9 月 7 日發行。

　　所謂「此地無銀三百兩」，到臺灣演講者，任誰都會苦笑的是，各郡到處的警察、課長一面說「此處沒有特別重大的地方問題」，一邊要求演講者「切不可觸及地方問題」。此與寫著「此處禁止通行」的路段，等於告訴路人必然有可通往某地之捷徑同樣的滑稽。

　　在無法通行之路段，因為擔心有認為可通行者在其中迷路，而發自好意地提醒，則只需簡單明瞭地書寫「此路不通」即可，而不會寫「此處無法通行」。

　　因此，所謂「此處禁止通行」之警告，有如「此地無銀三百兩」之俗諺般，反而表示該處可以通行。與之相似者，乃是臺灣似有若無的地方問題。

　　所謂似有若無的地方問題，臺灣言論取締標準嚴峻苛酷、欠缺通融性，乃是天下皆知的事實。在當局所張開的取締標準的「鐵絲網」中，最過分的是地方問題。該問題暴露出「只要自己好就好」這種世界共通的官僚氣息，諷刺而滑稽。

　　例如警察當局會有將從轄境內河流的正中央流過來的土佐衛門（編者按：幕末時一則河川管轄權的新聞，後由司馬遼太郎改編成時代小說）以長竹竿推到對岸，在自己的管轄外就算了結之事。如此一事實可知警察當局露骨地表現出重視管轄範圍的官僚氣息。若是一般性的、和他們警察當局沒有直接關連的問題受到批評，很意外地，他們還可假裝維持懂事的、寬容的態度，一旦接觸到與自己直接相關的地方問題，卻一步也不退讓，發揮高壓的態度以強迫「辯士中止」、「集會解散」，非常不講理。

　　或許因為如此，每當我赴各地演說會，與自稱前來表達敬意的該郡警察課長對談後，他們都必定要求我的演說「千萬不要觸及其地方問題。」同時，闡述「若觸及地方問題，很抱歉，除中止演說之外別無他法」之所謂臺灣的特殊事情。（此「特殊事情」另外解釋。）

　　我到任何一個郡，都被重複作相同的要求，這實在太奇怪了！因此，我向要求我不要觸及地方問題的警察課長說：「我確實瞭解你的要求，我會盡量注意不觸及地方問題，但迄今我認為是一般問題而作調查的、關於警察官砍伐數萬株芭蕉的保安林問題；向某地退官者出售國有土地之問題等，當然這些問題這裡也會有的，但是問題已經一般化，我想並非你所謂的地方問題。除此之外，什麼樣的

地方問題在你的管轄之內呢？」

　　我這樣反問他。迄今要求我不要觸及該地地方問題的警察課長，彷彿完全忘記該地的地方問題一般，慌張地說道：「不，呃這個，這裡沒有別的足以稱為問題之事……」我接連追問：「既然這裡沒有足以稱得上地方問題之事，就沒有要求我『不要觸及任何地方問題』之必要了吧？」我這樣將問題撇開，他們總是苦笑地作罷。

　　究竟臺灣是否存在地方問題？若真的沒有，就不會要求「不要觸及」了。此果然如此地無銀三百兩之諺語般，從「不要觸及地方問題」這句話，可知就算說這裡沒什麼了不得的地方問題，事實卻是有的。彷彿稍一觸及腐臭的膿汁就會流出一般的醜惡的地方問題，實以他們在臺官吏為罪魁禍首。

面對臺灣（五）歡迎的示威遊行與宗吾靈堂

資料出處：《法律戰線》東京，第六卷第十號，1927 年 10 月 1 日發行。

　　胸中反抗的熱情，只要有機會，必然會冒出熊熊火焰。我直接感覺到民眾對我這次的臺灣行所展現的歡迎熱情，即為實例。

　　關於我的臺灣行，當局官憲最意外也最感不快的，就是歡迎的熱情所蘊含的反抗之燄。

　　有人告訴我，事實上，某一內地人要我注意，臺灣行途中，無論內地人如何受到臺灣同胞所歡迎，在某處仍存在難以跨越的民族鴻溝。

　　甚至，也有人給我忠告，指出迄今在臺灣成功的內地人演講會，畢竟仍是在內地人本位的教會、學校等場所舉辦，臺灣同胞本位的場所與主題的演講會，總是因為氣氛不合而未能成功。

　　臺灣當局官憲對我的觀點也是如此吧！

　　然而，實際的結果並非如此。我自上午八時站在基隆碼頭的歡迎演講會，不僅場所、主題等，都是臺灣同胞本位，開始前滿廟的聽眾對我展示如火焰一般的歡迎熱情。此一熱情及於我在全島各地的演講會，所謂的內地人，亦即官憲當局無疑感到意外也感到不快。

　　臺灣同胞如此的熱情，我對於無產階級運動者的共同戰線、團結的尊貴、親密、強悍，有說不出的感激。關於臺灣同胞歡迎我的熱情，使我感激，且給我非

常深刻的印象。

　　因為臺灣同胞對我的歡迎，讓我想到一件日前遇過的，使我動心的情況，就是前幾年我參拜日本農民運動犧牲最悽慘的佐倉宗吾之靈堂之際，發現捐獻壯大的宗吾靈堂建築費，以及前來參拜者，多數都是農民、小市民的無產階級。我認為這些農民小市民的真意，必定不只是為了追思崇慕宗吾的偉大，而毋寧說是對苦於地主凶暴的榨取與官憲彈壓之現狀的示威反抗，由此，我的胸中熱情高漲。

　　啊！面對臺灣同胞歡迎的熱情而浮現禮拜宗吾靈堂時的回憶，這些都是加深我的感激、燃起反抗熱情之火的示威運動。

▋ 布施辰治與臺灣（2）　1930/1/1-1930/1/11
結局應走向殖民政策之廢止──將具戰鬥力者送進議會（上）

布施辰治　中文翻譯

資料出處：《臺灣民報》昭和 5 年（1930）1 月 1 日，第 294 號。

─

　　我的政治意見是，不可有所謂以空降方式支配殖民地之政策。

　　因為我相信，就算是以所謂殖民地之善政為指標的政治意見，只要將臺灣朝鮮當作是所謂的殖民地，就決不是真心將臺灣朝鮮同胞民族看作是完全人格者。

　　×××（中略）

　　所謂的諸殖民地為何也……仔細思考看看，這豈不是發展××主義之××的××戰利品嗎？

　　臺灣有臺灣的傳統、文化，朝鮮有朝鮮的傳統、文化。還有，正如形成任何自然和民族的團體──國家──之特殊性不得不被尊重一樣，形成其創造化育傳統和文化之自然和民族團體之特殊性，也必須被尊重，那麼為何意味著發展××主義之××的××戰利品，所謂的諸殖民地等之存在××××××。我斷然叫喊其××。同時，我認為以所謂諸殖民地存在為前提所立之政策，即使如何優遇寬待所謂諸殖民地的朝鮮臺灣，我們都不得忘記帝國主義式母國的××以空降方式的根本的×政策。

　　故若我們的政治意見在臺灣朝鮮有實現的力量的話，即要實現臺灣朝鮮大眾

欲追求之其幸福之政治，亦是宣告所謂諸殖民地之絕對××吧。

二

　　如上所述，與其說，為實現我的政治意見在臺灣朝鮮力量之解放運動，因臺灣朝鮮等所謂殖民地民眾的參加而增大其威力，倒不如說是，從日本××××××戰術上來看，對朝鮮臺灣等所謂諸殖民地之××運動是支持日本帝國主義之××而××，首先將××的臺灣朝鮮絕對××，××××日本帝國主義之支柱必須是最有效適切的。

　　故無庸贅言，日本解放運動必須和臺灣朝鮮等所謂諸殖民地之解放運動協力，不斷地計畫戰線之共同擴大和共同強化。

結局應走向殖民政策之廢止──將具鬥爭力者送入議會（下）

布施辰治　　中文翻譯

資料出處：《臺灣民報》昭和 5 年（1930）1 月 11 日，第 295 號。

　　那麼其方法為何呢？即該如何擴大強化日本和臺灣朝鮮等所謂諸殖民地解放運動之共同戰線？我具體提供下列三案。

（1）鬥士之交換

　　連互相窺伺其間隙的帝國主義國家資產階級大學也在進行教授的交換，所以，高喊最真實無產階級之世界性團結解放運動的鬥士們，也開始相互往返交替站上大爭議之戰線了。這樣的工作需要旅費及其他的費用，也要花時間，因此多少有理想無法實現之憾，但就算犧牲多一些金錢和時間，其效果之偉大將得以補償其犧牲。同時，其費用亦可以演講會及講習會來彌補，故此計畫非不可行也。

　　一開春，堀江かど江女士（按：勞動藝術家）等便至臺灣，本人深切期望其能以鬥士交換的意義展開活動。

（2）言論機關之聯絡

　　法律戰線社經常接受民報的惠贈，法律戰線社亦寄送《法線》給民報。比起寄來此處的郵件，由此處寄出的郵件有時會遇到禁止發行之災難而無法送達，甚

為遺憾。互相交換新聞雜誌，從中互相轉載有益適切之論文將有助於使其聯絡更為密切。而為了共同抗議禁止發行之鎮壓，這樣的工作可擴大強化自己的共同戰線，且亦可把握展開共同鬥爭之契機。

（3）傳遞情報

信件由人傳遞。此對於極具必要性的共同戰線結合有助益。最後，吾等雖以言論機關為武器站在解放戰線上，至感當務之急的是，不論立什麼案，運用何種戰術，首先第一個面臨的難題是言論自由之壓迫。

例如，新聞雜誌的禁止發行、集會言論的警告中止解散。對此，吾等當務之急雖說是爭取言論自由，現今為爭取真正的言論自由，在議會竭盡所能發揮「暴露戰術」才是最有效果的方式。將具有勇敢執拗地爭取發言機會之鬥爭力的真正階級鬥士送入議會是絕對必要的。

故下期議會解散後，為將真正擁有絕大鬥爭力的階級鬥士送入議會，本人決心使適當人選參選，並極力支持支援其當選。還有，送入議會之鬥士唯真正擁有鬥爭力才有意義，只是列席，補足一名人頭的議員就不值得派遣。我徹頭徹尾，即使一個人亦可，也要將對抗鬥爭全體資產階級議員的鬥士送入議會。
（1929.12.5）

附錄：布施辰治外傳——自幸德事件至松川事件

布施柑治著　　中文翻譯

資料出處：東京：未來社刊，頁 35-44。

臺灣225個小時的奮鬥——二林農民事件與全島巡迴演講

辰治係於昭和2年（1927）3月14日晚上10時40分挺著48歲的厚實胸膛從東京前往臺灣。在名古屋車站中途下車，列席審判，16日傍晚，友人不破氏送行後，搭乘南下的急行列車。抵達門司車站是17日早上8時55分，「人類無差別運動」（水平社・部落解放同盟運動）的活動家們前來迎接，雙方為近日即將召開的「陸軍福岡連隊事件」之審判作事前磋商。此一事件被稱為「福岡連隊爆破陰謀事件」，乃當局為恐軍隊插手反對歧視鬥爭之火而捏造的虛構事件。指導者以松本治一郎等活動家為目標，擬一舉檢舉之。辰治於大正15年（1926）11月初出席

在福岡紀念會館召開的「譴責歧視事件演說會」，激勵福岡的活動家們的鬥志和勇氣，這一天也利用等待臺灣聯絡船信濃丸從門司出航的幾個小時，與意氣高昂的活動家們見面，期望從此將前往臺灣的自己，對於殖民地統治，也有不遜於這些活動家們的鬥志和勇氣。

信濃丸從門司至臺灣基隆約60餘小時的航海之旅，於3月17日下午4時出航。辰治高興地踏上甲板，當他人指向遠方海面，說沖繩的某某島在這個方向等之時，辰治想起締造此行起源的簡吉氏幽默的信件。簡吉氏代表甫創立的臺灣農民組合，以日本的日本農民組合全國大會為契機而渡日。簡吉氏的信件這麼寫到：

> 您承諾為臺灣的二林農民事件之上訴審判擔任首席律師，我非常高興。渡臺後請您不僅出席法庭，亦作巡迴全島、推進臺灣人解放運動的演講。為使萬事都能順利進行，我已和臺灣文化協會及其他單位聯絡。先前拜見您時亦曾提及，來臺灣的話，多數人都會被殺，故為了不被殺害，請您要有覺悟。面談之際，您似乎未理解我這句話，若加以解說，亦即沒有任何渡臺的日本社會運動家，其對臺灣總督府的鬥爭精神是不被扼殺的。總督府好像很通情達理的給予很好的待遇，或亮出彈壓言論的殺手鐧，扼殺社會運動家的鬥爭精神。對此請充分注意，以回應臺灣人的期待。

辰治踏上臺灣的土地後，未如簡吉氏們所擔心的被總督府「殺害」，而是日以繼夜地在預定舉行的演講會上，設法宣傳人類生活的理想。時局以臺灣為中心大大地變動。已經開始出現的昭和初期的金融恐慌，自若槻內閣的片岡藏相在眾議院預算總會（昭和2年[1927]3月14日）上洩漏金融界不安定之實情以降，越發走向深刻化之路，特別是爆發臺灣銀行（日本帝國主義對東南亞的前進部隊）持續向和後藤新平關係深厚的貿易大商社鈴木商店濫行放款融資，辰治在演講上深入追究這些問題，不可能獲得總督府的容許。但辰治深信，假使說給孩童聽的寓言都能說得好，臺灣民眾必能猜測到我在比喻什麼銀行、誰的事情。在船內寫給日本友人、熟人的明信片上，好幾張都寫到「相信民眾，全力以赴」，此乃源於這個自信之故。

辰治臺灣行的主要目的是為二林農民事件的上訴審判出庭，以此為契機，約10日間在臺灣全島召開啟發巡迴演講的計畫，在臺灣文化協會、臺灣農民組合等斡旋下確定了。信濃丸船上的辰治，彷彿兩方的工作都已大為成功一般地充滿著

喜悅。所謂上訴審判的成功，係指在臺北高等法院上，多數被告與律師團成為一體進行布陣，與殖民地反動司法間嚴肅而認真地攻防，為最近一大勢力——全島興起的農民運動、獨立運動，帶來引爆作用，以及在第一審各受到有期徒刑三年等不當重判的約30名農民方面改判無罪，或即使未獲判無罪，刑罰亦有所減輕。此一二林農民事件之概要如下。

甲午戰爭的結果，日本領有臺灣的同時，總督府開始專心從事兩項事業。第一是以領有權的轉移為良機，想憑武力取勝的民族獨立運動之鎮壓；第二是作為新領土基礎產業的製糖大企業之培育。構成製糖事業的基礎是甘蔗便宜且豐富的收穫，故作為總督府的政策，限制農業的自由，獎勵甘蔗的契約栽培。此係在將刈取的甘蔗全部收穫、賣給製糖會社之預定下，農民種植甘蔗的農業形態。農民為自耕農也好、製糖會社等其他的佃農也好，在生活面上都受到製糖會社嚴格的規範。對此提出反抗的近代農民組合運動與製糖會社的勞動組合平行，自大正末期開始萌芽。製糖會社並非只有日本人經營，亦有臺灣人經營者，臺灣人經營的會社立於殖民地民族不利的立場，為了競爭，有時候比日本人經營的會社更強迫契約栽培的農民接受不合理的條件。

二林農民事件起源於臺中州北斗郡二林庄、臺灣人所經營的林本源製糖會社。此一事件，乃是該社的契約農民於大正14年（1925）秋在年輕的醫生李應章氏之指導下創立近代性的農民組合，開始從事活潑的組合活動，而被以騷亂、妨礙執行業務公務、傷害等罪名起訴，在臺中地方法院的第一審審判，由來自日本的著名社會運動家麻生久氏擔任律師而列席之事件。其後辰治在臺北高等法院的上訴審辯論上闡述道：「農民的行動尚不至於到騷亂的程度，警察卻以被告諸君為首，檢舉許多農民。身為人類，農民與會社方面強硬的折衝乃極為自然之事。」組合與會社間折衝之核心為下列三項：

1、我等刈取甘蔗、會社方面紀錄其份量之際，迄今有許多不正當之事，組合方面希望會同作嚴正的計量及記帳。

2、甘蔗買收之價格應係依據刈取時之市場，惟實際上，會社方面相當晚才依其自身之方便公布價格。砂糖是價格變動劇烈的國際商品，漲價的價差由會社獲利，跌價的價差由農民負擔，會社將此視為當然，令人困擾。希望在刈取前先和組合、會社間進行磋商，再決定甘蔗買收的妥當價格。

3、會社（林本源製糖）與明治製糖契約栽培之土地是連續的，向來會社買

收甘蔗的價格都較明治製糖低廉。希望消除這樣的差別。又，在組合的要求下，會社開始共同購入甘蔗田的肥料，配給給農民，但其品質較明治製糖配給的肥料為劣，希能改善。

二林農民事件的上訴審判自昭和2年（1927）3月23日至26日，辰治之外，還有精神很好的永山、蔡式穀、鄭松筠等三名律師活躍著，比起他們，作為被告團長的李應章組合長以理路整然地雄辯要求無罪釋放所有被告，許多被告以世界共通的農民氣質樸素而認真地答辯陳述，故使擠滿法庭的三百名左右的旁聽者大為感動。此可說影響了判決吧！檢事的求刑，以對一審判決懲役8個月的李應章氏求刑三年為首，對於組合幹部之求刑亦遠較一審判決為重，但上訴審的判決並未採納此一求刑。此事留待後述。辰治除在臺北高等法院出庭的時間外，為啟發民眾而連日強行的巡迴演講會的成績如何呢？在此擬引用辰治的書信說明。

> 不破先生　我於3月16日下午在名古屋車站前與你道別後前往臺灣，一路平安，4月2日返回東京。這次在臺灣的活動是20日早上7點抵達基隆，29日下午4點自基隆出發，實質停留225小時，雖然時間甚短，但在繁忙的日程下已充分活動。活動範圍相當廣，相信具有相當的效果。法庭的情況於下次有機會時再談。現在先寫演講活動之片思。
>
> 我在臺灣的活動從基隆碼頭的奪旗騷動開始。在前來迎接靠岸的信濃丸之基隆平民俱樂部、臺灣文化協會、農民組合、機械公會等諸君所搖動的歡迎的小旗之上，有一面特別顯眼、又大又長的旗子，警官想要奪取。但我走下舷梯，向警官隊隊長抗議後，沒想到他們很順從地返還旗子和被拘留者。因為這件事，我似乎一上陸就獲得臺灣人的信賴。我認為一般民眾也因聽到警官隊奪旗後歸還之傳聞，而來參加我的演講。我在臺灣的第一次發聲——基隆市聖公廟的演講會，在這一天的上午9時至10時，此一時刻雖不適合集會，但聖公廟屋內屋外故不必論，從前庭到中庭都滿場無立錐之地。這樣的盛會至臺灣南端的潮州庄為止的21個地方都相同。
>
> 縱貫臺灣，主要的市街地大體上是在一場所一會場演講，其中，斗南庄、二林庄、臺中市、桃園街、麻豆街、臺南市、鳳山街等地各有兩個會場，在臺北市有五個會場，因此，雖然開辦演講會的地點只有21處，但演講會的場數總共多達32場。演講時間大約以一個半小時為限，因為交通的

關係，時間緊迫，有兩三處演講縮短為50分鐘。因此，我除了為二林農民事件的審判而停留在臺北的三天時間之外，晚上的休息都是在火車上渡過的。

不破先生，如何？！實際上已充分活動了吧！我的身體、精力都維持下來了吧！

迄今已有很多人說我精力絕倫，我自己也這麼認為，但究竟有多大的精力？能維持多久？始終沒有嘗試過。然而，這次前往臺灣，我完全處理了超乎想像的緊湊日程，且完全不覺疲憊地賦歸東京，我自己也對於上天所賦與的恩惠之豐富感到十分驚喜。性好誇張的人說是奇蹟，也有人說我是超人。

不破先生，我不敢接受這麼誇張的評語，實際上我自己也很高興這次前往臺灣能夠試煉身心。就是這種一朝有事，能夠忍受不眠不休的活動之試煉，才是立於我們解放運動的第一線者必須經常惦記著應體驗的修養。此一試煉、修養是這次我前往臺灣的第一個紀念品。期望在最近的將來，一般無產大眾在有事之日，我能為他們發揮此一「紀念品」之功效，獲得他們的歡喜。

不破先生，你閱讀這封信，應該會懷疑：儘管我在這麼繁忙的日程中還可能開演講會或作演講，但到處的演講會都擠滿聽眾是真的嗎？然而，臺灣的民眾對嚴守時間的熱情令人驚訝。3月24日是二林農民事件上訴審判的第二天，在臺北市附近的汐止街濟德宮自晚上6時半起的演講，至7時半結束。臺北市內午後8時10分起的演講會我稍微遲到了，會場已擠滿了聽眾，我的側身（兩肩）掠過會場許多人的頭才終於登上講臺。（後略）

　　二林農民事件上訴審的宣判，是辰治返回東京的兩星期後。辰治認為該判決駁回檢事的求刑是當然的，關於確信絕對無罪的李應章等農組幹部四人，曾謂上訴判決窮其罪名，只有業務妨礙教唆罪，故聽到判決六至八個月的懲役十分驚訝。該判決指出李氏等召開與林本源製糖會社交涉之經過報告演說會，教唆農民妨礙業務。在較日本的治安警察法更苛酷的臺灣保安條例下受到彈壓式取締的報告演說會上，無論李氏等如何雄辯，難到能夠教唆妨礙業務嗎？辰治對於這個牽強的判決理由相當生氣，為了勸慰辰治，臺灣農民運動的活動家來信如下：

如另外一份通知所述，5日，我等組織解放運動的啟發演講隊。演講隊
「南征北討」、不休息地在島內各地奔走。雖然受到統治階級胡亂的羈押
逮捕，我等以毅力為最大的武器，持續一次接著一次的威壓與抗爭。以毅
力前進！以多數進攻！我等經常重複這句話。

二林農民事件的李氏等入獄了。他們心甘情願地接受這場成為革命家的洗
禮。刑務所對我等而言乃是信念的試煉所，磨練成為男兒的場所。請想像
人力車羅列成隊，在同志送別下入獄的異常壯觀的場面。

在殖民地統治與資本主義支配雙重壓制下的我們在開拓道路上，比起毅
力，只有看不見的實力是武器，此一實力就是從我們的團結和協力中產
生。我們只有持續戰鬥。殖民地的馬克斯主義者視民族鬥爭與階級鬥爭
同等重要，且不能不利用之。我等不僅僅滿足於從語言文字所獲得的快
感，而決心另以組織的威力與統治階級鬥爭。

■ 臺灣農民組合與日本農民組合通信

資料出處：《資料 B：日農總本部國際部資料》，頁 35。

寄件人：臺灣農民組合本部
收件人：日本農民組合總本部

感謝[送來]規約及其他[資料]。
本組合的活動也將從此一變。
戰鬥報告、情報及其他已寄送貴單位。
臺灣麻豆街的農民組合與此完全相同。臺中州下的運動更加進展。目前本部
的事務我們正在處理中。12月大會上將正式著手本部的移轉事宜。
如此一來，麻豆[的農民組合]將變成支部。目前支部與辦事處合計之數目，
全島共20個。
因各島間無法聯絡，遂將大會延期，且年初年終五、六日木海（按：地名）
間的汽船停航，又因風強再持續休航的話，不知何時啟程返回大阪，或是最近也
說不定，10日、11日在□□（按：此一地名無法辨識）、12日在福岡[的演說]，

我想請近內氏負責，11日、12日在三重的演說我打算前往。

　　警察的壓迫一如所料地相當嚴重（關於此事之詳細情形，待返回大阪後再向您報告），此一狀況我想可以演說，但明日可能有從木海來的警備船吧！

　　回去後若時間尚有餘裕，將到四國迎接，關於米村君的辭職問題，我有很多問題想要詢問。

■ 感謝日本農民組合歷次之指導與援助　中文翻譯

資料出處：《資料B：日農總本部國際部資料》，頁75。

1927年12月28日　臺灣農民組合本部
日本農民組合總本部公啟

　　感謝您歷次之指導與援助。

　　貴組合之指令情報等對敝組合而言極具參考價值。今後下記之聯合會亦請貴組合各惠賜一部。

　　又，先前懇請惠賜之金屬請於製成後寄來。

　　[寄]

鳳山郡鳳山街	臺灣農民組合高雄支部聯合會
曾文郡麻豆街	臺灣農民組合臺南支部聯合會
臺中市楠町6-9	臺灣農民組合臺中支部聯合會
中壢郡觀音庄下大堀	臺灣農民組合新竹支部聯合會　　以上

■ 簡吉寄給日本農民運動家花田重郎的信（1）　中文翻譯

資料出處：《資料B：日農總本部國際部資料》，頁23-24。

花田兄！

　　久疏問候。

　　您為解放土地而貴體欠安一事，未悉近況如何？

　　祝福您早日康復。

　　我們仍一如往常地在惡戰苦鬥。

最近支配階級的彈壓政策較鐵血宰相俾斯麥有過之而無不及。

在農民組合，組合員被毆打、拘留、處以罰金，幹部被隨便地羈押逮捕，事務所也被胡亂地搜索，文件被胡亂地扣押。

勞動者逐漸被趕入工廠——目前全島罷工的總人數約兩千人——學生被責罵少不更事，而被處以停學、轉校等處分。

報導變得瘋狂，將原因歸諸於思想惡化。

最重要的是，臺灣太小，方便他們斷然實行壓制、橫暴、迫害等貪得無厭的陰險政策——四面環海，如同監牢一般，遑論人的出入，連郵遞品的出入他們也表面上管理，暗地裡蹂躪。

我們當然勇敢地抗爭。

因為我們充分認識到，這證明只有鬥爭能推進我們的解放運動，以及正因為支配階級揮舞權力的大刀彈壓我們，我們的運動才能更加有力地進展；也只有這樣，我們的鬥爭才成為他們的致命傷，使他們的壽命變得短促且危險。

吾兄！

我想欣然告訴您，我們此一進展與現在持續勇敢地鬥爭一事。請代我向諸同志問好。敬祝奮鬥。

再會！

1927.6.17於鳳山

簡[吉]

■ 簡吉寄給日本農民運動家花田重郎的信（2）　中文翻譯

資料出處：《資料B：日農總本部國際部資料》，頁110-111。

花田吾兄：許久未見，我想您應是和往常一樣為農民組合奮鬥吧。我們回臺後馬上就組織宣傳隊，在北、中、南部各地征討，受到大家的歡迎，那些傢伙完全沒有耍手段的空間。

然而，那幫人的鎮壓，不用多說，是赤裸裸的毫不留情的。

目前，一三個支部的組合員超過一萬三千人以上。

可是這次的佃租爭議□□，因為人手不足，我們感到很窘困。

我們沒有律師，因此每次只要有爭議就感到非常辛苦。二十五日的中常委會

決議中，我們提出請勞農黨派遣一名律師的要求，我想他們應該會來支援。

　　還有，祈求您能寄送貴組合的聲明書以及其他各種能作為我們解放運動參考的文件。

　　詳細情況在之後的信件再向您報告，祝福您的抗爭運動一切順利。

5月2日

　　當天，全島示威運動被禁止，所以在不得已的情況下，我們在舉行了室內集會，我想□□（譯者按，此處影印不清楚）超過一百多個地方。

　　各地的情報，之後會寄送過去。

　　另外，勞動方面，最近有很大的進展，組織團體已經有十幾個了，對資本家宣戰的團體有兩個，而且現在還在激戰中。一週前，我們在全島各地作了同情演講會，可是全部遭到解散了。

　　小弟就此擱筆。

於〔臺〕中

■ 古屋貞雄的臺灣通信　中文翻譯

資料出處：《資料B：日農總本部國際部資料》，頁90。

　　因為田中軍事內閣的鎮壓非常透徹，所以鬥士們也徹底地勇敢地鬥爭，關於此事本人感到很欣慰。而且，組合的諸兄就算正在激戰當中也能夠充分指揮同志，努力實現組合的結成和運動的進展，小生對於組合的諸兄捨身的努力表示敬意。小生上個月五日再度渡臺後，就開始不懈地與所謂臺灣殖民地的特殊鎮壓和熱帶的酷暑奮戰。並且，我想在以臺灣解放運動為目的的諸團體和日本農民組合及勞動農民黨之間，成立一個完全的組織，（現在正在佈局共同戰線），關於那方面的文書我已經請臺北的文協幫我寄過去了。我會遵從各個機關的決議，也請臺端與黨商量後，告訴我寶貴的意見。我們這裡目前農民組合是統一的，我們成立了臺灣農民組合，但是工友會（勞動組合）那邊還沒有統一，我希望能儘快將之統合。也因為這樣的緣故，我希望能早日組織一個和內地有堅定聯繫的團體，因此捎信懇請協助，也祈求您的回覆。

古屋生

日本農民組合本部

臺灣豐原街豐原五六五
古屋貞雄法律事務所

■ 連溫卿致山上武雄信件　中文翻譯

資料出處：《資料B：日農總本部國際部資料》，頁2。

山上先生：

　　我想您已平安返回大阪了。

　　如附件所示，臺灣機械工聯合會第一回全島大會預定將於明年元旦在臺北舉辦。

　　如先前所約定的，我想將印刷品寄給您過目，但不知寄至何處為佳？我考慮到印刷品之性質，正在猶豫中。

　　新竹事件還會持續擴大。是否可請您在您所知的範圍內，即時暴露？

　　那麼，再會吧！

十五日　連溫卿

■ 太平洋勞動組合會議代表派遣全國協議會（報告）

1927/3/24　中文翻譯

資料出處：《資料B：日農總本部國際部資料》，頁3-7。

　　先前所邀請參加的太平洋勞動組合會議代表派遣全國協議會一如預定般於3月24日下午一點在東京芝協調會館，大道先生主持下舉行。

　　當日參加團體如下：

　　統一運動同盟會全國同盟、東京市電自治會、鐵道從業員組合、東京市從業員組合、關東電氣從業員組合、勞動組合評議會、日本俸給者組合聯盟、關東木工組合、自由勞動同盟、東京一般勞動組合、大阪菸草勞動組合、大阪鞄工（編者按：皮包工人）組合、日本農民組合、其他代理、委託組合10個團體。出席代表者48人。

　　於是，我國勞工運動發展上最有意義的會議、得為勞動階級國際團結之前提條件的劃時代會議舉辦了。

　　我極度狼狽之政府，對於此一會議所具有之內容——臨太平洋勞工們的國際團結、帝國主義掠奪政策之鬥爭——事先雖未詳細計畫，惟開會僅一分鐘即命其解散。然而，想要藉此壓制行動防止勞工大眾向國際團結邁進，畢竟是不可能的。

　　各代表者立刻聚集召開緊急協議會，決定具體的對策如下：

一、發表關於派遣代表之聲明稿（附件）

二、選出代表

　　1、派遣11名代表，但1名由日本農民組合選出

　　2、代表選舉方法：由元銓衡委員選出

　　　　西村、篠田、舟村、大道、蜂谷、三浦、西村、真柄、阿部、杉田、林。

　　　　銓衡委員於4月5日前考慮組合關係，盡可能依產業別選定代表。

　　3、別立事務委員會，使其全權負責決議事項之實行。其委員之選定委由統一同盟、全國同盟常任委員會負責。

　　4、參加組合主要依據產業別、於4月5日前預選代表。

三、宣傳方法：

　　　　由銓衡委員組織實行委員會施行之。

　　1、傳單、廣告、海報。

　　2、由參加團體的機關報宣傳。

　　3、委託勞農黨機關報、《無產者新聞》、《勞動者》等宣傳。

　　4、在各地舉辦演講會——尤其在東京大阪大規模地舉行之。

　　5、召開組合之集會。各組合應使工廠分會充分徹底地動員，組織大眾的集會。

四、基金募集（機關同上）

　　1、由組合員募款，參加團體一人一口5錢以上，作為基金。

　　（令發行機關報之團體進行募集）

　　2、演戲（兼宣傳）。

　　3、亦委託《無產者新聞》、《勞動農民新聞》、《勞動者》等募集。

　　4、利用宣傳用的廣告募集。

五、關於派遣代表，要求不使政府做任何的壓迫、干涉。又，對於20日當天

　　的壓迫，立刻進行抗議。

六、本協議會至完成任務為止都將存續。

　　緊急協議會做出上述之決定。

　　期盼各組合在承認上述決議之上，就其實行給予熱烈的支持援助。

　　昭和2年（1927）3月24日　太平洋勞動組合會議代表派遣協議會（統一同盟內）

通知函　1927/3/24

謹啟　慶賀貴團體之奮鬥與隆盛。

敬陳者　關於5月1日前後在廣東舉行太平洋勞動組合會議一事，相信多數團體都已經知道了。無庸贅言，該會議乃係從作為無產階級徹底勝利之必要條件的促進國際勞工階級相互提攜之觀點出發所召集的會議，一般期待該會議完成這樣極重要的任務，中國勞動組合固不待言，以俄國勞動組合代表為首的英國、印度、澳洲及其他太平洋沿岸主要的各國勞動組合代表都將共襄盛舉參加會議。

　　相信此與彼資本家、政府及所謂的勞工代表三者一體、樹立「社會正義」的國際勞動會議相較，其性質、內容皆截然不同。

　　而該會議最熱期望我國勞動組合代表參加，據說去年該會議的正式通知書除寄給總同盟者外，幾乎全都被日本政府退回。於是，唯一收到該通知書的總同盟代表者鈴木文治乃表示：「因會議場所澳洲正在排斥有色勞工，故無法參加」等云云，本年度會議場地在廣東，故無此掛慮。

　　因此，本年度我們務必正式派遣代表參加該會議。咸信隨著該會充分發揮意義，將我勞動階級提攜為真正的國際勞動階級，使其登上活動的舞臺，乃是緊急而直接的任務。

　　為此，我統一運動全國同盟雖然冒昧，仍決定如下：支持太平洋勞動組合會議、提倡為派遣代表而設置的全國協議會。在此奉告。

　　至盼各團體多數之贊同，以及代表者出席該會議。

　　時間：3月24日正午

　　場所：東京芝協調會館集會室

　　又，對於協議會設置之贊成與否、當日代表出席之有無及其數量等，煩請於3月22日前賜知下記事務所，幸甚。

1927年3月15日

　　　　統一運動全國同盟

　　　　東京市芝區愛宕町3之1

　　　　（關東電氣勞動組合內）公啟

昭和2年（1927）3月25日

國際部長先生　東京辦事處

前略。（譯者按：意指省略書信前面的問候恭維語）

　　昨日擬選出太平洋勞動組合代表之協議會，會議尚未開始即因官方之干涉而解散。

　　然而，各地都考慮送出代表，又因種種情況，農民組合也有選出代表之意向，故一度於上京後擬決定其態度。因此，為使其如在常任委員會上僅止於支持般，不作成決議，請於上京後決定您的態度。

　　總之，促請國際部長儘速上京。詳情其後再談。

■ 俄國蘇維埃政府革命十週年紀念　中文翻譯

資料出處：《資料B：日農總本部國際部資料》，頁41-43。

　　值此俄國革命十週年紀念日之際，拜受　貴同盟惠賜之召電，本組合以歡喜之情致上感謝。

　　我們已有激發全日本的農民、以歡呼迎慶勞工與農民的國際祝日之準備。然而，我們雖然想要立刻選出我們的代表，使其堂堂出發，並在俄國全體民眾面前發表賀詞，但本國政府卻從中作梗。連我們派遣戰鬥的勞工和農民團體代表者前往鄰國中國視察民族解放運動一事，政府也以暴力壓制加以阻撓。如此，現在我們已被剝奪向國外遣送代表之自由，無法遂行初衷，十分遺憾。

　　但對於一邊號稱所謂「立憲治下」，一邊以言論、集會、出版、結社等一切政治的自由和權力的專制政府，我們與所有被壓迫的大眾，以無產階級為先鋒，在所有戰線持續鬥爭。在農村，今年春天因金融恐慌，租稅、佃租、肥料及農具費、貸款等加重，農民生活之窮困急遽惡化，且現在大地主及大資本家的政府，

面對農民的收穫期，還利用警察、法院等反動團體的工具，予其充分的權責著手
向農民強制徵收，以及彈壓農民運動。在此悲慘的生活、此暴力的壓迫中，貧農
大眾在各地農村展開強力的鬥爭。現在，為統一全國所有農民之要求俾以向大地
主及大資本家的政府進行鬥爭的「全國農民團體協議會」，擬於10月26日成立。
貧農的決死鬥爭與「政治自由」的戰鬥結合，乃是當然之事。我們歷經許多困難
的戰鬥，相信我們的代表自由前往國外之日已經不遠了。

　　最後，在全世界工農希望之所在的俄國蘇維埃政府革命十週年紀念日之際，
謹賀無產階級政權之強化，相信社會主義建設之發展、世界無產階級運動之利害
將與蘇維埃聯邦之強化、發展之利害合流。我日本農民組合秉持「擁護勞工農民
之國蘇聯」、「與帝國主義戰爭戰鬥」之決心拜納　貴同盟之召電。

　　1927年10月15日　日本農民組合

俄國農業合作同盟　鈞啟

■ 謝日本農民組合寄來規章等　中文翻譯

資料出處：《資料 A：臺灣農民組合本部存留檔案》，頁 22。

1927年　大阪市北區豐島濱浦三－一八

日本農民組合　總本部　公啟

臺灣臺中市楠町六－九

臺灣農民組合本部

　　　　電話　號

　　謝謝臺端寄來之規章等。

　　敝組合的運動也有了轉變。

　　戰鬥報告、情報和其他事項報告也已經寄出。

　　位於臺灣麻豆街的農民組合與敝組合完全一樣。臺中州下運動有新的進展
了，本部的事務目前由我方處理。本部將會於十二月的大會正式遷移。

　　這樣的話麻豆就會變成分部。

　　目前分部及出張所全島加起來的數目有二十四個。

■ 古屋貞雄中壢事件之辯護文　中文翻譯
中壢事件之辯護（上）

資料出處：《臺灣民報》1928 年 10 月 7 日，第 229 號。

原因是法制缺陷

　　中壢事件公審費時二週，9月27日舉行了律師的辯論。古屋律師的辯論概要如下。

　　「本事件全然是因經濟組織之缺陷、法制之不備所引起的，因此，對國民實際生活造成重大不安，這決不是臺灣特有事件。

　　本爭議與土地轉讓私人、竹林問題、蔗農問題相較，意義內容相當不同。從食糧問題方面考量，亦為重大問題，然而一般人對此卻莫不關心。不只現在的經濟組織本身對農業者不利，以往的農業保護政策亦不過皆在保護資本家和地主。這種情況於當地更嚴重，因此即使有二期收穫，其收穫額也遠不及內地的一期作。此等問題點是將來必須大大考究之處，就此點意義，本件有其重要性」

日拓具備小作佃耕爭議之條件

　　「更深入探討本件內容，我們應視日本拓殖會社對佃農的虐待、殘酷的榨取為引起此次爭議的原因。僅述下列要點，第一、中壢地方與他地方相比，農民生活窮困。如，

　　1.佃租以往就有滯繳傾向。

　　2.新竹州農會一直以來實行肥料的共同購買，他郡皆已繳清費用，而反觀中壢郡下則滯繳金十數萬圓，亦可知其窮困程度。

　　3.拿了日用什貨也付不出錢。陳標中關店原因全為此故。

　　4.日拓之追討太急促亦太嚴苛，以致於可見佃農從什貨店借了什貨付佃租之情況。

　　第二、土地劣質，新開墾地多數土地貧瘠，需大量勞力收穫卻極少。

　　第三、對因不可抗拒之力導致的歉收也不同情。對氣流經驗少，多稻熱病、風害。

　　第四、農民對極不利佃耕條件的桎梏感到非常煩惱。

　　1.佃耕契約期間為短期。

2.佃租比鄰地比率高。

3.仲介人（管理人）居中榨取。

由此等問題點觀之，佃農與日拓間有充分發生爭議之可能性。（未完）」

中壢事件之辯護（中）　　中文翻譯

資料出處：《臺灣民報》1928 年 10 月 14 日，第 230 號。

以農業利潤為目的之會社，其存在本身是問題

古屋律師之辯論更尖銳地深入日本拓殖會社之剖析。

「坦白地說，不只是以農業利潤為目的之日拓存在本身既已擁有爭議發生的因素，而且地主為法人組織之故，因此不可能和佃農「維持照顧佃農之關係」，也就是說無法看到像他地主和佃農間和樂的畫面。本來，農業就和工商業不同，資本固定，利潤不漲，且是以大自然為對象之生產，伴隨著受到自然作用之危險。農業並不是照著其他買賣一樣提高利潤，唯一目標只是分配每人該得的土地生產額。對有限的生產且伴隨危險的生產，日拓要求得越多佃農就越窮困之事，洞如觀火。亦即，會社為得相當的利潤，自然除了壓榨佃農以外別無他法。總而言之，我不得不說將必要生產之農業視為利潤生產時，就比其他地主擁有引起爭議之因素」。

日拓的冷酷態度，押金以借據替代

「日拓之所有地大部分為新開墾地，不僅土質惡劣，佃租比率高，加上歉收的危險負擔全部讓農民負擔，根據契約第六條，會社任何時候都可以收回佃農投資相當資本開墾的佃耕地。更殘酷的是押金制度。當然他地主也有人收取押金，但沒有像日拓那樣殘酷的。貧窮的農民無法付出多額的押金是明明白白的事。而日拓讓付不出押金的佃農簽下相當金額的借據作為押金，再使其支付公司利息。用農民現金提供的押金謀利，利息卻一毛都不給農民。也就是二重三重地壓榨農民啊」。

以損害賠償名義，開始新型態的壓榨

「田畑畔道的防風防砂造林責任由農民負責。而且此處樹木被他人採伐時，

佃農會被要求損害賠償。收回佃耕地時，此處的殖林不但將全部遭砍伐，還會以遭採伐的名義被要求賠償。」

「雖有肥料配給佃農，但當收穫時，收取租米時，加上高額利息，稻穀也將和租米一起被取走。因其為法人之故，所以對佃農冷酷無情，無論遭遇什麼凶作，一律不回應減額交涉」。

特別是日拓只想著收取佃租之事，毫不考慮關於生產之事，例如，關於佃租的種類，比起在來種，蓬萊種或丸甫種同等的量但原價較高，因此日拓強制要求繳納蓬萊種。另一方面，蓬萊種在中壢地方那樣的海岸易受潮風之害、又易受稻熱病、又肥料亦因各個地方地質不同其主成性分也相異，然日拓全以同一方式處理，如對於缺乏化學知識的農民，不進行地質啊、氣流啊、作付□種類等的研究。也就是說，日拓對於收穫不實施親切的指導，只一味要求繳納佃租。

故農民從事一家共同勞務、努力耕作，因上述未成熟之研究、或因大自然之故，無法得到同等勞力的收穫時，卻依然被日拓要求繳納契約中簽訂的高比率佃租。被告人中有人把小孩賣掉以繳納歉收時的佃租，亦有諸如此類吾人無法想像之人生悲慘事。

需要農民組合之原因

「現在的狀況，取回土地亦是隨地主高興、租米之決定、押金之決定、其他佃耕條件之決定皆是依地主個人想法而成，如此一來，好不容易想改良土地，反而是白費工夫。不知何時被取走，到時勢必應用掠奪□法，從國家社會的立場來看，沒有如此不合理且帶來重大損失的制度。於是，成立農民組合，謀求農民之團結，矯正制度缺陷之必要便產生了」。

「增加生產，對國家食糧之貢獻：

第一、必須密切聯繫土地與生產者之關係。為此，有必要讓耕作者燃起愛戀土地之心。如不知何時土地會被收回，就無法對土地產生愛憐之心。亦即第一，針對收回土地所有者之土地之事宜，增加一定之制度是當務之急」。

「第二、對於土地耕作者應支付符合其努力之報酬。即承認其勞動價值、利潤分配合理化等事為第一要務。此點在農村振興上大為重要。

為增加土地生產，尊重佃農是先決問題。將農民陷入生活不安的狀態是社會上嚴重的大問題。說到臺灣的農業政策，以往是保護地主階級、資本家階級，為

達成臺灣特殊使命，確立生產階級的農業社會政策確是必要的。就此角度來看，因日拓的冷酷而發生之此次中壢事件，其重要性著實於此」。

中壢事件之辯護（下）　中文翻譯
資料出處：《臺灣民報》1928 年 11 月 4 日 第 233 號。

　　古屋氏之辯護一轉進入農民組合本質論。

　　在光保護土地資本價值而不承認勞動價值之今日社會，使社會承認其勞動價值，以確立農民勞動者生活，使農民完成勞動者本來的使命，是從現在社會實際生活產生的緊迫要求。必要之生產既與資本、勞動結合，一方獨佔資本且交易之自由受到保障時，農民組合方面進行勞動力統制和獨佔並與地主進行團體交易之事，不得不說是理所當然。如斯，勞動組合、農民組合運動如實地訴說著經濟生活合理化之請求。因此，上述運動於現在經濟組織、現代社會組織、現行法律制度下，合理合法，這點毫無異議。而資本家（事業主）之團結限制了生產，統制了價格，即對於「聯合企業（托拉斯、trust，tuolasi）」「企業聯盟（卡特爾、katel）」（而且對吾人日常生活必需品），不論是一般公眾或消費者出乎意外地採取寬大的態度，自身不深究懷疑。反之，對於假使多數人特別是農民勞動者等聯合起來，為保護生活而進行勞動力之團體交易，欲奮起團結之事本身，便認為是違法、是犯罪的時代錯誤思想，縱使法律沒有規定亦會被視作徒黨罪或結社犯，雖無明文制定，此錯誤思想是封建時代以來長久培養，至今尚未消滅。因此，即使他們稱農民組合為不法團體，不了解其精髓，徒追過去歷史，未盡將來之明，不斷地壓迫農民，我們的實際生活如前所述，以大洪水般的力量，正往經濟生活合理化方向勇猛邁進。

　　國民的九五成靠勞動力生活的現在，上述勞動力不被視為法律上利益受到保護，徒對財產給予優厚保護。亦即當法律只對受到法律保護者實行保護者之使命而不顧不受法律保護者時，為了不受保護者，換言之，發起要求勞動力也要和財產一樣，或者受到比其更多的法律權益保護之立法要求運動，是理所當然的。最近頻繁發生的當局戒慎恐懼的運動，力求警察防衛網之完備固然是好事，而我深信不疑，上述以勞動力為法律利益之立法的完備更是確實性的安全措施。然在有缺陷的立法下、如何將上述社會激流引導至安全道路呢？期待政治家呢？亦或是

等待世間有識之士呢？兩者於現在吾國，特別是於臺灣，吾人沒有期待他們的信心。

　　吾人超越所有關係，補正有缺陷的法，相信因我們有符合社會現實生活的進步判決，我們除了期待判官諸公的手腕別無他法。我們想起之前的電氣竊盜判決，電被視為物品之立法快速進行之事實，運用法律者對於社會進步之使命亦不能說不輕。特別是具體的社會事實問題，以進步的思維解決的裁判才是在社會進化的層面扮演重的角色。於此意義，在本件審理之際，深切盼望法官將重點特別放在被告農民自身現在的社會環境中，以期展現臺灣判決之新氣象。（以上）

■ 追悼共黨議員山本宣治　1929/3　中文翻譯

資料出處：山邊健太郎編，《臺灣》第一卷，現代史資料21（東京：みすず書房，1971），七，農民運動，頁384-385。

追悼我們的同志山本議員

　　山本宣治是我們無產階級選出的議員。山本氏於本月（譯者按：1929年3月）5日晚上9點半左右，死於嗜血的資本家大地主政府之凶刀下。不用說，其凶手雖係一無賴漢黑田（譯者按：凶手為右翼團體「七生義團」之黑田保久二），但我們同志的仇敵卻非此一無賴漢，然而仇敵究竟為何等人物？我們一目瞭然。

　　山本同志雖是一位議員，卻經常秉持激進的階級意識，代表我們無產階級的權利，與狂暴的資本家大地主政府相抗爭，暴露其原形。故反動政府不給他任何自由發言機會地加以鎮壓，不僅如此，還卑劣至極地利用反動團體的成員暗殺他。而反動政府說，刺殺山本的黑田，其行為係正當防衛而非出於故意，又說山本氏平素厭惡警察尾隨，警戒極為困難，故當局無須負責，何況黑田該次之行動無任何背景存在等等。如此玩弄言詞，正明白地證明此乃支配階級的陰謀之事實。

　　已經明瞭敵人是誰的我們，在向敵營進軍之途中，應覺悟到難免還會有更多鬥士流血。

　　面對敵人的資本家大地主階級，以鬥爭決定勝利的解放運動中犧牲的人，實為我們最高的光榮。在如今日般階級戰最激烈時，斷不容我們徒然流淚感傷。同志之憤死不只是強化我們進軍的原動力，更提高我們對殺害山本同志的敵人資本

家大地主政府憎惡憤恨的程度，使我們新的鬥爭力量倍增。嗚呼！山本同志議員雖已斃於反動派之凶刀，其急進的精神絕不會滅亡。我們須繼承其精神，為解放終身被壓抑的大眾決一死戰。

我們農組一聽到山本同志議員憤死之消息，翌日即發出唁電。

■ 追悼渡邊政之輔　　1930/10/4　中文翻譯

資料出處：山邊健太郎編，《臺灣》第一卷，現代史資料21（東京：みすず書房，1971），七，農民運動，頁 388-389。

關於追悼渡邊同志之事（1930.10.4臺灣農民組合本部）

追悼日本無產階級的領導者渡邊政之輔逝世兩週年！

兩年前的10月7日，是我們的前輩日本人渡邊同志在基隆碼頭被官員所殺的日子。渡邊同志是純粹的工人出身。他從幼年就在工廠勞動，期間參加勞工運動，組織公會等，為日本勞工運動而盡力，獲得所有工人群眾的信望，以前鋒部隊日本共產黨領袖之身分，領導全日本的革命運動。喪失此一偉大的人類領袖渡邊同志，是日本革命運動重大的損失，也是我臺灣革命運動一個重大的損失。我們偉大且最有為的前輩兩年前因白色恐怖而被殺害，我們應如何報答、紀念此一前輩的祭日呢？

我們首先要知道，凶猛的帝國主義戰爭迫在眉睫，在階級鬥爭趨於激化的現階段，帝國主義者以他們最大的力量壓迫、殘害我們的××運動，將來必將出現無數的犧牲者。所謂白色恐怖的橫行是全世界××勢力所擅長的政策。故我們為報謝前輩的祭日，當然應與前輩所受的白色恐怖政策徹底地鬥爭，這才是正當的階級行為。

「白色恐怖」之凶刀一天天露骨地在我們面前出現。最近臺灣官憲製造如「大同促進會」等組織作為後盾，此與日本的建國會、大和民團、正義團、國粹會等反動團體完全相同，完全是為破壞我革命運動的先鋒部隊。不僅如此，要知道，臺灣民眾黨或自治聯盟等一切反動團體將來必會成為日本帝國主義壓殺我們革命運動的青龍刀。今日我們若想要有意義地紀念前輩渡邊同志的「紅色祭日」，只有繼承他的革命工作，發誓為最後的勝利決一死戰，特別是對白色恐怖作最重大的決鬥，才是最適當的行為。

　　如此，為了這一天在各地召開追悼會，同時，我們要揭露白色恐怖，並研究對付白色恐怖之對策！

　　同時，我們要高唱：

　　一、組織自衛團！

　　一、打倒一切反動團體！

　　一、抗爭白色恐怖政治！

　　一、反對帝國主義戰爭！

　　一、臺灣農民組合萬歲！

▎臺灣農民組合支持內地選舉鬥爭同盟全國委員會文

1930/2/6　中文翻譯

資料出處：山邊健太郎編，《臺灣》第一卷，現代史資料21（東京：みすず書房，1971），七，農民運動，頁396。

通信文　臺灣農民組合本部

選舉鬥爭同盟全國委員會　鈞啟

　　我們要向在連綿的白色恐怖之雨下惡戰苦鬥中的日本諸同志們致上滿腔的敬意。在戰爭與××之前，我們歷史上應遂行的使命就此開始。

　　本日方收到貴委員會的《鬥爭新聞》，我們以絕大的熱誠閱讀，看到日本諸同志努力不懈地××鬥爭之紀錄，充滿光輝××的勞工與農民以「將我們的代表送往議會」為標語出來參選，這鼓舞了我們，使我們振奮了起來。日本親愛的諸君，肯定也將為了從工廠、農村「將我們的代表送往議會」而戰鬥！

　　儘管有去年重大的二・一二事件（1929.2.12全島革命性的農民兩百餘人被以違反治安維持法而被捕）所展現的日本帝國主義之嚴厲取締，××的臺灣勞農大眾一心堅信要在列寧主義的旗幟下超越各種難關持續戰鬥，為了日本的盟友，並肩迎向各種戰鬥。今日方接到新聞，我們立刻先募集送出兩圓左右的鬥爭基金。今後我們向諸君發誓為達成無產階級之使命，不惜盡最大的精神、物質之努力。特別是盡全力完成兩百萬圓莫大的「鬥爭基金」之募集。我們今日應立刻著手將此一新聞之內容向全組合或其他諸同志傳達（因報紙只有一頁）為使今後的鬥爭充分滲透到我臺灣的勞農大眾內，今後《鬥爭新聞》請送來約15部，報紙以外亦

請提供其他報告。為將「我們的代表送入議會」，請鬥爭到底。致上無產階級的
問候。

■ 臺灣農民組合致內地農民組合第三回大會文　　1930/4/10　中文翻譯

資料出處：山邊健太郎編，《臺灣》第一卷，現代史資料21（東京：みすず書房，
1971），七，農民運動，頁 396-397。

祝詞

　　全國農民組合第二回大會代議員諸君，殖民地及半殖民地無產階級貧農之解
放，只有與母國無產階級結為堅固的團體方為可能。故我們臺灣農民組合對於在
母國的諸君之活動，總是相當關心，俾獲得諸君勇敢之指導。

　　今資本主義沒落時，全國農民組合歷經支配階級無以言喻的狂暴鎮壓，展開
日益果敢之鬥爭，達成其使命。我臺灣農民組合代表殖民地被壓迫民眾向全國農
民組合致上敬意與感謝之辭。

　　臺灣農民組合全島第一回大會之際，全國農民組合不辭路途遙遠，特派山上
委員長前來給予我們強大的指導，我們迄今仍深為感謝。

　　解雇、合理化之徹底、失業者增加、貧農階級更嚴重的窮困化、殖民地因殘
酷的榨取等而沒落，日本資本主義為轉移其瀕死之苦痛，而伸出反動的魔爪，想
要一舉擾亂我們的陣營。我等以單獨弱小的團體難以撐持，今日當務之急是建立
更強大的團結。故面對我們共同的敵人日本帝國主義，母國及朝鮮、臺灣、半殖
民地的中國民眾，除了如鋼鐵一般的團結之外，沒有其他的解放之道。此乃我們
臺灣被壓迫民族熱烈的要求，想要徹底與諸君一致行動之故。我們期望以本大會
為契機，獲得諸君一貫的戰鬥指導，向最後的勝利挺進。

　　1930.4.10　臺灣農民組合致全國農民組合第三回大會

■ 與日本左傾分子通信　　1930/10/3　中文翻譯

資料出處：《資料A：臺灣農民組合本部存留檔案》，頁 47-54。

向日本同志報告臺灣近況

親愛的日本同志諸君：

　　對諸君突破所有苦難只管向一途邁進之精神，我等以無產階級的合作關係的立場，表示絕大的熱情和敬意。不過因為敵人極度剝削我們所有的自由，導致於我們過去在種種的事由之下，極為重要的相關事業只做了一些，對於此事我們感到遺憾萬分。僅只有在以往的臺灣××運動中，最重視重大鬥爭的臺灣農民組合發行的《情報》，主要有送達到東京那裡，不過有些可能落入那些傢伙的手上了，還有偶爾應該還會有各種的郵件往來。其他方面，日本來的主要有全農國際革命戰士支援團體MOPR（Mezhdunarodnaya organizatsiya pomoshchi bortsamrevolyutsii）偶有聯絡，其他的大部分都沒有通反帝國主義民族解放運動，特別是勞動組合那裡幾乎完全沒有寄東西過來。總之，我們不能否認雙方的交流非常的不充分。正因如此日本的諸同志對臺灣的諸事相當誤解。因此我們發現日本對臺灣的諸團體及諸問題，偶爾會有錯誤的見解。再加上日本內地最近發生一些急遽而且複雜的諸事件，而我們卻無法充分知道，這個是我們感到最遺憾的事了。我們坦率地承認過去所犯的重要缺陷，並且為了盡快將之消除而固執地努力。我們發誓今後會付出很大的努力，向日本或是朝鮮的諸位同志報告臺灣的諸事情，以確保無產階級的連帶感。那麼接下來我很粗略地報告臺灣最近的情況。

　　在臺灣最早舉起反帝國主義民族解放運動的大旗是一九二〇年成立的臺灣文化協會。這個組織的成員當然包含了本地資產階級、地主民族改良主義者、民族自由主義者、小資產階級、以及少數對階級問題稍有覺醒並擁有鬥爭本質的知識青年。這個團體最初是具有啓蒙性的思想團體，同時是帶有政黨色彩的鬥爭團體，這就像北伐前的中國的國民黨和朝鮮的新幹會那樣具鬥爭性，且像是「什錦炒麵」的鬥爭團。這些團體組成爾後，臺灣解放運動的急遽發展的必然結果下終於在一九二七年分裂，分裂成所謂「階級傾向的左翼派」和「民族傾向的右翼派」的二個團體。說到分裂的理由，一方面是對於帝國主義殖民地的民族傾向××運動的野蠻政策感到害怕的資產階級的歷史性轉換；另一方面是進步的小資產階級依然在所有帝國主義的鐵蹄下呻吟。繼承原來傾向鬥爭的文化協會的傳統與民族資產階級的反動行為毅然對立，為了和帝國主義鬥爭而成為戰鬥化的團體；也就是說，因階級關係的分化而起死回生的文化協會，更進一步變成了鬥爭性殖民地的小資產階級反帝國主義的鬥爭團體。在此我們要注意的，是更具戰鬥力的文化協會堅信偉大的無產階級，龐大的勞苦農民大眾的力量。如此，藉著

一九二九年十一月分裂以來第三回全島大會出現的「行動綱領」與「規約改正」的二大重要問題的提出，文化協會在大會上更加表明反帝國主義的鬥爭團體，並且會盡力為臺灣××運動的一支部隊的所應盡的責任。因此，臺灣文化協會既不是像之前那樣是單純的思想團體，也不是臺灣解放運動的主部隊。

接下來筆者要針對臺灣的工會（勞動組合）來論述。一九二七年的金融恐慌為開端的全島罷工運動以空前的盛大規模發展，臺灣的勞動運動便以此為契機，工會如雨後春筍般的成立了，臺灣的勞動運動誕生了。爾後臺北臺南高雄市等極小規模的少數的罷工，不過都沒有太大的意義。因此依一九二七年的罷工的浪潮而成立的數十個團體的工會，也沒有辦重大的活動停滯不前，這樣的狀態到今天還存續著。我們必須承認，實際上今天的工會很遺憾的是非常沒有實質內容，這點以前被稱為左翼的諸工會亦然。現今最主要的原因舉例來看：1）臺灣工業發展的極度限制；2）重要工業悉為官營之故，因此施行比較屬於欺瞞性的勞動條件；3）極度勞動運動的彈壓；4）意識的計畫的活動主觀勢力甚為幼弱；5）為主要工業的製糖業悉為季節性勞動；6）所有封建制度的殘渣，特別是家族制度濃厚的存在問題，也包括在上述的六個原因。

雖說如此，國際資本已經進入了「第三期」，而且最近席捲世界各個角落的世界經濟恐慌的暴風，特別是伴隨日本金融資本的強烈專橫化，要命的產業合理化的襲來，建立了臺灣的勞動運動起死回生的基礎。終於，最近我們一點一滴清算過去百分之百的謬誤，以「進入工場」、「進入礦山」、「進入鐵路」為目標，深入各處，並把精神集中於××性的工會的強力建設。如此，臺灣落後的無產階級自會牢固地嚴正地讓自己成為臺灣的運動的先鋒隊吧。我們就如同××主義者和機會主義者，只是拘泥於沉滯的狀態，也不悲觀也不成長。然而，世界經濟恐慌的餘震現在已經開始波及到臺灣的北部工業地方，現在臺北有三、四百名印刷工罷工中，基隆的礦工一千人因被免職而奮起，剩下的七八千的礦工也會起來吧。以此為開端罷工的浪潮無庸置疑的會高漲，而且基隆這次礦工罷工事件，連資產階級的報紙也說是非常惡化的情勢，有暴動的危險。礦工的生活完全就像文字所形容的一樣，比牛馬還要劣等，在驚人的非人類的惡劣條件下勞動。

接下來我要針對臺灣農民組合作論述。過去數年間，臺灣解放運動史上比什麼重要的是我們看到臺灣農民組合儼然巨大的革命英姿。同組合於一九二六年成立以來，立刻集合網羅全島三萬多勞苦的農民，從頭開始與帝國主義的暴虐政策

和產業掠奪政策其他的壓榨和鎮壓決鬥，連一米哩的妥協都沒有，持續英雄式的鬥爭。除去一小撮的大地主資本家、土豪、劣紳，臺灣百餘萬被壓迫被壓榨的民眾都對臺灣農民組合儼然的存在抱有深厚的信望和同情期待。所以加諸於臺灣××運動的帝國主義恐怖主義，說是政策的所有能量全加諸於農民組合也不為過。去年二月十二日所謂的「臺灣二‧一二事件」的治安維持法，全島大逮捕就是最具代表性的事項了。這個事件完全和日本的三‧一五和四‧一六事件是相同手法和規模。而且這件事的特徵是主要襲擊臺灣農民組合的成員（臺灣文化協會只有少數），逮捕的兩百多名前衛鬥士當中，農民組合員大約佔了百分之九十。事件的始末是，以違反臺灣出版法的名義將十數名組合的最高幹部送入監牢十個月以上，其他例如一九二八年解散的組合中，最具××性的中壢桃園兩分部（這是所謂第二中壢事件的突擊戰），以及今年湖口、員林兩分部被簡直是寡廉鮮恥的資產階級報紙登報解散。他們時時刻刻跟蹤所有組合活動員，連農村的小小的公開活動也不讓舉辦。把組合看成是老虎似的，並向組合員放出不實的流言，穿著官服威脅組合員立即退出組合，對不這麼做的人就要逮捕、拘留、罰金、拷問、送入監獄等等，完全是狂人的判決。在組合的事務所日夜戒嚴，恐嚇出入組合事務所的人。除此之外，對農民組合施加的××帝國主義恐怖政策，著實是嚴厲和殘酷至極的，特別是他們隨著國內外情勢緊迫，對農民組合所有××性活動，以最機密往地下的方式追擊，以強制極度非法的存在出現。雖然如此，農民組合非常蔑視敵人的砲彈，一路果敢執行地下建築，一步一步完成。就這樣，臺灣農民組合的存在××對帝國主義者來說是可畏的強敵。

　　現今世界資本的流行病——經濟恐慌的襲來，加速了臺灣農村經濟的停頓和失敗，二百五十餘萬農民的生活正處於急遽被推下井底痛苦的深淵。我們預測並確信，不久遍及全島農民的蜂起將會出現。一方面××帝國主義預知另外被逼到「飢餓線」上的勞苦民眾最後終將爆發，所以他們的預防對策是開始利用悲慘可憐幼弱的本地資產階級，也就是在政府熱烈的創意及其援助和保護下，於九月在臺中成立了「臺灣地方自治聯盟」，以欺瞞這些臺灣本地大地主、大資本家、土豪、劣紳等反××的民眾的自治聯盟的證言為依據，舉辦全島「自治聯盟」巡迴演說會對農民組合和文化協會極力開始進行撲滅運動。然而農民組合和文化協會，共同在全島各地散佈數萬張打倒自治聯盟及臺灣民眾黨的傳單，在演講會場有技巧地散佈傳單，有計畫地組織基地隊，在大眾面前毫不寬恕地揭露，特別是

在農村街頭工場更是極力揭露，戰爭漸漸展開。我軍最近內外緊迫的諸情勢為借鏡，為使對諸反××的團體（特別是臺灣民眾黨和地方自治聯盟）強而有力地戰鬥，臺灣農民組合和文化協會的提議下組織「打倒一切反動團體鬥爭委員會」鬥爭，單獨組合決定於本月中旬開始在全島各地舉行「打倒臺灣民眾黨・地方自治聯盟及一切反動團體的建設會。」當然這只是一個鬥爭形態而已，我們在工場和農村等地方徹底地、毫不扭曲地慢慢揭露他們的反動性。就這樣，我們對只不過是帝國主義爪牙的地方自治聯盟和民眾黨的鬥爭，遭到帝國主義的胡亂逮捕、拘留、毆打的攻擊；他們只管保障並助長自治聯盟的長成。接下來今年中期，臺北和臺南、高雄等都市發生了租屋人運動。去年九月高雄經由我等左翼同志之手，臺灣租屋人同盟成立了，接著明年六月也藉由我們左翼同志之手，臺灣最初的無產階級文藝新聞發行了。發行到最近為止的十四號中有七號被禁止發行，他們公然宣稱要絞殺我們的《伍人報》，現在正被放上絞死臺。

　　雖然遭遇到這樣絞殺的恐嚇，這次我們將名稱改為有戰鬥色彩的《工農先鋒》，每三天刊登一回內容充實等等，強力進行著。還有同樣是左翼無產階級文藝雜誌的《臺灣戰線》，也將於十月中發行。另一個是一九二八年臺灣文化協會左翼大眾報紙的《大眾時報》也在這次復活了。這是受到臺灣的出版極度剝奪而停刊至今的報紙，這次由位於東京府代代木上原一三一六賴宅的《新大眾時報》社再度刊行。我們在臺灣的特別出版法之下，我們的出版全被絞殺，因此偏向左翼的政治新聞或報紙不能在島內發行。最後再次說明，臺灣的帝國主義機構有：臺灣民眾黨及其麾下的臺灣公有總聯盟、農民協會、《臺灣新民報》、《洪水報》；還有地方自治聯盟、無賴團的大同促進會等。我們特別強調最近的臺灣民眾黨露骨的反動發展。他們民眾黨的左翼派與本地大地主、大資本家、臭氣薰鼻的劣紳等結合。然而民眾黨跟另外的「自治聯盟」組織，反而使民眾黨的根基不得不崩潰。面對這樣的悲慘命運的他們，狼狽不斷地狂叫，一邊想要從自我破產和滅亡中被解救出來，一邊寡廉鮮恥地自我宣傳自己的黨為全臺灣解放運動唯一的黨；或者說，解放全勞農無產大眾唯一的黨就是臺灣民眾黨。他們宣傳到廢寢忘食，就像瘋子一樣焦慮。對於這些××帝國主義的絞殺吏——臺灣民眾黨、自治聯盟、其他一切反動色彩團體，我們全臺左翼勢力毅然與之對抗。

　　接下來作結論吧！既然臺灣是世界資本的一部分，既然是特殊的××帝國主義最重要的軍事的實際上的要塞，再加上這次世界經濟恐慌的嚴重化所波及的影

響，以當時太平洋為舞臺的帝國主義戰爭的危機來推測，很明顯地臺灣絕對不會一直安穩。然而臺灣的農民組合運動雖在外觀上看似溫和，但實際上如上所述，我們漸漸鞏固地下建築，而那才是該來時的關鍵時刻的偉大地雷火砲吧。最後，我們熱切期望今後能和日本的諸同志，執拗地密切地做最大的合作關係的結合，而且也熱烈希望日本諸同志執拗的緊密的指導。所有通往勝利的路障，只要用我們無產階級的強烈連帶關係就可以把它踢走。

深深送上無產階級的敬意。

一九三〇、十、三、

臺灣（紹介）

臺灣農民組合本部——臺中市梅枝町二七（顏錦華）

臺灣文化協會本部——臺中市梅枝町一三（吳拱照）

■ 臺灣農民組合批判日本大眾黨文　1930/12/28　中文翻譯

資料出處：山邊健太郎編，《臺灣》第一卷，現代史資料21（東京：みすず書房，1971），七，農民運動，頁397。

關於日本大眾黨之河上、河野兩反動者渡臺抨擊鬥爭之事

本次日本最反動的社會民主主義政黨「日本大眾黨」之幹部河上丈太郎與河野密兩氏假調查霧社事件之名決定於本（1930年12月）月29、30日來我臺灣島，他們的友黨臺灣民眾黨與自治聯盟之反動派狂喜萬分，聲明歡迎他們，更露骨地鼓吹我們反動化。

他們兩位反動者假調查霧社事件之名，實係與民眾黨、自治聯盟等各反動團體提攜合作，聯合其反動勢力，以進一步欺瞞愚弄我臺灣工農群眾，又援助日本帝國主義對我們作更有力的壓迫榨取。故我們為臺灣450萬勞苦群眾之利害關係，對於此一反動派的策動行為決定斷然抨擊，並主張驅逐他們，使其遠離我們本島（他們渡臺後必然受到民眾黨與自治聯盟的歡迎，在各地召開演講會及做出其他行動）。

我農組對於他們這些種種的反革命行為，應欣然潛入農村，極力宣傳、煽動暴露他們的本質及其反動性。

我們的宣傳大綱是：

一、日本大眾黨是日本所謂中間的社會民主主義黨，日本無產階級的死對頭
——資本主義的走狗黨。

二、這兩人是該黨的最高幹部，他們完全是欺瞞、愚弄日本無產兄弟的騙子
——日本資本家階級的忠犬。

三、這兩人作為該黨的代表，被特派來本島連結民眾黨、自治聯盟，對抗我
左翼運動之進展，協助日本帝國之政策。

四、我們既有國際無產階級的連帶責任，必將極力排斥驅逐他們社會民主主
義者。

■ 農民與社會運動　伊福部隆輝　中文翻譯

資料出處：《臺灣日日新報》1930 年 4 月 26 日，10785 號 4 版。

伊福部隆輝，亦名隆彥，1898-1968，大正—昭和時代的詩人，文藝評論家。
1898 年 5 月 21 日出生鳥取縣，師事生田長江。1923 年與橋爪健等人創刊《感覺
革命》、1924 年與陀田勘助等人創刊《無產詩人》。其後，研究老子思想，主
持人生道場無為修道會。1968 年 1 月 10 日去世。69 歲。著作有詩集《老鶴》，
評論集《現代藝術之破產》等。(資料出處：電子版日本人名大辭典＋ plus 解說)

今日所謂社會革命家者間重大的問題是農民應如何，此乃當然之事，何以言
之？蓋在今日的狀態下，若只有都市勞動者團結，革命無法成功。都市勞動者若
要革命，務必使農民加入其陣營，用他們的話來說，他們「必須與農民握手（合
作）」。他們向農民傳播無產階級文化，有宣傳，此應可奏效而獲得相當之成
績，惟此究竟是否為值得高興之傾向？尤其對農民而言，是否為值得高興之傾
向？過去的歷史是農民的虐待史，魯鈍而順從，正直的農民——我們的祖先，經
常被欺騙虐待，而只握有一紙空頭支票；他們經常在烈日下工作，卻未曾在人類
文化史上留下光輝的紀錄。今天的人們，尤其不太瞭解農民的都會人士，指責、
唾棄農民的魯鈍和狡猾，我不是想說這不恰當，但是誰讓他們變得狡猾，難道不
是都會人乃至文明人自身嗎？農民變得如今日一般因循、姑息、狡猾，不只因為
過去他們被當作奴隸使喚虐待，也不只因為他們見不到陽光，而是因為他們被欺
騙，被欺騙而被當成奴隸之故。也因為他們原本是魯鈍、順從、正直的，他們必

須自覺到這些。他們為了不再被欺騙，不再有因無智而帶來的因循、姑息、狡猾，為此，他們常一再地因小失大。如今他們必須對一切秉持透澈的批判，沒有經過批判而對他者之信賴，都是不可能的。如果他們心中沒有恐懼的話，對所謂革命家等的言行亦毫不例外。他們對於今日的革命家，特別以嚴正明徹的批判為要。革命家要將農民帶往何處？如他們所言，對農民自身而言，天國也好，極樂世界也好，我們農民在過去經常為這些誘餌所騙。現在他們又再度受騙了嗎？或是如他們所述，這是農民自身最期待的福音？在此有必要透澈的觀察、嚴正的批判。所有適切乃至於真正的批判，係透過精密明徹的觀察，瞭解觀察對象之本質後方可獲致。農民對於革命家之言行不可忘記此一道理。他們要將農民帶往何處？他們所欲拉致之對象的文化本質為何？此篇小論文無法對其本質做深入的說明，在此僅闡述筆者之結論。他們欲帶領農民前往之對象，其本質乃是反農民的文化！此乃農民之虐殺！該文化乃是比今日虐殺農民的資本主義文化更深一層的徹底淨化，此並非僅筆者個人淺薄的知識所獲致之結論，而是他們的革命之父——《資本論》之作者所明言者。誠然，今日農民並非僅受地主之榨取，亦受到都會文明之榨取。若今日的無產農民只受地主之榨取，受苦者就只有無產農民。而實際上，今日的事實顯示什麼？今日悲慘的不只是無產農民，連自耕農、小地主也幾乎同樣悲慘。這說明了什麼？說明農民的大敵人不是地主，而是都市、資本主義、都市文明、資本主義文明。今日無產農民的團結屢次證明其大敵並非地主，他們在多數場合觀大局而奏凱歌，且他們曾一度為文明、都會奏凱歌。他們眼前的敵人乃是資本主義及其根據——這敵人與都會聯手，將置農民於死地，使其陷入完全的奴隸境地。（看看所謂的土地領有論、或所謂對佃農之耕地□□論。）其危險不止如此。都會、文明，不就是透過所謂革命家的言行，使他們今日握著空頭支票，與都會的勞動者相同，在死地陷入完全的奴隸狀態嗎？他們的真正目的實為馬克斯主義之宣傳，以及使今日的無產農民無產階級化不是嗎？

今日的農民不是僅和地主之間有所謂的階級鬥爭，也必須與都市文明、資本主義文明鬥爭。我認為這是對人性的機會文明、資本主義文明表達抗議之叛逆；也是人類對資本主義的復仇。何故？就我觀之，今日真正將正直的人類的、創造的生活保留幾分在職業中的就是農民了（如今日多數被稱為藝術家者，其創造的生活實非真正創造的生活。）今日的農民可說是悲慘的，他們沒有一個不是只有

過度的勞動和粗糙的衣、食、住。即使如此，我斷言農民在其生活中，仍是有人性的、創造的、有價值的生活。今日農民的悲慘，不是因為他們的生活本身在人性上、創造性上是無價值的生活，而是其生活報償的貨幣價值低廉之故。使其無法在工作中感到愉快的原因，不是因為其工作本身沒有趣，而是工作報償連保障其生存之程度都不足之故。我們經常聽聞，與其單純地說非不愉快的工作，毋寧說連對「愉快」是什麼都無知的他們，處於明知怎麼努力收穫也無法歸自己所有之境遇，收穫之際卻仍未意識到此點而感到歡喜滿足。此與都市勞工、工廠勞工等之生活完全不同。工廠勞工的生活，其職業是反人性、反創造，從而反生命價值的。反之，農民的職業是苦痛的。只有這個不是人性的、創造性的、有價值的生活，而僅是為了貨幣價值而勞動。如此的勞動、如此的職業是如何產生的呢？此乃資本主義文明的當然結果。資本主義文明不是為了人類而存在的文明，而是為了資本、亦即貨幣之文明。此並非使人類更具人性化的文明，反而是使人類為累積貨幣而使用之文明。近代都市是此一文明的根據地、發源地。他們以此為根據、發源地，向地方的農村入侵。在此一意義上，近代文明史乃是農村的侵略史。今日農民為生活所苦的原因與其說是因為地主，毋寧說是因為資本主義文明。誠然，資本主義文明使農民具生命價值的生活變成反生命價值的生活；使農民具個性化的、創造性的生活變成奴隸的、機械化的生活。革命家說「必須與農民握手（合作）」。他們是誰？不過是與中產階級一丘之貉者，不過是都市文明的資本主義文明之傀儡！他們以將農民從資本家地主下解放之名義，以甜言蜜語使農民變成資本主義的奴隸。今日農民必須有所自覺，過去被欺騙、手握空頭支票的歷史不能再重演。除了自己以外，其他的一切都不能依賴。必須自己建設其自身的社會。而建設此一社會之運動，實乃朝向創造性社會之運動；朝向人性的、更具人性的社會之運動；也是人類社會向如現代般的機械化生活之抗議、叛逆和復仇。尤其農民為了其自身之社會，更為了正當的人性之世紀，必須有所自覺。

■ 看看！日本香川縣的農民的來信！！

資料出處：《資料 A：臺灣農民組合本部存留檔案》，頁 184。

無日期

「同志！我們的香川縣這回夠再受了野蠻的警察地破壞。很遠望的臺灣同志，我是你們的一個同志，所以我希望諸同志來指導我。大家就來握手團結才有很強的力去與地主、資本家鬥爭。這回我香川縣有選舉，望臺灣的同志來援助，選舉我們很正的無產者代議士，這是我所最希望的。臺灣的同志，舊年（1928）的三・一五大檢舉，今年（1929）的四・一六大檢舉，我們最勇敢的前衛鬥士拿去了八百餘名。不過這事，實是表示日本帝國主義已達到最（末）期（的）一個現象而已。牠單單有了最野蠻的手段來壓殺我們的運動，可憐的牠們！

牠的暴壓愈強愈野蠻，我們的運動、組織就愈活潑巧妙，愈強大愈有力。換句話說，是使了我們的運動必然一要達到勝利的日子愈緊而已。所以我們單單有夠再積極的去鬥爭，決死的勇敢去鬥爭才是，來準備建設我們的新社會才是。臺灣的同志呵，咱大家就來合力，才有力對（付）今日的白色恐怖政治，強力去驀進去鬥爭才是！」

同志諸君！這樣日本的兄弟的熱誠，咱大家要表示敬意。今日「咱臺灣的解放運動，那是沒有日本的無產兄弟來援助，咱的勝利是不能夠達到的」，這咱要明白的。這日本的同志地講：香川這回夠再受了破壞，這是在著什麼事由呢？舊年的帝國議會總選舉時，地主資本家們想要選出牠們的走犬代議士，一方面很有勢力的香川縣的農民兄弟也要選出農民的代表代議士。當時大地主的走犬──香川縣的官犬，都茲全香川縣的農民組合員總檢舉去了，官犬就用了暴力對勇敢的農民兄弟，去恐嚇強制退脫農民組合。當時因這樣非常暴虐的支配階級的暴壓，運動不得不也受了一時的難關了。不過已知農民組合是自己的生命一樣的香川農民兄弟，快快就著手再建組合。一方面全日本的農民、工人就合力起來，積極去援助這香川農民組合的再建事業。所以一日一日組合的基礎也愈強鞏起來了。大地主的走犬──官憲都起了大恐怖了，尚且在於選舉前的今日，這回夠再用了魔手去破壞組合了。

我們臺灣農民兄弟呵！快快起來，與日本的兄弟確立共同戰線，展開我們的進攻，向帝國主義共同進攻呵！！

■ 在勞動者和農民的國，告於日本的兄弟　明石省三（在浦塩）
資料出處：《資料A：臺灣農民組合本部存留檔案》，頁184-186。

一、今年的春天，稍寒的時候，受浦塩（編者按：即海參崴）的赤色海員組合的招待，和受刷新會的派[遣]的名義，來到這處已八[個]月了。「無產者沒有故國」云云雖是這樣，然許久互相勞動，互相奮鬥來的日本諸同志呵，我也不時都底懷[想]你們的。我這時利用這個寸暇。將我所見聞的浦塩附近的蘇維埃共和國的狀況，告給你日本的勞動者同志知道吧了。勞動者已奪取政權的這處，和日本在鬥爭的難易，勿論不得比較的。然為勞動者階級的目的之工作，這處也是日本、也是全世界都是同樣的。所以得給諸君為參考，是很幸[運]吧了。

二、我一到了浦塩的埠頭，就受了自很早前就在這處、而現在底做浦塩市會議員，和海員的國際[俱]樂部（クラブ，club）主任的邦人同志N兄的迎接了。我受了N兄和做我的通譯的P女士的案內（招待），往東奔西遊玩，所以此處的狀勢也很詳細了。雖是露西亞，而階級鬥爭決不是告終了。

自新經濟政策的實施以來，所謂再發生ネップメン的資本家（為了復興經濟，列寧允許小規模的私人企業的彈性政策），對這輩的鬥爭，是不絕[斷]都底進行的。然對這輩是一點都沒有給他們的權利，所以對他們的鬥爭，其形態和資本主義國家是完全相異的。

因露西亞資本主義未十分成熟的時候就革命，所以實施社會主義政策是很多、很大的困難。而昨年決定樹立了五個年的經濟計劃來克服那個的困難了。然在這全勞動者農民協力盡力底圖社會主義施設的今日，不免待到五年，就會得成就的！！

為五個年計劃，使大工業的發展，不得不或（有某）程度的容（忍）外國資本投資於國內了。例如フォ也有建設了工場，底收相當的利益，然在這個工場，必有置監督官。在[榨]取是有制定嚴重的限度，利用這個機會的會社，大大地擴張工場。然這種一切的會社的營業，都是五個年的契約，所以五個年後，不論甚麼東西，一切無償都要歸國有的。雖然是這樣，也（才）不過是國營的五分二里，所以是不成問題的。又三井三菱，都在離浦塩百哩許的所在，也得了一個[礦]山的採掘權；三井是用五百，三菱是用了三百名的勞動者。我有一天，會（見）了在三菱炭[礦]地勞動的勞動者，邦人A兄對我說道：

「我自很早，就和二、三位的同志在這處，為喚起這處勞動者們的階級意識，繼續運動奔起來了。然（而）會社說什麼『已被國家嚴重制限[榨]取的程度，你們再做那樣的行為。是很惡的。』於是三月中將我馘首（解雇）。然這

夫等，即時提出我的復職和添加幾條的經濟的要求，便移入同盟罷工了。而這（樣）的罷工也是送回於裁判，十分調查是[礦]夫所望張的正確呢或是會社所取的行為正確呢？其結果勿論[礦]夫的主張，是認為正確的。而罷工也不（到）一週間，就得了勝利解決了，我也隨時復職，以至今日也這個勞動吧了」。

我對A君就問：「在那這不慣的勞動，你不會欲想要歸日本呢？」

A君答道：「日本呢？怎樣要歸去呢？在這處勞動也沒有失業之憂慮，也不免貯金？而假（如）萬一失業，有相當失業的保險金。而至於稍老呢，便有養老院可容，不論什麼白色人，黃色人的民族的差別，一點兒都沒有我所勞動的工場。雖是資本家地主經營，但有置勞動者，監督官。那假（如）超過所定的勞動時間的八時間的一分間，便即時就被罰（賠）償金，而受傷的時也即時使我們入院，而對其機械消壞，便立時繕理，為勞動者一點兒都不免受傷。這樣對我們勞動者絕對保護政策已到徹底完備了。而假（如）要歸日本，但我們已被日本領事館取了寫真送交日本了，所以還也不得還。實在在這處勞動，一點兒些少都不發生不平不滿是很極樂吧了。

三、農業尚未電氣化，所以沒有大機械，比工事較落後。所以農民的生活程度，未像勞動者那樣的好，所以盛走向都會去。為這個緣故，感覺食料不足，對日本輸入三千頃的小麥粉，以為補足，現在已在各驛都底制止其住都會。雖是這樣，而住都會的人是很多。而土地是二十個年間貸與農民，然農民間不得放棄財產的私有觀念，以破壞徵發規定，（隱）私有財產的人也有。但對這輩是不容允投入監（牢）。以回其觀念又宗教，對社會極流了最惡的害毒。所以和尚的集合，徹底的加以彈壓；而農民的中間，尚有這樣不得拋棄宗教心的，而對這輩也是地加彈壓。而這樣受了數次的處罰的和尚，更不改後者，不得不處以槍殺。老實在農民的中間尚有不理解蘇維（埃）制度，以咒罵蘇維（埃）的人也有。然事實上，農業勞動者已漸漸理解，認識也向上來了。而地主在政治上的權利，一點兒都沒有給他，農民呢？對農民是完全有給[他]啦。

四、我有一日和女士同伴，往訪昔日P女史的貴族友人家裡，是對浦塩要乘四時的火車去的鄉里。我們是乘了馬車去的，P女史命馬車從橫道向走，未幾忽然到了那像散了白粉一般的白園之間的稍高的塚前了。P女史便向我說道，這個小塚的由來！

「這是三個年前的事，那這邊是孟雪維克（メンシエヴイキ，Mensheviks）

非常得了勢力的地方。對這裡有一位卒業莫斯科大學的共產黨員，來到這裡，獻身活動。然當時這村是非常窮乏，這個好男子將都會的寶物，取出為欲救濟貧農。然不幸在正取寶物的時，被和尚見著，和尚便亂打銅鐘，（叫）集村民，將一個黨員殺死了，葬他（的地方）便是這個塚吧了。若詳細調查，能得知道下手的人者。村民要全部槍殺，然已往的古事，所以也執意吧了。」

未幾我們到了那貴族的家裡了，其家族全部被殺死，現在只（剩下）二個姊妹，賣出早前的貴金物，以為生活的，塚墓任其荒廢。看來了不得不禁止發生凄慘的其姊妹，在革命的當時被赤衛軍的將校所×，以致精神異狀，不時痛罵布爾塞維克（ボルシエヴキ，Bolsheviks）是惡魔。我見了這的狀況我們也不得不禁表現歡喜啦！

我們問他們：「以再生的覺悟，和我們的勞動是怎樣呢？」他答：「然我父親是貴族啦？」「你父親果是貴族也未可知，但你現在豈不是一個的窮人嗎？」

「你雖這樣說，但蘇維埃不給職業與貴族娘了，假使給我職業，但一般的兄弟，不認我們為兄弟。老實蘇維埃是一個的惡魔啦。我們已不得不歸[依]耶[穌]以外是沒有別道了。」

「噯！這也是沒有辦法，然將來不久，會到不分貴族的娘子和勞動者的娘子的日，所以你更加再研究蘇維（埃）的好處，怎樣呢？」

我們離別了那喬木枯傾、落瓦廣大家裡中二位的娘子去了，這且稍好而在那帝政時代的貴族、將校、官吏的遺族的生活狀態的悲慘，不論何處，已絕於言語了，零落為乞食，賣春婦者很多數啦！然這輩雖受了這樣悲慘的生活，尚且蠻蠻不捨昔日之嬌奢，忠實和我們同樣勞動。又蘇維（埃）老實也不是不給他們的職業，這樣說來，若論可憐也可說是可憐。然為全人類的百分中的九十九分的人的幸福之計，這也不得已的。然這悲慘狀態的一面也可欣喜的事，是階級××的制度怎樣徹底吧了！

五、或日去視察浦塩第一的國營會社，逢著休憩的時間，地開工場委員會，議題是為在工場的一職工受傷。關（於）這個問題，地相議機械的安全設備，議了立時便對埔塩蘇維埃提出了要求書。這個事件付於裁判，即時也調查了是機械的壞，或職工自己過失，以致受傷的一面再開大眾的集會，討議這個事件的真相。其結果裁判和集會概認機械的壞，所以不（到）一週間內，便再裝置安安全全吧了。

　　日本的資產階級的走狗的新聞們，不時都地逆宣傳說什麼蘇維埃，很官僚的，對勞動者的意見和要求，一點兒都不顧及等等。然其事實是這樣，所以日本的勞動者兄弟們也[已]會得明白正是啦。而勞動組合，現在也是為勞動者日常的利益，非常活潑地鬥爭，為國家行政的基礎，關於重要的事業，組合的幹部，必定參加以反映勞動者的意見。

　　六、或一晚上再受N兄的案內去那國營劇場觀劇，我們坐在一等席；一等席就是參加過革命的人所坐的席，所以這和日本大不同的。劇是演ゴリキ（俄羅斯名戲劇家高爾基）的《母（親）》，然我對觀劇不如對於觀客更發出了奧味的事。我們的席前，是義勇艦隊的水兵和士官並坐著的。然我的不意中，一位水兵向士官，（叫）著「汝」「汝」。我聽了這個（叫）法，敢不是（叫）差呢，實很不可思議的事。我更向（鄰）席的N氏聞了，也確實是（叫）「汝」。然這更使我疑問，我便不禁對那水兵的肩上打一打，聞了這個事情了：

　　「同志們　你對士官（叫）什麼「汝」的話，這個無妨嗎？敢不失禮嗎？」

　　「什麼失禮。什麼有妨害麼？他們也是我們的同志。是是。在那艦內是艦長，然這個奴才不過是頭腦稍好，所以被選舉為艦內蘇維埃的艦長而已，他們稍多忙，所以薪水稍好。然再到了來期的選舉，反我被選為艦長這個奴才做水兵也（未）可知，況一但踏出艦外是一個同志吧了」

　　「是了是了那樣呢？然像你年中在艦裡生活，不會想要上陸去勞動嗎？」

　　「這個的思念是沒有沒有，我們受蘇維埃的命令，忠實去工作，就相當保障我們的生活，且也沒有失業的憂慮，況每月對我母親得寄五十留，所以一點兒都沒有問題。唯最討厭的，就是去那外國的港口，走狗——スパイ（spies）——便來隨身，一步都不離開，所以酒也不得自由痛飲。想起這點，實是討厭！

　　婦人的地位，是非常的重要，在那赤衛軍募集的時候，有很多的婦人應募了。在浦塩，每週都開「國際婦人夜會」，我也常常去參加，用日本話演說，P為我做通譯，實在很使喝采，ウラ（屋啦，俄語「萬歲」的意思）的（叫）聲搖堂。這樣在這處不任你到了什麼地方，一點兒全然都沒有民族的偏見，唯是同志愛，支配（每）個人的感情啦。

　　九月一日是國際無產青年紀念日，全市行了大示威運動，那時日本的艦員也有五十名參加了。軍隊也帶了槍劍參加示威運動，一齊向那赤色的廣場而走，然那赤色的廣場，也已叫唱「日本同志萬歲」，在這聲中競爭奪取日本同志。這輩

同志後歸了日本，聽說被政府逮捕，然雖是這樣，一但再來到浦塩，沒一個不再去赤色海員[俱]樂部玩遊。這[俱]樂部像大阪的天王寺公會堂那樣廣大，掛了鐮和鎚刺繡的赤幕，處處再另了用日本字「露（俄）、中、日勞動者團結起來呵」的大張壁單。對來這處的外國人，便先給他們看革命和以後的成果的影片，然後案內去參加踏舞（ダンス），而在這中間才說明初步的經濟學和唯物史觀給他們知道。為這個結果浦塩航路的船內，大概有組織「艦內委員會」啦。

　　恐受外國，（特別是）日本領事館反動的策動，關於（召開）國際的會議（例如泛大平洋勞動會議）的時，用二個中隊的赤軍守衛會場，這樣日本的同志們，也得了（免）受帝國主義迫害的保障。

　　因為資本主義未十分發達的緣故，配達網未十分完備確立，所以要買早時的麵包，有時要待到一點鐘之久。然再三年後，對各戶就用自轉車而配達，住宅也未完備。然美麗的厝，現在國家大大地建築，所排在面前的壞汙厝，聽說欲保存做將來的教育用的材料。不備的點一點舉來說，是尚很多。然都市的普羅利塔利亞（Proletariat，無產者）已十分深刻理解蘇維埃，絕對（協）力地守衛蘇維（埃）。而農民也漸次信賴蘇維埃，所以艦的社會施設，著著地進行。

　　勞動者和農民的生活，社會的漸次向上，服裝以外的日常生活，或全般的人和人的差別，始全部消滅了。同時對宗教的歸依或私有財產的觀念，已對全般的頭底一掃了。假一句說，就是社會主義的建設的道路，一步一步確實漸次開拓確立了。資本家們種種逆宣傳，然一步踏到蘇維（埃）的國裡呢？誰也得著，誰也得聽的嚴然的事實吧了。全世界的無產者們，可絕對依賴國際的無產者的先鋒隊的蘇維埃的勞動者的無產者們，可絕對依賴國際的無產者的先鋒隊的蘇維埃的勞動者。這兩個的勞動者，在堅固團結之下，世界無產者即始能得開拓前進的路。在極端白色恐怖的中，和這個苦難地奮鬥的日本勞動者農民兄弟們呵，勞動者農民的前衛諸君呵，我在這蘇維（埃）的國，和你們堅固握手吧了。

■ 外文通訊部分

臺灣農民組合本部

資料出處：《資料B：日農總本部國際部資料》，頁 16。

FARMERS' AND PEASANTS' INTERNATINAL CORRESPONDENT
SECRETARY OF THE EDITORIAL BOARD   May, 20th, 1927.

Dear Friends,

The "Farmers and Peasants International Correspondent" is a monthly publication. With the present number five issues have now appeared. The material published in our journal is intended for use in the farmer and peasant press all over the world. To this end we publish articles on general economic and political subjects. There is further in each issue a chronicle of events in various countries published with a view with the life and struggles of their fellows and their organizations in all parts of the world.

We do not know how far you are able to use our publication, particularly as we receive your own publications rather late. We should be pleased if you would inform us whether you have been able to make any use of our material, and if so, what particularly articles, etc., you have been able to use. We should further like to know whether our publication reaches you in good time.

It is our aim to improve our publication in every possible way and your opinions and suggestions concerning the tasks, character and tendencies of the "Farmers and Peasants International Correspondent" would be very helpful to us. What questions are in your opinion insufficiently dealt with by us? What material do you think we should publish in our future numbers? Do you think it worth while to publish the Correspondent in other languages, and if so, in what other languages?

We hope that this letter may serve to establish closer relations between your organization and ourselves. Please send us correspondence and material concerning the farmers and peasants movement which you would like to have published in the Correspondent.

> With fraternal greetings,
>
> Yours sincerely,

/GOETZ KILIAN（SIGNED）

Secretary of the Editorial Board

All Correspondence should be addressed to：

Herrn GOETZ KILIAN

BERLIN-COEPENICK

Heidekrugstr.67.

GERMANY

資料出處：《資料B：日農總本部國際部資料》，頁34。

IMPERIAL GOVERNMENT TELEGRAPGS.（Delivery Form）

Station：_____Office No. _7_ Nipon Nomin Kumia

Received Time：_237S_ Date___19 Enari Cho 186 Osaka

By _I, YAMASHITA_

Class___Original Office VOSCOU

No. 12/03 Words 36

Date 19 _19_ Time 15 20

FEDERATION AGRICULTURAL COOPERATIVES SOVIET UNION RUPROSE
ACQUAINT YOU SITUATION SOVIET PEASAVTRY INVITES YOU SEND FOUR
DELEGATES TENTH ANNIVERSARY SOVIET UNION ON 25 OCTOBER STOP
ANSWER MOSCOW
SOYUZ SOYUZOFF KAMINSKY

資料出處：《資料B：日農總本部國際部資料》，頁30。

INTERNATIONALES AGRAR-INSTITUR

INSTITUT AGRAIRE INSTERNATIONAL

INTERNATIONAL AGRARIAN INSTITUTE

VOSDVIGENKA, 14, Moscou

[Nipon Nomin Kumiai Headquarters] received on 1927. 7. 25

Dear Friends：

The International Agrarian Institute has organized a special Section with a view to study the peasant movement among women and the condition of the peasant women on the land in all countries. This Section will publish shortly an information Bulletin which will deal chiefly with agrarian questions. In spite of the fact that these questions are today of a great and general interest to every one. They have not yet been studied as they should be.

Consequently, this Section of the International Agrarian Institute, proposes to gather all publications and documents dealing with the following subjects：

1) The economic social and legal condition of the woman on the land（including, passant women and daily paid women workers）

2) Women organizations in general and more particularly peasant women organizations.（Their political economic and social, revolutionary and religious character）

3) Part played by the peasant women in the social and political life of the country.

4) Press, publications, bibliography and other material which deals with the movement among peasant women and their life（chief press organs, their political character if possible）

5) The program of work of different organizations on the land.（Their political life if possible）

6) Role prayed by peasant women in co-operative work, and also other information concerning directly or indirectly the questions mentioned above.

Realizing that these agrarian questions are actually of a great interest and become everyday more and more important, we sincerely hope that you will be willing to help us in our work, communicate to us the documents that you may have at your disposal.（documents published or not yet published）. Also you will send us short reports of conferences held, photographs illustrating these conferences, photographs of different institutions and of their leaders, etc……

We know full well that, gathering and sending this material,（the sending of articles especially）represent large expenditure. These expenditure will be paid immediately after receipt of accounts.

Will you kindly let us know the terms on which you will be able to send us the material.

We remain

Yours faithfully

Secretary of the Section

signed

（Fatima Reza-Zade）

資料出處：《資料 B：日農總本部國際部資料》，頁 52-53。

Ligue Internationale contre l'Imperialisme

et pour l'Independance Nationale

3, Rue Parmentier, Neuilly s/Seine　　Paris

Paris, le October 4th 1927

To the "Nihon Nomin Kumiai

Enari-cho 186, Konohana-ku Osaka

COMITE D'HONNEUR

Professeur A. Einstein

Henri Barbusse

Mme Veuve Sun Yat Sen

General Lou Tsoun Lin

Dear Comrades,

You will no doubt have heard of the Congress against Colonial Oppression and Imperialism, which met at Brussels in February last, and which led to the "League against Imperialism and for National Independence " being founded . At the time about 200 representatives of all races and continents were present . There was an especially strong attendance from colonial and semi-colonial countries, such as: China, represented particularly by the Kuo Min Tang [Kuomintang] and the All-Chinese Trade Unions; India, represented by the All-Indian National Congress and others and Africa with the South African National Congress and the Egyptian National Party represent[atives]. From among the imperialist countries England sent strong delegations, especially the "British Labour Party", the "Independent Labour Party" and the Miners Federation. Many delegates were present from France and likewise from Germany. Some well-known trade-unionists, such as Edo Fimmen and William Brown, numerous parliamentarians, as f.i. Lansbury and Willi Munzenberg, and a number of authors and scientists like Henri Barbusse, Ernst Toller, Professor Theodor Lessing and Professor Alfons Goldschmidt had also arrived to participate in the Congress. All of these delegates without exception advocated the co-operation of the oppressed classes with the oppressed peoples in their common struggle against capitalism and imperialism and for the aims of national and social equality.

We assume that you are in agreement with the aims and object[ive]s of the "League against Imperialism and for National Independence". It was a fact to be regretted that one Japanese representative only was present at the Brussels Meeting, comrade Katayama（片山潜）, and we should be most satisfied if your organization would affiliate to the League in order that imperialist Japan could [be] penetrate[d] by the international anti-imperialist movement and a section of the League be founded there.

Owing to the imminent danger of an imperialist war in the Pacific and the imperialist intervention in China, the Executive Committee of our league has convo[k]ed an extraordinary session to take place in Paris in November of this year. It would be of the utmost importance for some Japanese representatives to attend this conference, for Japanese imperialism develops with the greatest intensity in Northern China and Manchuria and war in the Pacific is a question of grave concern and may, after the failure of the Geneva Naval Disarmament Conference, break out any day. We should therefore very much like to see your organization send a representative to the Paris conference. If there should be obstacles in the way, we suggest that your organization appoint a Japanese comrade at present residing in Europe to represent you.

We shall forward a copy of the protocol of the Brussels Congress under separate cover.

Trusting to get an early reply,
　　　　We remain,
　　　　　　Fraternally-Yours,

Secretary, Louis Gibarti（signed）　　　　　Secretary, Liau Hansin（signed）

資料出處：《資料B：日農總本部國際部資料》，頁 54，56-57。
No dates, but apparently responding to the letter from the Paris Congress, dated October 4, 1927, which was received on November 6, 1927

Dear Comrades：

We can never express our gratitude to you for your hearty invitation asking us to send a representative of our organization to the Paris congress, or to appoint a Japanese comrade in Europe to represent us.

We are greatly regretted to say that it would be hard to send it for reason that we are in difficulties for financial resources and in want of comrade suitable to it, and especially that we are now having the busiest time in the struggle against our enemy, facing the hightime of both the political and economic movement. As for appointing a comrade in Europe, it would be also hard for us to find someone so soon.

We are fighting incessantly and obstinately（and more violently on the coming tenth anniversary of the great Russian Revolution）, fighting against our imperialist Japan invading on China, ruling over Manchuria and Mongolia by the ×××

intervention and instigating our ignorant masses to the anti-Soviet movement.

We are, therefore, very much glad to express that we are also in agreement with the aims and objectives of the "League against Imperialism and four National Independence" and we promise you in the name of the "Nihon Nomin Kumiai" to struggle against our imperialist Japan which is a cornerstone of all oppressing imperialist countries in the Pacific and holds the casting vote of the coming world war.

Wishing with all our heart to establish closer relations between [us] and intimate more closely with the oppressed races and masses of the world, and hoping to accept what we wish to say.

Your fraternally,

Nihon- Nomin Kumiai
Takeo Yamagami（signed）山上武雄

第十章
臺灣農民組合與國際左翼運動

第一部分：朝鮮的社會事件

■ 朝鮮荷衣面事件簡介

荷衣島位於韓國西南部的多島海海上國立公園內，離木浦59.7公里處。因島的形狀像浮水蓮花，所以叫「荷衣島」。荷衣島實際上是由多個小島構成，其中有9個有人島和47個無人島。荷衣島是韓國前總統金大中（別名忍冬草）的出生之地。

自1623年（朝鮮仁祖時期）到1950年，朝鮮宣祖時期，洪啟遠醫治貞明公主的不治之症後，成為了宣祖的女婿，並得到了荷衣三島（荷衣島，上苔島，下苔島）。島裡的居民將稅金直接繳納給洪家，而不是戶曹（當時的行政機關）。但是洪家的徵稅權已經到期時，他們依然不肯放下手中的權利，島民們被迫同時向洪家和戶曹交稅。

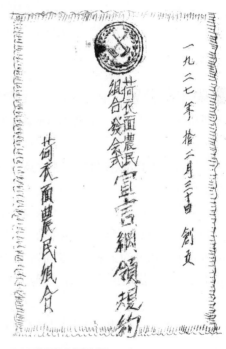

荷衣面農民組合綱領封面

1923年，海島的居民提出了訴訟。他們又向京城控訴院提交訴訟，並最終勝訴，但是審判期間土地所有權卻轉移到了日本人德田手裡。無奈之下，荷衣三島的農民結成農民組合會開展了抗爭活動。

解放後，土地所有權歸於美軍政廳。這時他們又興起了討還土地運動。韓國國會接受了農民的要求，通過了無償返還的決議，但是因爆發朝鮮戰爭而未能如

願以償。1957年，荷衣島農民終於以有償償還的方式獲得了土地。

　　（編者按：「面」是朝鮮的地方行政名稱，有若臺灣的「庄」或「鄉」）

■ 到訪荷衣面島通信文　　中文翻譯

資料出處：《資料B：日農總本部國際部資料》，頁 71。

　　此封信件係轉寄楊貴自臺灣寄來之信件。若接獲，雖甚麻煩，惟尚祈賜知。匆此。

12月16日

東京市外矢口村下丸子526

陳愛平

■ 總本部公啟　　12月28日夜　　中文翻譯

資料出處：《資料B：日農總本部國際部資料》，頁 72-73。

　　27日下午4時以後抵達問題之島「荷衣面」（按：朝鮮地名，位於全羅南道新安郡內）。

　　島之佃農約七、八百戶。島之農民皆為佃農。地主為大阪市之德田洋行。

　　村中佃農的生活非常「原始」。砂糖每年每戶平均約消費1斤。總之，其已陷入惡劣且粗野的生活中。從而非鬥爭，而是卑屈的態度。但因生活困苦，出外工作者多。僅往東部至日本內地者，已形成約百戶之村落，亦即約有200人前往。

　　為此，這些出外工作者正回歸農業中。我認為這些青年將首先帶頭進行鬥爭。

　　本次，為了此地組織中的七八百戶——七千人的農民組合而作的準備，不過是就其端緒，我們自昨日起方就召開創立典禮暨大會一事進行具體的協議。

　　在大阪，如高長明所聽聞，所謂「萬事具備，為『出席』創立大會而來」，乃是大大的錯誤。我感覺千頭萬緒自此剛才要開始。因此，我將延遲返回大阪。

　　創立大會最快在後天（31日）。「荷衣面」一村分為三島，因天候狀況不佳，交通中斷，因此，一如所預料的，無法進行大會之準備。

今日無法行舟，乃風雪之日。

×　　　　×　　　　×

村民說希望我們一直在此地指導他們。但我們兩人必須早日返回大阪，故創立大會一結束我們就會踏上歸途。我想朝日君會在此待上一段時間。

×　　　　×　　　　×

此際官員方面態度不明，沒有任何事。

×　　　　×　　　　×

此地有點類似藤田開墾地之農場，但農法相當原始，係屬一大地主的佃農之村。

佃租每年依檢驗之結果決定。

針對各種作物規定一定的比例。

麥作（冬作）佃租為收穫之四成，稻作為三成五。收穫量完全由地主方面依其利益決定，故計算之結果往往較實際為高。

又，藉此一檢驗制度使佃農內部產生對立，與藤田等之作法相同。

佃農似亦有相當富有者。

迄今隨著島上農民之變遷，正在調查種種問題。

此事返回大阪後再向您報告。以上

全羅南道　務安部荷衣面

在大里，仁科雄一、色川律師

■ 呼應朝鮮的農民運動／荷衣面事件　1925/1/11

資料出處：《臺灣民報》1925 年元月 11 日，第三卷第二號。

朝鮮視察談　矢內原忠雄教授

原來朝鮮的天然資源甚是缺乏、南方一帶水田雖頗有出產、和內地水田的豐穰、不得同日比論、且近來朝鮮土地、歸屬內地人的實在不少、貧窮的中下流固不要再說、像在李王朝時代做兩班貴族的、那樣上流人士、亦為財界變動受了非常打擊、像內地人所融通的金錢、沒有方法可以償還、大都無可奈何、將做擔保的祖先貴下田園、讓與放重利的內地人、致使朝鮮農民要耕作沒有土地、或放棄住慣的鄉村、或不得已離開朝鮮的、其人數年多一年、這樣經濟狀態、教他們不

可懷抱過激思想、實在不可能的。

　　朝鮮政府當局也多少注意這般事情，計畫增殖米產、獎勵水利事業，但在這種種組合裡作幹部的，都是內地人，此輩無不注重自己的利益。再看總督府對朝鮮人的施設，也沒有甚麼誠意。簡單舉了一例，水原的高等農林學校，形式上說是向一般鮮人開放，實質上學生無不是內地人子弟，且大部分是在內地沒有學校可入的落第生，由貧窮朝鮮人抽來的膏血一樣的租稅，為這種劣等內地生費盡，如此辦法對朝鮮的將來，豈有絲毫的利益呢。（晚村譯）

■ 荷衣面事件的臺灣報導　1925/10/23
資料出處：《臺灣日日新報》1925 年 10 月 23 日，第 9145 號 2 版

農民二百餘名　為奪回被逮捕者　襲擊木浦警察　首謀者十四名遭逮捕
　　【京城二十一日發】全羅南道務安郡都草島島民二百餘名，為奪回因十一日的佃耕爭議被逮捕的二十三名農民，大舉出動，人手拿著竹槍、棍棒、金屬等凶器，乘著十數隻漁船，十九日午後五時於木浦上岸，同夜襲擊木浦警察署，因此木浦署召集非執勤巡查欲鎮撫島民卻無法輕易鎮壓，島民與警官隊大衝突，呈現悽慘的光景。首謀者十四名遭逮捕，就連島民的氣勢也被消去，漸漸歸於平靜。

■ 荷衣面事件（1）
朝鮮全羅南道荷衣面事件經過　中文翻譯
資料出處：《資料 B：日農總本部國際部資料》，頁 102-104。

　　一、荷衣面支部是去年（1927）十二月底，為反應住在大阪的荷衣島民的積怨，而打破常理由日本農民組合支部所成立的。到荷衣島出差蒞臨成立大會典禮的是大阪府的仁科雄一（1897-1983）、色川律師（1903-1993）兩位。
　　二、這次事件是同組合支部幹部高表明、崔龍煥二人為了要決定交涉的日期而到木捕（譯者按：應作為「浦」）地主的公司（德田洋行）去，因為地主不在所以到湖南旅館住宿，可是反動御用團體相愛會的幹部突然來了，並且威脅說「殺死你們」。終於，相愛會會員到島上來時，聽說島民非常激動憤怒，毆打了相愛會會員。他們視此事為暴力行為，將七名島民送至檢事局，剩下的四人雖行

蹤不明，他們為了要逮人，目前正在調查四人的行蹤。

三、從這邊過去的芝田律師，雖然主要目的是和幹部見面，（有的幹部被逮捕或者是藏起來了），但是一直被跟蹤，非常不自由，所以只拜訪了二、三個支部就回來了。

四、目前，對於相愛會的暴舉，激起了木浦的朝鮮人勞動團體新朝會等的激憤，他們抱著和荷衣島民共同徹底地抗爭的決心，住在京城（首爾）的朝鮮律師，也對此次逮捕事件表示聲援之意。

五、荷衣島民八千人——被迫過著非常惡劣的生活。雖然佃租是地主和佃農各半，但是農作物的收穫量卻遠比內地（譯者按：「內地」指日本）來得少。而且所訂的佃耕契約是，佃租只要稍微延遲，土地馬上就會被收回，連一點耕作權都沒有。強制和解、違法收押未熟作物，禁止進入田地，這樣不合理的規定是習以為常的。

六　相愛會（譯者按：在日朝鮮勞動者為對象的團體，為1920年代東京最大「內鮮融合」的團體。）的鬥會長朴春琴（東京住在）、韓鏵植、嚴東守等人，在大正三年七月時，為了要擊垮荷衣青年會曾經進入荷衣面。

七、這次也是相愛會的朴和其他二名會員投宿於木浦三吉昭旅館，一點左右將住宿於附近湖南旅館的崔龍煥、高長明二位誘拐到三吉昭旅館，威脅說要用槍或刀把他們兩人殺死，可是崔和高二人卻反抗地說「要殺就殺吧！」結果他們也沒下手，就說帶我們去島上，接著和十四名官憲一起到荷衣去，對日農特活員（內地朝鮮總同盟大阪地方同盟役員）朝日見瑞（大阪人，1898-1988）氏威脅道「你滾回內地去」。島民因為經歷過大正十三年的事件，一聽到「相愛會來了」，就群起激憤，馬上聚集了五六百人，要打那些傢伙並叫著「把他們趕出島內」。這件事有十一名島民被以暴行的名義逮捕。實際上那幫人是被火燒傷了（他們自己太慌張，一不小心手碰到柴火燒傷了）。

八、朝日君目前隱匿於木（浦）。

荷衣面的事務所　　　　　　　　　　　朝鮮全羅南道新安郡
荷衣面大里　崔龍道宅
荷衣勞動組合代表住址
　　　　大阪市浪速區稻荷町二之九六八　夫周鉉宅
　　　　高長俊（高長明兄）

地主住址：德田洋行本店長德田彌七，大阪市東區南農人町二丁目

德田洋行仁木浦　支店長　宮崎憲之

　　　　朝鮮木浦府本町三丁目

■ 荷衣面事件（2）

農民大會　中文翻譯

資料出處：《資料B：日農總本部國際部資料》，頁 83。

總本部　鈞鑒：

　　大會的準備進行得非常順利，規約、綱領、主張（要求）已經擬好了。現在正在謄寫。宣言在開始日應該也會弄出來吧。因為天氣惡劣，交通不便，道路又中斷了，種種原因使得我們無法照原定計畫進行。還有，我們欠缺具有組織能力的人才，所以情況仍然很艱困。

　　原本預定在年底以前舉辦的大會也因為下雪等的關係，遭到阻礙，所以改在正月二日舉行。不過，實際上與會人士大概十天前就會到這兒來了吧。

　　十二月三十日　　仁科出（譯者按：應是仁科雄一，1897-1984，農民運動家）

　　另外，附上一份規約、綱領、主張（要求）的謄寫。

　　（信件右下方）

　　團結荷衣面全島佃農八百戶

　　（信件上端的筆記）大會、總序

　　開會辭　崔龍道

　　議長　張正泰

　　經過報告　高□珍

　　致辭　色川（譯者按：應是色川幸一郎）、仁科（譯者按：仁科雄一）、朝
　　　　　日（譯者按：朝日見瑞）

　　宣言等、審議、幹部選舉、閉會

■ 荷衣面事件（3）
全羅南道務安市荷衣面　中文翻譯
資料出處：《資料 B：日農總本部國際部資料》，頁 105-106。

　　戶政1,000人，8,000人，耕作人600人

　　全羅南道務安市荷衣面

　　地主　德田洋行　農人町　德田第二農場

　　　　麥、米　耕作料——年收6千石

　　200年紀朝鮮天皇的□□記載道「那是我的島」，而且還收稅金——拿去給天皇的女兒。——こうつふへ姬。人五代たてば、國家にかえす□□□

　　100年紀前，島つとつか向天皇申請，天皇就允許了。

　　代表在大門（譯者按：地名）被逮捕並被流放了。

　　訴訟する内とうが、賣給張，島民提起訴訟。

　　賣給イヘイジョン氏（譯者按：韓國人名）

　　賣給右近左衛門氏（譯按：1889-1966，日本海上保險社長，福井縣人）

　　在京城大學法院，島民のとつとの判定あり

　　代表者們和右近左衛門約定要拿錢。

　　右近拿出了一百萬圓收買官憲，官憲到島上來，勸大家和解，並勸說有永久佃耕權，有所有權就好。

　　婦人治理了會，因為這樣，他們揭露了代表們的不法，所以撤換了代表。就算此，官憲還是告訴之前的代表說（我們不離開京城），因此大家把代表者狠狠地打了一頓。

　　大正3年舊曆3月20日，有300名的兵隊，500名的巡查進入島內，甚至連軍艦都動用了，但是他們一來，看到一個暴力團都沒有。全島民聚集起來哭泣了。他們將島民綁起來，用梅樹的樹枝毆打，並將人民拘留在虛有其名的軍艦，並且毆打。到了那裡，和解……如果不和解，就要判3年5年的徒刑，大部分的人都蓋了和解的章了。婦人會的有4、5名。

　　有和解判決，東洋拓殖社員說有30萬圓。其中，給代表的錢和訴訟費用、貯水池費，由學校負擔。給島民的慰勞金是一輛卡車，2圓十幾錢，62年紀開始收取耕作費用了。還有，大正元年開始統治。

判決進行中，2、3年沒有繳交耕作費用，以17萬圓賣給德田。他們利用相愛會的朴（6千圓由德田提供），叫他拿手槍來到島上恐嚇。（警察卻給予他保護），之後和解了。判決採取放任方式。

民族者進來，維持耕作會，在大會中和官憲二人起衝突，和解却下不繳納。有耕作土地，收取耕作費用。

幹部長に德田か崔君排斥何も申し入れる。悶怨費，海□費由地主負擔。耕作費用是耕作會的責任。檢見作物收穫量，有2千數百石。

警察鎮壓。他們捏造侵占事件，並逮捕島民，破壞耕作會。（收押未熟作物）

■ 荷衣面事件（4）／朝日俊夫信件A
朝日見瑞信件　中文翻譯

資料出處：《資料B：日農總本部國際部資料》，頁97。

向委員長報告：

我現在正坐奉天行的特急往京城（首爾）方向走。地主和官憲的鎮壓越來越不留情了。因此，我為了向社會大眾揭露地主一切不法索取佃租的行為，我想到了兩個對策，就是拜訪□，以及向高等法院檢事局告發。於是昨夜我乘魚舟從島內脫逃了。今後，我們將藉著在京城的司法團的援助，揭發他們過去六年來一切任意索取的不法行為。十九日，相愛會的暴力團體和官憲到島內來威脅恐嚇了。可是，他們被組合員強大的示威運動嚇得爬著逃走了。

現在，我在車站買報紙看，報上寫道警備船來到了島內，逮捕了十二名幹部，並撤退到木浦了。我想是因為示威運動始終不停止的關係。

島民現在被一股不安的氛圍籠罩著。我知道那邊現在正在選舉應該非常忙碌，但是我想組合的存亡也是看今天的成敗，所以祈求您派遣一名律師到這裡來。關於來這裡的旅費，他們說在我順利脫離荷島時會儘快寄過去，所以無論如何我需要您的幫忙。（譯按：旅費是誰要寄給誰沒有交代清楚，以前後文來看，應該是朝日見瑞的同志會寄給答應要到韓國幫忙的律師。）

　　委員長　山上武雄　先生

　　　　　　　　　　　朝日見瑞

■ 荷衣面事件（5）／朝日俊夫信件B
朝日見瑞信件　中文翻譯
資料出處：《資料B：日農總本部國際部資料》，頁100-101。

　　1 三日早上柴田君應從木浦出發，返回大阪了，但是到現在都沒有任何音訊，到底發生了什麼事？組合很擔心他是不是在途中遭到逮捕了。

　　還有，之前發了四封電報，都沒有回覆，到底是怎麼回事？我們知道第一次的電報被沒收了，可是應該沒有全部被沒收啊！

　　2 柴田君在返回大阪時被間諜阻撓，所以他們無法直接見面討論，不過，他們現在理應以書面的方式充分進行討論中。

　　柴田君現在也是將荷島的爭議轉化成是全朝鮮農民的問題。因此，我們將荷島的問題往有利的方向發展，對將來的朝鮮農民運動會有很大的影響。所以，日本農民組合應該全力援助我們才是。

　　3 誠如您所了解的全國同志有八十名左右被籠絡，還有其他的也逃走了，在這樣的狀態下，現在朝鮮的鬥士非常欠缺。因此，我們朝鮮的各個團體都很熱切期望日本農民組合的支援。

　　祈求貴組合儘速支援。同時希望貴組合向德田地主進行示威運動。

山上敦行委員長殿（譯者按：可能是山上武雄的假名。）

　　　　　　　朝日俊夫（譯者按：由字跡來看寫此封信的人可能就是朝日見
　　　　　　　　　　　瑞，因此此名可能是見瑞的假名。）

■ 荷衣面事件（6）　1928/5/14紀錄　中文翻譯
資料出處：《資料A：臺灣農民組合本部存留檔案》，頁120-125。

　　昭和參年五月拾四日荷衣三島地主代理人宮崎憲之（以下稱之為甲方）荷衣三島佃農代表者李成守及其他（以下稱之為乙方）之間的協定如本紀錄所記載。

　　第壹、甲方對佃農承諾如左七項實行條約

　　其一、耕地測量之事宜

　　甲方於昭和參年九月著手測量，旱田於昭和四年五月底以前，水田於同四年九月底以前完成，唯如有不得已之事故發生時，得以較上記所定期日延遲些許時

日。測量技術員須派三名，為使佃農安心，郡廳的技術員承辦一里兩三處的檢查，不過，佃農不能任意申請。另外，視郡廳的人員調度的情況，前述之檢查員可派郡廳以外的人員擔任檢查工作。

其二、拖欠已久及未繳佃租免除事宜

拖欠已久之佃租一律免除。近期未繳之佃租從本日起三年間，以佃租的繳交成績為依據，全部繳納完畢的人予以免除之前未繳之佃租。

其三、檢查稻米收穫量時（「檢見」），佃農中可有兩名有志之士參加之事宜

甲方同意佃農選出的兩名人士做為見證人，但此見證人必須事前通知甲方並取得甲方的同意。見證人不可以提出一些明明就不合理的要求。在調查作物收穫量時，若見證人三番兩次出現不公平的言行，甲方的事務員得以拒絕見證人的到場。見證人因前述理由被拒絕參與見證，或因其他事務以致於未趕上調查檢查（「檢見」）開始的時間，允許只有甲方的事務員一方進行檢查。檢見時，對於佃租的調查及決定（「調定」）甲方事務員與見證人意見相左時，則以田地一坪所收割的稻作量為基準，算出全部的收穫量（「坪刈」）的方式來決定。

其四、田地定額佃租之事宜

昭和4年6月5日起，開始實施實收定額佃租，其他準備已經妥善，經過評估認可實施不會有任何問題時，得於第三年度開始實施。

右項定租規定試實行兩年，若實施順利，之後得以繼續實施，若不然，則恢復現在的檢見制度。

平均定租：田地一百規定大麥要有一斗四升五合，

以可收藏佃租總量的範圍為準，以田地的等級，訂定各田地的定租。

其五、公立普通學校設立的事宜

學校之設立親子ハ甲□□問題，應依照佃農需求，和佃農的代表數名儘快努力實現。

其六、貯水池施設之事宜

主機採用小形的機器，甲方支付材料，佃農只須提供勞力，如總督府的認可有其他需要整頓準備之處，必須依次尋求改善方法。

甲方必須提供前項勞動者一天壹升貳合的伙食（依情況，得以現金或大麥代替）

其七、副業資金貸與之事宜

今後以諸般成績為參考，甲方將以溫情實踐以上事項。

第貳、乙方對甲方，承諾左記五項條約

其一、必須在期限內繳完佃租。

其二、佃農迅速解散脫離荷衣農民組合。

其三、佃農不得要求甲方履行，右近氏和佃農間所訂的契約。

其四、不得發起荷衣三島土地所有權回收等運動或加盟此種團體等等。

　　其五、荷衣三島的進步建立於地主與佃農協力一致的共識上，若有無法達到的事情，希冀諒解，將來不論何事都不透過第三者的介入，由佃農直接向甲交涉，在談笑中把事情解決。

　　昭和參年五月拾五日

荷衣三島地主代理人　宮崎憲之

荷衣三島小作人代表者

後広里	李成守	禹俊先	禹俊宗	禹成宗
大里	諸奉信	金洪球		
熊若里	金先烈	崔良道	李生雲	李榮敏
於隱里	張秉變	金尚七	梁東恂	金洪朝
五林里	朴南滿	金淑炫		
上台西里	朴弘益			
上台東里	朴久淑	朴寬淳	東吉闊	
下台西里	尹致默	尹胄煥	朴正仲	
下谷東里	申良奎	申子辰	申炳淑	
下台東里	洪垈弘			

參加人

大里	李尚□	李□道	
上台東里	高泰珍	高一斗	全松業
下台東里	申石煥		
後屋里	禹子環	禹沃先	

熊若里　　張福龍　李亨敏

於隱里　　朴湘旭

五林里　　金子郁　朴仁奎

上台西里　朴大寬　朴寅權

下台西里　尹京植

■ 抗議朝鮮共黨逮捕事件文　[中文翻譯]

資料出處：《資料B：日農總本部國際部資料》，頁69。

　　日、鮮被壓迫民眾們！立於朝鮮被壓迫的兩千萬民眾解放戰線之先端，最勇敢地戰鬥的朝鮮共產黨、高麗共產青年會之非公開的黑暗審判，依然在京城地方法院持續進行。將黑暗的審判在所有民眾面前公開吧！宛如怒濤般嘶吼的兩千萬激憤的民眾，無暇顧及悲痛，極秘密地進行使審判公開之作業，此暗示我們什麼？極度發狂、剽悍無比的日本帝國主義在外辦事處──朝鮮總督府，逮捕所謂的朝鮮共產黨員101人，對其冠上最大惡法「治安維持法」之罪名，行使拷問、打殺、審判、處罰等，這不是為所欲為嗎？因恐懼此一秘密的事實一旦為民眾所知，將激起民眾之憤怒，故持續進行絕對非公開之審判。日鮮被壓迫的民眾啊！此一帝國主義的治安維持法要使日鮮無產大眾犧牲到什麼地步？任意制訂此治安維持法的帝國主義吸血鬼，三年來持續對101名無罪的朝鮮共產黨員施以暴行凌虐，其結果如何？朴純秉已因苛酷的拷問而死於獄中，白光欽、權五窩、朴憲永等9人亦活不過今明兩日，其他92人（譯者按：應為91人之誤）莫非已半身不遂？！這些斷然做出橫暴野蠻之行為的統治階級殺人魔，不是又進一步要求警部補坐在特別旁聽席上，紀錄所發生之事及問題嗎？！施以暴行的警官向前述四人提出告訴，且正更進一步地向被告提出「暴行預審」之訴（譯者按：即被起訴之事件，於正式審判前由法官預先審理，乃日本舊刑事訴訟法所採用之制度）。儘管如此，還向我們發出「即使只有兩人之集會，仍不允許討論共產黨事件」之嚴令，並禁止所有集會。於是，對於具有世界史意義的所謂共產黨事件，連日本中產階級的言論機關亦未發表隻字片語地置之不理，這是多麼掃興且不人道的消息啊！暴亂至極的日本帝國主義！日前10月13日其忽然在文間島地區逮捕130名朝鮮共產黨員並護送至京城地方法院，其對此130人如何施以暴行，已不待言。日

鮮被壓迫的民眾啊！若不根本地打破日本帝國主義的封建專制政治、警察政治、軍刀政治、拷問政治、○八政治（譯者按：1908年韓國設置以日人為主之司法制度，推測以此代表日本帝國主義）、朝鮮暴壓政治，則無法獲得解放日鮮被壓迫民眾之完全勝利。為此，日鮮被壓迫民眾請以共同之力量，憤然開始從事絕對反對日本帝國對朝鮮實施暴壓政治之運動吧！用是，我們高揭下列口號，作為向當局鬥爭之目標：

　　絕對反對朝鮮總督暴壓與警察政治！

　　關於朝鮮共產黨員事件，絕對主張被告無罪！

　　要求立刻釋放所有共產黨員！

　　要求獲得言論、集會之自由！

　　　　　　　　　　在日本朝鮮勞動總同盟

　　　　　　　　　　東京朝鮮勞動組合　南部支部

　　　　　　　　　　1927年11月　日

■ 臺灣・朝鮮農民組合一同召開組合會議議案　中文翻譯

資料出處：青木惠一郎解題《日本農民運動史料集成》第一卷（東京：三一書房，一九七六）頁 295。

全國農民組合第四回大會

與臺灣・朝鮮農民組合一同召開組合會議議案

中央委員會提出

主文

與臺灣朝鮮農民組合一同召開組合會議

　　我國農民處在農業恐慌所致的窘迫深淵裡，另一方面，臺灣朝鮮的農民也受到××帝國主義和當地資本家、地主的壓榨，迫不得已過著悲慘的生活。朝鮮農民每年被奪取田地、被趕出自己家園的農村破產者有十五萬。這樣的橫徵苛斂成為勞動者階級罷工鬥爭絕佳的發展——特別是一度震撼全朝鮮的元山大罷工潮以來，農民鬥爭便呈現出空前的激化，並以非常快的速度和非常大的力量進行中。

　　例如，前年九月，於慶尚南道德迫間農場一千二百名的佃農蜂起，於咸鏡南

道高廣原二千名的佃農襲擊東洋拓殖會社，十二月，金海駕洛農場的二百名農民奮起，進而慶尚北道大邸的二千五百名農民向朝鮮土地興業株式會社毅然實行勇敢的鬥爭。

還有，去年於平安北道龍川（竜川，現北朝鮮境內），二千名農民從森林採伐之事轉而變成暴動，農民襲擊郡廳，和警官隊打群架，數十名農民遂遭槍殺，警官隊也有數十名負傷。其他如忠清南道、全羅北道、平安北道等諸地方也爆發了大小無數的爭議。這些爭議幾乎都是爆炸性地發生，這時期朝鮮農民總同盟是朝鮮最大的農民組織，積極地活動。臺灣農民運動的激烈程度也不輸給朝鮮。最近傳來的消息，臺南州農民無法忍受稅金的苛斂，去年十一月廿三日、二千餘名手中各攜帶農具、馬具等，聲稱要將之作為錢的替代品繳納，趁機襲擊役場（譯者按：村、鎮公所）並將其佔領，和官憲演出大亂鬥的場面，有人因此負傷。

又、高雄州農民數百名，蜂擁至土地會社以暴力奪取的土地，並將之佔領，使土地會社屈服。

面對這些爭議，臺灣農民組合著實勇敢地指導。臺灣農民組合於一九二六年成立，轉瞬間就網羅並組織了全島三萬餘農民，對抗××帝國主義的暴力壓迫式的土地強奪政策和產業掠奪政策、其他壓榨和鎮壓，持續進行英雄式的××鬥爭。然而，終於一九二九年二月十二日，發生所謂「臺灣二・一二事件」治安維持法全島大逮捕事件，二百餘名前衛鬥士被拘留了十個月。最後，一九二八年十二月臺灣農民組合第二回全島大會宣言書被捏造成是違反臺灣出版法的書籍，十數名最高幹部被打入牢獄，此間組合支部被強制性地破壞了。

雖一度遭到暴力壓迫而一時間敗北，但是臺灣農民組合也於其後，因組合幹部孤注一擲地活動，於是得以逐步重建，並在各地指導當前大小的爭議。

如此，在臺灣在朝鮮農民因其開放之風氣以血奮戰，其目標是次第地往打倒××資本主義的方向前進。支配階級欺瞞我們說，內地米價低落起因於臺灣朝鮮米之輸入。我等對於臺灣、朝鮮農民大眾充滿了同仇敵愾之心，彼等農民正是在××資本主義和、當地資產階級、地主的三重壓榨下，不得不勒緊褲袋的受害者。

我們要和他們協力合作，打倒××資本主義，農民的解放才得以實現。

因此，我們必須要和臺灣朝鮮的農民堅固地結合，一起奮戰。其第一步就是要召開第一回會議，做好鬥爭之準備，實行方法。

全權委託中央委員會

▌數名朝鮮的同志近期要來到我們臺灣 中文翻譯

資料出處：《資料 A：臺灣農民組合本部存留檔案》，頁 106。

全體大眾要舉起雙手表示歡迎之意！我們要緊緊地握手！

　　臺鮮的無產階級萬歲！

　　臺鮮日共同委員會萬歲！

　　全世界的無產者團結起來！

▲看！正在改變的世界局勢！▼

　　看！我們不停成長的力量！

　　我們要向全世界展現我們的氣焰！

▌對於共產黨事件之審判予朝鮮同胞諸君書與中央委員會議案
中文翻譯

資料出處：山邊健太郎編，《臺灣》第一卷，現代史資料 21（東京：みすず書房, 1971），七，農民運動，頁 343。

對於共產黨事件之審判予朝鮮同胞諸君書

　　持續以一切暴力手段，鎮壓全日本被壓迫民眾之反抗的田中軍刀內閣，對於我們被壓迫民族的反抗，更以數倍之殘忍和狂暴，施加血淋淋的殘暴壓制。那些傢伙為何如此？為以日本金融資本徹底地榨取我們殖民地勞動者、農民的膏血；為何必須如此？蓋因俄國社會主義國家的無產階級之隆盛、發展與中國國民革命之進展，迫使今日本資本主義已瀕臨最後的垂死掙扎之故；蓋因一旦民眾的紅旗在滿洲蒙古之曠野隨風飄逸時、民族解放的青天白日旗樹立時，諸君的民族自決將徹底實踐，日本資本主義將被拘禁在極東的一小島，隔著一衣帶水之距，面對諸君所奏的凱歌之故。那即是日本資本主義之沒落，不久將是其窒息之時。正因為如此，那些傢伙才會剝奪我們被壓迫民族之言論、集會、結社之自由。今其欲剝奪立於被壓迫民族解放運動先鋒而戰鬥的百餘名所謂「朝鮮共產黨」員之生命

亦為此故。

諸君！所有被壓迫的人民諸君！

不容許吾人的犧牲者、吾人的指導者被殺！

要求審判公開！

絕對反對秘密審判！

主張共產黨事件無罪！

打倒總督府的警察政治！

朝鮮同胞諸君的敵人同時也是我們的敵人。諸君的鬥爭也是我們的鬥爭。諸君的勝利同時也是我們的勝利！我們在此發誓援助朝鮮同胞的反對總督府高壓政治之運動。

將秘密審判在所有民眾前完全公開！

打倒總督府的警察政治！

撤廢治安維持法！

要求撤銷對被壓迫民族的差別待遇！

全臺灣打倒總督府獨裁政治大會

第二部分：中國的革命與國共鬥爭

■「對支非干 同盟」的通知　中文翻譯

資料出處：《資料 B：日農總本部國際部資料》，頁 89。

一、支那觀察團的派遣

　　人選　各個人民層裡面挑選　農民二名

　　費用　一般的捐贈

　　其一方法　捐贈袋（米或者是金）

二、宣傳星期

　　7月25日至31日　第一回

　　8月9日至15日　第二回

三、發給農民及士兵傳單

　　此筆費用的二十圓當中，希望能夠得到十圓的贊助。關於此事，祈求更進一

步的指示。

■ 告日本國民書 [中文翻譯]

資料出處：《資料 B：日農總本部國際部資料》，頁 87。

　　茲鑑於吾等滯留　貴國者作為中國國民黨員在中日兩國民間向來之親善關係，且為今後東亞和平之大局計，此際，擬就今　貴國政府向吾國出兵一事，敬陳一言，希諸君公正評斷，並促　貴國當局者反省。歐戰以降，世界各地皆主張民族自決、正義人道，國際間和平之思潮迅速擴張，　貴國亦順應此一潮流，互以誠意努力改善與敵國之關係，漸至當下有親密交情之狀態，此乃吾等所深知。惟一方面，世界各國一改其向來之步調，提倡軍備縮減、防止戰爭運動、國際聯盟等，另一方面，我中華民國亦順應此一潮流，發起國民革命運動，打破已衰沉約三百年之傳統，恢復進取的、生產的民族精神，採用現代科學之文明，建設現代的國家。惟基於我國民黨孫中山先生之三民主義，依民族自然之進化與必然之歸趨，並為符合我民眾之期望與目標所出現之代表者，其目的乃在謀求復興中華民族之歷史，並維持世界永久之和平。雖然外國人經常指責我國係攪亂世界和平之國家，我賢明的日本國民啊！迄今列強不是為壟斷我國利權而持續展開鬥爭嗎？若不能建設我民族完全獨立統一的現代國家，恐怕世界的鬥爭將永遠不能平息。故今日吾人之革命乃係為獲得和平之革命，又，吾人之戰爭乃係為永遠杜絕戰爭之戰爭。若諸君置於眼中者僅止於「今日的支那（中國）」則無妨，萬一欲與「明日以後的中華」繼續維持真正親睦之關係，諸君首先必須傾聽吾人之言。實今日中華之問題乃全世界之問題，問題之解決必須仰賴我民族自身之努力，同時，最利害相關的日本國民之瞭解亦十分必要。同情我國民黨之革命精神，放棄向來的侵略政策，完全相互尊重彼此之主權，此不是謀求真正的共存共榮與世界和平嗎？

　　一年來我黨軍完成孫中山先生之遺志，在國內剿滅軍閥，對國外為排除帝國主義以維護世界和平而持續作各種奮鬥努力，逐漸的，八十年間，脆化像岩石一樣根深蒂固的英國，使其從漢口、九江等地退出，我黨軍遂將長江以南置於統治之下，進而顛覆北方軍閥巨頭張作霖，正在統一我國，締造世界和平基礎之際，突然出現一大障礙，即日本政府向我國內地出兵，吾等接此報，咸認為日本之出

兵頗不合法，吾人以為，此舉不僅招致我民族全體之反感，對於　貴國而言亦為最不賢明之策。

（一）本次出兵之目的地在山東以北，山東係我國古文明之發祥地，無論任何理由，絕不容許他人侵犯之，何況在一國領土之內，他國軍隊自由行動，直接威脅我民族，侵犯我國家之主權，此非侵略政策又為何？

（二）以往英國派遣陸軍至上海之際，違反條約，遂使我全體民眾憤慨憎恨，招致大大地反對，此尚限於租界地之內。然而，本次日本向條約以外之內地出兵，乃遠較英國出兵上海更為重大之事件，無視於我國民之意志，不顧內外之輿論，而輕率地決定態度，此乃東洋武人政治罪惡的一大表現，與我國時代之變遷相逆行，其目的不過係欲阻止我民眾運動，惟手段實狂暴至極。

（三）貴國出兵之理由傳係「保護居留民」與「嚴守中立」，本次田中內閣之出兵政策借「保護居留民」之名義，實欲干涉我國內政。數年前郭松齡倒張時，日本出兵之理由亦相同，其協助張氏，不守中立，此一公然之秘密恐怕任何人都記憶猶新，若真要保護居留民，試問出兵費用與引渡居留民歸國所須之份，何者為多？

要之，本次　貴國出兵確實對於　貴國之立場越來越不利，傷害國家之間的親善關係，對世界和平而言誠為可惜之事。若再說今後兩國間出現的惡劣後果，與先前山東二十一條之無理要求有密切關係，故向該地出兵，更深化了民眾烙印在腦海的不愉快往事之印象，永遠誠為兩國親善的一大障礙。且出兵加重政府之軍費濫用與國民之負擔，加以助長我國民之排日運動，使之成為永續之現象。縱使單單只為保護居留民而出兵，惟既已蹂躪我國之主權，我軍隊雲集之處有外兵滯留一事，容易引發國際間的糾紛，此乃吾人最憂慮之處。

如上所述，本次　貴國出兵不僅毫無理由，對中日兩國民更是有害無益，且吾人確信將導致嚴重的負面影響，此際，敬告賢明的日本國民，本部在此宣言絕對反對日本出兵。

中國國民黨北九州支部

■ 陰謀消滅國民黨的共產黨秘密會議錄（原文披露）

（民國）15 年（1926）12 月 27 日

資料出處：《資料 B：日農總本部國際部資料》，頁 61-65。

濮德治　謝嗣育　童長榮　崔物齊　郭則深　王樹聲　甘鐸　王化民　宗銓賢
郝兆先

A.報告：一、廣東右派壓迫民眾情形　二、安國軍政府問題

　　　　三、大學教務會情形　　　四、華僑廢除中日條約問題

B.討論及決議：（1）華僑廢約歸國代表問題：王樹聲　崔物齊

　　　　　　　（2）東支改選問題：長務　王興業、郝兆先；後補　濮德治

　　　　　　　（3）廣東民校方面：譚滌宇、賴國航兩同學負責

C.本校問題：（1）於可能範圍內擴充本校同學；

　　　　　　（2）新同學的訓練忠實世界革命的形勢工作；

　　　　　　（3）中學十組會應派人去訓練中學同志；

　　　　　　（4）十組會聯[繫]兩次無故不到會者開除；

　　　　　　（5）大會一次無故不到下警告，二則開除

D.宣傳：（1）用國民週報去反對曾琦同學用口頭宣傳；

　　　　（2）行動，如曾琦演講決領導民校打（他）

E.黃振璇、伍岳由賴國航介紹入校；研究：樹聲同學對新同學解釋本校加入民校
　之意義、批評；（補）樹聲、物齊同學歸兆先、步文代理

一月七號……樹聲書記，步文宣傳，興業組織，以上議決

刊物使郭芬負責接辦，暫時不使步文歸國，由（樹）聲回信說明不歸理由，由
反動轉來民黨黨員時，需發宣言由監察委員賴國航負責辦理。預定下星期二（11
日）開大會於風光館。

下[後]一時，（1927）1月7日第二次

I. 報告

A.書記向校長報告事項：（1）本大學的[職位]變更；（2）步文想回否決；
　（3）民校改選結……同學……德治、郭芬、王樹聲；（4）民校此次改選並不
　失敗；（5）……；（6）與日本無產者發生相當關係

B.步青來函請假並擬辭各職

C.濮洪來函：（1）大學成立；（2）刊物不便郵寄，有便人帶上；（3）工作地

　域擴大同志歸國工作也好

D.右派壓迫民眾，廣東現在剩下的都是右派對於民眾運動非常壓迫都是事實。

E.二七紀念事件

F.民校報告——步文：何恐走後，由他要步文代理現執委，非常疑。開會時期取消我們代理，由候補升任。竟我據理力爭才算了事，這也是這樣拚命向我們進攻。郭芬他不知道是我們，（所）以當選了，他們對我們這樣，我們自然要想法對付的。

G.華僑運動：二月二日開華僑懇親大會

II. 討論：

（1）致信林步青務須出席總支部執委

（2）對廣東事件由總支部發宣言，興業、步文在總支部提議宣言大會主張農工商政策，並說明農工商革命的重要最後指出廣東最近事件之不對——步文提議；華僑方面也有郝兆先負責發宣言。

（3）二[·]七紀念由總支部發通告各支部開紀念會發宣言華僑方面由郝兆先負責也發宣言——步文提議

（4）（一）東京執委　江完白 樹聲 濮德治負責 洪濤 文彰負責

　　　（二）態度——同學對民校務須偽和親熱，決不可強硬

　　　（三）第三分部黨務由張有先接辦

　　　（四）各分部去函支部聲明登記由支部辦理，（方）能由總支部攬權支部辦理，再由支部否決盧彤登記，限一星期做到並報告本大學。如盧彤登記已交監委，由監委駁回支部。

　　　　　　二分部——郭芬、文彰；三分部——德治、陳永安；四分部——郝兆先；六分部——謝嗣育

　　　（五）華僑懇親大會由支部主催，共濟會執委長由郝兆先推薦

　　　（六）各同學每人須有偽知己五人，備開會時增加聲勢

　　　（七）童長榮跨大學

　　　（八）發起政治研究會便訓練新同志（謝嗣育負責）

　　　（九）中學各同志加入時不開會：文彰、一寧、守先、樹聲、嗣育、兆先、芬、安、化民、王步文、甘鐸、濮德治、童長榮

　　　（十）大學——對付一切；小學——注意訓練

（十一）濮德治升入大學

（十二）何兆芳由步文負責訓練

（十三）中學書長由童長榮擔任

中大職員聯會　　（1927）一月二十二日晚八時：童、王、王、彰、寧；

　　[旁]聽同學謝嗣育、德郝

（1）明反英大會問題：民校備日文宣言，該宣言頗有意義，同學應分擔散（發）；

　　演講人：兆先、步文、嗣育——提議致電國民政府監執漢（奸）團體聯會（所）

　　提八條。提議人——德治

（2）何兆芳的問題：樹聲報告——關於盧彤登記事何始與王先、黃新英等竟是一致？既因我等反對乃與我們表示好感、往來。唐啟坤反共，東支提出開除唐黨籍案，彼又阻難樹聲去（神）戶……。由此種種可知彼已向我們進攻。嗣育報告——彼常大言恐嚇我們，如彼說能指導大（阪）支部，又如彼說要解散東支。步文——派指導員本係右派政策，幸我同志能活動各地指導，（所）在指導之下。何兆芳如反共有生活危險，因其生活泉源在我們（手中）

對何辦法

（1）由步文寫信給段許、請直接警告何，並請速寄其生活費來

（2）離間此間民眾對何的感情

（3）唐啟坤的問題：樹聲報告——唐在分部會議提議調查民校共產黨員。方法：暫时開除黨籍以觀後效，一面由德治向唐解釋，如彼一有革命的表現，立即恢復以免其反動。

　　（1927）1月24日大中聯會：童長榮、王步文、陳永安、郭則深、郭芬、一寧、甘鐸、志遠、濮德志、郝兆先、謝嗣育、王化民

報告事項

（1）大學書記報告二十二大中委員會的三個議案

（2）步文報告民校的近情：民校經費困難；因有右傾分子做事（倍）感困難。

聲補充報告：最近因盧彤登記及唐啟坤提出清查民校共產黨員問題，有右傾分子大起衝突，當最後還是我們勝利。彼右傾分子現陰謀我而陽與我善。

（3）樹聲決定日內去神戶任民校支校秘書並（途）中赴京都大阪擴充組織

（4）政治研究會已成立有學生八人，謝嗣育同學任書記

（5）樹聲個人報告工作：民校主催反英大會由樹聲活動日本同志會，並發有日文檄文及宣言會場空氣甚好

（6）德治報告辦理唐啟坤事件調查（所）得，唐為人糊塗。經德治（據）二十二日之決議與之談話結束，結果還好不致有危險。又昨在反英大會（根）（據）中央來命提出三個議案

（7）賴國航同志報告介紹黃振璇、伍岳經[過]：結果二人思想甚好（所）以介紹

（8）步文同學報告民校總支常委怠工

（9）郝兆先同志報告青年會拉攏華工共濟會，故此次共濟會選舉，樹聲不成，但其當選人能受我們指導。又國民會議籌備會委員三人，國航、兆先及非同學翟宗文

（10）郭芬同志報告：東支工作種受總支制肘可否設法將東支的辦公處與德支的分開；又徐乃達及楊振鐸二人思想頗好要求加入，已介紹入政治研究會

（11）嗣育同學報告：政研成立學生都還好請校內議訓練大綱

（12）陳永安同學報告：湖北國民黨立委員三人，一同學、二非同學，但有一人能受指揮

（13）滌宇同志來要介紹書，並說何恐中央決議在國訓練

討論事項——

1. 此後對民校的態度與活動方法，德治謂態度宜軟主張宜堅。郭芬說以後關於議案宜活動非同學提出。樹聲及嗣育說，民校黨員對於北伐態度錯誤——以為北伐成功即革命成功，我們要設法解釋。長榮同志說，民校黨員思想之錯誤——右項不僅對於北伐我們應設法糾正其全般之錯誤，北伐問題僅其一也。郭芬說，我們提出一個口號「革命是打倒帝國主義及軍閥兩個敵人！」北伐僅打倒一個——軍閥，（所）以革命尚未成功，樹聲說根據嚮導向眾解釋。長榮說對

於比較左傾的根據嚮導解釋，對手比較右傾的依郭芬之言。國航說我們要站民校的立場解釋聯俄聯共之意義，樹聲說切實向眾解釋革命的三個步驟之意義。

2. 樹聲赴神戶，京都有幾個研究馬克斯學說思想很好的學生可活動之組織。神戶由兆先寫信給楊永康，由國航寫信給楊壽彭介紹，並由國航為樹聲活動華僑學校教員：（1）負組織京都、大阪、神戶各地的分部的責任；（2）負印刷工會指導責任；（3）教員（神戶華僑學校的）東支監察委員由王德懋代理。

3. 擴大組織的問題，我們的組織對於政研應嚴守秘密，大學組織對於中學亦宜秘密，政研只宜執行本校議案，不能議決議案。楊振鐸入中學，徐乃達由郭芬個人訓練一星期再著，周進三由謝嗣育極力訓練，江完白、林斯瑞尚須充分訓練，李亮入政研，呂萬祿由樹聲與之談話，再定加入中學與否。黃振璇、伍岳加入中學，宋健鵬自己說在國內加入CY（Communist Youth Party，共青團），但未有介紹信，已去信中央來信再定，中央未來信之先由大嵩組員負責訓練。高汝祥稍待訓練加入本校埔畔，由步文個人指導。全日國民會議運動委員會人選問題，長琦、浦畔、大阪朱自芬，神戶楊永康，京都于清淪，廣島劉君度，東京郝先兆、翟宗文、賴國航、黃新英、濮德治、徐乃達、林斯瑞，橫濱劉樹春。

4. 兆先提議，籌備全日華僑一・三慘案後援會（通過），此案交民校華僑運動委員會辦理。大學委員，書記王步文宣傳，郝兆先組織，王心梟婦女大會代表。黃振璇、方振坤批評賴國航同志未經校內決定聘請張顯之為監察委員，秘密有個人行動嫌疑。國航、張顯之之委任係暫時的，袁文彰開會時不守紀律由大會警告之。同志皆須切實工作，不宜泛說擔任宣傳等等，同志發言行、動宜與黨一致。嗣育妄罵孫中山犯幼稚病，發炮亦有亂漫之嫌。

發表者

中國國民黨東京支部第五分部

（神田青年會）

▋邀請函　1927年4月8日　中文翻譯
資料出處：《資料B：日農總本部國際部資料》，頁14。

敬啟者　時下春暖之際，謹賀　貴團體越發奮鬥。

敬陳者　如　貴團體所知，在我們的故國中國，因國民政府之北進而引發許多問題，其間想必亦招致　貴國民間之種種誤解，故此際謹就中國之實情與　貴團體懇談，俾獲得　貴團體之理解。在　貴團體百忙之中來信叨擾，誠惶誠恐，務請撥冗惠臨。

場所：大阪市浪速區河原町一丁目154番地　中國料理　新來來軒2樓

（樂天地南側）

時間：11日晚上7時

（昭和）2年4月8日

中國國民黨大阪支部執行委員會

日本農民組合　收

▋反對武力干涉宣言　1927年5月7日　中文翻譯
資料出處：《資料B：日農總本部國際部資料》，頁15。

　　日本現內閣成立以來，在各個行動方面對我國民革命採取強硬的干涉政策，對此我們表示反對，並在警告日本國民以防止此一作為之意義上，作如下之宣言。

　　我中國革命運動係為追求中國之統一、獨立、自由平等，惟帝國主義者們對我們此一正當的運動不僅要弄各種奸謀毒策以破壞、阻撓之，還以殘暴且慘酷至極的恐怖政策想要強壓我們。

　　80餘年來帝國主義者對待我國民之政策是他們的鐵血政策，武力的虐殺政策。然而，在這些恐怖高壓之下，越發促進我國四億民眾之團結，只有激發民眾劇烈的反抗。要知道，這次事件的爆發是他們自己製造的炸彈！

　　今我四億民眾已在覺醒途中，各種欺瞞、暴力已經無用。看啊！我們四億民眾長期間一再一再流血的、執拗的鬥爭與全國奮起團結的威力，是展現我們解放前途的光明，是使帝國主義者顫慄的偉大事實。

日本國民諸君！帝國主義戰爭已迫在眉睫，各國，尤其是日本，對我國的武力干涉日益露骨。諸君皆熟知帝國主義之慘禍，也尚未忘記因出兵西伯利亞所帶來的負擔與犧牲的痛苦經驗。諸君！今戰爭即將在諸君眼前展開，諸君若不防止，將再度被迫承受各種戰爭所帶來的負擔。

反對武力干涉！要求即時撤兵！我們有與諸君共同協力奮起以確保和平之義務。

1927年5月7日

在日本仙台中華民國國民全體宣言

■ 各帝國主義國家，莫不同情國民政府
資料出處：《資料A：臺灣農民組合本部存留檔案》，頁142。

胡漢民由歐洲回到上海，向新聞記者說；現在歐美各國莫不非常同情中國國民黨政府。國民黨政府未統一前，各國咸抱猜疑之念——註：是絕對的反對——然其後併合武漢政府而佔領北京，統一既完成，方釋然諒解國民黨與共產黨勢不相容。

是的！帝國主義者應該同情反動的國民黨——不但是要同情而是要千恩萬謝——去年三月蔣介石領導下的反動派，跳出革命戰線後，病狂似的在南方各省屠殺工農群眾。代表資產階級的武漢派——汪精衛等——七月和蔣派的南京政府苟合後，更凶猛的大施屠殺，至現在至少工農大眾被殺的有六、七萬了！

反動的國民政府，承他的太上政府——帝國主義——之命，繼續[殘]殺，並將武漢工人（一九二七年一月）用武力向英帝國主義者搶回來的漢口英租界，恭恭敬敬地奉還英國了。至於說要取消不平等條約等等，都是掛在空中，反動的國民政府這樣對帝國主義者的忠誠，怎樣帝國主義去不同情呢？

帝國主義者還更要求反動的國民政府，用極嚴厲的手段，去壓迫、殘殺革命的工農階級呢！！

我們要起來援助中國工農階級　　　打倒反動的國民黨政府

蔣介石與其姨太衣錦歸鄉
反動將軍蔣介石和其姨太太宋美齡歸鄉的時候，帶了二千名的海陸軍做護

衛，威風凜凜，殺氣騰騰。

蔣介石你不是要去出陣打仗，帶二千兵幹甚麼？你莫不是怕浙江的勞農大眾要買你的狗命吧！！！

廣東海陸豐農民的一對春聯：

「欠債欠租將刀還盡，有槍有砲快活過年」

■ 東京國民黨分部抗議東京共黨文

資料出處：《資料 B：日農總本部國際部資料》，頁 21-22。

中國國民黨東京第五分部的宣言
發表東京共產黨陰謀消滅國民黨的鐵證

中國國民黨海內外忠實同志和親愛的同胞們！人說我們士官同志腦筋簡單，性情直，這話說的真對。我們從來就走不來彎曲的路，作不來機巧，其實就是一般國民黨員——自然不是指那些跨黨分子——也是對任何人太老好了，即如本黨容納共產黨。他們說：「現在共產主義還不實用於中國，國民革命頂好，我們願意來參加。好朋友，請進來吧，我們是家人了，無分彼此。」我們國民黨立刻挺著胸膛，手足一齊舉起來歡迎他們「入黨」。 我們才沒有料到這是他們擺下的迷魂陣，要撲滅我們整個的國民黨？去年秋季本黨出師北伐，我們的武裝同志，一個個提槍跑步上戰場，拚命上前殺賊，從賊手裡光復回來的區域，我們恭而且敬的拱手捧給「我們的好同志」。我們前面的戰事——江浙的戰事緊呢，好朋友，這是湖南，這是湖北，這是江西通通交給你們，老百姓在火坑中正號哭求救，請你們救救他們。可是他們硬不客氣，逢人便殺，殺小商人，小資產家，殺一般膽小的農民，殺一般膽大的國民黨黨員；要錢，要「土豪劣紳」的[命]，要農工人的[命]，要農人的[命]，甚而至於要小夥計的[命]。然而我們的忠厚同志，仍然直著眼睛向敵人，炮子穿過了胸口倒在地上還剩了一口氣了，他們還想著，「死也值得，我們的三民主義可以實現，我們的人民，尤其是大多數窮苦不能維持生命的農工可以得救了。」死了的忠實同志們，你們如能夠在土裡睜一睜眼睛，看見現在的國民黨，看見現在的兩湖人民，你們將怎麼樣號天籲地呀！還是你們死了好，「眼不見，心不煩！」倒是我們活生生的睜大眼睛看見這般狗[彘]不食的假共產黨作惡，破壞國民黨卻又把[他]們沒辦法？「這叫活受罪」，比你

們死了的還痛苦！

東京的黨務，日本的黨務，又何不如是？我們對他們，比對長官還恭敬，我們是這樣的，他們是我們的好同志，他們長時吃御馳走呢，說是培補革命的精神，他們摔冷饅頭呢，說是講衛生，他們打廚房罵小使呢，說是對付反革命！反正他們做的事都沒有錯，有人說話了，「他們是反革命呀，他們要消滅你們國民黨。」我們立刻把說這話的人喝住了，「再說槌你這小子。」

親愛的同胞們呀！我們敢發誓，[從]來沒有一點存心歧視他們，我們始終認他們是我們的好同志——但是現在我們明白了，一切一切都明白了，當我們面說好的是他們，背我們面，下國民黨壞藥的也是他們。當我面高唱「聯合戰線」的是他們，不待轉過背就拆國民黨的臺的，也是他們。哼！小子！你們的假面具終被我們揭穿了，任憑你們造謠中傷，罵我們一千遍「反革命」，難道就把你們親手用藍水寫在白紙上的證據消滅得了嗎？我們要大聲疾呼：中國國民黨海內外忠實同志們和親愛的同胞們請你們看證據。

我們拿獲的證據，在一個月前，已交與東京支部代理常務張顯之，請他在開審查委員會時候，呈交上去，但是我們這一次到富士山演習轉來，還不見發表。對一般陰謀消滅本黨的反革命假共產黨絲毫不見動靜，反而發宣言攻擊我們，說我們拿著證據以為奇貨可居，組織甚麼清黨團，顛倒事實，淆亂真[相]，究竟居心何在？

我們相信同志們及同胞們都伸長頸子，希望明白此次東京事變的真相，逼得沒法子，只好向張顯之索回證據，自動的逐日發表。希望同我們一樣「腦筋簡單」的忠實同志們，跟後急起救黨，希望同情於本黨的同胞們，看後作一個公正的[評]判來聲援我們！

中國國民黨東京第五分部啟　元月十一日

■ 國民政府向日本農民組合索取資料信件

資料出處：《資料B：日農總本部國際部資料》，頁25。

國民政府財政部駐滬調查貨價處用箋

上海愛多亞路八十號　電話中央三二七七

敬啟者素仰

　　貴部事業昭著組織精密所有農民組合規則及組合法等亦必釐訂完備足資取則可否惠贈全分俾供參攷無任感荷。

　　此致　日本農民組合本部

　　國民政府財政部駐滬調查貨價處啟　六月十八日

■ 廣東工農革命政府建立二週年紀念

資料出處：《資料 A：臺灣農民組合本部存留檔案》，頁 187-188。

1929.12.11情報　一九二九‧十二‧十一　臺灣農民組合本部

　　中國四億萬工農大眾的十二月十一日來略！！

　　推翻反動國民黨的支配

　　掃除帝國主義的侵略

　　廣東無產階級奪取了天下

　　一. 一九二七年十二月十一日（即二年前的今日），廣州的工人，農民，兵士和一切的勞苦民眾得了天下的主人了。他們當時掃除列強帝國主義的侵略，撲滅封建殘餘的剝削，反抗背叛革命的資產階級，打倒這樣一切的反動支配政權，建立了工、農、兵及貧民代表會議的政府了，即是建立民主的蘇維埃政府了。

　　當天將破曉的時候，廣州的工、農、兵和一切勞苦的民眾，忍不住反革命的國民黨的獸性的虐殺壓迫，於是廣東的工人大眾[率]先就實行武裝起來，奪取他們的權利了。用工人大眾的力就佔領電話局，電報局，鐵道局，電火局，製彈廠，政治分會，財政廳，大銀行，大會社，寺宇，大洋館及市（府）各機關吧了。兵士，農民以及一切的勞苦的民眾也即時都武裝，參加這個偉大的暴動了。奪得這個政權，當日即時就開全民眾大會，宣告建立蘇維埃政府（工、農兵、及貧民的會議）以及宣布如[下]項即去實行。

　　1. 於工人宣佈了八[小]時勞動制，但女工及童子工的六[小]時的勞動制；失業工人實行勞動保險，由國家總額支出；恢復並擴張海員（廣東、香港）罷工的權利；工人皆增加工資。

　　2. 對於農民宣佈沒收地主階級的土地歸農民耕行，徹廢一切從前的田契，租約債券及欠租；農民武裝起來消滅封建勢力，建立自己的政權——農民代

表會議的政權。

3. 於一般勞苦民眾與街市小資產階級，則宣佈沒收一切軍閥，官僚，買辦，豪紳，地主和反革命的資產階級的厝屋給貧民住；沒收牠們財產[來]救濟貧民；沒收一切當舖無償發還；取消一切苛捐雜稅。

4. 於兵士宣佈，國有土地分給兵士及失業者自由耕作，廢除軍閥的軍隊制度及一切苛虐的待遇；組織兵士的委員會，整理一切軍隊的生活；建立工農革命的赤軍。

5. 於國際關係，宣佈取消帝國主義在華一切的特權——取消不平等條約。沒收帝國主義在華企[業]及回收租界，以動搖帝國主義在華壓迫中國的無產階級和殖民地民族的統治，並堅決聯合無產階級的祖國蘇俄聯邦與全世界無產階級站在同一反帝戰線上，加算對於世界革命的偉大貢獻！以這些都充分證明唯有蘇維埃政權才能實現廣大勞苦大眾的要求，完成中國的解放，獨立和自由。

二. 我們要闡明這回重大的廣東暴動站在國際上有什麼意義嗎？這回暴動：

1. 是一個國際的偉大的階級鬥爭。

2. 帝國主義在殖民地、半殖民地已經受著根本的動搖。

3. 中國革命是世界革命的一部分。

4. 世界無產階級的祖國蘇俄聯邦與中國工農大眾都是中國豪紳資產階級——國民黨的死敵。

這點考察起來，這回廣東蘇維埃政府只有存立三天，也在著國際帝國主義的狂暴的壓殺是一因。另一方面因為廣東革命的工農大眾對自己的暴動準備工作沒有充分，他方面因為絕大的反革命勢力國內以及國外的狂暴的進攻，所以不得不這個光榮的廣東蘇維埃政府才建立三天，就（被）這個白匪破壞去了。事實牠們反革命的諸勢力，那是為破壞這個廣東的蘇維埃政權，牠們即時就拋棄牠的總有存立的「地盤戰爭」，與國際帝國主義合力野合起來進攻。這也是「革命」與「反革命」難免的作用吧了！對這層我們要明白一層事，即時拋棄了一切的內訌，糾合反革命諸勢力來破壞這個廣東蘇維埃政權的，不單是蔣介石、馮玉祥、李濟琛等等屠殺民眾的諸將軍。

××[日本]、英國、美國、諸賊仔國結託的，平時大叫什麼「保護工農的利益」的汪精衛、陳公博的叛徒輩，其實是先開刀參加屠殺這回革命的工農大眾。

因此十三日廣東蘇維埃被（這）幾個猛獸團破壞去了。當時廣東只有三千人武裝的工人，絲毫都沒有稍卻，向幾十萬，幾百萬的這個野獸去決[鬥]了。這時許多的革命的幹部，尤其是廣東蘇維埃的主席張太雷同志，就被殺了，五千七百多的男女老幼的先進英勇光輝的革命戰士，也被反革命的白銃白鎗[刺]殺去了。不但這樣對國內革命戰士的野行，為幫助這個廣東暴動的蘇俄聯邦的同志——俄國領事館員等等——也被反革命的獸手鎗斃去了！這時候反革命就亂刀分屍，[挖]腸破肚，這樣慘極無人道的白色恐怖。實際自滿清入關時的大屠殺也沒有這樣殘酷的！我們[倒]可想起一層事，自二年前（一九二七年四月）中國豪紳資產階級——反革命的國民政府，為要鎮壓中國的工農革命鬥爭，他（們）到今天，於全國屠殺了這個革命的工農的肉體已達到三十萬個了。當然現在還在繼續這樣的白色恐怖的殘暴手段[蔓]延於全國去，牠們國民政府在「禁止一切的民眾運動」和「必須與列強聯合一致共同反對第三國際」兩大政策之下，去決行白色恐怖一個「屠殺工農的黨」吧了。

　　三. 中國四億萬工農兵及一切的勞苦大眾為了要切斷他（們）的鐵鎖，奪取他（們）的主權，奪取他（們）的解放——得著真正的自由，真理的社會生活，建立他（們）的中國蘇維埃政權，實現世界蘇維埃聯邦的第一步已經達到了。這個廣東暴動可得震動全世界的搾取者、壓迫者的支配，促進牠們夠再浸深入死落下去了。他方面這個暴動使國內工農兵及貧民大眾都深刻興奮起來，全世界的勞動者、勤勞大眾都深刻確信他（們）的勝利。又個警鐘他們還也就××起來，方能都得他們的最後的勝利。換句說，雖然暴動建立了蘇維埃政府，存在只有三天就被反革命破壞去，五千七百的革命戰士被白鎗白銃屠殺去，但這回廣州暴動的戰士的血，已經染紅了中國革命的旗。這被血染紅的旗已招展著中國革命的前頭，使中國的工、農、兵、貧民群眾，得了很大的經驗和教訓，及一條更正確的進路，就是賜與中國的工農革命要所達到勝利前進的一條光明的路軌吧了！這樣中國四億萬工農兵及一切勞苦的群眾可得的「十月」（新曆十一月）日子，也不久了！

　　我們高呼！

　　一、廣州暴動的死者不死！

　　一、中國革命的勝利即是世界革命的勝利！

　　一、中國革命干涉，絕對反對！

一、中臺無產階級團結起來！

一、中國蘇維埃革命勝利××！

第三部分：第三共產國際與世界局勢

■ 五一勞動節祝文　1930/5/1（侯朝宗所撰）　中文翻譯

資料出處：山邊健太郎編，《臺灣》第一卷，現代史資料21（東京：みすず書房，1971），七，農民運動，頁385-386。

五一國際勞動節

　　飄著新葉氣息的五月一日，今天就是萬國的無產階級展現團結的威力，使全世界的資產階級顫慄，逼其至窮途末路之日。五一勞動節50年的歷史，乃是全世界的勞動者超越民族、超越國境、握緊伸出的鐵腕，對於因害怕滅絕而瘋狂展開的鎮壓和迫害，誓言反抗奮鬥的悲壯絕倫之歷史。這一天聚集在街頭、田園的無產階級群眾，在其前頭翻飛的閃耀紅旗，正是被花之少女純潔的鮮血所染紅、充滿血腥味鬥爭之象徵。記得1880年五一勞動節首次作為國際紀念日而舉行活動的這一天，在巴黎近郊賞花的少女目擊示威者被施以窮凶極惡的迫害之場面，而毅然決然把花丟掉加入戰鬥的行列，迸出高貴的鮮血。在此之前，美國芝加哥的勞工不也用血流成河的犧牲爭取八小時勞動制嗎？

　　啊！五一勞動節！

　　這天就是全世界勞工軍的國際大閱兵典禮。我雖身繫牢獄、但默默在腦中描繪該日的光景時，無法不感到渾身熱血逆流的。

　　這一天！這一天！被迫在空盪陰慘的牢獄中渡過這一天，這哪裡是戰士的本意呢？！然而，無論如何咆哮發狂，柵欄中的獅子就是柵欄中的獅子。於山野任意馳騁之日，一咆哮就可奪人魂魄的猛獸，不也唯唯諾諾地被不滿六尺的訓獸師所驅使？凶惡無比的獅子都如此了，何況是人呢？

　　時鐘報時現為10點。默禱一分鐘，此時勞工唱出撼動天地的五一勞動節之歌，豎起紅旗，斷然實行一大示威遊行。

　　處於極東的反動大支柱——田中軍閥內閣之高壓鐵蹄下的勞動者，在今日的戰爭下，很難避免濺血的慘烈場面吧！如果我在上海的話……。臺灣勞工連示威

遊行——權利的最後一絲一毫都被剝奪了。勉強以紀念演講會緬懷今日的意義。

去年的今天，我在朴子和許多同志將計就計地佔領媽祖廟，在紀念演講會上包圍×役所，製造首次入獄的機會。想到這一天，我就想高喊：「萬國的無產階級團結吧！」

▌ 國際無產青年日祝文　　1930/9/7　　中文翻譯

資料出處：山邊健太郎編，《臺灣》第一卷，現代史資料21（東京：みすず書房，1971），七，農民運動，頁386。

國際無產青年日

1914年8月，當世界大戰爆發時，第二國際藉擁護祖國之名，不僅不反對帝國主義者，反而還參加戰爭，甘為帝國主義者之忠犬。

熱情的革命青年鬥士異常憤慨，翌年（1915），在柏林召開國際無產青年大會，決議「反對戰爭」、「無產青年的國際團結」，又，該年12月3日，12萬青年大眾以「反對軍國主義」、「反對戰爭」為口號，在該市開始進行示威運動。從此以後，就決定以每年9月的第一個星期日為國際無產青年日。

今年9月2日，即國際無產青年日當天，莫斯科、柏林、倫敦、紐約、東京、上海、廣東及世界大小都市農村都擬舉辦盛大熱烈的無產青年日活動。我們這些被××帝國主義重重榨取剝削的臺灣農工群眾們，對於此一意義深遠的紀念日，應採取什麼態度呢？我們農工群眾若想要完全達成解放之目的，非有國際性不可。換言之，我們的運動若缺乏國際性，將走向失敗。

我們有鑑於第一次帝國主義戰爭的教訓，顯然戰爭是帝國主義者輸出資本、獲取市場，以滿足其獸慾為目的之行動，一旦戰爭興起，將耗費從數千萬的農工身上榨取而來的數萬金錢。

我們至盼全臺的都市農村熱烈地動員，起而示威。故全臺無產青年當然要起而與世界無產青年緊密地握手團結，實行國際無產青年大會決議的「反對戰爭」及一切口號。

▌ 國際無產青年日鬥爭計畫文　　1930/9/7　　中文翻譯

資料出處：山邊健太郎編，《臺灣》第一卷，現代史資料21（東京：みすず書房，

1971），七，農民運動，頁 386-388。

國際青年紀念節鬥爭之件（1930.9.2農組本部）

即將到來的9月7日──九月的第一個星期日，是國際青年紀念日，即15年前──1915年──世界大戰如火如荼時，第二國際的部分愛國主義者一改「對抗戰爭的戰爭」之口號，轉為高喊「擁護祖國」之口號，與國務大臣共乘一輛汽車，一面鎮壓「反對戰爭」的工人農民。他們（第二國際的部分愛國主義者）又一面募兵，將人民送往戰場，為守護資本家、地主之牙城而犧牲的同時，堅守自己的主義、主張，在「對抗戰爭的戰爭」之口號下，英勇地在德國柏林召開的「反軍國主義青年大會」，決定以每年九月的第一個星期日為國際反軍國主義紀念日。這一天，萬國的青年兄弟姊妹們，無論其在礦山、工廠、農村、學校、兵營、官衙等處，都一起罷工，在街頭、工廠、礦山、兵營、農村舉行示威運動，以召開紀念大會演講會，發傳單等方式作紀念，並檢視自己的勢力。

我們的導師李卜克內西（Karl Liebknecht, 1817-1919）曾說過：「有青年就有將來。」要知道我們青年是社會的重要分子。特別是在資本主義制度下，我們青年兄弟姊妹受其強制、壓迫、虐待之事實不可勝數。即以低廉的工資驅使勞工作十幾個小時長時間的工作，或選拔強壯的兄弟擔任士兵、巡警，將他們束縛在資本家、地主的陣營，為其守護牙城，又強制其他強壯的兄弟擔任壯丁等，驅使無產青年兄弟，讓他們擔任重要的角色，欲以延長資本主義。為此，資本家、地主等盡其所能致力於組織處女會、青年會等對抗我們青年兄弟的反動團體，或對所有民眾注入奴隸精神，施行培養帝國主義者的軍事訓練、軍事動員，束縛無產青年兄弟姊妹，使他們永遠成為資本家、地主的奴隸。故我們必須徹底地鬥爭，揭露資本主義的黑幕及其本質，使無產青年兄弟認識自己的處境，使其參加我們的戰線。

如此意義重大的日子，特別是帝國主義戰爭危機迫近的現在，我們必不能像資本主義者的祝祭典禮一般簡單地過，必須以此一紀念日作為準備決定性的鬥爭之契機，確立我們的組織，鞏固我們的陣營，同時，還必須一面參酌各地之情勢，以下列的實行方法進行鬥爭。

實行方法：

一、能夠召開大會之處須召開紀念大會（議案由各地方制訂）

二、無法召開大會之處則舉辦座談會、演講會、茶話會
我們的口號（地方問題由各地方自行添加）

1、國際的無產青年兄弟姊妹團結吧！

2、禁止14歲以下的少年勞工

3、六小時勞動制

4、同工同酬

5、罷工的絕對自由

6、即刻實施義務教育

7、入學的自由

8、賦予18歲以上之男女參政權

9、組織自衛團

10、撤廢保甲制度

11、反對築造道路

12、反對任命壯丁、保正、甲長

13、示威運動之自由

14、反對臨監（按：即臨場監視）

15、廢止檢閱制度

16、反對組合的強制解散

17、反對迫害組合員的活動

18、反對強迫脫離組合

19、反對尾隨跟監

20、民眾行動的絕對自由

21、反對拘押逮捕

22、反對毆打拷問

23、反對搜查身體、住宅

24、反對日本帝國的走狗黨臺灣民眾黨、臺灣地方自治聯盟

25、打倒一切官方製造的反動團體

26、反對帝國主義戰爭

27、反對總督獨裁體制

28、爭取言論、出版、集會、結社之絕對自由

29、撤廢諸惡法

30、支持中國、印度、安南的工業革命

31、擁護××

32、國際青年紀念日萬歲

■ 婦女運動方針文　1929/3/8　中文翻譯

資料出處：山邊健太郎編，《臺灣》第一卷，現代史資料21（東京：みすず書房，1971），七，農民運動，頁 338-423。

國際無產婦人日之際

「（一）、（二）原文省略」

（三）再轉而看看我們臺灣的婦女運動。一言以蔽之，臺灣的婦女運動是將來的問題，而非過去的問題。在隨著日俄戰爭、歐洲大戰而受到急遽飛躍發展的××資本主義之帝國主義所影響的臺灣，中產階級女權運動也在沒有萌芽機會的情況下被埋沒了。臺灣的婦女全面性地無法脫離封建的家族制度或民族的因襲道德規範，因此沒有受過高等教育而具有獨立的經濟地位之婦女。只有享樂方面遠較昔日更現代，在社會上卻未較昔日更能展露頭角。臺灣的婦女沒有觀察民主主義的女權運動之萌芽，就馬上面臨到資本主義末期的反動時代，因此，處於其畸形的社會現象中，臺灣婦女運動之舵要開往何方，乃是問題之所在。

（四）臺灣近代工業資本主義尚處於發展途中。因此，隨著工業資本主義之發達，許多勞工軍、勞工婦女軍都充分地整編隊伍，特別是川村總督的臺灣工業化政策，在以臺灣為近代資本主義陣地之同時，亦將使臺灣成為勞工軍的一大軍事訓練場，此乃不爭之事。如前所述，在民主極度被壓縮的臺灣，無疑地資產階級女權運動不會興起，階級的勞工婦女運動將一躍而起，佔領所有陣地。而隨著工業發達而擴大的工業婦女軍，將與隨著農業資本主義發達而擴大的農業婦女軍，雙方密切地相互合作，成為臺灣無產階級解放運動的一個部隊，壯盛地進軍。（1929.3.8）

■ 紀念蘇俄革命十二週年　1927/11/7

資料出處：《資料A：臺灣農民組合本部存留檔案》，頁 177-178。

情報　　臺灣農民組合本部

十一月七日

　　今天就是蘇俄革命成功的日，就是俄國無產階級由很困苦中建立蘇維埃的日，無產階級用自己的力量完全解放自己的日，這個偉大的十月革命——陽曆十一月七日——現在已到了[它]的十二週年紀念日了。全世界無產階級——不僅是蘇俄聯邦的無產階級——在這一天都來慶祝自己之階級的勝利，都來檢問他（們）自己之階級力量，以準備第二次的更大的努力。全世界無產階級都知道十月革命是世界革命的開始，是全世界無產階級革命的第一聲。十月革命的歷史使命是要推翻全世界的資本主義，建設全世界的無產階級專政。在現在這種使命還沒有完成的時候，全世界的無產階級——十月革命戰士之勇敢的繼承者——正在為完成這種使命而繼續努力。我們今天和全世界的無產階級紀念這偉大的紀念日，有絕大的意義。我們此際暫回顧十月革命前夜的俄國政治狀況及無產階級，是怎樣得到勝利的。十月革命於（1917）二月革命後的形勢不斷底轉變發展而成，因此我們簡單分析二月革命以後的事變。

　　（一）俄國二月革命發生於世界帝國主義第一次大戰的時候，俄國地主及資產階級想奪取土耳其君士坦丁堡，因此他們要積極繼續他們的戰爭。在這大戰中，俄國工農及小資產階級受了很大的痛苦，工人因工業的軍事化的結果，失去了政治上、生活上的一切自由。因戰爭的影響物價提高數倍，並且任何的經濟鬥爭都不允許；提高「保護戰爭的勝利」的招牌，說當在大戰的時候，「祖國存亡之秋」，你們不要搗亂後方。

　　（二）又另方面，俄國地主壓迫農民在歐洲各國中，要首[屈]一指，及到大戰後，在農村的壯年男子幾乎一半是完全離開了農村經濟，而被壓迫著「盡軍事義務」去了。除了壯年農民為肉體上的犧牲以外，農民要拿出許多的錢、麵包、農產品，去完納保護祖國的戰爭稅、國稅等。農村經濟是完全被破壞了，農民要服從軍事規律，都是非常特別嚴格。一切的軍需都不能滿足，衣服伙食劣得很。自己是不願意去戰爭，但是資產階級政府因要保護資產階級的祖國，要馳送他們去到帝國主義的鎗林彈雨中間任作煙灰。到這時，農民的活路只[有]與無產階級結合，共同以武力來解決自己的問題而已。

　　但在資產階級方面呢？他們不獨不自己去盡軍事義務，不獨不受任何的生活昂貴的影響，不獨不損失身體上及政治上的自由，並且在大戰中他們得著比較平

時高數倍的經濟利益。資產階級政府用種種名目向工農群眾搾取的血汗，都用（於）購買戰爭必需品的形式，交給了資本家。

（三）二月革命的戰士，當時的工農群眾，在客觀上[走]的是布爾塞維克（Bolsheviks，俄國共產黨）的道路。但是他們在組織上卻完全受孟雪維克（Mensheviks——俄國社會民主黨中的右派）的指導了。孟雪維克自己是反對這個暴動，但他們在群眾運動高漲之下，懼怕失了自己之領袖地位，他們（因此）不得已參加了這次的運動。布爾塞維克當時宣佈反對戰爭，反對資產階級，但孟雪維克不反對大戰，而宣傳「保護祖國」。孟雪維克及社會革命黨員在資產階級政府保護之下，執行著「出賣階級的政策」，執行資產階級的命令，戴上假面具欺瞞群眾。在這時候群眾已經組成了自己的蘇維埃，但因為蘇維埃的領袖是這些孟雪維克反社會革命黨的妥協派，所以蘇維埃處處都讓步。他們說推倒沙皇是資產階級革命，因此革命之後應有資產階級政權。無產階級應該幫助資產階級組織臨時政府，對資產階級讓步，對工農群眾的要求一切都無視了。

（四）但革命任務並沒有解決，群眾一天一天的左傾，漸離開孟雪維克走到布爾塞維克方面來。在這時候資產階級就想有必要執行資產階級的命令，並破壞工農的革命性的人們。因此資產階級在二月事變以後就組成了所謂純粹「社會主義者」的政府，全體委員都是孟雪維克及社會革命黨員，這就是著名的克倫斯基（Alexander Kerensky, 1881-1970）的政府。

（五）布爾塞維克——俄國共產黨——在二月與十月間，是群眾運動發展中之一個主要因子。當時布爾塞維克工作之主要的任務是奪取群眾，當時布爾塞維克在列寧指導之下，很能運用奪取群眾的策略，利用一切事變揭破臨時政府的假面具，揭破孟雪維克及社會革命黨之欺瞞群眾的內容。布爾塞維克走到一切有群眾的地方，宣傳組織，布爾塞維克首先便提出了「一切政權歸蘇維埃」的口號。在這口號之下，群眾都動員起來，要逼迫孟雪維克們去奪取政權。但孟雪維克不敢違抗資產階級的意思，不敢取政權，反以鎗砲屠殺的方法對付群眾。在這事實他們孟雪維克及社會革命黨的反革命性便揭破了。

（六）到十月蘇維埃選舉的時候，各地的孟雪維克及社會革命黨，都由代表委員中趕出去，群眾自己所選的代表大多數都是布爾塞維克。這時候布爾塞維克就指導群眾用武裝力量去奪取政權。聖彼得堡——現在的列寧格勒——的暴動於一九一七年陽曆十一月七號得[到]勝利，摧倒了克倫斯基政府，建立了蘇維埃政

權。

十月革命勝利了，全國第二次蘇維埃代表大會選舉了人民委員會以列寧為主席，這就是無產階級專政第一屆的政府。革命勝利的第一天便宣佈了和平，一切土地都由區蘇維埃分配農民。以後宣佈一切大生產交通機關銀行鐵路礦山歸國有，蘇維埃解決了一切革命的問題。在這時，國內外一切反革命的勢力——列強帝國主義——都共同結合起來反對蘇維埃政府，用武裝的干涉，決定要使無產階級專政府致死。但蘇維埃政府都得著廣大的俄國工農群眾的擁護，勝利仍然是歸了俄國工農群眾，十月革命勝利了，俄國無產階級專政鞏固了。

蘇維埃社會主義聯邦共和國十月革命勝利後，得了自己的解放的各個民族組織成的獨立的共和國，於一九二一年共同聯合的——是現在全世界上唯一的無產階級的祖國，也是全世界資本主義帝國主義及一切反革命勢力[者]的敵人。

十月革命告訴我們：

（一）資產階級是怎樣的欺騙，反革命，並在無產階級革命的時候，只有貧苦的農民是他們忠實同盟者。

無產階級之最後的出路，只有武裝暴動起來奪取政權，建設自己的專政。而且無產階級專政並不是一個空洞的理想。

（二）（十月革命）告訴我們，歷史的進化是走向無產階級專政的，資本主義在全世界範圍內是快要死亡的。

（三）在革命勝利的第二天，便有廣大的反革命的帝國主義的力量向你進攻，你預先要準備。其他等等都很明白。現時的國際情勢是第二次的帝國主義戰爭很切迫來的時候。資本家地主又因要再分割地球，將要再強迫驅使工農群眾，到帝國主義的鎗林彈雨中化作烟灰，同時反革命勢力的帝國主義也提攜共同向無產階級的祖國蘇俄聯邦攻擊。在這時候，全世界無產階級的任務要結合，一齊起來反對帝國主義戰爭，擁護蘇俄，用自己的力量來解決自己的問題。

十月革命萬歲！臺灣無產階級萬歲！帝國主義戰爭絕對反對！

擁護蘇俄！世界革命萬歲！

——十月革命十二週年紀念日——

■ 紀念俄國十月革命文　1930/11/7　中文翻譯

資料出處：山邊健太郎編，《臺灣》第一卷，現代史資料21（東京：みすず書房，

1971），七，農民運動，頁389。

關於11月7日紀念日之件

11月7日是13年前俄國工農勞苦群眾脫離在專制的暴虐政治下呻吟、在政治、社會、經濟上的一切權利完全被剝奪的狀態，顛覆一切的反動勢力，奪回自己的權利，完成自己的歷史使命，建設工農勞苦群眾的祖國、建設蘇維埃的日子。在意義非凡的這一天，我們勞苦群眾——處於日本帝國主義統治下的我們，同樣地為解放我們的地位、奪回我們一切的權利，以遂行我們的歷史使命而鬥爭，也具有極重大的意義。故我們為遂行我們的歷史使命，應進行如下有意義的鬥爭方法及紀念方法。以接到指令後的7天為鬥爭週，在各地組織鬥爭委員會，應極力宣傳紀念日之意義，準備七天的工作（參酌地方的情勢，由各地方決定。）

一、遊行（示威運動）

二、召開紀念大會

三、演講會

四、座談會

口號：

一、土地還給農民

二、佃租即刻減少3成

三、爭取言論、出版、集會、結社之絕對自由

四、反對治安維持法及一切惡法

五、打倒一切反動團體

六、反對總督獨裁政治

七、支持中國工農

八、擁護蘇維埃聯邦

九、反對日本帝國主義盜賊戰爭

十、臺灣農民組合萬歲

十一、全世界革命成功萬歲

■ 反對二戰戰爭文　中文翻譯

資料出處：山邊健太郎編，《臺灣》第一卷，現代史資料21（東京：みすず書房，
1971），七，農民運動，頁 392-394。

檄文

　　為積極地準備第二次世界大戰，臺中市實行官民總動員演習。

　　——我們無產大眾須正確地瞭解他們的用意——

　　以太平洋為中心的列強帝國主義經濟市場爭奪戰將誘發第二次世界大戰，此
一事實任誰都能輕易且明白地觀察到。

　　這些列強帝國主義者中，日、英、美帝國主義者不眠不休地積極實施戰爭之
準備，吾人僅就日本國內觀之，他們的陸軍大演習、海軍大演習、空軍大演習、
青年訓練所大會等，其準備行為日益深刻化，最近連電影也利用，極力鼓吹無知
民眾的排外熱、愛國熱。對於為此迷惑的愛國主義者們，我們極力從我們無產階
級的立場闡述帝國主義戰爭的利害關係，暴露其陰謀，然而被壓迫的無產階級大
眾仍無法對抗他們。最近在臺中市想出實施官民總動員的警備演習之方法。其假
定「日本與×國開戰，×國以其優勢的海軍軍力橫渡太平洋，陸戰隊從新竹方面
登陸，以勢如破竹之勢殺到臺中市。夜間有飛機空襲，向市內數處開火，臺中市
將化為一大血肉橫飛的戰場」之情形。據此假設進行13、14兩日官民總動員的警
備演習，使我們聯想到暗夜裡的臺中市，大砲、機關槍槍聲轟隆作響，無人道的
帝國主義戰爭之慘虐。

　　我們相信日美戰爭的中心地點一定在太平洋。從而日本軍必以臺灣為根據
地，若至開啟戰端，我們臺灣民眾所受的苦痛當不難想像。

　　謀少數資本家利益的帝國主義戰爭不僅是將我們壯年的兄弟送往戰場充作肉
彈，連老人婦女也不得不為此慘禍而犧牲。官民聯合的警備演習，無異於婦女、
老人及其他非士兵的民眾之參戰演習。請看10日中報地方版二瓶中佐的文章，御
用報紙刊載的此一大話牛皮連日吹個不停，我們所有被壓迫的無產大眾需充分認
知他們的用意，不可被帝國主義者輩之欺瞞所煽動。我們在此應覺醒。

　　絕對反對帝國主義戰爭

　　支持中國的工農革命

　　擁護共產主義者的祖國蘇俄

檄文
減免交付地主之租佃
展開大眾鬥爭

六月的租佃被他們霸道的地主所強奪的痛苦仍猶在眼前。此憤怒痛恨充滿胸中，尚未消去，10月的租佃強奪期又將至，兄弟們啊！本期的稻作全部受蟲害而大欠收，中壢、湖口、桃園、鳳山各地幾乎全軍覆沒，一粒收穫也沒有。無產農民兄弟們啊！我們從本期初，一家老幼婦女，每日總動員、沒日沒夜地工作迄今，耗費多大的努力。加上期間肥料、稻種、工資等資本如何支出？有人向他人借貸來支付，且還不能支應食費。由此一狀態觀察，明年的稻種、肥料、工資等從哪裡來？就算先不思考明年的事情，地主們對於這一期稻作的欠收亦將毫不留情，逼迫佃農交出租穀。兄弟們啊！我們除餓死或凍死之外無他。無產農民大眾們啊！我們這樣活著都快餓死了。「豈有此理！」我們應以堅定的決心與賊地主抗爭，一齊奮起，勇敢地加入臺灣農民組合，在農組的旗下，以大眾之力向地主爭取免除租佃。

■ 聲援法國共產黨人文

資料出處：《資料 A：臺灣農民組合本部存留檔案》，頁 172。

法國共產主義者
百數十名被法國資本家逮捕去

革命的工農大眾即時[崛]起抗爭保釋前衛！因帝國主義戰爭的切迫，法國資本家及政府對於法國勞動者，農民大眾的剝削壓迫日加猛烈跟著用了最野蠻的手段來破壞法國的普羅列塔利亞（proletariat，無產階級）運動。所以在資本家的產業合理化的地獄下的法國勞動者，不得不以幾倍的革命的組織力和鬥爭力來對牠們資本家決戰。換句話說，牠們資本家的彈壓即是強大，必然的法國勞動者的革命勢力也加倍強大的。這個法國勞動者因對他們的資本家組織了「反對帝國主義戰爭」及「防衛蘇維埃俄國」的強力鬥爭。資本家政府即時用了「國家紛亂」的口實告發，逮捕了百六十餘名的共產主義者去了，其中有最勇敢的優秀的精銳分子——法國共產黨中央委員三十數名及三名代議士在中。這報（導）傳到了全法國去的時，法國的勞動者、農民大眾即時[崛]起來對牠們資本家階[級]決行了

戰鬥了。法國勞動者單只有用大眾的力才得奪回他們的前衛吧了！

　　打倒國際××主義！　　　　反對帝國主義戰爭！

■ 臺灣農民組合本部於巴黎公社日紀念文　1931/3/8　中文翻譯

資料出處：山邊健太郎編，《臺灣》第一卷，現代史資料21（東京：みすず書房，1971），七，農民運動，頁 407-409。

巴黎公社紀念之件（1931.3.8）

臺灣農民組合本部

各支部各聯合會鈞啟

　　一、人類有史以來所有勞工群眾全都被置於被支配、被榨取、被侮辱之地位。故過去的歷史即是多數勞苦大眾貧困、痛苦、暗無天日的歷史。此一矛盾在資本主義社會中不僅未被解決，反而變本加厲。換言之，資本主義社會的勞苦群眾，特別是工農的生活，更加悲慘、痛苦。然而，我們工農群眾不願接受如此的生活，且多數人還切望早日顛覆此一矛盾的、黑暗的榨取社會，建設一個萬人得以享樂的、共同的新社會。1871年3月18日，我們的前輩發動巴黎公社事件的勇敢起義，其偉大的目的即在此。故巴黎公社對我們工農勞苦群眾及其他一切被榨取、壓迫的弱小民眾有無限重大的意義。然而，不幸的，他們顛覆資產階級的統治而掌握政權，70日後又再被資產階級所顛覆，進而受到更嚴峻的白色恐怖之追捕，而付出了莫大的犧牲。由我們巴黎公社的前輩們所掌握的70日政權，實為他們以紅色的鮮血所換來的報償。

　　二、故我們絕對不可忘記意義重大且無限的巴黎公社之起義，應記得要永遠地紀念他們。然而，在紀念以前，我們必須先究明此舉失敗之原因，作為我們的教訓。其原因種種，茲將其要點說明如下。

　　1、顛覆資產階級的統治後，未即時樹立工農獨裁。

　　即使能夠顛覆資產階級，亦無法直接消滅他們。他們被顛覆後，以10倍的力量進行反抗反動。此時他們必然用盡各種精力千方百計地密謀再建立私有制、榨取社會，想要再恢復他們的榨取支配。故為粉碎他們此一陰謀，必須消滅階級、計畫顛覆資本階級的統治，同時，必須即時樹立「工農獨裁」〔政權〕。此一工

農獨裁係壓迫、粉碎資本階級為再建私有制的一切努力、並實施××主×第一階級之政權。然而，工人階級為維持此一統治政權，必須一方面吸收所有廣大的工農及其他勞苦群眾，另一方面，將之與資產階級小市民、知識階級等調和。為達成此一目的，首先必須實施工農獨裁。此一工農獨裁的第二個意義及其任務是：工人階級為建設、實現××主×社會，必須以顛覆資產階級統治，同時，即刻樹立工農獨裁作為第一步。否則，絕對無法實現我們的目標。然而，我們的前輩巴黎公社顛覆資產階級的統治後，因未即時樹立工農獨裁而失敗。此乃他們失敗的第一個原因。同時，也留給我們一個教訓。因此，我們工農必須將前輩遺留下來的偉大教訓作為將來的前車之鑑，當紀念巴黎公社時，我們工農必須向群眾宣傳、煽動，闡明工農獨裁之意義與任務。

2、無××黨的領導。

對於資產階級、統治階級的壓迫、榨取、欺瞞、懷柔進行確實穩固、毫不姑息地鬥爭，撲滅、掃蕩他們，徹底地領導我工農與其他一切被壓迫、被榨取階級達成解放，乃是××。×××堅信革命的、唯物的世界觀。即具有確信資本主義社會必然會崩壞，而共產主義必獲得勝利的先見之明，勇敢地從事，不屈不撓地忍受勞動，不惜犧牲，結成分子之所在。故共產黨是無產階級的「頭部」，同時，也是無產階級的「司令部」。無產階級不能有一刻欠缺此一共產黨的領導。特別是樹立「工農獨裁」時更為必要。無產階級持有此一「頭部」，持有此一「司令部」，才能獲得勝利。然而，巴黎公社舉事時，欠缺此一「頭部」的共產黨。

此乃巴黎公社失敗的第二個主要原因。同時，也是遺留給工農群眾的重要教訓。當紀念巴黎公社時，工農應在客觀情勢極為成熟的今日，特別向民眾極力宣傳、煽動，強調革命的意義與工農的任務。

3、優秀分子的欠缺及不統一──小資產階級革命家、社會民主主義者、無政府主義者等的鬥爭。

此即巴黎公社失敗的第三個原因。小資產階級革命家、社會民主主義者、無政府主義者等不純分子表面上反抗資本主義社會，宛若反抗資本主義社會之要素，惟其本質徹頭徹尾與資產階級一致。工人階級欲達成其解放需從事：（1）武裝暴動（2）工農獨裁政權之樹立（3）共產黨之結成。此乃實現共產主義社會的唯一「原則」，但社會民主主義者、無政府主義者等對此一原則卻從根本反對，何

故？此即反對無產階級的勝利，反對無產階級的勝利乃是為支持資本階級、統治階級的地位。故可說此等社會民主主義者、無政府主義者等不純分子本質上與資產階級一致。因此，這些不純分子也是工農的死敵。工農想要達成自身的勝利，紀念巴黎公社，我們應謹記前車之鑑，更極力與社會民主主義者等鬥爭。此乃紀念巴黎公社的第三個意義，也是工農的第三任務。

三、故我農組必依下列方法盡全力開始鬥爭，作為紀念。

1、以3月12日至3月18日一週為「巴黎公社」紀念鬥爭期。

2、將此紀念活動與佃農爭議、嘉南大圳爭議、甘蔗爭議、反對竹林採伐等鬥爭結合。

3、組織宣傳、煽動隊在農村宣傳、煽動。同時擴大我們的組織。

4、此日在各地召開紀念大會。

5、決定這些任務後，各支部組織巴黎公社紀念鬥爭同盟。

6、中心標語：佃租全免、土地歸於農民、水租全免、奪回埤圳管理權、奪回生產物處分權、反對採伐竹林、打倒××××主×、×××××××萬歲、巴黎公社萬歲、世界××萬歲、打倒一切反革命社會民主主義者及民族改良主義。

■ 蘇維埃聯邦革命成功14週年紀念文　中文翻譯

資料出處：山邊健太郎編，《臺灣》第一卷，現代史資料21（東京：みすず書房，1971），七，農民運動，頁 416-417。

紀念蘇維埃聯邦革命成功14週年紀念日
11月7日

勞苦的工人農民兄弟姊妹們！我們無產階級的祖國蘇維埃，11月7日革命成功紀念日就快到了。我們務必謹記此有意義的紀念日。現在俄國工農群眾實過著好日子，過著快樂的生活，作為人類享受著世界無比的幸福。

回顧14年前的11月7日，俄國工人階級在如鐵石般嚴謹的規律與最正確的政治方針下堅守統治，且在我們的師祖列寧的指導下進行共產黨的組織，在其指導下糾合俄國全體工業群眾，打倒舊勢力階級（尼古拉皇帝政府），奪取所有政權，同時，組織人民委員會，樹立蘇維埃政府，從此獲得快活的政府。此實因俄

國工人、農民兄弟以革命運動始致成功者，至今已歷經14年，而現在雖已形成完全自由平等的極樂世界，這段從革命到成功的旅程並不容易，是在歷經百般難關，在各種艱難苦楚中完成的。而今他們不單單滿足於自己的幸福，還想為謀求全世界被壓迫群眾之幸福賭命鬥爭。見蘇維埃熱烈地援助中國的工農革命，又，幫助日本、朝鮮、印度、臺灣等地的共產黨，或支持臺灣的革命運動，等事實便一目了然。又現在蘇維埃紅衛兵（正式的共產軍隊）陸續往滿洲北部出動，後援黑龍江，積極殺盡惡逆無道的日本帝國主義，或向蒙古出動，援助中國共產軍，使其直接奪取政權。因處於如斯之狀態下，國際帝國主義者遂異常恐慌，日、英、美、法、德、義等帝國主義者以英國為盟主，經常策劃對蘇維埃發動總攻擊之陰謀。特別是日本帝國主義者，對我們祖國蘇維埃的威力最為恐懼，現滿蒙一地的日俄對立狀態，對日本威脅最大，現正處於日本絲毫無法干涉之狀況。

蘇維埃雖然如此強大，萬一國際帝國主義同盟發動總攻擊，畢竟仍無法維持，屆時全世界的工農階級應一齊奮起，絕對擁護蘇維埃。

日本帝國主義若向蘇維埃出兵交戰，我們日本、朝鮮的革命群眾起而相呼應，為擁護蘇維埃聯邦激發全國的政治罷工，從抗租抗稅到誘發全國內亂，須試圖滅亡日本帝國主義國家，應趁此機奪取工農階級政權。

工人農民兄弟姊妹們！我們務必在計畫的組織下做決死的鬥爭。我們以蘇維埃革命紀念日11月7日當天為契機，一齊奮起，積極活動、宣傳煽動、以糾合群眾為我們應遂行之任務，應組織最堅固的陣營。我們紀念日工作中應高唱的口號是：

1、擁護蘇維埃聯邦

1、堅決反對帝國主義戰爭

1、帝國主義戰爭應變為階級戰爭

1、支持中國共產軍

1、聯絡日臺鮮革命工農

1、萬國無產階級團結奮起

1、臺灣革命成功萬歲

1、臺灣共產黨萬歲

1931.11.1

■ 俄國革命紀念日　國際共產黨向世界散布之檄文

1931/11/15　中文翻譯

資料出處：山邊健太郎編，《臺灣》第一卷，現代史資料21（東京：みすず書房，1971），七，農民運動，頁417-418。

全世界的無產階級應積極奮起，為帝國主義戰爭之危機決死鬥爭。

國際共產黨（第三國際）以11月7日第14回蘇維埃聯邦革命紀念日為契機，向全世界的無產階級告以如下之中日紛爭事件。全世界的工人農民、被壓迫的兄弟姊妹們，團結起來發起革命行動，煽動民眾對抗吧！被欺瞞的工農大眾啊！帝國主義戰爭即將爆發，現在我們中國的工農兄弟以「蘇維埃中國聯邦在中國樹立工農政府」與日本佔領軍及國際賊子聯盟背叛者的國民黨蔣介石等反動勢力相對峙，勇於起而展開鬥爭。同志啊！大家應立刻奮起，擁護、援助中國的革命農工兄弟。

經濟上、政治上的世界大恐慌終於驅使國際帝國主義國家逼近極東地區（滿洲、中國），欲發動帝國主義鬥爭。又，無可避免的，〔世界大恐慌〕將幫助日本帝國主義者、挑戰蘇維埃聯邦、捲入戰爭漩渦。

亦即國際帝國主義者將一致對我們的祖國蘇維埃聯邦發動總攻擊。

臺灣的工農兄弟姊妹啊！

在此一情勢下還能片刻默視嗎？我們想要早日團結組織，與中國、日本的無產階級密切聯絡，必須先打倒日本帝國主義。

讓我們努力奮鬥，立刻推翻日本無道的白色（按：此係指相對於「紅色」（共黨）的權力體制）賊政府，早日打倒、粉碎日本帝國主義！兄弟啊！我們應相互高喊下列口號，一齊起而實現我們階級的任務：

1、推翻日本帝國主義統治

1、破壞日本帝國主義資本家的權力機關

1、支持中國共產軍

1、擁護中國蘇維埃政權及蘇維埃聯邦

1、堅決反對日本侵略中國

1931.11.15

第十一章
農民組合運動的尾聲

■ **臺灣農民組合各支部情報文** 1930?/?/?

資料出處：《資料 A：臺灣農民組合本部存留檔案》，頁 83-84。

最近的鬥爭情報
前序

　　世界資本主義已經到達第三期的現在，尤其是自昨年起，米國爆發著株式恐慌以後，經濟恐慌，如烽火[蔓]延於世界──資本主義國和殖民地、半殖民地諸國在世界資本主義一環的我們，臺灣亦受著這個「恐慌」的烽火吹到了。在資本主義社會所有的恐慌，尤其是在資本主義第三期。

　　資本主義總矛盾的集中，表現的這次經濟恐慌的必隨現象，是物價降下，這經濟事眾與我們農村經濟是抱有最緊的關聯。因此本年中物價的急激的降下，致吾臺灣平[均每]年所產出二億九千萬圓的農產總額，在本年十個月間減至一億七八千萬圓。就是全農村的收入激減了三、四成。就中在臺灣產出的全農產物中佔半數的米之價格，降下得最甚。平[均每]年產出的米總價格額約一億三千餘萬圓，於本年十個月間就激減到五、六千圓了。這我們就曉得農村經濟──農民生活──的困苦怎麼深刻了。不但如此，因工業恐慌的所謂產業合理化，和一般的不景氣，致從來貧農唯一的生活路的利用農閒期作工，亦全然被杜絕了。如此，一般農民的收入，已經達到非常的枯竭了。尚且，他方面一般的稅金，金利，農具，肥料代，大部的日常用品（尤其是專賣品）及小作料完全沒有降減，這就得證明農民之支出，比較收入反之高[升]得很，亦可見農民的慘苦貧困怎麼慘酷了。因此自本年第二期（十月冬）以來各地農民不忍其慘苦貧困，就憤然[崛]起抗爭起來了。今將各地最近的勇敢鬥爭情形報告。

臺南州聯合會管下

這次農村不景氣侵入當地方，可說很深刻，尚且全臺南州下農民大眾的死敵最凶惡的「吸血鬼」，咬人（嘉南）大圳組合野蠻的苛斂誅求，使農民的慘苦更加深刻，所以這般兄弟斷然奮鬥起來了。為農產物賣無錢，致兄弟貧至不得納再[升]的血稅，於十一月中，農民大眾開始抗稅鬥爭。十一月廿三日麻豆近庄的農民千餘名，因沒錢可納稅，各自把䆀、蕃薯簽、農具，小商人把商品──自轉車，與有求必應的紅燈□──棺木──及其他的日用品稱為做金錢納稅金，殺到役場，示威高喊表示農民的痛苦和大眾的威力，廿四日西庄百餘名、廿五日下營庄四百餘名，學甲庄五百名的農民亦同樣，把農產物、農具、日用品，殺到各庄役場，牠們庄長役員和官憲就大起恐慌，官犬在當場對我們的戰鬥的農民兄弟，亂打亂蹴，而將多數的前衛青年鬥士們檢束去，而各處拘留。

對這種官犬的橫暴，一般的農民小市民更加激憤，決意和覺悟與牠抗爭。而最後日本帝國主義者曉得我們廣大的農民群眾的抗爭，即下非常的彈壓，和迫害了。期二十六日夜二、三時頃，動員多數的官犬，一齊襲擊州下我們的陣營，企計大檢舉。因我們知道其鬼策果敢活動，牠們遂不得獲得什麼歸回去了。尚且，關於這期嘉南大圳組合之水租，和特別水租滯納關係者計有數百人，而被差押的財產、畑、養魚池、原野，建物數地等的土地合計有數十甲。定十二月八日於臺南州稅務課執行競賣了。這樣×××國主義者的強盜行為，我們兄弟不撓不屈，決然整備戰陣，與牠死鬥了。在這情勢下，州下的來組織農民漸漸加入吾組合，現在奮鬥建立支部和獲得未組織大眾。

高雄州聯合會

鳳山──當地方的農民本冬凡減收大半，因此鳳山支部戰鬥的組合員各自向地主要求減五成（小作料），地主們即時承諾，減三成，然一般的農民兄弟因這樣的凶收當然是不得滿足的。這機會做我組合鳳山支部沒有去指導、激發擴大鬥爭，是最缺憾的。

屏東──鹽埔庄下埤寮仔之會社所有地，自前以我們農民的膏血結晶變做很肥的牠似強盜一樣的會社，看著這個「美畑」就強行耕起，使農民激憤，決然的起來，動員數十名的戰鬥的農民占領畑地，即時撒種子了。牠們會社看了這情形恐驚不敢下手放棄而歸，結果我們得了大勝利。

潮東──鹽埔仔的七月起因土地問題發生爭議，關係土地十三甲餘，關係者

九十餘名中，組合員占六十餘名，問題的發端是舊地主賣給新地主，而新地主以高價的價格強要農民買受該土地。不景氣的今日，農民斷然起來反對同盟不買，而募集鬥爭基金，決要與地主作最後的鬥爭。時牠們地主和官ケン（憲兵）大起恐慌，不但不敢強要買受，尚且不敢對農民言土地的事，結局農民兄弟持續耕作，可說我們得了大勝利。

臺中州聯合會

二林——最近世界經濟恐慌的流行，致各國的資本家、斷行資本家的產業合理化。臺灣的製糖業者，亦是施行這資本家的產業合理化得很露骨。牠們製糖會社資本家，把一切的犧牲轉嫁落我們蔗農，這次二林地方的蔗農兄弟，反對牠們這種暴虐的剝削，十一月中旬一齊結束憤起動員蔗農百餘名，包圍示威會社重役的家宅，要求一、[撤]廢甘蔗收獲作業委員的包圍，二、[撤]廢削根，其他二三個條件現在鬥爭中。

大肚——地主不守契約贌耕期間，蹂躪小作人（佃農）的耕作權，生存權，這在各地、各國都一樣的，大肚的某地主，對於農民所契約的契耕期間未滿期的時，就宣告要起耕，對這不法的惡地主，我們數回求牠的原諒，贌延到滿期，牠強慾的地主持強硬的態度不容。農民憤慨得很，後日和組合的某幹部同行，抗議[糾]彈牠的不法，牠們聽著「臺灣農民組合的幹部」即時就讓步容納我們的要求。可見我農民組合的威嚴呢！

新竹州聯合會

桃園——桃園中壢地方農民的貧困苦慘是最有名的，十月中於桃園地方，為惡地主差押稻尾、飯碗險被奪去的農民兄弟，即時動員百餘名的大眾，共同刈稻。因我們的大眾的敏敢行動，牠們地主官犬不得下手，小作人（佃農）兄弟就得了勝利。又十一月中□地方之海岸方面，亦有甚多的差押，和起辦的情形。小作人兄弟各自奮起和牠地主決鬥了！

竹南——這地方我組合從前全然沒有組織，尚且沒有宣傳。這次打倒反動團體鬥爭委員會全島巡迴演講會於竹南講演的時，前有些沒意識的農民被民眾黨誘拐加入[該]黨，當日聽著文化協會的吳同志，說明民眾的本質和我組合的使命，他農民兄弟就快覺知道民眾黨的反動，時即宣言脫離民眾黨，而加入組合，現已

多數的兄弟，對組合表示絕大的支持。

結論

　　世界資本主義的第二期，經濟恐慌的暴風吹到全世界裡的現在，在世界資本主義一部分的我臺灣，雖然受那「恐慌」之影響比較遲，現在亦日益深刻化。而到本年下半期急激進入世界恐慌的奔流中了。資本家的產業合理化，強使解雇工人，減少工資，延長勞動時間，強酷勞動，小中商工階級之急續倒產，金融融通之閉鎖，和金利高、貿易之激減退，農產物（尤其是米）價格之激減。總而言之，一般的工人、農民、小市民、小資產家、小地主等一切急激陷落飢餓線上去，尤其是農村的經濟的破綻日益擴大深化的今日，除起小數的富農中農以外的廣大農民群眾，已達到著最後的[殘]酷階段了。我們農民組合把這急迫的農民兄弟的飢餓狀態，強力侵入農村煽動宣傳，極力激發，引導展開鬥爭，而使抗大強化我們的組合！

使守勢而進攻勢！
臺灣農民組合之擴大強化萬歲！

■ 臺灣農民組合本部報告　　1930/12/15

資料出處：《資料 A：臺灣農民組合本部存留檔案》，頁 55-56。

一九三〇年一二月一五日　臺灣農民組合本部

1930.2.5報告
臺南州聯合會抗稅鬥爭被彈壓

　　十一月廿三、四、五日，臺南州聯合會，開始抗稅鬥爭以來，×本帝國主義者，為極力擁護咬人（嘉南）大圳組合、資本家的利益，和準備帝國主義戰爭，徹底的野行恐慌政策，彈壓破壞我們的營壘，將我們全聯會的前衛鬥士續續捕去。其極野蠻的手段如下；十一月廿七日晚在曾文郡衙檢束，當才放出來的玉蘭同志，（同）日到深夜與一青年鬥士，再被官ケン（憲兵）隊把自動車捕去，同時兩同志悉被殘酷的毆打，拷問，然後玉蘭同志到二十九日夜始放出來，而他一

青年被即決拘留七日間。關於咬人（嘉南）大圳水租問題被差押的土地，十二月八日於臺南州稅務課執行競賣，商聯緊張準備戰鬥，以八日決行聯合會總動員，示威佔領競賣場，牠們帝國主義者，為達其獸慾，阻害我們的工作，迫近競賣期的十二月四日就開始大彈壓了。當日於臺南文協支部事務所捕玉蘭、織本、文質三君以外農民組合員三名□檢束到九日始放出來，且於麻豆，林銳同志亦被捕。五日，麻豆延君、鐵釘、橫、新服四君外二君，寮仔廊新忠、良澤、深泉三同志，其他的前衛同志，多數都被奪去，同時加了橫暴的家宅搜查了，而且對我們的戰鬥的組合員鬥士，毆打、腳枷、手枷，縛在櫃腳五日夜不使休一點眠等的暴虐了。

　　到競賣日的八日，臺南州召集數百名的武裝警察隊，憲兵等將競賣場施佈似戒嚴令下的地帶，對敵我們組合的突襲。但是我們貧農群眾及一般的勞苦的農民兄弟，迫在飢餓慘苦的現在，不但不失鬥志，且意識只有與日本帝國主義最後的死鬥以外，是不得達到真實的解放之路！故聯合會管下，尤其是曾文支部區域內的農民和小市民，不論既組織，未組織的兄弟，一齊起來不撓不屈整備戰陣，繼續的與日本帝國主義決鬥的！

屏東支部鹽埔出張所被白色恐怖蹂躪

　　當地自十一月四日成立出張所以來，官憲不論晝夜每日編成警察隊，憲兵特務到庄裡示威戒嚴，以恫嚇買收農民和戰鬥的組合員，或捏造種種的事實，以迫害組合員，使無意識的分子，恐怖脫退組合。本月七日於下庄被買收的一農民，出庄看戲飲酒，而酒醉致負流血之傷，官ケン（憲）就把這做楔機，不論黑白，對其夜全沒有出去的戰鬥的四組合員，就縛去下了暴刑了。呀！呀！！牠們帝國主義者這樣似狂犬一樣的橫行！！日益被追迫陷於飢餓狀態的農民兄弟，絲毫都沒有恐怖這種野獸的暴行。尚且更加決意，堅守我們的組合，而與牠死鬥。

鳳山支部計略小作爭議的鬥爭

　　鳳山方面的農民兄弟，因本冬凶收，幾[處]收大半，自前月各戰鬥的農民兄弟，問地主要求小作料即時減五成，而地主即時承諾減三成而已，然在這破天荒的大失收，我們組合員兄弟，斷不得承認，於這上旬，以組合鳳山支部的領導下，斷然整備陣營開始大眾的鬥爭了，於本月上旬，開抗大支部委員會，互選編

成「爭議委員會」，決定「小作料減八成」「奪回生產物處分權」、「反對差押動產不動產」、「反對假處分假差押」、「免除滯納租」、「一切的稅金歸地主資本家負擔」、「打倒業佃會」等的鬥爭目標，及編成宣傳隊、調查隊，極力潛入農村宣傳、煽動，使引起其鬥爭。

文協開準備大會之中央委員會

一九三〇年十二月五日於彰化文協支部開催，出席者中央委員十名，旁聽者十一名，重要的議決事項：

一、第四次全島代表大會，決定正月五日於彰化開催，

二、除名反動分子，林獻堂和白成枝，

三、組織借家人同盟，並對高雄既組織的同盟提出意見改組，

四、組織減免電燈料鬥爭同盟，及減免水道料鬥爭同盟。

五、反對及曝露新民報主唱的模[擬]選舉之[假]面具，和欺瞞性，決定發聲明書，及宣傳勵行不讀新民報，

六、選出王敏川君為中央委員長，現在為準備大會，在各地開支部總會，忙殺地工作中。

大湖支部的同志違反出版規則之後援

大湖支部常任劉雙鼎、林秀梅兩同志，為散布「反對土地問題解決祝賀會」的宣傳單而被懸做出版規則違反事件，被警察略式命令罰金各四十圓，兩君不服請正式裁判，於彰竹公判，判決各罰金貳拾圓，再不服提出上抗，十二月十一日於臺北高等法院覆審部第二審公判，而定來十八日言渡，兩君因受這無道的告發，決意徹底的要和牠們抗爭，在法受曝露×本××主義的強盜土地政策。

張玉蘭同志被誣違反治安警察公判之後援

住在曾文支部的張玉蘭同志被誣「屋外集會」而違反治安警察法的事件，一個年間，到前月下旬開第二審於臺南法院判決罰金二十圓，同君不服，提出上告，決定正月十四日於臺北高等法院開第三審公判。

中壢三同志家宅被搜查

住在中壢街，我們組合最有為的幹部，楊春松同志和陳德興（中壢人）同志，外一名的家宅，本月七日突然被官ケン（憲）搜查，並後將某同志，扣去鄉衙，未知為何事，尚未接著消息（楊春松同志，自昨年二・一二事件保釋取消時，行[蹤]不明到今的。

本部財政危機

1930.12.15我們的本部財政近來為支配階級的狂暴的恐怖彈壓和迫害，致立在危機，伏望各支部和各同志，有志諸位，緊速努力，救[援]維持才是，若有米食料品亦努力寄送一些支持這財政難！高雄州聯合會辦事處，本月上旬，因種[種]的關係輪轉在鳳山支部了。

臺灣農民組合的擴大強化萬歲！！

■ 臺灣農民組合本部通信　1931/4/29

資料出處：《資料A：臺灣農民組合本部存留檔案》，頁58-61。

1931.4.29本部通信！　一九三一・四・廿九　臺灣農民組合本部

臺中市梅枝町二七

一、四月十六日全島各地被大搜查！

四・一六紀念日早，官憲對吾農組全島各地，組織的一齊開始家宅大搜查，高雄州下被搜查四、五十處，是要搜查石吉、春松、洪金、簡娥、守鴻等同志們，但是結果全沒有得到什麼，這可講是帝國主義者，對我們無產階級開始總攻擊的一模擬戰吧！

反對亂搜查！

二、屏東支部四同志及十數名農村青年被捕！

四月廿七日上午二時（夜半），在東港郡社皮林習同志家裡會合中的林習、林襟三、謝少塘、孫葉蘭及十數名的農村青年被捕去，到當日上午十時，上記十數名的青年釋放，那時屏東林新木君往社皮派出所，亦被檢束去萬丹，上記四同志到正午，被送到東港郡衙去了。

一、打倒強權！

一、集會絕對自由！

三、鹽埔子的土地問題再爆發了：

東港郡鹽埔仔的地形，是一面海，二面溪，才有一面陸地可耕作，這面積很狹隘，僅有百餘甲而已，而這些少土地的耕作者有二百餘戶，即鹽埔子的庄民。一戶平均不過耕作七八分地，所以該住戶的生活，早就很呆的，又再是一日一日愈窮困起來的……那是萬一這些少土地被奪去，鹽埔仔的兄弟姊妹，不但是要陷於餓死的慘境，尚且又不能逃出無厝可住的地獄吧！然而這般地主——臺糖‧陳漏華‧林行（屏東人）！全不顧我們的死活，又不念及那土地是現時的耕作者，數十年前耕作到今的，尚且這些土地是該地兄弟們的所有地，而為飽其獸慾，三月末日以「一週間內地上物要完全還我——地主——若過期的時，不得已要依法請求」的暴橫的內容，證明給兄弟們，圖起耕這土地，追這二百餘戶的兄弟一千餘名[徘徊]於飢餓的地獄了。現在這鹽埔仔的兄弟為保持自己的居住權和耕作權的自由，[團]結於吾組合的旗下，勇敢對那暴虐的地主們堅決的鬥爭中。各地的兄弟們為援助鹽埔仔的兄弟們得勝利，不斷地支持才是！我們高叫：

土地歸農民！

絕對反對起耕！

小作料即時減三成！

四、美田良園五千甲將被拋荒——臺糖後壁林社有地

臺糖後壁林工場，自明治三十九年（1906）與同時的政府結拖，強制買收三千四百餘甲的土地確立基礎以來，年年用[榨]取咱們的膏血，連續收買土地，現時這個工場在鳳山地方一望無[垠]，有約七千甲的社有地，現時有約參千甲植蔗（昭和六年[1931]期）其餘的四千甲（方才收刈了的空園）是要整地蒔綠肥準備來年反（昭和七－八年期）的植付，然而會社因為糖廉價，要實行生產制限，僅僅整地約二千甲而已，一面勞動的工資，日給男大昨年（1929）六角二，昨年(1930) 五角七，現時五角二；女昨年四角九，現時四角一，而在收刈了的五月初，要再實行一割的減價，現時每日透早四五點就攜帶家當去即農場等候作工，而到明天（七點）被會社辭返去的（農場）工人，每日不下百名，又明知去農場

亦沒有工可作，所以在家吞息的不少，尚且男子和高年的婦人是沒工可作，著裝粹（美麗）的年少的好驅使的女子，才得有工作。

又這農場昨年度一甲收成平均十七萬五千斤，然而今年平均僅有十三萬餘斤，實是會社故意不灌水，不下肥料所致的，（這樣的事實可講是全島到處都有的，希望各地詳細調查報告來），咱農民地無工可做，沒有土地可耕作，牠們資本家這樣的作法——農民兄弟啊！這是資本主義生產關係的無政府狀態的好標本，資本主義經濟已陷入崩壞期的好證據呀！

這個問題不但是我們農民或農場勞動者的問題，明白又是製糖工場內勞動者兄姊的一重大問題，所以我們要趕早調查全島的事實，來確立我們的要求，而與工人兄姊組織反對同盟，我們高唱：

反對失業！失業者生活費國庫負擔！實施失業保險法！

等的口號，勇敢為著我們的生存權鬥爭，而達到我們的解放！

五、我們的三同志被捕現受無期監禁

1. 趙港同志——趙港同志（中央委員）三月廿四日於臺北，突然被北署巡查捕去，被捕的理由，不知道為什麼？總是現在繼續被拘留中。趙同志自昨年六月脫離尾行去療養身體以來，經過八[個]月久。所以官憲大驚騷動的，趙同志被捕了後各地的同志都被召喚訊問，尚且亦被家宅搜查數十處。

2. 陳德興同志——德興同志（中央委員）四月九日於屏東街頭前溪會合中，與五同志同被捕去。會合的同志是：陳德興、顏石吉、謝少塘、張玉蘭、孫葉蘭、林襟三等六名，然被官憲包圍時，除石吉同志脫走以外，皆被捕去。同時屏東郡鹽埔庄、下庄仔、大行家宅搜查，和召問數名組合員後，到翌日，玉蘭、葉蘭、襟三、少塘四同志才放出來。而 [陳] 德興同志繼續的被拘中，聽說十數日前已被送到臺北警察署去了。

3. 張行同志——行同志（中央委員）四月廿六日於臺南驛頭突然被捕去，現在在新豐郡警察課被拘中，先日有簡吉同志往郡要和他面會，被牠們（官ケン）拒絕，不得已只差入些金錢給他而已。

絕對反對檢束，檢舉拘留，拷問！！

六、內埔仔小作爭議犧牲者獄中的消息：

自昨年十二月於潮州郡內埔仔發生的小作爭議犧牲者諸兄，汪阿滿兄外六名，自入獄了後已經過了五個月久了，時常交涉保釋，而都全被却下；尚且二月中就有發表公判，到今日尚未公判，這實是表現牠們階級法院的惡辣意圖啦。諸兄是健在，其中汪阿滿，林智詳兩兄有要求差入書籍，希望諸同志寄給他們吧！

一、一切的政治犯人即時釋放！

一、差入、讀書、接見、通信絕對自由！

七、人事消息：

（1）湯接枝同志——於中壢地方活動中，先月被中壢郡即決二十九天，於四月七日釋放出來，同時再被強制追放到臺中，湯同志到本部不過數分間再被臺中署官ケン（憲）捕去檢束二天，而九日出來的時，亦被強追放回他的故鄉去，他的身體很衰弱，現在服藥中。

（2）林銳同志——自前染病，三月下旬往臺中北赤十字社入院手術，入院經過甚好。四月中旬退院，現已回麻豆去了。

（3）簡吉同志——自三月南下以後，歸鄉調養，在鄉中亦受嚴重的尾行，四月中旬來中，現暫時住本部。

（4）張玉蘭同志——三月中旬為治療眼病，歸故鄉屏東，治療了後一時在屏東支部活動，四月九日於屏東和諸同志會合中被檢束一晚，四月廿三日向曾文支部歸任了，然而下了番仔田驛，就被檢束去郡衙了。

臺灣農民組合強化擴大萬歲！

■ 抗議帝國主義壓迫文　1930?/??

資料出處：山邊健太郎編，《臺灣》第一卷，現代史資料21（東京：みすず書房，1971），七，農民運動，頁 391-392。

檄文

他們想要殲滅我農民組合。

我們要以大眾的行動擊退××帝國主義的白色恐怖政策之橫行。

以犧牲我們勞工農民兄弟為犧牲品的帝國主義戰爭正迫在眉睫。

看啊！先是英美兩強盜國虛情假意地鼓吹軍縮會議，其後又是五大帝國盜賊

們軍縮會議之大騷動，日本大山氏一派左翼合法政黨之樹立，許多大貪污案叢出，與之相關的田中大將之橫死，尤其重要的，眼前強行實施黃金解禁之事，中國反蔣勢力之抬頭等諸事實，除呈現帝國主義強盜戰更露骨化與現實性之外無他。那麼，臺灣如何呢？我們特別必須看清帝國主義強盜們對於處在再建期的我臺灣農民組合做了些什麼。首先，以極惡野蠻的「浮浪者取締法」（按：即流浪漢處理法）對待我們的戰鬥分子，對言論集會採取野蠻的鎮壓與迫害──毆打恐嚇、收買、威脅戰鬥力強的農民、強制農民脫離組合、對職業的組員幹部及戰鬥力強的農民進行致命的迫害、追捕，對一般的組合同情者施以恐嚇式的脅迫等，瀕死的××帝國主義致命的白色恐怖政策在全島吹起一陣狂風。他們欲藉二·一二事件（1929）的大逮捕將我們的運動斬草除根。然而，他們愚蠢的企圖完全不如預期。想要藉之獲得獵物而策劃出的二·一二事件，相反地除了給我們很好的教訓並使我們做出正確的綱領外，他們一無所獲。我們藉由該事件得累積絕佳的教訓，一步步地重建。但帝國主義強盜們必然將不擇手段。因為，他們就算只是一瞬間也想要延長自己的壽命，而我們農民組合的存在是最大的妨礙。看啊！他們這些盜賊的魔掌。

　　二·一二事件被告出獄時，本部宛如戒嚴，例如：日夜都受到監視，剛出獄的優秀精銳──楊春松等數名同志就被告誡（將執行浮浪者取締法的前兆），此外，許多同志被胡亂地羈押、扣留、驅逐，在鳳山，為破壞戰鬥力強的農民組合，而將同志關在豬圈，對下營演講會總拘押及毆打、拷問、收買，特別是對張玉蘭同志施加治警法之強制（拘留），又，來自鳳山的戰鬥的農民為私事前往中壢之際，隨便以其「帶有組合之使命」為由，將[其]關入豬圈，因完全不能合法活動而暗中戰鬥的我們，鬥士簡娥被帶走，無庸贅言，其他幹部也經常被跟監。這種白色恐怖政策今後將日益擴大，峻烈至極。然而，此事除招來階級鬥爭之激化與尖銳化之外無他。今後浮浪者取締法的襲來將愈來愈強烈吧！我們組合之存在也將被逼入完全非法之境地。1913、1914、1915年俄羅斯之形勢是他們自己造成的。但是風儘管吹雨儘管下吧，我們只相信「從帝國主義戰爭到內亂」。無論多大的風雨，不僅要更堅定我們的信念，而且更加速推進堅定我們的信念。此正是我們必須激發大眾，將其導向日常鬥爭之理由。藉由果敢、嚴密地組織，我們可以擊退各種白色恐怖政策。

　　一、爭取臺灣農民組合活動的絕對自由

一、即時撤廢浮浪者取締法

一、絕對反對帝國主義戰爭

一、樹立勞工農民××

■ 臺灣農民組合方針書　1930/12　中文翻譯

資料出處：山邊健太郎編，《臺灣》第一卷，現代史資料21（東京：みすず書房，1971），七，農民運動，頁397-405。

臺灣農民組合目前的任務（1930年12月方針書　臺灣農民組合）

（一）、客觀情勢、經濟狀態

全世界資本主義的經濟大恐慌日益嚴重。此一恐慌已到達不可挽救之地步。日本亦是世界資本主義之一環，而我們臺灣是日本金融資本所專制支配的殖民地，因此，對於此一世界性的大恐慌，必然無法避免受其打擊。此一事實自1929年底已出現各種徵兆，1930年6月以降更明顯地表現出來。

現在的臺灣不久後亦將被捲入大恐慌之漩渦中，都市的工商業不分大小地破產倒閉，資本家亦宛如罹患傳染病一般陸續破產。帝國主義資本家、統制階級為求脫離其危機、安定其地位之計，乃以各種手段尋求出路。其出路為何？即實施產業合理化並極力準備第二次世界大戰，擬進攻蘇聯。此一手段不外乎是走向死路的世界資本主義之解決方策，為圖其地位之安定而強行實施產業合理化，為準備帝國主義戰爭及進攻蘇聯，必然利用我們工農勞苦群眾為其犧牲。然而，操弄資本主義這種手段實不僅無法解決其矛盾，反將促進其矛盾之尖銳化。

看啊！產業合理化之結果，限制了其他方面的生產，工廠作業場關閉，雇入低工資的女工、童工，而解雇大量的成人勞工，工資降低，勞動時間延長，以致於大量的工人勞苦聚集的失業洪水席捲而來。現在臺灣工人群眾貧窮已極，瀕臨餓死邊緣，為此，廣大的工人群眾不得已，反對開除、降低工資、延長勞動時間，積極地向其仇敵進攻。現在爭議風潮展開，其醞釀亦日益深刻，衝突即將爆發。即1930年10月基隆附近一帶的礦夫雖說散漫且係自然發生者，已有兩千餘人開始罷工，1930年12月高雄編織草繩的女工三百餘人反對降低工資，發動罷工。此可說是工人群眾向敵人反抗之現象。如此，罷工及其醞釀不用說已日益尖銳化，同時，成為日本帝國主義被顛覆之一大主因。

上述情形乃是都市的經濟狀態，反之，農村方面如何？不用說也是相同的。一般農民不僅無法迴避其打擊，反而還受到更深刻的打擊。現在我們臺灣農民群眾已陷入破產、流離、餓死之狀態。其理由是：

1、1930年6月以降，臺灣經濟界被捲入大恐慌之漩渦，所有農產物、特別是米價下跌5成以上。

2、日本帝國主義者在第二次世界大戰及進攻蘇聯的目的下進行準備，施以更殘酷地榨取，租稅提高2、3倍，強制無薪賦役（例如軍用道路之新築、徵募討蕃之軍伕等）。

3、產業合理化之結果，引發廣大的失業軍回歸農業，造成佃農與農工之增加，自然引發佃租飛漲與工資之降低。

日本帝國主義、民族資本家、封建地主如此想要脫離崩潰之命運，馬上指揮，限制生產，圖降低生產費，以沒收和集中土地、提高佃租等毒辣的陰謀手段向我們農民群眾進攻。事實上，其更殘酷地在桃園、中壢、鳳山、屏東等地升租，在北斗、二林強奪土地，在臺中附近一帶強奪芭蕉山，在各地限制甘蔗之生產並廉售、強行收購等，此乃土著地主資本家向我們農民群眾進攻之實例，無庸贅言，此不外是使我們群眾墮入地獄、流離、餓死之處境，臺灣農村實如此頹廢枯竭。以北部農民為例，西海岸的島民一日無法吃兩餐以上，而這兩餐也不過是蕃薯簽，這些日本帝國主義榨取政策下的廣大的農民群眾被迫起而抗爭，開始作一決生死之戰鬥，一時之間在日本帝國主義的白色恐怖下被壓制、轉入地下的革命運動，特別是我們的農民運動，自1929年末的「反對興築軍用道路」鬥爭及1930年4月臺北菜農三百餘人為反對設置中間榨取機關（中央市場）而包圍市役所之鬥爭以降，桃園、中壢、下營、麻豆、屏東各地陸續爆發激烈的鬥爭。這些鬥爭都帶有濃厚的反帝國主義色彩。特別是如1930年10月27日霧社深山的兄弟（數千人）發起革命性的戰火，與日本帝國主義抗爭。又如11月曾文、下營的農民兄弟近千名與婦女一齊「出征」，抬出棺木、糞桶、豬、牛等進攻街庄役場進行示威，且勇敢地與官員對峙，進行抗稅鬥爭；以及如由「打倒反動團體鬥爭委員會」所主辦、在全臺進行的「打倒反動團體巡迴演講」，受到各地農工群眾的熱烈支持。這些事件是臺灣革命運動復興之表現，同時，也不外乎是臺灣農民群眾不堪其榨取政策，而開始向土地革命之大目標邁開鬥爭的一大步之明證。這樣的鬥爭無論日本帝國主義如何蹂躪都無法消滅，反而會深刻地激烈化。

　　1930年3月及6月我們中央委員之決議方針指出，日本的經濟大恐慌必然將誘發革命的手段，同時，政府將進行鎮壓，而臺灣革命運動將反而愈發激烈，故訂定了「充實自己的主觀勢力，強化現在及未來的鬥爭力量」之戰略。我們在此可證明當時戰略之正確性，並可知「臺灣的資本主義尚稱安定，故應暫且拋棄一切的工作，研究理論」等見解之根本錯誤。

　　臺灣現在的經濟狀態與農村經濟狀態概如上述。

政治的狀態

　　當今臺灣政治狀態如何呢？以下我們抽繹其特徵來談談。現在的經濟恐慌引發階級鬥爭之激化，其原動力在於資本主義基礎之動搖，同時，必需提倡統治階級之沒落。因此，其原動力在於正漸漸沒落的資本主義基礎有所動搖，且為延緩沒落時間，而再次作第二次世界大戰及進攻蘇聯之準備，另一方面，不得不採用「榨取」政策鎮壓我們的鬥爭，故常以不當羈押、拘留、拷問、毆打等殘酷的手段對付我們。去年1930年10月25日我們下營及曾文兩支部勇敢的同志數十人前往迎接張行同志出獄之際，遭到官吏不法的毆打、拷問；又，11月7日蘇聯革命紀念日，我們屏東支部舉辦紀念大會，卻全被官憲蹂躪，其他兩、三個支部的幹部也被不當驅逐或沒有理由地被解散。

　　以上所述者係日本帝國主義之統治狀態。臺灣革命運動之惡敵實不限於日本統治階級的白色恐怖，無庸贅言的，民族改良主義者也是我們的仇敵。如臺灣民眾黨、臺灣地方自治聯盟、工友總聯盟、農民協會等採用叩頭、哀求、建議、妥協等其他方針，乃是企圖撲滅民眾的革命性。尤其自治聯盟是極其反動的組織，只是以代替大日本帝國主義，以欺騙民眾為其任務。此一事實我們可從以下他們的組成分子——地主、資本家、律師的演講內容看出。演講內容：「我們是大日本帝國的國民。今日我們以作為日本統治下國民的一部分得以存立，實光榮之至。同時，我們不可不盡我們的力量盡忠報國」。

　　而民眾黨之本質亦與自治聯盟無甚差異。自治聯盟要求地方自治制，民眾黨也要求地方自治制；兩者同樣以哀求、妥協、叩頭、建議等方式撲滅民眾的革命性，同樣是跪坐在日本帝國主義面前，出賣全臺灣的工農勞苦群眾。然而，民眾黨的欺瞞手段實較自治聯盟更為巧妙。如民眾黨提出的援助工農之口號，在工人方面組織工友總聯盟，農民方面組織農民協會，斷然與我們具戰鬥性的工農相對

立。

　　如上所述，民族改良主義者與日本帝國主義同流合污，大肆其淫威，一時間我們的運動受到莫大的阻礙。他們以此為良機，舉辦全島巡迴演講，或州市議員模擬選舉，更欺瞞廣大的農工勞苦群眾，作為他們的墊腳石。臺灣工農群眾對於他們如何從事反動行為已略有認識。對於此一反動行為，不只給予抨擊，還不得不在街頭、工廠、農村極力宣傳暴露其反動的本質。當然，日本帝國主義對於此一勇敢的行動亦必以拘留、毆打等手段極力阻撓，擁護民族改良主義之欺瞞政策，階級鬥爭愈趨激烈，乃至白色恐怖橫行，此係必然之危害。然而，以之為藉口，主張「應待帝國主義之鎮壓趨於舒緩，革命運動高漲時，再行運動」之說法，則有極濃厚的機會主義傾向。此一傾向之根據大概是知識階級與小資產階級，以及其他一般的意識不明瞭之分子。臺灣是適合此等白色恐怖之孤島，因極少聽聞島外之情勢而意氣消沉、退卻，甚至出現反動者。此一傾向必然使他們離開我們的陣營，乃至阻礙、破壞我們的革命運動。

　　「中國革命或日本革命成功時，臺灣亦必成功。現在的臺灣只有農民運動是激烈的，尚不能期待解放，不如趁此時機赴日本或中國累積研究與經驗，或漸次停止，研究實際工作，方為至當。在鎮壓如此屬害的今日、我們的運動極為消沉的時期，反而強行工作，宛如是認為明日即將爆發革命的赤色狂。」楊、連一派如此主張，此一主張是錯誤的。其行為之卑劣，我們極為明白。他們不僅不肯承認其主張之錯誤、行動之誤謬，並努力克服之，反而極力中傷我中央，毀謗我們的革命戰士，耍弄種種狡猾的手段，教唆李天生、張滄海、周渭然等動搖分子在各地運動，致力擴張反動勢力。我們已自1928年4月起開始鬥爭該派的反動勢力。

　　雖然我們開始和這種機會主義者鬥爭，但其殘渣卻在我們的陣營流行。此不用說，不外乎是我們的鬥爭未徹底擴大之故。因此，對於此一機會主義的傾向，我們有必要作更果敢的鬥爭，進行寸草不留的大清掃，同時，在大眾面前將這種反動行為暴露至體無完膚。目前臺灣的客觀情勢大致如上述。

（二）、1930年6月以降的鬥爭經過

　　在上述的客觀情勢下，我們農民運動展開什麼樣的鬥爭呢？我們可簡單羅列其主要的鬥爭行動。

（1）7月30日曾文支部動員三百餘名組合員包圍製糖會社，要求改善蔗作條件並提高蔗價。

（2）8月1日「反戰」紀念日，各地一同召開（農村）座談會。屏東支部舉辦設立紀念大會，1日動員六十餘人，高呼「打倒日本帝國主義」、「反對帝國主義戰爭」等口號。

（3）9月22日為減免、抗納嘉南大圳之水租，在臺南州支部聯合會領導下動員千餘名農民群眾，包圍學甲、佳里、麻豆、下營等各庄役場。

（4）10月中在屏東為反對起耕，前後兩度各動員六十餘人，擊退地主的強制起耕。同月7日革命的指導者渡邊政之輔紀念日時，臺南州支部聯合會召開紀念大會，同時，舉行示威運動，動員六十餘人。

（5）10月25日張行同志出獄，南聯動員千餘人前往迎接，與官憲發生衝突。

（6）11月4日屏東支部鹽埔辦事處開張典禮，動員兩百餘人參加示威運動。

（7）11月7日俄國革命紀念日，動員南聯三百餘人、高雄六百餘人。

（8）11月中「打倒反動團體鬥爭委員會」主辦全臺巡迴演講會，動員兩萬餘人。

（9）11日桃園支部為反對扣押青苗而動員百餘人，將地主要求扣押之青苗全部割除，使地主呆然若失。

（10）11月23日為抗納租稅，南聯動員千餘人包圍各庄役場，不問男女老幼，或抬出棺木，或搬出糞桶破盥，或牽牛隻進行示威運動，數小時間使役場警察狼狽不堪。

6月擴大中央委員會後具代表性的鬥爭，其經過大致如上。此外，當然還有許多動員的鬥爭及各處自然發生的鬥爭。然而，因我們主觀勢力之不足，以致不能發展為激烈的鬥爭，是所遺憾。

（三）、主觀勢力

1929年的二・一二事件，係以拘捕臺灣共產黨為目的（顯然，我們將被他們依治安維持法處分）臺灣搜索六百餘處、逮捕達三百餘人，我們臺灣農民組合為其中心，被逮捕的戰鬥分子受到毆打、拷問，中央委員十一人受到半年以上的拘留，加上此時中壢第一次事件、第二次事件所犧牲之戰士尚未出獄，統治階級的

白色恐怖趁此陣營空虛之時橫行，故我們二、三十個支部的陣營，除下營、屏東兩支部外，皆被破壞。然而，目前1929年9月第二回中壢事件與二・一二事件犧牲之同志大部分都已出獄，加上1930年4月第一回中壢事件出獄的兩名同志，其間有沒落或反動者，或再度入獄受刑者──又適逢所謂第三期的經濟恐慌，民眾的鬥爭愈發激烈，我們的陣營也逐漸恢復。目前的情勢大略如下：

（一）北部聯合會

（1）××××支部依新組織法獲得組員各百餘人，其影響下的群眾合計有千餘人。

（2）××支部準備會組合員數六十餘人

（3）大湖支部

（4）湖口支部組合員數百餘人

（二）臺中州支部聯合會（無變動）

（三）臺南支部聯合會

（1）下營支部組合員數八百餘人

青年部員六十餘人；婦女部員二十餘人

（2）曾文支部三百餘人

（3）××地方，目前支部組織正在準備中，人員三百餘人

（4）××支部組合三十餘人

（5）××支部目前正著手再建

（6）其他（未變動）

（四）高雄州支部聯合會

（1）屏東支部組合員數五百餘人；青年部員八十餘人；婦女部員三十餘人

（2）鳳山支部目前正再建中

（3）此外無變動

（五）本部、指導部儼然確立

（四）、自我批判

以上我們大略敘述我們鬥爭之經過與目前的主觀情勢。在此鎮壓如雨下之際，對於我們熱烈的鬥士不屈不撓的奮鬥，我們十分感謝且不勝欣喜。然而，在此一過程中，我們亦不得不承認自己所犯的誤謬。茲把握其誤謬並批判之。

（1）為激發各個問題之努力，組織指導有所不足——目前臺灣農民群眾，自六月以降所受之痛苦尤甚，故農民群眾對其敵人不得不起而反抗，一時間各地的農民群眾自然發生的鬥爭出現了。這些事情，我們於1930年6月的擴大中央會議中已指出，同時，也規定各同志應以農組之名義激勵、指導農民群眾。然而，我們前往鬥爭醞釀成熟之處，究竟是否有意識地激發其鬥爭呢？（例如臺中州大屯郡大寶農林會社與臺中州廳大屯郡強奪大屯郡下一千六百餘甲的芭蕉山地，採伐農民種植的芭蕉之問題；又如臺中州廳強奪北斗郡下農民三百餘甲的耕作地及開墾地之問題；再如新竹州下的土地會社與地主向佃農提高兩成以上佃租之問題；臺南、高雄兩州農工的工資減少四五成以上之問題，特別是如嘉南大圳收取大量額外的水租與扣押競標無法完納水租者之田地）等，對於目前各種大問題之鬥爭，我們可說是放棄鬥爭了（嘉南大圳水租抗納鬥爭除外）。無庸贅言，其原因雖係我們主觀力量不足，但若我們有意識地、計畫性地努力，必可發揮一些效果。關於此點，我們必須迅速努力，克服怠慢與不敏捷之缺陷。

（2）各同志對於中央之議決與指導未充分理解，未使大眾徹底實行——我們各同志的政治意識實際上十分幼稚。我們的中央與我們的運動戰略、戰術時時刻刻因應情勢之不同指示我們，然而，我們未落實正確的決議與實行指令，又如何能夠達到中央所期待之效果？這不是下層的怠慢嗎？此點我們尚有解說之必要。當然，我們的陣營中尚存在楊貴一派的機會主義者所策動之流毒及其刻意的怠慢。雖然放棄，但尚未完全克服。除此之外，其他同志都不屈不撓地賭命奮鬥，惟何以尚未達到中央所期望之效果？此乃下層各同志幾乎（或完全）不理解中央之決議、指令，特別是未使農民組合員徹底理解種種問題這一點。聽說有人會議結束後回到自己駐守的地方就忘了會議的決議。如此同志如何能夠反映中央的方針而奮鬥呢？不用說，那是不可能的。如此散漫之態度，我們以後應充分注意，不可再犯，同時，必付諸實行，然而，實行之前，我們更應究明中央之方針，加以具體地討論研究實行之方法。此窮究之際，務必使組合員參加。

（3）少數幹部之專制，當然，這雖不是他們有意識的行為，但妨礙其運動之進展甚大，必須迅速克服。「一個人的主張不及兩個人的思量」此雖係古語，對於現在的我們仍有參考價值。若一個人或少數人認為應作的事項，不如召集大眾討論、將之作為參考。又，若考慮我們主觀力量不足，欠缺鬥士之現狀，少數幹部之專制可說是不良的傾向。少數幹部之專制必然造成對於一般大眾及新進鬥

士的政治問題漠不關心，同時，使他們長久難以從事獨立性的活動。亦即使他們永遠像不拉繩子就不會動的人偶一般，如此不但不能期待我們運動之發展與陣營之擴大，反而在這些少數幹部被捕之際，這將成為招致我們陣營衰弱之原因。因此，關於少數幹部專制的惡劣現象，我們必須盡我等的力量迅速克服。

（4）我們的陣營內還存有著眼於濃厚的合法主義、組合主義之傾向——當然，此一傾向使我們農民運動終極的目的與現在情勢迫切之理由變得不明確。當前帝國主義者、民族資本家、地主對我們勞苦群眾、特別是對我們臺灣農民群眾的進攻非常厲害，我們有些許的要求或反抗，他們統治階級就以白色恐怖彈壓。這種事情在「客觀情勢」一節已大略說明。由於我們的運動，特以農民群眾徹底的解放為目的，向帝國主義者、大地主進攻，他們統治階級乃必須仰仗白色恐怖。關於此一情形，在「政治的狀態」一段已經說明。在此等條件下，我們若以為可延緩軟化統治階級的彈壓，容許我們在法律範圍內工作，且不必提出高度的政治口號（例如「土地回歸農民」、「打倒帝國主義」、「擁護蘇維埃」、「反對帝國主義侵略」），乃是根本的錯誤，是不知眼前大勢的卑怯恐懼。這一點無須證明，我們已從實際經驗充分明瞭。

（5）提出「土地革命」的口號，而未徹底的煽動——農民群眾中途退卻，或未達當時的鬥爭目標即軟化退縮，雖係白色恐怖發展之所致，惟最主要的原因實為農民群眾知曉我們未貫徹終極目的的「土地革命」且「土地革命」尚未解決之故。我們在未達成解放的期間，不論任何理由都應奮鬥，只要土地問題尚未解決，就千萬不可因一時的躊躇而退卻。我們各同志應承認此一缺陷。故以後我們應提示這些口號，徹底的煽動宣傳，同時，具體地說明如何實現，並用心結合這些口號，煽動群眾，動員其參與鬥爭。

（6）對於楊、連一派欠缺積極的鬥爭——楊、連一派輕視農民運動，紊亂統制、亂罵中央，無視第二期的本質，與托洛斯基主義相同，尤其在行動上不僅怠慢決議，徒然耍弄革命的言詞，其實際行動卻完全違背其所說的革命言詞。這種行為——楊、連一夥的行為——與帝國主義者和民族改良主義者相同。故與此派的鬥爭，我們應果敢地開始徹底的鬥爭。不然其必成為我們運動的一大阻礙。尤其自前年以來有暗中與他們聯絡，潛入我們的陣營，策劃破壞我們的戰線者。此點我們已經知道並有所警戒。去年我們在高聯（高雄州支部聯合會）已經發現此等分子之策動。究竟是什麼分子在高聯，目前正採取資料監視其行動中。此反

動行為與機會主義的態度有很大的誤謬，應對這種分子斷然處分或告誡。故與此派鬥爭，是我們應開展且必須進行的鬥爭，應毫無完膚地揭露之，使一般大眾認識其本質。而與此派暗中聯絡、策動之分子，我們應斷然處分，同時，與他們進行公開而徹底的理論鬥爭，採取對策，急速地撲滅此一傾向。

（7）欠缺青年婦女的訴求。婦女與青年在我們的運動上貢獻功績不少。然而，我們的鬥爭卻經常忘記婦女與青年問題。我們不僅未提出「婦女」、「青年」的訴求，在日常的煽動中也將之拋到九霄雲外而不自省。此係最大的錯誤，同時，也是我們當前的訴求中應以最大努力克服的燃眉之急。

（五）、當下的任務

一、當下的總任務

目前臺灣的情勢日益迫切，帝國主義者、資本家、地主向我們農民的進攻與日俱增而其害亦甚。其間，農民群眾在其榨取與暴力壓制最劇烈之狀態中，在各地崛起，明確地表現臺灣農民運動復興之風潮。因此，爭取廣大的農民群眾，促進土地革命之高潮，實為我們當務之急。

二、當前具體的任務

甲、政治方面

（1）克服合法主義、組合主義

（2）接受並執行中央的指令與決議時，務必與組合員研究討論，並詳細規定當前組合具體的進行方針。

（3）於各個問題鬥爭之際，應極力以我們農組之名義激發、組織、指導。

（4）應打破少數幹部專制之傾向，同時，有意識地向組合員或新進鬥士分配並使其負擔具體的工作。

（5）有意識地在實際鬥爭中培養鬥士，尤其要選拔農組幹部。

（6）平常時時提出「土地革命」之口號，煽動宣傳，並努力將高度的政治口號與大眾日常實際的要求相互結合。

（7）應對楊、連一派施加更激烈的暴露鬥爭，同時，應斷然處分或警告有意識地與他們聯絡並進行策動之分子。

（8）掃除我方陣營內的機會主義傾向與一切右傾傾向。

（9）在各個鬥爭中注意青年婦女的特殊要求，努力動員青年婦女，使其參與鬥
　　爭。

乙、組織方面

（1）應確定我們的基礎組織（班隊），以貧農小農為基礎。

（2）確立各部門的指導部

（3）再建舊支部並擴大組織

（4）準備第三回全島大會

（5）提倡反帝同盟之組織

（6）加入赤色農民國際

1931.1.1

■臺灣農民組合本部指導各支部鬥爭路線文　1931/3　中文翻譯

資料出處：山邊健太郎編，《臺灣》第一卷，現代史資料21（東京：みすず書房，
1971），七，農民運動，頁405-407。

指令
關於第一期收穫鬥爭準備之事

臺灣農民組合本部

各聯合會支部鈞啟：

　　今世界資本主義之侵略益加深刻，帝國主義者、封建地主之剝奪和要求與日
俱增，益加殘酷。為此，我等農民大眾之生活實忽墜於最貧困之境地。稻米、甘
蔗、香蕉、茶、蔬菜等所有的東西都被視為狗糞一般的廉價。另一方面，又一不
斷地向我們要求苛稅、血稅、高佃租、高利息等。貪得無厭的帝國主義者和地
主，我們大部分農民就算賣妻、抵押牛犁，仍無法繳清他們的佃租和利息，而他
們連一滴同情的眼淚也沒有，毫不留情地任意扣押我們的稻米、家具，還想要取
回我們的耕地。這都是我們農民兄弟屢屢目擊、經歷之事實。

　　第一期收穫來了！我們佃農忍耐許多的痛苦，用許多借款購買的肥料才結實
的第一期收穫終於要來了！貪得無厭的帝國主義者、地主，對此第一期收穫也虎
視眈眈。他們未免也太不近人情，連此第一期收穫米也想從我們身上奪盡。農民
大眾全都陷入無可比擬之悽慘境遇，故此乃提出第一期收穫鬥爭之口號，必能動

員所有貧農大眾之好時機。同時，此亦是我農組可擴大強化之好機會。因此，我等同志此後務必開始活動，並盼依下述方法努力奮鬥：

一、各聯合會、各支部直接確立「第一期收穫減租鬥爭委員會」，分置調查、鬥爭、宣傳、財務、外交、組織等七部門，各係設置一名負責人及部屬若干人，致力使佃農自行擔任，又，應由下列方法選舉。

二、我等佃農應全部加入上述的「減租委員會」，同時，應進行勸誘，使廣大的佃農加入。其組織基礎應以我農組之基礎組織為基準進行（以10人為一班；以5班為一隊）。但「班」、「隊」各置一名正、副委員。

三、各班、隊應定期召開常會報告、討論、決定具體的工作。

四、「委員會」各班、隊應經常密切地結合大眾，尤其爭議之際絕不可離開大眾。務必與大眾密切結合，極力訓練他們。

五、「委員會」尚宜從會內選拔忠實、勇敢的分子，組織紅色自衛團，以防禦敵人及反動分子之妨害。

六、「委員會」必須發行日報，於鬥爭未開始前登載各種材料，以宣傳、煽動、教育等方式組織大眾，爭議最激烈時更必須登載足以使民眾亢奮之內容和戰略戰術以煽動大眾。不得以農民不識字為藉口放棄此一任務。

七、爭議時鬥爭委員必須致力舉行「農民代表會議」、「農民大會」等動員大眾，向敵人的家宅、官廳等示威。

八、關於向地主繳納的會員之租穀，鬥爭委員應命會員提出，共同保管。此方法一則必使各會員更加關心共同的連帶，二則可預防出現違約分子。

九、收割稻穀時「鬥爭委員會」之基礎組織應相互援助。若難以獲得相互之援助時，應花錢雇請鬥爭委員會之成員。

此事必須堅定地實行。

十、成員中若有生產物被扣押或拍賣之情形時，各成員務必立即放棄私事，接受鬥爭委員會之指揮進行活動（佔領拍賣場或共同割稻等）。以上已大體略述第一期作物減租鬥爭委員會之組織及活動方針。其具體的活動方針應在各聯合會或各支部依地方情勢決定之。但關於此一鬥爭，我農組一般須注意下列事項之活動：

（一）各聯合會、各支部以前述第一期收穫鬥爭為中心，且必須以水租稅款之增減、撤廢、土地強奪、反對收回田地、反對砍除竹林、反對修築徵稅道路等

日常經濟鬥爭，導向反對官員干涉農民運動、要求撤廢惡法之政治鬥爭。特別是現在帝國主義官員連農民些許的要求運動也想要干涉。故無論多麼瑣碎的經濟鬥爭都有轉向政治鬥爭的可能性。此點更是我們動員大眾，使其向帝國主義進擊，且使廣大的農民大眾向土地革命戰線跨出一大步的好條件。故我們在前述的鬥爭中務必切實地提出「土地給農民」的口號，與這些鬥爭結合。

（二）在前述鬥爭中應努力動員，使所有婦女青年參加，且確立婦女青年部。

（三）在前述鬥爭中必須致力獲得工人兄弟及其他友誼團體之支援。在目前的情勢中，若能支援罷工，至少必須要求工人參加我們的代表會議、農民大會，或在都市召開演講會、散佈傳單、張貼海報，激勵我們的鬥爭。

（四）在此一鬥爭中必須揭露極力改良主義者、民主主義者等活動分子的反動行為。

（五）在前述鬥爭中我們逐漸確立自己的基礎組織，同時，必須致力爭取新的農民大眾之參與。

我們的口號是：

臺灣所有的佃農加入臺灣農民組合吧！

田地的佃租全免！

免除一切拖欠的佃租！

利息全免！

免除舊債務！

荒年時由政府地主給予補助！

土地給予農民！

戰鬥取得團結權！

臺灣農民組合絕對自由！

反對羈押、逮捕、流放、拘留、監禁、拷問！

××××△△△！

顛覆××帝×××××！

××臺灣工農政府！

打倒走狗團體──自治聯盟、農民協會！

反對帝國主義戰爭！

擁護蘇維埃聯邦！

支持中國工農革命！

▍臺灣農民組合本部對內部組合員鬥爭路線指導文

1931/8/25　中文翻譯

資料出處：山邊健太郎編，《臺灣》第一卷，現代史資料21（東京：みすず書房，1971），七，農民運動，頁 410-416。

指令（1931.8.25）

臺灣農民組合本部

　　所有組合員，特別是所有青年部員、婦女部員們！第17回國際青年日（9月6日）就快到了！

　　二・一二事件以降，野蠻的帝國主義統治階級如野獸般破壞其國內的左翼組織，目前其左翼組織已完全被剝奪了公開存在的可能性。最近——今年三月以降——又更加凶暴且露骨地連續動員警察和憲兵，追捕各左翼團體（總工會準備會、農民組合、文化協會等）的鬥爭分子（這些鬥爭分子是真正的戰鬥分子，他們為了階級運動拋棄自身的一切、離開家庭、懷抱捨己精神成為勞動者或農民，進入工廠、礦山、農場、農村，持續賭命奮鬥），逮捕、監禁許多人，不分日夜地拷打！統治階級對他們如此野蠻地追捕鎮壓，目的是想要阻礙他們的進路。無庸贅言，他們依然只有奮進一途！他們應加強鬥志、有犧牲之覺悟、不惜一切努力，在貧農的基礎下確立農組之組織，為努力爭取其公然存在、團結權、結社自由權做準備。不用說，只有大眾的力量才能衝破白色恐怖與百般的暴力壓制，而達成此一任務。帝國主義戰爭的危機已迫在眉睫！滿洲的萬寶山事件、內蒙古大尉中村某的虐殺事件、青島中、日人的衝突事件、中國各地的排日運動，以及排日敢死隊與日本陸戰隊的正面衝突等相繼發生。（此各個事件都是導因於日本帝國主義對滿蒙如野獸般地強行實施暴力的侵略政策所發生者）此等事件是引發中日戰爭危機之要因。中日戰爭經過一定的時間，將變成世界帝國主義大戰。由目前極度的世界經濟恐慌（經濟危機的嚴重化將會轉變成政治危機）與中國內各帝國主義者襲擊蘇聯的共同計畫等觀之，此一危機實係不可避免、早晚將爆發之事實。我們對此一戰爭需有充分的覺悟和準備。在此迫切的情勢下，國際青年日

（9月6日）即將到來。我們應如何鬥爭？特別是青年男女該如何完成我等身負的使命呢？

　　本部要求各地的同志，特別是青年男女同志，竭盡己力依本部指示之方針，對國際青年逐行我們所擔負之使命！

　　一、鬥爭方針

　　1、地方指導部之確定

　　①支部機關可活動之支部，於8月30日以前召集會議，依本部之指示樹立具體的計畫，並應有組織且勇敢地從事鬥爭，以及指導該地之鬥爭。

　　②關於支部機關被破壞、無法活動之處，或支部機關尚未確立之處，接受本指令之同志應負責與該地重要的同志協商，於8月30日以前召集該地方的同志，召開會議，組織臨時指導部，執行一切計畫。

　　2、鬥爭（及準備）日程

　　①8月30日以前召開第一回會議，討論本部之指令，確立計畫大要，決定指導部，以部落之地域共同體為目標，分配工作（例如蒐集地方之材料，起草宣傳、煽動大綱等）以侵入部落為目標，應透過個人接觸引誘青年男女準備第二回會議。

　　②9月4日以前應召開第二回會議，審議決定宣傳、煽動大綱，並決定國際青年日當天的鬥爭形態與分配工作。

　　③應於國際青年日（9月6日）動員會員滲入民眾中活動，努力獲得青年分子加入。

　　④指導部應以9月10日為期限再召開會議，以鬥爭過程中獲得的青年分子編成青年班（一班6人以內），並考究其指導、訓練及擴大之方策。

　　⑤指導部應以9月15日為期限再開會議，批判鬥爭之全部過程，並向本部報告鬥爭經過，同時，應詳細敘述實踐本部該日指令之體驗，送交指摘其適當與否之意見書，俾使本部今後之指令得以適合於實踐。

　　〔註〕宣傳煽動大綱，本部指示者為一般之課題，各地應確立該地之情勢煽動大綱。

　　部落目標，宜因應主觀力量並考慮一切客觀形勢再做決定。

　　例如集中於貧農密集之部落，或接近鐵路沿線、軍用道路、兵營等之部落，若分散為甲、乙、丙三部落時，則各部落各吸收10人，一齊集中於最主要的部

落；若在同一部內時，則一部落吸收30人。

　　我們應利用，鬥爭狀態，有座談會、紀念會、研究會、遠足會、海水浴等目前的情勢與我們主觀的力量，盡量滿足我們的需求，應隱忍不屈，不急躁，不惜一切努力地依照計畫進行，故鬥爭形態之決定必須慎重。

　　3、鬥爭目標

　　鬥爭應集中於貧農。

　　①所有鬥爭過程中應努力吸收青年男女，組織青年班，確立青年部之基礎。

　　②應以本次鬥爭為契機，強調並煽動再建農組，進入可能的地方，組織再建
　　　協議會（關於再建協議會，日後再詳細通知）。

　　4、鬥爭後的整理

　　以鬥爭中吸收的青年男女編成青年班，繼續從事訓練教育，一步步地持續活動，不止於以青年部為農組的地方基礎，而應在貧農群眾中確立其他組織。

　　二、宣傳、煽動大綱（茲將應提及之項目列舉如下，關於其詳細情形，則匯集資料附於文末。）

　　1、應暴露勞苦群眾（尤其貧農）切身的現實問題，煽動其鬥爭意識。

　　2、揭露白色恐怖！應喚起反對政治高壓、煽動報復意識。此一煽動行為在經鎮壓之處尤應徹底實行。有相當的經驗、現因鎮壓而萎縮的地方──（以下省略）。（譯者按：原文如此）

　　3、應揭露列強帝國主義、尤其日本帝國主義之戰爭準備，特別是暴露其在臺灣的軍事行動（日月潭工程、軍需工業之計畫、增兵、軍用道路網之擴充、種種軍事演習、警察之防備、毒瓦斯之演習及其他種種軍事設施）；同時，宣傳未來戰爭之厲害（兩百里以上之射程──可從東京砲擊北海道或臺灣之飛彈、毒瓦斯、雷射光、殺人電氣等──除此之外，還不知各帝國主義國家秘密製造什麼武器），反對帝國主義戰爭，並應保持對戰爭危機之關心，與做好戰時準備（如應預想戰爭時應如何等等）。

　　4、暴露日本帝國主義的滿蒙侵略政策（萬寶山事件、大尉中村某被殺事件、青島中日衝突事件、排日敢死隊與日本陸戰隊衝突事件等，此等事件本係因日本以暴力強行侵略政策所發生者），以及闡明在中國列強帝國主義間的各種對立、特別是闡明關於日美尖銳的對立、日中與日美戰爭的危機、喚起對戰爭危機

之關心、煽動擁護中國工農革命，同時，說明中國工農革命之進展。

5、暴露列強襲擊蘇聯的共同計畫，尤其以北洋漁獲區域為中心的日蘇衝突，同時，比較工農蘇維埃政權下工農群眾的生活狀態與資本帝國主義專制下工農群眾的狀態，徹底暴露資本主義經濟的危機與政治的危機，煽動反對攻擊蘇聯，謀求提高階級意識。

6、宣傳世界各帝國主義國家內的階級鬥爭及各殖民地革命運動，注入國際階級意識，使大眾對我們最後的勝利產生信心，強化大眾的鬥志。

7、暴露民族改良主義者（尤其最近蔣渭水的殘黨自利聯盟）與社會民主主義者之勾結、蠢動及其反革命的行動（社會民主主義者的首領連溫卿為蔣渭水動員謝神財等一派，在全島各地募集金錢，連溫卿被文協除名後仍繼續尋求援助，現在新竹有兩、三人每月持續給他15圓以上，此外，他現在成為《改造》及《新東方》的記者，據說此一方面的收入每月亦有15圓以上），應使大眾確認勞動階級的指導權，煽動工農的革命結合。

8、應宣傳各國的青年運動、青年國際及國際青年日的歷史與意義，強調青年的歷史使命，煽動青年的鬥爭意識，使青年參加我們的組織與運動。

〔註〕

順序大概是從被榨取、被壓迫的切實問題（1、2），進入帝國主義侵略政策，特別是戰爭準備與中國問題（3、4），再切入國際問題（5、6）與反革命分子之排斥抨擊，最後強調青年之使命。應常參考此一宣傳、煽動大綱。

指導者不可獨自發表其意見，而應親切細心地誘導大眾，鼓勵大眾發言，請其發表意見，並在集會上發表、討論最好的意見。

三、口號

1、爭取我們農村青年的政治、經濟權利。

2、堅決反對白色恐怖暴壓政治。

3、堅決反對帝國主義戰爭及其準備。

4、堅決反對軍國主義。

5、堅決反對攻擊蘇聯。

6、堅決反對侵略中國。

7、擁護中國工農革命。

8、堅決反對法西斯及社會法西斯。

9、打倒民族改良主義者。

10、打倒社會民主主義者。

11、臺灣革命萬歲。

12、世界無產者階級解放萬歲。

資料

一、國際青年日之歷史及其意義

「國際青年日」是全世界的青年工人、農村青年、士兵及青年勞動者一齊反對資本主義、軍國主義、社會民主主義、尤其帝國主義戰爭的國際鬥爭日。茲簡單敘述其歷史如下。

1907年透過德國同志、我們的前輩李卜克內西（Karl Liebknecht）之努力，創立國際社會主義同盟，統一各國的青年運動，邁出堅固的青年國際組織之第一步。1915年國際社會主義同盟在瑞士伯恩召開大會，代表者開會決議高揭反對帝國主義戰爭、反對軍國主義、反對社會愛國主義為主要目標，並應於每年舉行國際青年日。依此一決議，1915年10月3日歐洲大戰期間，其高舉「反對帝國主義戰爭」、「剿滅社會愛國主義」之口號，動員歐美各國的革命青年12萬人，與警察、軍隊的白色恐怖進行鬥爭，遊行、舉行大眾集會等，進行第一回有意義的國際青年日。更趁著[1917]年蘇聯革命勝利引發全世界的革命高潮、各地的青年工人開始激烈的革命鬥爭，總是在革命運動中身先士卒。1919年再次於柏林開會，終於成立「國際共產主義青年同盟」，決議以每年9月第一個星期日為「國際青年日」，此後國際青年運動更加進展，邁入革命進程。

國際共產主義青年同盟即是全世界勞動青年解放的母體，爾後每年均在國際共產主義青年同盟之領導下傳承「國際青年日」，在「八‧一」（反對帝國主義戰爭國際鬥爭日）鬥爭後，高揭反對帝國主義戰爭、擁護蘇聯之中心口號，與帝國主義、資本家階級及社會民主主義持續抗爭至今。

在國際經濟恐慌急遽發展，革命情勢高漲，帝國主義戰爭及反蘇聯之戰爭準備持續進行之1930年，第16次「國際青年日」依據國際共產主義青年同盟第16回總會之決議轉換方向，高喊「爭取擁護蘇維埃聯邦，擁護中國、印度工農革命、反對帝國主義戰爭及其準備、勞動青年之政治、經濟權利」；以及「反對勞動青

年的軍國主義化、反對法西斯及社會法西斯、爭取工人及士兵間的階級聯絡、爭取世界革命之勝利等」諸口號，謀求與帝國主義資產階級鬥爭之熾烈化。

國際情勢之危機，尤其帝國主義戰爭之危機迫在眉睫，在本次第17回之鬥爭中，我們應勇敢提出「使帝國主義戰爭轉變為國內戰爭」之口號。

二、第二次帝國主義戰爭迫切之諸事實

世界資本主義的經濟破綻已發展為全面的政治危機，形成革命形勢之高潮，導致列強帝國主義相互爭奪市場之戰爭與階級戰爭之逼近。此乃目前國際情勢的兩大特徵。這兩種危機與最近發生的各種國際態勢、尤其日美尖銳的對立等態勢綜合起來，最緊迫者乃是為爭取市場而發生之帝國主義戰爭。然而，此一帝國主義的市場爭奪集中在中國、特別是在滿洲，其紮根情形如下：

1、萬寶山事件──萬寶山位於滿洲鐵路之最北端、長春市街地方之高地，距離長春約三里。此一高地下方有伊通河流經，其沿岸有未墾地三千餘甲，今年二月有9名被帝國主義者唆使之朝鮮人資本家十分貪婪，覬覦該地（1）有長春這個大消費市場；（2）滿鐵的交通甚為便利；（3）有具資本與勞動力的朝鮮勞動者；（4）水利亦方便，可利用伊通河開鑿大圳；（5）每年至少可收穫兩萬石白米等優點，乃引誘一、兩名中國工農組織一個名為「長春福田公司」的幽靈公司，此受帝國主義者教唆之資本家狐群狗黨們想要吸取第一期稻作之成果，乃於本年四月完成開墾手續，雇用兩百餘名朝鮮人勞工，以最野蠻的手段開鑿大圳（長度較伊通河多3里，寬3丈、深平均3丈），時常仰仗帝國主義者之勢力隨便開墾中國人的耕地，督促兩百餘名勞工日夜趕工，五月已開鑿八成。

見此蠻橫之行動而感到憤慨者，第一是耕地被蹂躪之農民與地主；第二是伊通河上以汽船從事運輸業之許多勞動者（因河水減少，難以行船）；第三是大圳兩側、擔心在夏季豐水期突然開鑿的大圳有潰堤之虞的許多中國農民。中國人為此一與其生活根源相關之事，於7月上旬向中國官員控訴，中國官員表面上假裝為中國民眾想辦法，實完全為帝國主義者之爪牙，一任日本的武裝警察隊與憲兵活動，使其與赤手空拳、無辜的中國民眾對陣，默認其繼續從事大圳與開鑿工程。……日本帝國主義者以奸計一齊煽動中國人與朝鮮人兩方面對彼此的民族反感，使兩民族自相殘殺。

此奸計究竟能收到多少效果？帝國主義者醜陋的本質不是永遠不變嗎？

2、日本人大尉中村氏在內蒙古被殺害之事件，青島的中國民眾與日本反動團體「國粹會」會員之間的衝突事件、中國各地的排日敢死隊與日本陸戰隊正面衝突之事件等日益增加，此不外乎證明下列事項：

（1）日本帝國主義在中國、尤其是滿洲以武力強行實施橫暴殘虐的侵略政策。

（2）中國官員（含蔣介石、張學良以下所有官員）已變得完全無能，成為帝國主義者的爪牙。

（3）無辜的中國民眾、尤其工農勞動群眾漸次崛起。我們從下列各項事實將有更進一步的瞭解：

①在滿洲的日本資本與帝國主義者的投資額約21億（日本對中國的投資額為30億）。

②日人經營的滿洲鐵路景氣好時一年獲利達15億。

③日人採掘的撫順煤礦，其碳量可供給全世界達400年，其碳礦自表面層層採掘，極為簡便，不須如其他地方之煤礦坑需以開鑿橫坑或豎坑進入地底下採掘，一個中國工人每日工資27錢，一日可採23噸，此23噸搬往日本或上海之運費為69圓餘，其賣價約360餘圓。又，最近發明新機器，同樣日給27錢的勞工一日可採300乃至400噸之煤礦。

④在已成為日本爪牙的張學良、蔣介石等之默認下，滿洲已設置27處領事。今年四月中產階級報紙大篇幅報導日本官員在滿洲逮捕1,300餘名共產黨員之記事，我們明日的滿洲將：

A.施行日本帝國主義之政治。

B.軍事設備極為森嚴。

C.中國官員完全無能化，與帝國主義者妥協，成為帝國主義者之爪牙。

我們想一想，即便在自己的國內，逮捕1,300餘人豈是小事？何況是在外國，且是非武裝的共產黨員呢？

⑤日本帝國主義於今年六月實行「滿鮮政策一元化」，此乃統一外交、軍事、滿洲、關東廳、朝鮮總督府之政策，自不待言，亦不外乎是跨出侵略滿蒙之一步。

3、日美對立之態勢

（1）中國的排日行動激烈化，已如前述……日本帝國主義者露骨地強行侵

略政策，其重要原因係美國帝國主義者的暗地活動，濃厚地反映在排日運動之面向上，美國帝國主義者想要「驅逐日本在中國的經濟及其勢力」之意圖乃世所公認的事實。

（2）自去年秋天起，美帝（美國金融資本家集團）一面提倡延緩德國帝國主義戰債支付期限，一面極力援助德國金融資本家集團，使他們向中國資本家放貸，並以五千萬元進行會社之共同組織，俾在滿洲鋪設三條鐵路幹線。

此明顯是美帝欲以狡猾的手段與日本對立。

（3）關於國際聯盟、軍縮會議等，無需多言，都是列強帝國主義的面具。在軍縮會議上，日美海軍比率所謂的三比七或四比六之問題為會議之核心，日美尖銳的對立乃世人所周知者。

4、以下揭載階級戰鬥危機之諸情勢

（1）世界經濟恐慌日益深刻，世界失業人數已超過3,500萬（美國約1,200萬、德國約800萬、日本約330萬）且每日還持續激增中。

（2）西班牙革命已一步步轉入無產階級。前期革命之結果，臨時共和政府橫暴地虐殺勞動者，且因其擬將「政府派之義勇團虐殺三百餘名革命勞工」的責任轉嫁給共產主義者，使廣泛的大眾看穿新共和政府之反動性，由是，乃轉入第二階段之革命。

①為壓制勞工而出動的軍隊反叛並投入勞工群體，驅散政府的義勇團。

②巡洋艦エイメプリメロ號水兵之叛亂。

③カルタゲナ兵工廠的水兵高掛紅旗，高唱國際歌並在市中遊行示威。

（3）德國資本主義國家之危機與無產階級，以及革命強化。

①主張不僅是美帝主義者的問題，完全是西歐各國的存亡問題。

②八百萬失業者群。

③負擔高額的戰債。

④共產黨與共產主義青年同盟之強大化，勞工階級英雄式的參加等為其徵候。

（4）殖民地、半殖民地獨立運動之強化。

（5）蘇聯社會主義建設之偉大進展。

5、在上述所列舉之帝國與階級戰危機迫近之中，日本帝國主義如何進行戰爭準備呢？尤其臺灣之情形如何？應記述其顯著之事實：

①軍用道路網之擴充——為此一工事徵派無薪工人，招致民眾激憤的鬥爭日益激烈。

②軍事的全島建設——此一現象我們顯而易見，看資產階級之報紙亦可得知。

③增兵。

④日月潭工程——資本帝國主義者雖宣傳「工業臺灣」之前提，實際上乃是做戰鬥之準備。

日本現在處於世界經濟恐慌之中，失業人數已超過350萬人，且持續實施生產限制、縮短作業時間等。

資本帝國主義宣傳臺灣應建設工業，在日月潭投下5千萬圓、苗栗錦水天然氣投下300萬圓，說擬將之用於全島燃料點燈，其餘作為工業動力，他們又何苦向競爭對手美國磧頭借5千萬圓之債務？這個謎題應以下列事實說明之。

A.近代軍備不可欠缺電力，例如可發射兩百日里以上的飛彈、殺人電器等。

B.在臺灣建設軍需工業。

C.據說日月潭除架設發電所外，還秘密裝置製造毒瓦斯之設備。

▌臺灣農民組合運動方針　1931/6/1　中文翻譯

資料出處：山邊健太郎編，《臺灣》第一卷，現代史資料21（東京：みすず書房，1971），七，農民運動，頁 418-423。

臺灣農民組合目前的運動方針（1931.6.1）

一、臺灣農村現在的經濟關係

1、臺灣屬於熱帶地方，天然物產非常豐富，如茶、樟腦、米、木材、甘薯、甘蔗、柑橘等及其他農作物，誠可謂無盡藏。帝國主義獲得殖民地之首要目的即在獲得此類原料。帝國主義佔領臺灣之際亦以暴力掠奪重要物產，如樟腦、菸草、鹽等迳歸專賣局經營，或設立製糖會社、青果會社、同業組合，獨佔甘薯、香蕉、青果、蔬菜等。

如此臺灣重要的物產有八成直接或間接歸諸日本帝國主義之手，臺灣農民受

其殘酷的剝削，其生活較封建時代的農奴更加悲慘。此悲慘之情形自然引發農民的反抗。出現該現象之處尤以中南部為甚。

　　2、日本帝國主義者施予臺灣的第二個剝削法是對被壓迫群眾課以沉重的稅金。臺灣的稅金上自地租下至豬稅、牛稅，定期課稅達13種，僅地租、戶稅、所得稅金額即達1億2千萬圓，每戶平均須附300餘圓之稅金，尚不計其他臨時性的苛捐雜稅等，已無一不納稅之日。此等稅金都是工農群眾的負擔，自不待言。在此苛稅下之臺灣被壓迫群眾，尤其是農民群眾，已成為納稅的奴隸。

　　3、臺灣的支配權、尤其農村的支配權，完全由日本帝國主義掌握。以資本主義政策破壞臺灣農村，使農民不得不以貨幣納稅及購買農具、肥料等商品，日本帝國主義者建設銀行，連山邊海角的荒陬之地也組織辦理貸款業之信用組合，向農民榨取利息。現在各地中農以下的農民無一不直接、間接負擔沉重的債務。

　　4、臺灣農民受資本主義商品侵略之結果，貧窮愈來愈徹底。他們原先佔領殖民地的大目標是大量銷售日本商品。中國其他的必需品雖然低價，但他們想要獨占市場，乃設置關稅壁壘，制止外貨輸入，進而任意且殘酷地剝削。看啊！現在臺灣四百萬被壓迫群眾一切的生活必需品有哪一件不是日貨？為此，臺灣農村已被捲入商品的洪水，破產的農民與日遽增乃是當然之事。

　　5、日本帝國主義者在殖民地臺灣建立百年大計，其擬迅速剝削鉅額的利潤，發展其資本主義。為此需要廣大的土地。如此帝國主義者咨意地剝削臺灣，以最無恥、最暴虐、最惡毒的手段強奪臺灣的土地、礦山，臺灣110萬甲的土地中已被奪取50餘萬甲，還繼續強制實行土地強奪政策，產生龐大的農業工人。如高雄州下現在每日被綁在製糖王國的農場上工作的農業勞工人數已達2萬5千餘人。土地是農民的生命，他們最主要的要求莫過於土地，故對於土地的強奪，農民無論付出多大的犧牲都將決死鬥爭。鳳山、大肚、大湖、臺中、麥寮等已明確證實此一事實。以上簡單分析了臺灣農村與日本帝國主義的侵略狀態。

　　臺灣農民不僅受到日本帝國主義之剝削，亦受到臺灣土著地主、土豪劣紳之剝削。臺灣多數土地屬地主階級所有，農民大多是佃農，處於封建的剝削形態下。如上述臺灣的土地，日本帝國主義已佔據50萬甲，日本帝國主義奪取這些土地，部分以大規模農業方式經營，部分依然以封建法委託佃農耕作，榨取實物。蓋封建的榨取較大農經營更為有利。

　　臺灣的土地關係如上，臺灣的農民乃是佃農，故其被榨取之狀態已然明顯。

第一　臺灣的土著地主階級在日本帝國主義的鐵蹄下自然亦被迫承受沉重的借款、稅金、商品等剝削，其被剝削之成本皆轉嫁給臺灣的貧農群眾。現在榨取達到60%，臺灣的貧農受到如此過分殘酷的榨取，已貧窮至極，遂出現貧農不得不奮起要求解決土地問題之狀態。

第二　日本帝國主義在臺灣政治上的壓迫是殘酷的剝削暴壓，其一方面欲消滅反抗精神，確立奴隸政策；另一方面則確立絕對的總督獨裁政治，壓抑農民的反抗，施行奴隸教育，以獎勵迷信為第一。總督獨裁政治無需再作說明，臺灣施行的警察政治可說是世界最惡劣者。

第三　對於臺灣被壓迫群眾，無論有產無產，絲毫不被賦予政治上的權利，換言之，全無政治上的權利。一切統治權歸於總督一人，民眾不僅毫無生存權，配置在臺灣獨裁總督下的數千名警察更以維持安寧秩序為藉口，對民眾逞其獸慾，隨意地侮辱××××，受到如××××××××等被迫害之民眾、尤其廣大的貧農群眾，對此之痛恨不僅深入腦海，還決意時機到時將果敢地向統治階級反抗。林杞埔及其他蜂起事件即為絕佳的例子。

二、臺灣農村之階級區別

1、地主——處於日本帝國主義之經濟侵略與政治壓迫下的土著地主階級，在臺灣農村的榨取，階級分化極為顯著。地主雖立於政治上完全被壓迫之地位，經濟上卻立於榨取工農及農業工人之地位。故他們不僅未參與對日本帝國主義之反抗，反而投入日本帝國主義之懷抱，與他們勾結，在農租方面，則成為一個支配階級、公然反階級之地位，變成貧農與農業工人之敵人。

2、中農——雖立於榨取之地位，惟其與貧農相同，皆受日本帝國主義者之稅金、商品及其他如甘蔗、芭蕉等之榨取，且政治上亦備受壓迫，故沒落為貧農。他們是反資本主義者，也不失為打倒日本帝國主義運動的一個分隊，故需經常集合他們，與他們結為同盟。

3、貧農——受日本帝國主義之侵略，急遽貧困化，現在受到現物被掠奪與稅金騰昂等幾十重的榨取。他們不斷承受日本帝國主義與土著地主階級公然或隱然的政治壓迫，致使其貧窮至極。故他們已化恐懼為反抗，決死與日本帝國主義及土著地主階級鬥爭，並要求解決土地問題。如此使貧農成為一公認的、能夠以民眾獨立運動完成民主主義革命的主力軍，我們必須致力獲得他們的支持。

4、農業工人——資本主義在農村集中土地、強行資本主義化之現在，與日遽增地產生許多農業工人，現在臺灣已達數萬人，尤以中南部居多，其已成為除了一把鑰匙之外什麼都沒有的「自由人」。日薪不過40、50錢，不僅如此，日本帝國主義者產業合理化的今日，他們的日薪還與日遽減，現在不過30錢左右，如此，貧農與都市工人都是民族獨立、社會主義革命的主力軍。

三、現在農村的階級鬥爭狀況

北部——臺灣因土地分配之關係，地主階級集中在北部的新竹、桃園、臺北等地區，故有北部為「地主王國」之看法。貧農佔大多數。在此生產關係中，當然北部的階級鬥爭最為激烈。1927年3月，中壢支部組織後，湖口、桃園、竹東、三叉、竹南等相繼設置支部，組合員達數千人，其各自在第一、第二中壢事件的大鬥爭中表現暴動的狀態。但在此堅決的鬥爭中，日本帝國主義者採取暴壓政治，強制解散支部、禁止運動等，為此，北部的運動已被剝奪其合法性而被迫完全轉入地下。儘管日本帝國主義欲以此一野蠻手段絞殺我們的運動，在××××制尚存在的今日，仍不能消滅我們的反抗。待時機來到時反抗將再度抬頭，乃是既定之事實。

中部——中部亦有大地主，然而，大多數是中農，佃農問題較少發生。佃農問題雖少，但多數是蔗農或蕉農，故在「應由農民奪回生產物、打倒一切榨取機關」之主張下，1927年大甲、大屯、二林、彰化等地發生農民鬥爭。然而，與北部相同的，因蒙受日本帝國主義者以禁止、解散等手段之打壓，現在表面上運動已停頓。但頗多支配階級漸次向官有地伸出其魔爪，想要掠奪之，故勢必難免發生爭議。

南部——南部的直接榨取者為日本帝國主義者。

1、多數土地被日本帝國主義者佔領，農場歸於自營。

2、土地無水利之便，大多為旱田，故多數農民為蔗農。

3、開鑿嘉南大圳，強奪水租。

4、廣大的官有地和竹林被他們強制佔領。

5、被日本帝國主義佔領以外的土地，尚有許多掌握在土著地主階級手中。如此，南部的鬥爭目標極為豐富。日本帝國主義者將臺灣當作資本主義戰場，徵收種種賦役，故南部的鬥爭當然激烈。

　　1927年以降，南部已組織十餘個支部，組合員達到一萬餘人。鳳山、竹山、麥寮等大鬥爭尚在我們眼前。但日本帝國主義者以其所擁有的暴力粉碎我們的鬥爭，故現在可合法運動者僅剩下營、曾文兩支部，除此之外全部被禁止。

四、當前的戰術

　　我們已究明臺灣現在的農村經濟狀況、帝國主義政策、臺灣農村的階級文化及目前各地的鬥爭狀況。雖難免有證明尚不充分之處，唯已更理解臺灣民族之獨立、民主主義之獲得，以及臺灣的農民問題何等重要，同時，亦足證左翼民主主義者楊貴一派否定臺灣農民問題之誤謬。

　　然則我們目前面對的情形如何？為劃定我們目前的任務，需更明白現在客觀的情勢。

　　現在是所謂資本主義的第三期，世界資本主義的破綻與蘇聯社會主義建設的成功，當然將遭逢世界無產階級鬥爭之激化，以及世界殖民地、半殖民地革命運動之發展，因此，將誘發新帝國主義。

　　「在此一狀態下，日本帝國主義必然對我們施加更殘酷地剝削，露骨地壓迫我們。故我們臺灣農民的鬥爭亦將激化、抬頭。」

　　在此一時期，我們當前的任務是以「爭取最低工資法」、「工資即刻調漲三成」、「確立七小時勞動制」等口號，極力組織南部的農民勞工，使其從事鬥爭。

　　以「獲得埤圳管理權」、「反對嘉南大圳三年輪作制」、「減免水租」等口號；嘉南大圳區域內中、貧農之組織化、奪回產物處分權等口號之提高；打倒同業組合及其他一切中間榨取機關之口號、掌握蔗農及蕉農之組織（減免租金、佃租立刻減少三成、土地歸於農民等口號）等，極力組織北部各地之貧農，使其鬥爭，俾在最短時間內復興新竹州聯合會。

　　撤廢治安維持法及其他彈壓無產階級之一切惡法，打倒臺灣總督政治、達成勞農政權、反對帝國主義戰爭、擁護蘇聯、支持中國工農革命，此乃需全世界無產階級切實鬥爭之事業。故應時時刻刻宣傳、煽動大眾，或促進反帝同盟支部之實現。

　　應致力擴大我們的陣營，使其堅固。

　　1、對於被破壞的支部應使其確立再建。

2、對於未組織的群眾，應組織性、計畫性地進展，爭取其加入。

謀求婦人部、青年部之確立與擴大，

3、「青年掌握未來」，故青年在我們革命運動上相當重要。然而，我們現在明顯欠缺鬥士，解決此一問題，除訓練農村青年外，別無他法。無庸贅言，農村青年之訓練不限於養成鬥士，故應組織性、計畫性地爭取青年加入。

五、戰線之統一

1、努力實現臺灣解放同盟。

2、協助文協更大眾化、鬥爭化。

3、援助全島性左翼工會之結成，並協助不同產業組織左翼工會。工人為無產階級之指導者、先鋒隊，故我們農組決定除去現在的停頓，以活潑的鬥爭達成革命者迅速援助工人的組織化。

對於民眾黨需極力鬥爭，打倒他們。他們是臺灣的土豪劣紳集團。他們的主義是民族改良主義，我們的行動是哀求。故他們完全是日本帝國主義的走狗，我們的大敵。

對於連、楊一派的游移分子，以對民眾黨同樣的方針，與他們鬥爭，粉碎他們。

1、他們是托洛斯基主義者，無視於臺灣的農民問題。

2、否定中央集權

3、中傷毀謗中央幹部

4、否定（資本主義發展階段）第三期

5、與游移分子相勾結

如此，雖然連、楊一派之說雖甚為猛烈巧妙，實乃欲阻撓無產階級之利益，而不外乎是資本家、地主之走狗。文協應與工會等其他團體組織共同鬥爭委員會。此係實現臺灣戰線統一的第一部，故需努力。

六、努力獲得合法性

我們現在完全被迫轉入地下。然而，我們必須經常致力於獲得合法性。合法性之獲得與否和運動之質與量有關。故我們應為建立我們的力量做準備。

以上數條是我們目前最重要的任務，至盼各位同志努力完成。

1936.6月　臺灣農民組合

■ 地方法院對臺灣共黨　被告四十五名判決

資料出處：《臺灣日日新報》1934 年 7 月 1 日，第 12300 號。

潘欽信懲役十五年謝氏阿女十三年

昭和九年七月一日　臺灣共產黨案。被告四十五名。經分離公判一節。

氏名	刑名刑期		未決勾留數通算 （按：未判決前拘留日總和）	刑之執行猶豫期間 （按：執行猶豫：緩刑）	適條
謝氏阿女	懲罰	十三年	三百五十日		改正治維法一條一項前段二項
潘欽信	同	十五年	同		同
林日高	同	五年	同		同
蘇新	同	十二年	同		同
莊春火	同	七年	同		同
劉守鴻	同	十年	同		同
王萬得	同	十二年	同		同
趙港	同	十二年	同		同
陳德興	同	十年	同		同
蕭來福	同	十年	同		同
吳拱照	同	七年	同		改正治維法一條一項後段二項
楊克煌	同	四年	同		同
張朝基	同	三年	同		同
林式鎔	同	二年	同	五年間	同
王日榮	同	二年	同	同	同
莊守	同	八年	同		同
顏石吉	同	十年	同		改正治維法一條一項前段二項
簡氏娥	同	五年	同		同
津野助好	同	二年	同	五年間	改正治維法一條一項後段二項
朱阿輝	同	二年	同	同	改正治維法一條二項後段一項

洪朝宗	同	三年	同		改正治維法一條一項前段二項
簡吉	同	十年	同		改正治維法一條一項後段二項
詹以昌	同	七年	三百五十日		同
張茂良	同	七年	二百五十日		同
盧新發	同	四年	同		同
郭德金	同	四年	同		同
張道福	同	三年	同		同
林殿烈	同	二年	同		同
林朝宗	同	二年	同		同
吉松喜清	同	四年	同		同
宮本新太郎	同	二年	二百三十日	五年間	同
周坤棋	同	二年	二百五十日		
高甘露	同	三年	同		同
吳錦清	同	三年	同		同
林潔材	同	二年	同		同
廖瑞發	同	三年	同		同
施茂松	同	二年	同	五年間	同
陳朝陽	同	二年	二百三十日	同	同
張園梅	同	二年	同	同	同
陳義慶	同	二年	二百五十日		改正治維法一條二項後段一項
林文評	同	二年	二百日		改正治維法一條一項後段二項
翁由	同	二年	二百日		
詹木枝	同	二年	三十日	五年間	
陳振聲	同	二年	五十日	五年間	
李媽喜	同	二年	五十日	五年間	

▌臺灣共產黨判決書之簡吉案 中文翻譯

資料出處：許進發編，《戰後臺灣政治案件 簡吉案 史料彙編》，臺北：國史館，
2008，頁 12-20。

簡吉案

住處及住址

高雄州鳳山郡街新甲二百十五番地

高（臺）灣農民組合中央常任委員長

簡吉

現年三十二歲

被告人簡吉

　　大正十一年（1922）三月畢業於臺南師範學校講習科，歷任高雄州鳳山公學校訓導，夙志從事農民解放運動理論及實踐兩方面之研究，遂於大正十四年十月頃開始投身該運動，同年十一月十五日與黃石順等人共組鳳山農民組合，被告人被推為其委員長，其後由趙港於臺中州大肚庄組織大肚農民組合、由林龍於臺南州竹崎庄等組織竹崎農民組合、又由姜林錦綿於同州曾文郡組織曾文農民組合。大正十五年六月二十八日被告人及黃石順於鳳山街發起合併上述組合之運動，組織臺灣農民組合，整合從前個別性及地方性的農民組合，完成全島性統一。被告人當時擔任其組織中央常任委員等職位，身為同組合幹部，操控大權，以來專心致志農民運動，並深受此等實際運動體驗及左翼文獻之影響，乃至信奉共產主義，明知其為實行臺灣共產黨黨綱為目的之結社團體，仍執意貫徹其黨之目的。因此，

　　（一）、昭和六年（1931）一月一日起三天，出席於臺南州嘉義郡竹崎庄瓦厝詹南山宅召開之臺灣農民組合第一次擴大中央委員會，與趙港、顏石吉、黃石順、謝少塘、黃王癸、陳結、張行、陳崑崙、顏錦華、湯接枝及陳德興等人集會，如前趙港（五）事實所載，除審議同組合活動方針諸議案外，並確定通過與陳德興提案相關之

　　（イ）、支持臺灣共產黨案

　　（ロ）、確立赤色救援會案

等議案，使臺灣農民組合成為支持黨（按：共產黨）的團體。

　　（二）、同年二月七、八兩天，於臺北市臺灣文化協會臺北支部，同張道福、湯接枝、楊克培、楊克煌、廖瑞發、詹木枝、陳振聲、李媽喜、陳水柳及劉雙鼎等人，召開臺灣農民組合北部聯合會，如前楊克煌（四）事實所載，除審議

同組合活動方針諸議案外、由其席上議長即被告人，如前趨港（五）事實所載，傳達說明於之前召開同組合第一次擴大中央委員會中通過之支持臺灣共產黨案及確立赤色救援會案等，審議通過之，承認臺灣農民組合為支持黨（按：共產黨）團體。

　　（三）、同年五月十八、九日頃於臺中市臺灣農民組合本部，接受以黨改革同盟中央委員王萬得指令為依據的詹以昌之勸說，加入臺灣共產黨。

　　（四）、同月二十日頃，與詹以昌、湯接枝、蔡才及陳崑崙於前同處所集會，由詹以昌報告臺灣共產黨結成及其後之活動經過、逮捕狀況等後，協議決定，

　　（イ）、追究黨目前上層主觀勢力

　　（口）、向上層建議對謝氏阿女對策之決定方案

　　（ハ）、右項之執行全權委託詹以昌

　　（二）、此會議參加者五名，於臺中地方組成黨細胞（按：共產主義政黨內的基礎組織）

　　（ホ）、經常召開同細胞會議

　　（へ）、以陳崑崙為同細胞之「首領」

等事項。

　　（五）、同年八月五、六日頃，詹以昌、陳崑崙及張茂良等人於前同處所集會，召開所謂黨員會議，被告人報告南部、詹以昌報告北部各地逮捕狀況後，協議決定下列與黨上層之連絡事項。

　　（イ）、盡全力謀求與上層之連絡

　　（口）、此事一切全權委託詹以昌

　　（ハ）、與上層無法連絡時，派遣詹以昌至支那，向在支那同志報告情勢，並請求其指示。

　　（六）、同月八、九日頃，詹以昌、陳崑崙及張茂良等人於臺中市臺灣文化協會本部集會，召開農民組合文化協會同鬥爭委員會。並根據下列黨之方針「於資本主義第三期，小市民團體之臺灣文化協會在性質上欠缺徹底的鬥爭性，又其障蔽共產黨之存在，是阻礙共產黨發展之團體」，因此協議決定下列諸事項，並就其各處之部署，著手進行工作。

　　（イ）、解散文化協會之際，使原會員分屬於未來將組織之救援會、借家人

　　同盟或其他工會。

（ロ）、解散文化協會之事，由於其中央部並無誠意，因此首先著手瓦解地
　　　　方各支部。

（ハ）、關於瓦解文化協會支部之事，被告人於臺北、蘭陽方面、張茂良於
　　　　竹北、北港、嘉義方面、詹以昌於臺中州下一帶、陳崑崙除嘉義
　　　　外，臺南、高雄州下一帶，開始行動。

　　（七）、同年九月四、五日頃，詹以昌、陳崑崙及張茂良等人於同處所集
會，召開農民組合文化協會協同鬥爭委員會，各自整理報告臺灣文化協會解散之
事，以及經過此事後，各地支部員對借家人同盟及救援會組織之其他意見。其
後，依據被告人之提議，救援會組織方策

（イ）、此時應儘速組織救援會。

（ロ）、其組織應在各地方確立班隊，在各地設置工場班、街頭班等，以十
　　　　名為一班，以五班為一隊。

（ハ）、會員為普通會員及特別會員二種。前者為可動員會員，後者為雖無
　　　　法動員但對運動產生共鳴，並願意繳納會費之會員。

（ニ）、會費，普通會員每月五錢，特別會員每月二十錢。

（ホ）、救援會的成員，包含工人農民及一般勤勞大眾。

（ヘ）、救援會之目的不單只是救援，更須實行下列事項，例如：要求釋放
　　　　犧牲者、要求撤廢送東西至拘留所之制限、抗議禁止接受文書、要
　　　　治公判公開、抗議不法拘留，以發揮黨的補助組織之職能。

（ト）、以詹以昌、張茂良及被告人為其責任者，被告人為其主任。

（チ）、協議決定以被告人為首，詹以昌、張茂良、陳崑崙、李明德、呂和
　　　　布、吳丁炎為構成救援會組織準備委員會成員，經常召開會議。

如主文判決。

　　　　昭和九年（1934）六月三十日

　　　　　臺北地方法院刑事合議部

　　　　　　裁判長　判官　宮原增次

　　　　　　　　　　判官　志邨守義

　　　　　　　　　　判官　岩淵　止

右謄本也

昭和十年（1935）五月十九日

臺北地方法院檢察局　　書記　岩本幸利

第十二章
各州佃耕爭議調查表[1]

---

1 本章所列各表譯自山邊健太郎編，《現代史資料（21）臺灣一》，東京：みすず書房，1971，第二十一卷，七，農民運動，頁
  423-445。

年次別蔗農爭議調查

年別		件數／人員	臺北	新竹	臺中	臺南	高雄	臺東	花蓮港	澎湖	計
1923	大正十二年	件數	一	―	二	一	―	―	―	―	四
		人員	五	―	四九	二〇	―	―	―	―	七四
1924	大正十三年	件數	―	―	二	二	一	―	―	―	五
		人員	―	―	五四〇	一、〇七五	一八	―	―	―	一、六三三
1925	大正十四年	件數	―	―	四	七	一	―	―	―	一二
		人員	―	―	一、六二〇	三、六五八	一三	―	―	―	五、二九〇
1926	大正十五年／昭和元年	件數	―	―	―	―	一	―	―	―	一
		人員	―	―	―	―	八〇	―	―	―	八〇
1927	昭和二年	件數	―	―	―	―	―	―	―	―	―
		人員	―	―	―	―	―	―	―	―	―
1928	昭和三年	件數	―	二	一	―	―	―	―	―	三
		人員	―	二二二	六〇	―	―	―	―	―	二八二
1929	昭和四年	件數	―	―	二	―	二	―	―	―	四
		人員	―	―	一三五	―	五七	―	―	―	一九二

年次別蔗農爭議調查	州廳別 件數 年別	人員	臺北州	新竹州	臺中州	臺南州	高雄州	臺東廳	花蓮廳	澎湖廳	計
1930	昭和五年	件數	｜	｜	｜	一	｜	｜	｜	｜	一
		人員	｜	｜	｜	七〇	｜	｜	｜	｜	七〇
1931	昭和六年	件數	｜	一	｜	｜	一	｜	｜	｜	二
		人員	｜	六八五	｜	｜	六〇	｜	｜	｜	七四五
1932	昭和七年	件數	｜	｜	｜	｜	｜	｜	｜	｜	｜
		人員	｜	｜	｜	｜	｜	｜	｜	｜	｜
1933	昭和八年	件數	｜	｜	｜	｜	｜	｜	｜	｜	｜
		人員	｜	｜	｜	｜	｜	｜	｜	｜	｜
1934	昭和九年	件數	｜	｜	｜	｜	｜	｜	｜	｜	｜
		人員	｜	｜	｜	｜	｜	｜	｜	｜	｜

年次別小作（佃耕）爭議件數人員調查

△記號為農民組合介入的事件

年別	件數／人員	臺北	臺北△	新竹	新竹△	臺中	臺中△	臺南	臺南△	高雄	高雄△	臺東	臺東△	花蓮港	花蓮港△	澎湖	澎湖△	計	計△
1924 大正十三年	件數	—	—	—	—	二	—	—	—	三	—	—	—	—	—	—	—	五	—
	人員	—	—	—	—	一五七	—	—	—	八二	—	—	—	—	—	—	—	二三九	—
1925 大正十四年	件數	一	—	—	—	一	—	—	—	二	—	—	一	—	—	—	—	四	一
	人員	六九	—	—	—	一〇七	—	—	—	八〇	—	—	二〇	—	—	—	—	二五六	二〇
1926 大正十五年／昭和元年	件數	—	—	一	—	四	—	一	二	九	—	—	四	—	—	—	—	一五	六
	人員	—	—	二七	—	八六	—	四三	三〇	六六七	—	—	四七五	—	—	—	—	八二三	五〇五
1927 昭和二年	件數	八	—	三四五	二八九	四六	二八	一七	一六	一五	一一	—	—	—	—	—	—	四三一	三四四
	人員	三七〇	—	七四三	六〇三	六二三	五三二	四六	四五	—	—	—	—	—	—	—	—	一、四六九	一、二六七
1928 昭和三年	件數	一	—	一〇三	六〇	一七	一三	四	一	九	六	—	—	—	—	—	—	一三四	八〇
	人員	八	—	二、六四〇	二、四六六	二〇九	一四三	一二六	一八	一六六	一八	—	—	—	—	—	—	三、一四九	二、七四五
1929 昭和四年	件數	—	—	一五	—	四	—	三	—	三	—	三	—	—	—	—	—	二六	五
	人員	—	—	一四八	—	四〇	—	一四三	—	一〇三	—	二七六	—	—	—	—	—	七〇一	六五

年次別小作（佃耕）爭議件數人員調查

年別	件數／人員	臺北州	新竹州	臺中州	臺南州	高雄州	臺東廳	花蓮廳	澎湖廳	計
昭和五年 1930	件數	｜	六	二	｜	三	｜	｜	｜	一一
	人員	｜	七	一、二二八	｜	一〇	｜	｜	｜	一、二四五
昭和六年 1931	件數	｜	五	五	二	六	｜	｜	｜	一八
	人員	｜	六	一、三二二	二五	一八〇	｜	｜	｜	一、五三三
昭和七年 1932	件數	｜	二	三	二	二	｜	二	｜	二九
	人員	｜	七二	一〇四	一七	一九四	｜	一四〇	｜	五二七
昭和八年 1933	件數	一	二	四	一	二	｜	一	｜	四〇
	人員	五〇	六二	三三七	一四	二三七	｜	六	｜	七〇六
昭和九年 1934	件數	｜	二六	五	三	一〇	｜	二	｜	四六
	人員	｜	一一〇	八一	一五	一三七	｜	三〇	｜	三七三

小作（佃耕）爭議發生地地主別調（調查）（爭議地一甲步以上）

地主別	內地人經營法人	同個人	本島人經營法人	同個人	同公業	同共業	內臺人共業	官公有地	其他	計	備註
昭和二年 1927（△）	△	△	△	△	△		△	△		△	△記號表示為因臺灣農民組合的指導所引發之爭議
昭和二年 1927	四	九	二	一七二	一	一	五	｜	｜	一九四	
昭和二年 1927	九	二	一	一〇〇	六	六	｜	二	｜	一六五	
昭和三年 1928（△）	△	△	△	△				△	△	△	
昭和三年 1928	四	一	六	四〇	｜	｜	｜	三	｜	五四	
昭和三年 1928	一五	三	一五	四四	｜	｜	｜	二	一	八〇	
昭和四年 1929（△）		△	△	△						△	
昭和四年 1929	｜	四	三	一五	｜	｜	｜	｜	｜	二二	
昭和四年 1929	｜	一	一	三	｜	｜	｜	｜	｜	五	

各州別小作（佃耕）爭議發生地地主別調查（昭和二年1927）

地主別	內地人經營法人	內地人個人	本島人經營法人	同個人	同公業	同共業	內臺人共業	官公有地	其他	計
臺北州	—	—	二	四	—	—	一	—	—	七
新竹州	△	△六	△一〇	二五	△五八	△三	△一六	—	—	二五　△九三
臺中州	△一	八	△二	九	△一五	△二	五	△二	—	二四　△四一
臺南州	—	一	—	—	△一七	一	—	—	—	一　△一八
高雄州	三	△二	△一	一三四	△一〇	—	—	—	—	一三七　△一三
計	四	九　△九	二　△一三	一七二	△一〇〇	一　△六	六　△一六	△二	—	一九四　△一六五

各州別小作（佃耕）爭議發生地地主別調（昭和三年1928）

地主別	內地人經營法人	同個人	本島人經營法人	同個人	同公業	同共業	內臺人共業	官公有地	其他	計
臺北州	｜	｜	｜	一	｜	｜	｜	｜	｜	一
新竹州	△九／三	｜	△六／二	△三四／三九	｜	｜	｜	｜	｜	△六○／四三
臺中州	△四	△三	一	△二	二	｜	｜	△二／二	△一	△一三／四
臺南州	｜	一	｜	△一	一	｜	｜	｜	｜	△三／一
高雄州	△二／一	｜	｜	△二	二	｜	｜	｜	三	△六
計	△一五／四	△三／一	六	△一五／四○	四	｜	｜	△二／二	△一	△八○／五四

各州別小作（佃耕）爭議發生地地主別調查（昭和四年1929）

地主別	內地人經營法人	同個人	本島人經營法人	同個人	同公業	同共業	內臺人共業	官公有地	其他	計
臺北州	｜	｜	｜	｜	｜	｜	｜	｜	｜	｜
新竹州	｜	｜	△三	一	八	三	｜	｜	｜	△一四
臺中州	｜	｜	｜	三	｜	｜	｜	｜	｜	三
臺南州	｜	｜	｜	一	｜	｜	｜	一	｜	二
高雄州	｜	二	△一	｜	｜	｜	｜	｜	｜	△二一
計	｜	二	△三一	△一	二三	｜	｜	｜	一	△一八五

爭議地地主、小作人及耕地面積調查（昭和二年1927）

州別（件別）	臺北	新竹	臺中	臺南	高雄	計	合計
件數（件）	八	△五六／二八九	△一八／二八	△一／一六	△一二／四	△八七／三四四	四三一
地主數（人）	七	△九三／二五	△四一／二四	△一八／一	△一三／一三七	△一六五／一九四	三五九
小作人數（人）	三七〇	△二八九／五六	△六〇三／一四〇	△四五／一	△五三二／九一	△一、四六九／六五八	二、一二七
田（甲）	八一	△二、一三五／六九六	△六〇一／七五	△一／—	△五五五／—	△三、三〇二／八五二	四、一五四
畑（甲）	八五〇	△五二／—	△七〇／六五	△一四八／—	△一九八／一七五	△四六八／一、〇九〇	一、五五八
其他（甲）	六五一	△一八三／—	四〇〇	△一、三一八／—	△五／—	△一、五〇六／一、〇五一	二、五五七

備註

一、△記號為與農民組合有關係的案例。

二、面積未滿一甲不予計算。

三、各廳之下無爭議。

四、臺北州的爭議並沒有和農民組合有關之事件。

小作爭議地地主、小作人數及耕地面積調查（昭和三年1928）

州別	臺北	新竹	臺中	臺南	高雄	計	合計
件別數	一（—）	四三（六○）	四（一三）	三（一）	三（六）	五四（八○）	一三四
關係者數　地主	一（—）	五二（六九）	四（一四）	五（二）	三（九）	六五（九四）	一五九
關係者數　小作人（佃農）	八（—）	六六（一四三）	一七四（二、四六六）	一○八（一八）	四八（一一八）	四○四（二、七四五）	三、一四九
關係耕地面積　田（水田）（甲）	二○（—）	五七四（八九九）	一九（一、八二一）	一八（—）	五（二○六）	六一八（二、九四四）	三、五六二
關係耕地面積　畑（旱田）（甲）	—（—）	七一（—）	六一（二、三四三）	一五四（—）	八七（一七）	二四七（二、四三一）	二、六七八
關係耕地面積　其の他（甲）	—（—）	五三（—）	三七（一、八○○）	—（—）	—（一、八○○）	一、八○○（三八○）	二、一八○
關係耕地面積　計（甲）	二○（—）	五七四（一、○二二）	一、八二五（四、四九一）	一五四（一八）	九二（二二三）	二、六六五（五、七五五）	八、四二○

（表中各欄為「件數（△案件數）」，△記號案件數以括號表示。）

備註

一、本表列出爭議土地面積五甲以上或是相關佃農有五人以上的案例。

二、本表△記號是表示臺灣農民組合介入之案例。臺北的一件為蘭陽農業組合員介入，其他案例全無思想團體的介入。

要求別小作爭議調查	要求別	小作料							小作契納			
		佃租減額	佃租米降級	佃租延遲繳納	佃租不繳	反對佃租漲價	反對佃租米升級	計	契約期間	延遲繼續	要求契約復活	反對更新契約
1924	大正十三年	一						一	一			
1925	同十四年	一						一		二		一
1926	同十五年					一			二			
1927	昭和二年	△二三二／五三	△	△	一／六	△五／一	△三／二	△二九二／六三	一		△五／二	
1928	同三年	△三	△四六	△一	三／二	△	三／九	△五七／三七	八	△一〇		一
1929	同四年	△一五	△二			三		一八	二		○二	
1930	同五年	三		一		一		五		一		二
1931	同六年	五					一	六		六		
1932	同七年	八				二		一〇		二	一	五
1933	同八年	七			五	一		一三		三		三
1934	同九年	五			四	六	一	一六		七		四

要求別小作爭議調查

要求別	小作契納			有關耕地改良之要求				其他	合計
	反對回收土地	排除中間瞨耕	計	要求開墾費	要求補償耕田設施	關於土地改良	計		
1924 大正十三年	一		二					二	五
1925 同十四年			三						四
1926 同十五年			一			三 一	三		一五
1927 昭和二年	一三 △三六	一	一六 △四二	五 六	二 一	二 六	○一〇	二	八七 △三四四
1928 同三年		一 二 九	△三		三 五		○三 五	四 △三	五三 ○七九
1929 同四年	○一 一	一 二	○三						二 ○四
1930 同五年		二 五							一
1931 同六年	三	二 三	一					一	八
1932 同七年	六	三 一七						一	二九
1933 同八年	九	一六						一	四〇
1934 同九年	一六	二七						二	四六

要求別調查（昭和二年中 1927）

州別 ＼ 要求別	要求佃租減額	反對收回耕地	反對佃租漲價	要求佃租米蓬萊米	在來米有差額	要求開墾費、防風林造成費、水田修築費	要求減免水租	要求佃頭（中間貸借者）返還從中的獲利	要求解除佃耕契約的移轉費	反對佃租米改為蓬萊米
臺北	四	三	｜	｜	｜	｜	｜	｜	｜	｜
新竹	○ 四六	○ 三二	○ 二九	○ 四七	○ 三一	○ 四六	○ 一一	○ 一	△ 二	｜
臺中	○ 三七	○ 六七	○ 一二	｜	｜	｜	｜	｜	｜	△ 一
臺南	○ 一	○ 一四	○ 一一	一	一	｜	｜	｜	｜	｜
高雄	○ 二	○ 二六	○ 二	｜	｜	｜	｜	｜	｜	｜
計	○ 五三	○ 二三二	○ 一三	○ 三六	○ 一	○ 五二	○ 三一	○ 一四	△ 二	△ 一

要求別調查（昭和二年中 1927）

要求別／州別件數	要求免費耕作	要求延長契約	要求整理耕地	時，把農作物交出僅對地主為債權擔保	佃租繳納延期	要求佃租契約復活	要求佃租權的確立	不繳佃租	要求開墾費
臺北	—	—	—	—	—	—	—	—	—
新竹	—	—	—	—	—	—	—	—	—
臺中	△二	△五	一	—	—	—	四	△三	—
臺南	—	—	—	一	—	—	—	—	—
高雄	—	—	—	—	△一	二	—	—	—
計	△二	△五	一	一	△一	二	四	△三	—

要求別調查（昭和二年中1927）

州別件數 ＼ 要求別	計	計	合計
臺北	｜	｜	八
新竹	△二八九	五六	三四五
臺中	△二八	一八	四六
臺南	△一六	一	一七
高雄	△一一	四	一五
計	△三四四	八七	四三一

小作爭議要求別調查（昭和三年中1928）

要求別 ＼ 州別件數	佃租永久減額	佃租永久免除	佃租其年限減額	佃租其年限免除	反對佃租漲價	佃耕契約續約	對佃農特別支出之補償	變更佃租米品種
臺（北）		△	△	△	△	△	△	△	△
臺北	一	｜	｜	｜	｜	｜	｜	｜	｜
新竹	一七	二七	｜	｜	九	三	｜	一	一
臺中	一	四	一	｜	一	｜	｜	二	｜
臺南	｜	｜	｜	一	｜	｜	二	｜	｜
高雄	｜	二	｜	｜	｜	｜	三	二	一
計	一九	三三	一	二	一三	一	九	八	一○

小作爭議要求別調查（昭和三年中1928）

備註：△記號表示農民組合介入之案例

要求別 ＼ 州別件數	寬限佃租繳納日期	佃租權的確認	排除水租	要求解除契約的轉移費	反對更正佃租契約	排除中間瞨耕者	計	合計
臺北	△	△	△	△	△	△ 一	△	一
新竹	三	二	四	一	｜	四三	六〇	一〇三
臺中	｜	｜	｜	｜	｜	四	一三	一七
臺南	｜	｜	｜	一	｜	三	一	四
高雄	｜	｜	｜	｜	｜	三	六	九
計	三	二	四	二	｜	五四	八〇	一三四

小作爭議要求別件數調查（昭和四年中1929）

州廳別 ＼ 要求別	佃租一時減額	佃租契約續約	佃租永久減額	僅對借地費漲價	排斥同伴佃農佃耕契約續約	佃租免除佃耕契約續約	反對佃耕地漲價佃租降價	僅對佃租漲價	歸還佃租及契約保證金	計	合計
臺北	△	△	△	△	△	△	△	△	△	△	
新竹	九	二		二	一					一四	一五
臺中	二					一				三	三
臺南				一		一				二	二
高雄				二				一		二	一
臺東		一									
花蓮港							一	一	一	三	二
澎湖											
計	一一	二		二	三	二	一	一一	一	二二	二三

手段別小作爭議調查

手段別	訴訟		調停			交涉	對抗		
	損害賠償訴訟	假裝債權設定	委託業佃會	委託有權勢聲望之人士	民事調停	與地主直接交涉	主張占有	拒絕交出土地	不理會贌耕契約
1924 大正十三年	一								
1925 大正十四年							二		
1926 大正十五年							三		
1927 昭和二年	三	△四 / 一六六	二	△三	△一	△五二 / 九九	△一 / 八	△三	△一
1928 昭和三年	七	△八	△一五	△一八	三	△二 / 三三 / 三三	△二	五	
1929 昭和四年	二		△九	△一	一	△五 / 二			
1930 昭和五年			五			一	二		
1931 昭和六年			四			五	五		
1932 昭和七年	一		八	三		五	四	一	
1933 昭和八年	三		九	四		九	七		
1934 昭和九年	七		二〇	三		四	八		

手段別小作爭議調查

手　段　別		陳情請願	鬥　　　　　　　　　　　　　　　　　　　　爭							計	
			不繳佃租米	不繳佃租米同盟	團結共同耕作	妨害新佃農	隱匿稻穀收割	妨害地主的收穫	竊取假收押地未熟作物		
1924	大正十三年	三	一								五	
1925	同十四年	一					一				四	
1926	同十五年	四			八						一五	
1927	昭和二年	六	△一 四	△二七	△一	△五	五 九	△一五	一	△二	△八七	△三四四
1928	同三年	一	△一 二	△九		△三		△一			五三	△七九
1929	同四年			四				一				二一	△四
1930	同五年	一	一	一							二一	
1931	同六年	三									一八	
1932	同七年	六	二								二九	
1933	同八年	八									四〇	
1934	同九年	二	一				一				四六	

小作爭議手段別調查（昭和二年中 1927）

手段別 ＼ 州別	及設定假裝債權以農民組合為後盾隱匿稻穀	與地主直接交涉	遲交佃租	請求業佃會調停	委託有權勢聲望之人士調停	隱匿稻穀收割	農民組合員一齊收割	以實力確保占有	以農民組合或農友組合為後盾直接與地主交涉
臺北	｜	二	｜	｜	一	｜	｜	｜	｜
新竹	△一六九	七	△一三	一二	△三	二	△六	△一	△三八
臺中	｜	七	△一三	｜	｜	｜	｜	｜	｜
臺南	｜	｜	△一	｜	｜	｜	｜	｜	｜
高雄	｜	三	｜	｜	｜	△一	△一	△一	｜
計	△一六九	一九	△二七	一二	△四	△三	△七	△二	△三八

小作爭議手段別調查（昭和二年中1927）

手段別 ＼ 州別	選出佃農代表直接與地主交涉	妨礙新佃農的耕作	提出損害賠償訴訟	提出民事調停訴訟	妨礙地主的農作物收穫	取得農民組合援助共同種植	農民組合員團結示威、共同種植、	提出損害賠償告訴、共同收割	透過農民組合與地主交涉	由農民組合團結示威
臺北	—	—	—	—	—	—	—	—	—	—
新竹	三二	△四七	—	—	—	—	—	—	—	—
臺中	一	—	—	—	—	—	—	—	—	—
臺南	—	—	△四	△二	△一	一	△二	△五	△一	—
高雄	—	—	—	—	—	—	—	—	—	△五
計	△三三	△四七	△四	△二	△一	一	△二	△五	△一	△五

小作爭議手段別調查（昭和二年中 1927）

州別＼手段別	向官廳提出調停方申請	農民組合共同鋤耕	地主方面提出訴訟	示威運動	向地主提出抗議書	妨礙地主的耕作	竊取受到假收押的未熟作物	召開集會，妨礙公務執行	以農民組合為後援，拒絕交出土地
臺北	六								
新竹									
臺中			△ 三	二	△ 一	△ 五	△ 三	△ 二	△ 三
臺南									
高雄	△ 一	△ 三							
計	六	△ 三	△ 三	二	△ 一	△ 五	△ 三	△ 二	△ 三

小作爭議手段別調查（昭和二年中1927）

手段別／州別	計		合計	
臺北	八	—	八	—
新竹	五六	△二八九	三五四	—
臺中	一八	△二八	四六	一
臺南	一	△一六	一七	—
高雄	四	△一一	一五	—
計	八七	△三四四	四三一	—

小作爭議手段別調查（昭和三年中 1928）

手段別＼州別件數	件數	直接與地主交涉	透過他人與地主交涉	不繳佃租	提出民事訴訟	委託業佃會調停	委託官廳調停	隱匿納穀	不繳佃租同盟、廢耕	共同鋤耕、一齊種植、提出訴訟
臺北	｜	△	△	△	△	△	△	△	△	△
新竹	一九	二七	一	｜	｜	六	七	五	一六	一八
臺中	一	二	一	｜	二	二	｜	三	｜	｜
臺南	一	｜	一	｜	一	｜	｜	｜	｜	｜
高雄	二	二	｜	一	｜	一	｜	｜	｜	｜
計	三三	三三	三	二	二	九	七	八	一六	一八

小作爭議手段別調查（昭和三年中1928）

手段別／州別件數	共同鋤耕、一齊種植		不簽署契約更正證書同盟		不理會與中間贌耕者的契約		拒交出土地		計		合計
臺北	｜	△	｜	△	｜	△	｜	△	一	△	一
新竹	｜	｜	｜	｜	｜	｜	｜	｜	四三	六〇	一〇三
臺中	｜	一	｜	三	｜	一	｜	｜	四	一三	一七
臺南	｜	一	｜	｜	｜	｜	一	｜	三	一	四
高雄	｜	｜	｜	｜	｜	｜	一	二	三	六	九
計	｜	二	｜	三	｜	一	二	二	五四	八〇	一三四

小作爭議手段別件數調查（昭和四年1929）

手段別 ＼ 州廳別	與業主直接交涉		委託業佃會調停		透過他人與業主交涉		提出民事訴訟		拒繳佃租		妨礙業主的耕作與委託興農倡合會調停		計		合計
臺北	△	丨	△	丨	△	丨	△	丨	△	丨	△	丨	△	丨	丨
新竹	一	一	九	二	丨	一	一	丨	丨	丨	丨	丨	二	四	一五
臺中	丨	丨	丨	丨	丨	丨	丨	丨	二	丨	一	丨	三	丨	三
臺南	二	丨	丨	丨	丨	丨	丨	丨	丨	丨	丨	丨	二	丨	二
高雄	丨	一	丨	丨	丨	丨	丨	丨	二	丨	丨	丨	二	一	三
臺東	丨	丨	丨	丨	丨	丨	丨	丨	丨	丨	丨	丨	丨	丨	丨
花蓮港	二	丨	丨	丨	丨	丨	一	丨	丨	丨	丨	丨	三	丨	三
澎湖	丨	丨	丨	丨	丨	丨	丨	丨	丨	丨	丨	丨	丨	丨	丨
計	五	二	九	二	丨	一	二	丨	四	丨	一	丨	二二	五	二六

小作爭議結果別調查（昭和二年中1927）

結果別＼州別	妥協		佃租一部分減額後佃耕解約		貫徹要求		拒絕要求		因地主方勝訴而解決		未決		計		合計
臺北	七	—	—	—	—	—	—	—	—	—	一	—	八	—	八
新竹	三六	二二	—	五七	二	三	一五	二六	—	—	三	八二	五六	二八九	三四五
臺中	八	四	—	—	—	—	四	四	—	一	六	一九	一八	二八	四六
臺南	—	三	—	—	一	二	—	三	—	—	八	一	一六	—	一七
高雄	—	—	—	—	一	—	二	—	—	—	四	八	四	一一	一五
計	五一	一三八	—	五七	三	六	一九	三五	—	一	一四	一七	八七	三四四	四三一

小作爭議結果別調查（昭和三年中 1928）

州別件數＼結果別	貫徹要求		貫徹一部分要求		不貫徹要求		解除契約		妥協		敗訴	
		△		△		△		△		△		△
臺北							一					
新竹	五	一〇	一五	八	七	一四	八	三	二	二	一	一
臺中					二	五				一		一
臺南			二						一			
高雄		一				二			一			
計	五	一	一七	八	一〇	二	八	三	四	四	一	一

小作爭議結果別調查（昭和三年中 1928）

結果別／州別件數	未決		計	合計
臺北	―	△ ―	△ 一	― 一
新竹	五	四	四三	六〇 一〇三
臺中	二	六	四	一三 一七
臺南	―	一	三	一 四
高雄	二	二	三	六 九
計	九	一三	五四	八〇 一三四

小作爭議結果別調查（昭和四年中 1929）

結果別／州廳別	貫徹要求	貫徹一部分要求	不貫徹要求	解除契約	未決	計	合計
臺北	△	△	△	△	△	△	
新竹		七　二		一　二	四	一二　四	一六
臺中		一	二	一		四	四
臺南	一	一				一　一	二
高雄							一
臺東							一
花蓮港		一	一		一	三	三
澎湖							
計	一	一〇　二	三	二　二	六	二一　五	二六

昭和二年以降三年間農民運動關係犯罪檢舉調查

年次	區別	臺北	新竹	臺中	臺南	高雄	計
昭和二年 1927	件數	—	三〇	二二	六八	六	一二六
	人員	—	一五九	一二二	一六七	三五	四八三
昭和三年 1928	件數	二（二）	八五（五六）	九四（二一）	九五（六八）	一四（二）	二九〇（一四〇）
	人員	四二（四二）	一八四（九八）	一三七（三九）	一六一（一〇八）	三〇（四）	五五四（二九一）
昭和四年 1929	件數	一	六三（八）	一六（三）	三〇（二）	一〇	一二〇（一三）
	人員	二	一三八（一八）	三九（三）	一一〇（六五）	一四	三〇三（八六）
計	件數	三	一七八	一三二	一九三	三〇	五三六
	人員	四四	四八一	二九八	四三八	七九	一、三四〇

備註
二、花蓮港、臺東、澎湖各廳沒有犯罪發生
一、括弧內的數字是以秘密的文書所計，因有關爭議而發生的案件

昭和二年以降三年間關於農民運動之犯罪罪質調查

年次	項目	不敬罪	違反治安維持法	違反治安警察法	騷擾妨害公務執行	違反有關暴力行為處罰之法律	違反出版規則	傷害	暴行、威脅	竊盜、盜領、詐欺、恐嚇	毀棄、妨礙業務	違反森林令	違反警察諸規則	其他	計
昭和二年 1927	件數	—	—	三	一〇	八	一	三	三	二三	四	五二	一	八五	一二六
昭和二年 1927	人員	—	—	二二	一三三	九三	四	一二	一二	八二	七一	五三	八	八五	四八三
昭和三年 1928	件數	一	—	九	一一	七	四	二	四	二七	二一	六三	一〇一	四〇	二九〇
昭和三年 1928	人員	—	—	三七	二六	六八	一五	一〇	六	五四	九六	七六	一一四	五一	五五四
昭和四年 1929	件數	二	三	一	二	一	一〇	三	一	一九	三	一	六六	八	一二〇
昭和四年 1929	人員	二	七	一	三九	一四	六八	五三	二	二七	七	一	六七	一五	三〇三
計	件數	三	三	二三	二三	一六	一五	八	八	六九	二八	一一六	一六八	五六	五三六
計	人員	三	七	五九	一八八	一七五	八七	七五	一九	一六三	一七四	一三〇	一八九	七一	一、三四〇

預約賣出許可及可能許可件數、面積（大正十五年十一月末日調查1926）

州廳		臺北	新竹	臺中	臺南	高雄	臺東	花蓮港	澎湖	計
許可件數		三四	六八	九八	一二四	三三	二	一二	—	三七〇
許可面積	甲	二九四	七八四	一、一七五	一、〇七八	四五二	二〇	八〇	—	三、八八六
		八、六〇八	二、九七九	五、二二四	三、二六六	七、三六三	〇、〇〇〇	八、〇二五	—	五、四五五
一件當面積	甲	八	一一	一二	八	一四	一〇	六	—	一〇
		六、七二四	五、三三八	九、九五一	六、九六二	一、四八〇	〇、〇〇〇	七、三三五	—	五、〇四二
上欄の中賣渡濟の	件數	—	—	—	一〇六	—	—	—	—	一〇六
	面積 甲	—	—	—	九四四	—	—	—	—	九四四
	面積	—	—	—	六、九一二	—	—	—	—	六、九一二
許可見込の	件數	一三	—	一三	二	四	一	—	—	四三
	面積 甲	二四七	—	二〇三	三九	五三	七	—	—	五一一
	面積	五、六一六	—	八、七一七	〇、〇〇〇	五、二〇〇	五、〇〇〇	—	—	四、五三三

繫爭地別面積、退休官員及農民數

州別	臺中州			臺南州				高雄州		
地名	大甲郡大肚庄大肚	臺中市旱溪	大甲郡大甲街日南、後厝、子、六塊厝、大安庄牛埔	虎尾郡崙背庄沙崙後	虎尾郡崙背庄麥寮	同郡同庄興化厝	東石郡義竹庄過路子	鳳山郡大寮庄赤崁字潮州寮	同郡同庄栲潭	屏東郡六龜庄六龜
地目	原野	原野	原野	原野	原野	原野	原野	原野	森林	原野
預約許可地 甲	四八 五、三〇	五 一、七一〇	一六 四、〇二〇	一四三 九、六七〇	五六 三、三八五	一二五 〇、三六〇	九 八、九六〇	七三 五、〇〇五	二七 九、四五〇	九 九、七七四
退官者數 名	六	一	三	一七	六	一三	一	八	一	一
許可月日	大正十四年（1925）十二月三十日	大正十四年（1925）十二月三十日	二名は大正十四年十二月三十日　一名は大正十五年三月二十四日	大正十四年十一月十九日	大正十五年三月二十二日、内一名は大正十四年十一月十九日	大正十四年十一月十九日、十二月四日、大正十五年三月二十二日	大正十四年十一月十九日	大正十四年十二月七日	大正十四年十二月九日	大正十五年（1926）二月三日
成功期限	一ケ年	一ケ年	一ケ年	六ケ月	六ケ月	六ケ月	六ケ月	一ケ年	三ケ月	一ケ年
關係農民 戶	七三	四	七	七七	約一〇	約三〇	二〇〇	八二	四〇	?

參考書目

International Press Correspondence（《國際新聞通訊》），簡稱*IPC*，英文版，
    April, 8, 1926；May 6, 1926；March 23, 1927；June 23, 1927.

Pan-Pacific Worker, no2，漢口，July 15, 1927.

Pravda, April 10, 1927.

Works of Lenin（《列寧全集》，總共20卷），Moscow：V.I. Lenin Institute, 1929,
    vol.6 .

《土地和自由》第六十二號，1927（昭和2）年3月15日。

日本法政大學收藏，《資料A：臺灣農民組合本部存留檔案》、《資料B：日農
    總本部國際部資料》，未出版（內文頁數為編者自編）。

《臺灣人士鑑》，臺灣新民報社，1934年。

《臺灣日日新報》，1924-1934，<u>passim</u>。

《臺灣民報》，1924-1934，<u>passim</u>。

Beckmann , George M. and Genji Okubo. *The Japanese Communist Party, 1922-1945*,
    Stanford, Calif : Stanford University Press, 1969.

Braun, Otto. *Chinesische Aufzeichnungen*, Berlin: Dietz Verlag, 1973. 此書在1982年
    經Jeanne Moore譯成英文 *A Comintern Agent in China*，並由Stanford University
    Press出版。

Duus, Peter ed. *The Cambridge History of Japan*, Cambridge: Cambridge University
    Press, 1988, vol.6.

German Bundestag Press. *Fragen an die deutsche Geschichte*（《德國歷史問
    題》），德國國會出版部，Bonn，1984。

Goodman, David S. G. *Deng Xiaoping and the Chinese Revolution: A Political
    Biography*, London: Rutledge, 1994.

Goodman, David G. and Masanori Miyazawa. *Jews in the Japanese Mind : The History
    and Uses of a Cultural Stereotype*, Lanham, Maryland : Lexington Books, 2000.

Hsiao, Frank S. T. and Lawrence R. Sullivan." A Political History of the Taiwanese

Communist Party, 1928-1931," *The Journal of Asian Studies*, February 1983, vol. XLII, no2.

Jackson, George D. Jr. *Comintern and Peasants in East Europe*, New York: Columbia University Press, 1966.

James, C.L.R. *World Revolution, 1917-1936: The Rise and Fall of the Communist International*, London: Martin Secker and Warburg, 1937.

Ladejinsky, Wolf I. *Farm Tenancy in Japan, A Preliminary Report*, Tokyo, General Headquarters, Supreme Commander for the Allied Powers, Natural Resources Sect, 1947.

Lane, Thomas ed. *Biographical Dictionary of European Labor Leaders*, Westport, Connecticut: Greenwood Press, 1995.

Maruyama Masao."Patterns of Individuation and the Case of Japan: A Conceptual Scheme, " in Marius B. Jensen. ed., *Changing Japanese Attitudes Toward Modernization*, Princetion, N.J. : Princeton University Press, 1965.

Mif, Pavel. *Kitaiskaya Revolutsia*（《中國革命》）, Moscow, 1932.

Remer, Charles Frederick. *Foreign Investment in China*, New York: Macmillan, 1933.

Sheng Yueh（盛岳）. *Sun Yat-sen University in Moscow and the Chinese Revolution: A Personal Account*, Center for East Asian Studies, University of Kansas, 1971.

SunYat Sen. *Memoirs of a Chinese Revolutionary*, London: Hutchinson, Paternoster Row, 1927.

Trotsky, Leon. *The Third International After Lenin*, 1929法文版，1936英文初版，譯者John C. Wright, New York: Pathfinder Press. 1970.

Tsai, Hui-yu Caroline. *Taiwan in Japan's Empire Building: An Institutional Approach to Colonial Engineering*, London: Routledge, 2009.

Tseng Shih-jung. *From Honto Jin to Bensheng Ren: The Origin and Development of Taiwanese National Consciousness*, Lanham, Maryland: University Press of America, 2009.

Waswo, Ann. *Modern Japanese Society*, Oxford : Oxford University Press, 1996.

Waswo, Ann and Nishida Yoshiaki eds. *Farmers and Village Life in Twentieth Century Japan*. London: Routledge, 2003.

Wickberg, Edgar. "The Taiwan Peasant Movement, 1923-1932,"*Pacific Affairs*, July, 1975.

大沢正道，《大杉榮研究》，東京：同成社，1968。

小山弘健，〈日本のマルクス主義的形成〉，收在住谷悅治所編的《昭和の反体制思想》，東京：芳賀書店，1967.

山川均，〈弱少民族的悲哀〉，張我軍譯，《臺灣民報》，1926年5月16日第105號－1926年7月25日第115號。

山邊健太郎編，《現代史資料21，臺灣(一)》，東京：みすず書房，1971。

山邊健太郎編，《現代史資料22，臺灣(二)》，東京：みすず書房，1971。

王乃信等翻譯，《臺灣社會運動史（1913年～1936年）》，臺北市：海峽學術出版，2006。

古屋貞雄，〈古屋氏離臺的感想〉，《臺灣民報》，1927年6月12日，161號。

布施辰治，《布施辰治外傳——自幸德事件至松川事件》，第三節〈臺灣225個小時的奮鬥〉，東京，未來社刊。

矢內原忠雄，《日本帝國主義下之臺灣》，周憲文翻譯，臺北：海峽學術出版，2003。

江賜金，〈臺灣農民組合運動小史〉，《臺灣民報》，1931年12月12日，第394號。

吳文星，《日治時期臺灣的社會領導階層》，臺北：五南圖書出版，2008。

岩崎允胤，《日本マルクス主義哲學史序說》，東京：未來社刊，1971。

松沢弘揚，《日本社會主義の思想》，東京：笁摩書房，1973。

花田重郎手記，〈郡築争議の思い出〉，收在《農民組合運動史》，日刊農業新聞社，1978。

李喬，《埋冤一九四七埋冤》，苗栗：海洋臺灣出版，1995。

李筱峰，《臺灣史100件大事，（下）戰後篇》，臺北市：玉山社，1999。

青木恵一郎解題，《日本農民運動史料集成》，第一卷，第二卷，東京：三一書房，1976。

涂照彦，《日本帝國主義下的臺灣》，李明俊譯，臺北：人間，1993。

俄羅斯科學院遠東研究所主編，《聯共（布）共產國際與中國國民革命運動，1926-1927》，中共中央黨史研究室，中文譯本，第三卷。

恆川信之，《日本共產黨渡邊政之輔》，東京：三一書房，1971。

若林正丈，《臺灣抗日運動史研究》，東京：研文出版，1983。

風間丈吉，《モスコー共産大学の思ひ出》（莫斯科共產大學的回憶），東京：三元社，1949。

許世楷，《日本統治下の台湾》，東京：東京大學出版會，1972。

許進發編輯，《戰後臺灣政治案件，簡吉案史料彙編》，臺北：國史館文建會，2008。

郭杰、白安娜著《臺灣共產主義運動與共產國際（1924-1932）研究》，俄羅斯國立社會政治史檔案，（簡稱「俄檔」），許雪姬、鍾淑敏主編，李隨安、陳進盛譯，臺北：中研院臺史所，2010。

陳芳明，《殖民地臺灣：左翼政治運動史論》，臺北：麥田出版社，1998。

陳芳明，《落土不凋雨夜花——謝雪紅評傳》，臺北：前衛出版社，2000。

陳慈玉編，《地方菁英與臺灣農民運動》，臺北：中央研究院臺灣史研究所，2008。

陳翰笙，《中國現代的農業問題》，上海：太平洋關係研究所，1993。

雲光編，《國際共產主義運動史》，北京：羣眾出版社，1986。

黃昭堂，《臺灣總督府》，東京：教育社，1981。

黃紹恆，《臺灣經濟史中的臺灣總督府：施政權限、經濟學與史料》，臺北：遠流出版公司，2010。

森武麿，《戰間期の日本農村社會——農民運動と産業組合》，東京：日本経済評論社，2005。

楊子烈，《往事如烟：張國燾夫人回憶錄》，香港：自聯出版社，1970。

楊碧川，《日據時代臺灣人反抗史》，臺北：稻鄉出版，1998。

楊渡，《簡吉：臺灣農民運動史詩》，臺北：南方家園文化事業有限公司，2009。

詹高越回憶，〈家父詹以昌〉，未出版。

楊克煌，《我的回憶》，楊翠華編，臺北市：自費出版，2005。

盧修一，《日據時代臺灣共產黨史》，臺北：前衛出版社，2006。

韓嘉玲，《播種集——日據時期臺灣農民運動人物誌》，臺北：財團法人簡吉陳何文教基金會，1997。

農民運動史研究會編，《日本農民運動史》，東京：東洋經濟進步社，1961。

臺灣省行政長官公署統計室，《臺灣省五十年統計提要》，臺北，1946。

臺灣銀行經濟研究室編，《日據時代臺灣經濟史》，第一集，臺北，1958。

臺灣總督府警務局編，《臺灣總督府警察沿革誌》第三冊《臺灣社會運動史（1913-1936）》，臺北：南天書局，1939。

蔡文輝，《不悔集——日據時代臺灣社會與農民運動》，臺北：財團法人簡吉陳何文教基金會，1997。

蔡石山，*Lee Teng-hui and Taiwan's Quest for Identity*, New York: Palgrave Macmiilan, 2005；漢譯：曾士榮，陳進盛，《李登輝與臺灣的國家認同》，臺北：前衛出版社，2006。

蔡培火，葉榮鐘等編撰，《臺灣近代民族運動史》，臺北：自立晚報叢書，1971。

謝雪紅口述，《我的半生記》，楊克煌筆錄，臺北：楊翠華自行出書，1997。

簡吉，《簡吉獄中日記》，簡敬等譯，臺北：中研院臺史所，2005。

跋
吹動甘蔗的強風

蔡石山 2010 年 2 月 28 日
紀念簡吉先生二 · 二八嘉義山區起義

他坐在綠色的山谷裡
他跟他的真愛坐一起
他焦慮的心掙扎於
新愛與舊愛之間
新愛是農民，舊愛使他
深深地關懷著臺灣
當強風吹遍了嘉南山林
也吹動了青綠色的甘蔗

這是很難用悲悼的文字表達
結合他們在一起的情節
可是更難忍受的奇恥大辱
是外人拴縛著他的鏈鎖
所以他說：他要在清早
尋找山中的幽谷
而且帶領勇敢的農工游擊隊
當強風吹動甘蔗時

他傷心地擦乾她的眼淚
他的兩隻手臂抱住她
正當他的耳朵聽到從叢林中
鳴響出來的不祥槍聲

子彈粉碎他真愛的心
在生命那麼幼小的初春
就這樣她死在他的懷抱
當強風吹動甘蔗時

他背著她到山中的澗水
那裡滿佈著春天的花朵
他拾揀柔軟翠綠的枝葉
放在她沾滿血漬的胸膛
他的淚水滴在她冰冷的屍體
然後匆忙地衝過大山小峽
他立誓要向敵人報復
當強風吹動甘蔗時

立下「以血洗血」的誓言絕不後悔
他檢視一下阿里山山麓的地點
埋葬他真愛的僵冷屍體
在那裡全部的他很快恢復鎮定
他悽慘地繞著她的墳墓徘徊
從正午，到晚上，到清晨
他所聽到的都使他心痛
強風還吹動著甘蔗
……

國家圖書館出版品預行編目 (CIP) 資料

滄桑十年：簡吉與臺灣農民運動1924-1934 / 蔡石山編著.
-- 初版. -- 臺北市：遠流, 2012.06
　　面；　公分
　ISBN 978-957-32-6986-1(平裝)

　1. 農民運動 2. 日據時期 3. 臺灣史

733.2867　　　　　　　　　　　　　　　　101008603

滄桑十年
簡吉與臺灣農民運動
1924-1934

編 著 者　　　蔡石山
執行編輯　　　王維貞、游奇惠

發 行 人　　　王榮文
出版發行　　　遠流出版事業股份有限公司
地　　址　　　臺北市100南昌路二段81號6樓
電　　話　　　02-23926899
傳　　真　　　02-23926658
郵政劃撥　　　0189456-1

法律顧問　　　董安丹律師
著作權顧問　　蕭雄淋律師

初版一刷　　　2012年6月1日
行政院新聞局局版臺業字第1295號
售　　價　　　新臺幣600元

ISBN 978-957-32-6986-1
YL*ib* 遠流博識網　　http://www.ylib.com
E-mail　　　　ylib@ylib.com